# अधुरा क्रान्ति

सङ्घर्ष मातृभूमिका लागि

## राजेन्द्र महतो

PINE PRAKASHAN

प्रकाशकः

**पाइन प्रकाशन प्राइभेट लिमिटेड**

बूढानीलकण्ठ–०७, काठमाडौँ

फोन      : + ९७७ ९८५–१३८४५६१५, + ९७७ ९८४३ –५८५६२८

इमेल     : pineprakashan@gmail.com

वेबसाइट  : www.pineprakashan.com

पाइन प्रकाशनद्वारा २०८० मा पहिलो पटक प्रकाशित

सम्पादक        : **अक्षर काका**
आवरण चित्र     : **अनामिका गौतम**
लेआउट डिजाइन : **सुनिल खड्गी**
सर्वाधिकार       : **राजेन्द्र महतो**

Adura Kranti by: Rajendra Mahto

# माटो र बाटोको पहिचान

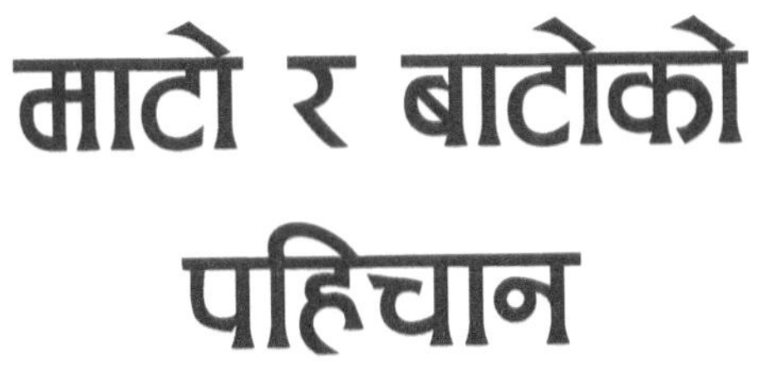

# उद्‌गम र उपेक्षा

नाढी ताल नाढीमनको जन्मदाता बनेको छ। नाढी तालकै कारण नाढीमनले चिनारी पायो। प्रख्यात बन्यो।

सर्लाही जिल्लाको पूर्वी भेगमा तालसँगै सानो बस्ती थियो, जसलाई नाढीटोल भनिन्थ्यो। नाढीटोल उर्वर भूमि बनेको थियो। घरैपिच्छे ठूल्ठूला गाँजाका बोट हुर्कन्थे। घरैपिच्छे गाँजाको खेती हुने भएकाले मानिसको ओठमा गाँजा टोल पनि नभ्कुन्डिएको होइन।

गाउँमा सबैका फुसका घर थिए। शान्त बस्तीमा एकदिन ठूलो विपतले घेरा हाल्यो। खै कसको घरबाट सल्कियो? आगाले सिंगो बस्ती नै निल्यो। कसैका घर पनि बच्ने अवस्था रहेन। टोल निमेषभरमै खाक बन्यो।

आगोले निलेपछि बस्तीको नाम रहन पुग्यो- जरलहिया टोल।

त्यही टोलको नाढीमन किनारमा खोभारी महतो र राजकुमारी देवी महतोको माइलो छोराका रूपमा २०१५ साल मसिर ४ गते मेरो जन्म भयो। दुर्भाग्य ! आफ्नो सालनाल खसेको, नाभी गाडिएको भूमिमा मैले लामो समयसम्म धुलिमाटी खेल्न पाइनँ।

तिनताक मधेशमा डकैतीको आतंक थियो। दिनदहाडै चोरी-डकैती हुन्थ्यो। गरीबका घरबाट भाँडावर्तनदेखि साहू-महाजनकहाँ पसेर गरगहना, रूपैयाँपैसा र अन्नमालसमेत उठाए। गाउँ सखाप पार्न थाले।

चोरी-डकैतीका कारण जिउधन धरापमा पर्न थालेपछि मधेशमा बसाइँसराइको लहर चल्न थालेको थियो। मानिसहरू डाँकाबाट बच्न पुस्तैनी थातथलो छाडेर सुरक्षित ठाउँतिर सरिरहेका थिए। डाँकाहरूले हाम्रो बस्तीमा पनि आँखा लगाइहाले।

अन्यत्र डाँका पसेको खबर सुनेपछि भयभित भएर मानिसहरू बसाइँ सर्ने हावाले हाम्रातिर पनि छोइसकेको थियो। जरलहिया टोलमा सबैभन्दा बलियाबागा थिए, मुन्निलाल राय यादव। उनी बलिष्ठ मात्र होइन, दुई-चार जनालाई त आफ्नै बाहुबलले पछार्ने खालका पहलवान थिए।

उनकै घरमै लुटपाट भयो। अरू घरमा पनि डाँका पस्यो। गाउँमा त्रास बढ्यो। सबैका मुख टालिए। कोही बोल्न सक्ने अवस्था रहेन। त्रासको सन्नाटाले गाउँ मसानघाटझैँ सामसुन्न बन्न पुग्यो।

पुस्तौँदेखिको कमाइमा डाँकाले लामो हात गरे । ताता लवणयुक्त आँसुले सबैका छाती भिजेको हुँदो हो । परन्तु प्रतिवाद गर्ने तागत कसैको थिएन । भाला-खुँडा र भरुवा बन्दुकसहित आएका डाँकाले सबैलाई त्रासको साङ्लोमा कसेका थिए ।

म बालखै थिएँ । रातिको समय थियो । को डाँका, को गाउँले भनेर अनुहार खुट्याउन सकिनँ । भाग्नेहरूको हुलमुलमा लाग्दा म डाँकाको समूहमा मिसिएछु । धन्न उनीहरूको मुटुमा मानवताको अंश जीवितै रहेछ । सकडछेउ उभिरहेकी गाउँकै बूढी आमाको हातमा मलाई सुम्पिएर उनीहरू लाखापाखा लागेछन् ।

डाँकाका आतंक डँडेलोभैँ फैलियो । फलतः गावैँ खाली हुने अवस्था बन्यो ।

जुँगेश्वर काका गोसवरिया टोल कामतमा बसाइँ सरे । भुन्निलाल काका चन्द्रगञ्जतिर सोझिए । जोगी चमार, बासुदेव चमार, चुल्हाइ महरा, बौबेलाल दनुवारको परिवार पनि थियो । उनीहरूको अगलबगलमा अरू पनि थिए । सबै आफ्नो सजिलो खोजेर गाउँबाट बिराना भए । यसरी म जन्मिएको गाउँ नै रित्तियो ।

डाँका आतंकले बस्ती उजाडिन थालेपछि बसाइँ सर्नेको भीडमा हाम्रो परिवार पनि मिसियो । नाढीमन किनारबाट केही परको अर्को टोल बबरगञ्ज बसाइँ सर्‍यो ।

म जन्मिँदा पहिलोपटक पानी उभाएको इनार अभैँ छ । समय जति नयाँ भए पनि पुराना कुरा बोकी हिँड्छ । म जन्मिएको ठाउँको ठूलो बाँसघारी बाल्यकाल सम्झाउने विम्ब बनेको छ । त्यसको अवशेषले मेरो बाल्यकाल विस्मृतिको गर्तमा मिसिन दिएको छैन । अहिले पनि जुँगेश्वर काका लगायतका बूढापाकाले त्यसबेलाको परिस्थिति सुनाउनुहुन्छ । म आत्मविभोर हुनपुग्छु ।

पोखरी बस्तीको सौन्दर्य थियो । जीवन थियो । मानिस मात्रको होइन, जनावरसमेतको । बस्तीछेउमा सानो उपवन थियो । त्यहाँ वनचरहरू तृष्णा मेट्न त्यो तलैयामा आउँथे । अघाउँञ्जेल पानी खान्थे ।

जसरी वन जनावरको मात्र हुँदैन, त्यसैगरी मन मानिसको मात्रै हुँदैन ।

नाढीमनको पश्चिमी किनारमा त्यतिबेलाको शिवको मन्दिर अहिले पनि त्यहीँ छ ।

गाउँमा डाक्टर रामनन्दन साहको कुटानीपिसानी मिल थियो । टाढा टाढाबाट मान्छेहरू अनाज बोकेर आउँथे । टोलमा चमार, दनुवार, आदि थरका मान्छे पनि बस्थे । जुँगेश्वर साह, भुन्निलाल राय लगायतका गाउँलेले मलाई खेलाएको र माटोमा लुटपुटिन सिकाएको मलाई अहिले जस्तो लाग्छ ।

पिताजी त्रिभुवन नगरमा व्यापारिक गोलागदीमा लेखापढीको काम गर्नुहुन्थ्यो । त्यसरी पिताजीले हाम्रो जीवनका लागि इन्धनको जुगाड गर्नुहुन्थ्यो । आमाको भागमा सन्तान र खेतवारीको रखवारी थियो ।

तिनताकको एउटा रोचक प्रसंग छ ।

हिन्दी, मैथिलीमा चिकनीको अर्थ चिल्लो, सफा, मलिलो माटो हुन्छ । सायद, त्यस ठाउँको माटो चिकनी भएको कारण बजारको नाम नै चिकनी राखिएको हुनसक्छ । चिकनी सीमा नजिक थियो । त्यहाँ भन्सार कार्यालय खोलियो । पहाडिया मूलका मान्छे जागिरे बनेर गए । तिनलाई चिकनी शब्द अश्लील लाग्न थाल्यो ।

पहाडिया कर्मचारीले बजारको नाम उच्चारण गर्न असहज भएपछि जुक्ति लगाए । शक्ति पुज्ने परम्परा उनीहरूमा जन्मँदैदेखि हुन्छ । राजालाई खुसी पार्न सकिए आफ्नो दुनो सोभ्र्याउन सकिन्छ भन्ने पनि लाग्यो होला । यसैले चिकनीको नाम त्रिभुवननगर नामकरण गराए । त्रिभुवननगरको दुर्दशाको कायाकल्प भएको भए नामको सार्थकता रहन्थ्यो होला । राजामहाराजाको नाममा राखेको नामको उपादेयता पनि रहँदो हो । भाषामाथि तत्कालीन सत्ताले कसरी आधिपत्य जमाउँथ्यो भन्ने यो सानो दृष्टान्त मात्रै हो ।

मधेश कुनैबेला राणाहरूको निजी सम्पत्ति जस्तो थियो । सघन वन फडानी गर्थे । जमिन निकाल्थे । आफ्ना भाइ भारदार, तिनका नातागोता र उनीहरूको जहानियाँ र निरंकुश सत्तालाई सघाउनेलाई मौजा, विर्तास्वरूप दिन्थे । त्यो ठाउँको नामको प्रभूत्व पनि उनीहरूकै हुन्थ्यो । आफूखुसी नाम तय गर्थे । अहिले जति पनि ठाउँको नाउँमा राणा र तिनका शाखासन्तानको गन्ध आउँछ, तिनका पछाडि यस्तै कथा छ ।

डाँकुको आतंकबाट लखेटिएकाहरूले बबरगञ्जलाई सघन बस्तीमा बदलेका थिए । गुलजार तुल्याएका थिए । पहाडको दुःख छल्न मधेश भर्ने क्रमले तीव्रता पाएको पूर्व-पश्चिम राजमार्ग विस्तार भएपछि मात्र होइन, त्यस अघिदेखि नै हो ।

अतिवृष्टि, अनावृष्टि र प्राकृतिक प्रकोप जब पहाडको थाप्लामा बज्रन्थ्यो, मानिसहरू घरबारविहीन हुन्थे, तिनको पालनपोषणको जिम्मा मधेशकै पोल्टामा परेजस्तो हुन्थ्यो । उनीहरू ओत खोज्दै मधेश आइपुग्थे । बबरगञ्जलगायत गाँउमा पनि त्यसरी नै पहाडबाट मानिसहरू भर्न थालिसकेका थिए ।

बबरगञ्ज बन्नुपूर्व यो पहाडीया टोल थियो । तर रोचक कुरा त्यहाँ एक जना मात्र पहाडीया थिए, सलमान । उनको नाममा पनि टोलको नाम बन्यो । तर उनी पहाडका भएका कारण उनको पहिचान पहाडीयाको रूपमा रह्यो । तिनै पहाडीयाको पहिचानमा टोलको नाम नै पहाडीया टोल भयो ।

राज्यको सम्पत्ति दोहन गर्न माहिर बबर शमशेरका कारिन्दाले आफ्नो पाइन देखाइहाले । त्यसपछि सलमान टोल न पहाडिया टोल भयो, न मधेशीको । त्यो बदलिएर बन्यो- बबरगञ्ज ।

बबरगञ्ज बसाइँ सरे पनि मेरो दैनिकीमा खासै बदलाव आएन । साथीभाइ नभएका होइनन्, टोलभरि साथीसंगाती थिए । घरमै पनि दाजुभाइ थिए । तर, मलाई साथीसंगाती बनाएर हिँड्न मन भएन । प्रकृति मेरो खुला पाठशाला थियो ।

वन-उपवन, नदीनाला, तिनको धुनमा रमाउँदा मैले घरमा निकै गाली खाएको छु । नदीनाला चहार्नु, पैनी, पोखरी छेउमा ध्यानस्थ रहनु मेरो जीवनको हिस्सा नै बनेको थियो ।

घुमेर मात्रै जीवन चल्दैनथ्यो । घरमा कामको उरुङ हुन्थ्यो । आमाले मात्र त्यसलाई पार लगाउन सक्ने अवस्था थिएन । उमेरमा सानो थिएँ, तर ममा केही समझ आइसकेको थियो । आमाको वर्णनातीत दुःखले मलाई पनि सघाउन अभिप्रेरित गर्‍यो । तर मैले सघाउन खोज्दा उहाँ हाँस्नु हुन्थ्यो । उहाँको त्यो हाँसोमा म खिसीटिउरी देख्थेँ । त्यसपछि म गर्दागर्दैको काम चटक्क छाडेर खेतबारीतिर डुल्न निस्कन्थेँ । यसरी मैले मेरा साथीसंगाती र प्रकृतिसँग छ वर्ष व्यतीत गरेँ ।

२०१७ साल पुस १ गते तत्कालीन राजा महेन्द्रले जननिर्वाचित सरकार अपदस्त गरे । प्रधानमन्त्रीसहित मन्त्रिपरिषद् सदस्यहरूलाई सिंहदरबारमै बन्दी बनाए । प्रजातान्त्रिक व्यवस्थामाथि राजाले हानेको बज्र थियो त्यो । त्यो बज्रपातपछि निरङ्कुशताले फणा उठायो । ३० वर्ष सम्म निर्मम डस्यो ।

महेन्द्रीय कूपछि देश अनिश्चयको दिशामा धकेलिए पनि बबरगञ्जमा भने गाउँलेले बालबच्चाको गाँस कटाएर शिक्षाको चिराग सल्काए । बबरगञ्जमा सधैं गरीबीले मात्रै शिर उठाइरहेको थियो । त्यो दुःखको गर्तबाट उकास्न उनीहरूले २०२१ सालमा दुर्गा जनता प्राथमिक विद्यालय स्थापना गरे । अभाव मात्रै भागमा परेको निर्धन गाउँले विद्यालयको खर्च थाम्न सक्ने अवस्था थिएन ।

गणतान्त्रिक युगमा आइपुग्दा पनि दूरदराजका गाउँका कुरा छाडौँ, संघीय राजधानी काठमाडौँकै विद्यालयको दुर्दशा देख्न पाइन्छ । उतिबेलाको मधेशको विद्यालयको अवस्था कस्तो थियो ? सहजै अनुमान गर्न सकिन्छ ।

अभावले मधेशको मुटु दुख्यो । तर, ऐया.. भन्न सक्दैनथ्यो । शीतलहरले छोप्ने न्यानोको जरुरत थियो । गुहार माग्ने कसलाई ? कोसौं टाढाको काठमाडौँले सुन्दैनथ्यो । शासकका आँखा मधेशसम्म पुग्दैनथ्यो । उपेक्षित मधेशका बालबालिकाले शिक्षादीक्षा कहाँबाट पाउनु ! सन्ततीहरूको भागमा अशिक्षाको अन्धकार नपरोस् भनेर देहातका बाआमाले आफैले स्कुल खोल्ने प्रयास गर्नुभएको थियो ।

म त्यहीँ विद्यालयको पहिलो ब्याचको विद्यार्थी भएँ । विद्यालय भर्ना भएँ । विद्यालय पनि के भन्नु ! नाम मात्रको थियो । कक्षा कोठा थिएनन् । गाउँकै ब्रह्मस्थानमा भीमकाय पीपलको रुख थियो । त्यसैको फेद शिक्षा आर्जन गर्ने थलो थियो ।

आकाशमा कपासका गुच्छाहरूझैं कुद्ने बादलका अनेकानिक चित्र हेर्थेँ । पारि एक-दुईवटा बुट्यान हुँदा हुन्, चराहरूको चिर्बिर ध्वनिले मन शान्त गराउँथ्यो । यस्तै मनोरम पर्यावरणकाबीच मैले कखरा सिकेँ । घरबाट पेन्सिल र स्लेट लिएर जानुपर्थ्यो । त्यही धुलेटोको खस्रो धुलोमा अक्षर कोर्न सिकेँ ।

बस्ने ठाउँ थिएन । पढ्ने केटाहरू त धेरै थिए । तर, उनीहरू सबैले बस्ने ठाउँको जोहो आफैं गर्थे । गर्न नसक्नेहरू भुइँको धुलोमा बस्थे । म चाहिँ ठूलो मलखाद, अनाज भर्ने बोरा बोकेर जान्थें । तिनताक बोरामा बसेर पढ्न पाउनु पनि अहोभाग्य नै थियो ।

त्यसबेला बिद्युत्को उज्यालोको परिकल्पना नै थिएन । उमेर बढ्दै जाँदा घरको काम, खेतीबारीको कामले मलाई पनि निमन्त्रणा दिन थाल्यो । दिनभर तराईको टन्टलापुर घाममा सेकिएर पिपलको रुखमुनि अक्षरको उज्यालो चिन्ने रहर, बिहान-साँझ खेतखलियानको काम, एकछिन फुर्सद थिएन । फेरि मलाई फुर्सद शत्रुभैँ लाग्थ्यो । यसले आलस्यता जगाउँथ्यो ।

रात ढल्कँदै गएपछि मलाई पढ्नुपर्छ भन्ने हुटहुटीले छोप्थ्यो । राति डिबियाको उज्यालोमा शिक्षकले दिएको गृहकार्य गर्दै भोलिको पाठका लागि आफूलाई तयार गर्थें । प्रकृतिसँग नजिक रहेका कारण ज्ञानको महत्व थाहा नपाउनेगरी ममा गढेको रहेछ । पाँच कक्षामा दुई दर्जनभन्दा बढी विद्यार्थी थियौँ । पढाइको भोक सबैमा थियो, ममा अभै बढ्ता रहेछ । कक्षामा मात्र होइन, विद्यालयमा नै सबैभन्दा बढी अंक ल्याउने विद्यार्थीमा म पर्थें ।

मैले प्राथमिक शिक्षा लिएको विद्यालय आज हाइस्कुल हुँदै प्लस टूसम्म आइपुगेको छ । विद्यालयको उन्नति र कक्षा बढोत्तरीमा सकेको सहयोग गरिरहेको हुन्छ । शिक्षाको स्तर बलियो नभएसम्म देशलाई देश जसरी हेर्ने नजरको विकास हुँदैन । त्यसैले विद्यालयको आवश्यकताअनुसार हाम्रो परिवारले सहयोग गर्ने कोसिस गर्दै आएको छ । सोही कुरालाई विद्यालयले मनन गरेर पिताजीको नामलाई विद्यालयको नाममा स्थान दिई 'श्री दुर्गा खोभारी माध्यमिक विद्यालय' बनाइएको छ ।

पाँच कक्षा पास गरेपछि २०२६ सालमा सर्लाहीको सदरमुकाम मलङ्गवामा रहेको श्रीमती कृष्णदेवी पब्लिक हाइस्कुलमा भर्ना भएँ । जाऊआउ निकै टाढा थियो । होस्टल बसेर पढ्नुपर्थ्यो । सदरमुकाममा पनि बत्ती पुगेको थिएन । तर घरमा जस्तो डिबियाको उज्यालोमा अँध्यारो काट्नु पर्दैनथ्यो, लालटिनको भलमल्ल उज्यालो थियो ।

आठ कक्षामा पढ्दा पहिलोपटक भारतको सोनवरसाबाट विद्युत् आयो । पहिलोपल्ट लालटिन नबाली भलमल्ल उज्यालो देखियो । भारतको सोनवरसा जाँदा बिजुली देखेकै थिएँ । घरमै बिजुली आयो ।

होस्टलमा बसेर पढ्न मलाई कुनै समस्या भएन । सबै कुरा सामान्य गतिमा चलेजस्तो लाग्थ्यो । केही चाहिए पिताजीलाई भन्थें । त्रिभुवननगरसँगै जोडिएको सोनवरसा बजार जान्थें । आफूलाई चाहिने सामान ल्याउँथें ।

आठ कक्षा पढ्दादेखि नै अधिकारप्रतिको सचेतना जागृत हुन थाल्यो । मानिसको कर्तव्य र अधिकारको सीमातीत सम्बन्ध पाठ्यक्रममा वर्णन हुँदै । त्यो आफ्नै चेतनाको आलोकमा खोज्ने रहेछ । होस्टलले कमसल गुणस्तरको खाना दिन थाल्यो । विद्यार्थीहरू मुख

फोरेर भन्न सक्दैनथे, मलाई गुनासो गर्थे । त्यतिबेला चामल दाल सहित मासिक ५ रूपैयाँ मेस खर्च तिर्नुपर्थ्यो । मैले आन्दोलन गरेँ ।

विद्यालयमै हड्ताल गरेपछि प्रशासनको आँखामा तारो हुनु स्वाभाविकै भइहाल्यो । सजायको चाँजोपाँजो मिलाउन लागे । अरू हिसाबले दण्डित त गर्न सक्दैनथे । होस्टलमा कुनै हालतमा छिर्न नदिने भन्दै होस्टल वार्डेन जगिए । विद्यालयका प्रधानाध्यापकले पनि आँखा रातोरातो पार्दै वार्डेनकै शैली पछ्याए । हपार्नुसम्म हपारे ।

म होस्टलबाट निकालिने भएपछि बुवा अत्तालिनुभयो । शिक्षाको आभामा छोराले घर होइन कुल नै उज्यालो बनाउला भन्ने अपेक्षा थियो । स्कुलबाटै निकालिने भएपछि उहाँ चिन्तित हुनु स्वाभाविकै थियो ।

'मेरो छोराले कहिल्यै बदमासी गर्दैन,' उहाँले प्रधानाध्यापकलाई हातै जोड्नुभयो । तत्काल समस्या टल्यो । होस्टलमा बसेर पढ्न पाउने भएँ । त्यो घटनापछि ममा दुसाउँदै गरेको विद्रोही चेतले हाँगा हाल्न हाल्यो ।

मलङ्गवा हाइस्कुलमा गएपछि चलचित्र हेर्न थालेँ । चलचित्र मेरो सिकाइको माध्यम बन्यो । कलाचेत, सौन्दर्य चेत आदिका दृष्टिले होइन, चलचित्रलाई विशुद्ध मनोरञ्जनको साधनको रूपमा मात्रै हेर्थेँ । चर्चा भएका चलचित्र सुरुचिपूर्वक हेर्थेँ । त्यसका एकएक दृश्य, दृश्यान्तर कण्ठस्थ हुन्थ्यो । चलचित्र समाजमा घटित घटना देखाउने दर्पण थियो । मैले त्यही रूपमा बुझेँ । चलचित्रका माध्यमबाट समाजको मनोदशा थाहा पाएँ । समाजका चुनौतीहरूलाई चिन्न पाएँ ।

चलचित्र मेरो हकमा समाज बुझ्ने माध्यम मात्रै बन्यो । र त जत्तिखेर पनि चलचित्र मात्रै हेर्ने बानी ममा विकास हुन पाएन । तथापि चलचित्र मेरो चेतना उकास्ने एउटा औजार पक्कै थियो ।

तिनताक सिनेमा हेर्न भारतको सोनवरसा र सितामढीसम्म पुग्नुपर्थ्यो । संयोग नै मानौँ, मैले सिनेमा हेर्न थालेको केही समयपछि मलङ्गवामै सिनेमा हल पनि खुल्यो । मलङ्गवामा नै सिनेमा हल खुलेपछि हेरिएका चलचित्रका संख्या बढ्ने नै भयो ।

उत्तरबाल्यकाल स्वभावैले चञ्चले उमेर हो । म अझै उत्सुक थिएँ । जिज्ञासु थिएँ । दिमागमा उठेका अनेक प्रश्नहरूले घेरिएको हुन्थेँ । होस्टलमा एकजना सहपाठी थिए । असाध्यै मिल्ने । उनी सरल र सरस थिए ।

एक दिन साँझपख उनले भने, 'आज झुला हेर्न जाऔं । औधी रमाइलो हुन्छ ।'

झुला भन्नासाथ मेरा कान उत्सुकताले ठाडा भइहाले । खुट्टाले जाऊँजाऊँ भन्न थालिहाल्यो । राति होस्टलबाट भागेर झुला हेर्न जाने योजनामा पुग्यौं । होस्टल वार्डेनको आँखा कसरी छल्ने ? साथीले नै उपाय निकाले, लोटा लिएर निस्कने ।

तिनताक तराईमा शौचालयको प्रबन्ध थिएन । लोटा बोकेर निस्किएपछि वार्डेनले शौच गर्न निस्किएको ठान्नेछन् भन्ने उनको उपाय गज्जबको थियो । रात छिप्पिन थालेपछि लोटा लिएर बाहिर निस्कियौं । यसरी वार्डेनलाई चक्मा दिएर एकाध पटक साथीहरूसँग रामरमिता हेर्न गएँ । तर त्यसले मनमा उत्साह जमाउन सकेनन् । यसरी बरालिनु हुँदैन भनेर आफैलाई सचेत गराएँ । लत बस्न दिइनँ ।

एवंरीतले म किशोर वयमा उक्लँदै गएँ । सँगसँगै विद्यार्थी जीवन पनि पाखा लाग्दै गयो । सङ्घारमा प्रवेशिका परीक्षा थियो । मन काँपिरहेको थियो । तिनताक प्रवेशिका परीक्षालाई फलामे ढोका भनिन्थ्यो । फलामे सङ्घार पार गरिसकेपछि भाग्यको ढोका खुल्थ्यो ।

एसएलसीको परीक्षा केन्द्र जनकपुरको सरस्वती हाई स्कुलमा थियो । एसएलसी काठमाडौँ आउने सेतु थियो । मलाई काठमाडौँमा राम्रा र ठूला मान्छे हुन्छन् भन्ने भ्रम थियो । काठमाडौँ जान पाए ठूलो मानिस होइन्छ, सबैले मान्नेगुन्ने होइन्छ भन्ने लाग्थ्यो ।

समाजका गतिविधिलाई सूक्ष्मातिसूक्ष्म तवरले नियाल्ने बानी विकास भइसकेको थियो । समाजमा कस्ता मान्छे छन् । तिनले कुन मान्छेलाई कसरी हेर्छन् भनेर मिहिन ढंगले अन्वेषण गर्थें ।

धर्म, संस्कृति र मौलिकताप्रति मेरो लगाव सानै उमेरबाट थियो । त्यतिबेला चाडपर्वको छेको पारेर नाटक प्रदर्शन गर्ने चलन थियो । आज पनि छँदै छ । भक्त प्रह्लाद, राम र कृष्ण चरित्रका नाटकहरू बढी मञ्चन हुन्थे । धार्मिक नाटकमा म पनि भाग लिन्थें । चरित्र कुलशतापूर्वक निर्वाह गर्थें । त्यतिबेलाका दर्शकहरूले मेरो अभिनयलाई सुरुचिपूर्वक हेर्थें ।

नाटकमा महिला र पुरुष दुवै पात्र हुन्थे । अधिकांश नाटकमा महिला पात्रको भूमिका पुरुष पात्रले खोस्थे । महिलाको अन्तरभावनासँग पुरुषको अनुभूतिको संगति मिल्दैनथ्यो । फलतः अभिनय नै खल्लो बन्न पुग्थ्यो ।

रंगमञ्चमा महिलाको भूमिका महिलाले प्रदर्शन गर्न नपाउनु उनीहरूप्रतिको अपमान हो भनेर मलाई सधैं घोचिरहन्थ्यो । पुरुष शरीरले महिला चालढाल गरेको पटक्कै मलाई मन पर्दैनथ्यो । महिलालाई होच्याएको भन्ने भाव पैदा हुन्थ्यो । तर मुख बाउन सक्किदनथें ।

समयसँगै समाजको चेतनाको आयाम पनि बदलिँदै गयो । समाजको चेतना बदल्न नाटकहरूमा क्रान्तिकारी चेत मिसिन थाल्यो । राजनीतिक सभा, सम्मेलन र गोष्ठीहरूले तीव्रता पाउन थाले । अग्रज दाइहरूले त्यस्ता गतिविधिको अगुवाइ गर्थे । उदीयमान अनुजहरूलाई सँगसँगै लिएर हिँड्थे । रचनात्मक क्रियाशीलताले दिमागको बत्ती अभ चहकिलो तुल्याउँदो रहेछ । त्यसले सिर्जनात्मक क्षमताको पनि विकास गर्थ्यो । काम गर्ने तौरतरिकामा पनि आनको तान फरक ल्याउँथ्यो ।

आज पनि आफैंले आफैंलाई समय दिन खोज्छु । नशानशामा खुरुरी दौड्छ । खुसी खोज्न सबैभन्दा पहिला आफूभित्र नै जानुपर्छ । अभ बालापनमा फर्कनुपर्छ ।

आफूभित्र जाँदा सुख्खायामा नाङ्लो वरिपरि रहेको वृत्ताकार बाँसको बत्तीलाई भिकेर बनाएको पाङ्ग्रा एक्लै गुडाउँदै हिँड्ने केटो भेट्छु । यो देशको माटोमा त्यो केटोले निकै पटक पाङ्ग्रा गुडाउँदै दौडँदा कलिलो घुँडामा चोट लगाएको छ । आहत भएको छ । खुसीले गद्गद् भएको छ । आजको राजेन्द्र महतोको जग त्यही खुसी, चोट र माटाको सुगन्ध हो ।

वर्षायाममा खेतमा स-साना दह बन्थे । खोला, नाला र पैनीमा बाढी आउँथ्यो । पोखरी र कुलोमा बेपरवाह बग्नु मेरा रहरका कृत्य थिए । मधेशको परिवेश पृथक थियो । हुर्काइको तौरतरिका अलग थियो । ईँटा, जस्तापाता आदिको सुरक्षित घर बनाउने चलन थिएन । चलन भए पनि कसको सामर्थ्य पुग्नु ! निमुखासँग सुविधामा बस्ने भाग्य कहाँ हुन्छ र !

मधेशका भुपडीले न हुरी छेक्थे, न भरी । ठूलो पानी परे थाप्लामा पानीका ठुल्ठुला थोपा बर्सन्थे । निमुखाहरू आफ्नै भाग्यलाई धिक्कार्दै पानी पुछ्थे । लालाबालालाई जोगाउँथे । छानामाथिको आकाशबाट बर्सिएको पानीले मात्रै मधेशलाई आहत तुल्याउने होइन, हिमाल र पहाडमा बढ्दो अतिवृष्टि, अनावृष्टि र खण्डवृष्टिले पनि मधेशलाई समस्यामा पारेको थियो ।

त्यसबेला मधेशमा खपरा तथा फुसका घरको आँगनमा चटैया, खटिया वा चौकी (खाट) हुन्थे । तोसक (डसना) को चलन त्यति थिएन । कपडाको हातले बनाएको खेना (गद्दा)मा सुत्नुपर्थ्यो । घरमा शौचालय बनाउने अवधारणा आज पनि देहातका सबै ठाउँमा पुर्‍याउन सकिएको छैन । ३० को दशक अँध्यारोमा हुने शंकै भएन । देहातीहरू लोटामा पानी लिएर खेतखेतमा शौच गर्न जान्थे । दतिवनले दाँत माभ्र्थे ।

कुनै पर्व त्यौहार आउँदै छ भने तराईबासीको अनुहारमा खुसीको बेग्लै सञ्चार हुन्थ्यो । छठ, दिवाली, दसहरा, होली, तिला सङ्क्रान्ति, जुडशीतल लगपाँचे, चउरचन्द, साउनी घडी, नागपञ्चमी, जितिया, भदैयारव, इद, बकरिद, माघी, जस्ता पर्वहरू आत्मीयताका द्योतक थिए । दुःख बिसाउने चौतारी थिए । साभ्रा छहारी थिए ।

उत्सव बनेर आउँथ्यो दशैँमा दुर्गापूजा । बेग्लै रौनक महसुस हुन्थ्यो । विशालकाय दुर्गाको मूर्ति बनाइन्थ्यो । दस दिनसम्म मेलाको उत्सव उठ्थ्यो । बालखदेखि वृद्धसम्म दुर्गापूजाका लागि भुम्मिन्थे । नदी, जलाशयमा सेलाउन जाँदा बाजागाजा बजाइन्थ्यो । त्यो संस्कृति आज पनि जीवित छ । भ्रन् जीवन्त बनेर गएको छ । त्यसले मधेशको जगेर्ना गरेको छ । मधेशको जीवनमा प्राण भरेको छ ।

क्रिसनाठी (जन्माष्टमी) दाहा, भ्रण्डा (बाँस र रंगीन कागजले बनेको टावर जस्तो), मेलामा भने नाचको मात्रा र सौन्दर्य बढी हुन्थ्यो । केटा नै केटी 'नचनिया' बनेर नृत्य कला पस्कन्थे । देहातका कुना-कन्दराबाट मानिसहरू हेर्न आउँथे । आस्वादित हुन्थे ।

जाटजुटिन, समाचकेवा, भिभिख्या, भ्रुमरी, किर्तनिया, सखिया, भगता, भरनी, होरीजस्ता मौलिक लोकनृत्य लोप हुने अवस्थामा पुगिसकेका थिएनन् । त्यसको सौन्दर्यमा तराई-मधेश वशीभूत थियो । कण्ठमा लेउभ्रैँ टाँसिएर बसेका पुस्तौँपुस्तादेखिको पीडा भुल्ने माध्यम बनेका थिए ।

उदाउँदो सूर्यको दुनियाँले पूजा गर्छन्, तर अस्ताउँदो सूर्यको पनि पूजा गर्नुपर्छ भन्ने सन्देश र संस्कार मिथिला क्षेत्रको गहना हो । हामी सानो छँदासम्म छठ पर्व बढीजस्तो मनित (भाकल) गर्नेहरूले मनाउँथे । छठमा छुवाछूत हुँदैनथ्यो ।

एकपटक छठमा सुस्वादु प्रसाद बाँड्दा घाटमा मलाई कसैले प्रसाद नै दिएनन् । कसैको ध्यान मतिर गएन । म आफैं हात पसार्दै गएँ । तर, पनि मैले प्रसाद पाइनँ । चित्त दुख्यो । रुँदैरुँदै घर आएँ । त्यसबेला आमालाई प्रसाद चाहियो भनेर खुबै दुःख दिएको थिएँ ।

छठ नमनाएको घरमा कहाँबाट हुनु प्रसाद र आमाले दिनु ! अहिले पनि आमाको विस्मित अनुहार आँखामा झल्झल्ती आउँछ । त्यतिबेला आमालाई दिएको ताडना सम्झिएर अहिले मनभित्र वेदनाको सुनामी उठ्छ । कुनै मन्नत मागेर छठ पूजा गर्ने चलन भएका कारण मेरो घरमा त्यतिबेला छठ पर्व मनाइएको थिएन । पर्व मनाउनेले नमनाउनेका घरमा प्रसाद ल्याइदिने चलन थियो । ममताले भरिएकी आमाले कठोर कदम उठाउनुभयो । सात वर्षको फुच्चेलाई कसैले छठको प्रसाद नदिएको झोँकमा आमाले गाउँभरका कुनै पनि आफन्तको प्रसाद स्वीकार गर्नु भएन ।

होली पर्व मधेशको चिनारी पनि हो । होलीलाई निकै भव्य उत्सवको रूपमा हेरिन्थ्यो पहिले । तर, काठमाडौंलाई होली चिनाउन २०४६ सालको परिवर्तन नै पर्खनुपर्‍यो ।

तत्कालीन राजा-महाराजालाई होलिका दहन र होलीको रङको सौन्दर्य थाहा नभएको होइन । तर मधेशीलाई मानिस नै स्वीकार्न कठिन हुने सत्ताधारीले होलीको अपनत्व कसरी लिऊन् ? उनीहरूलाई दिगमिग लागिरह्यो । त्यसकारण पहाडको होलीमा बिदा हुन्थ्यो । मधेशको होलीमा बिदाको कल्पना नै थिएन ।

त्यतिबेला मधेशमा होलीभन्दा अघिल्लो रात्रि होलिका दहन हुन्थ्यो । त्यसको लागि सबै मिलेर लकडी जम्मा पार्थ्यौं । बालखदेखि वृद्धसम्म जम्मा भएर धुनी जगाउँथ्यौं । होलिका दहन हुन्थ्यो । हामी त्यही आगो ताप्दै रमाउथ्यौं । पहाडमा देउसी भैलो खेलेझैं होलिका दहनको भोलिपल्ट मान्छेका घरघरमा गएर होलैया होली गाउने परम्परा थियो । तिनीहरूलाई अबिर, रंग र सुपारी दिएर बिदाबारी गरिन्थ्यो ।

देहातमा होलीको रौनक सुरु भइसकेको थियो । वातावरणमा होलीको सुगन्ध फिँजिइसकेको थियो । राति होलिका दहन गर्ने हुँदा थुप्रो लकडी चाहिन्थ्यो । हामी बच्चाहरू तम्तयार भइहाल्यौं । गाउँभन्दा टाढा सतबहुआपर्तीमा रहेको फुसको छाप्रोमा पुग्यौं । त्यहाँ एउटा भीमकाय सिमलको रुख थियो, त्यसलाई भुताहा रुख पनि भनिन्थ्यो । भुताहा रुख वरपर जान बच्चाहरू मात्र होइन, ठूलै मान्छे पनि त्राहिमाम् हुन्थे ।

संयोगवश त्यहाँ गएकै बेला मेरो गर्धन टेढा भयो । सबैले मलाई भूत लागेको भने । मेरा काका लखन महतो भगता हुनुहुन्थ्यो । उहाँले झारफुक गर्नुभयो । नशा निको भएन । रचासमा मलाई नसा चढेको थियो । तर भूतले दोष पायो । त्यो सालको होलीमा मैले रङसँग खेल्न सकिनँ । होलैया गाउनेको पछिपछि कुद्न सकिनँ । ननिको लागिरह्यो ।

पर्वले समाजको मनोदशा बुझ्न सघाउँछ । पर्व सामाजिक उल्लासका द्योतक त हुँदै हुन्, तिनले समाजको स्थितिको परिचय पनि प्रतिविम्बित गर्छन् । अतः रामरमितामा मन नलागे पनि मौलिकतासँग मेरो निकै लगाव थियो । यसैले म सबै सामाजिक उल्लासमा उपस्थिति जनाउँथें । हार्दिकता साटासाट गर्थें, वशीभूत हुन्थें । ती पर्व-त्यौहारहरूमा आफूलाई पाउँथें ।

प्रवेशिकापछि सामाजिक-राजनीतिक चेतनाले उमेरको कैशोर्यकाल उछिनिसकेको थियो । आफ्नो खेतबारीमा काम सघाउने मनले रोपाइँमा जान्थें । रोपाइँ उत्सवजस्तो लाग्थ्यो । झुण्ड-झुण्डमा मधेश र भारतबाट आएका महिला तथा पुरुषहरूको ओठमा मौलिक गीत झुन्डिएको हुन्थ्यो । पहाडमा घाँसेगीत गाए जस्तै मधेशका खेतीपाती गर्दा, बालीनाली थन्क्याउँदा गाउने गीत गाउँदै धान रोप्थे । रुखको फेदनेर बसेर पनपियाई (खाजा) र कलौ (खाना) खान्थे ।

पहाडतिर डोको बोकेजस्तै तराईमा टाउकोमा राखेर घरबाट कलौ ल्याइन्थ्यो । कलौमा दाल, भात, तरकारी, अचार र भुटेको खुर्सानी हुन्थ्यो । केराको पात र जंगलबाट ल्याएको पतौरामा कलौ पस्किइन्थ्यो । सबै खाना खाने ध्याउन्नमा हुन्थे । म चाहिँ रोपाइँ जोतेर थाकेका गोरुहरू चराउथें ।

मलाई माटाको सुगन्धले मुग्ध तुल्याउँथ्यो । आज पनि मलाई माटाको सुवास असाध्यै प्रिय लाग्छ । त्यतिबेला माटोलाई खुबै चलाउँथें । जीवनले उद्देश्य पहिल्याउनुपूर्व म माटासँग जोडिएर जीवन कटाउँछु भन्ने सोच्थें । आलो माटाको सुगन्धमा जीवनको बाटो कोरिएको आभाष हुन्थ्यो । अहिले सम्झँदा लाग्छ, आफू हिँडेको बाटो र माटोको सुगन्ध नाकमा ठोक्किनुको अर्थ ममा हुर्कँदै गरेको सामाजिक-राजनीतिक चेतनाको उपज थियो ।

खेतीपातीका लागि भारतबाट सयौँको संख्यामा मजदुर आउँथे । ती मजदुरलाई बिहान–बेलुकीको खाना र दुई किलो धान ज्याला (बनिहारी) दिने चलन थियो । धानको मूल्य पनि न्यून थियो । काम गर्नेलाई धान नै भर्दा नाफा हुन्थ्यो । पहाडमा जस्तै मधेशमा पनि श्रमको ज्याला मुद्रामा होइन अन्नमा विनिमय हुन्थ्यो ।

तिनताक भारतबाट श्रम गर्न मानिसहरू सीमावारि आउँथे । अहिले ठ्याक्कै उल्टो छ । मधेशबासीहरू श्रम खोज्दै भारतको पञ्जाव, हरियाणातिर जानुपर्ने टिठलाग्दो अवस्था छ । यस्तै अवस्था कर्णाली र सुदूरपश्चिममा पनि छ । त्यहाँका नवयुवाहरू भारतको कालापहाड नपुगी जवान हुन पाउँदैनन् ।

मधेशको दुःख कसरी पहाड पुग्यो र देशव्यापी बन्न पुग्यो ? सोचनीय विषय छ ।

व्यवस्था त फेर्यौं तर अवस्था त ज्यूँका त्यूँ छ । सामाजिक मुद्दा उही अवस्थामा छ । असमानताका ठूल्ठूला खाडल पुर्न ढिला गर्यौं भने हामीले अवर्णनीय नोक्सानी बेहोर्नुपर्ने दिन त्यति टाढा छैन ।

उतिबेला पहाडमा जस्तै देहातमा पनि ढिकीमा धान कुट्थे । कोल्हुमा तेल पेल्थे । जाँतोमा गेहुँ, मरुवा र दाल पिन्थे । पशुपालन पनि मुख्य पेसा थियो । घरैपिच्छे गाईगोरु, भैंसी, खसीबाख्रा, आदि चौपाया हुन्थे । मासुका लागि परेवा पनि पाल्थे । पहाडी र मुस्लिमका घरमा छिटपुट देखिए पनि त्यतिबेला तराई-मधेशमा मुर्गा पाल्ने चलन फस्टाइसकेको थिएन । यही कारणले पनि समाजमा छुवाछूत हुन्थ्यो ।

देहातमा मुर्गा नपाल्नुको कारण छ । मेरो घरको देवता 'सोखा' हो । सोखा घर गोसाइ (घर देउता) हुनेको घर आँगनमा मुर्गाको पाइला पर्न हुँदैन । पाल्नु निकै परको कुरा, कथम्कदाचित् घरआँगनमा कुखुरा आए तुरुन्तै लिपपोत गरेर चोखो तुल्याउनुपर्थ्यो । कतिपयले क्षमपूजा पनि गर्थे । अनिष्ट नहोस् भनेर ईश्वर पुकार्थे ।

घरमा कालो रंगका वस्तुको प्रयोग निषिद्ध थियो । मदिरा चल्दैनथ्यो । तिनताक घर देउताको नियम कानुन धेरै कठोर हुन्थ्यो । त्यो कानुन हाम्रा लागि त बाध्यकारी छँदै थियो । छिमेकीले पनि परिपालना गर्नुपर्थ्यो र गर्थे पनि ।

घरभित्रको कोठाको दक्षिणपश्चिम कुनामा 'सोखा'को स्थान थियो । त्यहाँ नित्यनिरत पूजाअर्चना हुन्थ्यो । पूजामा परिवारका एक जनाले घिउ डारी (घिउको आहुती) दिने चलन थियो । घर गोसाइको पूजा सालमा एकपटक हुन्थ्यो ।

मधेशका सबै घरमा कुनै न कुनै एउटा कुल देवता हुन्छन् । पूजाअर्चना आ-आफ्नो परम्परा र प्रचलित संस्कृतिअनुसार आज पनि हुन्छ । तर युवा पुस्ताले आफ्नो संस्कार र संस्कृतिको वैज्ञानिक अध्ययन नै नगरी गलत साबित गर्न न्वारानदेखिको बल लगाइरहेका छन् ।

मानिस संस्कृतिको अंग हो । धर्म, परम्परा र मूल्य मान्यताको निरन्तरता पनि हो । त्यसबाट विच्छेदित हुन खोज्ला तर पर पुग्न सक्दैन । ऊ जुन माटोमा खडा छ, जुन बाटोमा उसको पैताला परेको छ, त्यहाँबाट भागेर कहीँ पुग्न सक्दैन ।

आफ्नो पहिचान भएन भने हामी कहाँको हुँदैनौं । कतै पुग्दैनौं । हरेक युवाले यो तथ्यलाई मुटुमा टाँस्न जरुरी छ । छातीमा संगृहित गर्न जरुरी छ । पहिचान मेटिने चिन्तनले आफ्नै अस्तित्व नभेटिने जोखिमलाई सदैव बोकी हिँड्छ ।

अहिले पनि मधेश दीर्घरोगको चपेटामा छ । छुवाछूत, घुंघट, बोक्सी, डायन र चुडैल जस्ता अन्धविश्वासले मधेशको अनुहार कुरूप तुल्याइरहेको छ । त्यहाँका भाउजू र बुहारीहरूले अनाहकमा ज्यान गुमाएका छन् । अहिले पनि त दहेज मधेशका छोरीहरूको शरीरमा आगो भोस्ने कारक बनेको यदाकदा सुनिन्छ नै ।

मधेशको आँगनमा हुर्किएको बालविवाह, कमलरी, कमैया, हलिया, आदिको विषवृक्षलाई खिर्गुल नपारी मधेशको समृद्धिमा पाइलै राख्न सकिँदैन । आज पनि मधेशको साक्षरता दर मुटु बिधाउने किसिमको छ । अशिक्षाकै कारण मधेश गरीबीको दुष्चक्रमा छ । त्यसबाट

उम्कन मिटरब्याजीको सहारा लिँदा धेरै मानिस न घरको न घाटको बन्न पुगेका छन्। धेरैको चिल्लिबिल्ली भएको छ। वनवास लागेका छन्।

हिजोभन्दा आज उच्चाटलाग्दो स्थिति छ। व्यवस्था परिवर्तनको घामले मधेशको तुसारो पन्छाउनै सकेको छैन।

उतिबेलाको मधेशको स्मृति मेरो मानसपटलमा ताजै छ। तिनताक देहातमा ऐलान गर्नुपरेमा चमारबाट डिगडिगिया (छालाबाट बनेको बाजा ढोल) पिटाइन्थ्यो। भोजभतेर खान जाँदा घरबाट लोटामा पानी लिएर जानुपर्थ्यो। भुइँमा लहरै बसेर भोज खान्थे। त्यस्ता भोज स-साना पनि हुन्थे। हजारौं मानिस जमघट भएको पनि हुन्थ्यो।

उतिबेला खाने तौरतरिका भिन्नै थियो। जुन आज इतिहासको गर्तमा मिसिइसकेको छ। त्यसबेला भोज भतेर खान लाइनमा बसेकालाई पातमा खाना पस्किइन्थ्यो। घिउ पस्किसकेपछि मात्र खाने कार्यक्रम सुरु हुन्थ्यो। अन्त्यमा दही खाएर एकैसाथ उठ्ने परम्परा थियो।

तर सबैका लागि अवस्था एकनास थिएन।

डोम समुदायले व्यहोरेको हेला सम्झँदा अहिले पनि छाती चिरिन्छ। उनीहरूले मानवोचित व्यवहार नै देख्न पाउँदैनथे। भोजभतेरमा लाइनमा बसेर खान समेत दिइँदैन थियो। उनीहरू बाँकी रहलपहल खाना जम्मा गर्थे। अरूले खाएका पात उठाएर फाल्थे। भोजको दिन अरूको जूठोपूरी नै उनीहरूको पेट उकास्ने माध्यम थियो।

छुवाछूतको समस्या आज पनि मधेशका घर-आँगनमा जतातते छ। एकै इनारको पानी पनि कथित पानी चल्ने र नचल्ने जातकाले भिन्न समयमा भर्छन्। कथम् एकै समयमा पुगेछन् भने कथित उपल्ला जातका मानिसको हैकम चल्छ। उनीहरूले दलित समुदायलाई पानीबाट वञ्चित गर्छन्।

यसका पछाडि के तर्क छ? मानिसले छोएको पानी नचल्नुको वैज्ञानिक आधार के हो? अहिलेसम्म कसैले खोजी गरेका छैनन्। मधेशबाट फाल्न नसकिएको यस प्रकारको विकृतिप्रति हामी सबै आत्मालोचित हुनैपर्छ। पटक-पटकका क्रान्ति, सङ्घर्ष र बलिदानीपूर्ण सङ्घर्षले पनि छुवाछूतको कुप्रथा चिर्न नसकेकोमा मलाई ग्लानिबोध हुन्छ। चिन्तित तुल्याइरहन्छ। तर, आजभोलि यसमा निकै सुधार आएको छ। अब यसलाई निर्मूल गर्नैपर्छ। यसका लागि पृथक सामाजिक क्रान्तिको आवश्यकता महसुस गरेको छु।

पहिले गाउँमा कुनै आपराधिक गतिविधि भए पञ्चैती बस्थ्यो। पञ्चभलाद्मीले दण्ड सुनाउँथे। गाउँलेहरूले मान्नुपर्थ्यो। देवानी कानुन आकर्षित हुने विषय मात्र होइन, गम्भीर प्रकृतिका फौजदारी कानुन आकर्षित हुने विषयमा पनि उनीहरू निसाफ सुनाउँथे।

अदालतद्वारा अपराधीलाई दण्ड सजाय नभएको बेला पञ्चभलाद्मी प्रथा जायज मान्न सकिन्थ्यो। देश. विधि र कानुनको शासनको दिशामा अघि बढेका बेला पनि पञ्च भलाद्मी

बस्ने, दण्ड सजाय सुनाउने चलनले निरन्तरता पाउँदा कानुन हातमा लिने संस्कृति जीवित रहन गयो । कसैले अनावश्यक दण्ड सजाय पाउने र कोही गम्भीर प्रकृतिको फौजदारी कसुरको दोषी समेत उम्कने अवस्था बन्यो ।

आधुनिक शासनको व्याख्या र दण्ड विधानअनुसार पनि सबैले देशमा न्यायको अनुभूति गर्न पाएका छैनन् । वर्षौं मुद्दा अल्झाएर दुःख दिएका कैयन् दृष्टान्त छन् । बाजेका पालाको मुद्दा नाति पुस्तामा पनि नटुँगिएर तीन पुस्ताले हन्डर व्यहोरेको हाम्रै आँखाले देखेको छ । निमुखाहरूले अड्डाअदालत धाएर पैताला मात्रै होइन, जीवन नै फटाएका छन् ।

पञ्चैती संस्कृतिको एउटा सकारात्मक पाटो भने थियो ।

पञ्चैती संस्कृतिले विषयको छिनोफानो गर्न विलम्ब गर्दैनथ्यो । अड्डा-अदालत, पुलिस-प्रशासन वा जेलनेल केही पनि थिएनन् । तर पनि पनि समाज नियन्त्रणमा थियो । त्यसकारण पनि यो संस्कृतिप्रति मानिसहरूलाई भरोसा थियो । कुनै जातिमा कसैले गल्ती गयो भने 'भात पानी काट्ने' चलन थियो । भात पानी काटेको मानिसलाई कसैले पनि सामाजिक कार्यमा सरिक गराउँदैनथ्यो । वञ्चितीकरणमा पर्थ्यो ।

मधेशसँग समस्या मात्र होइन, सभ्यता पनि छ, सम्भावना पनि छ । सिंहदरबारको सत्ताले मधेशका समथर फाँटलाई उर्वर छ भनिरह्यो । मधेश अन्नभण्डार हो भनेर सङ्कथन निर्माण गरिरह्यो । अन्नभण्डार नै भनिसकेपछि केही गर्नै परेन ।

न सिँचाइको प्रबन्ध गर्नुपर्‍यो, न बाटो नै खन्नुपर्‍यो । न झलमल्ल बत्ती नै पुर्‍याउनुपर्‍यो । सदरमुकाम समेत पिच नभएको दूरावस्थाको नियति सधैं मधेशको भागमा परिरह्यो । एक प्रकारले भन्दा शासकीय चेतनाले कोरेको मधेशको नियति थियो त्यो । मधेशमा राज्यको उपस्थिति नै नभएको होइन । छ । राणा शाहीदेखि नै राज्य बेखबर छ । मधेशमा राज्यको उपस्थिति मधेशीलाई कमजोर बनाउन मात्र भयो । मैले बाल्यकालदेखि नै यो कुरा बोध गरेँ । र, मेरो मुटुमा विद्रोहको झिल्को रापिँदै गयो । अन्ततः विस्फोटक बन्यो ।

अशिक्षाको कारण देखाएर मधेशकालाई गर्नुसम्म विभेद गरे । स्रोतको वितरणमा पछाडि पार्नुसम्म पारे । मधेशलाई सिंहदरबारले किन विभेदको आँखाले मात्रै हेर्छ भन्ने प्रश्नवाचक चिह्नले मभित्र विराट रूप लिँदै गयो । म किशोरवयको हुँदासम्म मधेशीको जनजीवनलाई लक्षित गरी सरकारले कुनै पनि बिदा तथा सहुलियत दिएको थिएन ।

मधेशमा बस्ने पहाडी र मधेशी समुदायको रहनसहन नै बेग्लै हुन्थ्यो । उनीहरूको सभ्यता र संस्कृति नै भिन्न हुन्थ्यो । पहाडियाहरू आफूलाई कट्टर नेपाली देखाउन भगीरथ प्रयत्न गर्थे । बोलीचाली र रहनसहन सबै कुरामा फरकपन थियो ।

नेपाली हुँ भन्ने एकाधिकार र सर्वाधिकार उनीहरूमा मात्रै निहित भएझैँ प्रतीत हुन्थ्यो । सम्पूर्ण पहाडी र खस-आर्य समुदायलाई एउटै डालोमा राखेर आलोचनाका नजर फ्याँक्न त मिल्दैन । बहुसंख्यक यही सोचबाट ग्रस्त थिए ।

समुदाय सोचाइबाट जन्मन्छ । सोचाइको आयतनले नै सबै कुरा निर्धारण गर्छ । सत्ताको नेतृत्व जसले गर्‍यो, चिन्तनको नेतृत्व उसैले गर्छ । त्यो सोच तलतल विस्तारित हुँदै मधेश विभेदको शिकार भइराख्नु परेको बुझ्न कठिन थिएन ।

सदरमुकाम मलङ्गवामा हाइस्कुल पढ्न थालेपछि थाहा भयो, जिल्ला प्रशासन कार्यालयमा नेपाली टोपी लगाएर जानुपर्ने अनिवार्य नियम बसालिएको रहेछ । टोपी मधेशको संस्कृति होइन । धोती, गम्छा, आदि मधेशको रहनसहनभित्र पर्थे ।

मेरो मनमा प्रश्न तिखो भयो, टोपी नै किन लगाउनु पर्ने ? राज्यले दिने भनेको एक थान नागरिकता हो । त्यो पनि खस-आर्य संस्कृतिको विम्बजस्तो बनेपछि विद्रोही बन्नु स्वाभाविकै भइहाल्यो ।

सरकारी कार्यालय गयो, मधेशी कर्मचारी कोही भेटिंदैन । पहाडियाहरू हाम्रो भाषा बुझ्दैनन् । लबज बुझ्दैनन् । राज्यको उपरी संरचनादेखि आधारभूत तहसम्म एउटै वर्गको प्रभूत्व छ । देश त अलग-अलग भाषा, जाति र संस्कृतिको समष्टि हो भन्ने भाव मेरो सानैदेखि थियो । शासन-प्रशासनमा पनि त्यसको प्रतिविम्बन भेटिनुपर्ने हो । तर, जहाँ पनि एकल जातिको हालीमुहाली छ । उनीहरूकै रजगज चलिरहेको छ ।

अलगअलग जनता एक भएर आफ्नो अधिकारको लागि किन लड्न सक्दैनन् भन्ने प्रश्न प्रवेशिका परीक्षा दिँदासम्ममा मभित्र विकास भइसकेको थियो । एक किसिमले भन्दा तिनै प्रश्नसँगै म जवान हुँदै थिएँ ।

मधेशीहरू धर्मप्रति आस्थावान् छन् । सत्चरित्रवान् छन् । उनीहरू पशुपतिनाथलाई असाध्यै श्रद्धा गर्छन् । भक्तिभाव प्रकट गर्छन् । बर्खा सकिएर शरदले नुर उठाउँदै थियो । एक हुल मधेशका मानिसहरू झिटीगुन्टा च्यापेर कतै जान तम्तयार रहेछन् ।

मैले आश्चर्यचकित हुँदै सोधैं, 'कता जाँदै हुनुहुन्छ ?'

उनीहरूले मैथिलीमा 'नेपाल जान लागेको' भने ।

अरे ! यो पनि त नेपाल हो ? कि नेपाल भनेको छुट्टै ठाउँ पनि छ ।

'कहाँ पर्छ यो ?,' मैले आश्चर्य हुँदै सोधैं ।

उनीहरूले भने, 'काठमाडौंमा ।'

त्यसबखतको सोचाइ यस्तो थियो । काठमाडौंलाई नेपाल खाल्डो भनिंदो रहेछ । पछि बुझ्दै जाँदा पहाडतिरकाले पनि यसै भन्दा रहेछन् । सिंहदरबारले आफ्नो सेरोफेरोलाई मात्रै नेपाल भन्ने भाष्य स्थापित गरेको रहेछ । अरू भूगोल पनि छुटेका रहेछन् । मधेश त झन दूर थियो । सुदूर थियो ।

# संगत

भनिन्छ, संगतो जायते फलः ।

बढ्दो उमेरसँगै अनेक सङ्घर्ष र संगत गरेँ मैले ।लदेहातको पढाइ सकिएको थियो । एसएलसी पास गरेपछि काठमाडौँमा पढ्ने सपना थियो ।

'म काठमाडौँ जान्छु । उतै शिक्षादीक्षा लिन्छु,' घरमा कुरा राखेँ ।

मेरो कुराले घरमा खुसीको सञ्चार भयो ।

घरकाले भने, 'काठमाडौँ गएर डाक्टर बन्नुपर्छ !'

'अहो डाक्टर !'

मनमा नयाँ ऊर्जाको सञ्चार भयो । हातमा एउटा झोला र गोजीमा ३ सय ५० रूपैयाँ बोकेर काठमाडौंको बाटो तताएँ । रानीगञ्जसम्म दाइ पुर्‍याउन आए ।

पहिलोपटक घर छाड्दै थिएँ । मानिस बन्न घर छाड्नुपर्थ्यो । बाबुआमाको न्यानो काख छाड्नुपर्थ्यो । गुँड नछाडी बचेराहरूले कहाँ जान्दछन् र पँखेटा फिजाउन ! घर नछाडी कहाँ चिनिन्छ र घर ! घर नछाडी कहाँ बन्छ र घर ! म हावामा पंख फिँजाएर गन्तव्यमा निस्किएको थिएँ । तर पहिलोपटक घर छाड्दा मुटु चोइटिएको आभास हुँदो रहेछ । खुट्टा लर्खराउँदा रहेछन् । रानीगञ्जबाट बस पथलैयासम्म मात्रै आयो । त्यसपछि अर्को बस चढेर हेटौँडासम्म आइपुगेँ ।

हेटौँडाबाट ट्रक चढेर बाइरोडको बाटो हुँदै डाँडाको टुप्पामा पुगेँ । तराईमा उखरमाउलो गर्मी थियो । पहाडमा त्यसको छेकछन्द नै थिएन । शीतयामको जस्तो जाडो थियो । स्याँठ उस्तै । बेलुकीपख मानिस नै उडाउलाजस्तरी हावा चल्ने रहेछ । कहिल्यै पहाड नआएको मानिस, सीमभञ्ज्याङको डाँडामा बास बस्नुपर्‍यो । जाडोले रातभर निन्द्रा परेन ।

ट्रकमा बागबजारस्थित 'मोहन आर्ट'का एकजना पेन्टर पनि थिए । उनको छाती फराकिलो र उदात्त थियो । तिनले मधेशबाट आएको 'फुच्चे' लाई आफ्नै परिवारको सदस्यजस्तो व्यवहार गरे । बाटोमा भेटिएका ती दाइ काठमाडौँमा मेरो पहिलो सहारा बने । बाटो देखाउने द्रष्टा बने ।

ट्रकले हामीलाई बागबजारमा नै झारिदियो ।

'रञ्जना हलअगाडि लज पाइन्छ, त्यहीँ बस्नु,' ती दाइले सुभ्mएअनुसार नै म रञ्जना हल नजिकै पुगेँ । लज फेला पर्‍यो । त्यसको सबैभन्दा माथिल्लो कोठामा बस्न थालेँ । काठमाडौँ मेरा लागि अन्जान सहर थियो ।

न्युरोड, महाबौद्धमा मानिसहरूको बाक्लै भीडभाड हुन्थ्यो । व्यापार, व्यवसाय गर्नेहरू ओहोरदोहोर गर्थे । मान्छे निस्सासिने भीड थियो । म एक्लो थिएँ । आफ्नाहरूबाट टाढा भीडमा पनि एक्लो हुँदो रहेछ मानिस ! काठमाडौँमा मैले नितान्त एक्लो महसुस गर्दै थिएँ । मुख बोल्ने मानिस कोही थिएन ।

दिउँसो रत्नपार्कमा घाम ताप्थेँ । भूगोलपार्कमा गोरखापत्र पढ्थेँ । भीडभाडले एक्लोपन बिर्साउँथ्यो । जब रात ढल्कँदै जान्थ्यो, एक्लोपनाले फणा उठाइहाल्थ्यो । सहन नसकेर बेस्सरी रुन्थेँ ।

'अब कसरी घर फर्कने ! कहिले जान पाउँछु होला ?,' यस्तै सोचेर मन आत्तिन्थ्यो ।

ती दाइ बाटोमा भेटिएका थिए । बाटो देखाए । आफ्नो बाटो लागिहाले । सहरमा केही दिन बित्दा पनि मैले कुनै आत्मीयता पाइनँ । काठमाडौँबाट भागिहालौँ जस्तो भयो । सहर आफ्नै गतिमा भागिरहेको थियो । म रञ्जना गल्लीमा कैद थिएँ ।

केही दिनपछि मलङ्गवामा सँगै पढ्ने साथी अमरेन्द्र लाल कर्ण रत्नपार्कमा भेटिए । उनले मलाई आफ्नो डेरामा लगे । अपरिचित ठाउँमा आफ्नो मानिस भेटिँदा वर्षौं वर्षदेखि खडेरीले सुकेको बञ्जर भूमिले पानी भेटेजस्तै हुँदो रहेछ । उसलाई मैले ग्वाम्लाङ्गै अँगालो हालेछु । मेरो मन आँसुले भिजेको हुँदो हो । तर, आँखामा देखाइन । ठूलो राहत भयो । उनी काठमाडौँमा जमिसकेका थिए । उनले लजमा बस्नुभन्दा कोठामा बस्न सुभ्mए । खल्तीमा पैसा पनि पातलिँदै गएको थियो । कोठामा बस्दा खर्च बच्ने साथीको उपाय मलाई गज्जब लागेको थियो । हामी कोठा खोज्न थाल्यौँ ।

पछि सर्लाहीबाट आएका अरू साथीहरूसँग पनि भेट हुन थाल्यो । मानिसैमानिसले भरिएको एकलास ठाउँमा मैले साथी भेट्टाउन थालेको थिएँ ।

काठमाडौँमा तिनताक आज जस्तो बाक्लो बस्ती थिएन । ३० को दशकमा काठमाडौँमा कोठा खोज्न दुरूह पनि थिएन । सजिलै पाइन्थ्यो । एक सय पचास रूपैयाँले महिना टर्थ्यो । उसो त त्यतिबेला एक सय पचास रूपैयाँ ठूलै रकम थियो । सरकारी कर्मचारीको तलब-वेतन पनि त्यति थिएन ।

हामीले हनुमानढोकाको दक्षिणतिर चिँकमुगल टोलमा कोठा पायौँ । भुइँ तलामा बस्न नपरोस् भनेर हामीले प्रार्थना गरेका थियौँ । दैवसंयोग नै मानौँ, तेस्रो तलामा कोठा पाइयो । त्यसपछि मेरो काठमाडौँ बसाइले स्थिरता पाउन थाल्यो ।

सुनेको थिएँ, काठमाडौँ मन्दिर, जात्रा र पर्वैपर्वको सहर हो । हो रहेछ, मधेशको भन्दा भिन्न खालका पर्व र संस्कृतिले काठमाडौँ बसाइमा रोमाञ्चकता थप्यो । हनुमानढोका

नजिकको चिंकमुगलमा टोलमा दिनहुँ जात्रा भइरहन्थे । मानिसहरू पनि मिलनसार थिए । अहिलेको आधुनिक काठमाडौँभन्दा नितान्त भिन्न थियो, त्यसबेलाको काठमाडौँ ।

बासको निधो भएपछि केही समय काठमाडौँ हेर्नमा बिताएँ । जसले मलाई भिन्न भूगोलसँग चिनापर्ची गरायो । मूलबासी नेवारहरूको सभ्यतासँग साक्षात्कार गरायो । काँठका बाहुन-क्षेत्रीको प्रवृत्तिसँग परिचित गरायो ।

काठमाडौँमा पुराना र परम्परागत घरको सुन्दरता निकै अलौकिक थियो । अधिकांश स्थानमा खेतबारी थिए । मानिसहरूको मुख्य कर्म खेतीकिसानी थियो । आफ्नो जग्गाको आयस्ताले खान पुग्थ्यो । अलि मिहिनेत गर्नेहरू बेचबिखन गरेर गुजारा चलाउँथे पनि । मधेशका मानिसहरू टाउकामा गह्ङ्गो भारी बोकेर हिँड्न सक्थे । काठमाडौँका नेवारहरू काँधमा खर्पन राखेर टाढा-टाढा पुग्थे । खर्पन बोक्नेमा भक्तपुर अलि अगाडि थियो । खोकना क्षेत्रका नेवारहरू खर्पनमा तेल बोकेर बेच्दै हिँड्थे । काठमाडौँको जीवनशैली समृद्ध थियो । चित्ताकर्षक लाग्थ्यो ।

पढाइको सिलसिलामा काठमाडौँ आएको थिएँ । तर पढाइमा मेरो ध्यान परेन । महेन्द्ररत्न क्याम्पस, ताहाचलमा आइएडमा भर्ना भए पनि पढ्ने हुटहुटी मरेको थियो । सायद काठमाडौँको चमकधमकले मन बरालेछ ।

महेन्द्ररत्न क्याम्पस भर्ना हुनाले मलाई ताहचलको केन्द्रीय छात्रावासमा बास मिल्यो । चिंकमुगलको कोठा छाडैँ । आर्थिक बोभ हलुँगो भयो । ताहाचलको होस्टलमा बस्थेँ । पढाइकै शिलशिलामा बागबजारको बाटो आउजाउ गर्नुपर्थ्यो ।

काठमाडौँले मधेशलाई विभेद गर्थ्यो । मधेशीलाई मानिसको दर्जा नै दिँदैनथ्यो । एउटा तीतो घटनाले मेरो मन अभ्रै उद्वेलित हुन्छ । आँखाबाट आँसु आउँछ । २०३२-३३ सालतिरकै कुरा हो ।

एक दिन दिउँसोपख बागबजारमा एकजना मानिस ठोक्किन आइपुगे । उनी जानाजान आफैँ ठोक्किका थिए । उल्टै मतिर ठूलो आँखा पल्टाउँदै हेरे । हेरेको मात्रै भए सहन्थेँ पनि ।

'मस्र्या...!' भन्दै अपशब्द बोले । स्थानीय बोलिचालीको भाषामा मस्र्या भनेको मधिशे रहेछ । मधेशमा बस्नेलाई मधिशे भनेको त रहेछ भनेर चित्त बुभाउने पनि होलान्, तर मैले सकिनँ ।

तुरुन्तै प्रतिवादको हात उठाएँ । मैले प्रतिकार गर्न खोजेको देखेर ऊ लुरुक्क त पर्‍यो । तर उसको अनुहारमा किञ्चित ग्लानि भने थिएन । मधेशीलाई हेलाहाँसो नै गर्नुपर्छ, मानवीय व्यवहार गर्नुहुँदैन भन्ने संस्कारमा हुर्किएकालाई मेरो प्रतिवादले के सबक सिकाउँथ्यो !

चिंकमुगलको अर्को तडनादायी प्रसंग पनि छ । डेरा जान गल्लीको बाटो हिँड्दै थिएँ । बाटोसँगैको घरको तीन तलामाथिबाट एकजना बूढी आमैले पानी खन्याइन् । मेरो टाउकामै पर्‍यो ।

सुरुमा त भुक्किएर होला भन्ठानें । केही बोलिनन् । माथि फर्किएर उनको अनुहार नियालें । कुनै ग्लानि देखिनन् । उल्टै हाँस्दै पो थिइन् । उनको अनुहारमा फक्रिएको मस्र्या भन्ने भावले मलाई नराम्ररी भट्का थियो ।

काठमाडौँले मधेशीलाई राम्रो नजरले हेर्दो रहेनछ भन्ने अभास भयो । यो अपमानबाट मधेशलाई उठाउनुपर्छ भन्ने सोचको विकास भयो । अन्यायमा आकण्ठ जाकिएको मधेशलाई त्यसबाट बाहिर ल्याउनुपर्छ भन्ने सोचें । त्यसका लागि के उपाय थियो । दिमागले खासै भेउ पाउन सकेन । निकै गम खाएपछि एउटा निष्कर्षमा पुगें । अब कानुन पढ्छु र अन्यायमा परेकालाई न्याय दिन्छु । न्यायको चिराग बोक्छु । अन्धकारमा जकडिएको समाजमा उज्यालो फिँजाउँछु ।

महेन्द्ररत्न भर्ना भएको थिएँ । आइएडको पढाइले कानुनको बाटो देखाउँदैनथ्यो । त्यसैले प्रदर्शनीमार्गस्थित ल क्याम्पसमा भर्ना भएँ । मधेशप्रति काठमाडौँको दृष्टिको भोक्ता बनेपछि मभित्र न्यायाधीश बनिछाड्ने हुटहुटी पैदा भएको थियो ।

काठमाडौँका त्रिविअन्तर्गतका आंगिक क्याम्पसका विद्यार्थीहरूलाई ताहाचलको केन्द्रीय छात्रावास बस्न बाधा थिएन । त्यहीँ बसेर मैले प्रदर्शनीमार्गको ल क्याम्पस आउजाउ गरें ।

२०३३ सालको पुस । काठमाडौँमा छप्क्कै तुषारो परेको थियो । चिसोले हातखुट्टा कट्यांग्रिएका थिए । विद्यार्थीहरूको टोली भारत भ्रमणमा जाने कुरा भयो । मधेशसँगको एकाकार र काठमाडौँसँगको साक्षात्कारले मभित्र राजनीतिक चेतनाले हाँगा हाल्दै थियो । अलग्गै विचारको जन्म भइसकेको थियो । समतामूलक समाज निर्माण गर्ने हुटहुटीको जन्म दिइसकेको थियो । भारत भ्रमणले अझ निखारता ल्याउने सोचें ।

भारतको १३ वटा प्रान्तको भ्रमण गर्यौं, जुन आधा भारतभन्दा बढी हो । एकै भ्रमणमा त्यत्रो क्षेत्रको अवलोकनले मेरो चक्षु उघारिने, ज्ञान र अनुभवको नयाँ क्षितिजमा प्रवेश गर्ने विश्वास लिएको थिएँ । भारतका १३ प्रान्तको भ्रमणका क्रममा त्यहाँको जीवन र विकासको बदलिँदो आयाम देख्न मौका पायौं ।

भारतको इतिहास, रहनसहन, विविधता र खानपिनको प्रत्यक्ष अनुभव गर्यौं । उत्तर र दक्षिण भारतमा आकाश जमिनको अन्तर थियो । राजुमानसिंह मल्ल, रामेश्वर राययादव, अरविन्दकुमार सिंह, अनिलकुमार सिन्हा र देवेन्द्र यादवलगायतका २१ जना साथीहरू टोलीमा थियौं । झन्डै एक महिनाको भ्रमण थियो । माघ १६ गतेसम्म हामीले भारतका १३ वटा प्रदेशहरू बिहार, उत्तरप्रदेश, पञ्जाब, हिमाञ्चल, हरियाणा, राजस्थान, गुजरात, महाराष्ट्र, गोवा, कर्नाटक, मध्यप्रदेश, तामिलनाडू र आन्द्र प्रदेश घुमफिर गर्यौं । त्यहाँको चित्रमय भूगोल, जनजीवन, जीवनशैली, संस्कृति, सभ्यता मस्तिष्कमा कैद गर्यौं ।

उत्तर र दक्षिण भारतमा आकाश-जमिनको अन्तर थियो । भारत विकासको रफ्तारमा थियो । प्रदेश-प्रदेश बीचमा विकास, चेतनाको प्रतिस्पर्धा थियो । तुलनात्मक रूपमा बिहार र

उत्तर प्रदेश पछाडि थिए । दक्षिणतिरका प्रदेशहरू समृद्धिको नयाँ चरणमा प्रवेश गरेका थिए । विकासले सोच्ने तौरतरिकामा बदलाव ल्याइरहेको प्रत्यक्ष अनुभव गर्ने मौका पाएँ ।

भारतमा पनि मौसमी विविधता पाइन्छ । मद्रासमा माघ महिनामा उत्पात गर्मी थियो । सडकमा अलकत्रा पग्लिरहेका थिए । नेपालमा जेठ, असार र साउनमा धान रोपिन्छ । तर भारतका केही प्रान्तमा माघ फागुनमा धान रोप्ने चटारो थियो । हुलका हुल किसानहरू धान खेतमा थिए । हिलो सम्याउँदै धान रोपिरहेका थिए ।

यात्राका क्रममा पहिचानको महत्त्व पनि बुझियो । आफ्नो क्षेत्र, भेषभूषा, भाषा, संस्कृति, खानपान, रहनसहन र पर्वको महत्त्व कति हुँदो रहेछ भनेर छ्याङ्ग भयो । विद्यार्थी मनमा शनैःशनैः आफ्नो स्वत्व र पहिचानबारे राजनीतिक चेतना भरिँदै गयो ।

सर्लाहीको सीमा छेउमै घर भएकाले भारतीय सिनेमा हेर्ने मौका गाउँमा छँदै मिलेको थियो । सिनेमा हेरेर भारत केही बुझेजस्तो लाग्थ्यो । तर सिनेमा हेरेर हामीले बुझेको भारत उत्तर भारत मात्रै रहेछ । एउटै भारतमा दक्षिणी भारतीयहरू पनि गर्वले आफूलाई इन्डियन भन्दा रहेछन् । उनीहरू उत्तरी भारतभन्दा विकासको मामिलामा पनि निकै फरक रहेछन् । एउटै देशमा छुट्टै स्वशासन र स्वायत्तता रहेछ । विविधतालाई सम्बोधन गर्न भारतले जानेको रहेछ । विविध भाषा, धर्म, संस्कृति र परम्पराको समष्टि भए पनि नेपालको शासनमा एकल जातीय अहङ्कार थियो । शासकको हुङ्कार थियो । साँध जोडिँदैमा शासकले सिक्छन् भन्ने नहुँदो रहेछ ।

त्यसबेला म भारतका आध्यात्मिक गुरु ओशोका पुस्तक पनि पढ्थेँ । नित्य प्रवचन सुन्थेँ । त्यसले पनि आफू हुर्किएको माटो, भेषभूषा, भाषा, संस्कृति, खानपान, रहनसहन र पर्वको महत्त्वबारे जानकार थिएँ ।

ताहचलमा स्वामी अरुण आनन्दको घरमा ओशो रजनिशको ध्यान केन्द्र थियो । म त्यहाँ नियमित जान्थेँ । उनको ध्यान, प्रवचन मनपराउन थालेको थिएँ । ०३४ सालमा ओशो सन्यासी नै भएँ । भगवान् श्रीरजनीशबाट मेरो सन्यासी नाम 'स्वामी राजेन्द्र सत्यार्थी' राखियो ।

२०३६ सालमा पाकिस्तानमा बेनजीर भुट्टोका पिता जुल्फिकार अली भुट्टोलाई फाँसी दिइयो । त्यसको विरोधमा काठमाडौँमा ठूलो प्रदर्शन भयो । जुल्फिकारलाई फाँसी दिइएको विरोधमा पाकिस्तानी राजदूतावास घेर्न गएका विद्यार्थीमाथि ठूलो धरपकड भयो । गोली चल्यो ।

त्यस बेलासम्म जनमत सङ्ग्रहको माग गरिएको थिएन । सरकारी दमनका कारण आन्दोलन झन् उत्कर्षमा पुग्थी । निर्दलीय व्यवस्था नै धर्मराउन थाल्यो । तत्कालीन सरकार अत्तालिने स्थिति बन्यो । त्यतिबेलासम्म गर्ने हुने विद्यार्थी सघ-संगठनमा लागिसकेको थिइन । अनेरास्ववियू पाँचौँ र नेपाल विद्यार्थी संघलगायत संगठनहरू थिए । उनीहरूले आन्दोलनको अगुवाइ गरेको भए पनि बहुदल पक्षधरहरू सबै नै आन्दोलनमा सक्रिय थिए ।

म पनि आन्दोलनमा सक्रिय हुँदै गएँ। एकदिन विशालबजारबाट प्रहरीले मलाई पनि गिरफ्तार गर्‍यो। भकुर्नु भकुर्‍यो। त्यतिबेला सम्ममा मभित्र पञ्चायती व्यवस्था फाल्नुपर्छ भन्ने चेतना जागृत भइसकेको थियो।

मार्क्स, लेनिन र एंगेल्सका कृतिहरूको हिन्दी र नेपाली अनुवाद खुबै पढ्थें। रुसी साहित्यका अनुवाद पनि पढिन्थ्यो। कार्ल मार्क्सको बहुचर्चित 'पुँजी' उतिबेला नै पढेको हुँ। आखिर कम्युनिस्ट के हो ? भन्ने जिज्ञासाले पनि मलाई कम्युनिस्ट विचार, दृष्टिकोण र चिन्तनधारा बुझ्न प्रेरित गरेको थियो।

कम्युनिस्ट दर्शन अक्षरसः पढे पनि त्यसले मलाई खासै प्रभाव पारेन। यौवनको उत्कर्षमा मानिस एकपटक त कम्युनिस्ट बन्छ भन्छन्, अझै दमनको शृंखला झेलेर आएकाहरू त तुरुन्तै कम्युनिस्ट विचारतिर ढल्किइहाल्छ भनेर बुझ्नेहरू पनि छन्।

अहँ ! म कम्युनिस्ट बन्न सकिनँ।

राजनीति बुझ्ने इच्छाशक्ति भने तीव्र भयो। त्यसताका नेपाली कांग्रेसका सभापति बीपी कोइराला चाबहिलमा बस्थे। उनी घाँटीको क्यान्सरको उपचार गरेर भर्खर स्वदेश फर्किएका थिए। प्रायः शनिवार चाबहिलमा बीपीको विचार सुन्न पुग्थें।

बीपी प्रजातन्त्रको कुरा गर्थे। समाजवादको कुरा गर्थे। जनता–जनताबीचमा समानता र राज्यको समन्यायिक सिद्धान्तको पृष्ठपोषण गर्थे। नेपाललाई नेपाल जस्तो बनाउने अनेकानेक उपायहरू उनीसँग थिए। तर उनलाई क्यान्सरले गाँजनुसम्म गाँजेको थियो। उपचार गरे पनि इलाज लागेको थिएन। स्वर भासिँदै गएको थियो। सकसपूर्ण थियो उनको बोली। तथापि उनी युवामा राजनीतिक चेतना भर्थे। युवालाई राजनीतिक विचारधाराबाट ओतप्रोत हुन, सुसूचित हुन आग्रह गर्थे। अप्ठ्यारो गरीगरी मेरो कलिलो मस्तिष्कले बुझ्ने चेष्टा गर्थ्यो।

'महतोजी, प्रजातन्त्र ल्याउन र अधिकार पाउन युवा विद्यार्थीले लड्नुपर्छ, सङ्घर्ष गर्नुपर्छ, तपाईँले ढिला नगर्नुस्,' एकदमै पातलो आवाजमा उनी दोहोर्‍याइरहन्थे।

बीपीको मधेशसँग छुट्टै सम्बन्ध थियो। भारतीय स्वतन्त्रता आन्दोलनमा मधेशका थुप्रै मान्छेहरूको प्रत्यक्ष अप्रत्यक्ष संलग्नताबारे मैले सर्लाहीमै सुनेको थिएँ। बीपीको राजनीतिक–साहित्यिक चेतना, त्यसकै आलोकमा उचाइ लिइरहेको उनको व्यक्तित्वबारे म अनभिज्ञ थिइनँ।

आँखैअगाडि बीपी देख्दा रोमाञ्चित नहुने कुरै भएन। उनले २००३ सालमा नेपाली राष्ट्रिय कांग्रेसको स्थापना गरेका थिए, जुन पछि गएर नेपाली कांग्रेस बन्न पुग्यो। देशमा रहेको जहानियाँ वा एकतन्त्रीय राणा शासनविरुद्ध सुरु भएको जनक्रान्ति २००७ फागुन ७ गते नेपालमा राणा शासनको अन्त्य गरी टुंगियो। नेपालमा प्रजातन्त्रको स्थापना भयो।

नेपालमा प्रजातन्त्रको अभ्युदय युगान्तकारी परिघटना थियो। त्यसको अगुवाई बीपीले गरेका थिए। क्रान्तिनायक थिए उनी।

१० वर्ष पनि नबित्दै कलिलो प्रजातन्त्रमाथि राजाले गिद्धेदृष्टि लगाए । २०१७ साल पुस १ गते राजा महेन्द्रले आफ्नो विशेष अधिकार प्रयोग गरेर नेपालको तत्कालीन संविधान र कोइराला नेतृत्वको सरकार भङ्ग गरे । निरङ्कुशता लादे । जननिर्वाचित प्रधानमन्त्री बीपी कोइरालालाई कुनै मुद्दाबिना नै ८ वर्षसम्म जेलमा कैद गरियो । उनलाई २०२४ सालमा बनारस निर्वासनमा जान दिइयो ।

२०३२ सालमा उनी राष्ट्रिय मेलमिलापको नीति लिएर स्वदेश फर्किए । तर विमानस्थलबाटै पक्राउ परी पुनः सुन्दरीजल बन्दीगृह पुर्‍याइए । २०३४ मा उनीविरुद्ध लगाइएका सबै अभियोगहरू सरकारले फिर्ता लियो । त्यससपछि मात्रै हाम्रो भेटको बाटो खुलेको थियो ।

म बीपीका साहित्य खुबै पढ्थ्यैँ । अन्य साहित्यमा पनि मधेश र पहाडबीचको सेतु खोजिरहन्थ्यैँ । मधेशका स्वाभिमानका कथा तलास गर्थेँ । तर भेट्न दुरूह थियो । सभ्यता, संस्कृति र सङ्घर्षका कथाहरू भए पनि मधेशलाई केन्द्र भागमा राखेर लेखिएका कृति विरलै भेटिन्थे । साहित्यमा पनि मधेश पुछारमा देख्दा मेरो मन भरङ्ग हुन्थ्यो ।

बीपीको सङ्घर्ष गाथा, प्रजातन्त्रको महत्त्व, आदि कुराले मलाई बहुत ऊर्जा दिन्थ्यो । तर मैले बीपीको प्रतिबन्धित काँग्रेस पार्टीप्रति भुकाव राखिनँ । त्यही समयमा मेरो निकटता नेता गजेन्द्र नारायण सिंहसँग भयो ।

गजेन्द्र नारायण सिंह पनि सङ्घर्षको उचाइमा हुनुहुन्थ्यो । उनी पनि जहानियाँ राणातन्त्रविरुद्ध बाघभैँ गर्जिएका नेता थिए । प्रजातन्त्र ल्याउन सँगसँगै लडेको मधेश सात सालपछि एक्लै पर्‍यो । विकास र अधिकार काठमाडौँमा थुप्रियो । मधेश पाखा पर्‍यो । शासन सत्तामा मधेशले हिस्सा पाउन सकेन ।

त्यसपछि गजेन्द्रबाबुले मधेशी नागरिकको समानता, सहभागिता र स्वाभिमानका सङ्घर्षको अर्को लडाइँ सुरु गर्नुभयो ।

गजेन्द्रबाबुले बीपी, गणेशमान सिंह र सुवर्ण शमशेरहरूको कुरा नगर्ने होइन, उहाँहरूको मुक्तकण्ठले प्रशंसा गर्नुहुन्थ्यो । क्रान्ति सम्पन्न भएर नेपालमा प्रजातन्त्र स्थापना हुन सकेकोप्रति उहाँ गर्वबोध नै गर्नुहुन्थ्यो । तर शासनसत्तामा मधेशी अनुहार छुटेको र मुलुकको विकास यात्रामा तराई-मधेशी नागरिक सँगसँगै हिँड्न नपाएकोप्रति उहाँको पीडा थियो । त्यसविरुद्ध सङ्घर्ष गर्नुपर्छ भन्ने भाव प्रतिच्छवित थियो ।

शासकको नाम फरक हुन सक्छ, अनुहार फरक हुनसक्छ । परन्तु चेतना एउटै हो, यिनले मधेशलाई उपेक्षा नै गर्छन् । यिनीहरू हिँडेको बाटो हिँडेर समतामूलक समाज निर्माण गर्न सकिँदैन, अलग बाटो तय गर्नुपर्छ भन्ने उहाँको दृष्टिकोण थियो । त्यसले मलाई लोभ्याएको थियो ।

बीपी, गणेशमान सिंह र सुवर्ण शमशेरको अभियान अधुरो छ भन्नेमा उनी छुक्क थिए । समानता, स्वाभिमान र सहभागिताबिनाको प्रजातन्त्र अपूर्ण हुन्छ भन्ने उहाँको दृष्टिकोण थियो ।

गजेन्द्रबाबु नेपालको प्रजातान्त्रिक आन्दोलनमा २००३ सालदेखि नै चरुभैँ होमिनुभएको थियो । उहाँको साहस र सङ्घर्षका गाथा हामी निकै चाख मानेर सुन्थ्यौं । २००६ साल जेठ १९ गते राजविराजमा आयोजित सत्याग्रहमा भाग लिँदा प्रहरीको लाठी खाएको, राजविराजमा जेलमा बन्दी जीवन बिताएको प्रसंगले हामीमा अनौठो ऊर्जा सञ्चार गर्थ्यो । राणा शासनविरुद्ध सशस्त्र सङ्घर्ष हुने खबर पाएर जेल तोडेर भागेपछि गजेन्द्रबाबुले राजा महेन्द्रले पञ्चायती व्यवस्था लादेपछि १८ वर्षसम्म भारतमा निर्वासित जीवन बिताउनुभयो । २०३६ सालको जनमत सङ्ग्रहभन्दा केही पहिला आम माफी पाएर स्वदेश फर्किनुभएको उहाँ मधेशी युवाको लागि प्रेरणाको पर्याय हुनुहुन्थ्यो । सङ्घर्षको स्रोत, चेतनाको नवीन आयाम र मधेश मुक्ति आन्दोलनका नयाँ क्षितिजका रूपमा हामी उहाँलाई मान्थ्यौं ।

मधेशीको मुक्तिका लागि कोही मधेशी आफ्नो प्राण हत्केलामा राखेर काम गरिरहेको छ भन्ने थाहा पाउँदा हृदय सुतीको कपडाले सुम्सुम्याएझैँ आनन्दित हुन्थ्यो । गजेन्द्रबाबुप्रति सम्मान भाव जागेर आउँथ्यो । मनमा गजेन्द्रबाबु हिँडेको बाटो गलत छैन भन्ने लाग्थ्यो । उहाँ हिँडेको बाटोमै पैताला राख्नुपर्छ, त्यस बाटोलाई अझ चौडा पार्न सके मधेशलाई शासन– सत्ताको मूल प्रवाहमा ल्याउन सकिन्छ भन्ने अठोट पैदा हुन्थ्यो ।

पञ्चायतभित्र पसेर पञ्चायतको नष्ट गर्नुपर्छ भन्ने मान्यता उहाँमा थियो ।त्यसैले उहाँले ०३८ सालमा बालिग मताधिकारका आधारमा सम्पन्न राष्ट्रिय पञ्चायत चुनावमा भाग लिनुभयो । तर षड्यन्त्रमूलक ढंगले हराइयो । तैपनि मधेशको मुद्दालाई बोकेर हिँड्न थकित उहाँ हुनुभएन ।

मधेश मुद्दाबारे तत्कालीन सत्तालाई हाँक दिन र संगठित भएर लड्न गजेन्द्रबाबुको प्रेरणा मिलिसकेको थियो । डिल्लीबजारस्थित गजेन्द्रबाबु निवासमा मेरो आउजाउ बाक्लिन थाल्यो । त्यसो त, तिनताक हामी रामराजाप्रसाद सिंहलाई पनि हामी बरोबर भेटिरहन्थ्यौं ।

'राजेन्द्रजी तपाईं राजनीतिमा आउनुपर्‍यो । तपाईंको चेतनाले मधेशको लय समाल्न नसकेको राजनीतिलाई सही दिशा दिनसक्छ । मधेशको माटोलाई न्याय हुन्छ,' भेटमा गजेन्द्रबाबु सधैं यसो भन्नुहुन्थ्यो ।

उहाँले त्यसो भन्नुमा मेरो राजनीति बारेको चासो पनि मुख्य कारण थियो । तर राजनीति गर्ने सोच त्यस बेलासम्म विकास भइसकेको थिएन । मैले राजनीतिमा सम्भावना देखेको पनि थिइनँ । समाज परिवर्तनको हतियार राजनीति मात्र थिएन ।

प्रजातन्त्रबिनाको राजनीतिले निष्कर्षमा पुग्याउँदैन, कम्युनिस्ट राजनीतिले निरङ्कुशताको अर्को साङ्लोमा कस्छ भन्ने मेरो चिन्तनधारा थियो ।

मधेशीले अधिकार पाउनुपर्छ भन्नेमा प्रस्ट थिएँ । त्यसका लागि सङ्घर्षको भँगालामा हेलिन्छु, रक्तमुच्छेल बाटामा हिँड्छु भन्ने थिएन ।

देशमा प्रजातन्त्र पनि आयो । अनेक संगतले सङ्घर्षमा होमिन अभिप्रेरित गर्‍यो । त्यसको ठूलो श्रेय गजेन्द्रनारायण सिंहलाई नै जान्छ ।

# गर्व से कहो–हम मधेशी है

आफूलाई स्वीकार्नु सबैभन्दा ठूलो कुरा हो । हिजो मधेशी नागरिकमा एकप्रकारको लघुताभाष थियो । प्रकृतिले जन्मजात दिई पठाएको शरीरको कलेवरलाई उनीहरू पूर्वजन्मको भागभोग ठान्थे । विधातालाई धिक्कार्थे ।

मधेशले अहिले त्यो चेतनालाई उछिनिसकेको छ । आज म र मजस्ता मधेशी सगर्व भन्न सक्छन्, 'हो, म मधेशी हुँ !' तर, यसका लागि कैयन् अप्ठ्यारा बाटो हिँड्नुपर्‍यो । शासकीय दमनले छियाछिया हुनुपर्‍यो । विदीर्ण बन्नुपर्‍यो । सयौंको रगत बग्नुपर्‍यो । उल्झनहरू यद्यपि काँडा तिखारेर बसेका छन् । तिनले दुःख नदिने होइन । तर हिजोको अवस्थाबाट हामी पार भयौं ।

आर्थिक, राजनीतिक, ऐतिहासिक, धार्मिक, सांस्कृतिक र पर्यटकीय हिसाबले गाढधनतुल्य मधेशमा जन्मन पाउनु मेरो अहोभाग्य हो । जब मैले मधेश प्रागऐतिहासिक, पौराणिक र ऐतिहासिक कालदेखि नै प्राचीन सभ्यताका उद्गम थलोको रूपमा पाएँ । मलाई मधेशी हुनुमा झन् गर्वबोध भयो ।

इतिहास सत्ताको स्तुतिगान हो । हिजोका राणा शाही, राजाहरूले त्यसैगरी लेखाए । पञ्चायत र तिनका उत्तराधिकारीहरूले पनि त्यही शैली पछ्याए । बहुदल र त्यसपछिका सरकारहरू पनि आफ्नै नाममा इतिहास लेखाउन मरिमेटेर लागेका छन् । अहिलेका नेताहरूमा पनि भवनैपिच्छे आफ्नो नाम लेखाउने राजकीय प्रेत सवार देखिन्छ ।

इतिहास शासकको आफ्नो आत्मप्रशंसा सुनाउने माध्यम भयो । आत्मकथनको माध्यम बन्यो ।

लडाइँ रैतीले लडे । ज्यान रैतीको गयो । तर, विजेता महाराजा बने । इतिहासमा नायक उनै भए । त्यही झूटो इतिहासलाई पाठ्यक्रममा राखेर हामीलाई रटाइयो । शासकीय गाथा पढेर कहीँ पुगिँदैनथ्यो । पुगिएन पनि ।

इतिहासका कालखण्डमा लडाइँ मधेशले पनि लड्यो होला । तिनका चेतना पनि समावेश भए होलान् । तर, मधेशीको कथा कतै लेखिएन । मधेशीको वर्ण मन पर्दैन, उनीहरूको रहनसहन मन पर्दैन । छले पनि होला । तर, मधेशको विराट भूगोल उनीहरूको इतिहासको कुन पानामा अटाएको छ ? त्यो कतै भेटिँदैन । यसबाटै थाहा हुन्छ राज्यको चरित्र ।

नेपालको इतिहासमा काठमाडौँको गाथालाई मात्र प्रमुखताका साथ लेखियो । तर, मानव उत्पत्तिको इतिहास नै मधेशबाट भएको हो भन्ने तथ्य उनीहरूले खोज, अन्वेषण गर्नै चाहेनन् । भेटिए पनि अभिलेखीकृत गरेनन् ।

विद्वानहरूका पुस्तक पढ्दा म प्रस्ट भएँ, मानव उत्पत्तिको इतिहास नै मधेशबाट आरम्भ भएको रहेछ । प्रागऐतिहासिक युग एक करोड दश लाख वर्ष पुरानो भएको अनुमान गरिन्छ । नेपालको मधेशमा आदिमानवका अवशेष पाइएका छन् । तर सिंहदरबारको सत्ताले यसको सोधीखोजी गरेको छैन । मधेश भूमिमा भेट्टाइने अवशेषलाई इतिहासका पानामा सुरक्षित गर्न दिगमिग लागेर पो हो कि !

मधेशीलाई 'भारतीय' भन्ने गरेको मैले बारम्बार सुन्दै आएको छु । हामीलाई 'भारतीय' ठान्नेहरू या त मधेशको इतिहासबाट अनभिज्ञ छन्, या बुझेर पनि बुझ पचाइरहेका छन् । उनीहरूले के बुझ्नु जरुरी छ भने मधेश शब्द संस्कृत भाषाको 'मध्यदेश' को अपभ्रंश हो । मधेशको अर्थ देशको मध्यभूमि हो ।

हिन्दु समाजका प्रवर्तक मनुले पनि मध्य देशको वर्णन गरेका छन् । नेपाल राजकीय प्रज्ञा प्रतिष्ठानद्वारा प्रकाशित नेपाली शब्दकोशका अनुसार हिमाल (पर्वत) को तलहटी क्षेत्रबाट दक्षिण, विन्ध्याचल पर्वतबाट उत्तर, कुरुक्षेत्रको पूर्व र प्रयागको पश्चिमको भू-भागलाई मध्यदेश भनिन्छ ।

उत्तर वैदिककाल (इशापूर्व १०००-५००) तिर मधेशको समथर भूभागमा राजा जनकको विदेह अर्थात् मिथिला राज्यको पौराणिक राजधानी जनकपुर थियो । त्यसैगरी शाक्यमुनी गौतमबुद्धको राज्य कपिलवस्तु थियो । इशापूर्व ५०० तिर कपिलवस्तुमाथि छिमेकी राज्य कौशलका नरेशले हमला गरे र त्यो आक्रमणमा कपिलवस्तुका करिब ७७ हजार शाक्य मुनीहरू मारिए ।

त्यसपछि कपिलवस्तु राज्य इतिहासको गर्भमा विलिन भयो । सन् १८८४/८५ मा खड्ग शमसेरले जर्मन पूरातत्वविद् फुहरको सहयोगमा लुम्बिनी क्षेत्रको उत्खनन गर्दा इशापूर्व २५० ताका भारतका मौर्य सम्राट अशोकले निर्माण गराएका स्तम्भहरू फेला परे । त्यसपछि त्यो क्षेत्र कपिलवस्तुको राजधानी भएको पुष्टि भयो ।

राजा जनकको राज्य विदेहमाथि पछि मगध राज्यले आक्रमण गर्‍यो । इशापूर्व छैठौँ शताब्दीमा मगधकै शासक अजातशत्रुको हमलामा जनकपुर क्षेत्र मगधमा गाभियो । विराटनगरको मत्स्य देश पनि मगधमै गाभियो । कालान्तरमा मधेशमा एउटा नयाँ सशक्त र समृद्ध राज्यको केन्द्रका रूपमा सिम्रौनगढको उदय भयो । सन् १०९६ मा तिरहुत (मिथिला) का राजा न्यान्यदेवको राजधानी नै सिम्रौनगढ थियो । सिम्रौनगढमाथि सन् १३३४ मा भारतका मुसलमान शासक गयासुद्दीनले भीषण आक्रमण गरे । जसका कारण त्यहाँका राजा हरि सिंह देव पलायन भएर काठमाडौँ उपत्यकाको शरण परे । मकवानपुरका सेन राजाहरूको शासन मधेशको बारा-पर्सादेखि लिएर मोरङसम्म थियो । सेन राज्यको राजभाषा मैथिली थियो ।

यसबाट स्पष्ट हुन्छ, नेपालका भूमिपुत्र आदिवासी मधेशी समुदाय नै हुन् । उनीहरू बसोबास गर्दै आएको भूमिलाई कुनै कालखण्डमा 'मध्यदेश' भनिन्थ्यो र त्यो अपभ्रंस हुँदै 'मधेश' भयो, त्यहाँ बस्नेलाई 'मध्यदेशी' हुँदै 'मधेशी' भनियो । उनीहरू त्यहीँकै धर्तीपुत्र हुन् ।

यसबारेमा वस्तुगत बयान बौद्ध धर्मग्रन्थ विनयपिटक, मनुस्मृतिलगायत ग्रन्थ र इतिहासका पुस्तकहरूमा छ ।

एम बर्नाडोले आफ्नो पुस्तक नेपाल अध्ययन पत्रमा मधेशको इतिहासको चर्चा गरेका छन् । उनले सेन वंशीय राज्य र दक्षिणको दरभंगा एवं लखनउका नबाबहरूबीच विवादित भूमि रहेको मधेशको केही भागलाई अँग्रेजहरूले आफ्नो भूभागमा मिलाए । उता गोर्खाली राज्यविस्तारका क्रममा मधेशका बाँकी भूभाग सन् १७७९ सम्म आएर गोर्खालीहरूले आफ्नो साम्राज्यमा मिलाए भनेर उल्लेख गरेका छन् ।

सन् १८०६ सम्म बृहत् मधेश नेपाल अधिनस्थ थियो । मधेश पूर्वमा टिस्टा र पश्चिममा काँगडासम्म तथा दक्षिणमा गंगा नदीको तटसम्म फैलिएको थियो । सन् १८०९ मा टिस्टा सतलजमा खुम्चियो । सन् १८१४ मा अंग्रेज र नेपालको युद्धपछि गोर्खाली शासकहरूले ब्रिटिस इस्ट इण्डिया कम्पनीको अर्ध औपनिवेशिक दासत्व स्वीकारे ।

सन् १८१६ मा ब्रिटिस भारत तथा पृथ्वीनारायण शाहका वंशज शाषकहरूबीच भएको सुगौली सन्धिद्वारा ब्रिटिस शासकसँग प्रतिरक्षा तथा आर्थिक लेनदेनका आधारमा नेपालको वर्तमान भौगोलिक स्वरूपको निर्धारण गरियो ।

उक्त सन्धिपछि नेपालका काली र राप्ती नदीबीचको सम्पूर्ण तल्लो भाग, राप्ती र गण्डकीबीचको सम्पूर्ण तल्लो भूभाग, गण्डक र कुशाहाबीचको सम्पूर्ण तल्लो भूभाग, मेची र टिस्टा नदीबीचको सम्पूर्ण भूभाग तात्कालीन ब्रिटिस भारतमा गाभियो ।

नेपाल–भारतबीच सन् १९५० मा सम्पन्न सन्धिको आठौँ धाराअनुसार भौगोलिक रूपमा मधेश स्वतन्त्र भइसकेकै हो । कतिपयले सो धारामा विगतमा ब्रिटिस इस्ट इण्डिया कम्पनी र नेपालबीच भएका सम्पूर्ण सन्धि खारेज गरिएको छ भने जस्ता व्याख्या दाबी गर्दै आएका छन् । सो सान्धिअनुसार सन् १८०१, १८१५, १८१६, १८६० का सबै सन्धिहरू खारेज हुनुपर्ने हो र मधेश स्वतन्त्र हुनुपर्ने हो । तर, मधेशलाई तत्कालीन शाषकहरूले स्वतन्त्र हुनै दिएनन् । बरु, त्यस बेलादेखि नै मधेशमा मधेशीहरूलाई कमजोर बनाउने, अल्पमतमा पार्ने र शासन गर्ने अभियान सुरु भयो ।

मधेश टुक्रिएर ठूलो भाग भारततिर रहे पनि यो नाम नेपालको भूमिले मात्रै पाएको छ । भारतका मधेशीहरूलाई छुट्टै पहिचानको आवश्यकता नै परेन । किनभने भारतले मधेशीको संस्कृति भारतीय संस्कृति भनेर अपनत्व लियो । मधेशको आफ्नै भौगोलिक, जातीय, सामाजिक, भाषिक र सांस्कृतिक वैशिष्ट्य छ । समुद्र सतहबाट २ सय ५० फिट उचाइमा रहेको मधेशको क्षेत्रफल नेपालको कुल भूभाग १ लाख ४७ हजार १ सय ८१ वर्ग किलोमिटरको २३ दशमलव एक प्रतिशत अर्थात् ३४ हजार १ सय ९ वर्ग किलोमिटर छ ।

मधेशको पूर्वदेखि पश्चिमसम्मको लम्बाइ १ हजार ५० किलोमिटर, उत्तर–दक्षिणको चौडाइ औसत ३२ किलोमिटर छ । २०७८ को राष्ट्रिग जनगणनाअनुसार नेपालको कुल जनसंख्या २ करोड ९१ लाख १२ हजार ४८० पुगेको छ भने भने अहिले पहाडबाट बसाइँसराइगरी मधेशको जनसंख्यामा वृद्धि भएको देखिन्छ । मधेशको जनसंख्या ५३.६६ प्रतिशत पुगेको छ ।

मधेशको हावापानी र मौसम पनि विशिष्ट प्रकृतिको छ । जाडोमा यहाँ शीतलहरले सताउने गर्छ र बर्सेनि दर्जनौँ मानिसहरू मर्ने गर्छन् । गर्मीमा तातो हावा चल्न थाल्छ । लूले पनि यहाँका मानिसहरूलाई आहत तुल्याउँछ ।

उत्तरतर्फ रहेको चुरे पर्वतमाला मधेशको प्राणाधार हो । चुरेबाट बग्दै आएका नदीखोलाबाट मधेशका भूमि सिञ्चित भइरहेका छन् । मधेशमा जैविक र वातावरणीय सन्तुलन जोगाउन चुरेको अहम् भूमिका छ । तर आज मरुस्थलतुल्य बन्दैछ चुरे । चुरे उत्खनन गरेर ढुंगामाटो निकाल्दा वर्षामा त्यसले निम्त्याउने विपत्ति वर्णनातीत छ । चुरे विनासकै कारण मधेश विस्तारै मरुस्थलतर्फ अग्रसर हुँदैछ । बञ्जर बन्दैछन् मधेशका भूमि ।

जातीय र भाषिक विविधताले भरिएको मधेशको समाज मलाई इन्द्रेणीभैँ लाग्छ । दर्जनौँ फूलहरूको एउटै सुशोभित मालाजस्तो लाग्छ । धार्मिक-सामाजिक सहिष्णुताको पनि उच्चकोटीको नमुना प्रतीत हुन्छ । थारू, मुसलमान, यादव, तेली, चमार, कोइरी, कुर्मी, कथबनिया, मलाह, कलवार, ठाकुर, कानु, राजवंशी, सुडी, लोहार, धोवी, खत्वे, माभ्री, धानुक, मुसहर, दुसाध, सोनार, केवट, ब्राह्मण, कोचे, धुनिया, मुण्डा, आदि जाति-उपजातिको गोडमेलले मधेश उर्वर बनेको हो । गुल्जार बनेको हो ।

मधेशको वेशभूषा मौलिक र विशिष्ट छ । मधेशको हावापानी सुहाउँदो छ । म धोती, कुर्ता, गन्जी, पाइजामा र गमछामै सहज महसुस गर्छु । हरेक ग्रामीण क्षेत्रमा बसोबास गर्ने मधेशी पुरुषलाई यही पोसाक सजिलो लाग्छ । अहिले त यो पोसाक मधेशको परिचायक बनेको छ । पहिचानको बिम्ब बनेको छ । हाम्रो पहिचान अरूको आँखामा किन बिभाउँछ, किन असहज लाग्छ, मैले आजसम्म बुभेका छैनौ । पहाडको वेशभूषाप्रति हामीलाई गर्व छ । हाम्रो वेशभूषाप्रति गर्व गर्नुपर्छ भनेर हामीले कहीँ भनेका छैनौँ । हामीले भनेको यति मात्रै हो कि हाम्रो वेशभूषालाई पनि स्वीकार गरिदिनूस् ।

मधेशको उष्ण हावापानीमा दौरासुरुवाल यातना हो । सिंहदरबारले मधेश भूमिमा 'राष्ट्रिय पोशाक'का नाममा दौरा सुरुवाल र टोपी जबर्जस्ती थोपरेको छ । मधेशको माटोले यसलाई स्वीकार्न सकेको छैन । मातृभाषामा पनि मधेश समृद्ध छ । हिन्दी, मैथिली, भोजपुरी, अवधी, थारू, बज्जीका, मगही, उर्दू, मुण्डा, राजवंशीलगायत एक दर्जन मातृभाषा मधेशको गहना हुन् । सम्पर्क भाषाको रूपमा हिन्दी बोलिन्छ ।

मधेशसँग बोल्ने यत्तिका धेरै भाषा भए पनि उनीहरूले आफ्नो वैभव प्रयोग गर्न पाएका छैनन् । उनीहरूले नेपाली भाषाको थिचोमिचो सहनुपरेको छ । मधेशमा भर्खर जन्मिएका शिशुले पनि नेपाली भाषामा ताते गर्नुपर्छ । यही विभेदका कारण मधेश अधिकार र पहिचानको बलिवेदिमा होमिएको छ । यो शृंखला कहाँ पुगेर अन्त्य हुन्छ यसै भन्न सकिँदैन ।

मधेश आफूलाई र आफ्नो पहिचानलाई साथसाथै लिएर हिँडिरहेछ । र, भनिरहेछ, हो म मधेशी हुँ । म धर्तीपुत्र हुँ ।

गर्व से कहो हम मधेशी है ।

# विभेदको अन्त्यहीन दुष्चक्र

मधेश र मधेशीलाई नानातरहका विभेदले चौतर्फी घेराबन्दीमा पारियो । मधेशलाई नश्लवादी चिन्तनले उतिबेलादेखि नै निचोर्दै आएका हुन् । गोर्खाली शासकहरूले राज्य विस्तारकै क्रममा मधेशलाई कोपभाजनमा पारेका रहेछन् । विक्रम सम्वत् १८२५ ताका काठमाडौँमा जयप्रकाश मल्ल राजा थिए । उनको शासनकालमा मधेशको भाषासंस्कृतिले मान्यता पाएको थियो । उनको फौजमा तिरहुतीयाहरू थिए । जसलाई तिरहुतीया फौज भनिन्थ्यो ।

तिरुहुतीया फौज अरू कोही नभएर मिथिला प्रदेश अर्थात् तिरहुत (जनकपुर आसपास) क्षेत्रमा रहेका मधेशीका पुर्खा थिए । तिनका शाखा-सन्तती थिए । तिरुहुतीया फौजले पृथ्वीनारायण शाहलाई पटक-पटक परास्त गरेर काठमाडौँ गोरखा राज्यको अधीनमा पर्नबाट जोगाए । अन्ततोगत्वा विक्रम संवत् १८२५ असोज १३ गते इन्द्रजात्राको दिन उनले काठमाडौँमा आक्रमण गरे ।

भीमसेनस्थान, टुँडीखेल र नरदेवी गरी तीनतिरबाट आक्रमण गरेपछि अन्ततः उनले काठमाडौँमा कब्जा जमाए । काठमाडौँ कब्जा गरेपछि पृथ्वीनारायण शाहले सबैभन्दा पहिलो काम तिरुहुतीया फौजलाई सेनाबाट विस्थापित गरिदिए । त्यसमा बदलाको भावना मात्र थिएन, लडाकु फौज भएकाले त्यसबाट भविष्यमा खतरा हुने सम्फेर उनले तिरहुतीया फौजलाई सेनाबाट बेदखल गरेका थिए ।

यसरी राजा पृथ्वीनारायण शाहले नेपाल एकीकरणको क्रमबाटै सेनाबाट मधेशीलाई विस्थापित गरिदिए । त्यसपछि उनीहरूले कहिल्यै प्रवेश पाउन सकेनन् । उतिबेलाका राजा-महाराजाले साँधेको दुस्मनी गणतन्त्रले पनि निरन्तरता दिनु मधेशप्रतिको अपमान र हेयभाव नै हो ।

देशको शक्तिकेन्द्र रहेको दरबारले सुरुदेखि नै मधेशीलाई राज्यसत्ताबाट दूर राख्यो । नेपालको भौगोलिक एकीकरण मात्र भयो, तर जनतालाई भावनात्मक रूपमा एकीकरण गर्नबाट तत्कालीन शासक चुके ।

आधुनिक नेपालको निर्माणसँगै अभिजात वर्गका शासक खस-आर्य अहंकारवादीहरूले आफ्नो प्रभूत्व विस्तार गर्न थाले । मधेशी सुमदाय, पहाडका आदिवासी जनजाति तथा दलितलाई बाटाको काँडाभैँ ठाने । पन्छाउने उपायको खोजीमा अहोरात्र जुटे । जसबाट विभेदको कुचक्र सुरु भयो ।

उनीहरूले समाजलाई बलियोसँग चतुर्वर्णमा विभाजन गरे । चलिआएको वर्णाश्रम व्यवस्थाअनुसार ब्राह्मण, क्षेत्रीय, वैश्य र शूद्रमा समाज विभक्त गरी शासन र दमनको शृंखला

एकैसाथ चलाए । वास्तवमा छुवाछूतका सृष्टिकर्ता राजा-महाराजाहरू नै हुन् । मानिस-मानिसबीच विभेदको पर्खाल खडा गरेर उनीहरूले मावनीय सभ्यताको अनुहारमा मोसो पोते ।

शाहवंशीय शासनकालमा स्त्रीहरूको कुनै मूल्य थिएन । राणा शाहीहरूले त महिलालाई मानिसको दर्जा नै दिँदैनथे । उनीहरूको जीवन दुःखको गर्तबाट कहिल्यै बाहिर आएन । गणतन्त्रसम्म आइपुग्दा पनि महिलाको भाग्य र भविष्य पुरुषकै निगाहमा अडिएको छ । समाजको सीमाभित्र उनीहरूले स्वच्छन्द हिँडडुल गर्न पाउँदैनन् ।

दशगजापारि र वारिको बस्ती हुनाले भारतीय सीमावर्ती क्षेत्रका मानिसका सुख-दुःख र हाम्रो सुख-दुःख साभा छन् । संस्कृति साभा छन् । रंगरूप, रहनसहन, रीतिरिवाज, सामाजिक र सांस्कृतिक परम्परा साभा छन् । देशको सीमा बिर्सिएर बिहाबारी हुन्छ । नातागोता जोडिन्छ । ज्याला-मजदुरीमा जाऊआउ हुन्छ । यसैलाई आधार बनाएर मधेशीलाई भारतीय भन्न थालियो । दार्जिलिङ, देहरादुन, कुमाउ, गढवाल, आसाम वा तिब्बतसँग नै सबै थोक मिल्दा पनि नश्लीय चिन्तनधारीले तीनलाई नेपाली भन्छन् । तर श्यामल छाला देख्नेबित्तिकै भारतीय नै हुन् भन्ने चेतना यद्यपि नश्लीय चिन्तन बोकेको पहाडिया समाजमा ज्युँदै छ ।

चेतनाको विकाससँगै मधेशबाटै विभिन्न क्रान्तिको उपक्रम चल्यो । परिवर्तनको आँधी-तुफान सिर्जना भयो । त्यसले पूरातन सत्ताका विरासतहरू ढाल्यो । चाहे त्यो विराटनगर जुटमिलको मजदुर आन्दोलन होस्, चाहे सात सालको सशस्त्र क्रान्ति नै किन नहोस्, क्रान्तिको केन्द्र मधेश बन्यो । तर सात सालपछि जब प्रजातन्त्र आयो, मधेशीलाई विदेशी सरह व्यवहार गर्ने चिन्तनमा रौं बराबर पनि परिवर्तन आएन ।

त्यतिबेला मधेशका जनतालाई काठमाडौँ प्रवेशका लागि वीरगञ्जबाट पासपोर्ट लिनुपर्ने नियम थियो । त्यो पासपोर्ट चेक जाँच भीमफेदीमा गरिन्थ्यो । सम्पूर्ण मधेशलाई नेपालबाट अलग गरेर मधेशीलाई विदेशीसरह व्यवहार गर्ने यो पासपोर्टको व्यवस्था २०१४ सालसम्म कायमै राखियो ।

२०१७ सालमा राजा महेन्द्रले 'मण्डले राष्ट्रवाद' लागू गरेपछि मधेशी फन् चरम शोषण र उत्पीडनमा परे । फ्रेडरिक एच गेगेको रिजनालिजम् एण्ड नेस्नल युनिटी इन नेपाल पुस्तकका अनुसार राजा महेन्द्रले आफ्नो शासनकालमा क्षेत्रीय भावना दबाउन उग्रराष्ट्रवादको सहारा लिए । मधेशको आर्थिक, सामाजिक, राजनीतिक र सांस्कृतिक संरचनालाई ध्वस्त पारी पहाडे नश्लीय राष्ट्रवाद लादे । राजा महेन्द्रले त्यसक्रममा मधेशी जनताका भाषा, संस्कृति, पहिचान र अधिकारलाई भन् विनष्ट तुल्याए ।

राणा शासनको बेलामा ७ लाख ८० हजार हेक्टर जमिन वितर्वावालका नाममा पहाडी जमिनदारहरूलाई बाँडे । तर त्यहाँका भूमिपुत्र मधेशीले औलो डुबाउने जमिन पनि पाएनन् । अहिले पनि मधेशका ४४ प्रतिशत दलितको भूमिहीनको कित्तामा धकेलिएका छन् । उनीहरू गरीबीको अन्त्यहीन दुष्चक्रमा छन् ।

मधेशको प्राकृतिक स्रोत र स्राधन दोहन गर्ने क्रम पञ्यायतकालमा फन् नाङ्गो ढङ्गले भयो । राजा महेन्द्रको पालामा पूर्वपश्चिम राजमार्ग बनाउने योजनाको आवरणमा चारकोसे

फाँडी विनास गरियो । मधेश विरोधी महेन्द्रवादी सोच र शैलीका कारण जंगल फडानी गरेर अलग्गै राजमार्ग बनाइयो । जबकी हुलाकी सडकलाई राजमार्ग बनाउनुपर्थ्यो । त्यसो गरेको भए मधेशको रूप नै आज अलग हुन्थ्यो । त्यतिमात्र होइन जंगल फडानीबाट निस्किएको लाखौं बिगाहा जमिन 'पुनर्वास' कार्यक्रमका नाममा 'सुकुम्बासी' र 'भूमिहीन'लाई दिइयो भनियो । तर, मधेशीले एक टुक्रा जमिन पाएनन् । मधेशीले पाएको भए मधेशमा समृद्धिको घामले पुलुक्क चिहाइसकेको हुने थियो । सिंहदरबारमा मधेशी अनुहारको प्रधानमन्त्रीको फोटो झुन्डिइसकेको हुने थियो ।

वास्तवमा त्यो मधेशीलाई अल्पमतमा पार्ने योजनाअन्तर्गत् पहाडका मानिसलाई मधेशमा पुनर्वास गराइएको थियो । त्यसका लागि राप्ती, सगरमाथा, सर्लाही, कैलालीलगायत विभिन्न ठाउँमा पुनर्वास कार्यक्रम लागू गरियो ।

सुकुम्बासी आयोगका नाममा पहाडका मानिसलाई मधेशमा जग्गा दिन थालियो । त्यति मात्र हैन, राजा महेन्द्रले नेपाल भारतको दक्षिण सीमामा भूतपूर्व सैनिकहरूको बस्ती बसाए ।

२०२४ सालमा बाँकेका थारू बस्तीहरूमा एकैपटक १८ हजार पूर्व सैनिकलाई जग्गा दिएर राखिएको तथ्याङ्क छ । त्यसैताका लुम्बिनी विकासको नाममा मधेशीको ११ सय बिगाहा जग्गा अधिग्रहण गरियो । जसबाट त्यस क्षेत्रका कीर्तिपुर, कस्वा, खम्भेजस्ता प्राचीन बस्ती उखेलिए । ती जग्गापछि पर्यटन विकासको नाममा पहाडका पहुँचवाला मानिसलाई बाँडियो । यसरी पहाडबाट करीब ३० लाख मानिसलाई भूमिहीन र सुकुम्बासीको नाममा राजमार्गको छेउछाउमा बसाउने काम भयो । यसरी मधेशको बसोबास र कृषियोग्य भूमिको ७० प्रतिशत हिस्सामा पहाडकै शासकवर्ग, जमिनदार, राणा र शाह खलकहरूको कब्जा हुन गयो । सन् २००१ को जनगणनाअनुसार मधेशमा ७१ दशमलव ५ प्रतिशतले आन्तरिक आप्रवासन भएको देखिन्छ ।

एकातिर मधेशमै मधेशीलाई अल्पमतमा पारेर शोषण गर्ने काम गरियो भने अर्कोतिर पहाडे अनुहार भएका मानिसलाई विदेशबाट भएर पनि ल्याएर मधेशमा बस्न अनुकूल वातावरण बनाइयो ।

बर्मा, बंगलादेश, आसाम, दार्जिलिङ, मेघालय, देहरादुन, सिक्किम, कालिङ्पोङ, तिब्बत र भुटानबाट लाखौंको संख्यामा खस-आर्य अनुहार भएका नेपालीभाषी मानिसलाई मधेशमा ल्याएर राखियो । उनीहरूलाई घर निर्माणका लागि जंगल फडानीमा समेत छुट दिइयो । यसरी मधेशीको भाषा, वेशभूषा, संस्कृति, रीतिथिति, रहन सहन, सामाजिक, आर्थिक, सांस्कृतिक र सामाजिक संरचनामाथि बलात् हस्तक्षेप गरेर उनीहरूको पहिचान मेटाउने धृष्टता गरियो । यसरी मधेशी जनता आफ्नै देशमा आन्तरिक औपनिवेशीकरणको शिकार भए ।

विडम्बना मधेशका वास्तविक भूमिहीन, गरीब थारू, दनुवार, डोम, चमार, दुसाध, मुसहरलगायतले अहिले पनि एक धुर जगिन पाएवग छैनन् । आफ्नै घरआँगनको जंगल विनास भयो र लाखौं बिगाहा जमिन वितरण भइरहेको छ । तर आफूलाई एक टुक्रा जमिन पनि दिँदैनन् । त्यस बेला त्यहाँका जनतालाई कस्तो पीडा भयो होला ? हामी अनुमान मात्रै गर्न सक्छौं ।

खासमा त्यो मधेशमा मधेशीको जनसंख्या अल्पमतमा पार्ने मात्र होइन, त्यहाँको भाषा, संस्कृति र पहिचानमाथि आक्रमण गर्ने योजनाअन्तर्गत् भएको थियो । त्यस बेलासम्म पनि झापा मोरङमा राजवंशी, गनगाई, धिमाल, मेचे, कोचे, ताजपुरीया जस्ता स्थानीय आदिवासी जनजातिको ८० प्रतिशत बसोबास थियो । अहिले उनीहरू दस/बीस प्रतिशत मात्र छन् । तराई-मधेश पहाडबाट आएका मानिसले भरिएपछि उनीहरू आफ्नै थातथलोबाट विस्थापित भए ।

पश्चिममा कुनै बेलाका जमिनका मालिक थारूहरूलाई अचेल शासकवर्गको हरूवाचरूवा, हलिया, कमलरी, कमैया बन्न विवश पारियो । यसरी ऐतिहासिक रूपमा मधेशी, आदिवासी, जनजाति र सिमान्तकृत समुदायलाई राज्यले उनीहरूको जमिन, संस्कृति, भाषा, वेशभूषा र खानपानबाट योजनाबद्ध तरिकाले बेदखल गर्‍यो ।

मधेशीलाई यसर्थ धन्यवाद दिनुपर्छ- उनीहरूले आफ्नो जमिन कब्जा गर्नेलाई विस्थापित गर्नुपर्छ, लखेट्नु पर्छ' भनेर कहिल्यै आक्रोश व्यक्त गरेनन्, आन्दोलन गरेनन् । जबकि संसारमा त्यस्ता आन्दोलनहरू पनि हुने गरेका छन् । र त, मधेशी नागरिकमा सहिष्णु र सहनशील स्वभाव छ । शासकवर्गले यसको लाभ निरन्तर उठाउँदै आएको छ ।

पहाडका पनि हाम्रै दाजुभाइ, दिदीबहिनी हुन् भनेर मेलमिलापको उच्च कोटीको भाव मधेशीमा देखियो । हामीले उनीहरूलाई घृणाको आँखा कहिल्यै लगाएनौं । राजनीतिमा पनि मधेशी समुदायले पहाडी उम्मेदवारको पक्षमा दिल खोलेर भोट हाल्यो । चुनाव जिताएर संसद्मा पठायो । मधेशीलाई थाहा नभएको होइन, पहाडमा मधेशी अनुहारलाई चुनाव जिल दुरूह छ । तैपनि सद्भाव, सहानुभूति र सामञ्जस्यता देखाउने काम मधेशीले गर्दै आए । के कहीं कतै यो वास्तविकतालाई स्वीकारसम्म गरिएको छ ? किमार्थ छैन ।

भूमिमाथिको हदबन्दीका नाममा मधेशीमाथि अर्को अन्याय थोपरियो । राज्य पक्षबाट भूमि खोस्ने नीतिअन्तर्गत पटकपटक हदबन्दीको नीति अघि सारियो । विक्रम संवत् १९१० मा जंगबहादुरले मुलुकी ऐन जारी गरेर सुरु गरेको भूमिसुधार अभियान मोहन शमशेरले कायमै राखे । २००७ सालमा कांग्रेसले 'जसको जोत उसको पोत' को सुस्वादु नारा ल्यायो । 'भूमि प्राकृतिक स्रोत साधन भएकाले प्राकृतिक न्यायको सिद्धान्तअनुसार यसमाथि सबैको अधिकार हुनुपर्छ' भन्ने नाममा २०२१ सालमा भूमिसुधार ल्याइयो । यसका नाममा मधेशमा भूमिमाथि पनि हदबन्दी लगाइयो । मधेशका सामन्त-जमिनदारका नाममा बिगाहौंबिगाहा जमिन नभएको होइन । हदबन्दीले त्यो राज्यको नाममा ल्यायो ।

हदबन्दी बाहिरका जमिन त्यहाँका स्थानीय मधेशवासीले निःशर्त पाउनुपर्ने थियो । तर त्यस्तो भएन । राज परिवारका सदस्य, आसेपासे र भाइभारदारलाई बाँडियो । भूमिपुत्रहरूलाई जग्गाजमिनबाट बेदखल तुल्याउने गम्भीर षड्यन्त्र थियो त्यो । एकातिर मधेशको आँगनमा पहाडबाट मानिस ओसारेर जग्गा दिइदिइ राखियो । अर्कोतिर शासकले मधेशी समुदायलाई सीमा पारिबाट भागेर आएका 'भगौडा' संज्ञा दिन थाले । अपमानजनक व्यवहार गर्न थाले ।

मधेशी होइन, खासमा नेपालका शासकवर्ग नै भारतबाट आएका थिए, इतिहास नै त्यसको सबुत हो । मधेशी त त्यही धर्तीमा बस्दै आएका धर्तीपुत्र हुन् । नेपाल भारतको सिमाना हेरफेर हुँदा मधेशीको परिवार बाँडियो । समाज बाँडियो । अन्ततः देश बाँडियो ।

शाहवंशीय राजाहरू, पहाडका बाहुनक्षेत्री र नेवारका वंशज भारतको राजस्थान, कुमायू, कन्नौज, वैशाली, गढवाल तथा कर्नाटकबाट नेपाल आएका थिए । यो ऐतिहासिक तथ्य भए पनि शासनसत्ता आफ्नो हातमा भएकाले उनीहरूले नेपालको इतिहास आफैँ लेखे र आफूहरूलाई मात्र 'असली नेपाली'का रूपमा स्थापित गर्दै स्वदेशकै मधेशीको थाप्लामा 'मुगलानीया', 'देशी', 'विदेशी', 'धोती' र 'भारतीय' जस्ता उपमाका पगरी गुथाए । गर्नुसम्म अपमान गरे ।

अनुहारको कलेवरका आधारमा नागरिक-नागरिकबीच विभाजन नेपालमा मात्र होइन रहेछ । जोआन मोलर (सन् २००३) ले आफ्नो अध्ययनमा भारतको कुमाउँमा भएको पहाडी र देशीबीचको विभाजन नेपालकै जस्तो भएको कुरा उल्लेख गरेकी छन् । नैनीताल, अल्मोडा र पिथौरागढका सरकारी प्रशासनिक पदहरूमध्ये अधिकांश उच्च पदमा शिक्षित र उच्च वर्गका देशीहरू (नेपालमा मधेशी भनेभैँ देशी भनिएका) नियुक्त भएका छन् भने तल्लो तहका कर्मचारीमा स्थानीय पहाडी कर्मचारी छन् । उच्च तहका पदमा प्रतिस्पर्धा गर्न नसक्ने हुनाले आफूहरू सामाजिक र आर्थिक रूपले पछाडि परेको महसुस पहाडीहरूले गरेका छन् । कुमाउँका मानिसहरू के सोच्छन् भने उनीहरू राजनीतिक रूपले उपेक्षित छन् र उत्तर प्रदेश तथा पहाडी भेगकोराज्य सञ्चालनमा उनीहरूका कुरा सुनिँदैन । उनीहरू गैरपहाडी, गैरकुमाउनी सरकारी कर्मचारी भएकाले लखनउको शासन चाहँदैनन् (पृष्ठ २६१) ।

छिमेकी भारतमा रहेको कुमाउनी र देशीको राज्य संयन्त्रमा रहेको उपस्थितिको उल्टो नेपालमा कसरी हुन गयो ? जबकि भौगोलिक सुगमता र शिक्षाको सुलभताले पहाडभन्दा मधेश धेरै अगाडि हुनुपर्ने हो । कसरी यस्तो हुन गयो विवेचना गर्न चेतनाको उल्टो गंगालाई सुल्ट्याउन जरूरी भइसकेको छ ।

अठारौँ शताब्दीको पछिल्लो खण्डतिर गोर्खाको राज्य विस्तार जस परिघटनालाई नेपालको भौगोलिक एकीकरण भएको मान्दा पनि त्यस पछिदेखि नै नेपालमा आन्तरिक रूपमा ठूलो आर्थिक, सामाजिक र राजनैतिक विभेद कायम गरियो । यस परिघटनाभन्दा पहिलेदेखि नै पहाड नेपालको राजनीतिक शक्तिकेन्द्रका रूपमा रहेको थियो । अर्कातिर, नेपालको राजनीतिक शक्ति समीकरणमा मधेश पहिलेदेखि अहिलेसम्म नै मोफसलका रूपमा रहेको छ ।

सत्ताधारी वर्गले मोफसलका मानिसहरूलाई असभ्य ठानेर त्यहीअनुसारको व्यवहार गरिआएका छन् ।

पहाडे सत्ताधारी उच्चवर्गले परापूर्वकालदेखि नै आफूलाई सुसंस्कृत र सभ्य ठान्दै सीमावर्ती तराईका मानिसलाई मधिशे भनेर तल्लो दर्जाका नागरिकका रूपमा हेलाहाँसो गरेका थिए । एकीकरणपछाडि पनि नेपाली शासकहरूले तराईलाई उपनिवेशका रूपमा हेरे । पुरातन चस्मा बदलेनन् ।

राणाकालमा मधेशीहरूको राजनैतिक पहुँच नहुनु स्वभाविक थियो । तर २००७ सालपश्चात् पनि उनीहरूको राजनैतिक पहुँच कम गर्नकै निम्ति पहाडका तुलनामा मधेशमा कम निर्वाचन क्षेत्र तय गरियो । २०१५ सालको आम निर्वाचनमा १०९ निर्वाचन क्षेत्रमध्ये

सिंगो तराई-मधेशमा २६ वटा मात्र निर्वाचन क्षेत्र थिए । २०४८ सालको आमनिर्वाचनमा २०५ निर्वाचन क्षेत्र तय हुँदा सिंगो तराईको भागमा ७५ मात्रै परेको थियो । यसैबाट थाहा हुन्छ, शासकीय मनोविज्ञान । उनीहरू मधेशको प्रतिनिधित्व खुम्च्याउन चाहन्छन् ।

नागरिकलाई वैधानिक परिचय दिनु देशको प्राथमिक दायित्व हो । नागरिक भएपछि मात्र राज्यले नागरिकलाई प्रदान गर्ने सेवा र अवसरहरू बिना भेदभाव उपभोग गर्न पाइन्छ । फेरि अहिलेसम्म देशबाट नागरिकले पाएको एक थान नागरिकता न हो । त्यही नागरिकतामा अंकित छाप र चिह्न हेरेर नागरिकले सरकारको अनुहार चिन्छन् । देशप्रतिको अपनत्व बोध गर्छन् तर मधेशीको हकमा नागरिकता पाउन निकै कष्ट छ । मधेशीले नागरिकता माग्दा भारतीयले मागेभैं गर्छन् र सरकारले हात लुकाउँछ । नदिन अनेक बहाना खोज्छ ।

श्रमशील, हात-पाखुरा खियाउने किसानसँग जमिन छैन । जमिन हुन्थ्यो भने खनजोत गरेर आयस्ता बढाउँथे । बैंकमा धितो राखेर सन्तानको शिक्षादीक्षामा खर्चन्थे । आफ्नो जमिन नहुँदा उनीहरू महँगो ब्याजमा ऋण काढेर छोराछोरीलाई विदेश पठाउन विवश छन् । मिटरब्याजीको चंगुलमा पर्न विवश छन् । मधेश प्रदेशका आठ जिल्लामा मात्रै मिटरब्याजसम्बन्धी २१ हजार ५ सय ५२ उजुरी परेका छन् । पश्चिम नवलपरासीबाट एक हजार ८ सय ६२ उजुरी परेको तथ्यांक छ । यसरी मधेशका नागरिक पुस्तैनी गरीबीको दुष्चक्रमा छन् ।

यो दुष्चक्र तोड्न नश्लीय चिन्तन सोचका शासकले आफूमा सुधार ल्याउनु आवश्यक थियो । यदि त्यसो हुन्थ्यो भने भूमिसम्बन्धी समस्यामात्र होइन मधेशका सबै समस्या समाधान हुनसक्थ्यो ।

मधेशका आठ जिल्लामा हेर्दा चार लाख ९२ हजार ४ सय ९७ हेक्टर जमिनमा कृषि कर्म हुने गरेको छ । आधा जमिनमा पनि सिँचाइ पुग्दैन । सरकारकै तथ्याङ्क पछ्याउने हो भने पनि खेतीयोग्य जमिनको ५१.८५ प्रतिशत जमिनमा मात्रै सिँचाइ सुविधा पुगेको छ ।

सरकारले मधेशका भूमिहीन तथा कृषकको समस्या समाधान गर्ने हो भने भूमिमा पहुँच पुर्‍याउनुपर्‍यो । आयआर्जनका लागि कृषिको आधुनिकीकरणसँगै बीउबिजनमा अनुदान दिनुपर्‍यो । कृषि उपकरणमा अनुदान दिनुपर्‍यो । प्रदेश सरकारले ढुवानीको व्यवस्था गर्नुपर्‍यो । स्थानीय सरकारले बजारको बनाउनुपर्‍यो । यसरी उत्पादन बढाउन सकिन्छ । सहुलियत व्याजदरमा कृषिऋण दिने मात्रै हो भने पनि कृषकले लगानी दोब्बर बनाउन सक्छन् । कृषि उपजको आयात प्रतिस्थापन हुँदै जान्छ । आत्मनिर्भर हुने बाटो खुल्छ । मधेशको धर्तीले स्वर्ण उब्जाउँछ भनेर मात्र हुँदैन । उब्जाउने वातावरण पनि सिर्जना गरिनुपर्छ ।

नश्लीय सरकारलाई यता सोच्ने फुर्सद नै छैन । उसको सोच त मधेशमा कसरी शासकीय प्रभुत्व विस्तार गर्ने, मधेशीलाई शासनको पहुँचबाट बेदखल गर्ने मात्रै केन्द्रित देखिन्छ ।

म मधेशको धर्तीपुत्र हुँ । दमनको दुष्चक्रबाट मधेशीलाई बाहिर ल्याउनु मेरो पनि परम कर्तव्य सम्झेर तीन दशकदेखि सक्दो प्रयास गरिरहेको छु । यो प्रयास म रहेसम्म जारी रहन्छ ।

किनकि, मेरो मातृभूमि मुक्ति चाहन्छ, अन्याय र विभेदबाट ।

# विभेदले जगाएको विद्रोह

अपमानको आगो पिउँदापिउँदा मुटु ग्रिनेड बनेर विष्फोटको सङ्घारमा थियो । यसबीचमा अनेक संगत भए । बीपीको राजनीतिक चिन्तन सुनैँ । गजेन्द्रबाबुको मधेशप्रतिको चिन्तनधारा पनि सुनैँ । राजनीतिमा पाइला राख्ने सोच बनाइसकेको थिइनँ । मधेशको विभेदलाई कसरी समाप्त गर्ने भन्ने उपायको खोजीमा थिएँ ।

मधेशीले बाँचिरहेको अमानुषिक जीवन नबदलेसम्म मेरो ज्ञानको अर्थ थिएन । मधेशी पनि नेपाली भएर बाँच्न सक्ने अवस्था बनाउनका लागि जेजे गर्न आवश्यक हुन्छ, त्यो सबै गर्नुपर्छ भन्ने मेरो मान्यता थियो । यसमा रगत बग्नु भएन । भौतिक सम्पत्ति विनष्ट हुनुभएन । मेरो सोच यत्ति थियो ।

काठमाडौँलाई नजिकबाट बुझ्दै कानुनमा प्रवीणता प्रमाणपत्र तह उत्तीर्ण गरैँ । बीएल पढ्ने सपनाले दिमागमा डेरा जमाएको थियो । अन्याय, शोषण र उत्पीडनमा परेका मधेशीको न्यायको खातिर न्यायमूर्ति बन्नुपर्छ भन्ने सपना नभाँगिएको पनि होइन । मधेशीलाई हेर्ने काठमाडौँको आँखा प्रत्यक्ष रूपमा देखेपछि मेरो विचार बदलियो । समयक्रमसँगै न्यायाधीश भएर न्याय दिलाउन पहिला प्रशासनमा छिर्नुपर्छ भन्ने मलाई लाग्यो । सरकारी अड्डामा मधेशी कर्मचारी भेट्न नै दुरुह थियो । त्यसले पनि मलाई प्रशासनतिर छिर्न धकेल्यो । डिप्लोमा इन पब्लिक एडमिनिस्ट्रेसनमा भर्ना भएँ ।

काठमाडौँ भरेपछि मध्यम वर्गको आफ्नै दुःख सुरु हुन्छ । पैसा रित्तिन थालेपछि घरतिर मुख फर्काउन मिल्दैन । आमाको पोल्टो र बुबाको खल्ती छाम्न मिल्दैन । जवान भएपछि जसरी मातापिताको काखबाट टाढा होइन्छ, उहाँहरूको पोल्टो र खल्तीबाट पनि उसैगरी टाढा हुनुपर्छ । नत्र परनिर्भरताले जीवनभर पिरोलिरहन्छ । स्वाभिमानको पर्खाल ठडिनै पाउँदैन । अरूको मुख ताक्ने प्रवृत्तिले सिर्जनात्मकतामा ह्रास ल्याउँछ ।

जहाँजहाँ विज्ञापन खुल्थ्यो, त्यहाँत्यहाँ आवेदन दिन्थेँ । आवेदन नदिएको दिनै हुँदैनथ्यो । संस्थानदेखि लोकसेवासम्म आवेदन दिएँ । सबैतिर परीक्षा दिन्थेँ । तर नाम निस्किँदैनथ्यो ।

२०३८ सालमा वन मन्त्रालयको परियोजनामा शाखा अधिकृतमा लिखितमा नाम निस्कियो । ल सपनाको ढोका खुल्यो भनेर मख्ख परेको थिएँ । तर, मौखिकमा फालिदिए । सुरुमा त निराश भएँ । गरिखानँ कि नलागेको होइन । दुःख गरेर अनिम खुट्टिफलोमा पुगेर असफल हुँदा प्रशासनिक क्षेत्र मलाई होइन रहेछ भनेर नसोचिको पनि होइन ।

धेरैलाई लाग्न सक्छ, पर्फमेन्स राम्रो नभएर नाम ननिस्किएको होला । तर के एउटा पूरै समुदायकै पर्फमेन्स सधैँ नै नराम्रो हुन्छ ? नराम्रो नै भए पनि किन भयो भन्ने प्रश्नको कुनै अर्थ छैन ? अनि अर्को कुनै विशेष समुदायको भने पर्फमेन्स कसरी सधैँ राम्रो भयो होला ? त्यसैले यो मेरो मात्र असफलताको कुरा थिएन । वर्षौँदेखि राज्यले मधेशी समुदायलाई राज्य चलाउने ठाउँको पहुँचबाट टाढा राख्न लादेको विभिन्न नीति र नियतको परिणाम थियो । विभेदको द्योतक थियो ।

स्नातक उत्तीर्ण गरिसकेको थिएँ । सरकारी निकायमा अधिकृत भएर काम गर्ने तीव्र इच्छा थियो । तर पाइएन । टाउकोमाथि निराशाको बादल मडारिइरहेकै थियो । एक दिन साथी अरविन्द सिंह र म महासेनानी शैलेन्द्रबहादुर महतको लैनचौरस्थित निवासमा पुग्यौँ । नेपाली सेनाको माथिल्लो तहमा पुगेका भए पनि उनी नम्र थिएँ । मृदुभाषी थिए । सहयोगी भावका पनि थिए । उनको सरल र सुमधुर व्यवहारले म पुलकित भएँ ।

उनै महतले २०३६ साल भदौ ३१ गतेदेखि काठमाडौँस्थित अन्नपूर्ण ट्राभलमा जागिर लगाइदिए । मासिक तलब साढे तीन सय रूपैयाँ थियो । काठमाडौँमा जागिरे जीवन सुरु भयो । आफ्नो उद्देश्यमा पुग्न सहयोगी हुने खुसीले जागिर मिलेको दिन पुलकित भएँ । संयोग कस्तो थियो भने, म काठमाडौँ खाल्डो आइपुग्दा पनि गोजीमा साढे तीन सय थियो । तलब पनि त्यति नै थियो ।

अन्नपूर्ण ट्राभलको कार्यालय दरबारमार्गमा थियो । अन्नपूर्ण घिमिरे अध्यक्ष र नवराज घिमिरे ट्राभलको प्रबन्ध निर्देशक थिए । उनीहरू पनि बढो मिलनसार थिए । काम गर्नेको इज्जत र प्रतिष्ठाको ख्याल गर्थे । काममा दिलचस्पी मात्र होइन मिहिनेती पनि थिए । कर्ममा निरन्तर तल्लीन भएपछि फलको आशा गर्नै नपर्ने रहेछ, त्यसै आर्जन हुँदो रहेछ भनेर मैले त्यहीँ गएर थाहा पाएको हुँ । आठ वर्षसम्म त्यहाँ बडो विश्वासका साथ सौहार्दपूर्ण ढंगले काम गरेँ ।

२२ वर्ष लाग्दा घर-परिवारमा बिहेको कुरा चल्न थाल्यो । मलाई कलिलै उमेरमा बिहे गर्न रहर थिएन । उद्देश्यमा पुग्न पाइला राखेकै थिइनँ । गन्तव्यमा नपुग्दासम्म मानिसले आफ्नो परिचय बनाउन सक्दैन भन्ने ठान्थेँ ।

बिहेले परिचय बनाउन रोक्दैन भनेर पिताजीले सम्झाउनुभयो । अहिले नगरे पनि कुनै न कुनै दिन त गर्नैपर्थ्यो । २०३७ असार १० गते जीवन अर्को अध्यायमा प्रविष्ट भयो । भारत, बिहार सितामढी मढियाकी शैलकुमारी देवीसँग परम्परागत संस्कारअनुसार विवाह बन्धनमा बाधिएँ ।

विवाहको छिनोफानो भयो । तर दुलही देखेको थिइनँ । अहिलेजस्तो दुलही हेरेर, जुराएर लगन कस्ने समय पनि थिएन । मण्डपमा नै पहिलो पटक उनलाई देखेँ ।

भड्किलो विवाह संस्कृतिले तराईलाई पिरोल्नुसम्म पिरोलेको थियो । अझै छ । हामीले त्यो संस्कार र संस्कृति पछ्याएनौँ । धर्म-संस्कृतिको सामान्य नियम पछ्याउँदै विवाह गर्यौँ ।

एक किमिसमले भन्ने हो भने हाम्रो विवाह सामाजिक-सांस्कृतिक परम्पराको निरन्तरताजस्तो मात्र थियो ।

मानिस विवाहपछि पूर्ण हुन्छन् भन्ने विश्वास पनि छ । मैले चाहिँ विवाहपछि थप जिम्मेवारी बोध गरेँ । परिवारलाई समृद्ध तुल्याउन विवाह नामको संस्थामा प्रवेश गरेको थिएँ । त्यो संस्थाले मलाई मेरो उद्देश्य र रुचिमा पुग्न सघाउ नै पुर्‍यायो ।

सरकारी जागिरमा सघन भेदभाव थियो । पहाडी मनोविज्ञान हावी थियो । मधेशीले पनि सरकारी जागिर खान सक्छन् र ? यिनलाई त प्रवेश दिन हुँदैन भन्दै अनेक बारबन्देज खडा गरिएको थियो । ती तगारो पार गरेर अघि बढ्नुभन्दा व्यवसायमा पाइला राख्नु उत्तम सोचेँ । आर्थिक स्थायित्वका लागि मैले आफैँ व्यवसाय सुरु गरेँ । २०४४ साउनमा मैले त्रिभुवन अन्तर्राष्ट्रिय विमानस्थल काठमाडौँमा पोर्टर सर्भिस सञ्चालनको ठेक्का लिए । सरकारबाटै ठेक्का लिएर काम थालेको थिएँ । जसमा राजनीतिक उद्देश्य पनि निहित थियो ।

सुरुमा एयरपोर्टमा पोर्टर सर्भिस सञ्चालन गर्ने अन्नपूर्ण ट्राभल्सकै छाता संस्था वर्ल्ड एक्सप्रेस प्रालिको कारोबार हेरिरहेका डाइरेक्टरलाई मैले 'पोर्टरमा मधेशी समुदायकालाई पनि ठाउँ दिनुपर्‍यो' भनेर अनुरोध गरेको थिएँ ।

'बयलगाडा चलाउने मधेशीलाई एयरपोर्टमा राख्ने?'

उनले मजाककै शैलीमा भनेका थिए होलान् । तर उनको वचन मलाई काँडाभैँ बिभ्र्यो । मधेशीहरूलाई एयरपोर्टमा पोर्टरमा राखिछाड्ने अठोट लिएँ । धेरै प्रयास गरेपछि एक हातका औँलागा गन्न सकने मधेशीलाई पोर्टरमा राख्न सकेँ । तर मलाई त्यतिले चित्त बुझेको थिएन ।

वर्ल्ड एक्सप्रेस प्रालिले पोर्टरको काम छोड्यो । म भाग्यको ढोका खुल्ने समयको प्रतीक्षामा थिएँ । सरकारले टेन्डर आह्वान गर्‍यो । मैले निवेदन हालेँ । नभन्दै ठेक्का मेरो कम्पनीको नाममा पर्‍यो । व्यापार-व्यवसायको पहिलो खुट्किलो थियो त्यो ।

टेण्डर पारेर व्यापारसँगै पहिचानको राजनीति थालेको थिएँ । सबैतिर मधेशी समुदायको पहुँच बढाउनु थियो । पोर्टरको ठेक्का पारेको थिएँ । सुरु यसैबाट गर्नुपर्थ्यो । रातारात डेढ सय मधेशी ल्याएर विमानस्थलको आँगनका हुलेँ । पोर्टर तथा लोडरमा राखेँ ।

विमानस्थलमा एउटै पोसाकमा मधेशी पोर्टरको रूपमा लाम लागेपछि काठमाडौँका हुनेखाने वर्गमा खल्लीबल्ली नै मच्चिएको थियो । अहिले हेर्दा सामान्य लाग्ला । तर मधेशीको पहुँच र प्रतिनिधित्वको हिसाबले पञ्चायतकालको अँध्यारो रात्रिको ठूलो परिघटना थियो ।

राजनीतिक परिवर्तनको प्रसवको समय थियो । दलहरू पञ्चायतविरुद्धको निर्णायक सङ्घर्षको तयारीमा थिए । तर आन्दोलनको पृष्ठभूमि तयार भइसकेको थिएन । कम्युनिस्टहरू विभिन्न घटकमा छरिएका थिए । घटकभित्र पनि गुट-उपगुट थिए । विचारधारा र चेतनाका हिसाबले ती पनि परिपक्व भइसकेका थिएनन् ।

पञ्चायतविरुद्ध निर्मम सङ्घर्ष गरिरहेको नेपाली काङ्ग्रेस पनि कसरी अघि बढ्ने भनेर अन्यमनस्क भावमा थियो । नेपाली काङ्ग्रेस र कम्युनिस्टबीच तत्काल सहकार्यको सम्भावना देखिँदैनथ्यो । तर सहकार्य नगरी समाजको भुइँ तहसम्म जरा फिँजाइसकेको पञ्चायतलाई ढाल्न पनि सकिँदैनथ्यो ।

२०४२ साल जेठ १० गतेदेखि बहुदलीय व्यवस्थालगायत सातबुँदे माग राख्दै नेपाली काङ्ग्रेसले सत्याग्रह थालेको थियो । त्यही असार ६ गते काठमाडौँमा सिंहदरबारको ग्यालरी बैठक तथा पोखरा र जनकपुरमा एकसाथ बम विष्फोट भयो । रामराजा प्रसाद सिंहलाई विष्फोटको आरोप लगाइयो ।

त्यो विष्फोटबाट पञ्चायती शासकको मुटु हल्लिएको थियो । निर्दलीय शासन टिकाउने अन्तिम उपायमा जुटेका पञ्चायती शासकहरूले व्यापक धरपकड गरे । मधेशीहरूलाई अनाहकमा दुःख दिन थाले । पोर्टर सर्भिसमा काम गर्न आएका मधेशीहरूलाई कुल्लीको भेषमा एयरपोर्ट उडाउन रामराजाका मान्छे आएर भनेर लाञ्छना लगाए ।

पञ्चायती शासकवर्गका अनुचरहरूले मधेशीलाई विमास्थल प्रवेशमा रोक लगाए । उनीहरूलाई हेप्ने, काम गर्न नदिने, दुःख दिने, आदि ज्यादती गर्न थाले । स्थानीय पहाडी मूलका मानिसलाई नै पोर्टर सर्भिसमा राख्न अनेक दबाब दिन्थे । तर, म डेग चलिन ।

एकपटक त्रिभुवन विमानस्थलमा एकजना विदेशी नागरिकसँग मेरो चिनापर्ची भयो । विदेशीलाई आथित्यता प्रदान गर्नु हाम्रो संस्कृति-परम्परा नै हो । फेरि उनी विमानस्थलमा भेटिएका थिए । विमानस्थल त देशको अनुहार पनि हो । प्रत्येक नागरिक देशका सदस्य हुन् । उनीहरूले गर्ने व्यवहारले देशको प्रतिनिधित्व गर्छ । त्यसैले सचेत थिएँ म ।

कुरैकुरामा मैले उनलाई आफ्नो परिचय थिएँ । गर्दै गरेको कामबारे पनि बताए ।उनले निधार खुम्म्याए । आँखाको भावले मेरो कुरा पत्यार नलागेको बुझ्न कठिन थिएन ।

'तपाईं कसरी नेपाली ? तपाईंजस्तै मानिस अघि भर्खर मैले दिल्ली विमानस्थलमा भेटेको,' उनले आँखा फराकिलो बनाउँदै भने । उनी त्यतिमै अडिएनन् । विमानस्थलमा थुप्रै पोर्टरहरू थिए । उनीहरूतिर फर्किएर ती विदेशीले भने, 'नेपाली त उनीहरू हैनन् र ?'

उनले आफ्नो बुझाइ प्रस्तुत गरेका थिए । उनीसँग रिसाउनुको अर्थ थिएन । प्रतिवादको पनि अर्थ थिएन । रिस काठमाडौँको सत्तासँग थियो, जसले हामीलाई पाइलैपिच्छे नेपाली भएको प्रमाण देखाउनुपर्ने अवस्थामा पुर्‍याएको छ । अनुहारको कलेवर पहाडको भन्दा भिन्न भएवापत नै नेपाली नै होइनौ भन्ने भावलाई बल दिएको छ ।

आज पनि मधेशीलाई गरीबीले भन्दा पहिचानको सङ्कटले ज्यादा डस्छ । अभावले भन्दा बढी नेपाली नै होइनौ भन्ने हेय भावले दश गरिरहन्छ । आफ्नै माटोभित्र परिचयको पोख्रा फुकाउँदै हिँड्नुपर्ने बाध्यतामा मधेशी नागरिक छन् । मधेशी अनुहार, मधेशी वेषभूषालाई नेपालीका रूपमा परिचय गराउने काम आजसम्म पनि राज्यबाट भएको छैन ।

देशले स्वाधीनताको लडाइँ लड्नुपरेन । स्वतन्त्रताको संग्राम व्यहोर्नुपरेन । तर अधिकार प्राप्तिका लागि रक्तश्रावपूर्ण लडाइँ हाम्रो थाप्लामा परिरह्यो । त्यसमा मधेशी समुदाय अग्रमोर्चामा रहेर लडेको छ । अधिकार प्राप्तिको सङ्घर्षमा पहाडी समुदायभन्दा हाम्रो योगदान कम छैन ।

तर, त्यसको अभिलेख कतै छैन । न राज्यले मनन गर्‍यो, न इतिहासकारहरूले त्यसको उत्खनन गरे ।

काठमाडौँ उपत्यकाको तीन सहरले खास नेपालको दर्जा पाए । अरू मोफसल भए । पहाडी समुदायले आफू नेपाली भएको प्रमाण पेश गरिरहन परेन । तर, श्यामल मधेशीलहरूले पाइलैपिच्छे नेपाली भएको प्रमाण प्रस्तुत गरिरहनुपर्‍यो ।

काठमाडौँको सत्ताले जे सङ्कथन निर्माण गर्‍यो, विदेशीको कानमा पनि त्यही पर्‍यो । गहुँगोरो छाला भएका मात्रै नेपाली हुन् भन्ने विदेशीको मगजमा पर्‍यो । ती विदेशीले उनको बुझाइ प्रस्तुत गरेका थिए । र त, उनीसँग रिसाउनु र झोक्किनुको कुनै तुक थिएन । तथापि, त्यो घटना मेरो मुटुमा बिझ्यो ।

धर्तीपुत्र मधेशीहरू यद्यपि शालीनताका पर्याय हुन् । शान्तिका सूचक हुन् । अचानोभैँ हजार पीडा सहन्छन् । तर दुख्यो भन्दैनन् । सरकार गुहार्न सिंहदरबार धाइरहँदैनन् पनि ।

बम, बारुद, बन्दुक पनि नपड्कदाँसम्म त हो शान्त देखिने । जब पड्क्नछन्, तिनले भयानक दृश्यसँग चिनापर्ची गराउँछन् ।

विद्रोह मेरो रोजाइको बाटो थिएन । काठमाडौँको सत्ताले घचेटेर त्यहाँ पुर्‍याउँदै थियो । शैलेन्द्रराज शर्मा विमानस्थलका प्रबन्धक थिए । पुन थर भएका व्यक्ति विमानस्थलका सुरक्षा प्रमुख थिए । बम काण्डबाट त्रस्त शासक वर्गको दिमागमा मधेशीहरू आतंकवादी लाग्न थालिसकेका थिए । विमानस्थलबाट मधेशीलाई खेद्न उनीहरूलाई बहाना चाहिएको थियो । बमकाण्ड उपयुक्त मौका भयो ।

'मधेशीलाई यहाँबाट खेद्न लाग्नुभएको हो ?,' मैले उनीहरूलाई सोधेँ ।

'हँ ! कसले भन्यो ?,' उनीहरूको ओठले प्रतिवाद गरिरहेको थियो । तर, भिन्न थियो आँखाको भावभंगी । बरु आँखाले चाहिँ कसरी थाहा पायो यसले भनेर आश्चर्यको भाव जनाइरहेको थियो । मेरो पाइला समानताको थियो । समन्यायको थियो । हक र बराबरी उपस्थितिको थियो । सबैको समान पहुँच समतामूलक समाज निर्माणको कडी थियो । त्यसैले मेरो पाइला र बोली दुवै रोकिनेवाला थिएनन् ।

मैले फेरि भनेँ, 'मधेशीहरूलाई यहाँबाट लखेट्ने हो भने भोलि उनीहरूले फर्केर मधेशबाट शासकवर्गका पहाडियालाई लखेटे भने के हुन्छ ?'

उनीहरूको बोली बन्द भयो । केवल आँखाले आश्चर्य भाव जनाइरह्यो ।

अन्तिममा मैले भनैँ, 'हिजोसम्म ठेक्का शासकीय समुदायको हातमा थियो, आजबाट मेरो ठेक्का हो । म जसलाई राख्न चाहन्छु, उसलाई राख्छु । मलाई कसैको हस्तक्षेप स्वीकार्य छैन ।

मेरो भनाइले विमानस्थलका हाकिम झसङ्ग भए । त्यसपछि मधेशी पोर्टरले विमानस्थलभित्र प्रवेश पाए । सात वर्षसम्म त्यो पोर्टर सेवा सञ्चालनमा आयो ।

एकदिन सद्भावना परिषद्का नेता गजेन्द्र नारायण सिंह भारतको वाराणसीतर्फ जान लाग्नुभएको रहेछ । गजेन्द्रबाबु चनाखो स्वभावको हुनुहुन्थ्यो । दृष्टि परपर पुर्‍याएर हेर्नें, गन्तव्य तय गर्नें नेतामा पर्नुहुन्छ उहाँ । आफू कुन धरातलमा छु, कस्तो वेग माऱ्यो भने लामो फड्को मार्न सकिन्छ भनेर बहुतै चनाखो हुनुहुन्थ्यो ।

उहाँले विमानस्थलमा चारैतिर आँखा पुर्‍याउनुभयो । आँखाभरि मधेशी अनुहार आए । खुसीले उहाँको हृदय गद्गद् भयो । आँखाबाट आँसु चुहिएलाभैँ भयो । सुरुमा त उहाँलाई पत्यार नलागेको पनि होइन । तर, दृश्य भ्रान्ति थिएन । बरु मनलाई शान्ति दिने किसिमको भएपछि उहाँले नपत्याई धरै पाउनुभएन ।

'यह क्या हो गया ? कैसे परिवर्तन हुवा ? यह बहुत ही अच्छा हो गया राजेन्द्रजी, एयरपोर्ट में इतने सारे मधेशी ?,' उहाँको आँखामा छाएको अभूतपूर्व खुसीको आभाले मेरो हृदय पनि थप रोमाञ्चित भयो ।

'गजेन्द्रबाबु ! विमान से नेपाल आनेवाले संसार के लोग इसी एयरपोर्ट से गुजरते है । एयरपोर्ट पर पहले विदेशी अतिथिको लगता था की यहाँ काम करनेवाले सिर्फ पहाडी चेहरा जैसा ही नेपाली होता है । लेकिन अब वह गलतफहमी दूर हो रहा है । अब एयरपोर्ट मे उतरनेवाले हर विदेशीको लगता है कि मधेशी भी नेपाली नागरिक है,' उहाँलाई मैले भने ।

उहाँको मुटु खुसीले फुरुङ्ग भयो । मानिसले एकैपटक परिवर्तनको चौडा राजमार्ग खन्न सक्दैन, न डोरेटो नै बनाउन सक्छ । त्यसपूर्व उसले दिमागमा चेतनाको धर्कों कोर्नुपर्ने हुन्छ । आफ्नै चेतनाको आलोकमा मैले महसुस गरेको तथ्य थियो त्यो ।

मधेशीको पहिचान र अधिकारका लागि काँडाघारीमा खुट्टा राखिसकेको थिएँ । थाहा थियो, समाजको पिँधसम्म जरा हालेका शासकीय नीलकाँडाहरूले रक्तमुच्छेल बनाउनेछन् । पाइला-पाइलामा मृत्युसँग जम्काभेट हुनेछ । यो सबै थाहा पाएर हृदयले मलाई त्यही बाटो हिँड्न आदेश दिइरहेको थियो ।

२०४० सालको कुरा हो । तत्कालीन शासकको मनमा चिन्ताको आगो सल्किएछ । चिन्ताको स्रोत थियो– मधेशमा जनसंख्या वृद्धि कसरी अकासियो ?

तत्कालीन राजाले डा. हर्क गुरुङको संयोजकत्वमा नेपालमा आन्तरिक तथा अन्तर्राष्ट्रिय बसाइँसराइसम्बन्धी अध्ययन आयोग गठन गरे । त्यसले २०४० साउन २९ गते ७० बुँदे सुझाव प्रतिवेदन प्रधानमन्त्रीलाई दियो । उक्त प्रतिवेदनको व्यापक विरोध भएकाले सार्वजनिक

गरिएन । तर त्यसको निष्कर्ष थियो- मधेशी नागरिक भारतीय हुन् र उनीहरू भारतबाट आएकाले जनसंख्या ह्वात्तै बढ्यो ।

नेपालमा आन्तरिक तथा अन्तर्राष्ट्रिय बसाईंसराइ प्रतिवेदन नामक त्यो भूटको पुलिन्दाले मधेशीको भावनामा राँको भोर्स्यो । प्रतिवेदनले ७० बुँदे सुभावसमेत दिएको थियो । भारतीयहरू भटाभट आएर बसोबास गर्न थालेकाले प्रतिवेदनमा बोर्डर सिल गर्नुपर्ने तर्क गरियो । नेपाल–भारत आवतजावतमा पासपोर्टको प्रबन्ध गर्नुपर्ने र मधेशका भूमिपुत्रलाई विस्थापित गरी भारततर्फ धपाउनु पर्नेसम्मका सुभाव दिइयो ।

मधेशी नागरिकमा चेतनाको विकास भइसकेको थियो । आफ्नो पहिचान, अस्तित्व र राष्ट्रियता खतरा परेपछि उनीहरू जस्तोसुकै सङ्घर्षको बाटो हिँड्न मञ्जुर थिए । बाटोमा मृत्यु आओस्, शासक वर्गले जस्तोसुकै ताडना दिऊन्, उनीहरू रोकिनेवाला थिएनन् । प्रतिरोधको भुन्डा बोकेर गजेन्द्रबाबु अग्रमोर्चामा खडा भए । तिनताक अपमानको आगो मुटुमा पसेजस्तो असह्य भयो । शासकविरुद्ध अरिङ्गालभैं खनिनुपर्छ र सबक सिकाउनुपर्छ भन्ने निचोडमा पुगेको थिएँ ।

सर्लाहीका मेरा साथी विमलकुमार सिंह थिए । उनी पनि उस्तै विद्रोही स्वभावका थिए । त्यतिबेला मेरो डेरा बानेश्वरमा थियो । उनी र म मिलेर हर्क गुरुङको प्रतिवेदनको विरोधमा रातभर आफ्नै डेरामा पोस्टर लेख्यौं । ती पोस्टरलाई राति नै विद्यार्थीहरूले क्याम्पसका गेटगेटमा लगेर टाँसे । शासक वर्गका कित्तामा उभिएर मधेशीहरूलाई शोषण गरिरहेका काठमाडौंवासी उठ्दानउठ्दै क्याम्पसका गेट रंगिइसकेका थिए । मधेशीले आफ्नो पहिचानका लागि गरेको सङ्घर्षको रिहर्सल थियो त्यो । तिनताक तत्कालीन सत्ता समर्थक मण्डले विद्यार्थीहरूको जगजगी थियो । उनीहरू क्याम्पस–क्याम्पसमा तैनाथ हुन्थे । हातहतियार बोकेर हिँड्थे । खुलेआम हतियार बोकेर हिँड्दा पनि प्रहरीहरू आँखा चिम्लन्थे ।

भूमिगतरूपमा पर्चा टाँसेर उनीहरूले पैरवी गरेको र भरथेग गरेको सत्ताविरुद्ध जेहादी छेडेको उनीहरूलाई कसरी सह्य हुन्थ्यो । साङ्घातिक हमला गरे । हाम्रा कैयन् साथीहरू रक्तमुच्छेल भए । हामीले तिनताक प्रतिवेदनको विरोधमा होटल शंकरतमा कार्यक्रम गरेर आवाज मुखर गरेका थियौं ।

त्यसबेला कविताप्रति मोह बढेको थियो । विशेषतः विद्रोही कविता धेरै पढ्थेँ । बाबा श्यामलाल मिश्रको कविताले छातीको रगत उमाल्थ्यो । उनकै कविता सुनेर मभित्र क्रान्तिकारी चेत प्रखर बनेको थियो । मेरो विद्रोही स्वभाव भाँगिएको थियो । श्यामलालकृत 'खुनी तलबार' क्यासेटमा रेकर्ड गराउँथ्यौं । ठाउँ–ठाउँमा सुनाउँदै हिँड्थ्यौं । उनको कवितामा मधेशी नागरिकको पीडा प्रतिविम्बित थियो ।

सुषुप्त अवस्थामा रहेको पहिचानको आन्दोलनले विस्तारै आकार लिँदै गयो । हाम्री सपना साकार हुँदै थियो । पञ्चायती शासकहरू आफ्नो आसन हल्लिएको देखेर अतालिएका

थिए । भ्रष्टाचार, आफन्त मात्रै पोस्ने शासकीय प्रवृत्ति र मण्डले खुनी धमिराहरूले भित्रभित्रै चुसेर खोक्रो तुल्याइसकेको सत्ता जतिबेलै ढल्न सक्थ्यो । धक्काको जरुरी थियो ।

गजेन्द्रबाबुको नेतृत्वमा मधेशभरि गुरुङ प्रतिवेदनको विरोधमा जागरण अभियान सुरु भयो । विरोध खप्न नसकेपछि पञ्चायती शासकले गजेन्द्रबाबुलाई पक्राउ गरेर जलेश्वरको जेलमा कोच्यो । राजकाज मुद्दा लगायो । अरू नेताहरूलाई पनि धमाधम पक्राउ गरी विभिन्न जेलहरूमा राख्यो ।

पञ्चायतका अन्तिम उत्तराधिकारीहरूले सोचेका थिए होलान्, क्रान्ति नायकहरूलाई जेलमा राख्नसाथ विद्रोहको आगो निमिट्यान्न हुन्छ । तर पहिचानको विद्रोह खरानीले छोपेको फिलिङ्गो हो भन्ने भेउ नै पाएनन् । जसले जतिबेलै आगोको रूप लिन सक्छ र शासकको सपना खरानी बनाउँछ चेत उनीहरूमा हुन्थ्यो भने उनीहरूले त्यतिधेरै धरपकडक किन गर्थे होला ! क्रान्ति नायकहरूलाई जेलमा राखिरहन सकेनन् । गजेन्द्रबाबु जेलबाट रिहा गरिनुभयो । जलेश्वर जेलबाट रिहा हुनासाथ उहाँले आफ्नो अभियानलाई अभ फराकिलो पार्नुभयो ।

अभियानले विराट रूप लिँदै थियो । शासकहरूको चैन बिथोलिँदै थियो । बानेश्वरमा गजेन्द्रबाबु र मेरो डेरा सँगसँगै थियो । एक दिन उहाँले भन्नुभयो, 'राजेन्द्रजी परिस्थिति परिपक्व हो गया है, लगता है, अब कुछ करना ही परेगा ।'

उहाँको उद्गारले शरीरमा नवऊर्जा सञ्चारित हुन्थ्यो । नाडीमा उत्साह दौडिन थाल्थ्यो । परम्परागत चेतविरुद्ध आन्दोलनको आँधीबेहरी अनिवार्य थियो । गजेन्द्रबाबुले समय पहिल्याउनुभयो ।

२०४० साल फागुन १६ गते महाशिवरात्रि थियो । त्यो शिव उपासनाको दिन मात्र थिएन, मधेशले क्रान्तिको नयाँ धुनी जगाउँदै थियो । हिमालय पर्वतको फेदिमुनि शिव भगवान्लाई साक्षी राखेर पहिचानको शङ्खनाद हुँदै थियो ।

सद्भावना परिषद् गठन भयो ।

गुरुङ प्रतिवेदनको विरोधमा बाबा रामजनम तिवारीले तत्कालीन राजा वीरेन्द्रसमक्ष मागपत्र बुभाए । शासकीय अन्धवेगको यात्रामा रहेका राजा वीरेन्द्रले मागको गुरुत्वलाई कति बुभे उनैले जानून्, जे होस्, शनैःशनैः क्रान्तिको उडान अकाशिँदै गयो ।

मधेश जागरण अभियानले विराट रूप लिँदै थियो । गजेन्द्रबाबु तत्कालीन शासकको नजर बिभाउने पात्रको रूपमा सामुन्ने आइसक्नुभएको थियो । २०४२ सालमा उहाँ फेरि पक्राउ गरियो । उहाँलाई वीरगञ्ज जेलमा राखिएको थियो । पछि जेलसार गरेर काठमाडौँको हनुमानढोकामा रहेको डीएसपी कार्यालयमा ल्याइयो ।

हथकडी र नेलले बाधिएका गजेन्द्रबाबुलाई अमानुषिक ताडना दिइयो । जेलमा कसैलाई भेट्न दिइँदैनथ्यो । यातनाले नै उहाँलाई गलाउने तत्कालीन शासकको सोचाइ हुँदो हो । तर,

उहाँका शौम्य आँखाहरूलाई यातनाको कुनै परवाह थिएन । हातमा जति नेल ठोक्छ, जति जेल बस्ने दिन लम्ब्याउँछ उति नै बढी क्रान्तिको डढेलो फैलने विश्वास उहाँमा थियो ।

घर-परिवार र समाजको मात्रै होइन, आफ्नै चेतनाको परिधि ननाघी क्रान्तिको बाटो तय हुँदैन । गजेन्द्रबाबु राज्यद्रोहको कसुरमा जेलमा हुनुहुन्थ्यो । जेलमा यतिधेरै कष्टदायी यातना दिइयो कि, उहाँको प्राण हुरुक्कै जान सक्थ्यो । मधेशीलाई मुक्ति गराइछाड्ने उहाँको अठोट देखेर मृत्युले समेत बाटो छलेको प्रतीत हुन्छ ।

तर मृत्यु उहाँको घरसम्म पुग्न छलिएन । हिरासतमै रहँदा गजेन्द्रबाबुकी ममतामयी आमाको निधन भयो । उहाँको आमाको अन्तिम इच्छा नै छोराको काखमा प्राण त्यागूँ भन्ने थियो । दसधारा दूध चुसाएर हुर्काएकी आमाको अन्तिम अनुहार हेर्ने गजेन्द्रबाबुको इच्छा थियो । तर नागरिकको आवाज दबाउन कसिसएका पञ्चायतका अनुचरसँग त्यत्तिको मानवीयता कहाँ हुनु !

गजेन्द्रबाबुलाई दिवंगत आमाको दर्शन गर्न दिइएन । काजकिरिया गर्न पनि बारबन्देज लगाइयो । उहाँले जेलभित्रै आमाको मृत्यु शोक बार्नुभयो । आमाको श्राद्धको दुई दिनअघि मात्रै उहाँ रिहा हुनुभयो ।

पञ्चायती व्यवस्थाले निर्दलीयता लादेको थियो । नानातरहले पञ्चायत टिकाउने भरमग्दुर कोसिसमा थियो त्यो सत्ता । नागरिकलाई मताधिकारको प्रयोग गर्न दिएको देखाउँदै आँखामा छारो हाल्ने र आफ्ना अनुचरहरूको मुखमा मात्रै चारो हाल्ने कोसिसमा पनि थियो ।

२०४३ सालमा राष्ट्रिय पञ्चायतको चुनाव हुँदै थियो । पञ्चायतका अनुचरहरू गात्रै त्यहाँ जाने, उसैको सत्ताको गुण गाउने थलोका लागि चुनाव हुनु र नहुनुको अर्थ छैन भन्ने मेरी बुझाइ थियो । पञ्चायतभित्र पसेर पञ्चायतको चरित्र बदल्न सकिँदैन भन्नेमा म ढुक्क थिएँ । तर गजेन्द्रबाबुको सोचाइ अलि भिन्न थियो ।

पञ्चायतभित्र पस्ने र उसको चरित्र बदल्ने भन्दा पनि त्यहीँभित्र बसेर मक्याउने र आन्दोलनबाट धक्का दिएर ढाल्ने उहाँको चिन्तन थियो । तत्कालीन कार्यनीतिका रूपमा निर्वाचनलाई उपयोग गर्ने र दीर्घकालीन रूपमा सङ्घर्षका माध्यमबाट त्यसलाई ढाल्ने नै निष्कर्ष थियो । गजेन्द्रबाबुको चालबाजी बुझेका पञ्चायतका पृष्ठपोषकहरूले उहाँलाई हराउन भगीरथ प्रयत्न गरे । आम नागरिकले उहाँको क्रान्तिप्रतिको अदम्य साहस बुझिसकेका थिए । ६० हजार मतले शानदार विजयी हुनुभयो ।

मधेशको मुद्दा राष्ट्रिय पञ्चायतको मञ्चसम्म पुग्यो । अहिले हेर्दा त्यो उपलब्धिलाई फुच्चे लाग्ला होला । तर त्यो समयको आँखाबाट हेर्दा गजेन्द्रबाबु राष्ट्रिय पञ्चायतमा पुग्नु असाधारण उपलब्धि थियो । उतिबेला उहाँको उपस्थितिले मधेशको पक्षमा काम गर्नुपर्छ भन्ने चेतनामा नूतन आयाम थपेको थियो । त्यही मुद्दा नै पछि गएर पहिचानका लागि सङ्घर्षका रूपमा अघि बढ्दै गयो ।

यी घटनाक्रममा म कुनै न कुनै रूपले जोडिएको थिएँ । मधेशी अधिकारका पक्षमा भएका सङ्घर्षलाई सूक्ष्म रूपमा नियालिरहेको थिएँ । जसले ममा पाको गरी राजनीतिक संस्कार र शिक्षाको विकास हुँदै गइरहेको थियो ।

पञ्चायती व्यवस्थाविरुद्ध विभिन्न तरहले आन्दोलनको सुरुआत भइरहेको थियो । वातावरण पनि बन्दै गएको थियो । दुई ध्रुवमा बाँडिएका काग्रेस र कम्युनिस्ट एक अर्कालाई शत्रु करार गर्दै साभ्रा कार्यनीतिमा आउन इन्कार गरिरहेका थिए । जबकि उनीहरूको साभ्रा शत्रु पञ्चायत थियो । पञ्चायती व्यवस्था थियो ।

३० वर्षपछि उनीहरूले यो तथ्य हृदयंगम गरे । २०४६ साल मसिरमा तत्कालीन नेकपा (माले)ले पञ्चायतविरुद्ध शान्तिपूर्ण सङ्घर्षको कार्यनीति पास गर्‍यो । नेपाली काग्रेससँगको सहकार्यको हात बढायो । नेपाली काग्रेसका नेता, लौहपुरुष गणेशमान सिंह पनि त्यही समयको प्रतीक्षामा थिए ।

प्रजातन्त्र पुनः स्थापनाका लागि २०४६ साल फागुन ७ बाट आन्दोलनको शङ्खनाद भयो । आन्दोलन उत्कर्षतिर अभिमुख हुँदै जाँदा गजेन्द्रबाबुले राष्ट्रिय पञ्चायत सदस्यबाट राजीनामा दिनुपर्छ भन्ने मेरो मत थियो । परिस्थिति तदनुकूल बनेन । मानिस आन्दोलित हुनुपूर्व उसको मन आन्दोलित भएको हुनुपर्छ । उसको मनस्थिति आन्दोलित भएको हुनुपर्छ । मभित्रको विद्रोह गुम्फित भएर विष्फोटनको सङ्घारमा पुगिसकेको थियो ।

सद्भावना परिषद् पनि मेरै बाटामा आयो । यसका नेता कार्यकर्ताले देशव्यापी रूपमा गिरफ्तारी दिए । आन्दोलनको डढेलो देशव्यापी बन्दै गयो । पञ्चायती सत्ता सुरक्षित अवतरणको उपायको खोजीमा लाग्यो । तिनका अनुचरहरू अकन्टक सत्ताको कल्पनामा हुँदा हुन् । तिनीहरूको सपना धुलाम्य हुने दिन नजिकिँदै थियो । अन्ततः २०४६ साल चैत्र २६ गते राति राजा, काङ्ग्रेस र वाममोर्चाबीच त्रिपक्षीय सम्भ्रौता भयो ।

देशमा प्रजातन्त्र पुनः बहाली भयो । काठमाडौँ उपत्यकासहित देशका विभिन्न भूखण्डमा दीपावली भयो । हर्षबढाइँ हुन लाग्यो । म पनि बानेश्वर चोकमा विजय जुलुसको तयारीमा खुसी थिएँ । तर गजेन्द्रबाबुको अनुहारको हाँसो थिएन । आँखामा एक किसिमको पीडाबोध देखिन्थ्यो । यस्तो खुसीको दिन पनि गजेन्द्रबाबु किन निराश हुनुहुन्छ ? त्रिपक्षीय सम्भ्रौताको अङ्ग बन्न पाइएन भने पो उहाँले गुनासो पोख्नु भएको हो कि ? मभित्र कौतूहलता सघन हुँदै थियो ।

'एक लडाइ खतम हुआ है, बाँकी लडाई तो करना है न । अभी मूल लडाइ तो लड्ना बाँकी है । प्रजातन्त्र आया है, तो मधेशी के लिए भी प्रजातन्त्र आना चाहिए न । मरिचमान गया गणेशमान आया, फर्क कुछ भी नही हुवा हमारे लिए । पञ्चायती प्रजातन्त्र मरीचमान के लिए था । यह प्रजातन्त्र गणेशमानजी के लिए होगा । अब मधेशी के लिए भी तो प्रजातन्त्र आना चाहिए न । मधेशी की लोकतान्त्रिक अधिकार प्राप्ति के लिए फिर दुबारा लडना पडेगा । यह आन्दोलन सफल हो गया, सिर्फ इसी से ही बहुत खुस होना जरुरी नही है राजेन्द्रजी,' बानेश्वर चोकमा जुलुसकै बीचमा उहाँले मेरो कानमा फुस्फुसाउनु भयो ।

म झल्याँस्स भएँ । वास्तवमै राजाको हातमा रहेको शासन-सत्ताको चाबी काग्रेस-कम्युनिस्टले खोसेर आफूमातहत लगेका थिए । शासन-सत्ता होइन, पहिचानकै पहुँचबाट मधेशीहरू कोसौँ टाढा थिए । परिवर्तनको यो लडाइँ र यसको उपलब्धिले त्यसको दूरी छोट्याएकै थिएन । गजेन्द्रबाबु खुसी हुन् कसरी ? वास्तवमा उहाँ निकै दूरदर्शी हुनुहुन्थ्यो ।

प्रजातन्त्र ल्याउन एउटै मोर्चामा सँगैसँगै र अग्रपङ्क्तिमा रहेर लडे पनि हाम्रो आन्दोलन पूरा भएको थिएन । हामीले अभै अर्को लडाइँको तयारी गर्नुपर्ने थियो । आन्दोलनको स्वरूप परिवर्तन गर्नुपर्ने थियो । त्यो लडाइँमा हामी एक्लै हुने पक्कापक्की थियो ।

बहुदलीय व्यवस्थाको घोषणा भयो । काग्रेस-कम्युनिस्टहरूले जितको खुसीयालीमा थिए । सत्ता भागबन्डाको तयारीमा जुटे । नयाँ संविधान निर्माण गरेर उपलब्धिको रक्षा गर्ने तरखरमा लागे ।

आन्दोलनको मध्यान्तरमा थियो मधेश ।

२०४६ साल चैत २६ गते मधेशले जुन परिवर्तनको अपेक्षा गरेको थियो । त्यो भएन । अपूरो क्रान्तिलाई हाम्रो मनले स्वीकार्ने अवस्था थिएन । अपूरो अध्यायलाई पूरा गर्न हामीले एउटा सुगठित पार्टीको बोध गरेका थियौं । अपरिहार्यता महसुस गरेका थियौं ।

त्यसबेला मधेशका माननीय (राष्ट्रिय पञ्चायत सदस्य) हरू एक ठाउँमा बसेर मधेशमा नयाँ खालको आन्दोलनको विकास गर्ने परिकल्पना गर्न थाले । जसले देहातमा चेतनाको नयाँ आयाम दिन सकोस् । सिंहदरबारले मधेशलाई हेर्ने दृष्टिकोण बदल्न सकोस् । मधेशीलाई शासनसत्तामा अग्राधिकारसहित पहिचान दिलाउन सकोस् । सारमा भन्दा मधेशीले यो देश पनि हाम्रो हो भने अपनत्व गर्न सकून् ।

पञ्चायती पृष्ठभूमिका सांसदहरू राप्रपा, काग्रेस र एमालेमा जाने कि भन्ने द्विविधामा थिए । त्यस्ता सांसदको मगजमा मधेशका मुद्दा थिएनन् । तत्काल लाभ प्राप्त गर्ने ध्येयले उनीहरू आन्दोलनमा जोडिएका हुन्थे । लाभ प्राप्त नगर्नासाथ उनीहरू तितरवितर भइहाल्थे ।

नेपाली काग्रेसको गठनमा मधेशका भूमिपुत्रहरूको पसिना परेको छ । भारतमा भूमिगतरूपमा संगठन निर्माण र मात्रै होइन, गुप्तरूपले बसेर संगठनको काम-कार्यवाही अघि बढाउन मधेशको भूमिका अहम् छ । तर, काग्रेसीहरूले मधेशले लगाएको गुन बिर्सिए ।

मधेशका नागरिकताविहीनका समस्या, भूमिहीनका दर्दनाक समस्या बीपीले पनि नदेखेका होइनन् । राणा शाहीदेखि उपेक्षामा परेका र शासनसत्ताको मूल प्रवाहबाट किनारा लाग्न विवश मधेशीको आँसु उनले नबुझेका पनि होइनन् ।

उनी शासन सत्ताको केन्द्रमा पुग्न चाहन्थे । तर, मधेशीहरू त नागरिकको दर्जा पाउन नै सङ्घर्ष गरिराखेका थिए । २००७ सालको क्रान्तिपछि नै नेपाली काग्रेसको आँखामा मधेश प्राथमिकतामा नपरेपछि बुलानन्द झा, वेदानन्द झा, रामजनम तिवारी, श्यामलाल मिश्रलगायतका नेताहरूले तराई काग्रेस गठन गरेका थिए । तर, उनीहरूको विद्रोहले

आन्दोलनको आकार लिन सकेन । केही वर्षमै तितरबितर हुन पुग्यो । त्यसैले त मधेशलाई केन्द्रमा राखेर आन्दोलन संगठित गर्छु भन्नु त्यतिबेला पत्यारलाग्दो कुरा थिएन । त्यो साहस कसैले गरेका पनि थिएनन् ।

२०४६ को परिवर्तनको रापताप सेलाइसकेको थिएन । अन्तरिम सरकार गठनको तारतम्य हुँदै थियो । काङ्ग्रेस-कम्युनिस्टहरू विजयी मुद्रामा सरकारमा जान उज्यालो अनुहार लगाइरहेका थिए । हामी भने पहिचानको आन्दोलनको सूत्रपात गर्दै थियौं । २०४७ वैशाख ३ गते गजेन्द्रबाबुले तराई हाउसमा सद्भावना परिषद्को बैठक बोलाउनुभयो । काङ्ग्रेस-कम्युनिस्टहरूको निम्ति त्यो ठूलो झट्का थियो । उनीहरूले क्रान्ति पूर्ण भयो भनिरहेका थिए । नयाँ संविधानले आन्दोलनको मर्म र भावनालाई संस्थागत गर्ने र मुलुकले स्थायीत्वको दिशा पकड्ने विश्वास उनीहरूको थियो ।

मधेशी, आदिवासी र देशका भूमिपुत्रहरूको अनुहारमा परिवर्तनको छायासम्म नपरेकाले त्यसलाई हामीले अधुरो क्रान्तिको दर्जा दिएका थियौं ।

सद्भावना परिषद्लाई पार्टीको रूप दिएपछि त्यसलाई वैधानिकता दिन जरुरी थियो । भेलालगत्तै गजेन्द्रबाबु महाधिवेशनको तारतम्यतिर लाग्नुभयो । एकातिर सद्भावनालाई पार्टीको रूप दिनु थियो, अर्कोतिर मधेशमा आन्दोलनको उठान गर्नु थियो, यी दुवै कार्यभार पूरा गर्नका निम्ति योग्य नेतृत्वको आवश्यकता पर्थ्यो । २०४७ असार १५ र १६ गते जनकपुरमा नेपाल सद्भावना पार्टीको पहिलो महाधिवेशन भयो । महाधिवेशनमा नेतृत्वका लागि धेरै रस्साकस्सी भएन । तँछाड्मछाड् पनि भएन । सर्वसम्मतिले गजेन्द्रबाबु अध्यक्ष चुनिनु भयो ।

'आर्थिक, राजनीतिक, सामाजिक, सांस्कृतिक, भाषिक तथा अन्य सबै प्रकारका शोषण एवं भेदभावको अन्त्य गरेर स्वतन्त्रता, समता एवं सद्भावनाको एउटा यस्तो युगको सूत्रपात गर्न चाहन्छ, जसमा देशका सबै भूगोलमा बस्ने हरेक वर्ग र समुदाय राष्ट्रको मूलधारामा आवद्ध र संरक्षित अनुभव गर्न सकून् । नेपाल सद्भावना पार्टी आफ्नो उद्देश्य प्राप्तिका लागि एक निश्चित कार्यक्रमका साथ अघि बढ्ने सङ्कल्प गर्दछ ।'

पार्टीले प्रथम महाधिवेशनको घोषणापत्रमा आफ्नो उद्देश्य र आवश्यकता स्पष्ट गर्‍यो । र, आफू हिँड्ने बाटो तय गर्‍यो ।

अञ्जुलीले उबाएर घनघोर अँध्यारो फाल्न त सकिन्न । तर सानो चिराग सल्काएर जस्तै अँध्यारो पन्छाउन सकिन्छ । मधेशको हकमा सद्भावना त्यस्तै दियालो थियो । प्रदीप्त भयो ।

# मधेशको पहिलो जित

म राजनीतिको दर्शकदीर्घामा थिएँ । दर्शकदीर्घाबाट मञ्चमा प्रदर्शित राजनीतिका विभिन्न खेल नियालिरहेको थिएँ । नेपालको सन्दर्भमा जस्तो राजनीति भइरहेको थियो, अथवा जसलाई राजनीति भनिन्थ्यो त्यसप्रति मेरो कुनै दिलचस्पी थिएन । यस्तो राजनीतिको बाटो हिँडेर मधेशले पहिचान पाउने होइन, झन् गोलचक्करमा फस्ने मेरो बुझाइ थियो ।

गजेन्द्रबाबुले मलाई सक्रिय राजनीतिमा ल्याउन निकै प्रयास गर्नुभयो ।

गजेन्द्रबाबु त्रिपुरेश्वरस्थित नेपाल सद्भावना पार्टी कार्यालयबाट नयाँ सडकको सन्देश गृहमा पत्रिका लिन आउनुहुन्थ्यो । त्यसकै छेउमा मेरो कार्यालय थियो । उहाँ पत्रिका लिन आएको बखत मौका मिल्यो भने मलाई नभेटी जानुहुन्नथ्यो । भेट्नुको एउटै ध्येय हुन्थ्यो- सद्भावनाको पार्टी सदस्यता लिएर म राजनीतिमा होमिनुपर्‍यो ।

'राजेन्द्रजी मधेशकी राजनीति मे सक्रिय हो कर लागिए । पार्टीका काम किजिए, जिम्मेवारी लिजिए,' उहाँले दोहोर्‍याइरहनुहुन्थ्यो ।

'आप कररहे है ना, बाँकी साथी लोग भी कररहे है । हम जोभी सहयोग बन पडेगा करेगे । सक्रिय राजनीतिमे हमको क्यों लेजाइएगा ?,' यस्तै कुरा गरेर म उम्कन्थें ।

'आप जैसे पढालिखा नौजवान सक्षम लोग सक्रिय राजनीति मे आना पडेगा न,' उनको जोडबल हुन्थ्यो ।

गजेन्द्र बाबुको पटक-पटकको आग्रह र ममाथिको विश्वास भावले मलाई राजनीतिमा आकर्षित गर्दैलग्यो ।

त्यतिबेला विश्वनाथ प्रसाद शाह, राधाकान्त झा र विन्देश्वर रायलाई पार्टीको त्रिमूर्ति भनिन्थ्यो । उनीहरूको गतिविधि पनि म नजिकबाट नियाल्ने प्रयत्न गर्थें ।

तिनताक सर्लाहीमा सद्भावनाको उपस्थिति थिएन । आधारभूत तहमा सङगठन निर्माण निकै चुनौतीपूर्ण बन्दै थियो । आन्दोलन सफल भएर राजनीतिक स्थायीत्वको दिशा समातेकाले काङ्ग्रेस कम्युनिस्टको प्रभाव बढ्दो थियो । त्यसलाई चिरेर सङगठन निर्माण गर्नुपर्ने भएकाले नै गजेन्द्रबाबुले मलाई प्रेरित गर्नुभएको थियो ।

उहाँको विश्वासलाई सङगठन निर्माणमा बदल्नुपर्ने जिम्मेवारी मेरो काँधमा थियो । रामेश्वर राय यादव मेरा हितैषी मित्र थिए । सुख-दुःखका सहयात्री । राजनीतिमा केही गरौं भन्ने उनको हुटहुटी थियो, तर मेसो पाइरहेका थिएनन् । बचेखुचिका पञ्चेहरूले राष्ट्रिय प्रजातन्त्र

पार्टी खोलेका थिए । पञ्चायतको अवशेषको रूपमा रहेको त्यो शक्ति राजसंस्थाको पृष्ठपोषक भएर आम नागरिकमा भ्रम छर्न उद्यत् थियो । उनी त्यस्तो नवमण्डलेको भुन्डमा जान लागेका रहेछन् । मधेशमा संगठन विस्तारका लागि दर्बिलो सहयात्रीको खाँचो थियो । उनलाई राप्रपामा जान रोक्ने ध्येयले प्रस्ताव गरेँ ।

तर, तयार भएनन् । विचारधाराका दृष्टिले उनी राप्रपामा समाहित हुन लागेका थिएनन् । उनको परिवर्तन र क्रान्तिकारी चेत सुहाउँदो पार्टी राप्रपा थिएन । कुनै दिन उनले यो तथ्य बुझ्नेमा म विश्वस्त थिएँ ।

नभन्दै रामेश्वर रायले राप्रपाको नाडी छामे । आफ्नो लागि सुहाउँदो पार्टी नभएको निष्कर्ष निकाले । म भने उनीसँग क्षुब्ध थिएँ । मैले उनलाई सुरुमै प्रस्ताव गरेको थिएँ । उनी तत्क्षण नै आइदिएको भए सर्लाहीमा हामी अलग्गै ढंगले पार्टी अगाडि बढिसक्ने थियो । दलहरू आम निर्वाचनको तयारीमा जुटिसकेका थिए । हामीले संगठन निर्माण गरेकै थिएनौ ।

राप्रपाबाट फर्किएर आएपछि उनी मेरो सम्पर्कमा आए । राजनीतिमा बदलाभाव राम्रो कुरा होइन । विचार समय, परिस्थितिसँगै बदलिँदै जान्छ । सत्य त स्थायी र अन्तिम हुँदैन भने विचार कसरी चीरस्थायी हुनसक्छ ? म आफ्नो बुझाइमा फर्किएँ र उनलाई स्वागत गरेँ ।

उनी पढेलेखेका थिए । जातीय जनाधार र राजनीतिक पृष्ठभूमिसमेत राम्रो भएकाले उनलाई जिल्ला अध्यक्ष बनाउनु उपयुक्त हुने निष्कर्ष तत्कालीन पार्टीले निकाल्यो । उनलाई सोहीअनुसार जिम्मेवारी दिइयो ।

जिल्लामा पार्टी संरचना बनाउँदै होलान् भन्नेमा म ढुक्क थिएँ । गजेन्द्रबाबुसँग पार्टीको विन्यासबारे विमर्श गरिरहन्थेँ । तराई-मधेशको सबै भूखण्डमा पार्टी पुर्‍याउनेबारे विचार-विमर्श गरिरहेका हुन्थ्यौ ।

रामेश्वर राय पार्टी प्रविष्ट भएको एक महिना पनि भएको थिएन, एकदिन उनी सर्लाहीबाट फर्केर नयाँ सडकमा रहेको मेरो कार्यालयमा आए । 'जिल्लामा सबै काङ्ग्रेस र एमालेको कुरा गर्छन् । बचेखुचेका मानिस राप्रपाको कुरा गर्छन् । सद्भावनाको कुरा गर्ने कोही छैन । सद्भावनाको संगठन पनि छैन । जनमत नै नभए पछि पार्टीको काम गर्न अप्ठ्यारो भयो,' उनले एकै सासमा भने ।

गजेन्द्रबाबु देशभर सङ्गठन बनाउन लागि परेका थिए । सर्लाहीमा सङ्गठन विस्तार, परिचालनतर्फ मेरो विशेष ध्यान थियो । भरपर्दा नेता रामेश्वरजी नै पछि हट्न खोजे । तै पनि मैले रामेश्वरजीलाई हौसला दिएँ । आफैँ पनि सक्रिय भएर केही गर्ने सोच बनाएँ । फलतः पार्टीको प्रचार-प्रसार र संगठन विस्तारमा सघाउ पुगोस् भनेर मोटरसाइकल र्‍यालीको आयोजना गर्ने सोच बनाएँ । त्यसका लागि पर्चा लेखेँ । आवश्यक चाँजोपाँजो मिलाएँ ।

'मधेशीको सिर्फ न्याय चाहिए' पर्चाको शीर्षक थियो । त्यसमा रामराजाप्रसाद सिंहलाई आममाफी दिनुपर्ने माग अघि सारेँ । नागरिकता समस्या समाधान, संविधान सभाबाट

संविधान निर्माण प्राथमिकताका साथ उठाइएको थियो । त्यतिमात्र होइन, प्रान्तीय सरकार गठन, सेना र प्रहरीमा मधेशीको सामूहिक प्रवेशलाई मुख्य मुद्दाको रूपमा समेटिएको थियो । जनसंख्याका आधारमा निर्वाचन क्षेत्र निर्धारण पनि छुटेको थिएन ।

यिनै माग समेटिएको पर्चा फ्याँक्दै लगातार सात दिन मोटरसाइकल ज्याली निकालियो । देहातका गाउँ-गाउँ ज्याली पुर्‍याइयो । जिल्लाका कुनै पनि बस्ती बाँकी रहेनन् । हाम्रो अभियानले जिल्लाका पुराना राजनीतिक दलमा हलचल मच्यायो । सद्भावनाले आफ्नो प्रभाव विस्तार गर्न सफल भयो । जनता पार्टीप्रति आकर्षित भए ।

म काठमाडौँ फर्किएको मात्रै थिएँ, रामहरि जोशी हानिएर नयाँ सडकस्थित मेरो कार्यलयमा भेट्न आए । उनी एक्लै आएका थिएनन् । साथमा सर्लाहीकै केही काँग्रेसी नेताहरू थिए ।

'राजेन्द्रजी आप तो स्वतन्त्र भी जित जाइएगा, नेपाली काङ्ग्रेस मे आइए,' उनले मलाई आग्रह गरे ।

मसँग उनलाई दिने जवाफ थिएन । मुसुक्क हाँस्दै उनको हातमा पर्चा थमाएँ, जुन पर्चा मैले जिल्लाभरि बाँडेको थिएँ । आम नागरिकको हातहातमा पुर्‍याएको थिएँ ।

'जोशीजी क्या नेपाली काङ्ग्रेस मधेशका यह एजेन्डा मानेगा ?,' प्रश्न सोध्ने पालो मेरो थियो ।

रामहरिजीका ओठ ट्याप्पै टालिए । उनी धेरैबेर बोल्न सकेनन् ।

'प्रजातन्त्रमे धीरेधीरे सब हो जाएगा,' निकैबेरको मौनतापछि बल्ल उनी बोले ।

'जोशी सर, मेरे लिए सद्भावना पार्टी ही ठीक है,' यति भनेर मैले कुराकानीलाई बिट मारेँ ।

रामहरिजीको आशामा तुषारापात भयो । अनुहार बिगार्दै उनी फर्किएर गए ।

त्यतिबेलासम्म म पार्टीको कुनै जिम्मेवारीमा थिइन । तर, सबैको आग्रह कुनै न कुनै पदीय जिम्मेवारीमा आओस् भन्ने नै थियो ।

'अच्छा कार्यक्रम करके आए है, अब पार्टी मे जिम्मेवारी लेकर काम किजिए,' गजेन्द्रबाबुले पुलकित हुँदै मलाई भन्नुभएको थियो ।

उहाँले मलाई पार्टीको संसदीय समितिको सदस्यमा मनोनित गर्नुभयो । बहुदलीय व्यवस्थाको पुनर्स्थापनापछि मुलुकमा आमनिर्वाचन हुँदै थियो । आन्दोलन सफल तुल्याएको र राजालाई ठेगान लगाएको ठान्ने काँग्रेस चुनाव जित्नेमा ढुक्क थियो । माले-मार्क्सवादी एकता भएर एमाले बनेको थियो । उनीहरूको ताउरमाउर नै बेग्लै थियो । उनीहरूको रापताप पन्छाएर जित निकाल्नुपर्ने हुनाले लागी बढी नै जिल्ला केन्द्रित हुनुपर्थ्यो । आम नागरिकका बीचमा पुग्नुपर्थ्यो । एजेन्डा पुर्‍याउनुपर्थ्यो ।

पहिलोपटक चुनावमा भाग लिँदै गरेकाले पार्टीले संसदीय मोर्चालाई बढी नै प्राथमिकता दिएको थियो । संसदीय राजनीतिको सौन्दर्य नै चुनावमा जित हात पार्नु हो । त्यसैले हामीलाई पराजित हुने सुविधा थिएन । जितका लागि पहिलो शर्त संगठन हो भने दोस्रो उम्मेदवार ।

गजेन्द्रबाबुले मलाई विश्वास गरेर उम्मेदवारी छनोट गर्न बारा, पर्सा र रौतहट पठाउनुभयो । त्यसबेलाको एउटा रोचक प्रसंग छ । गजेन्द्रबाबु पार्टी अध्यक्ष मात्र होइन, मेरो अभिभावकतुल्य हुनुहुन्थ्यो । उम्मेदवार छनोटका लागि तीन जिल्ला जाँदै थिएँ ।

'राजेन्द्र जी यह लिजिए !,' गजेन्द्रबाबुले भन्नुभयो ।

मैले उम्मेदवार छनोटको कार्यविधि रहेछ क्यारे भन्ठानेर उहाँतिर हात बढाएँ । उहाँले त मलाई बाटो खर्च भनेर पाँच सय रूपैयाँ दिनुभयो । पार्टी काममा खटिन त्यतिबेला मलाई रूपैयाँको अभाव थिएन । त्यो कुरा उहाँलाई थाहा नभएको पनि होइन । तर, उहाँको अभिभावकत्व देखेर मेरो आँखामा आँसु आयो । अहिले पनि उहाँको नाम सम्झँदा मेरो शिर श्रद्धाले निहुरिन्छ ।

आन्दोलनको उपलब्धिका रूपमा मुलुकमा नयाँ संविधान बन्दै थियो । हाम्रो माग संविधान सभाबाट संविधान बन्नुपर्ने थियो । हाम्रो मागमा कसैले टेरपुच्छर लगाएन ।

नयाँ संविधानमा जनतालाई सार्वभौमसत्ता सम्पन्न बनाइनुपर्ने, जनताको मौलिक अधिकार सुनिश्चित हुनुपर्ने हाम्रो जोड थियो । सदियौँदेखि पछाडि पारिएका मधेशी, जनजाति र दलितमाथिको राजनीतिक, आर्थिक, भाषिक र सांस्कृतिक शोषण अन्त्य गरिनुपर्ने हाम्रो माग थियो ।

उनीहरूले सम्मानपूर्वक बाँच्न पाउने अधिकारका लागि संविधानमा विशेष राजनीतिक अवसर सिर्जना गरिनुपर्ने कुरा उठाएका थियौं । यसका अतिरिक्त सङ्घीय शासन हुनुपर्ने, जनसंख्याका आधारमा निर्वाचन क्षेत्र निर्धारण गरिनुपर्ने, नागरिकता समस्याको दीर्घकालीन समाधान हुनुपर्ने, सबै प्रकारका सरकारी सेवामा मधेशीका लागि ५० प्रतिशत र पहाडका जनजातिका लागि ३० प्रतिशत आरक्षण हुनुपर्ने र हिन्दी भाषालाई नेपाली भाषाकै समकक्षमा मान्यता दिनुपर्ने मागमा सद्भावना अडिग रह्यो ।

यी कुनै पनि माग पूरा नहुने भएपछि गजेन्द्रबाबुले २०४७ साल कात्तिक १४ गते विज्ञप्ति निकाल्दै संविधान सभाको माग गर्नुभयो । संविधान सभाबाट संविधान निर्माण गर्ने र मुलुक सङ्घीयतामा जानुपर्ने माग पनि अघि सारेका थियौं । हाम्रा यी सबै मागलाई बेवास्ता गरियो । २०४७ साल कात्तिक २३ गते राजा वीरेन्द्रले नेपाल अधिराज्यको संविधान २०४७ जारी गरे । दुर्भाग्य नवनिर्मित संविधानमा हाम्रा कुनै पनि माग अटेनन् । परिवर्तनपछि बनेको संविधान पनि उही पुरानै जडता र खस–आर्यको अहंकारको सारथि बन्यो । उनीहरूकै मनोकांक्षापूर्तिको माध्यम बन्यो ।

यसमा हाम्रो गम्भीर विमति रह्यो । माग पूरा गर्न आन्दोलनको शङ्खघोष गर्न नसकिने होइन । तर निर्वाचनको गर्मी चढिसकेकाले अर्को आन्दोलनको तयारी गर्ने सुविधा हामीसँग थिएन । चुनावमा होमिनुपर्ने बाध्यतालाई बुझेर त्यसको तयारीमा जुट्यौं ।

काङ्ग्रेस, एमालेले यहाँ पनि चलखेल गरे । सद्भावना पार्टीलाई निर्वाचन आयोगमा दर्ता गर्न नदिन चलखेल सुरु भयो ।

मधेशमा सद्भावनाको उपस्थितिले काङ्ग्रेस-एमालेको मुटुमा ढ्याङ्ग्रो बजेको थियो । उनीहरू केन्द्रीकृत शासन सत्ताको पक्षमा थिए । अधिकार तल प्रत्यायोजन गर्नु हुँदैन भन्ने पक्षमा देखिन्थे । मधेशीलाई अधिकार दिँदा मुलुक दुक्रन्छ भन्ने जडता बोकेका थिए ।

सङ्घीयताको नारा लगाउँदा 'विखण्डनवादी' र मधेशीको अधिकारको कुरा गर्दा 'साम्प्रदायिक' भनेर गैरराजनीतिक लाञ्छना लगाए । त्यो मुलुककै लागि दुर्भाग्य थियो । अधिकार प्राप्त गरिछाड्ने चाहना धेरै समय रोकेर राख्न सकिँदैन भन्ने तथ्य उनीहरूले नबुझेका थिएनन् । बुझीबुझी बुझ पचाए ।

अन्ततः सद्भावना पार्टी निर्वाचन आयोगमा दर्ता भयो ।

हामीलाई सिंहदरबारको भित्ता चर्काउने गरी मधेशको मुद्दा उठाउनु थियो । त्यहाँको चित्कार र रोदन सुनाउनु थियो । जसको लागि संसद्मा बलियो उपस्थिति चाहिन्थ्यो ।

'राजेन्द्रजी अब चुनाव लड्ने की तयारी किजिए,' एक दिन गजेन्द्रबाबुले मलाई बोलाएर यसो भन्नुभयो ।

सुरुमा त म चुनावै लडिहाल्ने मनस्थितिमा थिइनँ । तर मधेशका मुद्दा काठमाडौँलाई सुनाउन दर्बिलो आवाजको जरुरत थियो । परिवारका सदस्यले पनि त्यो कुराको बोध गरेका रहेछन् । उनीहरूले पनि मलाई चुनाव लड्न सुझाए ।

परिवार र मनको आदेश लत्याउन सकिनँ । म चुनावमा होमिएँ ।

चुनावको लागि निर्वाचन क्षेत्र विभाजन भयो । मेरो घर सर्लाही दुई नम्बर क्षेत्रमा पर्‍यो । अब म सर्लाही क्षेत्र नम्बर दुईबाट चुनाव लड्ने तयारीमा लागेँ । निर्वाचन क्षेत्रका जनतासँग सुरुदेखि नै घुलमिल थिएँ । २०४७ सालमा प्रजातन्त्र आएपछि 'सर्लाही समाज काठमाडौँ' नामक संस्थामा सक्रिय थिएँ । सर्लाही समाजमार्फत् हामी निरन्तर भेला, जमघट, गोष्ठी, सेमीनार गर्थ्यौं । सामाजिक संस्था भए पनि जनसेवकको नमुना बनेको थियो । म त्यस समाजको सचिवको भूमिकामा थिएँ ।

बाढीपीडितलाई सहयोग, रक्तदान, वनभोज, आदि कार्यक्रम गरेर भ्रातृत्व र सहअस्तित्वको भावलाई प्रवर्द्धन गर्नेमात्र होइन, देहातसँगको नातालाई जीवन्त राखेका थियौं ।

त्यही संस्थामार्फत् सर्लाहीको सामाजिक र राजनीतिक व्यक्तित्वको परिचय बनाउन मलाई बल मिलेको थियो । चुनावमा होमिन पनि मलाई कठिन भएन ।

समाजकै बलमा सर्लाही जिल्लाको ठूलो बजार बयलवासमा विशाल आमसभाको आयोजना गरेका थियौं । राजनीतिक रूपमा मेरो व्यक्तित्व उद्घाटित हुँदै थियो । सभामा पार्टी अध्यक्ष गजेन्द्रबाबु, बाबा रामजनम तिवारीलगायत शीर्षस्थ नेताहरू आउनुभएको थियो ।

राजनीतिक मञ्चबाट पहिलोपटक नागरिकलाई सम्बोधन गर्दै थिएँ । दर्शकदीर्घामा हजारौं नागरिकहरू थिए । उहाँहरूले एकटकले मलाई हेरिरहनुभएको थियो । उहाँहरूका अकिञ्चन आँखामा मुक्तिका सपना थिए । पहिचानका सपना थिए । आफ्नै देशभित्र परदेशी बनाइएको मात्र होइन भूमिहीन र अनागरिक बन्नुपरेको पीडा पनि प्रतिबिम्बित थियो ।

नागरिकको ती पीडा र सपनालाई साक्षी राखेर मैले पहिलोपटक भाषण गरेँ । त्यसपछि म हजारौं मञ्च चढेँ होला । जहाँ, जुन मञ्च चढे पनि मलाई त्यही मञ्चको याद आउँछ । तिनै अकिञ्चन अनुहारको सम्झना आउँछ । उनीहरूको आँखामा देखिएका सपनाहरूको याद आउँछ ।

२०४८ सालको आम निर्वाचनको सरगर्मी बढिरहेको थियो । सर्लाही दुई नम्बरमा हाम्रो माहोल सोचेभन्दा राम्रो थियो । चुनाव जित्ने आधारहरू थपिँदै थिए । सद्भावना पार्टीको लहर देखेर प्रतिस्पर्धी पार्टीहरूको आत्मबल क्षीण बन्दै थियो ।

बीबीसीले निर्वाचनभन्दा दुई दिन पहिले सर्लाही दुई सद्भावना पार्टीले जिल्ले प्रक्षेपण गर्‍यो । म पनि आफ्नो जीतमा पूर्ण विश्वस्त थिएँ ।

गजेन्द्रबाबु सप्तरीका अतिरिक्त सर्लाही– ५ बाट पनि उठेका थिए । उनका प्रतिस्पर्धी नेपाली काग्रेसबाट महन्थ ठाकुर थिए । सर्लाही–१ बाट कपिलवस्तुकी महिला नेतृ अमृता अग्रहरी मैदानमा थिइन् । चुनाव प्रचारको अन्तिम दिन थियो । हामी अन्तिम धक्काको तयारीमा जुट्यौं । सदरमुकाम मलङ्गवामा हजारौंहजार नागरिकको भव्य र्‍याली निकालियो । त्यो र्‍याली देखेपछि काग्रेस र एमालेको होसहवास उड्यो ।

हामी अधिकांश क्षेत्र जित्छौं भनेर ढुक्क भयौं, तर अन्य दल भित्री षड्यन्त्रमा लागे । कसरी हामीलाई हराउने भनेर तानाबाना बुन्न थाले । उनीहरूले साम, दाम, दण्ड र भेदको नीति अख्तियार गरे । मतगणना परिणाम आउँदामा पो म छर्लङ्ग भएँ । भिनो मतान्तरले म पराजित भएँ ।

चुनावमा दोस्रो भए पनि मधेशको पहिचानको लडाइँमा दोस्रो हुने छुट थिएन । मलाई थाक्ने र निराश हुने सुविधा पनि थिएन । मप्रति नागरिकको अभूतपूर्व भरोसा अभिव्यक्त थियो । उनीहरूको विश्वासको कदर गर्दै मैदानमा क्रियाशील रहनु मेरो कर्तव्य थियो ।

चुनाव प्रचारका क्रममा गाउँलेले केही थान हाते पाइप मागेका थिए । बदलामा पूरै गाउँको भोट दिने उनीहरूको वाचा पनि थियो । तर मेरो मान्यता अर्कै थियो । मधेशीको पहिचान र अधिकारका लागि म मृत्युमार्ग हिँडेको थिएँ । भोट पाउन ह्याण्ड पाइप दिनुपर्ने शर्त मैले स्वीकार्न सकिनँ ।

चुनावको समीक्षा हुँदा त्यसैले बिगारेको निष्कर्ष निकालियो । मलाई हारेकोमा पश्चाताप बोध भएन ।

यसका अतिरिक्त सरकारी तवरबाट पनि व्यापक धाँधली भएको रहेछ । मत गन्ने क्रममा त्यो प्रकट भएको गणनास्थलमा खटिएका प्रतिनिधिहरूले सुनाएपछि हामीले प्रतिवाद नगरेका होइनौ । हामीलाई हराइछाड्ने कसम खाएका सरकारी अधिकारी र प्रतिनिधिहरूले हामीमाथि निर्घात लाठी बर्साए । अश्रुग्याँस प्रहार गरे । प्रदर्शनमा उत्रिएकामाथि व्यापक धरपकड गरियो । झूटा मुद्दा लगाइयो । हामी शरण लिन बन्न भारतका सितामढी, कलेक्टर अफिससम्म पुग्यौं । त्यसो गर्नु सर्वथा गलत थियो भनेर हामीले पछि महसुस पनि गर्यौं ।

त्यहाँबाट फर्केपछि मुख्य जिल्ला न्यायाधीशको चेम्बरमा गयौं । धाँधलीको हिसाबकिताब माग्यौं । त्यहाँ भनाभन भयो । त्यसैको रिसमा मलाई र जिल्ला अध्यक्ष अरुणकुमार सिंहलाई सार्वजनिक अपराधको मुद्दा लगाइयो । न्याय माग्न खोज्दा हिरासतको बाटो देखाइयो । धेरै दिनसम्म अकारण थुनियो ।

राज्यले हामीविरुद्ध झूटो लाञ्छनाको अस्त्र प्रयोग गरेको थियो । तर नागरिकको अपार समर्थन थियो । निर्वाचन आयोग र अन्य प्रतिनिधिहरूले हाम्रो विरोधमा कुनै साक्षी बयान दिने आधार थिएन । राज्यले हार खायो । हामी रिहा भयौं ।

लोकतान्त्रिक आन्दोलनको रापतापको लाभ काँग्रेस र एमालेले बढी पाए । तर हाम्रो बलियो सङ्गठनको कारण चुनावमा आफ्ना माग र मुद्दा ठीकसँग जनतामा पुर्याउन सकियो । हामीले ६ सिट जितेर राष्ट्रिय पार्टीको मान्यता पायौं । तर सरकार नै लागेर धाँधली गर्यो ।

नयाँ भएकाले केही प्राविधिक कमजोरी पनि भए होलान् । जसकारणले हामीले जिल्ले केही सिट पनि गुमाउनुपर्यो । त्यही बैठकपछि नयाँ सडकस्थित होटल क्रिस्टलमा केन्द्रीय समिति पुनःगठन भयो ।

म पार्टीमा भूमिकाविहीन हुने हो कि भनेर गजेन्द्रबाबुलाई ठूलो सुर्ता थियो । पदले मात्रै राजनीतिक कद बढाउने होइन । राजनीति अविच्छिन्न आन्दोलन पनि भएकाले पद गौण र क्रियाशीलता प्रधान हुनेगर्छ । तथापि, गजेन्द्रबाबुले मलाई पार्टी प्रवक्ताको जिम्मेवारी दिनुभयो ।

२०४८ सालको आमचुनावमा सप्तरीबाट गजेन्द्रनारायण सिंह, नवलपरासीबाट हृदयेश त्रिपाठी र त्रियोगीनारायण चौधरी निर्वाचित हुनुभयो । रूपन्देहीबाट श्यामसुन्दर गुप्ता र सन्तप्रसाद चौधरी थारू र मिर्जा दिलसाद वेग कपिलवस्तुबाट विजयी हुनुभयो ।

त्यतिबेला प्रतिनिधिसभाको पाँच सिट बराबर राष्ट्रिय सभामा एक सिट पाइने प्रबन्ध थियो । आकांक्षी धेरै भएकाले व्यवस्थापनको प्रश्न पेचिलो बन्दै थियो । मेरा लागि आन्दोलन प्रधान र पद गौण थियो । प्रतिनिधि सभाको चुनाप लड्न रहर थिएन । परिस्थितिले ड्ग्याएर त्यहाँ पुर्याएको थियो ।

उता राष्ट्रिय सभा सदस्य बन्न साथीहरूको दौडाहा चल्यो । राष्ट्रिय सभा सदस्य नबने जहाजै डुब्छभैँ गरेर उहाँहरू भौतारिनुभयो । त्यतिबेला विश्वनाथ शाहजी र तिवारी बाबाको तीव्र आकाङ्क्षा देखिन्थ्यो ।

'गजेन्द्रको कहो गलत आदमीको न बनावें,' तिवारी बाबा बारम्बार मसँग यसो भनिरहन्थे । विश्वनाथजीले पनि दौडधुप नगरेका होइनन् । गजेन्द्रबाबुको रोजाइमा विश्वनाथजी थिएनन् । अन्ततः रामेश्वरजीलाई गजेन्द्रबाबुले राष्ट्रिय सभामा ल्याउनुभयो ।

पार्टीको निर्णयबाट तिवारी बाबा क्रूद्ध बन्न पुगे । आवेशमा आएर उनले पार्टी मात्रै छाडेनन् । सद्भावना विभाजनको बिजारोपण नै गरे । उनले नेपाल सद्भावना पार्टी 'आर' गठन गरे ।

२०४८ सालको आम निर्वाचनपछि सदनको पहिलो बैठकको रौनक नै बेग्लै थियो । मुलुकको कायाकल्प गर्ने विभिन्न सपना त्यहाँ प्रतिविम्बित थियो । २०१५ सालमै सत्ताको स्वाद चाखिसकेको काँग्रेसका निम्ति संसदको फोरम नवीन थिएन । हुन त कम्युनिस्टहरू पनि त्यो थलो नयाँ थिएन । उनीहरूको चमकधमक चाहिँ नयाँ थियो ।

सबै पार्टीका सांसद दौरासुरुवाल र टोपी लगाएर आएका थिए । त्यहीँ उनीहरूको एकल जातीय अहंकार देखिन्थ्यो । हामी त्यसको ठीक विपरीत थियौँ ।

नेपाल सद्भावना पार्टीका ६ जना सांसदहरू धोतीकुर्ता र गम्छामा थिए । त्यतिबेला संसद्मा 'राष्ट्रिय पोसाक' मात्र लगाएर आउनुपर्ने नियम थियो । सद्भावना पार्टीले त्यो नियम तोड्यो । रोक्ने हिम्मत कसैको भएन ।

मैले चुनाव हारेँ । तर मधेशले जित्यो । यो नै मधेशको पहिलो जित थियो ।

# हामी अग्रगामी

मधेशमा बलियो शक्तिको खाँचो थियो । त्यसका लागि सद्भावनालाई दर्बिलो बनाउन जरुरी थियो । राजनीतिक, वैचारिक र मुद्दाका हिसाबले प्रखर तुल्याउन जरुरी थियो ।

पार्टीको प्रारम्भिककालमा पार्टीका सबै कामकाज हिन्दी भाषामा नै गर्थ्यौं । आफ्ना माग र मान्यताप्रति हामीमा निकै आशक्ति थियो । हामी जहाँ पनि हिन्दीमै भाषण गर्थ्यौं । कतिपय ठाउँमा विरोध पनि हुन्थ्यो । विरोधका बावजुद पनि हामीले हिन्दीमा भाषण गर्न छाडेनौं ।

मधेशको भावनाको आदानप्रदान हिन्दीमा हुन्थ्यो । सबैले बुझ्ने हुनाले हिन्दी भाषा मधेशको समग्र भावना थियो । मैथली, भोजपुरी र अवधीसँग हाम्रो लगाव नभएर होइन, हिन्दीलाई सम्पर्क भाषा स्थापित गर्ने मुद्दालाई बलशाली बनाउन पनि हामीले त्यसो गरेका थियौं ।

यहीबीच संविधान घोषणा भयो । काठमाडौंमा मधेशको आवाज घन्काउनु थियो । हाम्रो कुरा सुनाउनु थियो । विशाल आमसभामार्फत् विचारको प्रवाह गर्नुथियो । तिनताक आमसभाले मात्रै त्यो भूमिका खेल्न सक्छ भन्ने बुझाइ थियो । शीतयाम भए पनि आम निर्वाचनको गर्मी बढिरहेकाले पार्टीको सामर्थ्य विस्तार गर्नुपर्ने चुनौती हाम्रासामु थियो । आमसभा उपयुक्त माध्यम पनि थियो ।

काठमाडौंको टुँडिखेलमा नेपाल सद्भावना पार्टीको आमसभा गर्ने निर्णय गर्यौं । आमसभा असफल बनाउन अरू राजनीतिक दलहरूले भरमग्दुर प्रयास गरे । रातरात उनीहरूले विखण्डनकारीहरूले काठमाडौंमा आमसभा गर्न लागेको जस्ता कुप्रचार गरे । सम्प्रादायिकता बिथोल्ने कुचेष्टा गरे ।

त्यी प्रपञ्चलाई आमसभाबाटै चिर्न जरुरी थियो ।

२०४८ मंसिर ८ गते टुँडिखेलमा मधेशी समुदायको पहिलो आमसभाको व्यापक तयारी भयो । एयरपोर्टमा काम गर्ने हाम्रा मधेशी कर्मचारीहरूलाई ल्याएर मञ्च व्यवस्थापनदेखि स्वयंसेवकको भूमिकासम्ममा उतारेका थिएँ । उनीहरूले पनि ज्यान दिएर लागिपरेका थिए ।

हामी शान्तिपूर्ण तवरबाट आफ्ना कुरा सुनाउने ध्याउन्नमा थियौं । तर नश्लीय शासकका अनुचरहरू सद्भाव बिथोल्ने कुचेष्टामा थिए । आमसभा सुरु हुनेबित्तिकै पहिल्यैदेखि मधेशीलाई आफ्नो गन्नेकाहरूले योजनाबद्ध रूपमा आमसभामाथि आततायी हमला गरे । सयौं मधेशीहरू गम्भीर घाइते भए । वीर अस्पतालका शय्या घाइतेले भरिभराउ भए ।

युवा नेता देवेन्द्र मिश्रको नाक भाँचियो । बाबा रामजनम तिवारीको हात भाँचियो । मेरी आँखअगाडि भयानक र दारुण दृश्यहरू थियो । मन पोल्यो ।

सदियौँदेखि उत्पीडनबाट पिल्सिएका मधेशीहरू आफ्नो आवाज सुनाउन काठमाडौँ आएका थिए । दुर्भाग्य आततायी हमलामा परेँ ।

आफ्नै देशभित्र पनि हाम्रो पार्टीले एउटा आमसभासमेत ढुक्कसँग गर्न पाएन । त्यो पनि देशको राजधानीमा । संविधान प्रदत्त मौलिक हकको उपयोग गर्दै हामीले दमित चित्कार सुनाउन खोजेका थियौँ । तर, सरकारले न्यूनतम कर्तव्य पनि पूरा गरेन । आमसभा स्थलको सुरक्षा उसको चिन्ताको विषय हुनुपर्थ्यो । तर, सरकारले हाम्रो सुरक्षाका लागि कुनै तत्परता देखाएन ।

घाइते साथीहरूका रगत र घाउले सरकारलाई गिज्याइरहेको थियो ।

आमसभामा मधेशी उपर भएको सम्प्रादायिक हमला एवं राज्य आतंकबाट आजीत भएर हामीले 'प्रजातन्त्र मधेशी एवं पहाडका जनजातिहरूको लागि आउँदै नआएको' निष्कर्ष निकाल्यौँ । पाँचबुँदे माग अगाडि सारेर सङ्घर्षका कार्यक्रम तय गर्यौँ ।

–जनसंख्याको आधारमा निर्वाचन क्षेत्र आरक्षित गरिनुपर्ने ।

–मधेशमा सम्पर्क भाषाको रूपमा हिन्दीले मान्यता पाउनुपर्ने ।

–मौलिक अधिकार उपयोग गर्न बाधाको रूपमा रहेको प्रतिबन्धात्मक धाराहरू तत्काल संविधानबाट हटाउनुपर्ने ।

–सङ्घीय व्यवस्था लागु हुनुपर्ने, मधेश एक स्वायत्त प्रान्त हुनुपर्ने ।

–सरकारी सेवामा मधेशी तथा जनजातिलाई आरक्षणको व्यवस्था गरिनुपर्ने तथा २०४७ को संविधान लागू भएको दिनसम्म नेपालमा स्थायी बसोवास गरिरहेकाहरूलाई नागरिकता दिनुपर्ने ।

यी माग अघि सारेर हामी पुनः आन्दोलित हुनुपर्ने निष्कर्षमा पुग्यौँ ।

माग सम्बोधनका लागि हामी तत्कालीन अन्तरिम सरकारमा प्रधानमन्त्री कृष्णप्रसाद भट्टराइलाई भेट्न उनको कार्यकक्षा पुग्यौँ ।

'गजेन्द्रबाबु ! यी माग त राष्ट्रिय पञ्चायतमै उठाएको भए पनि हुन्थ्यो नि !,' उनले छेडखानी गरिहाले ।

वास्तवमा त्यो छेडखानी मात्र थिएन । मधेशप्रतिको अपमान पनि थियो । उनको नश्लीय चिन्तनको हुँकार थियो । भनिन्छ नि, वचनको वाण निको हुँदैन । कृष्णप्रसादको त्यो हुँकारले हाम्रो मर्ममै आघात पुर्‍यायो । त्यसपछि हामीले आफ्ना मागलाई जनस्तरमा लैजाने निष्कर्ष निकाल्यौँ । सिंहदरबारसहित देशव्यापी प्रदर्शन गर्ने निर्णय गर्यौँ ।

पुस १६ गतेबाट जिल्लाजिल्लामा कोणसभा, आमसभा, विरोध जुलुस एवं विचार गोष्ठीजस्ता कार्यक्रम राखेर मधेशका मुद्दालाई सघन बनायौं। वीरगञ्ज, भैरहवा, जनकपुर र विराटनगरमा शीर्ष नेताहरू नै गएर सम्बोधन गर्ने कार्यतालिका तय गर्यौं।

गजेन्द्र नारायण सिंह, बाबा रामजनम तिवारी, त्रियोगी नारायण चौधरी, अनीस असारी लगायतका नेताहरू ठाउँठाउँमा खटियौं। त्यही मुद्दा र आन्दोलनको आडमा पार्टीको शक्ति र सामर्थ्य विस्तार गर्ने हाम्रो योजना पनि थियो।

सर्लाही जिल्लामा मुख्य वक्ताहरू नै आउनु पर्ने मेरो अडान थियो। मेरो आधारभूमि भएकाले मात्र होइन सङ्गठन निर्माणमा सहयोग पुगोस् भनेर पनि शीर्ष नेताहरू आउनैपर्ने मेरो मान्यता थियो।

आमसभालाई सफल पार्न दिनरात मिहिनेत गरें। म हरेकदिन सर्लाहीका फरक-फरक गाउँ एवं क्षेत्रमा पुग्थें। नागरिकसँग भलाकुसारी गर्थें। उनीहरूको सुख-दुःखमा आफू उपस्थित भएको आभास दिलाउँथें।

बरहथवामा पुस १३ गते विरोधसभा आयोजना गरिएको थियो। दूरदराजबाट नागरिकहरू उपस्थित भएका थिए। विरोधसभाकै दिन गजेन्द्रबाबुसहित शीर्ष नेताको टोली त्यहाँ आइपुगेको थियो।

जिल्लाका आमसभा सकेर हामी काठमाडौं केन्द्रित भयौं, जहाँ हाम्रो निर्णायक सङ्घर्ष जारी थियो। सिंहदरबार घेर्न मधेशका बस्तीबस्ती पुगेर आह्वान गरेका थियौं।

२०४८ माघ २१ गते सिंहदरबार घेराउको तयारी सुरु भयो। जिल्ला-जिल्लाबाट नेता-कार्यकर्ताहरू काठमाडौं आउन थाले। मधेशका बीसै जिल्लाबाट मधेशीहरू काठमाडौं आए। सुसंस्कृत हाम्रो जुलुस सिंहदरबारतिर अघि बढ्दै थियो। जुलुसमा कसैले पनि उत्तेजक नारा लगाएको थिएन। हाम्रा कुरा सिंहदरबारलाई सुनाउनु थियो। संविधानको अधीनमा रहेर हामी हाम्रा कुरा सुनाउन अग्रसर भएका थियौं। मधेशको माटोको पुकार राज्यले सुनोस् भन्ने हाम्रो अभिप्राय थियो।

सिंहदरबारको अगाडि पुग्ने र धर्ना दिने हाम्रो घोषित कार्यक्रम थियो।

अहिलेजस्तो निषेधित क्षेत्रको नाममा बारबन्देज खडा गरिएका थिएन। तगाराहरू हालिएका थिएनन्। मूलढोका पुगेका पनि थिएनौं, बिनाचेतावनी एक्कासि प्रहरीहरू हामीमाथि खनिए। अधिकार प्राप्तिका लागि राजधानीका सडकमा खालीखुट्टै आएका निहत्था मधेशीमाथि निर्घात लाठी बर्साउन थाले।

मुलुकमा भर्खरै प्रजातन्त्र आएको थियो। ओठले प्रजातन्त्रबाहेक नजप्ने, सन्त नेता भनिने भट्टराईको सरकारले हामीमाथि कट्बाँसका लाठी बर्सायो। हामीले सँगै लडेर स्थापित गरेको प्रजातन्त्र पनि पञ्चायतभन्दा कठोर भयो।

गजेन्द्रबाबुमाथि पनि लाठी र बुट प्रहार भयो । भागदौडमा कतिका टाउका फुटे, कतिका हात भाँचिए, त्यसको हिसाब नै भएन, राज्यसिर्जित आतंकले रगतको कुलो उर्लियो । प्रहरीको एक भुन्डले विश्वनाथ साहलाई निर्घात कुटपिट गरेछन् । समूह नै भएर लाठी बर्साउँदा उहाँको करङ भाँच्चिएछ । प्रहरीको लाठीका कारण मेरो पनि ढाड र हातमा समस्या आयो । सिंहदरबारको अगाडि सयौं मधेशी घाइते भए । बल्लबल्ल घरको चौखट पार गरी सिंहदरबार घेराउ कार्यक्रममा सहभागी हुन आएका मधेशी महिलाउपर पनि क्रूर र अपमानजनक दुर्व्यवहार भयो । दमनका क्रममा प्रहरीले महिलालाई यौनजन्य दुर्व्यवहार नै गरे । प्रजातान्त्रिक व्यवस्थामा त्योभन्दा घिनलाग्दो काम अरू हुनै सक्दैन ।

भद्रकाली सडकमा रगतका छिटा, चप्पल जुता र आन्दोलनकारीका धोती–गम्छाहरू छरपष्ट थिए । मधेशीमाथिको अमानुषिक ताडनाको साक्षी तिनै भगवती माता भइन् । उनले पनि हामीमाथि भइरहेको ज्यादती टुलुटुलु हेर्नुसिवाय के नै पो गर्न सक्थिन् र !

त्यसैको भोलिपल्ट मेरो पहिलो अन्तर्वार्ता विश्लेषण साप्ताहिकमा छापियो । मूलधारका भनिने मिडियाले हाम्रो दर्द के सुन्यैं र ! सुने पनि कान थुने होलान् ! उनीहरूको नजरमा बिहारीहरू सिंहदरबारको तालाचाबी खोस्न आएका थिए !

हामीले माघ २३ गते सिंहदरबार घेराउको क्रममा प्रहरी दमनमा परेर घाइते भएका योद्धाहरूको नामवली सार्वजनिक गर्यौं । आन्दोलनका क्रममा झापा जिल्लाका झठा राजवंशी, दुर्गाचन्द राजवंशी, आसीनलाल राजवंशी, नित्यानन्द ताजपुरिया, अमर राजवंशी, उदय सिंह, नेमानन्द राजवंशी, तेजनारायण राजवंशी, दुवीलाल राजवंशी, कामेश्वर दत्त, केशव राजवंशी, भूप नारायण राजवंशी र दुर्जन राजवंशी घाइते हुनुभएको थियो ।

सर्लाही जिल्लाबाट आएकामध्ये मलगायत विश्वनाथ प्रसाद साह, भुठा महतो, तेजनारायण राय, रामदहीन महतो, रामेश्वर राय यादव, रामचन्द्र राउत, गङ्गाराम राउत, अरबिन्दकुमार सिंह, राधाकान्त झा, अरुणकुमार सिंह, विन्देश्वर राय, शितलप्रसाद सिंह, रामप्रिय साहलगायतले प्रहरीको लाठी खाए ।

धनुषा जिल्लाका ओमकुमार झा, जीवन सिंह, अशोककुमार साह, वलदेव यादव, दामोदर महतो, वैद्यनाथ झा, गोपाल झा, उदयशंकर साह, विजयलाल दास, रामजुलुम यादव र चन्देश्वर साहमाथि वर्बर दमन भएको थियो ।

महोत्तरी जिल्लाबाट आएकामध्ये रामचन्द्र मिश्र, रामकृष्ण साह, केदारनाथ पाठक, रमेश सिंह, विनोद प्रसाद यादव, शंकरप्रसाद सिंह, जयकृष्ण झा, ब्रजेशकुमार झा र राजेश्वर ठाकुर गम्भीर घाइते भई थला नै बसेका थिए । महिनौंको उपचारपछि उनीहरू निको भए ।

सिराहा जिल्लाबाट प्रदर्शनमा आएका केदारनाथ यादव, हेम नारायण यादव, रामप्रसाद यादव, माधवप्रसाद यादव, जिलेवी देवी, रामचन्द्र साह घाइते भएका थिए ।

सप्तरी जिल्लबाट आएकामध्ये पार्टी अध्यक्ष गजेन्द्र नारायण सिंह, दिलीपकुमार सिंह,

ललप्रसाद सिंह, अमृत लाल चौधरी, विश्वनाथ प्रसाद, कमाल अन्सारी, शैलेशकुमार चौधरी, अनीस अन्सारी र रामनारायण यादवको अवस्था चिन्ताजनक बन्न पुगेको थियो ।

सुनसरी जिल्लाबाट आएका श्यामलाल मिश्र, डा. महानन्द ठाकुर, लखनलाल पण्डित, रामनारायण यादव, देवनारायण महतो, रामकिशोर अग्रवाल, गोपाल झा र सुरैत यादव घाइते भएका थिए ।

पर्सा जिल्लाबाट आन्दोलनमा सरिक भएकामध्ये बाबा रामजनम तिवारी, शम्भु सिंह, भाग्यनाथ गुप्ता, कमलेश तिवारी र मलिक सिंह, बारा जिल्लाका विश्वनाथ सिंह, जगदीश सिंह र डा. रवीन्द्र सिंह आन्दोलनको अग्रभागमा थिए । उनीहरूको अवस्था पनि दयनीय थियो ।

उता नवलपरासीका त्रियुगीनारायण चौधरी, दुर्गाप्रसाद चौधरी, हृदयेश त्रिपाठी र गणेश चौधरी आक्रमक रूपमा प्रस्तुत भइरहेका थिए ।

बाँकेका रविकान्त गुप्ता, प्रभुदयाल शर्मा, रौतहट जिल्लाका नगनारायण सिंह, चन्द्रकुमार झा, अनिलकुमार झा, मदन कुमार, दीपेन्द्र कुमार, गङ्गाप्रसाद चौधरी, नरेन्द्र ठाकुर, पुरुषोत्तम झा र देवेन्द्र मिश्रमाथि प्रहरीको लाठी प्रहार भयो । काठमाडौँका गुलाम महोम्मद, मिराज हुसैन र वन्दना झा आन्दोलनमा सहभागी भएका थिए ।

बर्दियाका रामगुलाम चौधरी, रूपन्देहीका श्यामसुन्दर गुप्ता, मोरङका वीरेन्द्र चौधरी, दिलीप धोरवाल घाइते भएको अभिलेख भेटिन्छ ।

त्यतिबेला घाइतेहरूको उपचार वीरलगात थुप्रै अस्पतालमा भएको थियो । निर्दयी सत्ता घाइतेहरूको अवस्था के छ ? भनेर एकपटक पनि अस्पताल आएन ।

दमनले प्रतिरोधको सिर्जना गर्छ । आन्दोलनकारीहरू घाइते भएर शय्यामा छटपटाइरहेका थिए । तर, आन्दोलनबाट विश्राम लिने सुविधा हामीसँग थिएन । २०४८ माघ २२ गते पुनः प्रदर्शन गर्ने चाँजोपाँजो मिलाउन थाल्यौं ।

पहिलो दिन नै व्यापक दमन भएकाले आन्दोलनकारीको सङ्ख्या घट्दो थियो । आन्दोलनकारी जुटाउन मिहिनेतको खाँचो टड्कारो थियो ।

हामीले उपाय निकाल्यौं– काठमाडौँमा रहेका मधेशी-मजदुर विद्यार्थीका डेराडेरा पुग्ने । राज्य-आतङ्कको फेहरिस्त पस्कने । आन्दोलनका लागि अपील गर्न हामी काठमाडौँका गल्लीगल्ली चहार्यौं । मधेशी खोज्दै डेराडेरामा पुग्यौं । अधिकांशका आँखा रसाए । गला अवरुद्ध भयो ।

हामीले धेरै अपिल गर्नै परेन । उनीहरूको मन डेरामा अडिइरहन सकेन ।

काठमाडौँका सडक पुनः भरिभराऊ भयो । पहिलो दिनको दमनपछि प्रहरी प्रशासन केही हच्किएको रहेछ । दोस्रो दिनको आन्दोलपछि हामीले त्रिपुरेश्वरमा ठूली कोणसभा आयोजना गरेका थियौं ।

अघिल्लो दिनको आक्रमणबाट घाइते गजेन्द्रबाबुले नै सभालाई सम्बोधन गर्नुभयो ।

'लाठीबुट खाए पनि हाम्रा माग जायज छन्, न्यायपूर्ण छन्, यी प्रजातान्त्रिक मागलाई सम्बोधन नगरी राज्यलाई सुखै छैन,' उहाँले भन्नुभयो ।

हाम्रा आन्दोलनकारीले भट्टराई सरकारको दमन र अत्याचारलाई सहजै पचाए । प्रतिकारमा एउटा ढुङ्गा पनि प्रहार गरेनन् । मधेशले आफ्नो शान्त अनुहार काठमाडौँका सडकमा प्रतिविम्बित गरेको थियो ।

क्रूर सत्तालाई यो कुराले कहाँ छुन्थ्यो र !

पाँच सूत्रीय माग छँदै थियो । छ नम्बर बुँदाका रूपमा दमनको विरोध थपिएको थियो । ती माग पूरा गराउन सङ्घर्षको निरन्तरता जरुरी थियो । २०४८ माघ २४ गतेदेखि भद्रकालीमा सप्ताहव्यापी रिले अनशन सुरु गर्‍यौं । एक किसिमले भन्ने हो भने त्यो शान्तिपूर्ण अवज्ञा थियो ।

कहिलेकाहीँ दुई कदम अघि बढ्न एक कदम पछि हट्नु जरुरी भएजस्तै हामीले शक्ति आर्जनका लागि पनि आन्दोलनको स्वरूप फेरेका थियौं ।

माघ २१ गतेको लाठीचार्जले मलाई चलफिर गर्न कठिनाइ भइरहेको थियो । तर साथीहरूको आत्मबल बढाउन पनि आन्दोलनमा सहभागी हुनैपर्थ्यो । अनशन प्रारम्भकै दिन माघ २४ गतेको रिले अनशनमा सहभागी भएँ ।

सातव्यापी अनशनमा मसँगै डा. महानन्द ठाकुर, अनीस असारी, हृदयेश त्रिपाठी, केदारनाथ यादव, रामकृष्ण साह, विश्नाथ साह, रामचन्द्र मिश्र, देवेन्द्र मिश्र, दिलीप सिंह, त्रियोगी नारायण चौधरी, हर्षलाल सिंह राजवंशी, विश्वनाथ सिंह राजवंशी, त्रिनारायण राजवंशी र श्यामलाल मिश्र सहभागी थिए ।

उनीहरूको अतिरिक्त ओमकुमार झा, दुर्गाप्रसाद चौधरी, गोविन्द थारू, अमृता अग्रहरी, दिलीप धारिवाल, कामेश्वर सिंह, रमेशकुमार सिंह, रामेश्वर राय, प्रो. भाग्यनाथ गुप्ता र सुरेशकुमार सिंह पनि थिए ।

त्यहाँ गणेशप्रसाद साह, सञ्जय कुमार, रामजुलुम यादव, विश्वनाथ मिश्र, विजयलाल दास, कामेश्वर दत्त, नित्यानन्द ताजपुरिया, शोभाध्वज सिंह माङ्का, तीर्थप्रसाद सिंह राजवंशी, भैरव प्रसाद राजवंशी, अमरलाल राजवंशी, नारायण प्रसाद राजवंशी र देवन साह पनि थिए ।

रामसेवक पण्डित, जीतेन्द्र साह रौनियार, राजनारायण साह, विन्देश्वर राय, रामचरण महासेठ, सुशीला मिश्र, अनिलकुमार झा, जनार्दन यादव, दानालाल यादव र दिनेशप्रसाद देवले पनि पहिलो दिनकै अनशनमा सहभागिता जनाए ।

महेन्द्रनारायण साह, कौशलेन्द्र मिश्र, कृष्णप्रसाद यादव, नत्र नारायण सिंह, सुरेश प्रसाद, अरुणकुमार साह, सकलदेव साह, हरेन्द्रप्रसाद यादव, रमेश मिश्र, मोहनकुमार सिंह, अशोक कुमार सिंह, गजेन्द्रप्रसाद दास, राजमङ्गल झा र रामबाबु सिंह पनि घाइत ज्यानको पर्वाह नगरी आए ।

विष्णुनारायण चौधरी, दुर्जन राजवंशी, तारणी साह, शंकर प्रसाद सिंह, चन्देश्वरप्रसाद साह, विश्वनाथ मिश्र, ललनप्रसाद सिंह, अयोधी यादव, नरेन्कुमार झा, अवधेशकुमार दास, राजेश वर्मा, दीपेन्द्र कुमार झा, मधेश्वर पञ्जियार, कुबेरकुमार यादव, ब्रजेशकुमार झा, दिवाकर यादव, सीताराम मिश्र, गोपालकुमार झा, भरतभुवन यादव, वसन्तकुमार साह, राजकिशोर महतो पनि अनशनमा थिए । जिआउल हक अंसारी, लक्ष्मण राय, महेश्वर महतो, सूर्यवंश राय, विन्देश्वर राय, जीतेन्द्र रौनियार, आनन्दकुमार झा, दिलीपकुमार सिंह, राकेशकुमार साह, भरत यादव, चन्देश्वर यादव, विजय कुमार यादव, उर्मिला पाण्डे, रत्नेश्वर प्रसाद शर्मा, नवलकिशोर झा, रविशंकर मेहता, रविशंकरकुमार सिंह, इन्दलप्रसाद साह, अजयकुमार जैयसवाल पनि पहिलो दिनको अनशनमा थिए ।

हिरालाल प्रसाद, धनई महतो, प्रदीपकुमार गोइत, नगनारायण सिंह, पवनकुमार झा, प्रमोदकुमार पाल, ईश्वरप्रसाद देव, सञ्जयकुमार झा, भोगेन्द्र यादव, सम्पति साह, लक्ष्मीनारायण देव, मोहम्मद सहादत खान, राजेन्द्रप्रसाद साह, राजाराम साह, राजनारायण महतो, पूजा सिंह, भवानी सिंह, ब्रजेश झा लगायत सप्ताह व्यापी अनशनमा सरिक भए । लाठी चार्जको चोट र दुखाइको पर्वाह नगरी सौम्य विद्रोहमा होमिए । हाम्रो चरणबद्ध सत्याग्रह आन्दोलन सिद्धियो । तर सरकार हाम्रो मागप्रति गम्भीर देखिएन । ऊ मधेशको आवाज दबाउन उद्यत् थियो ।

त्यहीबीचमा भारतीय प्रधानमन्त्री चन्द्रशेखर नेपाल भ्रमणममा आए । गजेन्द्रबाबुले प्रतिनिधिमण्डलको नेतृत्व गर्दै चन्द्रशेखरजीलाई भेटे । त्यहाँ गजेन्द्रबाबुले हामीमाथि षड्यन्त्र भएको गुनासो पोख्नुभयो, 'यो कस्तो लोकतन्त्र ? जहाँ मधेशी निर्वाध कार्यक्रम गर्न पाउँदैनन् । पार्टी दर्तामा पनि बारबन्देज खडा गरियो । काठमाडौँमा आयोजना गरेको आमसभामा आक्रमण भयो । शान्तिपूर्ण रूपमा सिंहदरबार घेराउ गर्न पुग्दा त्यहाँ पनि आक्रमण भयो । प्रजातन्त्र स्थापनापश्चात् पनि मधेशीहरू उपर अन्याय अत्याचार रौं बराबर पनि कम भएन ।'

'प्रजातान्त्रिक समान अधिकार के लिए लड्नेवाली पार्टी क्यों नही दर्ता होगा ? जरुर दर्ता होना चाहिए,' चन्द्रशेखरले आडभरोसा दिए ।

हामीले मधेशीका पीडा अन्तर्राष्ट्रिय जगतलाई भन्न थालेपछि तत्कालीन सत्ता फस्कियो । पार्टी दर्ता गर्न अनुमति दियो ।

तिनताक सद्भावना आन्दोलनको अर्को नामजस्तो बन्न पुगेको थियो । शान्तिपूर्ण जनसङ्घर्षको बलमा मधेशमा पहिचान स्थापित गराउने मात्र होइन, जनजीतिकासँग सम्बन्धित सुधारका मागको सुनुवाइ गराउने हाम्रो प्रयास थियो । पटक-पटक आन्दोलनको घोषणा गर्यौं । जतिपटक आन्दोलनको घोषणा गर्थ्यौं, त्यति नै पटक शासकहरूको दिमाग खलबलिन्थ्यो ।

२०४९ कात्तिक २६ गते हामीले मधेशका बीसै जिल्लामा प्रदर्शन एवं सिडिओ कार्यालय घेराउ गर्‍यौं । शासक प्रजातन्त्र ल्याएकामा मख्ख थिएँ । तर किसानका खेतखलियानमा त्यसको आभास थिएन । हामीले चाहेका प्रजातन्त्र किसानको खेतबारीमा पुग्ने किसिमको थियो । समयमै मल, बीउविजनको प्रबन्ध गर्नुपर्ने प्रकारको थियो ।

तिनताक किसानहरूको समस्या अवर्णनीय थियो । मल भनेको समयमा पाइँदैनथ्यो । बीउविजन नहुँदा कृषककका खेतबारी बाँझै हुने समस्या थियो । तराई-मधेशमा सिँचाइको उस्तै समस्या थियो । शासकहरू देशमा यी तमाम समस्याबाट बेखबर थिए ।

हामीले कृषि सामग्रीको बेलैमा उपलब्धताको माग अघि सार्‍यौं । यसका अतिरिक्त सुख्खाग्रस्त जिल्लाहरूमा राहत दिनुपर्ने, सेना-प्रशासनलगायत हरेक सरकारी सेवामा समानुपातिक प्रतिनिधित्व गराइनुपर्ने, नागरिकतामा टोपी नलगाएको फोटो पनि मान्य हुनुपर्ने कुरालाई दृढतापूर्वक उठायौं ।

हिन्दी भाषालाई सर्मक भाषाको रूपमा मान्यता दिनुपर्ने अर्को हाम्रो महत्त्वपूर्ण सवाल थियो । यी मागहरू समेटिएको ज्ञापनपत्र जिल्ला प्रशासन कार्यालयमार्फत् तत्कालीन श्री पाँचको सरकारलाई बुझाउने कार्यक्रम तय गरियो ।

किसानहरूका समस्याहरू उठान गरेर जनस्तरमा पार्टी-आन्दोलन पुर्‍याउने हाम्रो लक्ष्य थियो । त्यसका लागि हामीले विभिन्न कार्यक्रमको मोडालिटी तय गरेका थियौं । तदनुरूप नै ज्ञापनपत्र र धर्नाको तयारी गरिएको थियो । नागरिकको समस्यासँग नजोडिएको पार्टीले आन्दोलनको बागडोर सम्हाल्न सक्दैन नै भन्ने हाम्रो सामूहिक बुझाइ र निष्कर्ष थियो ।

त्यतिबेला महँगीले आकाश छोएको थियो । शासन-प्रशासनमा भ्रष्टाचार व्याप्त थियो । बेरोजगारीका कारण मुलुक छाडेर जानेको सङ्ख्या दिनहुँ बढिरहेको थियो । जिल्लामा सिडिओ र पुलिसको आतंकले सीमा नाघेको थियो । जनकपुर चुरोट कारखानाका कर्मचारीहरू कटौती गर्ने नाममा अवैज्ञानिक ढंगले त्यहाँ आश्रित रहेकाहरूलाई लखेट्ने काम भइको थियो । यी मुद्दा सिंहदरबारका शासकलाई सुनाउनु थियो । त्यसका लागि पनि आन्दोलन विकल्पहीन विकल्पको रूपमा अगाडि आएको थियो ।

पञ्चायतबाट शिक्षित र दीक्षित सरकारले आफ्नो चरित्र किन बदल्थ्यो र ! जिल्लाजिल्लामा भएका प्रदर्शमा प्रशासनले बल प्रयोगकै नीति अख्तियार गर्‍यो । प्रहरीको लाठीमुङ्ग्रीबाट अधिकांश जिल्लामा हाम्रा साथीहरू घाइते हुन पुगे ।

सर्लाही जिल्लाको प्रदर्शनमा पनि प्रशासनले क्रूर अनुहार देखायो । प्रहरीको ज्यादतीबाट म, जिल्ला अध्यक्ष अरुणकुमार सिंह, केन्द्रीय सदस्यहरू बबनविहारी सिंह, विश्वनाथ साह, अलखप्रसाद सिंहलगायत बाह्र जनाभन्दा बढी प्रदर्शनकारी गिरफ्तार भयौं ।

वीरगन्जमा लक्ष्मणलाल कर्ण, कमलेश तिवारी, जयनारायण चौरसिया, डा. रवीन्द्र सिंह लगायत चौबीस जना साथीहरू पक्राउ परे । उनीहरू भोलिपल्ट मात्रै रिहा भए । यसरी हाम्रो आन्दोलनमाथि तत्कालीन शासकको गिद्धेदृष्टि परिरह्यो ।

तिनताक राजनीतिकतर्फ अघि बढेका मधेशीका पाइलालाई जतिसक्दो चाँडो निमोठ्‌नुपर्छ भन्ने शासकीय सोच थियो । मधेशी अनुहारहरू राजनीतितिर अग्रसर भएर भने ढिलाचाँडो हाम्रो आसन हल्लाउँछन् भन्ने भयले उनीहरूलाई लखेटिरहेको हुन्थ्यो । यद्यपि, त्यो मनोरोगको सिकार नेपालका राजनीतिक दल र तिनको नेतृत्व भइराखेको छ ।

उदाहरणका लागि अहिलेको पार्टी संरचना नै हेरौं न । ती पार्टीमा मधेशी अनुहारहरू कति नै भेटिन्छन् र ! केन्द्रीय कमिटीमा केही प्रतिनिधित्व होला पनि । तर, तिनीहरू नेतृत्व तहमा आइपुग्छन् त ? आउन दिइन्छ त ? निःसन्देश उनीहरूका पाइलाहरूलाई रोकिन्छ ।

अहिले त यस्तो अवस्था विद्यमान छ भने उहिले शासकको चिन्तनधारा कस्तो थियो होला ? मधेशी समुदायमाथिको धरपकड र ज्यादती त्यही चेतनाको उपज त हो । मधेशको मुद्दालाई काठमाडौंको सत्ताले बुझ्ने सम्भावना थिएन । त्यसका लागि सङ्घर्षको निरन्तरता अनिवार्य थियो ।

काँग्रेसभित्रको कलह उत्कर्षमा पुगेको थियो । छत्तीसे र चौहत्ते समूहमा विभक्त काँग्रेसीहरूले अनिष्टको निम्तो दिइरहेका थिए । हामीलाई त्यसको कुनै वास्ता थिएन । मधेशीका लागि ती दुवै समूह एकै थिए । ती सबै पहाडिया अहंकारवादको निरन्तरता न थिए ।

प्रवक्ता तोकिएपछि पुनः निर्वाचन क्षेत्रभरिका सोह्र वटा गाविसमा पद यात्रा गरें । आफ्नो क्षेत्रसहित मधेशका समस्याको अध्ययन गरें । समस्या र समाधानसहितको एउटा विज्ञप्ति निकालें । सबै मिडियामा बाँडें । त्यो विज्ञप्तिमाथि निकै चर्चापरिचर्चा भयो ।

'मधेशीले एक मुठी पराल पनि पाएनन्, सुख्खा लागेको छ, मधेशीमाथि जनावर जत्तिको पनि सरकारको ध्यान गएन' भन्दै विज्ञप्तिका आधारमा विभिन्न पत्रपत्रिकामा मधेशका समस्या मार्मिक ढंगबाट उठान भयो । मधेशले मिडियाको साथ पाउने क्रम बढ्न थाल्यो । तर, पार्टीका सांसदहरूबाट अपेक्षित भूमिका निर्वाह हुन नसकेको गुनासो पनि उत्तिकै बढ्दै थियो ।

'गजेन्द्रबाबु, पार्टी क्रान्तिकारी धार मे जाना चाहिए, लेकिन जब से नेता लोग माननीय हो गए, सभी सुविधाभोगी बन गए है । काठमाडौं मे ही डेरा जमाए बैठे है । कुछ तो करना चाहिए । अब मैं ही आमरण अनशन पर बैठूंगा' भन्न थाले । चुनावको एक वर्ष नपुग्दै सदनमा हाम्रो उपस्थिति प्रभावकारी नबनेको गुनासो आउन थाल्यो ।

'राजेन्द्रजी यसरी चुपचाप बसेर सरकारले हाम्रो कुरा सुन्दैन । सङ्घर्ष जरुरी छ । म आमरण अनशनको तयारी थाल्छु । तपाईंले त्यसको चाँजोपाँजो मिलाउनुस्,' २०५० साल मसिरमा गजेन्द्रबाबुले मलाई यसो भन्नुभयो ।

गजेन्द्रबाबु राष्ट्रपर्षबग पर्याधि बुझुबुथ्यो । ब्रागतिबीरले परो गतीपछि गेरो बुबप पनि पुलकित भयो । म आवश्यक तयारीका लागि जुटें । त्यतिबेला भारतीय पत्रकार रामाशिषले मलाई किनै सहयोग गरे । उनले तीस वर्षसम्म नेपालमा बसेर पत्रकारिता गरेका थिए । समस्याको पहिचान र मुद्दाहरूमा दृष्टिकोण तय गर्न उनले मलाई निकै सघाए ।

त्यसको केही दिनपछि नै गजेन्द्रबाबुले सिंहदरबारअगाडि भद्रकालीमा आमरण अनशन सुरू गर्नुभयो । अध्यक्षको साथमा राष्ट्रिय उपाध्यक्ष नरसिंह चौधरी र दुर्गाप्रसाद राजवंशी, महामन्त्री भरतविमल यादव थिए । उहाँहरूसँग केन्द्रीय सदस्य भोगेन्द्र ठाकुर पनि मिसिए । संयोजक बनाइ आन्दोलनको प्रचार-प्रसार तथा व्यवस्थापनको सम्पूर्ण जिम्मा पार्टीले मलाई दियो । मेरो सक्रियता र काम गराइ देखेर गजेन्द्रबाबुले त्यो अभिभारा मेरो भागमा पारिदिनुभएको थियो ।

'आज हामी फेरि आफ्ना मान्छे, आफ्नो समाज, आफ्नो क्षेत्र एव पहाडका बहुसंख्यक उपेक्षित जनजातिलाई समान अधिकार र सम्मान दिलाउनका लागि अघि बढेका छौं । र, हाम्रा साथीहरू ज्यानको बाजी लगाएर एक अहिंसक आन्दोलनमा सामेल भएका छन् । महात्मा गान्धीको 'करो या मरो' को अहिंसक आह्वान हाम्रो प्रेरणाको स्रोत हो । घोर भेदभावसँग जुधेका नेल्सन मण्डेला एव 'सामाजिक, सांस्कृतिक, भाषिक सम्मानका लागि बलिदान दिने बगबन्धु शेख मुजबिर रहमानको साहसिक कदम हाम्रो मार्गदर्शक तत्त्व हो । सरकारलाई सद्बुद्धि आओस्,' आमरण अनशनको शङ्खनाद गर्दै गजेन्द्रबाबुले भन्नुभएको यी कुराहरू अभै पनि मेरो कानमा गुञ्जिइरहन्छ । यही भावनालाई समेटेर 'करो या मरो' शीर्षकमा पर्चा पनि निकालैं ।

यसलाई हामीले अनशन अवधिभर वितरण गर्यौं ।

हामीलाई साम्प्रदायिक तथा विखण्डनकारी भनेर अपमानित गरिए पनि गजेन्द्रबाबुको कुराबाट प्रष्ट हुन्छ, हामी सबै उपेक्षित समुदायको पक्षमा थियौं र छौं ।

त्यतिबेला हामीले उठाएका माग र मुद्दाको उपेक्षा भयो । कालान्तरमा ती मुद्दा सम्बोधन गर्न शासकहरू बाध्य भए । २०४७ सालमा नै हाम्रो माग र मुद्दालाई सम्बोधन गरेको भए मधेश होइन, सिंगै देशको अनुहार अर्कै हुन्थ्यो । नागरिकता समस्या होस् वा सङ्घीयता, समावेशी–समानुपातिक प्रतिनिधित्व, जनसंख्याको आधारमा निर्वाचन क्षेत्र, भाषा, संस्कृति लगायतका मुख्य सवालहरू कुनै न कुनै रूपमा सम्बोधन भएकै छन् । त्यसैले पूर्वसभामुख दमननाथ ढुंगानाले भने जस्तै अहिले देश गजेन्द्रपथमा छ ।

गजेन्द्रबाबुले देखाएको बाटामा हिँडेको भए मुलुक तीस वर्षपछि पर्ने अवस्था आउँदैनथ्यो । गजेन्द्रबाबुले उठाएका कुरा तीस वर्षपछि समेटिंदा उहाँको सपना पूरा भएजस्तो लाग्छ ।

यसकारण त हामी अग्रगामी हौं ।

# 'मधेशीका क्या होगा ?'

सद्‌भावना पार्टीले अनशन सुरू गर्दा एउटा रोचक घटना घट्यो । अनशन बस्न जाँदै गर्दा गजेन्द्रबाबुको फोन बज्यो । उहाँले तुरुन्तै फोन उठाउनुभयो ।

'म त मर्न गइरहेको छु । आमरण अनशनमा हो । अहिले फोन राखौं, अनशनबाट बाँचेर फर्केछु भने कुरा गरौंला,' गजेन्द्रबाबुले यति भनेर फोन राख्नुभयो ।

'मृत्यु स्वीकारेर हिँडेको क्रान्तियोद्धाको पछि हामी छौं,' मेरो मुटु फुलेर आयो । गजेन्द्रबाबुप्रति मेरो सम्मान झन् बढेर आयो ।

गजेन्द्रबाबुले मलाई बताएअनुसार फोन गर्ने मधेशकै मानिस थिए । बेरोजगारको चपेटामा परेका उनले जागिर लगाइदिने आशामा फोन गरेका रहेछन् । गजेन्द्रबाबु आफ्नै सुरमा हिँडिरहनुभएको थियो । उहाँले सोचिरहनुभएको थियो होला– मधेशीको पहिचान कसरी स्थापित गर्ने ?

फोन राखेको केही बेर पनि भएको थिएन । लगत्तै फेरि फोन आयो ।

गजेन्द्रबाबुले फोन उठाउनुभयो ।

ती मानिसले सिधै सोधेँछन्– तपाईं आमरण अनशन बस्न जाँदै हुनुहुन्छ तर त्यो मेरो काम के हुन्छ ?

फोन गर्ने मानिसलाई गजेन्द्रबाबुको चिन्ता थिएन । मधेशको पहिचानको चासो थिएन । उनी बेरोजगारीको चपेटामा थिए । तत्कालै उनलाई जागिर चाहिएको थियो । गजेन्द्रबाबु यही समस्या सम्बोधन गर्नका लागि सरकारले तदारूकता देखाओस् भनेर अनशनका लागि जाँदै हुनुहुन्थ्यो ।

तर गजेन्द्रबाबुले के भनेर बुझाउने ? कसरी सम्झाउने ? भोकले गाँजेको मानिसलाई भोकैभोकै बसेर आन्दोलन गर्न लागेको मानिसको धेरै चिन्ता पनि त नहुँदो हो !

निजी स्वार्थले मधेशलाई गाँज्यो । सामूहिक हित र विवेकको प्रयोगमा मधेश सधैं चुक्यो । मधेशीको यही कमजोरीमा टेकेर शासक वर्गले हामीमाथि आफ्नो आधिपत्य लादिरहे ।

व्यवस्थाको संरचनामा मधेश पिँधमा परेको थियो । शासन-सत्तामा मधेशी अनुहार नदेखेकाले ती समुदायले हामीसँग अपेक्षा राख्नु स्वाभाविकै थियो । सुरुमा शिक्षा थिएन, जीवन त्यसै अन्धकारमय गर्तमा पुगे भइहाल्यो । शिक्षामा पहुँचमा पुगे पनि उनीहरूको जीवन झलमल्ल बन्न सकेन । अनेक समस्याको चक्रव्यूहमा त्यहाँका युवा परिरहे ।

मधेशी युवाले एक त पढ्न नै सङ्घर्ष गर्नुपर्थ्यो । कष्टदायी तवरले पढे पनि जागिर पाउनु अर्को सङ्घर्षको विषय थियो । मधेशी भएकै कारण वञ्चितीकरणमा परेकाहरूको पीडा त

अकथनीय छँदैछ । ग्रामीण क्षेत्रमा सहयोगी पेशाको अभाव थियो । अतिवृष्टि, अनावृष्टि, अल्पवृष्टि, खण्डवृष्टि र अरू प्रकोपका कारण आयस्ता सुकेमा कृषकलाई हातमुख जोड्नै मुस्किल हुन्थ्यो ।

गजेन्द्रबाबुले आमरण अनसका माध्यमबाट यी समस्याका जरामा प्रहार गर्न खोज्नुभएको थियो । कमजोर वर्गको उत्थान नहुँदासम्म देश विकासले गति लिन सक्दैन भन्ने उहाँको ठम्याइ थियो । तर, शासकको आँखामा गजेन्द्रबाबुले उठाउनुभएको विषय परिराखेको थिएन । बन्दुक नपड्कँदासम्म नतर्सने शासकले गजेन्द्रबाबुको सौम्य विद्रोहतिर आँखा पुर्‍याएको थिएन ।

सातौँ दिनमा गजेन्द्रबाबुले जल पनि त्याग गर्नुभयो । स्वास्थ्य क्षीण हुँदै गयो । सरकारमाथि वार्ताको दबाब बढ्यो । उसले वार्ता टोली गठन गर्न बाध्य भयो । वार्ता त आरम्भ भयो । तर, सरकारी पक्षले हामीलाई अल्म्याउन अनेक प्रपञ्च रचिसकेको रहेछ ।

'जबसम्म वार्ताको निष्कर्ष हामीले चाहेजस्तो आउँदैन, तबसम्म सरकारसँग कुनै पनि सम्झौता नगर्नू,' गजेन्द्रबाबुले मलाई बारम्बार सम्झाइरहनुहुन्थ्यो । पार्टीका तर्फबाट सरकारसँग संवाद अघि बढाउन वार्ता टोली पनि गठन गरिएको थियो । म, हृदयेश त्रिपाठी र गौरीशंकर मोहपाल त्यसका सदस्य थियौँ ।

उहाँको स्वास्थ्यस्थिति खस्कँदो भएकाले सचेत हुनैपर्थ्यो । फेरि मधेशको मुद्दालाई कुठाराघात गर्ने अवस्था आउन पनि दिनुहुँदैनथ्यो । यसलाई कसरी सन्तुलन मिलाउने ? घोत्लिने जिम्मा मेरै भागमा थियो ।

वार्ता चलिरहेकै बेला गृहमन्त्री शेरबहादुर देउवा र हृदयेश त्रिपाठीबीच सरिता गिरीको घरमा संवाद सुरु भयो । संवादको अन्तर्य गजेन्द्रबाबुको अनशन कसरी तोडाउने भन्ने थियो । मधेशका मुद्दाको सम्बोधनको कुनै चिन्ता सरकारलाई थिएन । गजेन्द्रबाबुको स्वास्थ्यका कारण सरकारी पक्ष वार्ताको नौटङ्की गरिरहेका थिए । कुशल राजनीतिज्ञ गजेन्द्रबाबुले चाल पाइहाल्नुभयो । उहाँले मलाई बारम्बार सम्झाइरहनुभयो । माग पूरा नभएसम्म अनशन नतोड्नेमा उहाँ अडिग बन्नुभयो । अनशनकारी गजेन्द्रबाबुको स्वास्थ्यावस्था नाजुक बनेपछि सम्झौता गर्नुपर्ने ठाउँमा हामी पनि पुग्यौँ । अन्ततः अनशन सुरु भएको नौ दिनपछि तत्कालीन श्री ५ को सरकार र नेपाल सद्भावना पार्टीबीच २०५० साल पुस ५ गते सम्झौता भयो ।

गिरिजाबाबु आएर गजेन्द्रबाबुलाई जुस खुवाए । त्यही दिन बेलुका उहाँले अनशन तोड्नुभयो ।

सरकारलाई जसरी हुन्छ सम्झौतामा सही गराउनु नै थियो । सुरुमै सरकारले 'संविधानको परिधिमा रहेर' भन्दै भाग्न सक्ने ठाउँ राख्यो । हामीलाई त्यतिबेलै संशय उत्पन्न भएको थियो ।

नभन्दै सरकारले जालसाजीपूर्ण तवरले हामीलाई आश्वासन थमायो । हाम्रा मागलाई संवेदशीलताका साथ पूरा गर्ने मनसाय देखाइएन । आलटाल गरेर पन्छाउने काम मात्रै भयो ।

सम्झौतामा धोका सिवाय हात नलागेपछि हामीले फेरि भन्नुपर्ने भयो- मधेशका क्या होगा, मधेशीका क्या होगा ?

# मूल्याङ्कन

राजनीति मात्र होइन, संसार नै विश्वासमा अडेको हुन्छ । राजनीतिमा यही विश्वासमाथि धोकाधडी भएको छ ।

२०५१ को मध्यावधि निर्वाचनपछि संसदीय समितिहरूको चुनाव भइरहेको थियो । सत्तारूढ दल एमालेले सद्भावना पार्टीसँग सल्लाह नगरिकनै हृदयेश त्रिपाठीलाई लेखा समितिको सभापति दिने सहमति गरेछ ।

पार्टी अध्यक्ष गजेन्द्रबाबुले नेपाली काँग्रेससँग कुन समिति लिने भनेर छलफल तीव्र बनाइरहनुभएको थियो । उता त्रिपाठीजी लेखा समितिको सभापति बने । गजेन्द्रबाबु आगबबुला हुनुभयो । आक्रोशित हुँदै 'मै हृदयेश त्रिपाठीको निलम्बन करता हुँ' भनेर सिंहदरबारभित्र संसदीय दलको कार्यालयबाट घोषणा गर्नुभयो । म पनि त्यही थिएँ ।

पार्टी ६ सिटबाट ३ सिटमा खुम्चिइसकेको थियो । गजेन्द्रबाबुले साधारण सदस्यतासमेत नरहनेगरी हृदयेशजीलाई निलम्बन गर्नुभयो । सांसद रामेश्वर राय यादव हृदयेशजीको कित्तामा उभिए । उनीहरूले त्यसका लागि पहिलेदेखि नै गृहकार्य गरिरहेका रहेछन् ।

मैले गजेन्द्रबाबुलाई कारबाही गर्न रोकेको थिएँ । उहाँ रोकिनु भएन । उहाँ पार्टी अनुशासनको पक्षपाती हुनुहुन्थ्यो । पार्टीमा एकजना मात्रै बाँकी रहने अवस्था किन नहोस्, अनुशासनबिना क्रान्ति सम्भव छैन भन्ने उहाँको निष्कर्ष थियो ।

'अनुशासनभन्दा बाहिरको काम भयो । अनुशासनबिना पार्टी कसरी चल्छ ?,' गजेन्द्रबाबुले मलाई यसै भनेर प्रश्न गर्नुभयो ।

'निष्कासित गर्नुभन्दा भूल स्वीकार गराउनुपर्छ, कारबाही गर्न नहतारिऔ,' मैले रोक्ने प्रयास गरेँ ।

केही समयपछि कलैयामा केन्द्रीय समितिको बैठक आह्वान भयो । बैठकमा मैले हृदयेशजी पनि उपस्थित हुने वातावरण मिलाएँ ।

'मबाट त्रुटि भएको छ भने माफी माग्छु, गल्ती स्वीकार गर्छु,' हृदयेशजीले बैठकमा भने ।

तर पार्टी अनुशासनमा गजेन्द्रबाबु कठोर देखिनुभयो । उहाँले यसरी माफ माग्नुको कुनै औचित्य छैन भन्नुभयो । माफी दिनुभएन ।

'गजेन्द्रबाबुलाई इनर्जेटिक, इन्टेलिजेन्ट मानिसलाई मनपर्दो रहनछ । हृदयेशजीप्रति उहाँमा ईर्ष्याभाव पो छ कि ?,' मैले यस्तो नसोचेको होइन ।

हृदयेशजीले पनि गजेन्द्रबाबुले ठीकसँग पार्टीको काम गरेनन् भनिरहेका थिए । पार्टी आन्दोलन विस्तार नहुनुमा गजेन्द्रबाबुको अस्पष्टता र अयोग्यतालाई कारण देखाइरहनुभएको थियो ।

त्यतिबेला मलाई हृदयेशजीको कुरा ठीकै हो कि भन्ने लाग्न थाल्यो । हृदयेशजीले मधेश र मधेशीको लागि मात्र होइन देशलाई नै नयाँ उचाइमा लाने पार्टीको नेतृत्व गर्न सक्छन् भन्ने भाव मनमा उत्पन्न भयो । आँखा चिम्लिएर म उहाँको पक्षमा लागेँ ।

मधेशको माटोको चित्कार पहिचानको प्रश्न थियो । हामीले एउटा राजनीतिक बाटो तय गर्नैपर्थ्यो । हामीले अलग बाटो तय गर्ने कोसिस गर्‍यौं । २०५१ सालमा रामेश्वर राय यादवको अध्यक्षतामा नेपाल समाजवादी जनता दल नामक नयाँ पार्टी गठन गर्‍यौं । आन्दोलनको अलग धार विकास गर्न छुट्टै पार्टी निर्माण गरिएको थियो । हृदयेशजी महासचिव भए । म प्रवक्तामा बसेँ ।

गजेन्द्रबाबुको मप्रति ठूलो अनुराग, प्रेम र विश्वास थियो । मेरो कदमले गजेन्द्रबाबुको मनमा आघात पुग्यो । उहाँलाई ठेस लाग्यो । उहाँले सिधै मप्रति गुनासो सञ्चार त गर्नुभएन । तर, पार्टीका साथीसँग बारम्बार मैले बाटो बिराएको भनेर प्रसंग निकालिरहनु हुँदोरहेछ, 'हृदयेशजी ने गल्ती किया, कारवाही हुयी, ठीक है वे चले गए । रामेश्वरजी अस्थीर थे, वह भी गए, कोइ बात नही । लेकिन राजेन्द्रजी को क्या हुवा ? वे क्यों पार्टी छोड दिए ?'

गजेन्द्रबाबुको प्रश्न जायज थियो । पार्टी फोरियो मात्र, पार्टी संगठनलाई विस्तार गर्ने सम्बन्धमा मूर्त उपलब्धि भएन । पहिचान र माटोको चित्कार यथावत् थियो । मुद्दा एकातिर, हिँड्ने बाटो अर्कोतिरजस्तो भयो ।

लेखा समिति सभापति पाउन र मन्त्री पद जोगाउन आन्दोलन-पार्टीलाई टुक्र्याएजस्तो आभास हुन थाल्यो ।

हृदयेशजी दिनरात लेखा समितिमा व्यस्त हुन थाले । संगठन निर्माण र परिचालनमा उनको पटक्कै ध्यान गएन । गजेन्द्रबाबुले आन्दोलन विस्तार गरेनन्, मुद्दाको उठानले व्यापकता पाउन सकेन भनेर पार्टी नै फुटाइसकेपछि हृदयेशजीले पार्टीलाई उचाइमा पुर्‍याउनुपर्थ्यो । उनको ध्यान आन्दोलनको स्थूलीकरण भन्दा पनि संसदीय भूमिकामा आफूलाई अब्बल गराउनेतिर केन्द्रित भयो । हृदयेशजीलाई साथ दिएर मैले भूल पो गरेँ कि भन्ने लाग्न थाल्यो ।

पद र पैसाका लागि सहजै दल बदल गर्ने रोगको थालनी त्यही समयबाट सुरु भयो । एमाले र राप्रपा लोकेन्द्रबहादुर चन्द समूहको संयुक्त सरकार बन्यो । बहुदलीय व्यवस्थामा निर्दलीयताका पक्षपाती लोकेन्द्रबहादुर चन्द प्रधानमन्त्री बने । अल्पमतको सरकार ढलेपछि एमाले क्षुब्ध बनेको थियो । काङ्ग्रेससँग प्रतिशोध साँध्न एमाले जुनसुकै बाटो हिँड्न तयार भयो । कम्युनिस्ट विचार, दर्शन र सिद्धान्तबाट आधारभूत रूपमै च्युत भइसकेपछि जुनसुकै बाटो हिँड्न उसले किन घिनाउनु !

रह्यो काङ्ग्रेस । ऊ पनि के कम ! एमालेले लोकेन्द्रबहादुर चन्द च्यापेपछि उसले पनि चौबीस क्यारेटका पज्य सूर्यबहादुर थापालाई काखी च्याप्यो । र, सरकारमा रथारोहण गरायो । नेपाली राजनीति विकृत र विसंगत बनेको त्यही कालखण्डमा हो । संसदीय व्यवस्था पजेरो संस्कृति, सुरा र सुन्दरी, सांसद किनबेच जस्ता विषाक्त मनोदशाले प्रदूषित बन्यो । सत्ता समीकरणको विद्रुप खेलको परिणती थियो, त्यो ।

सहजै दल बदल हुन थालेपछि त्यसलाई व्यवस्थित गर्न राजनीतिक दलसम्बन्धि ऐन ल्याइयो । दल बदलसम्बन्धी कानुनमा पार्टी परिवर्तन गर्न पाइने तर त्यसका लागि ४० प्रतिशत सांसदको समर्थन चाहिने प्रबन्ध राखियो । त्यसको मार हृदयेशजीलाई पर्दै थियो ।

सांसद अनीश अन्सारीले कित्ता तय गरिसकेका थिएनन् । तीन जनामा सांसदमा हृदयेशजी एक्लै पर्ने अवस्था बन्यो । अर्को पार्टी खोलिसकेका थियौं । तर ४० प्रतिशत पुर्‍याउन धौंधौ थियो । ४० प्रतिशत नपुगेपछि लेखा समितिको सभापति मात्र होइन, मन्त्री र सांसद् पद पनि गुम्ने भयले हृदयेशजी त्राहि-त्राहि थिए ।

पार्टी विभाजनको समयमा लोकेन्द्रजी प्रधानमन्त्री थिए । त्यस सरकारमा हाम्रो पार्टीकातर्फबाट रामेश्वर यादव वनमन्त्री थिए । उनलाई हटाएर हृदयेशजी आफैँ वनमन्त्री बनेका थिए ।

हृदयेशजीले पार्टी एकताको प्रस्ताव अघि सारे । हामी कुनै राजनीतिक मतभेदले बाटो अलग गरेका थिएनौं । गजेन्द्रबाबुको कार्यशैली निरङ्कुश भएको गुनासो मात्रै थियो । संसदीय राजनीति जोडघटाऊको राजनीति पनि हो । पार्टी आन्दोलनले नयाँ क्षितिज तय गर्न सकेको थिएन ।

नयाँ पार्टी नचलेको अवस्था थियो । हृदयेश आफैँ पनि संकटमा थिए । त्यसकारण हृदयेशजीको प्रस्ताव ठीकै लाग्यो । अलगअलग चुह्लाचौका गाडेर आन्दोलन विभाजित गर्नुभन्दा एउटै बाटो हिँडेर गन्तव्यमा पुग्नु उत्तम भन्ने निष्कर्षमा म पनि पुगें । एकताको लागि मैले पनि सहयोग गरें । तर पार्टी अध्यक्ष बनाइएका रामेश्वरजी एकता चाहिरहेका थिएनन् । एकताप्रति उनको असन्तुष्टि थियो ।

हामीले होटल वैशालीमा गएर पार्टी एकताको घोषणा गरिदियौं । यसरी पद पाउन पार्टी फुटाउने र पद जोगाउन पार्टी जोड्ने अवसरवादी चरित्र बारम्बार नेपाली राजनीतिमा देखिँदै आएको छ । हामी पनि त्यसबाट मुक्त रहन सकेनौं ।

यद्यपि हामीमाथि लाग्ने गम्भीर आरोपमध्ये यो पनि एउटा हो । यो स्वाभाविक पनि हो । पद र कदका निम्ति पार्टी फुटाउने र जुटाउने यत्न-प्रयत्नले मधेशको मुक्ति आन्दोलनले स्पष्ट चलिन सकेन । त्यसको मूल्य हामीले चुकाइरहनुपरेको छ ।

त्यसबेला हृदयेशजीले पद पाउनका लागि मात्र पार्टी विभाजन र सांसद पद जोगाउन फेरि एकताको नारा अघि सारेको सबैले प्रष्टसँग बुझे । गजेन्द्रबाबुले पार्टी आन्दोलनको

स्थूलीकरण गर्न नसकेकोले अलग बाटो तय गर्नुपरेको हृदयेशजीको निष्कर्ष उहाँ आफैंले खण्डन गर्नुभयो ।

म आफैंले पनि गम्भीर आत्मसमीक्षा गरेँ । हृदयेशजीको लहलहैमा लागेर गजेन्द्रबाबुको मर्ममा कुठाराघात गरेकोमा ग्लानिबोध भयो । पश्चात्तापको अर्थ थिएन । केही समय बाटो बिराए पनि फेरि हामी एकै ठाउँमा आइपुगेका थियौं । अब लामो फड्को मारेर बिराएको बाटोको शोधभर्ना गर्नुको विकल्प थिएन ।

पार्टी एकतापछि २०५४ साल वैशाखमा विराटनगरमा पार्टीको तेस्रो महाधिवेशन हुने भयो । अध्यक्षका लागि गजेन्द्रबाबुको विकल्प थिएन । पार्टीमा उहाँलाई चुनौती दिने अर्कों पात्र खडा भइसकेको थिएन । गजेन्द्रबाबु निर्विरोध अध्यक्ष चुनिनुभयो ।

पार्टी एकतापूर्व सद्भावना पार्टीबाट गजेन्द्रबाबु सरकारमा हुनुहुन्थ्यो । नयाँ खोलिएको नेपाल समाजवादी जनता दलको तर्फबाट हृदयेशजी पनि सरकारमा थिए ।

त्यहीबेला गजेन्द्रबाबुले ठूलो भूल गर्नुभयो । मलाई पहिलो पटक उहाँको व्यवहारले ठेस लाग्यो । उहाँ मधेशीको पहिचानका लागि बलिवेदिमा होमिन तयार हुनुहुन्थ्यो । मन्त्रीको शपथ लिन त उहाँ पहाडे पोसाकमा पुग्नुभएछ । दौरासुरुवाल लगाएर । त्यो देखेर हामी तीनछक पर्‍यौं । त्यतिबेला पार्टीगत रूपमा हामी अलग थियौं ।

'गजेन्द्रबाबु दौरा सुरुवालको साटो धोती कुर्ता लगाएरै शपथ ग्रहणमा जानु पर्थ्यो । लुगाकै कारण मन्त्री बन्नबाट वञ्चित गरिएको भए जनतामा सद्भावना पार्टीको विश्वसनीयताले उचाइ चुम्थ्यो । उहाँले गम्भीर भल गर्नुभयो,' साथीहरूले पनि गुनासो पोखे । कुरा मनासिब थियो । जुन कुरालाई केन्द्रमा राखेर गजेन्द्रबाबु त्यहाँ पुग्नुभएको थियो, त्यही कुरालाई त्याग गरेर आर्जन गर्ने पद र वैभवको के अर्थ रहन्थ्यो ।

आज पनि मेरो निष्कर्ष गजेन्द्रबाबुको त्यो मन्त्री पद बेकारको थियो भन्ने नै छ । वास्तवमा त्यतिबेला पार्टी विभाजनको कारण उहाँ मानसिक रूपमा धेरै कमजोर भइसक्नु भएको थियो । यही कारणले उहाँबाट त्यो भूल भएको हुनसक्छ भनेर म अहिले महसुस गर्छु ।

तर उहाँको बचाउ थियो, 'मै धोतीकुर्ताको जितना सम्मान करता हुँ, उतना हि सम्मान दाउरासुरुवाल का भी करता हु, हम अपनी पहिचानको वात करते वक्त दुसरे का पहिचानका भी ख्याल राखना चाहिए ।

त्यतिबेला गजेन्द्रबाबुले सम्मानका लागि दौरासुरुवाल लगाए कि बाध्यताको कारण त्यसको विवेचना गर्ने जिम्मा इतिहासलाई नै छाडिदिऊँ । तर मलाई चाहिँ उहाँको कदमले मधेशी नागरिकको विश्वासमाथि घात नै भयो भन्ने लाग्छ ।

# पहिचानको सङ्घर्ष

पहिचान मान्छेको चिनारी हो ।

अहिले शासन-सत्ताको केन्द्रमा जो छन्, उनीहरूले पहिचानका निम्ति सङ्घर्ष गर्नुपरेन । शिक्षा उनीहरूको दैलोदैलोमा पुग्यो । शिक्षाको आलोकमा उनीहरूले ज्ञानविज्ञानको क्षेत्रमा फड्को मारे । संरचनागत लाभांशको फाइदा उठाए ।

शासन-सत्ताको उपरी संचरनामा पुगेका उनीहरू अहिले भनिरहेका छन्- कहाँ सबै क्षेत्रमा आरक्षण र कोटा खोजेर हुन्छ । हामीजस्तै प्रतिस्पर्धामा आउनुपर्छ । प्रतिस्पर्धा र क्षमतामार्फत् सबैतिर श्रेष्ठ बन्नुपर्छ । तर उनीहरूले यो तथ्य बुभ् m पचाइरहेका छन्- उनीहरू शासन-सत्ताको पहुँचमा सुरुदेखि नै थिए । उनीहरूको पुस्ता दरपुस्ताले शासन-सत्ताको वरिपरि रहेर लाभ उठाउँदै आएका थिए । मधेशी समुदायजस्तो जन्मदै ऋणको गर्तमा जन्मनुपरेन । अभावको गर्तमा आकण्ठ जाकिनुपरेन । पाइलैपिच्छे यो देशमा जन्मिएको प्रमाण देखाउनुपरेन । पहिचानविहीन जीवन भागमा परेन ।

कुनै पनि वर्ग, समुदायको पहिचान मेटियो भने अधिकार पनि खोसिँदो रहेछ । पहिचान नै रहेन भने केको नाममा अधिकारको दाबी गर्ने ? पहिचान कायम हुनुपर्छ भन्नुको अर्थ त्यही पहिचानको नाममा अधिकार प्राप्त गर्ने बाटो खोज्नु पनि हो । त्यसैले हामीले पहिचानसहितको सङ्घीयताको कुरा उठान गर्यौं ।

अहिले नश्लीय सत्ताले प्रदेश नम्बर एकको नाम कोशी नामकरण गरेको छ । जबकि, पञ्चायतले पनि किरात स्वीकार गरेको थियो । नश्लवादीहरू पञ्चायतभन्दा पनि पछाडि फर्किएर एकल जातीय अहङ्कार लाद्न लागिपरेका छन् । हाम्रो असन्तुष्टि यहीँनेर हो ।

पहिचानका लागि संसारभर सङ्ग्राम चलेको छ । यद्यपि यो सिलसिला जारी छ । पहिचानसहितको सङ्घीताका लागि डेढ सय मधेशीले आफूलाई बलिवेदीमा चरुभैँ होमेका छन् । अधिकार माग्दा गोली थमाउने नश्लीय सत्ताले मधेशको आवाज बन्दुकले नै दबायौं सोचेको होला !

पहिचानको आन्दोलन खरानीले छोपेको आगो जस्तो हो । बाहिरबाट हेर्दा ज्वाला नदेखिन सक्छ । तर आगो जीवन्त रहन्छ । मधेशीको पहिचान रशागित गरिठाउ्रो उद्देश्यले सुरु भयग्गो आन्दोलन अहिले मध्यान्तरमा छ । शक्ति सञ्चय गर्ने चरणमा छ । जब ज्वाला दन्काउने जुगाढ भइरक्छ, ढढेलो पसरी फैलने छ, शासक र तिनका उपासकहरूले कल्पना पनि गर्न सक्नेछैनन् । संरचनागत लाभका कारण सत्तामा पुगेकाहरूको शासन क्षणभङ्गुर बन्ने छ ।

यहाँनिर पहिचान भनेको के हो भनेर प्रश्न उठ्न सक्नेछ । मधेश प्रदेश दिएकै छौं त भन्ने जवाफ पनि नआउने होइन । अहिलेको प्रदेश संरचना महेन्द्रको विकासक्षेत्रीय ढाँचा हो । पञ्चायतको जन्मदाता महेन्द्र बरु यिनीहरूभन्दा उदार थिए । विकास क्षेत्रको संरचनामार्फत् प्रशासनलाई छरेका थिए ।

कुनै पनि समुदायको पहिचान भाषा, संस्कृति र वेशभूषाबाट कायम हुन्छ । यहाँ खस-आर्यबाहेक जातिको पहिचानलाई खासै स्वीकारिँदैन । अहिले मेला-महोत्सव, झाँकीहरूमा विभिन्न जातजातिको वेशभूषा प्रयोग गरिन्छ । नेताहरू त्यसैमा सजिएर पहिचान दिन तयार भएजस्ता पनि देखिन्छन् ।

यही ढोंग र पाखण्डभित्रै हाम्रो पहिचान नामेट भएको छ। मधेशी, जनजातिहरू आज पनि आफ्नो मातृभाषामा पढ्न पाउँदैनन् । नेपाली भाषा नै पढेर खस-आर्यसँग प्रतिस्पर्धा गर्नुपर्ने अवस्था छ। सबैलाई पहिचान दिलाउन र देश सबैको साझा हो भन्ने भावना जगाउन सद्भावना सुरुदेखि नै अग्रसर छ ।

मधेशको वेशभूषा र पहिचान भनेको धोती, कुर्ता, पाइजामा, लुंगी र गम्छा हो । यो प्रयोग गर्नुको आफ्नै वैशिष्ट्य छ । वैज्ञानिकता छ । यो पोसाक मधेशको हावापानी र माटो सुहाउँदो हो । उष्ण ठाउँ भएकाले पातला र हिँड्दा, बस्दा अप्ठ्यारो नहुने प्रकारको लुगा लगाउनुपर्ने हुन्छ ।

गर्मीको ठाउँमा बख्खु लगाउने कुरा आएन । तर, मधेशको यो पहिरनलाई हेलाहाँसो गर्दै अपमान गरिराखियो । धोती लगाउने मधेशीहरूलाई अपमान गर्न 'धोती' शब्द प्रयोग गरियो । मधेशीको मुटुमुटुमा बिझेको छ यो अपमान । यसलाई मेटाउनका लागि पनि हामीले साझा पहिचान र पहुँचका आवाज मुखरित गरेका हौं ।

मधेशमा मनाइने चाडपर्वले मधेशीको जीवनमा उमङ्गको इन्द्रेणी ल्याउँछ । यहाँका पर्व-त्यौहारको आफ्नै रौनक छ । तर राज्यले लामो समयसम्म यहाँका पर्व-त्यौहारलाई राष्ट्रिय मान्यता दिन चाहेन ।

मधेशमा रहेका पहाडी समुदाय दशैँमा उत्सव मनाउँथे । घटस्थापनादेखि कोजाग्रत पूर्णिमासम्म झन्डै आधा महिना बिदा दिइन्थ्यो । तर, त्यस्तै उत्सव मनाउने हाम्रो छठ पर्वमा बिदा दिइँदैनथ्यो । पहाडको फागु पूर्णिमालाई मान्यता दिइयो, तर होलीका दहनपछि मधेशमा आयोजना हुने जुन होली संस्कृति छ, त्यसलाई स्वीकार्न बडो कठिन भयो । लडाइँ नै लड्नुप¬र्यो ।

मधेशमा मुस्लिम समुदायको पहिचान र संस्कृतिका रूपमा रहेका इद, बकर इदजस्ता पर्वलाई पनि मान्यता दिइएन । थारुहरूले मनाउने माघी पर्वमा पनि बिदा थिएन । यो सांस्कृतिक विभेदको पराकाष्ठा थियो । मधेशवादको दृष्टिमा यो कृत्य मधेशको संस्कृतिमाथि आक्रमण थियो । घोर अन्याय थियो । त्यसका विरुद्ध सङ्घर्ष अनिवार्य थियो । देश भनेको

भावना मात्रै होइन, अपनत्व पनि हो । हामीले साझा अपनत्वका लागि लडेको लडाइँ थियो यो । देशभक्ति राष्ट्रले गर्ने व्यवहारमा निर्भर हुन्छ ।

मधेशमा विद्रोहको लहर उठ्न थालेपछि पहाडका जनजाति पनि आफ्नो सांस्कृतिक पहिचानका लागि जुर्मुराए । सांस्कृतिक पहिचानको लडाईँले क्रमिक रूपमा मधेशका पर्व त्यौहारले राष्ट्रिय मान्यता पाउन थाले ।

पहाडको कुनै एक समुदायलाई कुकुरपूजामा पनि सार्वजनिक बिदा दिने, तर मधेशको छठ, होली र ईदमा बिदा दिन शासक वर्ग हिच्किचायो । यस अवस्थामा मधेशका जनताको शासक, सरकार र राष्ट्रप्रति के धारण बन्यो होला ? नश्लवादी सरकार यसबारे कहिल्यै संवेदनशील बनेन ।

मधेशको पहिचान मेटाउन मधेशका कला, संस्कृति र साहित्यलाई पनि उपेक्षा गरियो । राज्यबाट मधेशको कला, संस्कृति र साहित्यको अन्वेषण, विकास र संरक्षण गरिएन । तिरहुत, सिमौनगढको सभ्यताका अवेशषहरू त्यत्तिकै बिलाएर गयो । काठमाडौँको सत्ताले त्यसको संरक्षण गर्न उचित ठानेन ।

मधेशका मौलिक गीत-संगीत, माटोको ध्वनीलाई प्रश्रय दिने नीति, कार्यक्रम केही ल्याइएन । नेपाल प्रज्ञा प्रतिष्ठानलाई सत्ताका आसेपासेहरूको भर्ती केन्द्र बनाइयो । मधेशका गायक-गायिका, नृत्यकार, साहित्यकार, कलाकार र बुद्धिजीवी प्राज्ञ बन्न सक्छन्, यिनीहरूको पनि सांस्कृतिक चेतना हुन्छ भनेर शासक वर्गलाई कहिल्यै लागेन ।

मधेशको सांस्कृतिक पहिचान मेटाउने षड्यन्त्रका कारण मधेशका जनतामा आफ्नै मौलिक संस्कृति बिर्सने प्रवृत्ति देखापर्‍यो । मधेशका भिभिखिया, जाटजटिन, समाचकेवा, झुमरी, सखिया, कीर्तनिया, भगता, झरनी, होरीजस्ता माटोका पर्वमा पहाडे भ्याउरे नृत्यले अतिक्रमण गर्न थाल्यो ।

होलीको ठाउँमा देउसी भैलोको अतिक्रमण भयो । अनि जितियापावनको ठाउँमा तिजको अतिक्रमण भयो । यसरी पञ्चायतअघि र त्यसपछिका सरकारले पनि भाषणमा जे भने पनि पहिचानको भूषणमा त्यो प्रतिविम्बित भएन । एक भाषा एक भेषको नीतिले मधेशमाथि शासन जमाइरह्यो । आधिपत्य विस्तार गरिरह्यो ।

पहिचानको राजनीति अहिले नेपाली राजनीतिको केन्द्रमा छ । पहिचान स्थापित गर्न खोज्ने र विस्थापित गर्न खोज्नेहरूको सङ्घर्ष जारी छ । संसारभरका पिँधमा रहेका तप्काले आफ्नो पहिचानको हक खोज्छ । शासन-प्रशासनमा आफ्नो दमित र उत्पीडित अनुहार खोज्छ । आफ्नो पहिचान प्रतिविम्बित होस् भनेर अपेक्षा राख्छ । त्यसका लागि आन्दोलित हुन्छ । यसलाई जातीय राजनीति भनिँदैन । यो त सहअस्तित्वको राजनीति हो ।

विश्व साम्राज्यवादको औपनिवेशिककालको अन्त्यसँगै संसारमा चलेका पहिचानको राजनीतिको लहर अहिलेसम्म गतिवान् छ । उपनिवेश बन्न बाध्य भएका देशहरूमा

उपनिवेशको अन्त्यसँगै त्यहाँका जनताले आफ्नो पहिचान खोजे । त्यस समयमा सम्बन्धित राज्यले उपनिवेशवादीहरूकै पदचाप पछ्याउन खोज्ने देशहरू टुक्रिएर फरक राज्य पनि बन्न पुगे । जुन देश उपनिवेश बन्न परेन, त्यहाँको राज्यसत्तामा कुनै खास एक जाति, वर्ग, लिङ्गको मात्रै आधिपत्य रह्यो । अन्य जाति, समुदाय, लिङ्ग, क्षेत्र र राज्यको मूल प्रवाहबाट पाखा लागे । यो अवस्थालाई आन्तरिक उपनिवेश भनियो । आन्तरिक उपनिवेशमा परेकाहरू राज्यमा आफ्नो उपस्थिति खोज्न थाले । आफ्नो अनुहार राज्यभन्दा फरक भएको राज्यले स्वीकार गर्नुपर्ने, आफ्नो इतिहास, भूगोल, र संस्कृति राज्यले स्वीकार गर्नुपर्ने माग उनीहरूले राखे ।

राज्यले अटेर गरेपछि उनीहरूमा सङ्घर्षको आँधी हुर्कियो । विस्फोट भयो । त्यो आन्दोलन नै अहिलेको पहिचानको आन्दोलन हो ।

अहिलेको राज्य पहिचानको 'प' पनि सुन्न चाहिरहेको छैन । तर यो आन्दोलननै अहिलेको अवस्थामा उत्पीडनबाट मुक्त हुने मार्ग हो । आन्तरिक औपनिवेशको भासमा जाकिनुभन्दा त्यसबाट मुक्त हुन लडाइँ लड्नु नै श्रेयस्कर हो । सदियौँदेखि पहिचानको सङ्घर्षलाई यहाँका शासक वर्गले गलत व्याख्या गरिरहेका छन् ।

नश्लीय चिन्तनको विरासतमा हुर्किएका र त्यसैको सोपानमा सत्ताको उपरी संरचनामा पुगेकाहरू पिंधका समुदायलाई आन्तरिक उपनिवेशको दुष्चक्रमा पारिरहन्छन् । त्यसैको आडमा शोषण गर्न चाहन्छन् । मूलवासी र भूमिपुत्रको आदिकालदेखि चलेको सभ्यता, त्यस सभ्यताको जगमा सुसंस्कृत बन्दै आएको संस्कृति र यसैको विरासतमा फैलिएको भूगोललाई तिरस्कार गरेर आफ्नो आधिपत्य स्थापित गर्न चाहन्छन् ।

राज्यमा सबैको अपनत्व बोध गराउने सङ्घर्षको चुरोलाई विषयान्तर गरेर पहिचानको आन्दोलनलाई विखन्डनकारीको संज्ञा दिँदै सामाजिक विद्वेषको बिजारोपण गरिरहेका छन् ।

आफ्नै जातीय सत्ता लादेर शासन-सत्तामा अरूलाई ढिम्किन पनि नदिनेहरूले उल्टै पहिचानवादीलाई विग्रह र जातीय विद्वेषकारीको उपमा दिइरहेका छन् । उनीहरूविरुद्ध विष ओकलिरहेका छन् ।

नश्लीय सरकारलाई हामी उसको अहंकारबाट ओराल्न चाहिरहेका छौं । शासन-सत्ताको मूल प्रवाहीकरणमा छुटेका कोटी अनुहार देखाएर सिंहदरबारमा उनीहरूको हक स्थापित गराउने अभियानमा छौं ।

अब काठमाडौँको सत्ताले शासनमा आफ्नो आधिपत्य कायम राखिराख्ने चिन्तनबाट बाहिर आओस् । बहुपहिचानलाई यथाशक्य चाँडो सम्मान गरोस् । मुलुकलाई सबै जातको माला ठान्ने राज्य सत्ताले हरेक थुँगालाई सम्मान गरोस् । हरेक फूलको थुँगाको अस्तित्व स्वीकार गरोस् ।

# भाषिक सङ्घर्ष

महाकवि विद्यापतिबारे सुन्नुभएको छ ? उहाँको श्रुतिमधुर कविता तपाईंका कानमा ठोक्किन आइपुगेका छन् ?

ठीक यस्तै प्रश्न तपाईंले मधेशमा पनि गर्न सक्नुहुन्छ ? महाकवि लक्ष्मीप्रसाद देवकोटाबारे सुन्नुभएको छ ? देवकोटाकृत 'शाकुन्तल' पढ्नुभएको छ ? 'मुनामदन' बारे थाहा छ ? भनेर सोध्नुभयो भने त्यहाँका मनमनले तपाईंको प्रश्नको उत्तर दिने क्षमता राख्छन्। देवकोटाका रचना पाठ्यक्रममा समेटिएकाले उनीहरूले नपढी धर पाएनन्।

देवकोटा मात्र होइन, नेपाली भाषा–साहित्यका नवोदित सर्जकहरूसँग पनि उनीहरू साक्षात्कार भएका हुन्छन्, कृतिमार्फत्। तर, विद्यापतिका हकमा निराशाजनक उत्तर भेटिन्छ। भानुभक्तभन्दा चार सय वर्षअघि जन्मिएर मैथिली भाष–साहित्यको श्रीवृद्धिका लागि दिलोज्यान दिएका विद्यापति इतिहासको गर्भमा विलुप्त छन्।

नेपालमा खस भाषाभन्दा धेरै पहिलेदेखि मधेशको भाषा चलनचल्तीमा थियो। आदिकवि भानुभक्त आचार्यले खस भाषामा 'रामायण' लेख्दा नेपालमा हिन्दी र मैथिली भाषा नै बढी बोलिन्थ्यो। मल्ल र सेन राजाहरूको राजकाजको भाषा हिन्दी नै थियो।

नेपाली भाषाको उत्पत्ति कसरी भयो भन्नेबारे विद्वान् लेखक सिके लालले आफ्नो पुस्तक 'मिथिलामन्थन' मा रोचकचर्चा गरेका छन्। वास्तवमा नेपाली भाषा अंग्रेजले विकास गरिदिएको भाषा हो।

अंग्रेजहरूलाई भारतमा आफूप्रति पूर्ण बफादार सिपाहीहरूको कमी भएको आभास हुन थालेको थियो। सन् १८५७ को सिपाही विद्रोहपछि बंगाली, बिहारी, उडिया र पूर्वी सिपाहीहरूप्रति अंग्रेजहरूको विश्वास घटेको थियो। लडाइँमा अंग्रेजलाई शिख र गोर्खाले सहयोग गरेका थिए। शिखहरू धर्मात्मा हुन्छन्। उनीहरू अनावश्यक आक्रमण गर्दैनन्। त्यसैले अंग्रेजहरूको ठम्याइ आक्रमणका लागि विश्वासपात्र गोर्खालीहरू मात्र हुन सक्दछन् भन्ने थियो।

राई गोर्खाली, गुरुङ गोर्खाली, मगर गोर्खाली आदि गरेर गोर्खामा पनि अनेक गोर्खालीहरू थिए। ती सबैलाई कसरी एक बनाउन सकिन्छ भन्ने विषयमा अंग्रेजहरू सोच्न थाले। यसै योजनाअन्तर्गत उनीहरूले एउटा भाषाको विकास गरे, जो अहिलेको नेपाली भाषा हो। यो अंग्रेजहरूले गोर्खाली सिपाहीहरूका लागि भाषाका रूपमा तयार गरिदिएका हुन्।

सिके लालकृत मिथिलामन्थनको पृष्ठ २१ र २२ मा यो तथ्य लिपिबद्ध छ।

२०१५ सालको संविधानमा देवनागरी लिपिको नेपाली भाषालाई राष्ट्रभाषाको मान्यता दिइयो। नयाँ शिक्षा नीति लागू गरेर हिन्दीमा लेखपढ गर्न प्रतिबन्ध लगाइयो। पाठ्यक्रमबाट

हटाइयो । सबै जातजातिलाई नेपाली भाषाले शासन गर्न थाल्यो । मधेशको भाषिक पहिचान खोस्ने र मास्ने षड्यन्त्रको सूत्रपात त्यहीँबाट भयो । २०४६ सालमा प्रजातन्त्र पुनर्स्थापनापछि पनि हिन्दीमाथिको प्रतिबन्ध फुकुवा गरिएन ।

नेपालका ७७ जिल्लामध्ये २० जिल्ला यस्ता छन्, जसको दक्षिण सीमा भारतको पश्चिम बंगाल, बिहार र उत्तर प्रदेशसँग जोडिएका छन् । ती २० जिल्लाका मातृभाषा मैथिली, मगही, भोजपुरी, अवधि, थारू, बज्जीका, उर्दू, संथाली, हिन्दी, धांगर हुँदाहुँदै पनि आपसी सम्पर्कको भाषा हिन्दी हो । सिन्धुली, उदयपुर, मकवानपुर र सुर्खेतजस्ता पहाडी जिल्लामा पनि मधेशीको सघन बसोबास छ । अर्कोतिर नेपालमा हिन्दी नै त्यस्तो भाषा हो, जसलाई तराईका जनताले मात्र हैन, पहाडबाट झरेर तराई या भारततर्फ रोजगारीका लागि जानेहरूले पनि आफ्नो सम्पर्क भाषा बनाउँदै आएका छन् । तर एक करोडभन्दा बढी मधेशी जनताको सम्पर्क भाषालाई खोस्ने काम गरियो । उनीहरूको ओठमा नेपाली भाषा लादियो ।

प्रतिरोधमा मधेशी जनताले हिन्दी भाषालाई मान्यता दिलाउने सङ्घर्ष अगाडि बढाए । सोही क्रममा गजेन्द्रबाबुले संसद्मा हिन्दीमा भाषण गरे । त्यसपछि भाषाको लडाइँले सबैको ध्यान खिच्यो । सुरुमा संसद्मा हिन्दीमा सम्बोधन गर्न खोज्दा पहाडे मानसिकताका पृष्ठपोषक र तिनका अभिभावक दलहरूले गर्नुसम्म विरोध गरे । अपमानका दुर्वचन के मात्र लगाएनन् !

तर हामी प्रतिरोधको लडाइँमा थियौं । नागरिकको हक स्थापित गर्न र अधिकार रक्षाका लागि जति उनीहरू लडेका थिए, त्यो भन्दा दोब्बर छ हाम्रो सङ्घर्ष । हामी किन पछि हट्थ्यौं । हामी रूप फेरिफेरि आन्दोलनको बाटो हिँडेका थियौं ।

उनीहरू छेकबारको अनेक प्रपञ्चमा थिए । पहिचानको आन्दोलनको अंकुश लगाउने २०५३ मा प्रतिनिधिसभा नियमावली संशोधन गरियो । संसद्मा नेपालीमै बोल्नुपर्ने र पुरुष सांसदहरू राष्ट्रिय पोसाक दौरासुरुवालमै सजिएर बैठकमा सहभागी हुनुपर्ने प्रावधान राखियो । वास्तवमा त्यो एकल नश्लीय चिन्तनधाराबाट ओतप्रोत भएर गरिएको थियो ।

मधेशी सांसदहरूले कडा प्रतिवाद गरे । विद्रोहको भाषा शासकलाई सुनाए । २०५६ सालमा प्रतिनिधिसभा सदस्य निर्वाचित भएर म संसद् प्रविष्ट भएको थिएँ । मधेशको शक्तिशाली आवाज संसद् छिरेको थियो । दमित, उत्पीडित र उपेक्षितहरूको आवाज सिंहदरबार पुगेको थियो ।

मैले प्रतिनिधि सभा नियमावलीलाई हाँक दिँदै भाषाको मुद्दा हिन्दीमै उठाएँ । नेपाली भाषा बोल्नै नआउने पनि होइन, तर एकल भाषाको प्रभुत्व हुने गरी नेपाली भाषा लादेपछि प्रतिरोधमा हिन्दी बोलेको थिएँ । 'जुन दिन हिन्दीले राष्ट्रिय मान्यता पाउनेछ, त्यो दिन यही राष्ट्रमबाट म नेपालीमा गर्वका साथ स्वेच्छाले बोल्नेछु । तर जबसम्म मान्यता पाउँदैन, तबसम्म म हिन्दीमै बोल्नेछु । यो लडाइँको अगको रूपमा यसलाई हेरियोस्, स्वीकारियोस् पनि !'

सय बढी भाषा, संस्कृति भएको देशले एक भाषाको पैरवी गर्नु प्रजातान्त्रिक मूल्य र मान्यता विरोधी कुरा थियो । नेपाली भाषा धेरैले बोल्न सक्छन् । बुभ्रून पनि सक्छन् । त्यो भन्दैमा अरू भाषाको अस्तित्व नै नस्वीकार्ने भन्ने कुरा निरङ्कुश राज्यमा मात्र सम्भव थियो ।

तर हामीले रगत बगाएर प्रजातन्त्र ल्याएका थियौं। पहिचानको स्वीकारोक्तिको माग त्यो आन्दोलनको अङ्ग थियो। अफसोस! मैले हिन्दीमा बोलेको कुरा संसद्मा रेकर्ड नै राखिएन। रेकर्ड हेर्न जाँदा 'उहाँले हिन्दीमा बोल्नुभयो' मात्र लेखिएको पाएँ।

नश्लीय सत्ताको त्यो कुकृत्य हामीले सदनमा गरेको सङ्घर्षको इतिहास मेटाउने नियतबाट परिचालित थियो। हिन्दी भाषामा पहिचानको आवाज मुखर गर्दै हामीले सदनमा गरेको सङ्घर्ष भावी पुस्ताले थाहा नपाउने भए। हाम्रो पहिचानलाई स्वीकारिएन, स्वीकारिएन। आन्दोलनको अभिलेख पनि निमिट्यान्न पारिएछ।

हामीलाई विचलित हुने छुट थिएन, अविरल सङ्घर्षमा थियौं। प्रतिनिधिसभाको सोह्राैँ महाधिवेशनअन्तर्गत २०५६ असार २२ गतेको बैठकमा सद्भावना पार्टीका सांसदहरूद्वारा बोलेका विचारलाई संसद्को अभिलेखमा राखियोस् भनेर पुनः माग गर्‍यौं। मातृभाषा तथा सम्पर्क भाषामा बोल्न पाउने संवैधानिक अधिकारलाई वञ्चित गर्न नमिल्ने तर्क गर्‍यौं। दुर्भाग्य! हाम्रो यो मागलाई पनि रेकर्ड गरिएन।

हिन्दी भाषालाई राष्ट्र भाषाका रूपमा संवैधानिक मान्यता दिन राज्यलाई महाभारत हुनुपर्ने हो। भारतमा नेपाली भाषाले संवैधानिक मान्यता पाएको छ। नेपालमा पनि हिन्दी भाषालाई सम्पर्क भाषाका रूपमा संवैधानिक मान्यता दिनुपर्ने मेरो जिकिर थियो।

२०४९ भाद्र १० गते एउटा विज्ञप्ति निकालैं। भारतीय नागरिकहरूको अथक र अनवरत सङ्घर्षको प्रतिफलस्वरूप नेपाली भाषाले मान्यता पाउनेगरी भारतले संशोधन गरेको थियो। त्यसैमा उनीहरूलाई बधाई र भारतीय जनप्रतिनिधिहरूलाई स्याबासी दिएको थिएँ। कृतज्ञता व्यक्त गरेको थिएँ। एकातिर मैले नेपाली भाषालाई मान्यता दिलाउने भारतीय प्रयासको मुक्तकण्ठले प्रशंसा गरेको थिएँ भने अर्कातिर हिन्दी भाषालाई सुन्नै नचाहने राज्यसत्तालाई कान खोल्न विज्ञप्ति निकालेको थिएँ। भारतमा नेपाली भाषाले सम्मान प्राप्त गरेकोमा यहाँका नागरिकमा खुसीको लहर फैलिनु स्वभाविकै हो।

हिन्दी भाषाले राष्ट्र भाषाको मान्यता पाउनुपर्छ भन्दा भारतले नेपाल निलिहाल्छ भन्ने लघुताभाष यहाँ पाल्नु जायज होइन भन्ने हाम्रो तर्क थियो। त्यसका लागि जस्तोसुकै लामोबाटो र सङ्घर्ष छिचोल्न हामी तयार थियौं। यद्यपि, हामी तत्पर छौं।

संविधानको आठौँ अनुसूचीमा समावेश गरेर नेपाली भाषालाई मान्यता दिनु भारतीय उदात्त छातीको उपज थियो। तर हिन्दी भाषाप्रति यहाँको शासकको सोच बुझिनसक्नुको सङ्कीर्ण थियो। यसले हाम्रो मर्मलाई नराम्रोसँग प्रहार गर्‍यो।

भारतमा एक प्रतिशतभन्दा पनि कम मानिसले बोल्ने नेपाली भाषाले संवैधानिक मान्यता पाउँछ भने यहाँ पनि हिन्दीलाई मान्यता दिन राज्यले लघुताभाष पाल्नुपर्दैन भन्ने मेरो तर्क थियो।

तराई र पहाडवासीको बोलीचाली जोड्ने सेतु हिन्दी भाषामाथि प्रतिबन्ध लागेको र प्रजातन्त्रको पुनःस्थापनापछि पनि यही रीत दोहोरिनु दुःखद थियो।

मैले चिन्ता व्यक्त गर्दै भनेको थिएँ- राज्यले हिन्दीलाई नेपालीसरह समकक्ष राष्ट्रभाषाको दर्जा दिनुपर्छ। किनकि नेपाली भाषा सबैको मातृभाषा होइन। ब्राह्मण-क्षेत्रीको मातृभाषा

हो । सम्पूर्ण पहाडको सम्पर्क भाषा नेपालीलाई राष्ट्रिय मान्यता दिइन्छ भने समग्र मधेशको सम्पर्क भाषा हिन्दीलाई राष्ट्रिय मान्यता किन नदिने ?

हिन्दी भाषालाई नेपालको राष्ट्रिय भाषाको मान्यता दिलाउन मात्र म सङ्घर्षशील छैन । विश्वभर पाँच अर्बभन्दा बढी जनसङ्ख्याले हिन्दी बोल्ने गर्छन् । त्यसैले यसलाई विश्वभाषाको मान्यता दिलाउनुपर्छ भनेर पनि विचार व्यक्त गर्दै आएको छु ।

हिन्दीलाई विश्वभाषाको मान्यता दिलाउन आयोजित विभिन्न विश्व हिन्दी सम्मेलनमा म नेपालको र आफ्नो पार्टीको तर्फबाट सामेल भएर आफ्नो अडान प्रस्तुत गरेको छु । सन् १९९३ मा मोरिससमा विश्व हिन्दी सम्मेलन आयोजना गरिएको थियो । सद्भावना पार्टीकातर्फबाट मैले त्यहाँ सहभागिता जनाएको थिएँ । विश्वभरबाट हिन्दी भाषाका मूर्धन्य व्यक्तित्व त्यहाँ भेला भएका थिए । मैले त्यहाँ दृढनिश्चयी भएर आफ्ना कुरा राखेँ । विश्वभरका हिन्दी भाषीको अनुहारमा म परेको थिएँ ।

सन् १९९६ मा ट्रिनिडाड एण्ड गोबागोमा सम्मेलन आयोजना गरिएको थियो । त्यो सम्मेलनमा पनि विश्वभरबाट हिन्दी भाषी आएका थिए । हिन्दी, भाषा, साहित्य, वाङ्मयमा साधना गरिरहेका, हिन्दी भाषालाई विश्वव्यापी बनाउन भूमिका खेलिरहेका पङ्क्तिमा म पनि मिसिएँ ।

यसैगरी सन् २००३ मा सुरिनाममा विश्व हिन्दी सम्मेलन आयोजना भयो । त्यहाँ पनि मेरो उपस्थिति रह्यो । सन् २००७ मा अमेरिकाको न्युयोर्कमा आठौँ हिन्दी सम्मेलन हुँदा मन्त्री थिएँ । सरकारको प्रतिनिधिको हैसियतमा सहभागी भएर मैले आफ्ना धारणा प्रस्तुत गरेँ । हिन्दी भाषाको व्यापकता र श्रीवृद्धिका लागि राय-सुझाव दिएँ ।

हिन्दी भाषाप्रति अतिरिक्त लगाव र अनुराग भएर म प्रस्तुत भएको होइन । सबै भाषालाई समान महत्त्व दिइनुपर्छ । पाँच अर्ब मानिसको जिभ्रोमा भुन्डिएको भाषालाई कतिन्जेल अस्वीकार गर्ने ? कतिन्जेल निषेध गर्ने ?

ट्रिनिडाड एण्ड टोबागोको एउटा रोचक सम्झना छ । ट्रिनिडाड क्यारेबियन मुलुक हो । अधिकांश अंग्रेजी भाषी छन् । अंग्रेजीका अतिरिक्त स्पेनिस र फ्रेन्च भाषा पनि त्यहाँ बोलिँदो रहेछ ।

सम्मेलनको उद्घाटन सत्रमा आएका एक जना मन्त्रीले हिन्दीमै भाषण गरे । त्यहाँ देवनागरी लिपिको चलन रहेनछ । मन्त्रीले रोमनमा लेखिएको हिन्दी भाषण पढे । उपस्थित सबैलाई हिन्दी बुझ्न दुरुह थिएन । सार्वजनिक सवारी साधन, ट्याक्सीमा जडान गरिएको एफएमहरूमा पनि चौबीसै घन्टा हिन्दी गीत बज्दथ्यो । हिन्दी भाषा र संस्कृतिप्रति त्यहाँ निकै सम्मान प्रकट भयो ।

यहाँ प्रश्न उठ्न सक्छ, राजेन्द्र महतोको हिन्दी भाषाप्रति किन यति विघ्न मोह ? हिन्दी भाषाप्रति मात्र मेरो कुनै लगाव होइन । सबै भाषालाई समान व्यवहार गरिनुपर्छ भन्ने मेरो दृष्टिकोण हो । सबै भाषा, धर्म, संस्कृति, रहनसहन र परपम्रालाई देशमा सरकारको अपनत्व हुनुपर्छ । त्यसो हुन सक्यो भने मात्र साँचो अर्थमा प्रजातन्त्र, लोकतन्त्र र गणतन्त्र समृद्ध हुनसक्छ ।

एक भाषा, एक संस्कृति र एक धर्मको पृष्ठ पोषण एकाङ्गी राज्यको चिन्तन हो ।

# मुद्दाको अन्तर्राष्ट्रियकरण

समस्याको निराकरणका लागि पहिले पहिचान गर्नुपर्छ । समग्र मधेशका समस्याको पहिचान गरेर समग्र विश्वलाई थाहा दिलाउनु थियो । म आफू पनि सक्दो मधेशका मुद्दालाई सबै सामु छरपस्ट पार्न चाहन्छु । जसलाई दातृराष्ट्र र निकायले देख्न सकोस् ।

कहिल्यै पनि अन्तर्राष्ट्रिय मञ्चहरूमा मधेशीलाई 'नेपाली'का रूपमा परिचय गराइएन । कहिले पनि अंग्रेजको उपनिवेश नरहेको मधेश आफ्नै मुलुकमा आन्तरिक औपनिवेशीकरणको शिकार भयो । अन्तर्राष्ट्रिय समुदायले विदेश नीतिलाई काठमाडौँमा मात्र केन्द्रित गरिरहे । बरु मधेशमाथिको शोषण र विभेदका लागि विगतमा नेपाली शासकवर्गबाट ल्याइएका योजनाहरूमा विदेशी सहयोग भयो । चाहे त्यो पहाडका मानिसलाई मधेशमा ल्याएर बस्ती बसाउने योजना होस् या औलो उन्मूलन अभियान । तिनमा संयुक्त राष्ट्रसङ्घीय विकास कार्यक्रमदेखि विभिन्न पश्चिमा मुलुकको सहयोग भयो । विभिन्न निकायका प्रमुख र विदेशी राजदूतहरू नियुक्त गर्दा मधेशीलाई उपेक्षा गरियो । जसका कारण मधेशबारे अन्तर्राष्ट्रिय जगत लामो समयसम्म गुमराहमै रह्यो ।

तर मधेश र छिमेकी मुलुक भारतबीच अन्योन्याश्रित सम्बन्ध छ । नेपाल र भारतको सम्बन्धमा मधेशले सेतुको काम गर्दै आएको छ । यो दिल्ली, दरबार र सिंहदरबारले मात्र जोडेको सम्बन्ध हैन । यो जनस्तरमा गाँसिएको सम्बन्ध हो । प्राकृतिक सम्बन्ध हो । अन्तर्राष्ट्रिय जगतमा मधेशलाई भारतले नजिकबाट देखेको छ । मधेशका अनेक दुर्दशाको साक्षी भएको उसले हाम्रो पीडाहरू महसुस गरेको छ ।

मधेश र भारतबीचको सम्बन्ध थप सुमधुर बनाउन पनि मधेशीलाई समान अधिकार दिलाउनु अपरिहार्य छ । भारतसँग सीमा जोडिएको मधेशले भोग्नुपरेका समस्या समाधानका लागि भारतीय मित्रहरूको सहृदयीताको खाँचो छ । मधेश मुद्दाको अन्तर्राष्ट्रियकरण गर्न भारतको सहयोगको खाँचो ठानेर मैले २०६१ सालमा दिल्ली, लखनऊ र पटनाको भ्रमण गरेँ ।

त्यसबेला भारतले नेपालमा आधी जनसंख्या ओगट्ने हिन्दी सम्पर्क भाषी मधेशीप्रति भइरहेको भेदभाव, असमानता र शोषणको अवस्थाबारे निकै चासो राख्यो । भारतीय नेताहरूले हामीप्रति सहानुभूति व्यक्त गर्दै ती तमाम समस्याको समाधान गर्न हरसम्भव नैतिक समर्थन गर्ने प्रतिबद्धता व्यक्त गर्‍यो ।

मैले त्यतिबेला भारतीय राष्ट्रिय काँग्रेसकी अध्यक्ष सोनीया गान्धीलाई नेपालका मधेशी समुदायको समग्र समस्याबारे लिखित रूपमा अवगत गराएको थिएँ । उनले पनि मधेशी

जनताको दुर्दशाप्रति सहानुभूति प्रकट गर्दै हाम्रो शान्तिपूर्ण लोकतान्त्रिक सङ्घर्षप्रति नैतिक समर्थन गरेकी थिइन् ।

तत्कालीन भारतीय रक्षामन्त्री प्रणव मुखर्जीलाई पनि मधेशका समस्या जानकारी गराएको थिएँ । भारतीयले उनीहरूको सेनामा गोर्खालीलाई मात्रै लिन्थे । खस, आर्य र मंगोल मात्रै भारतीय सेनामा प्रवेश पाउने, मधेशीले नपाउने अवस्थाबारे अवगत गराएको थिएँ । उनी यी विषयप्रति संवेदनशील देखिएका थिए ।

उत्तर प्रदेशका मुख्यमन्त्री मुलायम सिंह यादवसँग पनि मैले मधेश समस्याबारे छलफल गरेको थिएँ । भेटवार्ताका दौरान मुख्यमन्त्री यादवले मधेश र मधेशीप्रति निकै सद्भाव देखाएका थिए । लखनउको भीभीआइपी गेष्ट हाउसमा पत्रकार सम्मेलन गरेर पनि मधेशको समस्या विदेशी मिडियासामु राख्ने कोसिस गरेँ ।

बिहारको तत्कालीन मुख्यमन्त्री रावडीदेवी यादव, बिहारका भाजपा नेता सुशीलकुमार मोदी, विधायक पारस पासवानसँग पनि मधेश र मधेशीको दुरावस्थाबारे निकै कुरा गरेँ । ती सबै कुराको सार मधेशी जनतालाई नेपाल सरकारले गरेका विभेदलाई चिर्दै अधिकार प्राप्तिको लागि कसरी सङ्घर्ष गर्ने भन्नेमा नै केन्द्रित थिए ।

भारतका तत्कालीन विदेश राज्यमन्त्री इ अहमद, गृहराज्यमन्त्री रघुपती, जलस्रोत राज्यमन्त्री जयप्रकाश, पूर्वसभामुख रवी राय, विदेश मन्त्रालयमा नेपाल हेर्ने ज्वाइन्ट सेक्रेटरी रञ्जीत रे, प्रोफेर एसडी मुनि, जवाहरलाल नेहरू विश्वविद्यालयका प्रोफेसर आनन्द कुमारलाई पनि भेटेँ । अन्तरक्रिया गरेँ । गृहराज्यमन्त्री प्रकाश जयसवाल र भाजपाका सांसद सुखदेव पासवानसँग भेटवार्ता भयो ।

राष्ट्रिय स्वयंसेवक संघको झण्डावाल अफिसमा संघका केन्द्रीय नेतृत्व तथा नेपाल हेर्ने पदाधिकारीहरूसँग भेटवार्ता भयो । भारतीय कम्युनिस्ट पार्टीका नेता एआर बर्धन, मन्त्री रघुवंश प्रसाद सिंहसँग पनि भेटघाट भयो । रेलमन्त्री एवं बिहारका पूर्व मुख्यमन्त्री लालुप्रसाद यादव र समाजसेवी बालेश्वर अग्रवाल, प्रोफेसर सी राजा मोहन र प्रोफेसर डा. परमानन्दजीसँग भेटवार्ता भयो । केमीकल फर्टीलाइजर मन्त्री रामविलास पासवान, विदेश सचिव श्याम शरणलाई भेटेँ ।

उत्तर प्रदेश नगर विकास मन्त्री मोहमद आजम खान, मुख्य सचिव अनील कुमार, कृषिमन्त्री अशोक बाजपेयी, काग्रिस आईका प्रदेश अध्यक्ष जगदम्बीका पाल र विधानसभा अध्यक्ष माताप्रसाद पाण्डे, भारतीय जनता पार्टीका उत्तर प्रदेश अध्यक्ष केशरीनाथ त्रिपाठी र विधानसभामा प्रतिपक्षी नेता भाजपाका लालजी टण्डनसँग भेटवार्ता भयो । पटनाको राजकीय अतिथि सदन (सर्किट हाउस) मा केन्द्रीय सञ्चार राज्यमन्त्री सकिल अहमदसँग भेटवार्ता भयो ।

दिल्लीमा दी टेलिग्राफका पत्रकार भारत भूषण, युएनआईका दीपक गोयल, अल इन्डीया रेडियोका रतन साल्दी लगायत दर्जनौं पत्रकारबीच पत्रकार सम्मेलन गरियो । मधेशका मुद्दालाई ती मञ्चमा पनि पुर्‍याइयो ।

भाकपा मार्क्सवादीका सीताराम यचुरीसँग भेटघाट गरियो र मधेशले सदियौँदेखि भोगिरहेको उत्पीडन र उपेक्षाबारे अवगत गराइयो । मधेश मुद्दाको अन्तर्राष्ट्रियकरणको लागि भारत भ्रमणमा रहँदा भाजपाका तत्कालीन महासचिव राजनाथ सिंहसहितका केही शीर्ष भारतीय नेतालाई नेपालको मधेशीका बारेमा त्यति राम्रो जानकारी नभएको महसुस गरेँ ।

कुराकानीको क्रममा तत्कालीन महासचिव सिंहले 'आप तो इधर के जैसे ही लगते है' भने । राजनाथ सिंहजीको कुराले मेरो मन चसक्क घोच्यो । हजारौँ वर्षदेखि मधेश अस्तित्वमा छ । मधेशी जनता कुनै अर्कों क्षेत्रबाट आएर मधेशमा बसोबास गरेका होइनन् । मधेशी मधेशकै रैथाने हुन् । हाम्रो भाषा र अनुहार भारतीयसँग मिल्न सक्छ तर हामी नेपालको मधेशका आदिवासी भूमिपुत्र हौँ । सिंहलाई मैले यी कुरा सुनाएँ । 'मधेशी मरिसस, गुआयना, फिजी जैसे भारत से नही नेपाल गया है । मधेशी नेपल और भारत के निर्माण से पहलें से वहा के भूमिपुत्र हैं,' मैले सिंहलाई भनेँ ।

नेपालका शासकवर्ग कुमाउ, गढवाल, कनौज, कर्नाटक, राजस्थानबाट नेपाल गएर बसेका हुन् । तर उनीहरू शासन सत्ताका मालिक भए र आफूलाई असली नेपाली बनाए । हाम्रो चेहरा-मोहरा, भाषा, संस्कृति, रहनसहन सबै भारतीयसँग मिलेकाले हामीलाई भारतीय जस्तो व्यवहार भयो ।

उता कतिपय भारतीयहरूले मधेशीलाई भारतीय मूलका भनेर सम्बोधनमा अपनत्व देखाउँथे । भारतीयसँगको भेटले उनीहरूले मधेशको अस्तित्वलाई राम्रोसँग बुभ्न नसकेर गलत धारण बनाइरहेको पाएँ ।

भ्रमणपछि ती तमाम विषयलाई समेटेर भाजपासँग नजिक रहेको पत्रिका 'पाञ्चजन्य' मा नेपालका मधेशी को हुन् ? नेपालमा उनीहरूको वास्तविक स्थिति कस्तो छ ? उनीहरूको समस्या र समाधान के हो ? आदिबारे स्पष्ट पारेर लेख लेखेँ ।

भारतीय नेता, पत्रकार, बुद्धिजीवी र नागरिक समाजसँगको भेटका क्रममा मैले सारा संसारलाई मधेशको विषयमा जानकारी नभएको महसुस गरेँ । त्यसैगरी भारतमा पनि उत्तर भारतका राजनीतिज्ञ र जनता बाहेक अधिकांशलाई मधेश र मधेशीबारे धेरै जानकारी रहेनछ । अधिकांशको दिमागमा नेपाल भनेको 'पहाडी क्षेत्र मात्र भएको नेपाली भाषीहरूको मुलुक' भन्ने रहेको मैले पाएँ ।

त्यसपछि मैले मधेश र मधेशीसम्बन्धी एउटा दस्तावेज तयार गरेँ । भारतका लोकसभा र राज्यसभाका सबै सांसद, मन्त्री, पार्टीका नेता, राजनीतिज्ञ, पत्रकार र बुद्धिजीवीलगायत अनेक क्षेत्रका प्रमुख व्यक्तिहरूलाई पत्रका साथ व्यक्तिगत तवरले नै कुरियर गरेर पठाएँ ।

सन् २००५ अगस्ट ११ को मितिमा पत्र लेखेर मधेशको समस्याका साथै नेपालको लोकतान्त्रिक आन्दोलनप्रति भारतीय मित्रहरूको यथोचित समर्थनका लागि ध्यानाकर्षण गराएँ । दोस्रो पटक सन् २००६ सेप्टेम्बर १ मा मैले भारतीय लोकसभा र राज्यसभाका सबै

सांसद, सरकारका मन्त्री र बुद्धिजीवीको नाममा अर्को पत्र कुरियर गरेर पठाएँ । त्यो पत्रमा पनि मैले मधेशको समस्यालाई बुँदागत रूपमा लेखेको थिएँ ।

भारतमा मधेश मुद्दाका बारेमा प्रचारप्रसार गरेपछि मेरो ध्यान अन्तर्राष्ट्रिय जगत्तर्फ सोझियो । मैले मधेशमाथि भइरहेको शोषण र भेदभावबारे तयार गरिएको विस्तृत विवरणलाई अंग्रेजीमा अनुवाद गरेर संयुक्त राष्ट्रसंघीय मानवअधिकार उच्च आयोगको नेपालस्थित तत्कालीन प्रतिनिधि इयान मार्टीनलाई २१ मार्च २००६ मा एक पत्र लेख्दै मैले मधेशलाई समानअधिकार र मुलुकलाई राजाको निरंकुशताबाट मुक्ति दिलाउन भइरहेको आन्दोलनप्रति समर्थन जनाउन आग्रह गरेको थिएँ । यस्तै व्यहोराको पत्र विभिन्न मुलुकका राजदूत, बुद्धिजीवी, पत्रकार एवं कूटनीतिज्ञहरू र संयुक्त राष्ट्रसङ्घीय मानवअधिकार उच्च आयोग लयागतकहाँ पनि पठाएँ । यसरी मधेश र मधेशको मुद्दाको अन्तर्राष्ट्रियकरण गर्ने अभ्यासको सूत्रपात गरें ।

मधेश र मधेशीको मुद्दा अन्तर्राष्ट्रियकरण गर्न थालनी गरेर केही हुनेवाला थिएन । अन्तर्राष्ट्रिय जगतको ध्यान मधेशतर्फ गएको छ कि छैन भनेर थाहा पाउनु थियो । त्यसका लागि अन्तर्राष्ट्रिय जगतले दिने विभिन्न प्रकारको सहयोगमा मधेशीको स्थान के छ भनेर हेर्न थालें ।

नेपाल राष्ट्रलाई अन्तर्राष्ट्रिय जगतबाट प्राप्त सहयोग कति प्रतिशत राज्य व्यवस्थाको पिंधमा रहेको मधेशमा लगानी भएको छ ? राष्ट्रिय र अन्तर्राष्ट्रिय गैरसरकारी संघसंस्थाहरूले के-कति कार्यक्रम मधेशमा लगेका छन् ? त्यसको कहिल्यै लेखाजोखा गरिएको छैन । अन्तर्राष्ट्रिय सहयोग रकम जानीनजानी मधेशमाथि विभेद हुने गरी प्रयोग भइरहेको मधेशी जनताले अनुभूत गरेका छन् । स्वदेशी, विदेशी दातृ निकायको सहयोग, सदासयताबाट पनि ओझेल पर्नुपरेको महसुस गरेका छन् ।

अन्तर्राष्ट्रिय दातृराष्ट्र र निकायले नेपाल सरकारलाई अब सोध्नुपर्ने बेला आएको छ कि उसले दिएको सहयोग रकम बिना भेदभाव सबै क्षेत्रका नेपाली जनतामाझ वितरण भइरहेको छ कि छैन ? ती अन्तर्राष्ट्रिय संस्था र सरकारहरूको तर्फबाट नेपाल र नेपाली जनताको लागि सञ्चालन गरिने कुनै पनि कार्यक्रम समावेशी र देशका सबै क्षेत्रमा सन्तुलित ढंगले सञ्चालन गरिनुपर्छ । यसको लागि ती संगठन/संस्थाहरूको नीति निर्माण, योजना छनौट तथा कार्यक्रम कार्यान्वयन गर्ने ठाउँमा कर्मचारीतन्त्र समावेशी छ कि छैन ? छैन भने सम्बन्धित संस्थाले नै समीक्षा गरी सच्याउनुपर्छ ।

मधेशको सन्दर्भमा पनि भारतीय नेता तथा अधिकारीहरूलाई मधेशतिर दृष्टि पुर्‍याउन आग्रह गरेको छु । मधेशलाई टाढाको आँखाले नहेर्न घच्घच्याउने गरेको छु ।

भारतको सन् २०१४ को निर्वाचनमा भारतीय जनता पार्टीले असाधारण सफलता हासिल गर्‍यो । नरेन्द्र मोदी सत्तामा आए । उनको प्रचण्ड रापताप र सौर्यवान् उपस्थितिले भारत राजनीति र विकासको नयाँ कोर्षमा जाँदै थियो ।

उनी २०७१ श्रावण १९ गते नेपाल भ्रमणमा आएका थिए । उनी नेपाल भ्रमणमा आएका बेला काठमाडौँको होटल हायातमा मेरो भेटघाट भयो । मोदीको नेपाल आगमनले वर्षौँदेखि भारतविरोधी भावना फैलाउने र विद्वेषको व्यापार गर्नेमाथि कडा प्रहार भयो । नेपाली जनताको मन जितेर नेपाल भारतको सम्बन्धमा नयाँ आयाममा पुऱ्याएकोमा मैले मोदीलाई बधाई दिएँ । भेटमा मोदी नेपालप्रति निकै सकारात्मक थिए ।

हामी संविधान निर्माणको दौरानमा थियौं । हाम्रो चिन्ता र चासोको विषयलाई उनले संविधान सभामा राम्ररी राखिदिए । उनले सर्वस्वीकार संविधान निर्माणमा जोड दिँदा हाम्रो मुद्दा थप बलशाली बन्यो । बन्दै गरेको संविधानमा सबैको अनुहार प्रतिविम्बित होस्, सबैले आआफ्ना सुगन्ध पाउन् भन्नेमा नै थियौं । हाम्रो लडाइँ त्यसैका लागि थियो ।

भारत र मधेशबीच भूराजनीतिक सीमा बाहेक त्यति भिन्नता छैन । तसर्थ मधेशलाई अधिकार सम्पन्न बनाउन, विकास र समृद्धिको राजपथमा हिँडाउन भारतको विशेष सहयोग हुनुपर्छ भन्ने कुरालाई मैले जोड दिएँ ।

ती भेट र राजनीतिक छलफलहरूमा मधेशको समृद्धि र विकासबारे मैले केही ठोस अवधारणा सुनाएँ । भारतले नेपाल नीतिलाई पुनरावलोकन गर्न सुझाव दिएँ । मधेशको विकास र समुन्नतिमा बिहङ्गम दृष्टि राख्न आग्रह गरेँ । नेपालमा भइरहेको विकास आयोजनामा भारतले हात हालेको थियो । अपूरो थियो । यसकारण पनि भारतीयप्रति नेपालीको दृष्टिकोण बिग्रन पुगेको थियो । गलत बन्न पुगेको थियो ।

तिनताक भारतले हुलाकी सडकलगायत तराई रोड प्रोजेक्ट निर्माण गर्ने सम्झौता गरेर काम अगाडि बढाइरहेको थियो । तर सम्झौताअनुसारको काम भएको थिएन । त्यसबारे छलफल गरेँ । ती कामहरू पूरा गर्न मोदी राजी भए ।

हुलाकी राजमार्ग अधुरो हुँदा त्यसबाट प्रताडित मधेशी नै थिए । यसबाट भारतप्रति नकारात्मक दृष्टिकोण बन्दै गएको तथ्य लुकाउन, छिपाउन सकिँदैनथ्यो । भेटको क्रममा मोदीले त्यो कुरा पनि बुझून् भन्ने मेरो अभिप्राय थियो ।

भारतीय प्रधानमन्त्री मोदी २०७१ साल मंसिरमा दोस्रो पटक काठमाडौँ आए । अठारौँ सार्क सम्मेलनमा सहभागी हुन आएका उनीसँग त्यसबेला पनि होटल सोल्टीमा भेटवार्ता भयो । सार्क सम्मेलन सुरु हुने अघिल्लो दिन भारतीय सहयोगमा निर्मित ट्रमा सेन्टरको उद्घाटन कार्यक्रममा मलाई पनि पूर्व स्वास्थ्य मन्त्रीको हैसियतले आमन्त्रित गरिएको थियो ।

'आप ने सहमति के आधार पर संविधान बनाने की बात फिर कहा । और उस संविधान मे मधेशी, पहाडी सभी का अपनत्व हो, गणीत के आधार पर संविधान बनाना ठिक नहीं है, यह सारी बात नेपाल के हित मे आप ने क्हा है ।'

मैले उनलाई सोही सभामा नै धन्यवाद दिएँ ।

त्यसक्रममा भारतको तर्फबाट मधेशमा पनि यस्तै सुविधासम्पन्न अस्पताल मिलोस्, मधेशीले सहज ढंगले उपचार गर्न पाऊन् भनेर मनसाय राखेँ । जनकपुरलाई मोडल सहरका रूपमा विकास गर्न भारतको योगदानको खाँचो भएको बताएँ ।

मेरो कुरामा मोदी सकारात्मक देखिए । 'ठीक है, जहा तक मधेश की विकास की बात है । जब मै जनकपुर आउँगा तो जनकपुर की विकास की बात करूंगा,' उनले भने ।

देशको साथसाथै मधेशको अधिकार प्राप्तिको सन्दर्भमा कुरा हुँदा भारतीय नेता तथा अधिकारी सबैको एउटै आवाज हुन्छ, 'तपाईंहरू आफ्नो अधिकारका लागि आफैँ एकताबद्ध भएर लड्नुपर्छ । तपाईंहरू आपसमा विभाजित भएर बस्नुभएको छ । जबसम्म जनताको शक्ति प्राप्त हुँदैन, तबसम्म कुनै शासन प्रशासनले तपाईंका कुरा सुनुवाइ गर्छ ? तपाईंहरू जनविश्वास जिल्ने काम गर्नुहोस्, हामी त तपाईंहरूबाट टाढा कहाँ छौं र ?'

जुन स्वाभाविकै हो । हामीले आफैँले गर्नुपर्ने शक्तिको निर्माण गर्दैनौं भने दुनियाँले पनि हामीलाई के सहयोग गर्छ ?

मधेश र मधेश मुद्दाको अन्तर्राष्ट्रियकरण ज्यादा भन्दा ज्यादा हुन जरुरी छ । यसकारण कि, दातृ राष्ट्र र निकायले मधेशलाई देख्न सकोस् । हेर्न सकोस् ।

जबसम्म अन्तर्राष्ट्रिय जगतलाई राज्यले मधेशमाथि गर्ने विभेदको बारेमा राम्रोसँग थाहा हुँदैन, उनीहरूले हाम्रोबारे सरकारलाई सम्झाउन सक्दैनन् । अधिकार र पहिचानको लागि सहयोग र समर्थन गर्न सक्दैनन् । यस्तो बेला राज्यको मनोमानी कायम नै रहिरहन्छ । अन्तर्राष्ट्रिय जगतको ध्यान तान्दा माग र मुद्दालाई सम्बोधन गर्न राज्यलाई दबाब बढ्छ । अन्तर्राष्ट्रिय जनताको साथ र सहयोग पनि पाइन्छ । त्यसकारण मधेशको माग र मुद्दाको अन्तर्राष्ट्रियकरण जति सक्दो धेरै हुनु आवश्यक छ । कथम् यसप्रति हामीले चासो देखाइएन भने राज्यले गर्ने दमन, अत्याचार र शोषण कायमै रहन्छ ।

म चाहन्छु- अन्तर्राष्ट्रिय दातृ राष्ट्र र निकायले अधिकार प्राप्तिको हाम्रो सङ्घषमा साथ दिऊन् । हाम्रो पहिचानलाई मान्यता दिऊन् ।

# मतको महत्व

पूर्वीय दर्शन र हाम्रो मान्यताले भन्छ– दान दिएको कुरा बिर्सनुपर्छ ।

यो एउटा आध्यात्मिक कुरा भयो । मनलाई शान्त पार्ने कुरा भयो । देशलाई शान्त र स्थायीत्व तुल्याउने कुरा पनि जनताको योगदानले हो । जुन योगदान नै उचित व्यक्तिलाई दिइने मतदान हो ।

मतदान उचित त्यतिबेला हुन्छ, जतिबेला मतदानको कदर हुन्छ । मतदान यस्तो अधिकार हो, जसले थप अधिकार दिलाउँछ ।

मधेशी नेतृत्व, जनप्रतिनिधि तथा सांसदलाई मुलुकभित्र मात्र हैन, मुलुक बाहिर पनि पीडा हुनेगर्छ । मधेशका लागि आवाज उठाउने, मधेशीको पहिचान र अधिकारका लागि दशकौँदेखि सङ्घर्ष गर्ने शक्तिले निर्वाचनमा मधेशकै जनताबाट प्रभावकारी हस्तक्षेप गर्नसक्ने हैसियतमा गरी मत नदिनु मधेशको मुख्य दुर्बल पक्ष हो ।

म धेरै मुलुक पुगेको छु । भारत, जर्मनी, अस्ट्रेलिया, संयुक्त राज्य अमेरिका, थाइल्याण्ड, हङकङ, फ्रान्स, स्विटजरल्यान्ड, मरीसस, ट्रिनिनाड एण्ड टोबागो, सुरीनाम, कम्बोडिया, बंगलादेश, दक्षिण कोरिया, चीनलगायत देश पुगेको छु । त्यहाँका आदिवासीहरूको अवस्था बुझेको छु । कहिले सरकारी प्रतिनिधिमण्डलको हैसियतमा त कहिले संसदीय प्रतिनिधिमण्डलमा रूपमा म ती देश पुगेँ । पार्टी प्रतिनिधिका रूपमा र व्यक्तिगत तवरले पनि विदेश गएको छु । त्यसक्रममा खासगरी मधेशी दलको प्रतिनिधिका रूपमा मैले आफैँ पीडा भोग्नुपरेको छ ।

मतदानको सन्दर्भमा मलाई एउटा घटनाले नोस्टाल्जिक गराउँछ ।

एकपटक म संसदीय डेलिगेसनका साथ युरोपका केही प्रमुख देशहरूको भ्रमणमा गएको थिएँ । त्यही क्रममा सम्बन्धित देशका प्रतिनिधिसँग सबै पार्टीका सांसदले आ-आफ्नो परिचय आदानप्रदान गर्ने कार्यक्रम थियो । विदेशमा जाँदा हामीसँग विदेशीहरूले हाम्रो राजनीतिक, आर्थिक, सामाजिक, सांस्कृतिक अवस्था र विकाससम्बन्धी जानकारी लिनु स्वाभाविकै हो । त्यही क्रममा विभिन्न विषयमा अध्ययन जानकारी विचार आदानप्रदान भइरहन्छ । यही क्रममा उक्त घटना भयो ।

काङ्ग्रेस र एमालेका सांसदले परिचय दिँदा पार्टीको नामबाट नै उनीहरूको राजीतिक परिचय खुल्थ्यो । काङ्ग्रेस र कम्युनिस्ट भनेपछि यिनीहरू कुन विचार र राजनीतिक सिद्धान्तको छहारीमुनि छन्, छर्लङ्ग हुने । जब म आफ्नो पार्टीको नाम 'सद्भावना पार्टी' भन्थेँ तब विदेशीहरू बुझ्दैनथे ।

'सद्भावना भनेको के हो ?,' एक जना विदेशीले सोधिहाले ।

शोषण उत्पीडनमा परेको मधेशी जनजातिको पहिचान र समान अधिकारका लागि लड्ने पार्टी हो । हाम्रो मुलुकमा हामीजस्तो मान्छेको जनसंख्या आधीभन्दा बढी छ । तर राज्य

सञ्चालनका क्रममा हामीमाथि विभेद भएको छ । भाषा र संस्कृति सबै क्षेत्रमा हामी उत्पीडनमा परेका छौं । राज्यभित्रै हामी उपेक्षाको शिकार भएका छौं । यसको अन्त्यका लागि र समान अधिकार प्राप्त गर्न हामी सङ्घर्षरत छौं । यही सङ्घर्ष गरिरहेको पार्टी नै सद्भावना हो । मैले स उत्तर दिएँ ।

मेरो कुरा सुनेपछि विदेशीले भने, 'लोकतन्त्र भएको मुलुकमा त्यो विभेद हटाउन संसद्बाट कानुन बनाउनु पर्दैन ?'

'कानुन बनाउन संसद्मा हाम्रो संख्या नै पुग्दैन !,' मैले भनेँ ।

उनले आश्चर्य मान्दै सोधे, 'तपाईंहरूको लगभग आधी जनसंख्या छ भनेको हैन ?'

'आधी जनसंख्या भएर के गर्ने ? संसद्को कुल २०५ निर्वाचन क्षेत्रमा मधेशले जम्मा ८३ सिट मात्र पायो । त्यसमा पनि जम्मा छ सीट मात्र सद्भावना पार्टीले जित्यो,' मैले जवाफ फर्काएँ ।

उनले आश्चर्यचकित भएर भनेँ, "झूटो कुरा गर्ने ? विभेदका गरेर ८३ सिट मात्र मधेशलाई दिइयो । फेरि विभेदमै पारिएका जनताले ५ सिट मात्र दिए ?'

विदेशीले त्यसो भनेपछि छेउमै रहेका काङ्ग्रेस र एमालेका सांसदहरू हौसिए । उनीहरूले विदेशीकै कुरामा सही थप्दै भने, 'सद्भावना पार्टीले देशमा पनि झूट बोलिरहेको हुन्छ र विदेशमा आएर पनि झूटै बोलिरहेको छ । उनीहरूले सही कुरा गरेको भए मधेशी जनताको समर्थन पाउथे । उनीहरूको कुरा सही नभएर नै हामी काङ्ग्रेस र एमालेले मधेशी जनाको समर्थन र विश्वास पाएका हौं । त्यसैले मधेशी जनतामाथि विभेद भयो, उनीहरूले समान अधिकार पाएनन् भन्ने कुरा नै गलत हो ।'

देशमा मात्र होइन, विदेशमा समेत विभेदको विरुद्धमा लड्ने व्यक्ति र पार्टीले यसरी पीडा भोग्नु परेको छ । यो कुरा विभेदमा परेका मधेशी जनताले बुझिरहेका छैनन् । हामीले बुझाउन सकेका छैनौं । यही कुरा बुझाउन नसक्दाको परिणति हामीले भोगिरहेका छौं । मधेशले भोगिरहेको छ । मधेश नित्यनिरत सङ्घर्षको बाटोमा हिँड्नुपर्ने बाध्यता यसै कारण पनि निम्तिएको हो ।

अब चाहिँ हामीले हाम्रो आँखा उघार्नुपर्छ ।

सारा दुनियाँले जनताको मतकै मूल्याङ्कन गर्दोरहेछ । विभेदको कुरा उठाउने दलहरूले मत पाएनन् भने उनीहरूले उठाएको एजेन्डालाई मधेशीले समर्थन नगरेको रूपमा दुनियाँले बुझ्दो रहेछ । र, त्यही अनुसार हामीलाई व्यवहार गर्दो रहेछ ।

'भोट'को अर्थ अधिकार हो, पहिचान हो । उठाइएका सवालको समर्थन हो । आफ्नै पीडा र भेदभावको विरोधमा गाँसिएको सङ्घर्षको समर्थन हो । आफ्नो आवाजको समर्थन हो । यो कुरा मधेशी जनताले बुझ्नु जरुरी छ ।

'भोट' को अर्थ न जातीवाद, पैसावाद, नातावाद, कृपावाद हो, न त भोटको अर्थ 'भोज' अर्थात् दारू मास हो । जुन दिन मधेशी जनता यो सत्यलाई बुझ्छन्, त्यस दिनदेखि सङ्घर्षमा बल प्राप्त हुन्छ र लोकतान्त्रिक पद्धतिबाट अधिकार प्राप्त गर्न सहज हुन जान्छ ।

# सेनामा मधेशी

सेनाप्रति मेरो पूर्ण सम्मान छ। विश्वास छ। जुन देशमा सेनाप्रति नागरिकको भरोसा हुन्छ, त्यो देश भित्रैदेखि बलियो हुन्छ। राष्ट्रिय सम्मान पनि उँचो हुन्छ। म चाहन्छु- यस्तो सम्मानित ठाउँमा सबै जाऊन्। समानुपातिक हिसाबले सबै पुगून्।

दुर्भाग्य! नेपालको सेनामा त्यस्तो अवस्था छैन।

नेपाली सेनाको स्वरूप, चरित्र र संगठन एकांगी छ। एकै वर्ग विशेषका मानिस सेनामा भरिएका छन्। देशको राष्ट्रिय सेनामा सबै क्षेत्र, वर्ग, समुदायका मानिसलाई समाहित गराएमा मात्र त्यसलाई राष्ट्रिय स्वरूपको सेना मान्न सकिन्छ। तर नेपालको सेनाको राष्ट्रिय स्वरूप छैन। देशको आधाभन्दा बढी जनसंख्याको हिस्सा मधेशी समुदायलाई नेपाली सेनामा भर्ती हुनबाट अघोषित रूपमा प्रतिबन्ध लगाइएको छ।

यसको सोझो अर्थ मधेशी जनतामाथि राष्ट्रको विश्वास छैन भनेर लगाउन सकिँदैन? यही कारण राष्ट्रिय सुरक्षाको जिम्मेवारी मधेशीलाई नदिइएको हो? के यो सोच र व्यवहार राष्ट्रिय एकता र अखण्डताका लागि घातक छैन?

केही मधेशीलाई सेनामा प्राविधिक पद (जस्तै; डाक्टर, इन्जिनियर, नाई, मोची) मा अत्यन्त न्यून सङ्ख्यामा राखिएको छ। त्यसैले हामीले सुरुदेखि नै माग गर्दै आयौं- नेपाली सेनाको चरित्र र स्वरूप समावेशीकरण र समानुपातिक ढंगले निर्माण गरिनु जरुरी छ। त्यसको सुरुवात मधेशीलाई सेनामा समूहगत प्रवेश गराएर 'मधेश बटालीयन' स्थापना गरेर गर्न सकिन्छ।

मैले २०५६ सालमै मधेशीलाई सेनामा सामूहिक प्रवेश दिइनुपर्ने कुरा उठाएँ। तिनताक नेपाली काङ्ग्रेसका सभापति गिरिजाप्रसाद कोइराला प्रधानमन्त्री थिए। उनी भारत भ्रमणमा थिए। सांसदका हैसियतले म पनि उनीसँगै भारत भ्रमणमा गएको थिएँ। त्यस क्रममा दिल्लीमा पत्रकार सम्मेलनको आयोजना गरी सेनामा मधेशीलाई प्रवेश नदिएको र मधेश भूमिले देशभित्रै उपेक्षा खेप्नुपरेको कुरा उठाएँ। पत्रकार सम्मेलनमा मैले बोलेका कुराहरू भोलिपल्ट भारतीय अखबारहरूमा प्राथमिकताका साथ प्रकाशित भए।

भारतीय अखबारभरि छ्याप्छ्याप्ती भएपछि गिरिजाबाबुले बिहानै मलाई आफू बसेको होटलमा बोलाए।

'आज फे अखबार में आपका जो बीचार आया है, वह मैने पढा। विभेद की बात आप ने जो कहा है, वह तो राज्य और सरकार की तरफ से समाधान करने की वात है लेकिन यह

जो सेना वाला बात है न, वह सरकार और हमलोगों को करने में थोडा कठिनाई होता है । सेना का अपना ही नर्मस है, सरकार के कहने भर से सब कुछ हो जाता है, वैसा नही होता, थोडा सा कठिन है,' उनले भने ।

गिरिजाबाबुले त्यसो भनिरहँदा मुलुकमा संवैधानिक राजतन्त्र थियो । राजा सेनाका परमाधिपति थिए । मुलुक एकात्मक र केन्द्रीकृत स्वरूपमा थियो । त्यस बखत सेनामा सामूहिक प्रवेशको कुरा साह्रै पेचिलो थियो । राजनीतिक दलको समान धारणा भएर पुग्दैनथ्यो । राजसंस्थाको रक्षकको रूपमा रहेको सेना स्वय त्यसका लागि तयार हुनुपर्थ्यो । त्यो भन्दा बढी त राजा नै तयार हुनुपर्थ्यो ।

तर २०६२/०६३ को आन्दोलनबाट मुलुकमा लोकतान्त्रिक गण्तन्त्र स्थापना भयो । त्यसपछि पनि सेनामा मधेशी प्रवेशको मुद्दालाई राज्यपक्षबाट खासै सम्बोधन गरिएन ।

यदि त्यसो होइन भने नेपाली सेनामा कुन जातिका कति साधारण सिपाही, मेजर, बिग्रेडियर, बिग्रेडियर जनरल, आदि पदमा छन् भन्ने बारेमा सरकारले श्वेतपत्र जारी गरेर देशबासीलाई जानकारी दिनुपर्छ ।

रुक्माङ्गत कटवाल प्रधान सेनापति भएका बेला मैले उनीसँग एकचरण कुराकानी गरेको थिएँ । सेनाको मनशाय बुझ्न ।

'मधेशीलाई सेनामा भर्ती गर्नु पर्‍यो ? यसमा कठिनाइ के छ ?,' मैले ठाडै सोधेँ ।

'राजेन्द्रजी, चर्का कुरा गरेर मात्र हुँदैन । मधेशी समुदाय नै सेनामा भर्ती हुन चाहँदैनन् । मुद्दा उठाएर मात्र हुन्छ, मधेशी समुदाय पनि सेनामा भर्ती हुन तयार हुनु पर्दैन ?,' उनले जवाफ दिए ।

'कटवालजी किन यस्तो कुरा गर्दै हुनुहुन्छ ?,' मैले उनलाई फेरि सोधेँ ।

'पहिले गजेन्द्रबाबुले पनि यही कुरा उठाए । त्यसपछि राजविराजमा सेनाले मधेशीको भर्तीका लागि केन्द्र खोल्यो । तर भर्ती केन्द्रमा मधेशीहरूको पर्याप्त मात्रामा निवेदन नै आएनन् । सेनामा मधेशी नै आउन चाहँदैनन्, बस्न चाहँदैनन, खालि विभेद भयो भनेर मात्र राजनीतिक मुद्दा बनाएर मात्रै हुन्छ ?,' उनले उत्तर दिए ।

'समूहगत प्रवेश गराऊँ न । समूहगत प्रवेश भएमा सेनामा मधेशी धमाधम भर्ती हुन्छन् । एक अर्कालाई हेरेर पनि उनीहरू भाग्दैनन्,' मैले आफ्नो विचार दृढतापूर्वक राखेँ ।

कटवालजीले समूहगत प्रवेश गराउन भने सेनाको नीतिनियमले नमिल्ने बताए ।

'समूहगत प्रवेश भनेर माओवादीले भनेभैँ गरिदिने ? उसले पनि त समूहगत प्रवेश भनिरहेको छ । त्यही समूहगत प्रवेशका नाममा माओवादीलाई पनि हुलिदिने, अरूले पनि भन्लान्, सबैलाई त्यसरी हुल्दिने हो भने सेनाको सबै नियम-प्रणाली भत्किन्छ । जीवन नै समाप्त हुन्छ । त्यसैले भर्ती सेनाको नियम अनुसार नै हुनुपर्छ । भर्ती खुलेको बेलामा मधेशीलाई पनि निवेदन दिन प्रेरित गर्ने काम गरौं,' उनले भने ।

त्यस बखतसम्म.माओवादी जनसेनाको समूहगत प्रवेश नेपाली सेनामा भइसकेको थिएन ।

यसबारे उनीसँग थप कुराकानी हुन पाएन । उनी सेवानिवृत्त भइहाले ।

कटवालपछि छत्रमान सिंह गुरुङसँग पनि मेरो कुरा भयो । पुष्पकमल दाहाल 'प्रचण्ड'जी प्रधानमन्त्री हुँदा पनि सेनामा मधेशीको भर्तीका सम्बन्धमा पटकपटक कुराकानी भयो । समूहगत प्रवेशको पक्षमा कोही देखिएनन् । सेनामा मधेशीको समूहगत प्रवेश किन हुन सक्दैन ? एउटा गण मधेशको नाममा किन स्थापना हुन सक्दैन ?

जबकि वर्तमान नेपाली सेनाको गठनको विधि एव गणहरूको नामकरण नै देश सुहाउँदो छैन । सेनामा निश्चित जाति विशेषका गण काम गरिरहेका छन् भन्ने ज्वलन्त उदाहरण बन्न पुगेको छ । गोरखबहादुर गणमा गुरुङ, कालीबहादुर गणमा मगर र पिपागोश्वारामा केवल तामाङ जातिलाई नै भर्ती गर्ने गरिन्छ ।

'सेनाको सोच बदल्नुपर्छ, शैली र संरचनाको लोकतान्त्रीकरण गर्नुपर्छ, सेनामा मधेशीलाई भर्ती गराउनुपर्छ, सेनालाई समावेशी बनाउनुपर्छ' प्रचण्ड बारम्बार भन्थे । शान्ति प्रक्रियापछि लामो कालखण्ड यसलाई राजनीतिक मुद्दा बनाए ।

तर उनको पालामा पनि त्यो काम भएन ।

बाबुराम भट्टराईको सरकारमा जाँदा चार बुँदे समझदारी गरिएको थियो । त्यसमा सेनाको समूहगत प्रवेशको बुँदा लागू गराउने कुरा थियो । मधेशी मोर्चाका शरदसिंह भण्डारी रक्षामन्त्री हुँदा मधेशी भर्तीका लागि धेरै बल लगाइयो । त्यसको प्रतिफल सेनाको समावेशीकरण गर्ने नीतिपत्र आयो । त्यसलाई कार्यान्वयन गर्ने क्रममा सर्वोच्च अदालतमा मुद्दा गयो । अदालतले रोकिदियो ।

हाम्रो पीडा सम्बोधनका क्रममा अदालत अनुदार बन्ने परम्पराले हामीलाई यहाँ पनि दपेट्न छाडेन ।

जनआन्दोलनपछि पुनःस्थापित प्रतिनिधिसभाले ऐतिहासिक घोषणा गरेको थियो । पुनस्थापित संसद्को घोषणाको दफा ३(६) मा 'नेपाली सेनाको संगठन समावेशी र राष्ट्रिय स्वरूपको हुनेछ' उल्लेख गरियो । सोही घोषणाअनुसार संसद्बाट सैनिक ऐनमा संशोधन पनि भइसकेको छ ।

नेपालको अन्तिरिम सविधान, २०६३ को धारा १४४ मा 'नेपाली सेनाको गठन' शीर्षकमा 'नेपाली सेनाको उपयुक्त संख्या, लोकतान्त्रिक संरचना र राष्ट्रिय समावेशी चरित्र निर्माण गरी लोकतन्त्र र मानवअधिकारको मूल्यद्वारा सेनालाई प्रशिक्षित गर्ने काम गरिनेछ' भनिएको थियो ।

'नेपाली सेनालाई राष्ट्रिय स्वरूपप्रदान गर्न र समावेशी बनाउन मधेशीलगायत अन्य समुदायको समानुपातिक र समूहगत प्रवेशलाई सुनिश्चित गरिने छ ।'

अन्तरिम सविधानले नै वहन गरेको कुरा हो यो ।

यी सबै घोषणा र प्रतिबद्धता अनि संवैधानिक व्यवस्थाहरू नेपाली जनताको बलिदानबाट प्राप्त उपलब्धि हुन्। सहिदको रगतबाट प्राप्त उपलब्धि हुन्। यसलाई राज्य, सरकार तथा सेनाले कार्यान्वय गर्दै मधेशीलाई सेनामा समूहगत प्रवेश गराएर अविलम्ब 'मधेशी बटालीयन र ब्रिगेड' खडा गर्नुपर्छ। त्यसो भएमा मात्र बिना भेदभाव राष्ट्रवादको भावना सबै नेपालीमा जागृत हुनेछन्। अबौं रूपैयाँ सेनाको तलब-भत्ताको रकम समानुपातिक रूपमा मधेशीको घरघरमा पुग्छ। यसबाट राज्यको अपनत्व मनमनसम्म विस्तार हुन्छ।

२०६८ सालमा सरकारले तत्कालका लागि ३ हजार मधेशीलाई नेपाली सेनामा भर्ती गर्ने सोचले नीतिपत्र पारित गरेको थियो। तर २०६८ पौष ११ गते सर्वोच्च अदालतले नेपाली सेनामा मधेशीको समूहगतप्रवेश रोक्ने आदेश जारी गर्‍यो। यसै गरी सरकार र संयुक्त लोकतान्त्रिक मधेशी मोर्चा एवं ए माओवादी र मोर्चाबीच भएको सहमतिअनुसार सेनामा दश हजार मधेशीलाई भर्ती गर्न गरिएको पहललाई पनि खसआर्य नश्लीय मानसिकता बोकेका शासक, मिडिया, नागरिक समाज र कथित बुद्धिजीवीले घोर विरोध गरे।

राज्यप्रतिको अपनत्व देशको सबै भूगोल र उपेक्षित एवं उत्पीडित नागरिकसम्म पुर्‍याउने हाम्रो उद्देश्य पूरा हुन पाएन।

अहिले सेनाले गोलीगट्ठा कम, ठेक्कापट्टाको भारी ज्यादा बोकाउन थालिएको छ। विकास निर्माणको जिम्मा त दिइएकै थियो, अहिले त कपडा उद्योगमा समेत हात हाल्न लगाइएको छ। विकासको अभिभारा सेनाको काँधमा सुम्पिएर शासक-प्रशासक आफ्नो कर्तव्यबाट टाढा हुन थालेको आभास पनि नभएको होइन।

यसमा मेरो स्पष्ट मान्यता छ। सेनाको मुख्य दायित्व सुरक्षा नै हो।

सेनाको सङ्ख्या धेरै भएर विकास-निर्माणमा लगाउन थालिएको हो भने कटौती गर्न सकिन्छ।

अहिले भइरहेकै संरचनाबाट विकास-निर्माणमा लगाउने हो भने सेनालाई रोजगारमूलक निकायको रूपमा व्यवहार गरिएको ठहर्छ। यदि त्यसो हो भने सेनामा मधेशीलाई पनि सहभागी गराइनुपर्छ। रोजगारीको रूपमा मात्र यतिका सेना भर्ती गरिएको हो भने किन मधेशीलाई त्यसमा सहभागी नगराउने ?

हामीले नेपाली सेनाभित्र मधेशीको समान उपस्थितिको माग गर्नु अपराध गर्नु सरह अर्थ्याइँदैछ। जबकि हामीले कुनै नयाँ कुरा उठाएका छैनौं। २०६४ फागुन १६ गते संयुक्त लोकतान्त्रिक मधेशी मोर्चा र सरकारबीच भएको आठबुँदे सम्झौतामा पनि सेनामा मधेशीको प्रवेश गराइने कुरा उल्लेख छ।

तर त्यो सम्झौता अलपत्र पर्‍यो। सम्झौताको अपनत्व कसैले लिएन।

हामीले नेपाली सेनाको नियम, मापदण्ड, योग्यता र अनुशासनलाई तोडेर मधेशी समुदायलाई नेपाली सेनामा भर्ना गर्ने कुरा गरिरहेका छैनौं। न त देशको सुरक्षाको सबैभन्दा

ठूलो शक्ति नेपाली सेनाको अपमान नै गरिरहेका छौं । हामीले त मात्र सेनाको मापदण्डअनुसार नेपाली सेनामा मधेशीहरूको उपस्थितिलाई वृद्धि गर्न माग गरिरहेका छौं । निश्चित, जाति र समुदायमा पुगेको अपनत्वलाई मधेशका कुनाकन्दरासम्म विस्तार गर्न चाहिरहेका छौं ।

सेनामा अहिले मधेशीहरूको उपस्थिति अत्यन्तै न्यून छ । के यो लोकतान्त्रिक पद्धतिअनुसार सुहाउँदो छ ? के यो मधेशीप्रतिको भेदभाव होइन ? लोकतन्त्र र समावेशीका कुरा गरिरहेका हामीले मधेशीहरूको सुरक्षा निकायमा सम्मानजनक सहभागिताको विषयलाई पनि सम्बोधन गर्नुपर्छ कि पर्दैन ? के मधेशीहरू नेपाली नागरिक होइनन् ? यदि हुन् भने उनीहरूले देशको सुरक्षा निकायमा अवसर पाउने कि नपाउने ? कहिलेसम्म एउटामात्र वर्ग वा समुदाय विशेषको नेपाली सेनामा वर्चस्व राख्ने ? नेपाली सेनाको चरित्र र स्वरूपलाई राष्ट्रिय बनाउने कि नबनाउने ?

सामन्तवादले मधेशीमाथि गरेको अविश्वासलाई चिर्न पनि मधेशीहरूको सेनामा छुट्टै एकाइ गठन गरी तत्काल कम्तीमा दश हजारबाट मधेशीलाई भर्ना प्रारम्भ गरी क्रमिक रूपले समानुपातिक प्रतिनिधित्व गराउनुपर्ने आवश्यकता छ ।

राज्यले अविलम्ब मधेशी समुदायबाट सेनामा सामूहिक प्रवेशका लागि प्रक्रिया थालनी गर्नुपर्छ । मधेशीको धैर्यको बाँध टुट्नु भन्दा पहिला नेपाली सेनामा मधेशीले उचित स्थान पाउनुपर्छ ।

मैले यो कुरा हठात् र भावावेशमा भनिरहेको छैन । नेपाली सेनाको लोकतान्त्रीकरण र सबलीकरणका लागि यो कुरा उठाइरहेको छु ।

प्रजातन्त्रको पुनर्बहालीलगतै २०४९ भदौ २६ गते शुक्रबार सद्भावना पार्टीका प्रवक्ताका रूपमा मैले विज्ञप्ति जारी गरी शाही नेपाली सेनामा मधेशीको भर्तीमाथि लगाइएको अघोषित प्रतिबन्ध हटाउन माग गरेको थिएँ । त्यतिबेला मधेशीको सामूहिक प्रवेशका लागि छुट्टै एकाइ गठन गरिनुपर्ने माग राखेको थिएँ ।

यो कुरा प्राप्तिका लागि मेरो सङ्घर्ष जारी छ ।

नेपालीहरू सेनाका रूपमा देश बाहिर पनि जान्छन् । खास गरी भारतीय आर्मी र ब्रिटिस आर्मीमा । त्यसमा पनि मधेशीलाई उपेक्षा गरिएको छ । देशले हाम्रो कुरा नसुन्दा नागरिक हक र समानअधिकार प्राप्तिको लागि दुनियाँलाई गुहार्नुपर्ने हुन्छ । उनीहरूसमक्ष पीडा पोख्नुपर्ने हुन्छ । उनीहरूमार्फत् दबाब बढाउनुपर्ने हुन्छ ।

भारतीय सेनामा पनि गोर्खा फौज सरह मधेशी बटालियन खडा गर्ने सम्बन्धमा सार्थक पहल गरिदिन मैले भारतका तत्कालीन रक्षामन्त्री प्रणव मुखर्जीलाई पनि अपिल गरेको थिएँ । यस सम्बन्धमा भारतीय रक्षामन्त्रीलाई त पत्र नै लेखेर पठाएँ । त्यस्तै ब्रिटिस गोर्खा आर्मीमा पनि खास जातीय समुदायलाई मात्र भर्ती गरिएको तर मधेशी लगायत अन्य जाति-समुदायलाई भर्ती नगरिएको अवस्था छ ।

यसबारे २१ मार्च २००६ मा नेपालस्थित ब्रिटिस राजदूतलाई पनि मैले पत्र लेखेको थिएँ । त्यस पत्रमा मधेशी समेतको भर्ती व्यवस्था मिलाउन आग्रह गरेको थिएँ ।

# हाम्रो सत्याग्रह, राज्यको पूर्वाग्रह

यतिबेला म फेरि सम्झन चाहन्छु–

सत्याग्रहको सुरुवात गर्दा गजेन्द्रबाबुले देशमा प्रजातन्त्रको आन्दोलनमा मधेश र मधेशीले गरेको योगदान स्मरण गर्दै भनेका थिए, 'आज हामी फेरि आफ्ना मान्छे, आफ्नो समाज, आफ्नो क्षेत्र एवं पहाडका बहुसंख्यक उपेक्षित जनजातिलाई सम्मान दिलाउनका लागि अघि बढेका छौं । र, हाम्रा साथीहरू ज्यानको बाजी लगाएर एक अहिंसक आन्दोलनमा सामेल भएका छन् । महात्मा गान्धीको 'करो या मरो' को अहिंसक आह्वान हाम्रो प्रेरणाको स्रोत हो । घोर भेदभावसँग जुधेका नेल्सन मण्डेला एवं 'सामाजिक, सांस्कृतिक, भाषिक सम्मानका लागि बलिदान दिने बगबन्धु शेख मुजबिर रहमानको साहसिक कदम हाम्रो प्रेरणाको श्रोत हो । सरकारलाई सद्बुद्धि आओस् ।'

नेपाल सद्भावना पार्टीले नागरिकता समस्याको सर्वकालीन समाधान, संघीय साशन प्रणाली एवं मधेशको स्वायत्ता, पछाडि पारिएका समुदायका निम्ति आरक्षण, हिन्दी भाषालाई दोस्रो भाषाको रूपमा मान्यता, जनसंख्याको आधारमा निर्वाचन क्षेत्रको निर्धारण सेनामा मधेशी रेजिमेन्टको स्थापना लगायतको माग अघि साऱ्यो ।

२०५५ भाद्र १ गते प्रधानमन्त्रीलाई ज्ञापन–पत्र बुझाइ ३० दिनभित्र आफ्नो माग पूरा गर्न अल्टीमेटम दिइएको थियो । त्यसपछि प्रथम चरणमा प्रत्येक जिल्लाका सिडिओ कार्यालयमार्फत् ज्ञापन–पत्र बुझाउने एवं जिल्ला सदरमुकाममा प्रदर्शन गर्ने कार्य गरियो । दोस्रो चरणमा मधेशको प्रत्येक जिल्लामा भाद्र ३१ गतेदेखि असोज ४ गतेसम्म प्रत्येक जिल्लाको सदरमुकाममा अनशन गरिएको थियो । उक्त भोक हडतालमा जिल्लाजिल्लाबाट नेता खटिएका थिए ।

झापा जिल्लाबाट दुर्गाप्रसाद राजवंशी, विश्वनाथ सिंह राजवंशी, भारतेन्दुकुमार मल्लिक, कामेश्वर दत, दुर्गाधिरण राजवंशी, पुहातु चौधरी, दुर्जनलाल राजवंशी, गणेशप्रसाद राजबंशी, लहवर सिंह चौधरी, लखीचन्द्र सिंह राजवंशी, रामसुफल कामती, बलमलाल राजवंशी, उपेन्द्र थारू, टंकप्रसाद राजवंशी, धिरेन राजवंशी, अमिलाल राजवंशी, रामचन्द्र कामती, देवकीनन्द अग्रवाल, हरिलाल गन्गाई, कृष्णप्रसाद राजवंशी, सूर्यनारायण गणेश, डोमालाल राजवंशी सामेल थिए ।

मोरङ जिल्लाबाट दिलीप धाडेवाल, सुरेशप्रसाद सिंह मण्डल, संग्राम हंसदा, लक्ष्मीरमण झा, भगतलाल यादव, हरिनारायण यादव, पन्नालाल सरदार, दिनेशप्रसाद यादव, जिन्नीलाल मण्डल, महेन्द्रलाल दास, विमलकुमार अग्रवाल भोक हडतालमा सलग्न थिए ।

सुनसरीबाट लखनलाल पण्डित, उमालाल चौधरी, किशोरकुमार विश्वास, भुवनेश्वर यादव, कुमोद चौधरी, भगलु मेहता, देवराम यादव, हृदयनारायण सिंह, देवनारायण महतो अनशन बसेका थिए । सप्तरीबाट सीताराम मण्डल, योगेन्द्र यादव, लल्लनप्रसाद सिंह, रामवृक्ष राय, ललितकुमार कण्ठ, मञ्जु अन्सारी, अयोध्दी यादव, महेशकुमार यादव, धर्मलाल राय, शिवराम मण्डल, सत्यनारायण यादव रामनारायण साह, महेन्द्र नारायण साह थिए । यसैगरी सिरहाबाट भोगेन्द्र ठाकुर, हेमनारायण यादव, रामनरेश साह, बेचन ठाकुर, प्रमेश्वर महतो, सुभद्रा भा, महादेव यादव, कुशेश्वर यादव, राम उदगार यादव, वसन्तकुमार यादव, मटुकलाल यादव, रामलाल यादव, धनिकलाल यादव, धर्मनाथ यादव, मनरूप यादव, मोहन मण्डल, विल्दु यादव, सीताराम महतो, बलदेव यादव नेपाली, पाल यादव, पशुपति यादव, राम बहादुर महतो, योगेन्द्र प्रसाद यादव, राम उदगार यादव, रामनाथ यादव, योगेन्द्र प्रसाद यादव, गङ्गाराम यादव, भरत प्रसाद साह अनशन बसेका थिए ।

अशेश्वर गोइत, चन्देश्वर साह, प्रदीप कुमार गोइत, रामपृत यादव, लक्ष्मण पाण्डे, उदयशंकर साह, श्याम ठाकुर, राघवेन्द सिंह, सत्यनारायण महतो, बुलन साह, नथुनी मण्डल, जगदीश साह धनुषा जिल्लाबाट सहभागी थिए ।

यता महोत्तरी जिल्लाबाट रामछविला राय यादव, जितेन्द्र यादव, सुनीलकुमार रोहित, जय किशोर भा, शुभेक्कर भा, माधव तिवारी, राजकिशोर मण्डल, चन्देश्वर साह, देवकीनन्द लाल कर्ण, राजकिशोर भा अनशनरत थिए ।

सर्लाही जिल्लाबाट बबनविहारी सिंह, अनुप राय, विन्देश्वर राय, युगलकिशोर यादव, रामनारायण सिंह, गायाप्रसाद सिंह, राम परीक्षण गिरी, सहदेव राय, श्यागबाबु राय अनशन बसेका थिए ।

रौतहट जिल्लाबाट भोकहडताल गर्नेमा देवेन्द्र मिश्र, शम्भुप्रसाद जयसवाल, नारायण राय यादव थिए । बारा जिल्लाबाट विश्वनाथ सिंह, प्रकाश चौलागाईं अनशन बसेका थिए । पर्सा जिल्लाबाट डा. रवीन्द्रकुमार सिंह, सुरेश शर्मा, सोहन क्षेत्री, योगनारायण भा भोकहडतालमा बसेका थिए । नवलपरासीबाट गोविन्दप्रसाद चौधरी, शत्रजित यादव, केदारनाथ गुप्ता, रामकेवल यादव, तारादेवी साहनी, हरि प्रसाद धोवी भोक हडतालमा थिए ।

रूपन्देही जिल्लाबाट उदयराज सिंह, सत्यजीवन गुप्ता, रामकेवल यादव, राम यादव, रामलखन यादव, राजेन्द्रनारायण चौधरी, राम दुलारे यादव, ओमकारनाथ दुवे थिए भने कपिलवस्तुबाट रवीन्द्र नाथ मिश्र, अमृता अग्रहरी भोकहडताल गरेका थिए ।

बाँके जिल्लामा गौरीशंकर महोपाल, इन्द्रजीत तिवारी, गिरिजा पाठक, राजेश वर्मा, सत्यवती कुर्मी, अयोध्या वर्मा कुर्मी र नेतेन्द्र शर्मा अनशनरत थिए । बर्दिया जिल्लाबाट रामकुमार थारू बिन्दु श्रीवास्तव, शारदा लगायतले भोकहडताल गरेका थिए ।

पाँच दिनको भोक हडतालपश्चात् पनि मागको सुनुवाइ भएन ।

तत्पश्चात् तेस्रो चरणको आन्दोलन सुरु भयो । २०५५ कात्तिक १५ गतेदेखि सिंहदरबारको अगाडि भद्रकालीमा पार्टीको महासचिव हृदयेश त्रिपाठीको नेतृत्वमा देवेन्द्र मिश्र, दिलीप सिंह, विश्वनाथ साह र विश्वनाथ सिंह राजवंशी सहितको नेताहरू अनिश्चितकालीन अनशन बसे । यता काठमाडौंमा नेताहरूको आमरण अनशन चलिरहेको थियो । जिल्ला-जिल्लामा जनप्रदर्शन, हड्ताल लगायतका कार्यक्रमहरूले त्यसलाई व्यापकता प्रदान गरेको थियो । आन्दोलनका क्रममाः थुप्रै नेता कार्यकर्ताहरूलाई गिरफ्तार गरियो । प्रदर्शन उपर व्यापक दमन एवं लाठी चार्जसमेत भयो ।

सिंहदरबार तथा विभिन्न जिल्ला प्रशासन कार्यालयअगाडि विभेदकारी संविधान जलाइयो । यसरी संविधान जलाउँदा देशभरि हजारौं कार्यकर्तामाथि दमन भयो । धरपकड भयो । कैयन् नेता-कार्यकर्ता घाइते भएर महिनौं अस्पतालको शयामामा परे ।

काठमाडौंमा पार्टी अध्यक्ष गजेन्द्र नारायण सिंह, रामेश्वरराय यादव, डा. डम्बरनारायण यादव, सरिता गिरी, सिताराम मण्डल, दुर्गा प्रसाद चौधरी, हरे कृष्णप्रसाद सिंह, जितेन्द्र सोनाल, रामसहाय प्रसाद यादव, मनीषकुमार सुमन, विकासकुमार तिवारी, सञ्जय कुमार सिंह, सुजितकुमार पाण्डेय, शैलेशकुमार चौधरी, उर्मिला पाण्डेय, मञ्जु अन्सारीसहित २३ जना नेताहरू गिरफ्तार भएका थिए । आमरण अनशनको नवौं दिन अर्थात् २०५५ कात्तिक २३ गते बल्ल सरकारले वार्ताको तदारुकता देखायो । तत्कालीन श्री ५ को सरकारसँग संविधान संशोधनको निम्ति सर्वदलीय छलफल गर्ने लगायतको ३ बुँदे सम्झौता भयो । अनशन स्थगित गरियो ।

यसभन्दा अगाडि पनि यसप्रकारका सङ्घर्ष नभएका होइनन् ।

२०५३ सालमा म नेपाल समाजवादी जनता दलमा थिएँ । त्यहीबेला विभिन्न माग राखी म, रामेश्वरराय यादव, हृदयेश त्रिपाठी, दिलीप धारेवाल र सरिता गिरी गरी ५ जना भद्रकालीमा अनशन बसेका थियौं । माग पूरा नभएसम्म भोक हड्ताल गर्ने आन्दोलनको कार्यक्रम थियो । तिनताक काग्रेस नेता शेरबहादुर देउवा प्रधानमन्त्री थिए ।

सातौं दिनमा सम्झौता पनि भयो । तर सत्ताले सम्झौता रद्दीको टोकरीमा फ्याँकिदियो ।

२०५१ सालमा नेकपा (एमाले) को पालामा धनपति उपाध्यायको अध्यक्षतामा नागरिकता समस्या समाधान गर्नेगरी एक 'उच्चस्तरीय नागरिकता समस्या समाधान सुझाव आयोग' बनेको थियो । त्यस आयोगको सदस्यको हैसियतले मैले आफ्नो विमति राख्दै भनेको थिएँ कि 'संविधान संशोधनबिना यो समस्याको सर्वकालीक समाधान सम्भव नै छैन ।'

हाम्रो बारम्बारको सत्याग्रहपछि नेपाली काग्रेस सरकारले उक्त आयोगको सिफारिसबमोजिम कार्यान्वयन गर्न माननीय महन्थ ठाकुरको अध्यक्षता 'सुझाव कार्यान्वयन समिति' गठन गर्‍यो । नागरिकता वितरण टोली गाउँगाउँ गयो पनि । तर पछि संविधान प्रतिकूल हुन गयो भनेर अदालतले रोकिदियो ।

हामीले भन्दै आएको नागरिकता समस्याको समाधान एवं संघीय व्यवस्था लागू गर्न संविधान संशोधन अपरिहार्य नै थियो । तर काग्रेस, एमालेहरू त्यसका लागि तयार नभएपछि हाम्रो केही जोर चलेन ।

संविधान देशको सबै समुदाय, पिछडिएको समुदायको सम्यक् विकासका अवसर प्रदान गर्न सक्षम छैन भने त्यो परिवर्तन गर्न अपरिहार्य हुन्छ नै, हामीले अपील र ज्ञापन पत्रमार्फत् राज्यलाई यही आग्रह गर्‍यौं । तर राज्य नै पूर्वाग्रही भयो ।

२०४७ सालमा, नयाँ संविधान आएको एक वर्षपछाडि, स्थानीय निर्वाचनपूर्व मैले प्रधानमन्त्री कृष्णप्रसाद भट्टराईको नाममा सार्वजनिक पत्र लेखेर विशेष आग्रह गरेको थिएँ । जुन २०४९ साल वैशाख १५ गते सोमबार ललकार साप्ताहिक, विश्वदीप लगायत विभिन्न पत्र पत्रिकामा छापिएको थियो ।

मेरो आग्रह थियो- जनताका प्रतिनिधि चुन्ने व्यवस्था र निर्धारित जनसंख्याका आधारमा प्रतिनिधि छान्ने प्रजातान्त्रिक सिद्धान्तलाई बेवास्ता गरिँदै पहाडको आठ दश हजार जनसंख्याबाट पनि एक प्रतिनिधि तराईको पचहत्तर हजार/एक लाख जनसंख्याबाट पनि एक प्रतिनिधि चुनिने प्रावधान, देशको संसद् नै एउटा क्षेत्र र भाषा विशेषको प्रतिनिधिहरूले भरिने अवस्थाको परिवर्तन होओस् । नागरिकताको सवालमा संविधानका धारामा बहुसंख्यक जनतालाई अस्तित्वविहीन बनाउने पञ्चायती प्रावधानलाई जस्ताको तस्तै कायम राखिएको छ । संविधानका ती धाराले अधिकांश मधेशी जनता त्रसित छन् । यसको दुष्परिणाम आज अथवा भोलि शासकहरूले भोग्नुपर्ने हुनसक्छ । प्रजातन्त्र आएपछि सबै नागरिक समान होऊन् भन्ने मेरो आग्रह थियो ।

पञ्चायतले गरेको विकास क्षेत्रको निर्धारण जुन भौगोलिक एवं साँस्कृतिक आधारमा गरिएको छैन, त्यसैलाई मान्यता दिएको छ, यो कस्तो प्रजातन्त्र हो ? भनेर मैले प्रश्न गरेको थिएँ ।

तिनताक एउटै वर्ग र जाति विशेषका प्रतिनिधिहरूद्वारा बनाइएको बजेटमा तराई क्षेत्रको विकासलाई रोकेर अधिकांश हिस्सा पहाडी क्षेत्रका लागि निर्धारित गरिएको थियो । जब कि कृषि उत्पादनदेखि लिएर वाणिज्य कर, उद्योग कर आदिको रूपमा सरकारी राजस्वको ८० प्रतिशत हिस्सा तराईले तिर्थ्यो । प्रजातन्त्रमा यसको परिवर्तन आवश्यक छैन ? भनेर शालीन प्रश्न उठाएको थिएँ ।

दक्षिणी सीमासँग जोडिएको आठ किलोमिटर क्षेत्रमा उद्योगको स्थापना र विद्यमान उद्योगको जीर्णोद्धारमा लगाइएको पञ्चायती प्रतिबन्धलाई तत्कालीन सरकारले ज्युँका त्युँ राखेको थियो । यसले गर्दा यातायात, कुसल कालिगड, मजदुरको खाँचो पूरा गर्ने, रेलमार्गसँग जोडिएको र उद्योगका लागि सर्वाधिक उपयुक्त ठाउँ, तराई क्षेत्र उजाड र शून्य बनेको थियो । कृषि व्यवसाय चौपट हुँदै गइरहेको थियो । प्रजातान्त्रिक सरकारले यो परिवर्तन नगर्ने ? मैले कृष्णप्रसाद भट्टराईलाई प्रश्न गरेको थिएँ ।

पञ्चायतले भूमिहीन विस्थापित अथवा शरणार्थीको पुनर्वासका नाउँमा बाहिरका मान्छेलाई तराईमा ल्याएर बसाएको थियो । प्रजातन्त्र पछि पनि त्यसैलाई निरन्तरता दिईंदै थियो । अनि त्यरतै वर्ग विशेषका शारानको शिकार बनेर रधानीय मूल निबासी थारु, राजबंशी, दनुवार, आदि मधेशी मजदुरहरू ठूलो मात्रामा भारततिर पसिरहेका थिए । तर तत्कालीन शासकलाई समाजको पिँधको अवस्था त्यति मिहीन ढङ्गले हेर्ने फुर्सद नै कहाँ थियो र !

राजनीतिक नियुक्तिमा एउटा जाति विशेष वर्ग विशेषलाई प्राथमिकता दिइएको कारणले सामान्य जनता विशेष गरी सक्षम मधेशी बुद्धिजीवी कुण्ठित बन्ने अवस्था अन्त्य भएको थिएन। सचिवको नियुक्ति होस् वा राजदूतको, सेनामा होस् वा पुलिसमा समानुपातिक आधारमा स्थान दिने काङ्ग्रेसी नेताहरूको वचन खोक्रो साबित हुँदै गएको थियो। सम्पूर्ण बाँडफाँटको राजनीति केवल बाहुन, क्षेत्री जातिकाबीचमा खुम्चेर रहेको थियो। यसलाई परिवर्तन नगरे देशमा प्रजातन्त्रको घाम पनि पहाडतिरमात्रै लाग्ने मैले अवगत गराएको थिएँ।

स्थानीय निकाय निर्वाचनको सङ्घारको बेला थियो त्यो। ग्रामीण क्षेत्रमा ८०० जनसंख्यामा एकजना प्रतिनिधि र आठ दश हजार जनसंख्यामा पनि एकै जना प्रतिनिधि चुन्ने पञ्चायती नियमलाई त्यो सरकारले पनि जस्ताको तस्तै राखेको थियो। पञ्चायतन्द्वारा लागू गरिएको चुनाव क्षेत्रलाई पनि जस्ताको जस्तै राखिएकाले परिवर्तन गर्न ध्यानाकर्षण गराएको थिएँ।

'यी तथ्यका आधारमा यो सरकारको एक वर्षे कार्यकालको हामी लेखाजोखा गर्न बस्यौं भने त्यहाँ यही निष्कर्ष निस्कन्छ कि प्रजातान्त्रिक मान्यताले शून्य भएको संविधान र त्यसको जगमा खडा गरिएको यो प्रजातान्त्रिक महल अथवा यो सरकार जातिवाद भाइभतिजावादको आरोपमा कुनै दिन ढल्यो र त्यसको भग्नावशेषमा शिशु प्रजातन्त्र दबियो भने कुनै आश्चर्य हुने छैन,' भट्टराई सरकारलाई मैले भनेको थिएँ।

भट्टराई सरकार हाम्रो माग-मुद्दाप्रति हदैसम्म पूर्वाग्राही थियो। भखरै प्रजातन्त्र बहाली भएको उन्मादमा थिए काङ्ग्रेसीहरू। सत्ता र उनीहरूको विरोध गर्‍यो कि, मुद्दा लगाइदिने, धम्की दिने, हत्या गर्ने जस्ता कृयाकलाप गरेर राज्य आतंक सिर्जना गरे।

२०४९ सालको स्थानीय निकाय निर्वाचनमा धाँधलीका अनेक उपाय गरियो। सर्लाहीमा पनि व्यापक धाँधली भएको गुनासो आयो। त्यसको विरोध गर्दा २०४९ साल आसर १ गते मलाई र पार्टीका सर्लाही जिल्ला अध्यक्ष अरूणकुमार सिंहलाई गिरफ्तार गरी सार्वजनिक अपराधको मुद्दा लगाइयो।

गिरफ्तारीको विरोधमा असार ४ गते पनि सिडिओ कार्यालय घेराउ भयो र त्यही दिन सर्लाहीबासीले सर्जमिन मुचुल्कामा मेरो निर्दोषिता र काङ्ग्रेसीको राज्य आतंकको बारेमा बयान दिएका थिए। सरकारले जनदबाब थेग्न सकेन। असार ५ गते मलाई र जिल्ला अध्यक्ष सिंहलाई रिहा गर्‍यो।

मधेशी, जनजाति, दलित लगायत उपेक्षित, उत्पीडितहरूलाई मूलधारमा ल्याउने जति आग्रह र प्रयास गरिए पनि पूर्वाग्रही सरकारले सजिलै सुन्ने कुरै थिएन।

आज पनि राज्यको त्यसप्रकारको पूर्वाग्रही चिन्तन रत्तिभर कम भएको छैन। र त, अन्याय र विभेदको शृंखला जारी छ। नेपाल बहुराष्ट्रिय राज्य नबनेसम्म यस प्रकारको विभेद र अन्यायको शृंखला जारी नै रहने छ। जबसम्म नेपाल सबै नेपालीको हुँदैन, नेपालमा राजनीतिक स्थायीत्व कायम हुन सक्दैन। विकास र समृद्धिको यात्रामा हामी प्रवेश नै सक्दैनौं। नागरिकलाई विकास र समृद्धिभन्दा पहिली देशको अपनत्वको खाँचो हो। जबकि, उनीहरूले देश नै आफ्नो हो भने महसुस गर्न पाएका छैनन् भनेर विकास र समृद्धिका गफ उनीहरूले कसरी पत्याउँछन् ?

# शर्मनाक घटना

मधेशलाई अपमान गर्न यो देशमा कुनै कारण चाहिँदैन । अकारण अपमानित हुनु मधेशीको नियतिजस्तो बनेको छ । तर वास्तवमा यसको कारक मधेशीको नियति होइन, शासक वर्गको पुस्तैनी नियत हो ।

एउटा हौवा फैलियो- भारतीय अभिनेता हृतिक रोशनले 'नेपाल र नेपालीको अपमान गरे !'

नश्लीय मानसिकतालाई निहुँ न चाहिएको थियो । त्यसपछि उनीहरूले भारतीय र भारतीय अनुहारजस्तै देखिने मधेशीमाथि ज्यादती सुरु गरे । यसक्रममा उनीहरूलाई लुटियो । कैयन् मधेशीका घर-पसल कबलहरू तोडफोड गरियो । सद्भावना पार्टीको वानेश्वरस्थित केन्द्रीय कार्यालयमा पनि आगो लगाइयो । नेताहरूको घरमा ढुङ्गा-मुढा प्रहार गरियो ।

आफ्नै देशभित्र, देशको राजधानीमा नै एक समुदायद्वारा अर्को समुदायमाथि निर्लज्ज र निर्मम आक्रमण गरियो । कालीमाटीका कबाडी सङ्कलन गर्ने, साइकल डोयाएर घरघर तरकारी पुऱ्याउने मधेशी दाजुभाइहरू आक्रमणको तारो बने । उनीहरूका साइकल लुटिए । साइकल डोयाउँदै चुल्हो-चौकामै तरकारी ल्याइदिने निमुखा मधेशी लुटिँदा कोही स्थानीय बचाउन आएनन् । २०५७ साल पौष ११, १२ र १३ गते नेपालको राजधानी काठमाडौँ र अन्य सहरहरूमा यस्तो अमानुषिक घटना भयो ।

मधेशी समुदायमा भय र आतङ्क छायो । निमुखाहरूमा आर्तनाद छायो । त्यतिबेला सञ्चार मन्त्री थिए जयप्रकाश प्रसाद गुप्ता । उनले घटनालाई स्वःस्फूर्त भने । त्यसपछि मधेशीहरू झन् आहत बन्न पुगे । सञ्चार मन्त्री गुप्ताको अभिव्यक्ति थिएन त्यो । एकल नश्लीय शासकीय प्रणालीले उनलाई त्यो बोल्न लगाइएको थियो ।

हृतिक रोशन काण्ड मधेशीप्रति पहाडिया मनोविज्ञान झल्काउने कारक बनेको थियो । हामी मधेशीले कति अपमान सहनुपर्छ, हेलाहाँसो व्यहोर्नुपर्छ भनेर चिनाउने ऐना पनि बनेको थियो ।

त्यतिबेला हिन्दी पत्रपत्रिका जलाउने, हिन्दी फिल्म चल्न नदिने अभियान चलेको थियो । मधेशी वा भारतीयलाई बाहिर निस्कनै गाह्रो थियो । प्रदर्शनकारीले संयम गुमाइसकेका थिए । उनीहरूले सिनेमा हलहल पुगेर हिन्दी फिल्म बन्द गराए । हिन्दी गीति क्यासेट धमाधम फुटाए । भारतीय फिल्म र कलाकारका पोस्टरहरू ज्याल थाले । बरहीँ बन्नै श्यामल अनुहार र धोती लगाएको भेटियो कि कुटाइ खाइहाल्ने परिस्थिति बन्यो । नागरिकता देखाएर नेपाली हुँ भन्दा पनि उनीहरूलाई छाडिएन । आन्दोलनले विवेक गुमाएकाले ठाउँठाउँमा कर्फ्यु जारी गरियो ।

त्यसबेला हरेक मधेशीलाई काठमाडौँले भारतीय देख्यो । उनीहरूको घर, जिउ, प्रतिष्ठा, सम्पत्तिमाथि अमानुषिक आक्रमण भयो । पढिरहेका विद्यार्थीले आफू भारतीय होइन भन्दाभन्दै पनि अपमानित हुनुपर्‍यो । तर फेरि बिनाछानबिन घटना सामसुम भयो ।

त्यो घटनाले नेपालमा हृतिकको लोकप्रियतामा कमी आएको छैन । भारतीय सिनेमाबाट प्रभावित नूतन पुस्तालाई यो घटनाको हेक्का पनि छैन होला । कुनै समयमा हृतिक काठमाडौँ आए भने पूरै खुलामञ्च भरिने मानवसागर जुट्न सक्छ ।

त्यस घटनाले मधेशीको चित्त भने नराम्ररी फाटेको छ । त्यसलाई राजनीतिक उपचारकै खाँचो थियो । तर शासकीय मनोदशाले त्यो खाडल पुर्ने काम गर्न सकेन ।

त्यस अत्याचारविरुद्ध सद्भावना पार्टीले देशव्यापी विरोध गर्‍यो । विरोध प्रदर्शनका क्रममा पुस १६ गते राजविराजमा खुशीलाल यादव शहीद हुनुभयो । आक्रोश बढ्दै गयो । २०५७ पौष २८ गते मधेश बन्द गरियो । सम्पूर्ण मधेशभरि यो कलंकित घटनाको भर्त्सना गरियो ।

हृतिक रोशन घटनाले देशको राजधानी काठमाडौँमै मधेशीहरूले असुरक्षित र अपमानित महसुस गरे । मारबारी समुदाय र मधेशी समुदायमाथि छानी-छानी कुटपिट, लुटपाट, आगजनीजस्ता अमानवीय, अशोभनीय, आपत्तिजनक व्यवहार भयो ।

ती दिनहरू मधेशी जनताका लागि कालो दिनका रूपमा रहेका छन् । मधेशीमाथि दुस्मन देशको नागरिकजस्तै व्यवहार गरिएको थियो । भारतीयको जस्तो अनुहार देखिनुमा मधेशीको के गल्ती थियो ? उक्त भयावह परिस्थितिमा मधेशी, मारवाडी तथा काठमाडौँमै रहेका भारतीय जनता समेतको मनोबल बढाउन काठमाडौँको नयाँ सडक, रत्नपार्क, भद्रकालीलगायतका सडकहरूमा हाम्रो सद्भावना पार्टीले उक्त ज्यादतीको विरोधमा विरोध प्रदर्शन गर्‍यौं ।

मैले यस्तो शर्मनाक घटनाबारे तत्कालीन प्रतिनिधिसभामा हिन्दीमा सम्बोधन गर्दै भनेको थिएँ-

'सभामुख महोदय ! अपने ही देश में इस ढंग का अन्याय शोभनीय नहीं है । इतना शर्मनाक घटना मुश्किल से मिलता होगा दुनिया में । सभामुख महोदय, इस घटना की छानबीन होनी चाहिए । सरकार ने अपनी तरफ से इस घटना के छानबीन के तहत कोई पहल कदमी नहीं किया । गत सेसन में हमलोगों को इसके लिए आवाज उठाना पडा और अन्ततोगत्वा जाकर छानबीन आयोग गठन हुआ । उस आयोग का रिपोर्ट अभीतक सार्वजनिक नहीं हुआ है । किस तत्त्व ने उस घटनाको घटाया । कैसे घटना घटा जनता जानना चाहती है । आपको बताना पडेगा । सरकार को बताना पडेगा कि कैसे एक समुदाय दूसरे समुदाय के ऊपर आक्रमण कर बैठे । इसके पीछे क्या था ? क्योंकि यदि आप ने चिडफाड नहीं किया तो दुबारा भी घट सकती है और जब दुबारा और तीबारा घटेगी तो परिणाम क्या निकल सकता है आप अनुमान लगा सकते हैं । इसलिए इस प्रतिवेदन को अविलम्ब सार्वजनिक करने की प्रतिवद्धता सरकार के नीति कार्यक्रम में उल्लेख नहीं किया गया है

सभामुख महोदय । जो उस घटना में दोषी पाए गए है या जो दोषी है उन पर कारवाई करने की प्रतिबद्धता व्यक्त नहीं कि गई है सभामुख महोदय । इतना ही नहीं उस घटना में पीडित पक्ष को क्षतिपूर्ति देने के लिए भी कोई प्रतिवद्धता व्यक्त नहीं की गई है सभामुख महोदय । इसलिए सरकार को अपने नीति और कार्यक्रम में इस ढंग की प्रतिबद्धता लानी चाहिए जिससे कि आगामी दिनों में फिर कभी इस ढंग का घटना इस ढंग की बात का रिपिटेशन न हो ।'

मैले संसद्मा यो विषय बारम्बार उठाएँ । घटनाको छानविनको माग गरियो । बल्लबल्ल सरकारले छानविन आयोग बनायो तर त्यसको प्रतिवेदन सार्वजनिक गरेर दोषी उपर कारबाही गर्ने तदारुकता भने देखाएन । त्यसपछि हामीले २०५७ साल माघ ७ गतेदेखि माघ २७ गतेसम्म मेची-महाकाली मधेशी एकता रथयात्रा निकाल्यौं । सबै जिल्लाहरुमा विरोधसभा भएका थिए । मधेशी समुदायमाथि काठमाडौँमा भएको घटनाको भर्त्सना मधेशभरि गरिएको थियो । त्यस कार्यक्रमले मधेशी जनतामा एकताको सञ्चार भयो । मधेशी जनता आफ्नो अधिकार र पहिचानको लागि एकताबद्ध हुनुपर्ने भावनाको नूतन जागरण पैदा भयो ।

# त्यसपछि मधेश अनाथ भयो

बेला-बेला गजेन्द्रबाबु अजीव प्रश्न गर्नुहुन्थ्यो मसँग । मधेश र मधेशीको चिन्ताले हो कि बढ्दो उमेरले गर्दा हो, यसबारे मैले भेउ पाउन सकेको थिइन । तर ती प्रश्नको उत्तर मसँग हुँदैन थियो ।

'तपाईं किन यस्ता कुरा गर्नुहुन्छ ?,' म आफैँ उदास भएर भन्थेँ ।

एकपटक म र गजेन्द्रबाबु कीर्तिपुरको एउटा भेटघाट कार्यक्रममा सँगै गइरहेका थियौँ । बाटोमा गजेन्द्रबाबुले सोध्नुभयो, 'राजेन्द्रजी मै नही रहुगा तो यह पार्टी कैसे बढेगी, कैसे आगे चलेगी, कौन चलाएगा ?'

मैले तुरुन्तै केही नसोची जवाफ फर्काएँ, 'जो करेगा वह वढेगा जो काम करेगा वह चलाएगा अध्यक्षजी, चिन्ता न ही किजीए ।' त्यसपछि उहाँ चुप लाग्नुभयो ।

गजेन्द्रबाबुको आदत थियो, पार्टीमा नेतृत्वको जहिले पनि खोजी गरिहने । नेतृत्वकै तलासमा निकै पटक पार्टी पुनर्गठन गर्नुभयो । नयाँनयाँ जिम्मेवारी दिइरहनुभयो । तर काम सन्तोषजनक लागेन भन्ने तुरुन्त पुनःगठन गरिहाल्नुहुन्थ्यो । कहिलेकाहीँ म सोध्थेँ, किन यति धेरै पुनःगठन गर्नुहुन्छ ?'

'दिएको अवसरको प्रयोग गरेर जिम्मेवारी बहन गरेन, पार्टीको काम गरेन भने त्यो ठाउँ ओगेटेर बस्नु ठीक होइन, अरूलाई अवसर दिनु पर्छ,' उहाँले जवाफ दिनुहुन्थ्यो ।

गजेन्द्रबाबुलाई तातो चिसोले पनि छुन सक्दैन थियो । उहाँ माघ महिनाको चिसोमा पनि पार्टीको काममा भ्रमण गरिरहनुहुन्थ्यो । आराम गर्ने उहाँको आदत नै थिएन । सधैं देश, सधैं मधेश, सधैं जनता, सधैं बैठक, सधैं दौडधुप । उहाँ न होटलमा बस्न रुचाउनु हुन्थ्यो, न जनताको घरमा बस्नुहुन्थ्यो । उहाँ आफ्नै गाडीमा सुत्नुहुन्थ्यो ।

उहाँले मधेशी र पहाडका जनजातिलाई उच्च स्वाभिमानका साथ बाँच्न सिकाउनुभयो । आफू बिरामी भएर पनि उनी मधेशलाई जगाउन र स्वस्थ राख्न अनवरत खटिनुभयो । जब मधेशीलाई मधिसे वा मदेसिया भनेर हेपिन्थ्यो त्यतिबेला गजेन्द्रबाबुले भन्नुहुन्थ्यो- 'गर्व से कहो हम मधेशी है ।'

गजेन्द्रबाबुको प्रेरणाबाट आज मधेशी हुनु अपमान होइन गौरवको विषय बनेको छ । यसका पछाडि उहाँले गरेको लामो सङ्घर्ष उभिएको छ, जसलाई कहिल्यै कुनै मधेशी र सीमान्तकृतले भुल्ने छैनन् ।

२०५८ माघ ८ गते सप्तरीबाट काठमाडौँ आइपुगेपछि गजेन्द्रबाबुको स्वास्थ्य झनै बिग्रियो । त्यसपछि थापाथलीस्थित नर्भिक अस्पताल लगियो ।

अस्पताल जाने बेलामा उहाँसँग फोनमा कुरा भएको थियो ।

'देखिए राजेन्द्रजी, साथी लोग सम्फते नही खानेपर बुलातो लेते हैं लेकीन इतना ज्यादा खिला देते है कि क्या करे तवियत खराव होजाता है, तरुवा (पकौडा) और खसीका मिट कुछ ज्यादा खिला दिया, देखिएन लगता है तवियत खराव होगया,' उहाँले भन्नुभएको थियो ।

अस्पताल पुगेपछि पनि मलाई फोन गरेर जाँचपड्ताल सुरू भयो । रिपोर्ट सबै ठीकै आएको बताउनुभयो ।

'सबै ठीक छ । चिकित्सकले दुई दिन हस्पिटलमा आराम गर्न सल्लाह दिएका छन्,' उहाँले यसो भन्नुभयो ।

तर बिहानको चार नबज्दै डा. असर्फी साहजीले मलाई हतारिँदै फोन गरे ।

'जल्दी आइए गजेन्द्रबाबु कि तबियत काफी खराब हो गया है', म अतालिएँ ।

आफैँ हिँडेर अस्पताल पुगेको व्यक्ति केही घण्टापछि कसरी त्यति धेरै बिरामी पर्‍यो ? मनमा अनेक कुरा खेले । म तुरन्त अस्पताल पुगेँ । डा. असर्फीसँग तल गेटमा नै भेट भयो । सीधा आइसीयूमा लिएर गए । जहाँ गजेन्द्रबाबु अर्धचेतन अवस्थामा हुनुहुन्थ्यो । मैले नमस्कार गरेँ ।

'अभी कैसा है ?' मैले सोधेँ ।

गजेन्द्रबाबुका आँखा रसाए । म त त्यसै भावुक भएँ । स्लाइनले बेरिएको हातको इसाराले छाती दुखेको जस्तो संकेत गरिरहनुभएको थियो गजेन्द्रबाबुले ।

रातभरि तीन पटक हृदयघात भएपछि उहाँ अर्धचेत अवस्था हुनुहुन्थ्यो । अब के गर्ने ? अन्त्यमा सल्लाह भयो– एयर एम्बुलेन्स मगाएर दिल्ली पठाउने ।

'स्थिति स्टेबल हुनुपर्‍यो, हेरौँ,' डाक्टरको टिमले होल्ड गरे ।

त्यतिञ्जेलमा मैले भारतीय राजदूत आईपी सिंह लगायतका अधिकारीहरूसँग फोन गरेँ । गजेन्द्रबाबुलाई दिल्ली पठाउने कुरा गरेँ । डाक्टरले भन्ने बित्तिकै उता दिल्लीबाट एयर एम्बुलेन्स आउने व्यवस्था मिलायौँ । तर गजेन्द्रबाबुको अवस्थामा बीसको उन्नाइस भएन ।

अन्ततोगत्वा माघ १० गते दिउँसो २:३५ बजे गजेन्द्रबाबुले अन्तिम सास लिनुभयो ।

गजेन्द्रबाबु संसारबाट बिदा भएसँगै मधेशको मूल खाँबो ढल्यो । मधेशका जनता अनाथ भए । पार्थिव शरीरलाई राति नै काठमाडौँको शान्तिनगरस्थित पार्टी केन्द्रीय कार्यालयमा राखियो । भोलिपल्ट हेलिकप्टरबाट पार्थिक शरीर गृहनगर राजविराज लगियो ।

जहाँ हजारौँ जनता आफ्ना प्रिय नेता, मधेश मुक्ति आन्दोलनको प्रणेता गजेन्द्रबाबुलाई अन्तिम बिदाइ गर्न उपस्थित थिए ।

राातरी रोबा आाश्रममा गजेन्द्रबाबुको अ्त्येष्टि हुँदै थियो । सञ्चार मन्त्री जय प्रकाशप्रसाद गुप्ता र सांसद पीएल सिंह पनि उपस्थित थिए । मैले संसार धमिलो देख्न थालेँ । आँखै अगाडि आन्दोलनको अगुवा शेष बन्दै हुनुहुन्थ्यो । आन्दोलनले अभिभावक गुमाएका र टुहरा बन्दै गएको आभास हुँदै गयो ।

नेपालका प्रजातान्त्रिक योद्धा तथा मधेशका मसिहाको निधनमा नेपाल सद्भावना पार्टीले कार्यालय, पार्टी काम स्थगन गर्‍यो । पार्टीको झन्डा आधा झुकाएर आफ्नो प्रिय नेताको अवसानमा शोकमग्न बन्यो ।

गजेन्द्रबाबुको असामयिक निधनले चारैतिर सनसनी फैलियो । उहाँका निधनले सिंगो राष्ट्र शोकमा चुर्लुम्म डुब्यो । मधेश मुक्ति आन्दोलन अलपत्र पर्ने त होइन भनेर धेरै चिन्तित भए । मधेशका अगुवाले आन्दोलनको कर्ताधर्ता गुमाएको महसुस गरे । देश-विदेशले गजेन्द्रबाबुको योगदानको प्रशंसा गर्‍यो । तत्कालीन राजा ज्ञानेन्द्र लगायत देश विदेशका शुभचिन्तकले गजेन्द्रबाबुको निधनमा शोक वक्तव्य जारी गरे ।

गजेन्द्रबाबुले मुलुकको संसद्मा बारम्बार प्रतिनिधित्व गर्दै आउनुभएको थियो । उहाँप्रति प्रतिनिधिसभाले शोक प्रस्ताव पारित गर्‍यो ।

संसारबाट बिदा लिनुभन्दा दुई महिना पहिले गजेन्द्रबाबुले आफ्नो खस्कँदो स्वास्थ्यावस्था देखाउँदै मलाई पार्टीको उपाध्यक्ष बन्न आग्रह गर्नुभएको थियो । उहाँले कार्यवाहक अध्यक्षको काम गर्न पनि प्रस्ताव राखेका थिए ।

'अध्यक्षजी आप बिल्कुल ठिकठाक है, स्वस्थ्य और सक्रिय है, पार्टी ठिक से ही चल रही है, आप चिन्ता क्यो करते है ? मै पूरी तरह से आपको सहयोग तो करही रहा हुँ, अभी कार्यबाहक वाली वाते मुझेको ठिक नही लग रही है, इसकी अभी आवस्यकता नही है, देखते जाइए, जोभी करना होगा महाधिवेशन मे किजीएगा, मेरा पूरा सहयोग आपको है ही ।'

मैले तुरुन्तै अस्वीकार गर्दै भनेको थिएँ । उहाँको बिग्रँदो स्वास्थ्य र खस्कँदो मनस्थितिबारे मैले भेउ पाउन नसकेको रहेछु । त्यसको केही समयअगाडि तत्कालीन पार्टी उपाध्यक्ष बद्रिप्रसाद मण्डलजीप्रति गजेन्द्रबाबु दुःखी हुनुहुन्थ्यो । कारण थियो- बद्रिबाबुले काठमाडौँबाट प्रकाशित हुने एक साप्ताहिक पत्रिकाको अन्तर्वार्तामा 'मेरो प्रेरणाको श्रोत राजा हो' भनेका थिए ।

त्यो अन्तर्वार्ता हेर्नेबित्तिकै गजेन्द्रबाबु क्षुब्ध हुनुभएको थियो । मलाई तुरुन्तै फोन गर्नुभयो । तीनकुनेस्थित निजी निवासमा बोलाई दुःख व्यक्त गर्नुभयो ।

'कैसे मधेशीयोका कल्याण होगा राजेन्द्रजी, ये देखिए,' उहाँले भन्नुभएको थियो ।

उहाँको भनाइबाट प्रष्टै बुझिन्थ्यो- मधेशीको अधिकार, पहिचान, स्वाभिमानको लागि सङ्घर्ष गर्ने नेता तथा पार्टीको प्रेरणाको श्रोत राजा हुने सक्दैन । त्यस घटनापछि नै पार्टीभित्र वरियता क्रममा उपाध्यक्ष बद्रि बाबु भएको गजेन्द्रबाबुलाई पचिरहेको थिएन । त्यसै कारण मलाई महासचिवबाट उपाध्यक्ष बनाएर कार्यवाहक अध्यक्ष बनाउने उहाँको चाहना देखिन्थ्यो । तर त्यसबारे मैले सोचेकै थिइन ।

म महाधिवेशनसम्म उहाँ नै अध्यक्ष रहनुहोस् भन्ने चाहन्थें । तर मेरो त्यो सोचाइ गलत प्रमाणित भयो ।

यी वार्तालापको एक महिनापछि झापामा हाम्रो भेट भयो । त्यसपछि उहाँ सप्तरी दौडाहामा निस्कनुभयो । त्यही दौडाहापछि सप्तरीबाट काठमाडौँ फर्किएर संसारबाट नै अलप हुनुभयो ।

अस्पतालको शय्यामा परेर पनि उहाँले पार्टीको काम गर्न छाड्नुभएन । अस्पतालबाट मलाई फोन गर्नुभयो । तिनताक पार्टी कार्यालयमा विकाश तिवारीका साथै खगेन्द्र मण्डल पनि काम गरिरहेका थिए । उनलाई पनि पार्टी कार्यालय सचिवमा नियुक्त गरिदिन भन्नुभयो ।

अन्तिम साससम्म पनि गजेन्द्रबाबुले मधेश र मधेशीको बारेमा नै सोचिरहनुभयो ।

गजेन्द्रबाबुको देहावसानपछि पार्टीका उपाध्यक्ष बद्रिप्रसाद मण्डलजी पार्टीको कार्यवाहक अध्यक्ष भए ।

त्यसको केही महिनापछि नै अर्थात् २०५९ असोज १९ गते मुलुक प्रतिगमनतर्फ अघि बढ्यो । तत्कालीन राजा ज्ञानेन्द्रले शेरबहादुर देउवालाई अपदस्थ गरी शासन-सत्ता आफ्नो हातमा लिए ।

राजा ज्ञानेन्द्रले प्रजातन्त्रको घाँटी निमोठिसकेका थिए । मुलुकलाई अधिनायकवादतिर लैजाँदै थिए । आन्दोलनको शङ्खनादको जरुरी थियो । तर कार्यवाहक अध्यक्ष बद्रि मण्डल आन्दोलनमा जाने कुरै गर्दैनन् । उनी बिस्तारै दरबारतिर पो सोभिन थाले । गजेन्द्रबाबुको विरासत बोकेको र शोक बारिरहेको पार्टी दरबारतिर अघि बढ्न थाल्यो ।

अन्ततः मधेश मुक्तिका नायक गजेन्द्रबाबुले खडा गरेको पार्टी बद्रि मण्डलले दरबारमा लगेर बुझाए । त्यसपछि हामीले उहाँकै धर्मपत्नी आनन्दी देवी सिंहको अध्यक्षतामा नेपाल सद्भावना पार्टी (आनन्दी देवी) गठन गर्‍यौं । र, आन्दोलनतर्फ अग्रसर भयौं ।

त्यस दिन मलाई ठूलो पछुतो भयो । गजेन्द्रबाबुले कार्यवाहकको प्रस्ताव राख्दा इन्कार गर्नु मेरो राजनीतिक अपरिपक्कता रहेछ भन्ने बोध गरें । ममा सुझबुझ र दूरदर्शिता नभएका कारण उहाँको प्रस्ताव अस्वीकार गर्न पुगें । पार्टी प्रतिगमनको सारथि बन्यो ।

बाध्य भएर गजेन्द्रबाबुको विरासत बोकेको पार्टी फुटाउनुपर्‍यो ।

गजेन्द्रबाबुमा दूरदृष्टि थियो । मैले सल्लाह मानेर पार्टी उपाध्यक्ष भई कार्यवाहक अध्यक्ष बनेको भए पार्टी दुर्घटनामा फस्ने थिएन । मैले आफ्नो कमजोरी महसुस गर्दासम्म सबै थोक बिग्रिसकेको थियो । मेरो हातमा पछुतो बाहेक केही रहेन ।

एकपटक भारतीय पत्रकार रामाशिसजीले राजविराजस्थित सप्तरी सेवा आश्रममा पार्टी केन्द्रीय प्रशिक्षण कार्यक्रमको क्रममा नेताहरूको जमघटकै बीचमा गजेन्द्रबाबुलाई पार्टीको नेतृत्वमाथि संकेत गर्दै प्रश्न गरेका थिए– यह दो कौडीका नेता सब से क्या होगा गजेन्द्रबाबु ?

'कहाँसे लावे हम भद्रकाली मिश्र ? जो लोग पार्टी से है वही से कल्ह कोई भद्रकाली मिश्र निकलेगा देखिएगा ।'

गजेन्द्रबाबुले पत्रकार रामाशिषजीलाई भन्नुभएको थियो ।

यसैले त मैले भन्ने गरेको छु– गजेन्द्रबाबु जहिले पनि पार्टी नेतृत्वको खोजी र विकासको लागि प्रयत्नशील रहनुहुन्थ्यो ।

प्रतिनिधिसभा निर्वाचनपश्चात् संविधानले तोकेको मापदण्डअनुसार तत्कालीन नेरापाका संसवीय दलका नेताको हैसियतले गजेन्द्रबाबु तत्कालीन सभामुख दमननाथ ढुगानाले नेतृत्व गरेको संसदीय टोलीमा ब्रिटेन जानुभएको थियो । त्यहाँ अक्सफर्ड विश्वविद्यालयमा नेपाली

विद्यार्थीहरूले संसदीय टोलीको सम्मानमा रात्रिभोज आयोजना गरेका थिए । जमघटमा धोतीकुर्ता लगाएर जानुभएको गजेन्द्रबाबुलाई त्यहाँका विद्यार्थीले प्रश्न गरे– 'माननीयज्यू ! सात समुद्र पार गरेर आउँदा पनि राष्ट्रिय पोशाक किन नलगाएको ?'

त्यतिखेर गजेन्द्रबाबुले दिनुभएको उत्तरले सबै अवाक् भएका थिए ।

'मलाई आफ्नो राष्ट्रिय पोशाकसँग यति लगाव छ कि म धोतीकुर्तामा छु । पेन्ट सर्ट कोट चाहिँ बरु अग्रेजको पोशाक हो । म त यो दर्शाउन आएको हुँ कि नेपालमा टोपी लगाउने मात्र नेपाली नभई धोती लगाउने नेपाली पनि छन्,' उहाँले भन्नुभएको थियो ।

गजेन्द्रबाबु जात–जाति व्यवस्थाको विरोधी हुनुहुन्थ्यो । जन्म लिंदैमा कोही शूद्र हुन्छ भने म जनै लगाउँदिनँ भनेर तोडेर फाल्नुभएको थियो । बरु कर्मको आधारमा क्षेत्रीय बन्छु भनेर गजेन्द्रबाबु समतावादी समाजको स्थापनामा होमिनुभएको थियो ।

गजेन्द्रबाबुको सपनामा धेरैले योगदान दिए । बाबा रामजनम तिवारी, बलराम नायक, रामकृष्ण साह, केदार यादव, विश्वनाथ साह, दिलीप सिंह, डा. शिवशंकर यादव, प्रध्यापक चन्द्रकिशोर मण्डल, पृथ्वीचन्द्र चौरसीया, चन्देश्वर साह, रामबाबु सिंह, गजेन्द्रप्रसाद सिंह, राजेश्वर नेपाली, श्यामलाल मिश्र, लक्ष्मणलाल कर्ण, खुशीलाल मण्डल लगायत धेरैलाई सम्झिन सकिन्छ ।

अहिलेका कतिपय मधेशी नेताहरूलाई थाहा पनि छैन होला कि, ती योगदानकर्ता कहाँ छन् ? के हालतमा छन् ? कसैले सोधबुझ गरेको छैन । विमल सिंह त बेपत्ता नै भए । आजसम्म फेला परेका छैनन् । सद्भावना आन्दोलनकै कारण चन्देश्वर साह, विश्वनाथ साह लगायतको अवस्था अत्यन्तै नाजुक भयो । त्यस्तै भरतविमल यादव, पृथ्वीचन्द्र चौरसीयाले आफ्नो फर्स्ट क्लास जागिर छोडेर पार्टी, मधेश मुक्ति आन्दोलनमा होमिएका थिए ।

हामी कहाँ आज राजनीतिमा आएर भोलि नै उपलब्धि खोज्नेहरूको कमी छैन । तर वास्तवमा मधेश आन्दोलन जगाउन सद्भावना मार्फत् सिंगो एउटा पुस्ताले योगदान गरेका छन् । जसलाई मधेश आन्दोलनको इतिहासले गर्विलो ढंगबाट सधैं स्मरण गर्ने छ ।

आज गजेन्द्रबाबु हामीबीच हुनुहुन्न । तर देश गजेन्द्रपथको वरिपरि घुमिरहेको छ । देश समृद्धिको गतिमा अगाडि बढ्न गजेन्द्रबाबुले उठाएका सवालहरू सम्बोधन गर्नैपर्ने अवस्था सबैले महसुस गरेका छन् । तर गजेन्द्रबाबुको निधनपछि राज्यबाट कुनै उल्लेखनीय सम्मान नपाउनु चाँहि आश्चर्य र पीडाको विषय हो ।

गजेन्द्रबाबु मेरो आदर्श हुन् । उनकै विचारमा म अगाडि बढिरहेको छु । बढिरहने छु ।

आन्दोलनकै मैदानबाट तमाम मधेशका आन्दोलनकारीलाई हेरिरहँदा मैले इमान्दारीपूर्वक भन्नैपर्ने हुन्छ, गजेन्द्रबाबु जत्तिको त्याग, तपस्या र निष्ठा बोकेको नेता मधेशले पाउन सकेन ।

आन्दोलनमा सदैव उहाँको अभाव खट्किइरहने छ ।

# सद्भावको सूत्र सद्भावना

चोरहरूको सभामा कसरी चोरी–डकैती गर्ने भनेर छलफल हुन्छ । कसरी कम मिहिनेतमा दुकुटीको पहुँचमा पुग्ने र बढीभन्दा बढी धनमाल हत्याउने सरसल्लाह हुन्छ । खस–आर्यको मात्रै प्रतिनिधित्व गर्ने नश्लीय शासकले पनि आफ्नो नश्लीयता जोगाउन अनेक प्रपञ्च गर्छन् ।

समाजका संरचनामा आफ्नो उपस्थित मजबुत तुल्याउँछन् । बालखलाई बामे सर्दादेखि नै हाम्रो राज्य हो, हामीले अरूमाथि शासन गर्नुपर्छ भनेर नजानिँदो तरिकाले सिकाइन्छ । समाजमा रहेका रूढीवादी, अन्ध परम्परामा ताते गर्न सकाइन्छ ।

स्कुलमा पाठ्यक्रममै समाविष्ट गरेर पढाइन्छ– धार्मिक सहिष्णुता र सामाजिक सद्भावको निम्ति हाम्रो देश विश्वमै अद्वित्तीय छ ।

राजनीतिकर्मीहरूले भाषणमा पनि यस्तै भन्ने गर्छन् ।

तर यो वाक्य राज्य संयन्त्रद्वारा कुनै निश्चित उद्देश्य प्राप्त गर्नका निम्ति प्रचार–प्रसार गरिएको मात्र हो ।

नेपाली समाजलाई गहिरिएर हेरौं । शासन–सत्तामा विकास हुँदै आएको संरचना हेरौं । त्यहाँ त हामीले विभिन्न सामाजिक समूहहरूको सम्बन्ध असमानताको धरातलमा बनेको मात्रै पाउँछौं । यसर्थ एक जातिले शासन गरिरहने, अरूले त्यसविरुद्ध प्रतिवाद गर्न नसक्ने अर्थात् त्यसविरुद्ध उभिन नसक्ने परिस्थिति खडा गरिएकैले शासकहरूले धार्मिक सहिष्णुता र सामाजिक सद्भावको नमुना पस्कन पाएका हुन् ।

नेपाली समाजमा असमानता विद्यमान छ भनेर नेपालको कानुनले भन्छ ।

'नेपाली नागरिकहरू जन्मनासाथै असमान हुन्छन्,' नयाँ मुलुकी ऐन २०२० जारी हुनुभन्दा पूर्व नेपाली समाजको संरचना यस्तो थियो भनेर कानुनले नै व्याख्या गरेको थियो ।

व्यक्तिगत क्षमता, बुद्धि, कुशलताले समाज व्यवस्था निर्माण भएको छैन । अधिकारको प्रत्यायोजन भएको छैन । ब्राह्मण परिवारमा जन्मेको छ भने ऊ जन्मनासाथ माथि हुन्छ । दलित परिवारमा जन्मेको छ भने ऊ जन्मनासाथ तल हुन्छ । छोइछिटो, अनेक अपमान र ताडना जन्मनासाथ उसको भागमा पर्छ ।

मुलुकी ऐनले त्यसलाई विस्थापित गर्न नखोजेको होइन । तर सामाजिक सत्ताले व्यवहारमा कार्यान्वयन गर्न दिएन । हिजोको नेपालको पुरानो मुलुकी ऐनलाई अहिले हामी प्रचलित कानुनको रूपमा अभ्यास गरिरहेका छौं ।

असमानता, विभेद र शोषणलाई समाजका अवयवहरूमा जीवितै राखेका छौं । दलितका छोरीहरूले कथित उपल्लो जातका छोरासँग विवाह गर्न पाउँदैनन् । जाजरकोटका नवराज विकसहित ६ जना युवा कथित माथिल्लो जातको छोरीसँग विवाह गर्न खोजेकैले भेरीमा बगाइनुपर्‍यो । काभ्रेका अजित मिजार त्यसै गरी मारिए । उनको परिवार न्यायका निम्ति याचना गरिरहेको छ । जिउँदो हुँदा त न्याय पाएनन् नै, शवले समेत सदगत पाउन सकेको छैन ।

छुवाछूत ऐन–कानुनका कागजमा हटाएर हुँदैन । समाज व्यवस्थाबाट त्यसलाई पूर्णतः हटाउनुपर्‍यो । सामन्ती व्यवस्थाको खाँबोको रूपमा रहेको यस्तो विभेदहरू विद्यमान हुँदा, उपेक्षित, उत्पीडितमाथि शोषणको शृङ्ख्लालाई जीवित राख्दा सामाजिक सद्भावको स्थापना नै हुन सक्दैन ।

तर विभेद, दमन, उत्पीडन र उपेक्षा पनि यथावत् राख्ने र गायत्री मन्त्रझैं सामाजिक सद्भावको नारा पनि जपिरहनु आफैंमा विरोधाभाष हो । वास्तवमा यी दुईबीच कहिल्यै मेल हुँदैन ।

कसैले यहाँ आदि कालदेखि पहाडी र मधेशी, थारू, आदिवासी जनजाति मिलेर बसेका थिए । तर जातीय पहिचानसहितको सङ्घीयताको मुद्दा उठानले सामाजिक सद्भाव खल्बलियो, समाज असहिष्णु बन्न थाल्यो, जातजातिबीच फाटो आयो भन्छ भने त्यो पूर्णतः गलत हो । यसो भन्नेले समाज व्यवस्थामा विद्यमान असमानतालाई बुझेकै छैन अथवा बुझ्न चाहेकै छैन भनेर हामीले ठान्नुपर्ने हुन्छ ।

विज्ञान र प्रविधिले फड्को मारिरहेको, सूचना र प्रविधिको क्षेत्रमा भएको सीमातीत–कल्पनातीन प्रगतिको युगमा पनि समाजमा हामीले मान्छे–मान्छेबीच हुने भेदभावलाई जीवितै राखेका छौं । एउटा भूगोलमा बस्नेले अर्को भूगोलमा बस्ने नागरिकलाई हेय र अपमानको आँखाले हेर्न मनोदशालाई बदल्न सकेका छैनौं । देशको किनारामा बस्ने नागरिकले म हेपिएँ, दबिएँ, मैले अधिकार पाइन भन्दा अर्को देशको अमूक भूगोल देखाउने शासकीय मनोदशालाई बदल्न सकेका छैनौं ।

यसर्थ, सत्य के हो भने नागरिकहरू मिलेर बसेका थिएनन्, सहेर बसेका थिए । मधेशीहरू शासकको दासका रूपमा थिए । उनीहरूले रैती, प्रजा र जनताको दर्जा पाउनै सकेका थिएनन् । थारूहरू अधिकांश कमैया थिए । मधेशमा रहेका पहाडीहरू मालिक एवं धेरैजसो जमिनदार थिए । यस्तो अवस्थामा मालिकको अन्याय र अत्याचार सहनु मधेशी–थारूहरूको नियति थियो ।

अहिले परिस्थिति फेरिएको छ । दासताविरुद्ध आवाज उठ्न थालेको छ । उनीहरूले देशभित्र आफ्नो अपनत्व खोज्न थालेका छन् । शासन–सत्तामा आफ्नो हिस्सेदारी खोज्न थालेका छन् ।

पहिचानमा आधारित प्रदेशले मात्रै आफ्नो हक अधिकार सुनिश्चित गर्छ भन्ने कुरामा विश्वस्त हुन थालेका छन् । यसको लागि फेरि आन्दोलन र सङ्घर्षको बाटो हिँड्न तयार छन् ।

यसकारण सामाजिक सद्भावको खोजी गर्दा पहिले हामी आफैँले हुर्काएको र शासकहरूले गोडमेल गरेको सामाजिक असमानता र विभेदहरूको दुष्चक्रलाई फाल्न तयार हुनुपर्छ ।

समाजको पिँधमा शोषण विभेद कायमै राख्ने र गजुरबाट 'सामाजिक सद्भाव खल्बलिनुहुँदैन हजुर' भनेर जति राग अलापे पनि त्यसले परिणाम दिँदैन ।

हुन त लोकतन्त्र आइसक्यो त भन्ने प्रश्न पनि उठ्न सक्ला । प्रजातन्त्र त २००७ साल र २०४६ सालमा पनि आएको थियो । तर किन दिगो भएनन् त ? यसकारण कि, शासन-व्यवस्थामा राज्यका पिँधका नागरिकको पहुँच पुगेन । बहुसंख्यक नागरिकलाई राज्यको मूल प्रवाहबाट छुटाएर बग्ने शासकीय शिराले वास्तविक लोकतन्त्रको गन्तव्य तय गर्न सक्दैन ।

यसकारण हामीले व्यापक लोकतन्त्र, सहभागितामूलक लोकतन्त्रको पैरवी गरिरहेका हौँ । अहिले विस्तारै लोकतन्त्र, समावेशिता, संघीय संरचनाबारे पनि प्रश्न उठ्न थालेको छ । प्रश्न उठ्नुको पछाडि यावत् कारण हुनसक्छन् । मुख्य कारण हामीले अपूरो संविधान जारी गर्‍यौं । कार्यान्वयन गर्दा पनि यसको मर्म र भावनालाई आत्मसात गर्न सकेनौं । संघीय लोकतान्त्रिक गणतन्त्र त भनियो । तर सिंहदरबारले अधिकार आफ्नै मुट्ठीमा मात्रै राख्न खोज्यो । तल अधिकार नै दिन चाहेन ।

नेपाली समाज बहुजातीय, बहुधार्मिक र बहुसांस्कृतिक छ । तर, राज्यले एउटै भाषा, एउटै भेष, एउटै संस्कृतिको प्रवर्द्धन गरेर खस आर्यको हितलाई मात्रै पृष्ठपोषण गर्‍यो । कानुनद्वारा पनि संरक्षित गर्‍यो ।

यसकारण पनि नेपाली समाज सद्भावयुक्त छ भन्ने कुरा अतिरञ्जित प्रचार हो । वास्तविक सद्भाव कायम गर्ने लक्ष्य त तत्कालीन सद्भावना पार्टीले राखेको थियो ।

बहुसांस्कृतिक राज्यमा जातीय द्वन्द्वको सम्भावना हुन्छ किनभने यस्तो समाजमा एउटा समूहको स्वार्थ र प्राथमिकता अर्को समूहसँग मिल्दैन । समाजको बनोट नै बहुजातीय र बहुसांस्कृतिक भएकाले त्यो बहुजातीय र बहुसांस्कृतिक समुदायबीचको प्राथमिकता तथा स्वार्थमा फरकपन आउँछ र द्वन्द्व उत्पन्न हुन्छ ।

यो समावेशीतन्त्रको एउटा विशेषता हो । सँगसँगै यसले समाजमा द्वन्द्व अपरिहार्य छ पनि भन्छ । द्वन्द्वलाई व्यवस्थापन गर्ने कुरा पनि यसले देखाउँछ । समावेशीतन्त्रको दोस्रो विशेषता सामाजिक समूहहरूको असमानतालाई क्रमशः न्यूनीकरण गर्दै अन्त्य गर्ने हो ।

राज्यको विभेदपूर्ण नीतिको कारण नेपालका सामाजिक समूहहरूबीच विद्यमान राजनीतिक असमानताका विरुद्धमा जनजाति, दलित, महिला आन्दोलन तथा मधेश विद्रोह भएका हुन् । यी सबै यो देशको लागि समावेशीतन्त्रका जननी हुन् । आन्दोलनले केही मात्रामा समावेशीतन्त्र अगाडि आएको छ ।

तथ्याङ्क विभागकै अफडालाई हेर्ने हो भने पनि पहाडी बाहुनको जनसंख्या १२ प्रतिशत छ । तर अदालतमा, प्रशासनमा, हिजोको व्यवस्थापिकामा हेर्ने हो भने उनीहरूको उपस्थिति

पुगनपुग ५० प्रतिशत थियो । अनि १३ प्रतिशत जनसंख्याको हिस्सा ओगट्ने दलित हेर्‍यौं भने शासन-प्रशासनमा कतै पनि देखिँदैन । यो कुरामा परिवर्तन ल्याउन संविधान सभामा समावेशी समानुपातिक निर्वाचन प्रणालीको अभ्यास गरियो । यसबाट दलितको उपस्थिति त बढ्यो । तर पनि सत्तामा रहेका शासक वर्गले यसमा पनि चलाखी गरेका छन् । उनीहरूले दलित त ल्याउँछन् तर तिनले दलितको मुद्दा उठाउँदै उठाउँदैनन् । महिला पनि ल्याउँछन् तर उनीहरू पुरुषसत्ताको मतियार बनेर आउँछन् । महिलाको कुरा बोल्दै बोल्दैनन् ।

माओवादी जनयुद्ध र मधेश विद्रोहको पृष्ठभूमिमा नेपाली राज्यको स्वरूपमा आधारभूत परिवर्तन आएको छ । समावेशीतन्त्र अब नेपाली राज्यको स्वरूपमा थोरै भए पनि देखिन्छ । भलै त्यो चरित्रमा छैन । बहुलवाद, समूहगत अधिकार, स्वायत्तता, आत्मनिर्णयको अधिकार, आरक्षण, सकारात्मक विभेद, समानुपातिक प्रतिनिधित्व र बहुराष्ट्रिय राज्यको चरित्र रहेको सङ्घीयताजस्ता कुराहरू समावेशीतन्त्रका अवयवहरू हुन् । हामी जति-जति समावेशीतन्त्रतर्फ उन्मुख हुँदै जान्छौं, त्यति-त्यति सामाजिक सद्भावको पक्षमा अगाडि बढ्दै जान्छौं । वास्तविक सामाजिक सद्भावना कायम गर्नकै निम्ति हामीले सद्भावना पार्टी बनाएका थियौं ।

नेपालमा जुन सामाजिक सद्भाव छ भनेर भन्ने गरिन्छ, त्यो सामाजिक द्वन्द्व, असमानता, विभेदलाई लुकाउने काम मात्र हो । त्यो लुकेको कुरा कसरी एकाएक उजागर भयो ? यसमा तीनवटा कोणबाट नेपालमा सामाजिक द्वन्द्व छ भनेर हेर्दा कुरा प्रष्ट हुन्छ । पहिलो, जनजाति आन्दोलन र आन्दोलनसँग जोडिएका मुद्दाहरूलाई हेर्नुपर्छ । नेपालीभित्रका जनजातिहरूको, गरिबीको, शासनको र मानव विकासको सूचकाङ्क हेर्दा असमानता छ । तसर्थ पहिचान चाहियो  भन्ने हो । अर्को, मधेश आन्दोलन र मधेश विद्रोहले स्पष्ट पहिचान गरेको नेपाली राज्य पहाड-केन्द्रित छ भन्ने हो ।

राज्यले मधेशको उब्जाउ भूमि आफ्नो ठान्यो तर मधेशका मूलवासीहरूलाई आफ्नो ठानेन । अथवा, मधेश आन्तरिक उपनिवेशबाट ग्रस्त छ । त्योभित्र मधेश आन्दोलन र जनजाति आन्दोलनले उजागर गरेका पक्षहरू छन् । त्यसैले नेपालमा सामाजिक द्वन्द्व छ । तेस्रो, दलित र महिला आन्दोलनका मुद्दा केलाउँदै जाने हो भने देख्न सकिन्छ, नेपालमा लैङ्गिक र जातीय कोणबाट पनि द्वन्द्व छ ।

मुख्य कुरा पृथक् पहिचानको मान्यता र सम्मान हो । राजनीतिक रूपमा वैचारिक विभाजन र भिन्नतालाई हामीले स्वीकार गरेका छौं । काँग्रेस, एमाले, माओवादी, मधेशवादी पहिचानवादीजस्ता हरेक राजनीतिक पार्टीका पोलिटिकल आइडोलोजी स्वीकार्न सकिने, हाम्रो सामाजिक विविधता र भिन्नतालाई किन नस्वीकार्ने ? भएको पहिचानलाई हामीले सम्मान र मान्यता दिनुपर्ने हुन्छ । सिङ्गो नेपालभित्रको विविधताको, पहिचानको, त्यसको मान्यताको सम्मान गर्न सकियो भनें एकले अर्काको सम्मान गरेको हुन्छ ।

नेपालमा सामाजिक द्वन्द्व छ किनभने सामाजिक समूहहरूको अन्तरसम्बन्ध असमानता, विभेद र शोषणको धरातलमा उभिएको छ । मुख्यकुरा सामाजिक द्वन्द्व साम्प्रदायिक दङ्गा

वा विखण्डन, विभाजन हुनबाट बच्नको निमित्त अधिकार, पहिचानको मान्यता जति चाँडी स्थापित गर्न सक्छौं त्यति नै चाँडै सद्भाव कायम हुँदै जानेछ । यसको निम्ति जिम्मेवार नेतृत्व हुनुपर्दछ । अर्थात् पहिचानमा आधारित रहेका नेतृत्व पनि आन्दोलनलाई ठीक ट्र्याकबाट अहिंसात्मक ढङ्गले कम क्षतिमा बढी उपलब्धी दिलाउने खालको हुनुपर्दछ । राज्यसयन्त्रमा कब्जा गरी बसेका नेतृत्व पनि देश र जनताप्रति जिम्मेवार, जवाफदेही भएर समावेशीतन्त्रतर्फ उदार हृदयले अगाडि आउन सके सामाजिक सद्भाव बलियो हुँदै जानेछ ।

यदि राज्यले दमन गरेर, थर्काएर, लोभ्याएर, आत्मसमर्पण गराएर सद्भाव कायम गर्ने सोचेको हो भने ऊ अभै पुरातन रहेको बुभ्नुपर्नेछ । अब पनि संविधान संशोधनमार्फत् समयमै सामाजिक सद्भावतर्फ सबैले ध्यान दिनुपर्छ ।

एकल राष्ट्रिय राज्यको पृष्ठपोषक, औपनिवेशिक मानसिकता, नश्लवादी चिन्तन र सोच बोकेका शासक सम्प्रान्तहरूले 'नेपाल सबै नेपालीको हो' भन्ने बुभ्नुपर्छ । त्यसैले 'नेपाल बहुलराष्ट्रिय राज्य'को रूपमा स्वीकार गरी सोही मान्यताअनुसारको 'शासन र संविधान ' निर्माण गरी शासन सञ्चालन गर्ने अवस्था नबनेसम्म नेपालमा लोकतान्त्रिक आन्दोलनको कार्यभार पूरा भएको भनिंदैन । विगतमा भएको लोकतान्त्रिक आन्दोलनको कार्यभार पूरा गराउन पूरक आन्दोलनको रूपमा शान्तिपूर्ण राष्ट्रिय मुक्ति आन्दोलनको आवश्यकता रहेको छ ।

हिमाल, पहाड, तराईका सबै अधिकारवादी तथा पहिचानवादीहरू, देशको सभ्यता र संस्कृतिको रक्षा गर्न चाहनेहरू, देशमा सुशासनसमेत चाहने जनताहरू एकताबद्ध भइ बहुल राष्ट्रिय राज्य स्थापनाका लागि राष्ट्रिय मुक्ति आन्दोलनको विकल्प छैन । यसले देशको राष्ट्रिय एकता अखण्डतालाई बलियो बनाउँदै सबै नेपाली जनताले देशमा आफ्नो अधिकार र पहिचान प्राप्त गर्नेछन् ।

# सडक, सदन र सरकार

# संविधान सभाको माग

इतिहासलाई पछ्याएर मात्रै आफ्नो औचित्य पुष्टि गर्न सकिँदैन । समयको कसीमा त्यसलाई परिस्कृत गर्दै जानुपर्छ । विचार, चेतना र दृष्टिकोणमा हिजोभन्दा आज बढ्ता अद्यावधिक हुन सकिएन भने उपादेयता कमजोर र क्षीण बन्दै जान्छ । नेपालको सन्दर्भमा राजसंस्था त्यस्तै भयो । जसले आफ्नो दुर्भाग्यको भाग्यरेखा आफैं कोर्दै गयो ।

२०५८ साल जेठ १९ गते नारायणहिटी दरबारमा भीषण नरसंहार भयो । जेठ २२ गते वीरेन्द्रकै भाइ 'श्री ५ अधिराजकुमार ज्ञानेन्द्र' राजा बने । देशमा गृहयुद्ध चलिरहेको थियो । दरबार हत्याकाण्डपछि माओवादीले आफ्नो फौजी कारबाहीलाई झन् तीव्रता दियो । त्यसबेला गिरिजाबाबु प्रधानमन्त्री थिए । नरसंहारको केही महिनापछि रोल्पाको होलेरीमा सेनाले माओवादीका सयौं लडाकु र नेताहरूलाई घेरा हालेर पनि कुनै कारबाही नगरेको भन्दै गिरिजाबाबुले साउन ४ गते प्रधानमन्त्री पदबाट राजीनामा दिए ।

साउन ११ गते शेरबहादुर देउवा प्रधानमन्त्री बने । नेपालको लोकतन्त्रमाथि कालो बादल मडारिन थाल्यो । मधेशको अधिकार मात्र सङ्कटमा परेन, सिङ्गो मुलुक निरंकुशताको जालोमा जकडिने परिस्थिति बन्दै गयो । मुलुक सङ्कटमा धकेलिँदै गयो । भयको अवस्था सिर्जना भयो ।

मुलुक र लोकतन्त्रमा मात्र होइन, सद्भावना पार्टी र मेरो आफ्नै जीवनमा पनि शोक र सङ्कटका दिन सुरु भइसकेका थिए ।

गजेन्द्रबाबुको निधनपछि पार्टीमा अध्यक्ष को हुने भन्ने छलफल भयो । २८ सदस्यीय केन्द्रीय समितिका अधिकांश मलाई नै अध्यक्ष बनाउने पक्षमा थिए । मेरो योगदान पनि अध्यक्ष हुन योग्य थियो । तर केहीलाई त्यो कुरा सह्य भएन । 'राजेन्द्र महतो अध्यक्ष भएमा पार्टी नै फुटाउने हो' भन्ने सम्मको कुरा गरिए । पार्टी नफुटोस् भनेर अत्यधिक बहुमत हुँदाहुँदै म आफैं मैदानबाट अलग्गिएँ । मेरो इच्छाभन्दा ठूलो पार्टी थियो ।

२०५८ माघ २८ गते सर्वसम्मतिले बद्रिप्रसाद मण्डललाई कार्यवाहक अध्यक्ष बनाइयो । गजेन्द्रबाबुले बद्रीबाबुको प्रजातन्त्रप्रतिको समर्पणबारे शंका राख्दै आएका थिए । हृदयेश त्रिपाठीले मानेनन् । मलाई अध्यक्ष बन्न अनुरोध गरे । आखिर त्यराको रातआठ गहिरामै मुलुकमा प्रतिगमन सुरु भयो । निर्वाचन गराउन 'अक्षम' रहेको भन्दै राजाले २०५९ असोज १८ गते प्रधानमन्त्री देउवालाई अपदस्थ गरे । असोज २५ मा लोकेन्द्रबहादुर चन्द प्रधानमन्त्री बनाइए । प्रधानमन्त्री बनाउने सर्वाधिकार राजाले आफ्नो हातमा लिएका थिए । आफूलाई मन

लागेकालाई प्रधानमन्त्री बनाउँथे । त्यसपछि तुरुन्तै परिवर्तन गर्थे । प्रधानमन्त्री पदलाई उनले अत्यन्तै हलुको र सस्तो बनाएका थिए ।

पार्टी अध्यक्ष मण्डलजी बिस्तारै दरबारतिर भ्रुकाव राख्न थाले । उनी पहिलेदेखि नै राजावादी थिए । त्यसकारण उनले दरबारतिर पाइला सोझ्याउनु स्वाभाविकै थियो । उनलाई देशको उपप्रधान तथा गृहमन्त्री बनाइयो ।

हामी प्रतिगमनको विरोधमा सडकमा खडा भयौं । चैत्र ११, १२ र १३ गते राजविराजमा सम्पन्न भएको पार्टीको चौँथो महाधिवेशनकै क्रममा हामी मण्डलजीबाट अलग भयौं । अर्को पार्टी गठन गर्ने निष्कर्षमा पुग्यौं । सद्भावना आनन्दिदेवीको गठन भयो ।

नयाँ पार्टीको अध्यक्ष बनाउने क्रममा फेरि भुल हुन गयो । हामी चुक्यौं । तर पनि देशको निकास ठूलो कुरा थियो । पार्टीलाई दोस्रो तहमा राखियो । प्रतिगमनको विपक्षमा उभियौं ।

२०६० साल वैशाख ११ गते चार दलको बैठक बसेको थियो । बैठकको तात्पर्य थियो– प्रतिगमनको विरोधमा संयुक्त जनआन्दोलन गर्ने । जसमा हाम्रो पार्टी पनि अग्रसरताका साथमा सामेल भयो । मुलुक पश्चगमनको दिशामा गइसकेको थियो । उल्टो दिशामा घुमाउन खोजिएको मुलुकको राजनीतिक गतिलाई ठीक दिशामा ल्याउन संयुक्त सङ्घर्ष अपरिहार्य थियो ।

मुलुकलाई प्रतिगमनको पञ्जाबाट मुक्त गराउनु थियो ।

सडक तात्दै गयो । जनता तात्दै गए । आगो बल्न थोरै कारण मात्रै बाँकी थियो । माहोल यस्तो थियो कि राजगद्दीमा डढेलो लाग्दै छ । यसको लप्कालेे राजतन्त्र खाक बन्नेवाला छ ।

सडक आन्दोलन र माओवादीको फौजी आक्रमण चन्द सरकारले थेग्नेवाला थिएन । राजाको कठपुतली बनेर मात्रै समस्याले निकास पाउँदैनथ्यो । त्यही कारण प्रधानमन्त्री चन्दले २०६० साल जेठ १६ गते राजीनामा दिए । राजा ज्ञानेन्द्रले ‘स्वच्छ छवीको प्रधानमन्त्री’ खोज्दै प्रधानमन्त्रीका लागि आवेदन मागे । जसमा लोकतन्त्रका हिमायतीहरू पनि कुर्सीको खेलमा निस्किए । एमालेका माधव नेपालदेखि लक्ष्मण खड्कासम्मको आवेदन दरबारमा गयो ।

‘स्वच्छ छवीको प्रधानमन्त्री’ खोज्दै हिँडेका ज्ञानेन्द्रले इतिहासले किनारा लगाइसकेका सूर्यबहादुर थापा फेला पारे । बाबुकै पथतर्फ पैताला सोझ्याइरहेका ज्ञानेन्द्रले सूर्यबहादुर फेला पार्नु अनोखा थिएन । जेठ २१ गते उनलाई प्रधानमन्त्री नियुक्त गरे ।

जेनतेन चलिरहेको थापा सरकारले पनि मुलुकको सङ्कट थेग्न सकेन । एक वर्ष शासन नगर्दै उनले पनि राजीनामा दिए ।

बचेखुचेका पञ्जेको नाडी छामिसकेका ज्ञानेन्द्र अर्को कदमको प्रतीक्षामा थिए । उनलाई ब्रेक चाहिएको थियो । उनको नयाँ रणनीति पटाक्षेप हुन धेरै समय लाग्नेवाला त थिएन ।

तर काग्रेस प्रजातान्त्रिक र नेकपा (एमाले) ले त्यसको भेउ पाउन सकेनन्। उनीहरू पदका लागि लालायित भए। ज्ञानेन्द्रले फालेको सत्ताको चारोमा नराम्ररी लोभिभए।

सूर्यबहादुर थापाले राजीनामा दिएको भोलिपल्टै काग्रेस प्रजातान्त्रिकका तत्कालीन सभापति शेरबहादुर देउवा फेरि प्रधानमन्त्री बने। त्यो सरकारमा एमाले 'प्रतिगमन आधा सच्चिएको' भन्दै सहभागी भयो।

प्रतिगमन आधा त के छेऊ पनि सच्चिएको थिएन। जसरी सूर्यबहादुर थापा प्रधानमन्त्री बनाइएका थिए। त्यसरी नै बनेका थिए देउवा। ज्ञानेन्द्रले फालेको सत्ताको चारोमा लोभिभएका काग्रेस प्रजातान्त्रिक र एमालेको दृष्टिदोष थियो त्यो। त्यसलाई उनीहरूले नै स्वीकार गरिसकेका छन्। उनीहरूले ज्ञानेन्द्रको कदमलाई त्यतिबेला साथ नदिएको भए राजसंस्थाको आयु अरू एक वर्ष छोट्टिन्थ्यो।

काग्रेस प्रजातान्त्रिक र एमाले सिंहदरबारतिर सोभिए पनि सद्भावना पार्टी(आ) निरन्तर रूपमा आन्दोलनमा सहभागी रहिरह्यो। सद्भावना पार्टीको तर्फबाट आन्दोलनको संयोजक म थिएँ। आन्दोलन हाँक्ने जिम्मेवारी पनि मेरै थियो।

यसबीचमा म पन्ध्रदिने भारत भ्रमणमा गएँ। नेपालमा मधेशमाथि भइरहेका शोषण र लोकतन्त्रमाथिको सङ्कटबारे विस्तृत विवरण प्रस्तुत गरें। भारतीय मित्रहरूको समर्थन जुटाउने पहल गरें। मैले त्यसबेला नै माओवादीलाई शान्तिपूर्ण मूलधारमा ल्याउन संविधान सभालाई अन्य संसद्वादी दलहरूले स्वीकार गर्नुपर्ने अडान राख्न थालें। आखिर मुलुकमा हत्या हिंसाबाट जनता र राष्ट्रको हित हुँदैनथ्यो। सरकार र विद्रोही पक्ष तत्काल इमानदारीकासाथ वार्ताको टेबुलमा नआइ हुँदैनथ्यो। नेपालीले नेपालीलाई मार्ने खेल यसै पनि दुर्भाग्यपूर्ण थियो।

सद्भावना पार्टी आफ्नो स्थापनाकालदेखि नै संविधान सभाको हिमायती थियो। त्यसैले वीरगञ्जमा पत्रकार सम्मेलन गरें। मैल भनें- 'बहुदलीय प्रजातन्त्रको १२ वर्षमा पनि मधेशीको हित भएन।' नागरिकता, सङ्घीयता, आरक्षण, भाषा, निर्वाचन क्षेत्रलगायतका समस्या संविधान सभाले नै हल गर्नसक्छ भनेर जनतालाई सचेत गराएँ। संविधान सभा र प्रान्तीय शासन प्रणालीको माग राखेर सद्भावनाले शान्तिपूर्ण आन्दोलन गर्ने घोषणा गरें। म सधैं शान्तिप्रिय भएकाले यसैले समाधान निकाल्छ भन्नेमा विश्वस्त थिएँ।

प्रतिगमनविरुद्ध सडकमा ओर्लिएको नेपाली काग्रेस, नेकपा एमाले, काग्रेस प्रजातान्त्रिक, जनमोर्चा, नेमकिपा सहितको गठबन्धनले संविधान सभालाई प्रमुख एजेन्डा बनाउनुपर्ने माग राख्यौं। नबनाए नेपाल सद्भावना पार्टी (आनन्दी देवी) गठबन्धनमा नबस्ने भनेका थियौं। सोही अनुसार प्रतिगमन बिरोधी आन्दोलन चलिरहेकै थियो। संविधान सभाको माग चलिरहेकै बेलामा अचानक मेरो परिवार सङ्कटको भुमरीमा फस्यो। मेरो थाप्लामा भाम्री खनिगो।

# दुःखसुख

एकाएक मेरो घरमा छिरेको पीडाले हामीलाई ताडित तुल्यायो ।

छोरा नरेन्द्र (पपु) भारतको राँचीमा बसेर अध्ययन गरिरहेको थियो । पढाइमा विलक्षण भएकाले दुःख-सुख गरेर उसलाई राँचीमा एमबिबिएस पढाइरहेको थिएँ । पढाइमा तिलस्मी भएकाले फर्किएर देशको सेवा गर्नेमा ढुक्क थिएँ ।

अचानक ऊ बिरामी परेको खबर आयो । के भयो होला भन्ने चिन्ताले व्याकुल बनायो । म ४ अक्टुबर २००४ मा दिल्ली गएँ । उसको शरीर क्लान्त थियो । अनुहार शिथिल थियो । छोराको हालत देख्नेबित्तिकै मलाई डाँको छाडेर रुन मन लाग्यो । आफैंलाई सम्हाल्न बडो कठिन भयो । छोराको अगाडि कमजोर हुन मिल्दैनथ्यो । उसको मनोबल खस्कन नदिन विभिन्न उपाय अपनाएँ ।

पपुलाई दिल्लीको एपोलो अस्पताल पुर्‍याइयो । जाँचपड्ताल पछि थाहा लाग्यो– उसको दुवै मिर्गौंलाले काम गर्न छाडिसकेका रहेछन् ।

आफ्नै मिर्गौंला दिएर छोरालाई बचाउन कस्सिएको थिएँ । मैले चिकित्सकसँग कुरा पनि गरेँ । तर मेरो मिर्गौंला उसलाई काम नलाग्ने भयो । पत्नी शैलकुमारीको एउटा किड्नी भिक्रेर छोरालाई प्रत्यारोपण गर्नुपर्ने अवस्था आयो । जसोतसो छोराको उपचार गर्‍यौं । दुःखको भारी थोरै बिसाएजस्तो भयो ।

मिर्गौंला प्रत्यारोपणपछि छोरा निको भयो । राँची फर्केर एमबीबीएसको पढाइलाई निरन्तरता दिने योजना बनाउँदै थियो ।

अफसोस ! मिर्गौंला फेरेको नौ महिना मात्रै भएको थियो । उसलाई सङ्क्रमणले भेट्टाइहालेछ । अङ्ग प्रत्यारोपण गरेको मानिस अत्यन्तै कमजोर हुन्छन् । उनीहरूलाई सङ्क्रणबाट जोगाउनुपर्ने हुन्छ । छोराको हकमा सावधानी पुगेन । उनी सङ्क्रमित भइहाले । व्यथाले गाँजिहाल्यो । अघिल्लोपटक उसलाई मृत्युको मुखबाट थुतेर ल्याइएको थियो । आमाले नै उसलाई जीवन दान दिएकी थिइन् ।

यसपटक कसैगरी बचाउन सकिएन । २०६२ साल भदौ १ गते एम्स अस्पतालमा उसको निधन भयो । दुःखको आकाश गल्र्याम्म खसेर मलाई र मेरो परिवारलाई थिच्यो ।

क्रान्तिको आँधीमय बाटामा हिँड्दा विचलित भएको थिइनँ । शासकीय ताडनाले पनि मलाई गलाउन सकेको थिएन । तर पुत्रशोकले मलाई अत्यन्तै प्रताडित तुल्यायो । हमेशा छोराको याद आइरहन्थ्यो । उसकै सम्झनाले पिरोलिरहन्थ्यो । पत्नीको अवस्था झन् नाजुक थियो । उनको अनुहार हेर्दा मलाई ग्वाँग्वाँ रुन मन लाग्थ्यो । काँधमा राजनीतिक अभिभारा थियो ।

नागरिकप्रतिको कर्तव्य थियो । आन्दोलन उठाउनुपर्ने दायित्व थियो । थाप्लामा पुत्रशोकको भ्रामरी खनिएपछि म त गलितम् बन्न पुगैं ।

दुःखको क्षण दिल्लीमा रहेका साथीहरू सान्त्वनाका शीतल वचन लिएर आए । उनीहरूले ढाडस दिँदा दुःख कम भएजस्तो हुन्थ्यो । नेपालीको दुःखमा साथ- ढाडस दिने बानीले आफू नेपालमाजन्मिएकोमा गर्व लाग्छ ।

देशमा राजाले प्रत्यक्ष शासनसत्ता सञ्चालन गरेको आठ महिना व्यतीत भइसकेको थियो । २०६१ माघ १९ गते ज्ञानेन्द्रले देउवा नेतृत्वको सरकारलाई अपदस्थ गरे । तत्कालीन संविधानको धारा १२७ सक्रिय गराएर मुलुकलाई नै त्यही धारामा हिँडाउन थाले । मौलिक हकको कत्लेआम भयो ।

राजा आफैं मन्त्रिपरिषद्को अध्यक्ष भएर शासन चलाउन थालिसकेका थिए । दलका अधिकांश नेता नजरबन्दमा थिए । टेलिफोन, इमेल, इन्टरनेट काटिएकाले कसैसँग सम्पर्क हुन सकेको थिएन । देश अँध्यारो सुरुङतिर उन्मुख थियो ।

म पुत्रशोकले विह्वल थिए । आफ्नो थाप्लामा खनिएको बज्रभन्दा देश र नागरिकको भविष्यले चिन्तित तुल्यायो । अनेकौं सङ्घर्षपश्चात् स्थापित अधिकार राजाले एकै घोषणामा चपाइदिएका थिए । संविधानका मौलिक हक निलम्बन गरी हुकुमी व्यवस्थामा मुलुक पुर्‍याएका थिए । प्रजातन्त्र मास्न आएका उनी आफ्नो योजनामा सफल भएका थिए ।

हुन त दलहरू पनि अकर्मण्य थिए । फगत कुर्सीको छिनाझपटीका कारण नागरिकप्रति वितृष्णा जाग्दै थियो । माओवादीले जनयुद्धका नाममा रगतको आहाल खडा गरेको थियो । नागरिकहरू दोहोरो बन्दुकको चपेटामा थिए । आतंक मच्याउँदै हिँडिका दुवै बन्दुकले कतिबेला प्राण लिने हो भनेर त्राहित्राहि थियो ।

शान्ति स्थापना गर्न, माओवादीलाई शान्तिपूर्ण राजनीतिमा ल्याउन दलहरू असफल भइसकेका थिए । द्वन्द्वका कारण मुलुक जर्जर थियो । उद्योग-धन्दा, कलकारखान रुग्ण हुँदै थिए । बन्दुकले धमाधम ज्यान लिन थालेपछि मानिसहरू प्राणको रक्षा गर्न विदेशतिर जान थालेका थिए ।

समाजमा रुवावासी, कोलाह र लासहरूको उरुङ लागेका बेला राजाले केही पो गरिहाल्छन् कि, खाँदाखाँखैको गाँसामा रगतका छिटा पर्दैन कि भनेर आशावादी हुनु स्वाभाविकै थियो ।

तर राजा यो समस्या समाधान गर्न आएका थिएनन् । प्रजातन्त्र मास्ने र कार्यकारी अधिकारसहितको निरङ्कुश राजा बन्ने उनको सपना थियो । मुलुकलाई त्यहाँ पुर्‍याए । देश र जनताका दुर्दिन पुनः सुरु भयो ।

२०१७ सालमा फर्कियो मुलुक !

नेपालमा 'माघ १९' को घटना हुँदा काग्रेस नेता प्रदीप गिरि दिल्लीमै थिए । नेपालको नयाँ राजनीतिक परिस्थितिलाई लिएर एउटा टेलिभिजन च्यानलमा प्रदीपजी र मेरो अन्तर्वार्ता भयो ।

प्रतिगमन भएको सातौँ दिन दिल्लीमा अन्तर्राष्ट्रिय मिडियाहरूको फरेन करेस्पोन्डेन्ट क्लबमा पत्रकार सम्मेलन गरेँ। त्यसमार्फत् राजाको निरङ्कुश कदमको विरोध गरेँ। देशवासीलाई आन्दोलनका लागि तयार रहन आग्रह गरेँ।

'राजसंस्थाको दिनगन्ती सुरु भयो। अब निर्णायक आन्दोलनको विकल्प छैन,' अन्तर्वार्तामा मैले भनेँ।

त्यस पत्रकार सम्मेलनमा मैले भारतसहित लोकतान्त्रिक मुलुकहरूले नेपाललाई गरिरहेको सैन्य सहयोग तत्काल बन्द गर्न आग्रह गरेँ। त्यो सहयोग, सदासयता नेपाली नागरिकविरुद्ध प्रयोग भइरहेको थियो। मुलुकमा शान्ति स्थापना गर्न भन्दा पनि नागरिकको बाँच्न पाउने हककका विरुद्ध प्रयोग भइरहेको थियो।

मुलुकमा प्रजातन्त्र बहालीका लागि भारतका मित्रहरूसँग पनि सहयोग मागेँ। देशको अवस्थाका बारेमा अवगत गराएँ।

ज्ञानेन्द्रले शासन सत्ता टिकाउन विदेशीको साथ, समर्थन र सहयोग खोजिराखेका थिए। शाही सेनाका प्रधान सेनापति प्यारजङ थापाले काठमाडौँस्थित भारतीय राजदूत शिवशंकर मुखर्जीलाई सैनिक मुख्यालयमा डाकेर नेपालमा सैन्य सहयोग जारी राख्न आग्रह गरे। राजदूतले उनको कुरा दिल्लीसम्म पुऱ्याइदिने जवाफ दिए। सेनाका प्रवक्ता दीपक गुरुङले आतङ्कवादविरुद्ध लडिरहेका कारण भारत र अमेरिकाले नेपाललाई सहयोग गर्नुपर्छ भन्ने राय राखे।

आतङ्कवाद अन्त्य सरकारले विदेशीको आँखामा छारो हाल्ने अस्त्र थियो। यथार्थमा राजा आफ्नो निरङ्कुश कदमलाई भारतसहित अमेरिकाले समर्थन गरुन् भन्ने चाहन्थे। यो भ्रमलाई चिर्नु पर्ने अवस्था आइलाग्यो। पत्रकार सम्मेलनमार्फत् 'राजाले माओवादी र भ्रष्टाचारसँग लड्नका लागि हैन, निरंकुशता लाद्न सैन्य सहयोग मागेका हुन्, त्यसैले सहयोग बन्द हुनुपर्छ' भन्ने मत मैले राखेँ।

शाही शासनविरुद्ध भारतमा पनि माहौल बन्न थाल्यो। भारतले तत्काल नेपालमा नेता, पत्रकार र मानव अधिकारवादीको रिहाइको माग गऱ्यो। भारतीय विदेशमन्त्री नटवर सिंहले दिल्लीस्थित नेपाली राजदूत कर्णध्वज अधिकारीलाई भेटेर भने, 'नेपालमा भइरहेका घटनाक्रमबाट भारत खुसी छैन। हामी चाहन्छौं– छिटोभन्दा छिटो नेपालमा लोकतान्त्रिक व्यवस्था बहाली होस्, मुलुकको समस्या समाधानका लागि राष्ट्रिय सहमति बनोस्।'

भारतले नेपालमा लोकतन्त्रको हत्या र भारतबाट प्राप्त सैनिक सहयोगको दुरुपयोग सह्य नहुने बताउन थाल्यो। यसले लोकतन्त्रप्रेमीलाई केही राहत मिल्यो।

फागुनको पहिलो सातासम्म नेपालका प्रायः सबै प्रमुख दलका नेताहरू दिल्ली पुगेका थिए। मैले त्यहाँ उपलब्ध सात पार्टीका नेताहरूको संयुक्त पत्रकार सम्मेलनको चाँजोपाँजो मिलाएको थिएँ। राजा सेना र हतियारका बलमा प्रतिगमनविरोधी आन्दोलन दमन गर्न उद्यत् थिए। तसर्थ राजाको निरंकुश शासनलाई सैन्य सहयोग र हतियार नदिन भारतलगायत सिङ्गो विश्वलाई फेरि आग्रह गरियो।

दोस्रो पटकको पत्रकार सम्मेलनमा डा.शेखर कोइरालाले नेपालमा निरंकुश राजतन्त्र सहँदैनौं भने। प्रतिगमनविरुद्ध सबै राजनीतिक दल एकै रहेको, जनता साथमा रहेको र सबै पक्षबाट सहयोग भयो भने नेपालको राजनीतिले नयाँ दिशा समाल्ने बताए।

ठोरीको जगलबाट भाग्दै, लुक्दै काग्रेस नेतृ सुजाता कोइराला दिल्ली आएकी थिइन्। त्यसको केही समयपछि कृष्णप्रसाद सिटौला पनि दिल्ली आए। सिटौलालाई भारतीय नेताहरूसमक्ष गिरिजाबाबुको कर्ताधर्ताका रूपमा परिचय गराएको थिएँ। त्यसकारण उनलाई त्यहाँ प्रभाव विस्तार गर्न समस्या भएन। विस्तारै डा. रामवरण यादव, महन्थ ठाकुर लगायतका नेताहरू पनि दिल्ली आए।

भारतका मिडिया र नेतासँग गजेन्द्रबाबुको समयदेखि नै मेरो चिनजान थियो। भारतको ब्युरोक्रेसीमा पनि केही सम्पर्क थियो। त्यसैले मैले पनि आफ्नो तर्फबाट नेपालमा लोकतन्त्रका लागि भारतीय मित्रहरूको समर्थन जुटाउन थालेको थिएँ।

'गणतन्त्र ल्याउन सात दलले लडेर मात्र हुँदैन, त्यसका लागि माओवादीलाई पनि शान्तिपूर्ण आन्दोलनमा ल्याउनुपर्छ। सात दल र माओवादी मिलेर शान्तिपूर्ण आन्दोलन गर्ने हो भने निरङ्कुश राजतन्त्र क्षणभरमा समाप्त हुनसक्छ,' मैले सुरुमै भनेँ।

त्यतिबेला मेरो भनाइ सुनेर सबै आश्चर्यचकित भएका थिए। कुनै बेला आमुन्नेसामुन्ने भएर लडेका शक्ति एक ठाउँमा उभिन सक्छन्? बन्दुकको नालबाट सत्ता जन्माउने सपना देखेर लडिरहेको माओवादीले यतिछिट्टै हतियार बिसाउला? जस्ता प्रश्न उनीहरूको मनमा उब्जिएको थियो।

भारतीयहरू माओवादीलाई राजनीतिक संगठनभन्दा पनि आतंकवादी र हतियारधारी मात्रै ठान्थे। त्यसैबखत बिबिसी नेपाली सेवामा मलाई अन्तर्वार्तामा सोधियो, 'माओवादी कसरी मूलधारको शान्तिपूर्ण आन्दोलनमा आउँछन्?'

'हिंसात्मक विद्रोह नेपालमा मात्र हैन, विश्वका अन्य मुलुकमा पनि भएका छन्। ती मुलुकमा जसरी सशस्त्र समूहलाई शान्ति प्रक्रियामा ल्याइयो, त्यसैगरी नेपालमा पनि उनीहरूलाई शान्तिपूर्ण राजनीतिक बाटोमा ल्याउन कठिन छैन। माओवादीको साथ नलिई सात दलको पहलमा मात्र नेपालमा पूर्ण लोकतन्त्र बहाली गर्न कठिन हुन्छ, सबै मिलेर लड्यौं भने निरंकुशतन्त्रलाई परास्त सकिन्छ।'

मैले विदेशमन्त्री नटवर सिंह, भारतका पूर्व प्रधानमन्त्री चन्द्रशेखर, जनता दल युनाइटेडका अध्यक्ष तथा पूर्व रक्षामन्त्री जर्ज फर्नाडीज, भाकपा मार्क्सवादीका नेता सिताराम यचुरीसँग पटकपटक एक्लै र समूहमा पनि भेटेँ। श्याम शरणजी नेपालमा राजदूत भएर फर्केपछि त्यहाँ विदेश सचिव भएका थिए। गेरो परिष्ठता उनीसँग पनि थियो। रण्जित रे नेपाल हेर्ने ज्वाइन्ट सेक्रेटरी थिए। उनीबाट निकै सहयोग प्राप्त भयो। गजेन्द्रबाबुका मित्र प्रा.ढा.परमानन्द मेरा पनि मित्र थिए। बालेश्वर अग्रवालजी सँग पनि हार्दिकतापूर्ण सम्बन्ध थियो। यी सबै सम्बन्धहरूलाई नेपालमा लोकतन्त्र बहालीका लागि उपयोग गर्ने रणनीति बनाएँ।

प्रणव मुखर्जीलाई धेरै पटक भेटैं। भारतीय जनता पार्टीका वरिष्ठ नेता लालकृष्ण आडवाणी, राजनाथ सिंह, जसवन्त सिन्हा, सुष्मा स्वराजलाई पनि पटकपटक भेटैं। डिपी त्रिपाठी, शरद यादव, विजय प्रताप, राहुल, सुधिन्द्र भदौरीया, सिताराम यचुरी, हरिकशन सिंह सुरजीत लगायतका नेताहरूले नेपालमा लोकतन्त्र बहालीका लागि एउटा डेमोक्रेटीक एलाइन्स नै बनाएर सहयोग गर्ने अभियान प्रारम्भ गरेका थिए।

तिनताक हामीले भारतलाई राजनीतिक, नैतिक, कूटनीति सहयोगका निम्ति आह्वान गरेका थियौं। नेपालको प्रजातान्त्रिक आन्दोलनका लागि उनीहरूबाट सधैं साथ, सहयोग र सद्भाव रहँदै आएको थियो। तसर्थ यसपटक पनि सहयोग प्राप्त हुनेमा हामी विश्वस्त थियौं।

माओवादी जङ्गलबाटै शासन–सत्ता बदल्ने सपना देखिरहेको थियो। फौजी आक्रमणमार्फत् सदरमुकाम कब्जा त गर्थ्यो, तर भोलिपल्टै शाही सेनाले नियन्त्रणमा लिइहाल्थ्यो। उही निमुखाहरूको हताहती मात्रै। नागरिक अभिनन्दन भन्दै ज्ञानेन्द्र पूर्वतिर दौडाहामा निस्कन्थे। तर माओवादीको बन्दुक पश्चिमतिर पड्कन्थ्यो।

त्यसबाट राजा ज्ञानेन्द्र र माओवादीबीच साँठगाँठ त छैन भनेर जनस्तरमा प्रश्न पनि नउठेको होइन। शेरबहादुर देउवा प्रधानमन्त्रीमा पुनःस्थापित भएका बेला माओवादीले उनीसँग वार्ता गर्दैनौं, उनको मालिकसँग वार्ता गर्छौं भनेकाले पनि त्यो शंकालाई बल पुगेको थियो।

नागरिकस्तरमा रहेको त्यो भ्रम चिर्नु त छँदै थियो। हरबखत पछ्याइरहने बन्दुकको छायालाई अन्त्य गरेर समाजका शान्ति स्थापना हुने बाटामा मुलुक अघि बढ्ने सुनिश्चिता नभएसम्म नागरिकको समर्थन प्राप्त हुने अवस्था थिएन।

त्यसकारण पहिलो पत्रकार सम्मेलनपछि नेकपा (माओवादी) सँग पनि संवाद सुरु गरैं। मैले माओवादी नेता कृष्णबहादुर महरासँग दिल्लीमै भेटेको थिएँ। माओवादी नेताहरूसँग यो नै मेरो पहिलो भेट थियो।

'अब मिलेर राजतन्त्रको विरोधमा सङ्घर्ष गर्नुपर्छ। माओवादी पनि मूलधारमा आउनुपर्छ। मिलेर लडिएन भने राजा गल्दैनन्। मूलधारमा आउन के-के मिलाउनुपर्छ मिलाऔं, भारतीय पक्षसँग कुरा गर्नुपर्छ भने गरौं तर देशलाई समस्यामा नराखौं,' मैले महराजीलाई भनैं।

उनी सकारात्मक देखिए। उनको अनुहारको उज्यालोपनले मलाई खुसी दियो।

माओवादीलाई शान्तिपूर्ण मूलधारमा जसरी पनि ल्याउनु थियो। वातावरण बनाउन भारतीय पक्षसँग आफ्नै तरिकाले परामर्श थालैं। देउवाजी पनि दिल्ली आइपुगे। सङ्घर्ष गर्ने हो भने दुवै काङ्ग्रेस एक हुनुपर्नेमा मैले जोड दिएँ। मिल्नुको विकल्प नभएको बताएँ।

खास उल्झन हामीमा पनि थियो। कसको नेतृत्वमा आन्दोलन गर्ने भन्ने प्रश्न थियो। हामी चाहन्थ्यौं, गिरिजाबाबुको नेतृत्वमा आन्दोलन होस्। तर, देउवाले त्यतिबेला गिरिजालाई नेता मानिरहेको थिएनन्।

आन्दोलन सफल बनाउने हो भने गिरिजाबाबु र देउवालाई एक ठाउँमा उभ्याउन जरुरी थियो। गिरिजाको नेतृत्वमा उनलाई आन्दोलनमा ल्याउनु थियो।

अन्ततोगत्वा देउवा राजी भए । ज्ञानेन्द्रले दुई-दुई पटक अपदस्थ गरेको र भ्रष्टाचार जस्तो जघन्य अपराधमा डाम्न खोजेको चोट उनीमा थियो । सबै मिली देउवालाई मनाइयो ।

यतिले मात्रै आन्दोलन सफल हुँदैनथ्यो । आन्दोलन सफल बनाउन भारतलाई पनि मनाउनु थियो । होलेरी काण्डपछि गिरिजाबाबुको भारतसँग सम्बन्ध चिसिएको थियो । सत्ता छाड्ने बेलामा गिरिजाबाबुले 'माओवादी र मधेशीको गुरुद्वार दिल्ली हो' भनेका थिए । यो अभिव्यक्तिपछि उनीसँग भारत चिढिएको थियो । भारतसँग सम्बन्ध सुधार गरेर ज्ञानेन्द्रविरुद्ध लड्नु थियो । यसमा मैले पनि पहल गरें । आन्दोलनको नेतृत्वकर्ताका हिसाबले गिरिजाबाबुले पनि सम्बन्ध सुधार गरे ।

अन्ततः गिरिजाबाबुकै नेतृत्वमा आन्दोलन गर्ने वातावरण बनाइयो ।

संवैधानिक राजतन्त्र र बहुदलीय प्रजातन्त्रको मान्यतालाई तोडेर नयाँ यात्राको थालनी गर्ने इच्छा माओवादीमा पनि थियो । युवा पुस्ता पनि त्यही चाहिरहेका थिए । त्यसले मात्रै आन्दोलनप्रति आकर्षण पैदा गर्न सकिन्छ भन्नेमा हामी निश्चित थियौं ।

लोकतन्त्रका लागि कतिपटक लड्ने ? कति पुस्ता लड्ने ? अब लडेपछि राजाले खोस्दैनन् भन्ने ग्यारेन्टी के छ भन्नेजस्ता प्रश्न यथावत् थिए । ती प्रश्नको हल खोज्न पनि हामी नयाँ राजनीतिक कोर्षमा जान जरुरी थियो ।

'हामी यस्तो लडाइ लडौं, जसले पूर्ण लोकतन्त्रबहाली गरोस्, फेरि लोकतन्त्रकै निम्ति भनेर कहिल्यै लड्न नपरोस्,' राजनीतिक दलका सबै शीर्षस्थलाई यस्तो लागेको थियो ।

गिरिजाबाबु डेढ महिना लामो नजरबन्दबाट छुटे । नजरबन्दबाट छुटेलगत्तै उनी उपचारको शिलशिलामा बैंकक पुगे । त्यहाँबाट फर्किएर दिल्ली आए । त्यहीबेला उनीसँग भेट भयो ।

'आप अपने जीवन में लोकतन्त्र के लिए अन्तिम लडाइ लडिए कि आनेवाले पुस्ता को फिर से लोकतन्त्र के लिए न लडना पडे । उस अभियान के लिए आप के ही नेतृत्व में माओवादी को भी शान्तिपूर्ण मूलधार में लाना चाहिए । और मिलकर सङ्घर्ष करना चाहिए,' मैले उनलाई भनें ।

गिरिजाबाबु मसँग सधैं हिन्दीमा नै कुराकानी गर्थे । उनीसँग हिन्दीमा कुरा गर्दा म छुट्टै आत्मीयता पाउँथें ।

'राजेन्द्रजी माओवादीको शान्तिपूर्ण मूलधार में लाना आसान नही है । यह कैसे सम्भव होगा ? वह लोग हिंसात्मक विद्रोह कर रहे है, इस बात को सारी दुनियाँ को मनाना पडेगा न । भारत के लोग मानेगें तब न होगा । दो पिलर से एक पिलर सिस्टम में तो आना पडेगा न । इस के लिए माहौल बनाइए । हम भी कोसिस करेंगे, आप भी करिए । अब मिलकर ही लड्ना पडेगा,' गिरिजाबाबुले मप्रति भरोसा राख्दै भने ।

राजनीति नयाँ अध्यायमा प्रविष्ट हुने सङ्केत देखियो । हामीले दिल्लीको जन्तरमन्तरमा प्रतिगमनविरोधी जुलुस निकाल्यौं । आन्दोलनको पूर्वाधार तयार गर्‍यौं । नेपालमा पनि पाँच दलको बानेश्वर केन्द्रित आन्दोलन सुरु भयो । पछि सातदलको मोर्चा बन्यो । गिरिजाबाबुसँग पुनः सल्लाह भयो । माओवादीलाई पनि शान्तिपूर्ण आन्दोलनको मूलधारमा ल्याउनुपर्छ भनेर वातावरण तयार पार्न लाग्यौं । त्यसका लागि भारतीय पक्षसँग पनि हामीले कुरा चलायौं ।

माओवादीसँग संवाद गर्ने भूमिका काङ्ग्रेस नेता कृष्णप्रसाद सिटौलाको रह्यो ।

संसद्वादी दलहरूले माओवादीसँग संवाद अगाडि बढाउन थाले । तत्कालीन जनयुद्धका सुप्रिमो प्रचण्डले गणतन्त्रमा जाने भए सहकार्य गर्न सकिने बताए । गणतन्त्रमा जान हामीलाई द्विविधा थिएन । तर पुराना संसद्वादी दल नेपाली काङ्ग्रेस, एमालेहरू आनाकानी गरिरहेका थिए ।

'भारतले राजतन्त्र बोकेसम्म हामीले फाल्न अप्ठ्यारो हुन्छ । यसमा भारतीय पक्षको रुभान बुभ्नुपर्छ' भनेर गिरिजाबाबुले सकारात्मक संकेत गरे ।

हामीले तत्कालै भारतीय पक्षसँग भेट्यौं । सहयोगको अपिल गयौं । भारतीय पक्षबाट पनि निरङ्कुशताको विरोधमा सकारात्मक रुभान आयो । त्यसपछि भने हाम्रो साहस बढ्यो । संयुक्त रूपमा आन्दोलन गर्ने तयारी हुन थाल्यो ।

दलहरूप्रति माओवादीलाई पनि भरोसा थिएन । माओवादीप्रति दलहरूलाई पनि भरोसा थिएन । उनीहरूले एकले अर्कालाई दिल्लीबाट परिचालित देखिरहेका थिए । एकले अर्काप्रति शंका गरिरहेका थिए । एक किसिमले भन्दा जोगी देख्दा भैंसी तर्सने, भैंसी देख्दा जोगी तर्सने अवस्था थियो । त्यसबीचका संवादहरूले एक-अर्काबीच चिन्न मौका पनि प्रदान गरिरहेका थिए ।

मुलुकको राजनीति एउटा यस्तो विन्दुमा पुगेको थियो, जसमा सबैको समभदारी आवश्यक पर्थ्यो । मुलुकलाई असफल राष्ट्र हुनबाट जोगाउन, सबैको क्रिडास्थल बन्नबाट रक्षा गर्न कुनै न कुनै 'ब्रेक थ्रु'को जरुरत पर्थ्यो । माओवादीको हतियारले सकेको थिएन । संसद्वादीहरूको एक्लाएक्लै र संयुक्त आन्दोलनले पनि पार लगाउन सकेको थिएन ।

राजाले कुनै न कुनै बेला दलहरूमाथि 'फुटाऊ र राज गर' को नीति अख्तियार गर्न सक्छन् भन्ने भय पनि थियो । त्यति नै बेला माओवादीभित्र पनि अन्तरविरोध चर्किंदै थियो । हतियारबाट पार लाग्दैन भन्ने एउटा तप्काको बुभाइ थियो । हतियार बिसाएर शान्तिपूर्ण राजनीतिमा जाने हो भने यत्रो युद्ध-सङ्घर्ष, हताहतीको के मूल्य ? भन्नेजस्तो चिन्तन पनि नभएको होइन । त्यो पक्ति हतियारकै बलमा राज्यसत्ता कब्जा गर्न सकिन्छ भनेर लेनिन र माओवालीन समयकै सपना देखिरहेको थियो । तर देशभित्रको परिस्थिति त्यस्तो थिएन । माओवादीको बन्दुक नहारे पनि जिल्ले अवस्थामा थिएन । माओवादीभित्रको अर्को धार विस्तारै हाबी भयो । गणतन्त्र प्राप्त गर्ने संयुक्त आन्दोलनप्रति रुचि देखाउन थाल्यो । माओवादीले लिखित समभदारी खोजिरहेको थियो । हामीले १२ बुँदे समभदारीको ड्राफ्ट मस्यौदा गर्यौं । इमेल र फ्याक्सको माध्यमबाट माओवादीको नेतृत्वबीच आदन-प्रदान भइरह्यो । सातदलको तर्फबाट सिटौला र माओवादीका तर्फबाट महरा लगायतका नेता त्यसमा सक्रिय थिए । यसरी २०६२ साल मंसिर ७ गते नेपाल सद्भावना पार्टी समेत सात दल र माओवादीबीच १२ बुँदे समभदारी भयो ।

यो समभदारीले संयुक्त ऐतिहासिक १९ दिने जनआन्दोलन मात्र होइन, गणतन्त्र र संविधान सभा निर्वाचनको पृष्ठभूमि तयार पार्यो ।

सारमा भन्दा राजसंस्थाको आयु तोकिदियो ।

यसमा भूमिका खेल्न पाउँदा म सधैं गौरवान्वित हुन्छु ।

# एउटा अध्यायको अस्त

१२ बुँदे समझदारीले देशभित्र र बाहिर पनि नूतन तरङ्ग देखा परेको थियो । दुईवटा बन्दुकले कोरेको रगतको क्यानभासमा शान्तिको नीलिमा फिँजिदै थियो ।

माघ लाग्दा नलाग्दै मुलुकमा अन्दोलनको ज्वारभाटा सिर्जना हुन थाल्यो । सडकमा जनता ओर्लिन थाले । विशेषतः युवापङ्क्ति आन्दोलित हुन थाल्यो । कलेज-कलेजमा त्यसको प्रभाव देखिन थाल्यो । नेपाली समाज निर्णायक सङ्घर्षका लागि तम्तयार थियो । १२ बुँदे समझदारीले त्यसको ढोका खोलिदियो ।

सद्भावना आनन्दी देवीले गणतन्त्रको लाइन समाती सकेको थियो । पार्टी कमिटीले त्यसको अपनत्व भने लिइसकेको थिएन । २०६२ साल मसिर २५ गते बसेको पार्टी केन्द्रीय कार्य समितिको बैठकले पार्टीको विधान र दस्तावेजहरूबाट 'संवैधानिक राजतन्त्र' हटाउने निर्णय गर्‍यो । अन्य दलहरू पनि राजतन्त्रविरुद्ध सङ्घर्ष गर्ने र गणतन्त्रमा जाने निर्णय लिन थाले ।

राजतन्त्रले भने पूरै शक्ति लगाएर दमनचक्र चलाउन थाल्यो । माघ ६ गते प्रहरीले ओछ्यानमा सुतिरहेकै अवस्थामा सवा सयभन्दा बढी नेता कार्यकर्तालाई गिरफ्तार गर्‍यो । नियन्त्रणमा लिएर निकै प्रताडना थियो ।

त्रसित बूढो सिंह गर्जिएझैँ भयग्रस्त राजतन्त्रले नागरिकलाई चिर्थ्यौन, कोपर्न थाल्यो । त्यसको प्रतिरोधमा नागरिकहरू जुर्मुराउन थाले ।

माघ ७ गते नेपाली काङ्ग्रेसका सभापति गिरिजाप्रसाद कोइराला, नेकपा (एमाले) का तत्कालीन महासचिव माधवकुमार नेपाल, स्थायी कमिटीका सदस्य केपी शर्मा ओली, भरतमोहन अधिकारी र नेपाल मजदुर किसान पार्टीका अध्यक्ष नारायणमान बिजुक्छेलाई घरमै नजरबन्द गरियो ।

वसन्तपुरमा आयोजित शान्तिपूर्ण भद्र अवज्ञा कार्यक्रममा म सरिक थिएँ । जुलुस नयाँ सडक हुँदै सुन्धारा नजिक के पुगेको थियो, ज्ञानेन्द्रको शासनको रक्षा गर्ने जिम्मा पाएका सुरक्षाकर्मीले मलाई पक्राउ गरे ।

मसहित हाम्रो पार्टीका तत्कालीन सहमहासचिव अनिलकुमार झा, केन्द्रीय सदस्य मनीषकुमार सुमन, महिला मञ्चकी सचिव उर्मिला पाण्डे, युवामञ्चका अध्यक्ष राजनारायण साह गनि पक्राउ परे । त्रिपुरेश्वरबाट सरिता गिरी पक्राउ परिन् । पार्टीका नवलपरासी जिल्ला अध्यक्ष सत्रजीत यादवलाई पनि सोही राति नवलपरासीस्थित निवासबाटै गिरफ्तार गरियो ।

माघ ८ गते वसन्तपुरबाट राजेन्द्र यादव, लालबाबु यादवलगायत २० जनाभन्दा बढी नेसपा कार्यकर्ता पक्राउ परे । माघ ९ गते नेसपाका महासचिव हृदयेश त्रिपाठीलाई घरबाटै गिरफ्तार गरियो । उपाध्यक्ष भरतविमल यादवलाई माघ १० गते गजेन्द्रबाबुको पाँचौँ पुण्य तिथिको अवसरमा पार्टीको केन्द्रीय कार्यालय त्रिपुरेश्वरमा स्मृति एवं बलिदान दिवस मनाइरहेकै स्थानबाट पक्राउ गरियो ।

म सहितका नेताहरूलाई तीन महिने थुनुवापूर्जी दिइयो । हाम्रो पार्टीले प्रेस विज्ञप्ति जारी गर्दै गिरफ्तारीको निन्दा-भर्त्सना गर्यो । जनआन्दोलनलाई पूर्ण प्रजातन्त्रको निष्कर्षसम्म पुर्‍याउन सक्रिय सहभागी हुन देशवासीलाई आह्वान र अपिल गरियो ।

हामीलाई एक महिनासम्म काठमाडौँस्थित विशालबजार वडा प्रहरी कार्यालय जनसेवामा समूहमै राखियो ।

बस्ने ठाउँ थिएन । सुत्ने त कुरै रहेन । राति कुर्सी हटाएर जनसेवाकै कार्यालयमा सुतिन्थ्यो । दिनभरि चउरमा बस्थ्यौं । ट्वाइलेटको कामचलाउ किसिमको पनि प्रबन्ध थिएन । प्रहरीहरूले राम्रोसँग खाना नदिएकाले नेताहरूको स्वास्थ्यमा समस्या देखिन थाल्यो । पार्टीका नेताहरू गम्भीर बिरामी पर्ने अवस्था आएपछि राष्ट्रिय मानव अधिकार आयोग लगायत मानवअधिकारवादी सङ्घ-संस्थाको ध्यानाकर्षण गराइयो ।

तथापि, नागरिकका दुःखका अगाडि हाम्रा यी दुःख नगण्य थिए ।

पार्टीका अगुवा साथीहरूले अधिकारकर्मी र कानुनविद्हरूको सहायता लिएर सर्वोच्च अदालतमा बन्दी प्रत्यक्षीकरणको रिट दर्ता गराए । २०६२ साल फागुन ५ गते बन्दी प्रत्यक्षीकरण रिट उपर सुनुवाइ हुँदा सर्वोच्च अदालतले हामीमध्ये केही साथीलाई रिहाइको आदेश दियो । सर्वोच्चको आदेशबाट हाम्रो पार्टीका भरतविमल यादव र मसँगै सबै साथीहरू रिहा भयौं ।

‘विनाकारण थुनेको’ भन्दै तत्कालीन न्यायाधीशद्वय परमानन्द झा र राजेन्द्रप्रसाद कोइरालाको संयुक्त इजलासले रिहा गर्न आदेश दिए । तर निवासबाटै पक्राउ परेका महासचिव हृदयेश त्रिपाठीलाई भने रिहा गरिएन । महाराजगञ्जमा नजरबन्दमा राखियो । पार्टी केन्द्रीय सदस्य कासिम अली सिद्धिकी र नेपाल दलित उत्थान मञ्चका उपाध्यक्ष भैया लाल चमार लगायत नेताहरू पनि थुनामै थिए ।

१२ बुँदे सहमतिपछि माओवादीले आफ्नै तरिकाबाट शाही शासनविरुद्ध फौजी कारवाही तीव्र पार्ने र हामीले शान्तिपूर्ण ढंगले दबाब दिने भित्री सहमति भएको थियो ।

र त, हामी त्यसबेला कहिलेकाहीँ भन्ने गर्थ्यौं- ‘माओवादीले किन आक्रमण गरिरहेको छैन ? आक्रमण गरे हुन्थ्यो नि ।’

२०६२ साल चैत्र ६ गते सात दल र माओवादीबीच राजतन्त्रका विरुद्ध शान्तिपूर्ण सङ्घर्ष गर्ने सहमति भयो । अब भने शान्तिपूर्ण सङ्घर्षमा माओवादी पनि मिसियो । सडक बलियो भयो । ज्ञानेन्द्र नेतृत्वको सत्ता क्षीण हुनथाल्यो ।

गाउँगाउँबाट जनता काठमाडौँ ओइरिन थाले । राजधानीको चक्रपथ क्षेत्रमा जनसागर उत्रियो । चैत्र २४ गतेबाट अन्तिम धक्का दिने तयारीका साथ चक्रपथ केन्द्रित आन्दोलन सुरु भयो । त्यसमा हामी सातै दलका नेता सहभागी भयौं ।

ज्ञानेन्द्र अतालिइसकेका थिए । आफ्नो गद्दि जोगाउन भरमग्दुर प्रयत्न गरिरहेका थिए । आन्दोलनकारीप्रति प्रहरी सुरुदेखि नै आक्रामक बन्न थाल्यो । सुरुकै दिनमा हामीमाथि पानीका फोहोरा बर्साँयो ।

हामी निर्णायक सङ्घर्षमा होमिएका थियौं । पानीका फोहोरा त के गोली खान तयार थियौं । पानीको फोहोरको वेगका कारण रत्नपार्कमा सुशील कोइराला, म लगायतका अन्य नेताहरू एक अर्कामाथि लड्यौं ।

सडकमा सङ्घीय लोकतान्त्रिक गणतन्त्रको गगनभेदी नारा सुनिन थाले । चैतको प्रचण्ड गर्मीबीच देशैभरबाट आन्दोलनको सुनामी उठ्न थाल्यो । आन्दोलनको मैदानमा सक्रिय भएकाले कुन आन्दोलनकारीले कहाँ शहादत प्राप्त गर्थ्यो त्यसको जानकारी पाउन सकेको थिइन ।

आन्दोलनकारीको हताहती हुँदै जाँदा क्रान्तिको ज्वाला पनि दन्किँदै गयो ।

आन्दोलन चलिरहेकै थियो । राजतन्त्र राख्ने गरी मुलुकका आन्तरिक शक्तिहरूबीच सम्झौता गराउन भारतबाट संस्थापन पक्षका नेता डा. करण सिंह आए । राजाले संवैधानिक राजतन्त्र जोगाउने अन्तिम अस्त्र स्वरूप २०६३ वैशाख ८ गते 'जनताको नासो जनतालाई' भन्दै कार्यकारी अधिकार त्यागेको घोषणा गरे ।

तर मुलुक धेरै अगाडि बढिसकेको थियो । जनता उनको गद्दिलाई इतिहासका गर्तमा विलीन गराउन अग्रसर भइसकेका थिए । सत्ता तासको घर सरह भइसकेको थियो । राजतन्त्र राख्ने गरी सम्झौता गराउने मस्यौदा काम लागेन ।

राजाको सम्बोधन आएको भोलिपल्ट हामी बिहानै महाराजगञ्जस्थित गिरिजाबाबुको निवास पुग्यौं । त्यहाँ आठ दलको बैठक थियो । चैत ८ गतेको ज्ञानेन्द्रको जनताको नासो फर्काउने घोषणा आँखामा छारो हाल्ने अस्त्रको रूपमा रहेको हामीले बुझ्यौं । गणतन्त्रतर्फ अघि बढेको आन्दोलनको वेग रोकिनेवाला थिएन । कथम् दलहरूले टुङ्ग्याउने चेष्टा गरेको भए गणतन्त्रतर्फ अघि बढेको क्रान्तिको भेलले दलहरूलाई समेत बगाएर लान्थ्यो । त्यसलाई बुझिसकेकाले दलहरूले ज्ञानेन्द्रको शाही घोषणालाई स्वीकार गरेनन् । अघि बढ्यो आन्दोलन ।

२०६३ वैशाख ९ र १० गते भीषण आन्दोलन भयो । जनताको त्यो महासागर साँच्चिकै सलामयोग्य थियो । जनताको शक्ति कस्तो हुन्छ, मैले त्यो दिन देखेको थिएँ । राजाले प्रतिनिधिसभा पुनःस्थापनाको माग नसुने वैशाख १२ गते पुनः तीसौँ लाख्व जनता चक्रपथमा भेला भएर नारायणहीटी दरबारतिर सोझिने, बलिदान दिनु परे पनि दिने र ज्ञानेन्द्रलाई दरबारबाटै लखेट्ने नारा लाग्यो ।

अब परिस्थिति ज्ञानेन्द्रको काबुमा रहेन । अर्कोतिर सेनाले पनि जनतामाथि गोली चलाउँदा दसपटक सोच्नुपर्ने अवस्था बन्यो । कतिलाई मार्ने ? कतिलाई जेलमा कोच्ने ? अनि भोलि अन्तर्राष्ट्रिय अदालतमा के जवाफ दिने ? यी सबै परिस्थिति सिर्जना भएपछि राजा भुके । उनले जनताजनार्दनसामु घुँडा टेक्नै पर्‍यो ।

राजा ज्ञानेन्द्रलाई घुँडा टेकाउनमा मधेशी दल र मधेशका जनताको अहम् भूमिका रह्यो ।

यसरी १९ दिनसम्मको शान्तिपूर्ण जनआन्दोलन र २१ जनाको शहादतपछि मुलुकमा लोकतन्त्रको नयाँ बिहानी आयो । जनतामा हर्ष उल्लास छायो । घामले पनि नयाँ आशाका किरण बोकेर घरका छानाछान हिँड्न थाल्यो ।

यस परिघटनामा जनता र नेता साथसाथ भए । दमनचक्रको एउटा अध्यायको अस्त भयो ।

# नोट अफ डिसेन्ट

प्रतिनिधिसभा पुनःस्थापना त भयो, आन्दोलनकारी शक्तिलाई एक ठाउँमा ल्याएर मुलुकलाई नयाँ राजनीतिक गति दिने काम बाँकी नै थियो ।

२०६३ वैशाख १३ गते तत्कालीन सभामुख तारानाथ रानाभाटले पदबाट राजीनामा दिएका थिए । २०६३ वैशाख ३० गते रिक्त सभामुख पदका लागि निर्वाचन भएको थियो । तत्कालीन नेकपा (एमाले) का नेता सुवासचन्द्र नेम्वाङ सभामुख निर्वाचित भए ।

२०६३ वैशाख १९ गते कांग्रेस सभापति गिरिजाप्रसाद कोइरालाको नेतृत्वमा मन्त्रिपरिषद् गठन भयो । सुरुको सात सदस्यीय मन्त्रिपरिषद्मा हामी सहभागी भएका थिएनौं । जेठ २ ९ गते गरिएको पुनःगठनमा सद्भावना पार्टीका तर्फबाट हृदयेश त्रिपाठी उद्योग मन्त्री बने ।

२०६३ साल वैशाख २७ गते बसेको सात राजनीतिक दलको बैठकले शेरबहादुर देउवा नेतृत्वको नेपाली कांग्रेस (प्रजातान्त्रिक) छुट्टै राजनीतिक दलको मान्यता दिने निर्णय गर्‍यो । त्यही दिन सद्भावना पार्टी (आनन्दीदेवी) ले पनि छुट्टै राजनीतिक दलको मान्यता पायो । यी दुई दलको संसद्मा प्रतिनिधित्व हुने भयो ।

प्रधानमन्त्री गिरिजाप्रसाद कोइरालाले २०६३ जेठ ४ गते पुनःस्थापित प्रतिनिधिसभामा विशेष घोषणा गरे । जसलाई नेपाली सन्दर्भमा म्याग्नाकार्टा पनि भनियो । ९ बुँदे घोषणामा व्यवस्थापिकासम्बन्धी सम्पूर्ण अधिकार प्रतिनिधि सभाले प्रयोग गर्ने, प्रतिनिधि सभाको अधिवेशन प्रधानमन्त्रीको सिफारिसमा प्रतिनिधिसभाका सभामुखद्वारा आह्वान र अन्त्य गर्ने थियो । श्री ५ को सरकारलाई नेपाल सरकार भनिने, सरकारको कार्यविभाजन र कार्यसम्पादन नियमावली मन्त्रिपरिषद्बाट पारित गरिने थियो ।

त्यस्तै शाही नेपाली सेनाको नाम परिवर्तन गरी नेपाली सेना राखिने, राष्ट्रिय सुरक्षा परिषद् खारेज गरिने, प्रधान सेनापतिको नियुक्ति मन्त्रिपरिषद्ले गर्ने, राजपरिषद्को विद्यमान व्यवस्था खारेज गर्ने, राजगद्दी उत्तराधिकार सम्बन्धी कानुन बनाउने/खारेज गर्ने अधिकार प्रतिनिधि सभालाई दिइयो । तत्कालीन श्री ५ को खर्च र सुविधा प्रतिनिधि सभाले निर्धारण गर्ने, श्री ५ को निजी सम्पत्ति र आयमाथि कानुन बमोजिम कर लाग्ने, श्री ५ बाट भए गरेको कामहरूको बारेमा प्रतिनिधिसभा र अदालतमा प्रश्न उठाउन सकिने प्रबन्ध गरिगो । नागरिकताको समस्या शीघ्र समाधान गर्ने, राष्ट्रिय गानलाई परिवर्तन गर्ने, नेपाल धर्मनिरपेक्ष राज्य हुने, घोषणा कार्यान्वयनमा आइपर्ने कुनै पनि बाधा अड्‌काउ प्रतिनिधिसभाले निर्णय गरी फुकाउन सक्ने, संवैधानिक निकायहरूमा हुने नियुक्तिमाथि सम्बन्धित आयोग/परिषद्को सिफारिसलाई

प्रतिनिधि सभाद्वारा गठित एक समितिले अनुमोदन गर्नुपर्ने र यस घोषणासँग बाझिने नेपाल अधिराज्यको संविधान, २०४७ र प्रचलित अन्य कानुनका व्यवस्थाहरू बाझिएको हदसम्म अमान्य हुने घोषणा गरियो ।

यसरी पुनःस्थापित संसद्ले लय समात्दै थियो ।

माओवादीले सम्पूर्णतः हिंसा त्यागिसकेको थिएन । उसलाई जसरी हुन्छ शान्तिपूर्ण मूलधारमा ल्याउने पहल सुरु भयो ।

कात्तिक ३० गतेसम्मको समयतालिका दिएर विस्तृत शान्ति सम्झौतासम्बन्धी कार्य गर्ने भनिएको थियो । सरकारका तर्फबाट माओवादीसँग वार्ता गर्ने जिम्मा कृष्णप्रसाद सिटौलाले पाएका थिए । माओवादीका तर्फबाट कृष्णबहादुर महरा त्यसको नेतृत्वकर्ता थिए । समितिले विस्तृत शान्ति सम्झौताको प्रारूप टुंग्यायो ।

२०६३ मसिर ४ गते तत्कालीन माओवादी सुप्रिमो पुष्पकमल दाहाल 'प्रचण्ड', डा. बाबुराम भट्टराईलगायत माओवादी नेताहरू बालुवाटारमा सार्वजनिक भए । बृहत् शान्ति सम्झौता गरियो ।

जब अन्तरिम संविधान निर्माणको प्रक्रियाको थालनी भयो, तब मधेशमाथि फेरि धोखाधडी सुरु भयो । काँग्रेस, एमाले र माओवादीले मधेशका जनताप्रति बेइमानी गर्न थाले । मधेशका मुद्दालाई किनारा लगाउने उपायको खोजी गर्न थाले ।

मसिर ५ गतेभित्र अन्तरिम संविधानलाई पूर्णता दिने, मसिर १० गतेभित्र अन्तरिम संविधान जारी गरी अन्तरिम व्यवस्थापीका गठन गर्ने, प्रतिनिधिसभा, राष्ट्रिय सभा विघटन गर्ने र मसिर १५ सम्म अन्तरिम मन्त्रिपरिषद् गठन गर्ने भन्ने कार्यतालिका थियो । तर समय तालिका छल्ल थालियो । मसिर १२ गते सरकार र माओवादी बीच 'हतियार र सेना व्यवस्थापन अनुगमनसम्बन्धी सम्झौता' मा हस्ताक्षर भयो ।

मसिर २० गतेबाट मात्र संविधान बनाउने विषयमा सरकार, सात दल र माओवादीबीच वार्ता सुरु भयो । लामो रस्साकस्सीपछि पुस १ गते राति सात दल र माओवादीबीच अन्तरिम संविधानमा हस्ताक्षर भयो ।

अन्तरिम संविधानमा अन्तिम सहमति जुटाउन कोसिस गरियो । पुस १ गते अघि बालुवाटारमा ४८ घण्टासम्म लगातार बैठक चल्यो । त्यो बैठकमा पार्टीका तर्फबाट म, भरतविमल यादव र हृदयेश त्रिपाठी सहभागी थियौं ।

संविधानमा के-के राख्ने, के-के नराख्ने, अन्तरिम संसद्मा कुन पार्टीलाई कति स्थान दिने ? माओवादीलाई कति सिट दिने आदि विषयमा छलफल भइरहेको थियो । ऐतिहासिक जनआन्दोलनको म्यान्डेट, मर्म र भावना समेटेर अन्तरिम संविधान बनाउनुपर्ने थियो ।

अन्तरिम व्यवस्थापिकाले राजाको अधिकार त कटौती गरिसकेको थियो । गणतन्त्र घोषणा त्यतिबेला नगरे पनि राजालाई अधिकारविहीन राख्ने र निर्वाचित संविधान सभाको प्रथम बैठकबाट गणतन्त्र घोषणा गर्ने सहमति भइसकेको थियो ।

आन्दोलनको मूल एजेन्डा सङ्घीय लोकतान्त्रिक गणतन्त्र नेपालको स्थापना गर्ने थियो । तसर्थ सोही हिसाबले काम कुरा अगाडि बढाउनुपर्ने थियो । निर्वाचित संविधान सभाले सङ्घीयतासहितको समावेशी संविधान बनाउँछ भन्ने कुरा अन्तरिम संविधानमा स्वीकार गर्नुपर्ने थियो । आन्दोलनको मर्मलाई संविधानमा सिद्धान्ततः स्वीकार गर्नुपर्ने थियो । तर त्यसमा पनि दाउपेच गरियो । पहाडिया मानसिकता देखाइयो ।

प्रधानमन्त्री निवास बालुवाटारमा बैठक चलिरहेको थियो । पुस १ गते राति अन्तरिम संविधानमा सही गर्ने बेला अचानक गिरिजाबाबुले जुरुक्क उठेर माओवादी अध्यक्ष प्रचण्ड र एमालेका महासचिव माधव कुमारलाई ‘एकछिन कुरा गर्नुछ’ भनेर अर्को कोठामा लगे । बाँकी पाँचवटा दल अर्को कोठामा छलफलमा लाग्यौं ।

तीन नेताको गोप्य मन्त्रणापछि बैठकमा आउँदा संविधानमा एउटा मात्र कुरा कटिएको थियो । त्यो थियो, ‘सङ्घीयता’ । अन्तरिम संविधानको मस्यौदामा ‘संविधान सभाबाट बन्ने संविधान सङ्घीयता सहितको हुनेछ’ भन्ने लेखिएको थियो । तीन नेताको बैठकपछि त्यो बुँदा कटियो । सङ्घीयता आन्दोलनको एजेन्डा थियो, जसलाई हठात् हटाइयो ।

हामी छाँगाबाट खसेभैं भयौं । आन्दोलनमा सँगसँगै हिँडेर मुलुकलाई सङ्घीयतामा पुर्‍याइएको थियो । बालुवाटारको सत्ताले त्यसलाई काटेर बुच्चो बनाइदिएको थियो । हामी शासन–सत्तामा पुग्छौं भनेर हाम्रै अनुहारबाट हेरेर त्यो बलात् हटाइएको थियो ।

यसमा हाम्रो सहमति थिएन । आन्दोलनमा सङ्घीयताको पक्षमा नारा लागेको थियो । जनताले सङ्घीयता चाहन्थे । तर तीनवटा नेताले मिलेमतो गरेर सङ्घीयता काटे । हरताक्षर गरे । सँगै लडेको र मरेको मधेशीमात्र होइन, सबै सङ्घीयता पक्षधरले सडकमा नारा लगाएको के अर्थ भयो ? आन्दोलनमा तीनै ठूला दलका नेताले भनेका थिए, ‘नयाँ नेपाल बन्छ । सङ्घीयता आउँछ । मुलुक समावेशी हुन्छ । मधेशीले पनि अधिकार पाउँछन्, दलित–जनजाति, मुस्लिम, उपेक्षित, उत्पीडितले पनि अधिकार पाउँछन् । राजतन्त्रमा जे भयो भयो, बहुदलीय व्यवस्थामा पनि हुन नसकेका सुधार अब हामी गरेर जान्छौं ।’

तर सत्तामा पुग्नेबित्तिकै त्यसलाई चटक्क बिर्सिए । हामीमाथि पुनः धोका भयो । सडकमा गोली खाने बेला सबैले खाने तर नीति निर्माण गर्ने बेला तीन टाउका मिलेर मात्रै हुन्छ ? मरो मनमा गम्भीर प्रश्न उब्जियो ।

सङ्घीयता काँग्रेस– एमालेको एजेन्डा नै थिएन । गजेन्द्रनारायण सिंहले सङ्घीयताको नारा लगाउँदा काँग्रेस र एमालेले ‘विखण्डनवादी’ भनेर आरोप लगाएका थिए । सङ्घीयताबाट मुलुक टुक्रिन्छ, श्रीलङ्का बन्छ भन्ने । सङ्घीयताको विरोध गर्नु उनीहरूको धार्जरतै थियो । सङ्घीयता–समावेशीप्रति उनीहरूको वैरभाव थियो । तथापि मधेशको भोटमा काँग्रेस एमालेकै हैकम थियो । उनीहरूले मधेशका जनतालाई मतदाता र करदाताबाहेक अरू केही बनाएकै थिएनन् । केवल एकभोट मात्रै ठान्थे मधेशीलाई ।

मलाई आश्चर्य त के लाग्यो भने, जब माओवादी अध्यक्ष प्रचण्डजीले पनि काङ्ग्रेस र एमालेकै लाइनमा आफूलाई उभ्याए । हामीले त उनले प्रतिवाद गर्लान् भन्ने ठानेका थियौं । तर उनी त काङ्ग्रेस–एमालेकै पछि लुरुलुरु लागे । यो त मधेशका जनताले सोचेका पनि थिएनन् ।

'प्रचण्डजी ! काङ्ग्रेस र एमालेले त सङ्घीयता काटे, उनीहरूले त्यसो गर्नु स्वाभाविक हो । उनीहरू त जन्मजात सङ्घीयता विरोधी हुन् । उनीहरू त एकात्मक शासनमा रमाउने यथास्थितिवादी नै हुन् । एक वर्ग विशेषको शासन र शोषणलाई निरन्तरता दिन चाहने तत्त्व नै हुन् । तपाईं त १० वर्ष जनयुद्ध गरेर आएको । यही सङ्घीयताको नाममा बीसौं हजार मरेका हैनन् ? लिम्बूवान, खुम्बुवान, तामसालीङ अनि मगरात, थरूहट र मधेश भनेर १२ वटा प्रान्त पहिले नै बाँडेर युद्ध लडेको होइन ? तपाईं कसरी यो सङ्घीयता काट्ने काममा संलग्न हुनुभयो ?,' मैले प्रचण्डलाई प्रश्न गरेँ ।

प्रचण्डजीले ठोस जवाफ दिन सकेनन् । 'सङ्घीयता संविधान लेखनका क्रममा आउँछ, सङ्घीयता राज्य पुनःसंरचना अन्तर्गत पर्छ । हामीले एकात्मक शासनको अन्त्य गर्ने भनेका छौं । त्यसको अर्थ मुलुक सङ्घीयतामा जाने नै त हो,' उनले बुझाउने प्रयास गरे ।

'राज्य पुनःसंरचना भनेर मात्र सम्बोधन हुन्छ र ? सङ्घीयता नै भन्नुपर्छ । अन्तरिम संविधानमा त्यो सङ्घीयतालाई सिद्धान्ततः स्वीकार गर्नुपर्छ । प्रचण्डजी ! तपाईंहरूबाट गल्ती भयो । मैले रतिभर पनि शंका नगर्नु मबाट पनि गल्ति भयो,' मैले उहाँसँग आक्रोश पोखेँ ।

त्यसपछि हामीले बाध्य भएर अन्तरिम संविधानमा 'नोट अफ डिसेन्ट' लेख्यौं ।

जसमा अन्तरिम संविधानमा 'संविधान सभाबाट बन्ने संविधान सङ्घीयतासहितको संविधान हुनेछ' भनेर सिद्धान्ततः स्वीकार गरिनुपर्ने, समान जनसङ्ख्याका आधारमा निर्वाचन क्षेत्रको निर्धारण हुनुपर्ने र भूमिसम्बन्धी व्यवस्था प्रान्तीय सरकारले गर्न पाउनुपर्ने आदि समावेश गर्दै असहमति दर्ज गर्‍यौं ।

# धोखाधडी

पार्टी विभाजन भएर पृथक दलको मान्यता पाइसकेका थियौं । संसद्मा हाम्रो प्रतिनिधित्व पनि थियो । तर पार्टीले आकार लिइसकेको थिएन । आन्दोलनकै बलमा पार्टीको समूल तल फिँजाउनुपर्ने आवश्यकता थियो ।

पार्टी अध्यक्ष आनन्दीदेवी सिंहलाई कुरा बुझाउन निकै अप्ट्यारो हुन्थ्यो । उहाँले हत्तपत्त कुरा नबुझ्दा पार्टीको बैठक डाक्न पनि आनाकानी भइरहन्थ्यो । आन्दोलनको बिगुल फुक्न हतार भइसकेको थियो । तर पार्टी अध्यक्षको मगजमा यो कुरा कसरी पुर्‍याउने ?

मेरै करबलमा त्रिपुरेश्वरस्थित पार्टी कार्यालयमा बैठक बोलाइयो । बैठकमा हामीले लेखेको 'नोट अफ डिसेन्ट'बारे जनतालाई सबै सत्यतथ्य बताउने साथै मधेशमाथि अन्तरिम संविधानमा जुन धोखा भयो, त्यसको भण्डाफोर गरेर आन्दोलन गर्ने प्रस्ताव राखेँ ।

पार्टीभित्र केही सत्ता समर्थक थिए । हृदयेश त्रिपाठी नै मुखर भएर आए । उनी त सत्तामा पनि थिए । उनी पक्षधरहरू आन्दोलन गर्न जरुरी छैन भन्ने थाले । केही पनि नपाउँदा पनि हामीबीच कसरी सन्तुष्टि छाएको थियो ? मैले केही भेउ पाउन सकेको थिइनँ । मलाई छटपटी भइरह्यो । मैले आन्दोलनको प्रस्ताव त राखेँ । 'सरकार नछोडी कसरी आन्दोलन हुन्छ ?' साथीहरूले उल्टै हप्कीदप्की लगाए । तर पनि मैले अडान छाडिन । यो नश्लीय सत्तालाई सबक सिकाउनै पर्छ भनेर एक दिन भए पनि मधेश बन्द गरिनुपर्छ भनेँ । अन्ततः केन्द्रीय समितिले त्यसलाई अपनत्व लियो । निर्णय भयो ।

पार्टीले २०६३ साल पुस १० गते मधेश बन्दको आह्वान गर्‍यो । बन्द अभूतपूर्व रूपमा सफल भयो । मधेशमा मानिस हलो जोत्नसमेत गएनन् । मधेशको मुद्दालाई उपेक्षा गरिएको थियो । त्यसप्रति हाम्रो पार्टीले लेखेको 'नोट अफ डिसेन्ट'प्रति जनताको पूर्ण समर्थन भयो ।

तर नेपालगञ्जमा मधेशीविरोधी शासकवर्गले बन्दलाई पचाउन सकेनन् । बन्दको भोलिपल्ट मधेशीका वस्ती र पसलमाथि आक्रमण भयो । ३० जनाभन्दा बढी आन्दोलनकारी घाइते भए । चोकचोकमा लाठी, ईंटा र ढुंगा बोकेका अराजक समूहले साम्प्रदायिक नारा लगाउँदै मधेशीमाथि आक्रमण गरे । दुःखद् कुरा त्यो आक्रमण प्रहरी प्रशासनको सहयोगमा भयो ।

अराजक भूण्डसँगै बन्दुकधारी प्रहरी पनि हिँडिरहेका थिए । मधेशीमाथि आक्रमण भइरहँदा, पसल लुटपाट भइरहँदा र आगो लगाइँदा प्रहरी मूकदर्शक बनिरहेको थियो । सुरक्षा दिएर आक्रमण गराएको देखिन्थ्यो । नेपालगञ्जको घसीयान टोलमा प्रहरी आफैं पसेर मधेशी

महिला तथा बालबालिकालाई कुटेको खबर मैले पाएँ । प्रहरीको गोलीबाट बाँके भवानीपुरका २६ वर्षीय कमल गिरीले शहादत प्राप्त गरे ।

भोलिपल्ट पनि नेपालगञ्ज बन्द भयो । खासमा त्यो पुस ११ गतेको बन्दको कथित प्रतिकार थियो । मधेशी भएर पनि अधिकार माग्ने भन्ने मानसिकता हावी थियो । त्यसको जिम्मेवारी पार्टीले लिनुपर्ने भयो । पार्टीका तर्फबाट सरकारमा मन्त्री हृदयेशजी थिए । उनी नेपालगञ्ज गए । तर त्यहाँ यो हाम्रो कारणले भएको घटना होइन, हाम्रो कार्यक्रम हिजो पुस १० गते नै सकिएको हो, हाम्रो बन्द शान्तिपूर्ण थियो । ११ गतेको घटना हाम्रो कारणले भएको होइन, हामी त्यसको जिम्मेवारी लिदैनौ भने ।

अर्को दुर्भाग्य सुरु भयो, अब कसरी आन्दोलन गर्ने ? कसले बैठक बोलाउने ? हामीले पुस १२ गतेबाट नेपालगञ्जमा सरकारको उपस्थितिमा भएको नाङ्गो आक्रमणको विरोधमा आन्दोलनलाई निरन्तरता दिएको भए माघ १ गते व्यवस्थापिका संसदबाट अन्तरिम संविधान जारी हुँदासम्म सङ्घीयता लगायत 'नोट अफ डिसेन्ट'मा उठाइएका मागहरू पूरा भइसक्थ्यो । अन्तरिम संविधान पास गर्दा सङ्घीयता पनि समेटेर पास हुन्थ्यो । सत्ताको लोभका कारण पार्टीले त्यो ऐतिहासिक अवसर गुमायो । मलाई निकै छटपटी भइरहेको थियो ।

उता उपेन्द्र यादव नेतृत्वको मधेशी जनअधिकार फोरम नेपाल (त्यतिबेला पार्टीको रूपमा दर्ता भएको थिएन) ले विभिन्न कार्यक्रमको आयोजना गरी मधेशी जनताको पक्षमा वकालत गरिरहेको थियो । आन्दोलन तयारीका लागि ठाउँ–ठाउँमा प्रशिक्षण तथा गोष्ठीहरू हुन थाले । फोरम नेपाल आवद्ध युवा फोरम, विद्यार्थी फ्रन्ट, महिला फोरमलगायतका भ्रातृ सङ्गठनहरू सक्रिय भएर लागे । फोरम नेपालको पर्चा, पम्पलेटहरू देखिन थाले । ठाउँठाउँमा पर्चाहरू बाडिएको थियो । त्यस बखत सद्भावना सत्तापछि लागेको र फोरम क्रान्तिकारी रहेको सन्देश गयो ।

२०६३ माघ १ गतेको दोस्रो सत्रको बैठकबाट अन्तरिम संसद्मा माओवादी पनि सहभागी भयो । हरेक दलको कोटा बढेकाले हाम्रो पार्टीका तर्फबाट आनन्दीदेवी सिंह, भरतविमल यादव र बर्दियाका गोविन्द चौधरीलाई अन्तरिम संसद्मा ल्यायौं ।

सवाल संसद्को प्रतिनिधित्वको थिएन । अधिकार नै खोसिएकाले नश्लीय सत्ताको साक्षी बस्न सत्ता र सदनमा किन जानू ? सदन र सत्ताभन्दा सडक कहाँ हो कहाँ उत्तम हो भन्ने मेरो बुझाइ थियो ।

पार्टीमा पनि मैले हामीले भने बमोजिम अन्तरिम संविधान संशोधन भएन भने सदन र सरकार छाडेर आन्दोलनमा जानुपर्छ भनेर प्रस्ताव राखेको थिएँ । तर मेरो केही सीप चलेन । माघ १ गते सङ्घीयताबिना कै संविधान जारी भयो । हामीलाई दैलो बाहिरै छाडेर अघि बढ्ने काम भयो । कार्यकर्तामा सन्तुष्टि थिएन । आन्दोलनमा जानुपर्ने आवाज उठिरहेको थियो । उनीहरूले तयारी समेत गरेका थिए । तर दुर्भाग्य ! हामीले सरकार छाडेनौं । सडकमा आन्दोलनको भुङ्ग्रो खडा गर्नुभन्दा सत्ता नै न्यानो भयो हाम्रा लागि । अधिकारभन्दा सदन र सत्ता नै प्रिय बन्न पुग्यो ।

माघ १ गते पनि सरकार छाडेर सडकमा आएको भए आन्दोलनको अगुवाइ हामीले नै गर्थ्यौं । तर त्यो ऐतिहासिक र युगीन अवसर उही सत्ताकै खातिर गुमायौं ।

मेरो मनमा अशन्तिको बादल मडारिइरहेको थियो । नेपालगञ्जमा मधेशी उपर भएको आक्रमणको रेकर्ड गरिएको सिडी चक्का बाहिर आयो । त्यो हेरेपछि झन् मैले मन थाम्न सकिनँ । एक्लै भए पनि नश्लीय सत्ताविरुद्ध विस्फोट होऊँ लाग्यो ।

त्यो सिडी जो कोहीले हेरेको भए पनि उसको मन उद्वेलित हुन्थ्यो । मधेशमा ठाउँ–ठाउँमा गाउँ–गाउँमा स्वःस्फूर्त रूपमा नेपालगञ्ज घटनाको सिडी कपी गरेर देखाउन थालियो । नागरिकस्तरबाट सामूहिकरूपमा त्यो काम भइरहेको थियो । जसले मधेशी जनतामा सत्ताप्रति आक्रोश पैदा गरिसकेको थियो । त्यसले अग्निज्वालाको रूप धारण गर्न बाँकी थियो । आन्दोलनको आह्वान र नेतृत्वको आवश्यकता देखिइसकेको थियो ।

मैले पार्टी निर्णय कुरिनँ । साथीहरूले सत्ता छाड्छन् कि भनेर उनीहरूतिर पनि हेरिन । सदनबाट आन्दोलित हुन आह्वान गरेको थिएँ । मधेशीहरू बडो चासोको साथ सदनमा कसले के बोल्यो हेरेका थिए ।

पहिलापहिला हामीले सदनमा गरेको भाषण टेलिभिजनबाट देखाइँदैनथ्यो । त्यसकारण कुन नेताले के बोल्यो भनेर नागरिकहरूले थाहै पाउँदैनथे । जब नेपालका टिभी च्यानलहरूले सदनमा बोलेको प्रत्यक्ष प्रसारण गर्न थाले, त्यसपछि सदनको मेरो भाषण पनि पहिलो पटक नागरिकको कानमा सीधै पुग्यो ।

सदनको सम्बोधनपश्चात् राति र भोलिपल्ट 'आन्दोलनमा गइहाल्नु पर्‍यो' भनेर मलाई निकै फोन आयो । आन्दोलन अगाडि बढ्न थाल्यो । सद्भावनाका कार्यकर्ता जोडतोडले आन्दोलनमा नेतृत्व गर्न थाले । तर आन्दोलनको अगुवाइ गर्ने कुरामा पार्टी चुक्यो । पार्टीले निर्णय गरेन ।

मधेश आन्दोलन अगाडि बढिरहँदा म निकै पुलकित भएको थिएँ । यसकारण कि यसपटक मधेश आफैं आफ्नो अधिकारका निम्ति लड्दै थियो । खुसी यो अर्थमा थियो, हिजोसम्म जोजो शक्तिसँग मिलेर आन्दोलनको अगुवाइ गरेका थियौं । एक वर्ष नपुग्दै उनीहरूको सक्कली अनुहार नागरिक सामु देखाउँदै उनीहरू विरुद्ध नै आन्दोलनको शङ्खनाद हुँदै थियो ।

मैले सदनमा प्रवेश गरेदेखि हरेक पल आफ्नो क्षेत्रको, मधेशबारे जोडदार ढंगले आवाज उठाएँ । तर सदनमा बोलेको कुनै रेकर्ड राखिएन । हाम्रो अनुहार र हामो भाषासँग विभेद गरियो । तथापि, हामीले संसदमा आवाज उठाउन कहिल्यै छाडेनौं । जनताले पनि हामीलाई साथ दिए । शासकले गरेको यो भेदभावप्रति उनीहरूको पनि अक्रोश बढ्न थाल्यो ।

केही उदाहरण यहाँ राख्नु सान्दर्भिक हुन्छ ।

२०५८ असार १५ गते राजाबाट संसद्को दुवै सदनको संयुक्त बैठकमा सरकारको नीति तथा कार्यक्रम सम्बोधन भगो । सरकारको नीति तथा कार्यक्रममा मधेशका समस्याको म पनि उच्चारण गरिएन ।

त्यसपछि मैले विरोध जनाएँ ।

'२०४६ को जनआन्दोलनद्वारा स्थापित प्रजातान्त्रिक अवस्थामा पनि देशमा राजनैतिक, आर्थिक, सामाजिक, सांस्कृतिक तथा भाषिक क्षेत्रमा जाति-जनजाति तथा मधेशी समुदायप्रति कलंकको रूपमा सदियौँदेखि गरिएको शोषण तथा भेदभावलाई समाप्त गरी समतामूलक समाजको स्थापना गरिने छ भनी प्रतिबद्धता व्यक्त नगरिएकोमा खेद व्यक्त गर्दछु,' मैले आफ्नो असन्तुष्टि दर्ज गरेँ ।

नागरिकता प्रमाण-पत्रविहीन ४० लाख नेपाली रहेको विभिन्न तथ्यांकले देखाएको छ । उनीहरूको जीवनसँग जोडिएको अति संवेदनशील राष्ट्रिय समस्याको रूपमा रहेको नागरिकता समस्याको समग्र समाधान संविधान संशोधनबिना सम्भव नदेखिएको मेरो निचोड थियो ।

'संसद्को यसै अधिवेशनमा संविधान संशोधन गरी उपरोक्त समस्याको स्थायी समाधान गरिने छ उल्लेख नगरिएकोमा तथा समानुपातिक राष्ट्रिय विकास सम्पूर्ण क्षेत्रमा सहभागिताको ग्यारेन्टीको प्रमुख आधारको रूपमा रहेको सङ्घात्मक शासन प्रणाली (प्रान्तीय शासन प्रणाली) को स्थापनाका लागि संविधान संशोधन गरिने छ भनी प्रतिबद्धता व्यक्त नगरिएकोमा खेद व्यक्त गर्दछु,' मैले यो पनि भनेँ ।

उत्पीडित जाति-जनजाति, दलित, मधेशी समुदाय, महिला र आदिवासीको विकासको लागि हरेक क्षेत्रमा आरक्षणको संवैधानिक व्यवस्था गर्न मैले उतिबेलै माग गरेको थिएँ । साथै २०५७ पुस ११, १२ र १३ गते देशको राजधानी काठमाडौँलगायत विभिन्न ठाउँमा घटाइएका कलंकित घटना जाँचबुझ गर्न गठित आयोगको प्रतिवेदन सार्वजनिक गरिएको थिएन ।

'सरकारको नीति तथा कार्यक्रममा आयोगको प्रतिवेदन अविलम्ब सार्वजनिक तथा दोषीमाथि कडा कानुनी कारवाही र घटनामा पीडितलाई क्षतिपूर्ति प्रदान गरिने छ उल्लेख नभएकोमा खेद छ,' मैले असहमति राखेँ ।

समान जनसंख्या तथा भौगोलिक र सांस्कृतिक एकरूपताको आधारमा संसदीय निर्वाचन क्षेत्रको पुनर्विभाजन/पुन :निर्धारण अत्यावश्यक थियो । त्यससम्बन्धी प्रतिबद्धता नीति तथा कार्यक्रममा नसमेटिएकामा र स्थानीय निकायहरूलाई एउटा विकास संस्थाको रूपमा अगाडि बढाउने उद्येश्यले स्थानीय निकाय निर्वाचन दलीय आधारमा गरिने छैन भनेर उल्लेख नगरेकामा खेद प्रकट गरेँ ।

राजाको सम्बोधनमा कृषिप्रधान देशका कृषकहरूले भोग्दै आएको पीडालाई कम गर्न कुनै कार्यक्रम समावेश थिएनन् । 'कृषि उपजको न्यूनतम लागत मूल्य निर्धारण गरी खरीद केन्द्र खोली कृषि उपज खरीदको समुचित व्यवस्था गरिने तथा कृषि उपकरणहरू, खाद, मल, बीउ, आदि सस्तो मूल्यमा कृषकलाई शुलभ ढंगले उपलब्ध गराइने छ उल्लेख गरिएन । महँगाई अर्थात् मूल्यवृद्धि नियन्त्रण गर्न कडा कदम चालिने छ उल्लेख नगरिएकोमा खेद व्यक्त गर्दछु,' भनेँ ।

शाही नेपाली सेनाले राष्ट्रिय चरित्र वहन गर्न नसकेको मेरो निष्कर्ष थियो । त्यो स्वरूप प्रदान गर्नलाई अघोषित प्रतिबन्धका शिकार मधेशी तथा अन्य समुदायलाई समूहगत प्रवेश गराइने छ भने उल्लेख गर्नुपर्ने मेरो माग थियो । सम्बोधनमा सुकुम्बासी समस्या समाधान छुटेको थियो । ती स्थानीय भूमिहीनहरूलाई प्राथमिकताका साथ जग्गा उपलब्ध गराइनेछ लगायत माथि उल्लिखित विषय समेट्न पनि माग गरेका थिएँ ।

सम्बोधनका क्रममा प्राथमिक शिक्षा मातृभाषामा प्रदान गर्ने दायित्व राज्यले समेट्नुपर्ने मेरो भनाइ थियो । मदरसालाई पनि विद्यालय सरह नै अनुदान दिइने उल्लेख गर्नुपर्ने बताएको थिएँ । 'उक्त कुरा उल्लेख नगरिएकोमा तथा सम्पर्क भाषाको रूपमा स्थापित हिन्दी भाषालाई दोश्रो राष्ट्रभाषाको रूपमा संवैधानिक मान्यता प्रदान गर्न संविधानमा संशोधन गरिने छ उल्लेख नभएकोमा खेद व्यक्त गर्दछु,' मैले जोडदार रूपमा आवाज उठाएको थिएँ ।

सम्बोधनमा राष्ट्रिय भाषाहरूको अनुसूची अविलम्ब जारी गर्न माग गरेको थिएँ । प्रशासन यन्त्रलाई तटस्थ र निष्पक्ष बनाउन भनेको थिएँ । त्यस्तै कृषकहरूलाई प्रवाहित हुने कृषि ब्याज दर १० प्रतिशत मात्र हुने र श्रमिक-मजदुरको न्यूनतम ज्याला विगतमा संसदबाट पारित संकल्प प्रस्तावको भावना अनुरूप गर्न पनि ध्यानाकर्षण गराएको थिएँ ।

सम्बोधनमा विकराल बेरोजगारीको समस्या समाधान गर्ने उद्देश्य अनुरूप शैक्षिक बेरोजगारको हकमा शैक्षिक प्रमाणपत्र धितो राखी ऋण प्रदान गर्ने विकल्प सुझाएको थिएँ । अशिक्षित बेरोजगारको हकमा नागरिकताको प्रमाणपत्र धितो राखी सुलभ ऋण प्रदान गर्न पनि माग गरेको थिएँ । श्रमिक मजदुरहरूको समस्या र तीनको समाधान उल्लेख नगरिएकोमा, मुलुकमा भ्रष्टाचारको जडो गा।।डिएकोले सोलाई निर्मूल पार्ने प्रधानमन्त्रीदेखि पियनसम्म जो कसैलाई पनि कडा कारबाही गर्नसक्ने प्रभावकारी कानुनी व्यवस्था गरी कठोर दण्ड र सजायको व्यवस्था गरिने छ भनी प्रतिबद्धता व्यक्त नगरिएकोमा पनि खेद व्यक्त गरेको थिएँ ।

सम्बोधनमा क्रममा मधेशको आर्थिक र सामाजिक विकासको लागि मेरूदण्डको रूपमा हुलाकी राजमार्गको विषयमा केही उल्लेख नभएकोमा आक्रोश पोखेको थिएँ । चेली-बेटी बेचबिखन सर्वत्र समस्याको विषय बनेको थियो । विभिन्न कोठीमा बेचिएका, त्यहाँ नारकीय जीवन व्यतीत गरिरहेका स्त्रीहरूको उद्धार गर्ने, उद्धार गरिएकाहरूको सामाजिक पुनःस्थापना तर्फ सरकारले कुनै चासो नदेखाएकाप्रति मैले रोष प्रकट गरेको थिएँ । यसैगरी मधेशी दलितहरूको उत्थानको लागि मधेशी दलित आयोग गठन गर्ने प्रतिबद्धता नजनाएकाप्रति मैले असन्तुष्टि राखेको थिएँ ।

सम्बोधनमा मुलुकलाई औद्योगिकीकरणतर्फ लैजान स्वदेशी कच्चा पदार्थमा आधारित तथा निर्यातमूलक उद्योगतर्फ प्राथमिकता दिइनेछ भनेर उल्लेख गर्न जरुरी थियो । सरकारले गरिबी निवारणको लागि कुनै ठोस योजना तथा कार्यक्रम ल्याएको थिएन । माओवादीहरूलाई राष्ट्रिय राजनीतिको मूलधारमा ल्याउन प्रभावकारी कार्यक्रम नल्यालेकाप्रति र दिनहुँ मरिरहेका नागरिकप्रति सरकार उदासीन देखिएकाले असन्तुष्टि पोखेको थिएँ ।

मैले विभिन्न कालखण्डमा राज्यका जल्दाबल्दा समस्या सदनमा प्रस्तुत गरेँ ।

हाम्रो पार्टीको तर्फबाट लिखित प्रस्तावहरू लिएर जान्थेँ । ती सबै नागरिकका दैनन्दिका समस्यासँग गाँसिएका हुन्थे ।

यस्तै प्रकृतिको सदन आन्दोलनले मधेश जनविद्रोहको आधार तय गरेको थियो ।

हर्क गुरुङ प्रतिवेदनको विरोध, सद्भावना परिषद्देखि सद्भावना पार्टी गठनसम्मको यात्रा, मधेशको अधिकार स्थापित गराउन सडक आन्दोलनदेखि सदनसम्म भएका सङ्घर्ष, आमरण अनसन, सात दलीय दोस्रो जनआन्दोलन, अन्तरिम संविधानमा 'नोट अफ डिसेन्ट', पुस १० को मधेश बन्द र नेपालगञ्ज आक्रमणसम्म आइपुग्दा मधेश आन्दोलनको भावभूमि तयार भइसकेको थियो ।

त्यसैले कसले नेतृत्व गर्ने भन्ने मूल प्रश्न होइन । मूल प्रश्न त मधेशमा विद्रोहको राँको दन्कनुपर्ने थियो । आफ्नो अधिकारका निम्ति आफैँ सङ्घर्षशील बन्नुपर्ने थियो । त्यसमा मधेश अग्रसर भइसकेको थियो । नागरिकहरू स्वःस्फूर्त रूपमा सडकमा उत्रिन थाले । मधेशी जनता सडकमा आफैँ आन्दोलनको अगुवाइ गरिरहेका थिए । म यता काठमाडौँमै रहेर सात दलभित्र र सरकारमाथि दबाब बढाइरहेको थिएँ । माघ पूरा गरिहाल्ल ताकेता गरिरहेको थिएँ । माघ पूरा गराउन सरकार उदासीन बने अनिष्ट हुने खतरा देखाइरहेको थिएँ ।

विराटनगरमा आन्दोलन चर्किन थाल्यो । मैले एकदिन पहिले संसद्मा गरेको भाषणको आधारमा मधेशी जनता मधेशमा आगो लगाइरहेका थिए । आन्दोलनले विराट रूप लिँदै गयो ।

सद्भावना पार्टीले आगो नै लगाऊ भनेको थिएन । तर ठूलो विरोधको अवस्थाको सङ्केत अवश्य गरेको थियो । उपेन्द्र यादवजीलाई आगो लगाउने अवसर प्राप्त भयो । त्यति बेलासम्म फोरम कुनै राजनीतिक पार्टी थिएन, गैरसरकारी सामाजिक संगठनका रूपमा मात्र थियो ।

पार्टी बन्ने अवसर पनि हामीले दियौँ ।

गैरसरकारी सामाजिक संस्थाको सबै ठाउँमा संगठन थिएन । त्यसको आधार पनि बनेको थिएन । तथापि आन्दोलनको केही न केही तयारी फोरमकै नामबाट भइरहेको थियो ।

त्यति बेलासम्म काठमाडौँले उपेन्द्र यादवको नाम सुनेको थिएन । उनी मधेश र मधेशीको पक्षमा आवाज त उठाइरहेका थिए । तर त्यो सुनिने प्रकृतिको थिएन ।

मधेशी जनअधिकार फोरमले माघ २ गते माइतीघर मण्डलमा अन्तरिम संविधान जलायो । त्यसपछि काठमाडौँले मात्रै होइन मधेशले पनि उनको नाम सुन्यो । मधेशलाई लाग्यो– हाम्रो पक्षमा लड्ने नयाँ मसिहा आयो ।

त्यतिबेला संविधान जलाएकोमा उपेन्द्र यादवलगायत २८ जना पक्राउ परे । फोरमले आफ्ना कार्यकर्ता रिहा गराउन मधेशव्यापी आन्दोलनको घोषणा गर्‍यो । सरकारको दमनकारी नीतिका कारण मधेशमा आक्रोश झन् चर्कियो । सबै मधेशी सडकमा उत्रिए ।

त्यहीबेला माओवादी केन्द्रीय सदस्य राम कार्कीसहितको टोली पार्टीको प्रशिक्षण कार्यक्रममा सहभागी हुन चितवनतर्फ आइरहेका थिए । लहानमा माओवादी र प्रदर्शनकारीबीच भडप भयो । माओवादीमा जनयुद्ध लडेर आएको अहंकार थियो । अहंकारको आगाले पहिला आफैंलाई जलाउँछ । माओवादीले विद्रोहको आगामा पेट्रोल छर्किने काम गर्‍यो ।

उनीहरूलाई लाग्यो– हाम्रो बाटो छेक्ने मधेशी को हो ?

उनीहरू जर्बजस्ती बाटो खुला गराउनतर्फ अग्रसर भए । आन्दोलनकारीले राम कार्कीसहित माओवादीका नेता-कार्यकर्ताको बाटो छेके । दुवै पक्षबीच तनाब र झडपको स्थिति सिर्जना भयो । त्यही क्रममा माओवादी कार्यकर्ताले चलाएको गोली लागेर न्यु मनकामना बोर्डिङ स्कुलमा अध्ययनरत सिरहा, मभौरा–१ का १६ वर्षीय युवक रमेशकुमार महतोको घटनास्थलमै मृत्यु भयो । प्रहरी मूकदर्शक बन्यो ।

त्यो घटनापछि केही समयमै पूरै मधेश आगाको ज्वालामा परिणत भयो ।

माओवादी चढेर आएको दुईवटा मिनी बस र लहानमा पार्किङ गरिएका १७ वटा सवारी साधन क्षणभरमै जलेर खरानी भए । केही ट्रकहरू पनि आक्रोशको आगाको निशानीमा परे । ती पनि उत्तिनैखेर खाक बने । माघे ठन्डीका बीच अधिकार नदिएको क्रोधले मधेश बलेको थियो । क्रान्तिको डढेलो फैलाउने काम माओवादीकले गर्‍यो ।

मधेशभरि सल्कियो क्रान्तिको डढेलो । माओवादीको गोली लागेर मृत्यु भएका रमेशको शव परिवारलाई दिइएन । त्यसले झन् आन्दोलनकारीलाई भड्कायो । आन्दोलनकारीको इगोमाथि खेल्ने प्रयास गरियो ।

गोली हानी हत्या गरिएका रमेशको परिवारलाई दस लाख रूपैयाँ क्षतिपूर्ति दिने निर्णय गर्‍यो । मधेशमा दन्कँदो आगो निभाउने चेष्टा स्वरूप सरकारले राहत रकमको घोषणा गरेको थियो । तर आन्दोलन थामिएन । किनकि, सङ्घीयताको माग पूरा नभएसम्म आन्दोलन रोकिने अवस्था नै थिएन । ज्यानभन्दा प्यारो अधिकार थियो ।

बालुवाटारमा आठ दलको बैठक बस्यो । त्यो बैठकमा पार्टीका तर्फबाट म सहभागी थिएँ ।

'कसैले शान्त हो भन्दैमा आन्दोलन शान्त हुँदैन । हामीले नोट अफ डिसेन्टमा जे लेखेका छौं, त्यही नै आन्दोलनको मुख्य माग हो । मधेशको माग्लाई सम्बोधन गरे आन्दोलन आफैं शान्त हुन्छ,' मैले प्रष्टसँग सरकारलाई मधेशको कुरा बताएँ ।

सद्भावना पार्टी घोषित रूपमा आन्दोलनमा सहभागी नभए पनि सम्पूर्ण कार्यकर्ता आन्दोलनमा सक्रिय थिए । आन्दोलनका बारेमा जानु पर्‍यो भने जनताले सद्भावना पार्टीका नेता-कार्यकर्तालाई नै सोध्थे । किनकि, गाउँगाउँमा मधेशवादीको नाममा संगठन हामै्र मात्र थियो । आन्दोलनमा हाम्रो सक्रिय योगदान रह्यो । दुर्भाग्य ! समग्र मधेश आन्दोलित भइरहँदा, पहिचान र मुक्तिमार्गमा लम्किरहँदा हामीले हाम्रो झन्डा प्रयोग गर्न पाएनौं ।

यहाँनिर पनि हामी चुक्यौं ।

बालुवाटारको आठ दलको बैठकमा म मधेशको तर्फबाट एक्लो प्रतिनिधि थिएँ । शीर्ष नेताहरूको बैठक हुँदा मात्र भरत विमलजी जान्थे । मधेश समस्या कसरी समाधान गर्ने भन्नेबारे आठ दलीय बैठकमा छलफल हुन्थ्यो । उनीहरूको समस्या समाधान भन्दा पनि आन्दोलन साम्य पार्न चाहन्थे । आन्दोलन रोक्न सके, मधेशीलाई फेरि छक्याउन पाइन्छ भनेर उपाय खोजिरहेका थिए ।

'मधेशलाई शान्त तुल्याउने हो भने अन्तरिम संविधानमा सङ्घीयता स्वीकार गर्नैपर्छ । जनसङ्ख्याको आधारमा निर्वाचन क्षेत्र निर्धारण हुनैपर्छ । राज्यका सबै अङ्गमा मधेशीको प्रतिनिधित्व हुनैपर्छ । यो सम्बोधन भएन भने मधेश आन्दोलन कुनै हालतमा रोकिँदैन । मधेशी र त्यहाँका मुद्दालाई छोडेर मधेश शान्त हुँदैन । शान्ति त हामी पनि चाहन्छौं । मधेशमा बगेको रगतले तपाईंहरूलाई भन्दा बढ्दा हामीलाई पिरोल्छ,' म बारम्बार यही भन्थें ।

तर बालुवाटारका सत्ताधारीहरू मेरो कुरा सुन्दैनथे । बरु नेपाली सेना र माओवादी सेनाको प्रयोग गरेर आन्दोलन दबाउने कि ? भन्ने जस्ता उपायसमेत खोज्न थाले । सडकमा मधेशी जनताको उपस्थिति बढ्दो थियो । नागरिकहरू प्राणको आहुती दिन तम्तयार देखेर सरकारले हिम्मत गर्न सकेन ।

आन्दोलन चर्कँदै गयो । माघ १२ गते रौतहटको गौरस्थित जिल्ला प्रशासन कार्यालय, निर्वाचन आयोगको कार्यालय, जिल्ला विकास समिति, माइती नेपाल र भन्सार कार्यालयमा मात्र हैन, माधवकुमार नेपालको गौरस्थित पुख्यौंली घरमा समेत आगजनी भयो । गिरिजाबाबुले मधेशका नाममा गरेको पहिलो सम्बोधनमा मधेशको माग समेटिएन ।

नागरिकको आक्रोशको पारो झन् बढ्यो । आन्दोलन झन् चर्कियो । सम्बोधनअघि मैले 'यस्तो गोलमटोल सम्बोधनले हुँदैन । यसले झन् आगामा घिउ थप्ने र चिढ्याउने काम हुन्छ' भनेको थिएँ । बालुवाटारमा विराजमान सत्ताले हाम्रो कुरा के सुन्थ्यो !

क्रान्तिका डढेलो सल्कन मधेशका कुनै गाउँ बाँकी थिएनन् । आफ्नो पहिचानको पक्षमा मधेश यसरी जुर्मराएको मैले पहिलोपटक देखेको हुँ । शीतयाममा मधेशमा रगतको भेल बग्यो । प्रहरीको गोली लागेर प्रत्येक दिन शहादत प्राप्त गर्नेको सङ्ख्या थपिँदै थियो । सिङ्गो मधेश, आक्रोश र आतंकको ज्वारभाटामा लपेटिएको थियो ।

प्रधानमन्त्रीका सम्बोधनले मधेशको माग समेट्न नसकेपछि हामीलाई पनि सरकारबाट फिर्ता हुन दबाब बढ्यो । म त नोट अफ डिसेन्ट लेख्नेबित्तिकै सरकार र सदन दुवैतिरबाट फिर्ता भएर आन्दोलनमा ओर्लनुपर्ने मान्यतामा थिएँ । तर पार्टीपंक्ति त्यसका लागि तयार नभएपछि मेरो केही सीप चलेन ।

आन्दोलनको १४औँ दिन भइसकेको थियो । १४ जना मधेशका होनहार नागरिकले शहादत प्राप्त गरिसकेका थिए । बाध्य भएर हृदयेश त्रिपाठीले मन्त्रीबाट राजीनामा दिए । उनको राजीनामाले सरकारलाई दबाब त पर्‍यो ।

तर, पार्टी आन्दोलनको नेतृत्व लिनबाट वञ्चित भयो ।

मैले सङ्घीयता र जनसङ्ख्याको आधारमा निर्वाचन क्षेत्र निर्धारण हुनुपर्छ भन्ने अडान राखिरहेको थिएँ । दलहरू त्यो कुरा मानिरहेका थिएनन् । प्रधानमन्त्रीको दोस्रो सम्बोधनअघि बालुवाटारमा दुई दिन लगातार बैठक चल्यो । माघ २४ गते राति ८ बजेतिर एमाले महासचिव माधव नेपालले 'जनसङ्ख्याको आधारमा ४८ दशमलव ४ प्रतिशत सिट मधेशलाई कुनै हालतमा दिनै मिल्दैन । जिद्दी नगर्दा हुन्छ राजेन्द्रजी'भने । कम जनसङ्ख्या भएका पहाडका सबै जिल्लाहरू समेतमा एक एक सिट दिएपछि बाँकी रहेको सिटमा हिसाब गर्ने माधवजीको कुतर्क थियो ।

जनसङ्ख्याका आधारमा निर्वाचन क्षेत्र बाँडफाँट नगर्ने हो भने म बैठकमा बसिरहनुको तुक थिएन । जुरुक्क उठेँ । हिँडनै लाग्दा भनेँ, 'हामीले सङ्घीयता पनि पाउने भएनौं, जनसङ्ख्याका आधारमा निर्वाचन क्षेत्र पनि नहुने भयो भनेर भन्छु ।'

त्यसपछि जनताले आफैँ छिनोफानो गर्ने भनेर मैले चेतावनी दिएँ ।

गिरिजाबाबुले मलाई रोक्न प्रचण्डलाई प्रयोग गरेका थिए । मधेशको आधारभूत माग नै सम्बोधन नगर्ने भएपछि प्रचण्डसहितका नेताले आग्रह गरेता पनि त्यहाँ बसिरहनुको औचित्य थिएन । म निस्किएँ । प्रचण्डजीहरू पछिपछि आएका रहेछन् । उनीहरूले च्याप्पै समाते । 'हामी कुरा सुन्छौं । मधेशमा झन् आगो नलगाऊ । मधेशको वातावरण अझ भड्किन्छ । सल्लाह गरौं,' प्रचण्डजीले आग्रह गरे ।

'मधेशको माग पूरा नगरे म जनताका बीचमा जान्छु । दिनहुँ मानिस मरिरहेका छन् । यस्तो तनावकाबीच म बालुवाटारको बैठक जुरेर बस्न मिल्दैन,' मैले भनेँ ।

'उसो भए ल भन्नूस् राजेन्द्रजी, गिरिजाबाबुको सम्बोधन कसरी लेख्ने त ?' उनीहरू अन्यमनस्क भावमा थिए ।

मैले जे कुरामा हामीले नोट अफ डिसेन्ट लेखेका छौं । त्यही कुरालाई सम्बोधन गरेर लेखे भइहाल्यो नि भनेँ ।

यहीअनुसार २४ गते राति सवा ११ बजे प्रधानमन्त्रीले दोस्रो पटक सम्बोधन गरे । हामीले भनेअनुसार सङ्घीयता, समान जनसङ्ख्याका आधारमा निर्वाचन क्षेत्र निर्धारण, नागरिकता समस्या समाधान र राज्यका सबै अंगमा समावेशीकरण गर्ने गरी गिरिजाबाबुले सम्बोधन गरे ।

अन्तरिम संविधानमा राखेको 'नोट अफ डिसेन्ट' को मर्म र भावनाअनुसार प्रधानमन्त्रीको सम्बोधन आएकाले हामीले आफूहरूले उठाएका माग पूरा भएको रूपमा लिएका थियौं । जुन समग्र मधेश आन्दोलनको भावना पनि थियो । आन्दोलनको पहिलो चरणको उपलब्धि थियो यो ।

सम्बोधनअनुसार कार्य भए मधेशले उठाएका ९० प्रतिशत माग पूरा हुने विश्वास व्यक्त गरेँ । मैले यही कुरा मिडियामा पनि बोलेँ ।

उपेन्द्र यादवजीले फोरमका तर्फबाट १० दिने चक्काजाम र बन्द फिर्ता लिएको घोषणा गरे । उनले गिरिजाबाबुको सम्बोधनलाई ऐतिहासिक उपलब्धिको संज्ञा दिए । प्रधानमन्त्रीको सम्बोधनपछि मधेशमा विद्रोहको लहर थामियो । आन्दोलनको ज्वाला क्रमशः चिसिँदै गयो ।

पहिलो मधेश विद्रोह रोकिएपछि एकैपटक २०६४ साल जेठ १८ गतेबाट सरकार र मधेशी जनअधिकार फोरम नेपालबीच वार्ता प्रक्रिया सुरु भयो । तर त्यो वार्ता औपचारिकतामा मात्र सीमित हुन थाल्यो । सरकारले समानुपातिक निर्वाचन प्रणालीको मागलाई उपेक्षा गर्दै मिश्रित निर्वाचन प्रणालीका आधारित सविधान सभा निर्वाचनसम्बन्धी ऐन ल्यायो ।

सरकारसँग वार्ता गर्ने वा नगर्ने भन्ने विषयमा यादवजी र पार्टीकै नेताहरूको धारणामा एकरूपता देखा परेन । मत बाझिएको अवस्था देखियो । त्यसो हुँदा निश्चित समयसम्म सरकारसँग वार्ता गर्ने र त्यसबाट कुनै समाधान ननिस्किए आन्दोलनमा उत्रने निर्णय गरे ।

उपेन्द्र यादवजी वार्ताका नाममा फेरि बालुवाटार धाउन थाले । अन्ततः सरकार र फोरमबीच २२ बुँदे सहमति भयो । तर पार्टीको फरकधारले त्यसलाई ठाडै अस्वीकार गरे ।

'सरकार र यादवजीबीचको सम्झौता मधेशघाती हो । हामी यसलाई कुनै पनि हालतमा मान्दैनौं । मधेशमाथि गद्दारी भएको छ । जबर्जस्ती निर्वाचनमा गइयो भने मुलुक मुठभेड र द्वन्द्वमा जान्छ । त्यसकारण २२ बुँदे सहमती मान्न सकिँदैन' भन्ने फरक विचार बोक्नेहरूको तर्क थियो । यो जायज पनि थियो ।

किनकि, सम्झौता गिरिजाबाबुको दोस्रो सम्बोधन अनुरूप थिएन । त्यहाँ पनि धोखाधडी भएको मैले महसुस गरेँ ।

उहाँकै पार्टीका नेताहरूले पनि यादवजीले मधेश आन्दोलनमाथि 'गद्दारी' गरेको आरोप लगाए ।

मधेशभरि यादवजीको पुत्ला जल्यो । त्यसपछि प्रथम मधेश आन्दोलनको रापताप समाप्त भयो ।

तर नेपाली राजनीतिमा उपेन्द्र यादवजीको उदय भने भयो ।

# राजीनामा

'पार्टीको भागको मन्त्रीको ठाउँ खाली छ, पठाउनुपर्‍यो,' प्रधानमन्त्री गिरिजाप्रसाद कोइरालाले खबर गरे । मधेश आन्दोलनको सफलता पश्चात् २०६३ चैत १८ गते माओवादीलाई पनि सरकारमा सहभागी गराउने क्रममा मन्त्रिपरिषद्को पुनर्गठन हुँदै थियो । मधेश आन्दोलन ताका गिरिजाबाबुले गरेको सम्बोधन पनि कार्यान्वयन गराउनु थियो । पार्टीमा बिहङ्गम छलफल भयो । पार्टीका नेताहरूले सम्बोधनका क्रममा समेटिएका मुद्दाको कार्यान्वयनका लागि सरकारमा जानु उपयुक्त हुने निष्कर्ष निकाले । उनीहरूले सरकारमा मलाई नै पठाउँदा उपयुक्त हुने पनि राय राखे ।

म प्रथम पटक उद्योग वाणिज्य तथा आपूर्ति मन्त्री बनें । सरकारमा जाँदै गर्दा मैले मधेश आन्दोलन र लोकतान्त्रिक आन्दोलनको माग र मुद्दालाई संस्थागत गर्नु नै आफ्नो मुख्य कार्यभार मानेको थिएँ । मैले मन्त्रिपरिषद्को बैठकमा यस विषयमा सधैं आवाज उठाइरहेँ । परिवर्तनपछि बनेको सरकार भए पनि त्यसको चरित्र बदलिएको थिएन । सत्ताको नेतृत्वकर्ताहरू पुरानै ढर्राबाट चल्न खोज्थे । कहीँ कतै आन्दोलन भइहाले थामथुम पार्न सम्झौताको चिर्कटो फालिहाल्ने, सम्झौतापछि उदासीन देखिने शासकीय प्रवृत्तिको उनीहरू उत्तराधिकारी बनेर आएका थिए ।

मन्त्रिपरिषद् बैठकमा सम्झौता कार्यान्वयनको प्रसंग उठाउँदा होस् या अन्य भेटघाटमा छलफल गर्दा गिरिजाबाबु अनुहार बिगारिहाल्थे । उनी रिसाऊन् कि खुसाऊन्, मलाई त्यति चासोको विषय हुँदैनथ्यो । म मधेशका मुद्दा सम्बोधनका लागि भक्भक्याइरहन्थेँ । शाही कदमको समर्थनमा रहेको सद्भावना पार्टीको अध्यक्षबाट बद्रि मण्डलले राजीनामा दिएका थिए । उनको राजीनामापछि लक्ष्मणलाल कर्ण अध्यक्ष बनेका थिए । तत्पश्चात् मैले कर्णजीलाई पार्टी एकताको प्रस्ताव गरेँ । छुट्टाछुट्टै हिँडेर कहीँ पुगिँदैन भन्ने उनको पनि निष्कर्ष थियो । मत मिलेपछि दुवै पार्टीका केन्द्रीय समितिले पार्टी एकताको प्रस्ताव अघि बढाए ।

२०६४ साल जेठ २५ गते दुई पार्टीबीच एकता भयो । पार्टीको नाम नेपाल सद्भावना पार्टी (आनन्दीदेवी) नै राखियो । पार्टी अध्यक्ष आनन्दी देवीजी नै हुनुभयो । तीन महिनाभित्र एकता महाधिवेशन गर्ने समझदारी भएको थियो । तर पार्टी एकीकरणप्रति हृदयेशजी र भरत विमलजी खुसी देखिएनन् । उनीहरूले असन्तुष्टि जाहेर गरे । पार्टीमा रहे पनि एकीकृत पार्टीको केन्द्रीय कार्य समितिमा बसेनन् । उनीहरूबीच मिलेर बस्ने स्वभाव नै देखिएन ।

२०६४ भदौ २७ गते बीरगञ्जमा महाधिवेशनको उद्घाटन थियो । तर, विडम्बना, कैही साथीहरूले आनन्दीदेवीलाई महाधिवेशनमा जान दिएननन् । उनीहरू आफू पनि गएनन् ।

पार्टीका अधिकांश कार्य समिति सदस्य भने महाधिवेशनमा सहभागी भए । कूल ६ सय ४१ मध्ये चार सय ६३ महाधिवेशन प्रतिनिधि महाधिवेशनमा सहभागी भएका थिए । महाधिवेशन उत्साहपूर्ण ढङ्गले समाधान भयो ।

अध्यक्षले नै एकताको विरोध गरेपछि बाध्य भएर महाधिवेशनले आफ्नो बाटो लिनुपर्‍यो । महाधिवेशनले मलाई सर्वसम्मत अध्यक्ष निर्वाचित गर्‍यो । महाधिवेशन र पार्टीको आधिकारीकताका लागि निर्वाचन आयोग पुग्यौं । पार्टी एकता र महाधिवेशनका सारा निर्णयका दस्तावेज प्रस्तुत गरियो । केन्द्रीय समितिको दुई तिहाइ बहुमत महाधिवेशनमा सहभागी थियो ।

४९ जना केन्द्रीय सदस्यमध्ये ३५ जनाले महाधिवेशनमा भाग लिएका थिए । उनीहरू सबैलाई निर्वाचन आयोगमा परेडसमेत गराइयो । तर बहुमत हुँदाहुँदै पनि निर्वाचन आयोगले अन्तरिम आदेश जारी गर्दै हाम्रो पार्टीलाई मान्यता नदिने षड्यन्त्र गर्‍यो । आयोगले नै सद्भावना पार्टीलाई फुटाउन खोजेको थियो । बहुमत हुदाँहुदै पार्टीले मान्यता नपाएपछि मैले मन्त्री पदबाट राजीनामा दिएँ ।

गिरिजाबाबुले सम्झाउने कोसिस गरेका थिए । 'तपाईं प्रधानमन्त्री हो, तपाईंको प्रभावमा रहेर निर्वाचन आयोगले निर्णय गर्‍यो । हाम्रो पार्टीप्रति तपाईंबाट अन्याय भयो । हामो बहुमत थियो, आधिकारिकता हामीले नै पाउनुपर्थ्यो,' मैले यति भनेँ । सङ्घीता र समान जनसङ्ख्याको आधारमा निर्वाचन क्षेत्र निर्धारण गर्ने विषय अन्तरिम संविधानमा राख्नुपर्ने लगायतको मेरो अडानको कारण गिरिजाबाबु मसँग क्षुब्ध बन्न पुगेका थिए । त्यसैको सजायस्वरूप उनले हाम्रो पार्टीको वैधानिकता खोसेका थिए ।

मन्त्रीमा बहाल रहँदा नै, निर्वाचन आयोगको आदेशको भोलिपल्ट पार्टीका नेता कार्यकर्तासहित भएर निर्वाचन आयोगको गेटमा आदेश जलाएका थियौं । प्रहरीले म लगायत धेरै नेता-कार्यकर्तालाई गिरफ्तार गर्‍यो । सेना र प्रहरीको गार्डसहित पक्राउ पर्ने सायद म नै पहिलो मन्त्री हुँला । मलाई दिनभरि महाराजगञ्जस्थित प्रहरी तालिम केन्द्रमा राखियो । बेलुका मात्रै छाडियो ।

त्यसपछि राजीनामा दिएर म निर्वाचन आयोगको निर्णयको विरोधमा मेचीदेखि महाकाली यात्रामा निस्किएँ । मधेशीलाई आपसमा लडाएर शासन गर्नेहरूले सद्भावना पार्टीलाई फुटाउने षड्यन्त्र गरिरहेका थिए । निर्वाचन आयोग नै हाम्रो पार्टीलाई संविधान सभाको चुनावबाट बाहिर राख्ने षड्यन्त्रमा लागेको थियो ।

मेरो राजीनामापछि पार्टीले श्यामसुन्दर गुप्तालाई मेरो स्थानमा पठायो । श्यामसुन्दर गुप्तालाई पार्टीको एकीकरण हुँदा महामन्त्री बनाउन मैले नै सिफारिस गरेँ । उदयपुर सिमेन्ट उद्योगको अध्यक्ष पनि बनाएँ । तर उनले पार्टीको हितमा एउटा पनि काम गरेनन् । बरु नोक्सान पुर्‍याउने काम मात्रै गरे ।

उनले पार्टी विभाजनको हर्कतसम्म गरे । राजनीतिमा निष्क्रिय गुप्ताजीलाई मैले नै सक्रिय बनाएको थिएँ । पछि उनले मन्त्री पदको लोभमा आनन्दी देवी सिंहका भाइसँग मिलीभगत गरे । गुप्ताजी मन्त्री भएपछि बल्ल आयोगले अन्तिम निर्णय गर्न परेडका लागि बोलायो । सरकार छाडेपछि म कमजोर भएको थिएँ । मन्त्री हुँदा मैले नियुक्ति गरेका धेरै साथीहरू सरकारमा रहेका गुप्तातिरै लागे । तर नरसिंह चौधरी र नवल किशोर शाह राजनीतिक नियुक्तिको मोह त्यागेर मसँग आए । त्यसमाथि आयोगमा परेड गराउने दिन गुप्ताजीले हाम्रो पार्टीका नेता लक्ष्मणलाल कर्णजी र अनीलजीलाई सुन्धाराको होटलबाट अपहरण गरेर मन्त्री क्वार्टरमा राखे । बन्धक बनाए । त्यत्रो षड्यन्त्रपछि पनि निर्वाचन आयोगमा परेड हुँदा हाम्रो जम्मा तिन भोट कम भयो । आयोगले गुप्ताजीहरू रहेको समूहलाई 'नेपाल सद्भावना पार्टी (आनन्दी देवी)' नै जिम्मा लगाइ दियो ।

लगत्तै, हामीले 'सद्भावना पार्टी' दर्ता गर्यौं । मेरो नेतृत्वमा रहेको नेपाल सद्भावना पार्टीलाई आर्यघाटमा पुर्‍याउने षड्यन्त्र भयो । हृदयेशजी लगायत केही साथीहरूले निर्वाचन आयोगमा हाम्रो विरोधमा नेपाल सद्भावना पार्टी (आ) गुप्ता समूहलाई पार्टीको मान्यता दिलाउन लबिइङ र भोटिङ गरे । तर उनीहरू नै त्यस पार्टीमा बसेनन् । तराई मधेश लोकतान्त्रिक पार्टीमा गए । यो कस्तो खालको राजनीति भयो ? मैले अहिलेसम्म भेउ पाउन सकेको छैन ।

तथापि यस परिघटनाबाट अनेक अनुभव र सिकाइ मिल्यो । जसबाट मधेश र मधेशीका हकहितमा लाग्न मलाई थप प्रेरणा मिल्यो ।

# सडकमा सँगसँगै

उपेन्द्र यादवको पनि मधेशी जनअधिकार फोरम फुटेर कमजोर भइसकेको थियो । सद्भावना पनि षड्यन्त्रमूलक ढङ्गबाट फुटाइएको थियो । हामीले अवाज उठाउँदै आएअनुरूप अन्तरिम संविधान संशोधन गरी अब मुलुक सङ्घीयतामा जाने निश्चित नहुँदै प्रथम संविधान सभाको निर्वाचनको घोषणा गरियो । २०६४ चैत्र २८ गते निर्वाचन गर्ने घोषणा भएको थियो । देशका मुख्य दलहरू सबै निर्वाचनको तयारीमा जुटिसकेका थिए ।

ऐतिहासिक जनआन्दोलनको जगमा खडा हुने संविधान सभाबाट देशमा अब कस्तो संविधान बन्ने ? के कस्ता परिवर्तन हुने ? पहिचानसहितको सङ्घीयता र सङ्घीयतासहितको संविधान बन्ने हो कि होइन ? यावत् प्रश्नहरू उठिरहेका थिए ।

'सभी मर्जका एक दवा, जल्द करो संविधान सभा,' सद्भावना पार्टीले यही नारा लगाउँदै आएको थियो ।

संविधान सभाको निर्वाचनको घोषणा भइसकेको थियो । अहिलेसम्म प्राप्त उपलब्धिलाई संस्थागत गर्ने चरणमा हामी प्रवेश गर्दै थियौं । संविधान सभामा निर्वाचित भएर आउने प्रतिनिधिहरू मुलुकको भाग्य र भविष्यको रेखा कोर्नेवाला थिए । त्यस परिस्थितिमा म धेरै चिन्तित थिएँ । मधेशमा अधिकार र पहिचानको लागि काम गर्ने त्यति बेलासम्म सबैभन्दा पुरानो नेपाल सद्भावना पार्टी र अर्को भखैँ पार्टीको रूपमा रूपान्तरित भएको मधेशी जनअधिकार फोरम गरी दुई दल मात्रै थिए ।

तर ती दुवै पार्टीको अवस्था ठीक थिएन ।

अभूतपूर्व मधेश जनविद्रोहको नेतृत्वकर्ताको हैसियतमा मधेशी जनअधिकार फोरम नेपालले २२ बुँदे सम्झौता गरी आन्दोलन र कुर्बानीको अवमूल्यन गरेको अरोप थियो । मधेशी जनताले त्यसलाई धोका माने ।

मधेशभरि भाग्यनाथ गुप्ता, किशोर विश्वास, रामकुमार शर्मा, जितेन्द्र सोनल, शैलेन्द्र साहलगायतले उपेन्द्र यादवको पुत्ला जलाएका थिए । उपेन्द्रजीलाई त मधेशमा प्रवेश निषेधको फरमान पनि जारी गरेका थिए । मधेशका माग र मुद्दा सम्बोधन गराइएन भन्दै जनतामा व्यापक विरोधले उपेन्द्रजी तथा फोरमप्रति मधेशी जनतामा अविश्वास, आक्रोश र निराशा व्याप्त भइसकेको थियो ।

यस भुण्डलाई फोरमको विश्वास समूह पनि भनिन्थ्यो । त्यत्रो विशाल आन्दोलनबाट पनि अन्तरिम संविधानमा केही परिवर्तन भएको थिएन । बरु सद्भावनाले संविधानमै 'नोट अफ डिसेन्ट' लेखेर सङ्घीयता, समानुपातिक समावेशिता जस्ता विषय अन्तरिम संविधानको अङ्ग बनेको

थियो । यस परिस्थितिमा एउटा सशक्त आन्दोलनको आवश्यकता थियो । जसले नेपालको अन्तरिम संविधानमा संघीय लोकतान्त्रिक गणतन्त्र, पहिचान, समावेशिता लगायतको सवालबारे प्रष्ट मार्ग चित्र बनोस् ।

सद्भावना पार्टी षड्यन्त्रपूर्वक विभाजन गराइ कमजोर पारिएको थियो ।

म र उपेन्द्रजी अलगअलग हुँदा झन् कमजोर हुने ठानेर यही बेला मैले उपेन्द्रजीसँग मिलेर 'संयुक्त मधेशी मोर्चा' गठन गरी आन्दोलनमा जानुको विकल्प नरहेको निष्कर्ष निकालें ।

'बिना संघर्ष मधेशी जनताले केही पनि पाउनेवाला छैन । आन्दोलनले उठाएको संविधान सभा निर्वाचनको पूर्वशर्तहरू पनि पूरा गरिएको छैन । फोरम र सद्भावना दुवै कमजोर भएको अवस्थामा संविधान सभाको निर्वाचनमा मधेशवादको नाममा मत र सीट धेरै कम आयो भने मधेशको पक्षमा संविधान पनि बन्न सक्दैन,' मैले उपेन्द्रजीलाई भनें ।

उपेन्द्रजी हतास र निराश देखिए ।

'तपाईं एक्लैले पनि केही गर्न सक्नुहुन्न, म पनि पार्टी कमजोर भएकाले एक्लै गएर पार लाग्ने अवस्था छैन । मिलेर जाऔं,' मैले उनलाई भनें ।

मेरै घरको छतमा बसेर हामीले तीन-चार दिनसम्म छलफल गर्यौं र संयुक्त मधेशी मोर्चा बनाएर जाने अवधारणा तयार गर्यौं । संयुक्त मधेशी मोर्चाको अवधारणा पत्र र आन्दोलनको कार्यक्रम पनि तय गर्यौं ।

२०६४ पुस २ गते काठमाडौं, कमलादीस्थिति प्रज्ञा प्रतिष्ठान पत्रकार सम्मेलनमार्फत् संयुक्त मधेशी मोर्चा गठनको घोषणा गर्दै मैले स्वायत्त मधेशको मागलाई अस्वीकार गरिए शासकहरूले अनिष्ट भोग्नुपर्ने चेतावनी दिएँ । किनकि सरकारले विभिन्न निहुँमा मधेशमा दमन सुरु गरेको र भविष्यमा थप दमनको तयारी गरिरहेको सुइँको हामीले पाइसकेका थियौं ।

सरकारले दुई साताअघि मात्रै तराईका आठ र राजधानीका तीन जिल्लामा विशेष सुरक्षा कार्यदल परिचालन गरेको थियो । नेपाल प्रहरी र सशस्त्र प्रहरी बलको संयुक्त कार्यदलले एक सातामा तराई र उपत्यकाबाट गरी एक सय पाँच जनालाई पक्राउ गरेको थियो । सशस्त्र समूहबाट एक साताको अवधिमा तराईमा तीन जनाको हत्या हुनुका साथै १४ घाइते भएका थिए । जबकि मधेशमा राजनीतिक कारणले संघर्ष गरिरहेकालाई हामीले आन्दोलनकारी शक्तिका रूपमा लिएका थियौं । स्वायत्ता सहितको मधेश प्रदेश अस्वीकार गर्दै मुलुकलाई केन्द्रीकृत संरचनामै राख्न खोजिए पृथकतावादी आन्दोलनको जन्म हुने चेतावनी म र उपेन्द्रजी दुवैले दियौं ।

२०६४ साल पुस १५ गतेबाट संयुक्त मधेशी मोर्चाले आन्दोलनको घोषणा गर्यो । हामी फेरि मधेशका मुद्दा लिएर सडकमा आयौं । प्रधानमन्त्री कोइरालाबाट भएका सम्बोधन र अन्य सम्झौताहरू कार्यान्वयन नभई अलपत्र अवस्थामा थिए । संविधान सभाको निर्वाचन अगावै सरकार र दलहरूलाई स्वायत्त मधेश प्रदेशको पक्षमा उभ्याउन र सङ्घीयताको मुद्दामा अन्तरिम संविधानमा सहमत गराउन पनि आन्दोलन अपरिहार्य थियो । यसैकारण म र उपेन्द्रजी सडकमा एकसाथ उभिन पुगेका थियौं ।

# दोस्रो मधेश आन्दोलन र रक्षावाहिनी

अधुरो र अपूरो रहेको मधेश आन्दोलनलाई निष्कर्षमा पुर्‍याउनुपर्ने अभिभारा हाम्रासामु थियो । पार्टीले यही लक्ष्य निर्धारण गर्दै दोस्रो मधेश आन्दोलनको शङ्खघोष गर्‍यो । म मन्त्री रहेकैबखत २०६४ असोज १०, ११ र १२ गते लगातार नेपाल सद्भावना पार्टी (आ) को बैठक मेरो अध्यक्षतामा बसेको थियो । बैठकले आन्दोलनको आवश्यकता महसुस गरी त्यसको पूर्वाधार तयार पार्ने निर्णय गरेको थियो ।

मधेशमा जारी रहेको अन्यौल एवं द्वन्द्वको शान्तिपूर्ण राजनीतिक समाधानको लागि आवश्यक राजनैतिक वातावरण बनाउने आन्दोलनको मुख्य माग थियो । मधेशवादी पार्टीलाई विभाजित र विखण्डित गरी लोकतन्त्रलाई कमजोर गर्ने निर्वाचन आयोगको षड्यन्त्रको पर्दाफास गर्नुपर्ने बैठकको जोड थियो । त्यस्तै मधेश आन्दोलनको दौरान शहादत प्राप्त सबै मधेशी सपुतहरूलाई शहीद घोषणा गराउने, सम्पूर्ण राजनैतिक, सांस्कृतिक एवं आर्थिक अधिकार सहितको स्वायत्त मधेश प्रदेशको स्थापना गराउने आन्दोलनको लक्ष्य थियो ।

यस्तै, सम्पूर्ण मधेश एक स्वायत प्रदेशको अवधारणा अन्तर्गत् शासकीय प्रबन्ध गरिनुपर्ने हाम्रो निष्कर्ष थियो । जसअन्तर्गत् पहाड र हिमालमा रहेका बृहत् पहिचान अन्तर्गतका प्रदेशहरूमा समेत सामुदायिक एकरूपता, पहिचान एवं विशेषताको आधारमा प्रदेशहरूको स्वायत्त क्षेत्रहरू स्थापना हुनुपर्ने हाम्रो अडान थियो । त्यसैको आधारमा बलियो सङ्घीय लोकतान्त्रिक गणतन्त्र नेपालको स्थापना गराउनका निम्ति समुदायिक एवं प्रादेशिक समानुपातिक प्रतिनिधित्वको संविधान सभामा सुनिश्चित गराउन संविधान सभा सदस्य निर्वाचन ऐन २०६४ लाई संशोधन गर्नुपर्ने हाम्रो माग थियो ।

आन्दोलनलाई ऊर्जा प्रदान गर्नेतिर ध्यान लगाएँ । मधेश आन्दोलनलाई सञ्चालन एवं अरू पक्षसँग समेत समन्वय गर्न मेरो अध्यक्षतामा मधेश आन्दोलन संयोजन समिति गठन गर्‍यौं । त्यो पाँच सदस्यीय थियो । लक्ष्मणलाल कर्ण, नरसिंह चौधरी, अनिलकुमार झा र सरिता गिरि सदस्य थिए । मैले दोस्रो मधेश आन्दोलन र संविधान सभाको निर्वाचनअघि संगठनको पुनःनिर्माण गर्न धेरै मेहनत गरें । पार्टीमा सांगठनिक ऊर्जा भर्न 'मधेश रक्षावाहिनी' नामक युवाहरूको दस्ता समेत बनाएँ ।

युवालाई सामेल नगरी कुनै आन्दोलन पूरा नहुने मेरो दृष्टिकोण थियो । त्यही अवधारणामा आधारित भएर मधेश रक्षावाहिनीको सूत्रपात गरिएको थियो । गाविस, निर्वाचन क्षेत्र र जिल्लामा गरी ४० हजार युवालाई मधेश रक्षावाहिनी मार्फत् मधेशमा खटाउने योजना

थियो । वाहिनीको सम्पूर्ण संयोजनको जिम्मेवारी राष्ट्रिय अध्यक्षलाई दिइएको थियो । मधेश रक्षावाहिनीले आफ्नो पोसाकसहित परेड गर्‍यो ।

देशका अधिकांश मिडियामा यस कार्यले चर्चा पायो । उनीहरूले टिप्पणीका साथ समाचार बनाए । अन्तर्राष्ट्रिय क्षेत्रले समेत हामीलाई चासोले हेर्न बाध्य भयो । हामीले मधेशका युवालाई जोड्ने र स्वसेवी संस्था बनाउने उद्देश्यले खोलिएको पार्टीको एक अनुशासित भ्रातृ संगठनका रूपमा वाहिनीलाई हेरेका थियौँ । जसले मधेशलाई साथ देओस्, काँध थापोस् र अगाडि बढाओस् भन्ने वाहिनी स्थापनाको ध्येय थियो ।

दोस्रो मधेश आन्दोलनको तयारी थाल्दा हामीले नेपाली सेनामा मधेशीको सामूहिक प्रवेशको एजेन्डा प्रमुखताका साथ उठायौँ । त्यस बखत माओवादीका लडाकु पनि सेनामा समायोजन गर्ने सहमति अगाडि बढेको थियो । मधेशीको पनि सामूहिक प्रवेशको सम्भावना प्रवल देखिँदै थियो । त्यसैले पनि केही शारीरिक प्रशिक्षणसहित हामीले अनुशासित युवादस्ता तयार पार्न लागेका थियौँ ।

त्यसले युवामा उत्साह सञ्चार गरेको थियो । मधेशीमा सेनामा प्रवेशको निम्ति मनोविज्ञान तयार होस् भन्ने सदीक्षा मेरो मनमा थियो । सेनामा भर्ती हुन पाइन्छ कि भनेर पनि यस संगठनप्रति युवाको आकर्षण बढेको थियो । मधेश थरूहट क्षेत्रका पूर्वप्रहरी वा द्वन्द्वकालमा सेना/प्रहरी छाडेकाहरू, माओवादी लडाकुहरू र भूमिगत संगठन छाडेर आउन चाहने मात्र होइन पढेलेखेका युवा तथा व्यवसायीहरू समेतको वाहिनीमा अनौठो आकर्षण थियो । यस संगठनको प्रमुख कमान्डर पार्टी अध्यक्षको नाताले म स्वयम् रहे पनि रक्षावाहिनीको कोअर्डिनेटरको रूपमा प्रथम पटक रूपन्देही जिल्लाका राघवेन्द्र त्रिपाठी तोकिएका थिए । अर्को पटक २०७० असारमा सञ्जय गुप्ता (कौटिल्य शर्मा) तोकिए ।

सद्भावना पार्टी र संयुक्त जनतान्त्रिक तराई मुक्ति मोर्चाबीच एकीकरण भएपछि कौटिल्य शर्मा मधेश रक्षा वाहिनीको कोअर्डिनेटर बनेका थिए । उनीपछि सप्तरीका विनोद यादव मधेश रक्षा बाहिनीका प्रमुख चुनिए ।

दोस्रो मधेश आन्दोलन अभूतपूर्व रूपमा सफल हुनुमा मधेश रक्षा वाहिनीको अहम् भूमिका छ । हरेक सभा, सम्मेलन एव जुलुसहरूमा रक्षा वाहिनीको स्वयम्सेवी दस्ताले कार्यक्रमलाई छुट्टै रौनकता प्रदान गर्थ्यो ।

मधेशमा रक्षावाहिनी मार्फत् युवा आवद्ध भइरहेको विषयलाई मुलुकका मूलधारका सञ्चारमाध्यमले सनसनी फैलाए । उनीहरूले सकुञ्जेल हेडलाइन रङ्ग्याएर, बङ्ग्याएर समाचार प्रकाशन गरे ।

'मधेश रक्षा वाहिनी नामक सैन्यदस्ता गठन गरी समानान्तर सरकार घोषणाको तयारी, मधेशमा छुट्टै सेना गठनको तयारी जस्ता शीर्षकमा समाचार प्रकाशन प्रसारण भयो ।

आन्दोलनको तयारी स्वरूप हामीले हाम्रो युवा विद्यार्थी संगठन मजबुत बनाइरहेका थियौँ ।

उपत्यकामा बृहत् मधेशी विद्यार्थी सम्मेलन भएको थियो । भैरहवामा भ्रातृ संगठनहरूको सम्मेलन गरेका थियौं । सन्तोष मेहताको नेतृत्वमा रहेको विद्यार्थी सङ्गठन मधेश र उपत्यकामा मजबुत अवस्थामा थियो । राजनारायण साहको नेतृत्वको युवा संगठन गाउँ–गाउँसम्म पुर्‍याएका थियौं । देशव्यापी पार्टी र भ्रातृ संगठनहरूको प्रशिक्षण चलाएका थियौं ।

पुस २ गते नै फोरम र सद्भावनाको संयुक्त मधेशी मोर्चाले पहिलो चरणको आन्दोलनको कार्यक्रम घोषणा गरेको थियो । पहिलो चरणको विरोध कार्यक्रममको रूपमा २०६४ पुस ११ लाई कालो दिवस मनाउने निर्णय भएको थियो । नेपालगञ्ज घटनाको स्मरणमा हामीले कालो दिवस मनाउने निर्णय गरेका थियौं । त्यसदिन देशभर विरोध प्रदर्शन गर्ने निर्णय भएको थियो ।

पुस १४ गते विराटनगर, २१ मा वीरगंज, २५ मा रूपन्देही, २८ मा जनकपुर र ३० मा नेपालगञ्जमा विरोधसभा गर्ने कार्यतालिका तय गरिएको थियो । सबै विरोध सभाको व्यवस्थापन मधेश रक्षा वाहिनीले गरेको थियो ।

मधेशको असहज परिस्थिति देखाएर सात दलीय सरकारले २०६४ चैतमा पनि संविधान सभा निर्वाचन नगराउने षड्यन्त्रको तानाबाना बुनिरहेको हामीले चाल पाएका थियौं । सरकारको मधेश र मधेशीप्रतिको नियत सफा छैन भन्ने हामीलाई बोध थियो । मधेशलाई असहज बनाइराख्न सरकारले सशस्त्र सङ्घर्ष गरिरहेका भूमिगत संगठनसँग वार्ताको पहल पनि खासै गरेको थिएन । ऊ निर्वाचन र मधेश आन्दोलनलाई ओभेलमा पार्ने प्रपञ्चमा थियो । तर म निजामती, प्रहरी र सैनिक सेवामा तत्काल कम्तीमा १०-१० हजार मधेशीको सहभागिता गराउनुका साथै मधेशको सबै मागलाई सम्बोधन हुनुपर्ने अडानमा पहाडभैं खडा थिएँ ।

प्रत्येक सभामा आफूहरू लोकतन्त्रमा विश्वास गर्ने भएकोले संविधान सभाको निर्वाचनको पक्षमा रहेको बताउँथें । सरकारले मधेशी र समग्र नेपाली जनताको भावना अनुकूल कार्य गर्न नसकेकाले अविलम्ब यो सरकार विघटन गरी नयाँ चुनावी सरकार बनाउन माग गर्थें । आत्मनिर्णयको अधिकारसहितको स्वायत्त मधेश प्रदेशले मात्रै मधेशीको भावनाको सम्बोधन गर्ने निष्कर्ष सुनाउँथें । शासन, प्रशासन, न्यायपालिका, कार्यपालिका, व्यवस्थापिकामा मधेशीको समानुपातिक प्रतिनिधित्व नभएसम्म संघर्ष जारी रहने हाम्रो उद्घोष थियो । लाखौं मधेशी अहिले पनि नागरिकता र मताधिकारबाट वञ्चित रहेको यस्तो अवस्थामा संविधान सभा चुनाव अर्थहीन हुने, देशको आधा जनसंख्यालाई शासन र प्रशासनबाट अलग गरेर देशको विकास हुन नसक्ने, सात दल सत्ता र साधनस्रोतको बाँडफाँडमा मात्र लिप्त भएकाले यथाहालतमा गरिने निर्वाचनले पनि निकास नदिने हाम्रो बुझाइ थियो ।

पत्रकार वीरेन्द्र साहको हत्यारालाई सरकारले संरक्षण दिइरहेको विरोधमा आयोजना गरिएको सभामा पर्सा, बारा र रौतहटबाट ठूलो संख्यामा नागरिकहरू उपस्थित भएका थिए । सभालाई सद्भावनाका वरिष्ठ उपाध्यक्ष लक्ष्मणलाल कर्ण, महासचिव अनील झा,

सह-सहासचिव सुरेन्द्र कुर्मी, फोरमका अध्यक्ष उपेन्द्र यादव, केन्द्रिय सदस्य अमर यादव, रामस्वरूप यादव, रामबाबु यादव लगायतले सम्बोधन गरेका थिए ।

२०६४ पुस ३० गते मोर्चाको प्रथम चरणको आन्दोलनको अन्तिम सभा नेपालगञ्जमा भयो । मधेशमा संविधान सभा चुनाव गर्न स्वायत मधेश घोषणा, निर्वाचन ऐन संशोधन, सेना र प्रहरीमा समानुपातिक प्रतिनिधित्वको प्रक्रिया सुरु र मधेशका सशस्त्र समूहसँग वार्ता लगायतका माग सरकारले पूरा गर्नुपर्नेमा मेरो जोड रह्यो । माघ ४ गतेसम्म ती माग पूरा नभए संयुक्त मधेशी मोर्चा माघ ५ गतेदेखि दोस्रो चरणको आन्दोलनमा उत्रिने चेतावनी पनि दिएँ । माघ ५ गते सङ्कल्प दिवसका रूपमा रमेश महतोप्रति श्रद्धाञ्जली सभा आयोजना गरी दोश्रो चरणको आन्दोलनको कार्यक्रम घोषणा गर्ने योजना पारित गरियो ।

सात राजनीतिक दल अन्तरिम संसद्लाई नै संविधान सभा घोषणा गराउने षड्यन्त्रमा लागेका थिए । मधेशमा बम र बन्दुक पड्किरहेको बेला चुनाव हुन नसक्ने भएकाले सशस्त्रद्वन्द्वमा लागेकालाई वार्तामा बोलाएर समस्या समाधान गर्नुपर्थ्यो । तर जति पटक राज्यलाई चेतावनी दिए पनि राज्य मौन थियो । मधेशका जनताको असन्तुष्टि केही पनि होइन जसरी राज्य लागिरह्यो ।

यता मोर्चाको कार्यक्रममा हिँड्दा जनकपुरमा मलाई जनताले घेरा हालेर मधेशीलाई धोखा दिने मानिससँग मोर्चा बनाएर हिँड्ने ? भनेर प्रश्न गर्थे । उपेन्द्रजीसँगको मोर्चाले मधेशमा फरक तरंग ल्याएको थियो । उपेन्द्रजीसँगको गठजोडबाट क्षुब्ध बनेका नागरिकलाई सम्फायौं । बुफायौं । उनीहरूको आक्रोशलाई चिरेर चिरेर अगाडि बढ्यौं । एकपटक बदनामी भयो भन्दैमा कामै नगर्ने पनि हुँदैन । फेरि पनि मधेशका लागि हामी सँगै लड्नैपर्ने अवस्था आएकोले मोर्चा निर्माणको तहमा पुगेका थियौं ।

'अब हामी सबै सङ्घर्षको लागि तयार हुनुपर्‍यो । मधेशी जनता विभिन्न कारणले विभक्त रहेकाले भोटबाट हामीले कल्पना गरेजस्तो परिवर्तन नआउन पनि सक्छ । त्यसका लागि अहिलेदेखि नै दबाब दिनु पर्‍यो । त्यसैले एक से भला दो' भनेर मोर्चाबन्दी गर्नु परेको कुरा जनतालाई सुनाउँथें । उपेन्द्रजीसँगको एकताले मधेशी जनता रुष्ट थिए ।

सरकारले हाम्रो माग सम्बोधन नगरेपछि मेचीदेखि महाकालीसम्मको यात्रा गर्ने योजनाअनुसार माघ ५ गते हामी लहान पुग्यौं । त्यहाँ शहादत दिवस मनाउन कार्यक्रम आयोजना भयो । कार्यक्रममा मैले सङ्घर्षमा जानुपर्ने आवश्यकता परेकाले शहादत दिवसको अवसरमा सांसद पद त्याग गरेर आगामी मधेश आन्दोलनका लागि आफूलाई समर्पित गरेको घोषणा गरेँ ।

त्यस्तै प्रतिनिधिसभातर्फ गएका ठाकुरसहित मधेशका तिन जना सांसदले राजीनामा गरिसकेका थिए । राजीनामा गर्नेमा मन्त्री ठाकुरसहित सांसदहरू हृदयेश त्रिपाठी, राप्रपाका रामचन्द्र राय र एमालेका महेन्द्र यादव थिए ।

सबैको एउटै स्वर थियो– 'मधेशका समस्या समाधान गर्न राज्य उदासीन भएकाले पदमा बस्न उचित मानेनौं।'

राजीनामा लगत्तै उनीहरूले तराई मधेश लोकतान्त्रिक पार्टी गठन गरे।

तमलोपालाई पनि मोर्चामा समेट्ने हाम्रो उद्देश्य रह्यो। मैले पहिलो पटक मधेशी मोर्चा बनाउने अवधारणा ल्याउँदा सुरुमा महन्थ ठाकुरजीसँग पनि कुरो चलाएको थिएँ। उनी त्यसबेलै मोर्चाप्रति सकारात्मक थिए।

मोर्चामा तमलोपा पनि सामेल भएपछि माघ ६ गते संयुक्त लोकतान्त्रिक मधेशी मोर्चा बनाउने सहमति बन्यो। २०६४ माघ १० गते सरकारले मोर्चासँग वार्ताको आह्वान गर्‍यो। सरकारले गरेको त्यो वार्ताको आह्वानलाई हामीले नौटंकीको रूपमा हेर्‍यौं। आन्दोलनमा कुनै पनि प्रकारका घुसपैठ नहोस् भनेर कार्यकर्तालाई अनुशासित राख्न अहोरात्र खटिएँ। पार्टीको बैठकले मधेश रक्षा वाहिनीलाई अझै सुदृढ गर्‍यो। २५-२५ जनाको टोली पार्टी कार्यालय छेउमा २४ सै घन्टा तैनाथ हुने व्यवस्था गर्‍यौं। सय जनाको आवासीय शिविरसहित परिचालन गर्ने निर्णय गर्‍यौं। रक्षा वाहिनीको कार्यविधि समेत तयार भयो।

एक जनालाई महिनामा ७ दिन बिदा हुनेदेखि लिएर शारीरिक मापदण्ड सबै तय गरियो। आवासीय शिविरमा रहने रक्षा वाहिनीले आपतकालीन दैवी प्रकोपमा उद्धार गर्ने, भ्रष्टाचारलगायत सामाजिक कुरीतिविरुद्ध अभियान चलाउने, गरिब जनताको पक्षमा काम गर्ने, साथै मधेश र मधेशीको रक्षाको लागि हमेसा तयार रहने कुरा अवधारणा पत्रमा उल्लेख गरियो। जिल्ला-जिल्लामा रक्षा वाहिनीको क्याम्प खडा भयो। रक्षा वाहिनी परेड खेल्न थाल्यो। गस्ती गर्न थाल्यो।

यसले मधेशी युवा र आम जनता पुनः सडकमा आउन उत्साहित भए। मधेश आन्दोलनले पुनर्जीवन पायो।

माघ २६ मा मोर्चामा तमलोपा समेतलाई सहभागी गराई संयुक्त लोकतान्त्रिक मधेशी मोर्चाको पुनःगठन भयो। पुनःगठनसँगै संयुक्त शान्तिपूर्ण आन्दोलन कार्यक्रम सार्वजनिक गर्‍यौं। यो आन्दोलन अधिकार प्राप्त नगरी रोकिने अवस्थामा थिएन।

मधेशी जनविद्रोहमा शहादत प्राप्त गरेकालाई शहीद घोषणा, आत्मनिर्णयको अधिकार र स्वायत्त प्रदेश सहितको सङ्घीय लोकतान्त्रिक गणतन्त्रात्मक शासन, संविधान सभा सदस्य निर्वाचन ऐन, २०६४ को दफा ७ को उपदफा १४ मा रहेको २० प्रतिशत भन्ने वाक्यांश ५० प्रतिशत हुने गरी संशोधन, राज्यको प्रत्येक निकाय, अंग र तहमा मधेशीसहित आदिवासी, जनजाति, दलित, अल्पसङ्ख्यक समुदाय र महिलाहरूको समानुपातिक प्रतिनिधित्व साथै जनसङ्ख्याको अनुपातमा सेनामा समूहगत प्रवेश तथा मधेशी सशस्त्र संगठनहरूलाई मूलधारमा ल्याउन राज्यको पहलमा सार्थक निकास खोजियोस् भन्ने हाम्रो माग थियो।

यिनै मागका साथ फाल्गुन १ गतेबाट सुरु भएको आन्दोलनले पनि उचाइ लियो। शहादत प्राप्त गर्नेको सूची लामो भयो। त्यसबेला मलाई 'संविधान सभाको निर्वाचन भाँडिन्छ,

आन्दोलन नगर्नूस्' भनेर विभिन्न पक्षबाट व्यापक दबाब आएको थियो । तर दबाबले हाम्रो सपनालाई उकास्न सक्दैन थियो । जुन निर्वाचनमार्फत् बन्ने संविधान सभामा मधेशवादीको उपस्थिति रहँदैन भने त्यो चुनावमा भाग लिनुको अर्थ पनि थिएन । त्यसकारण जनतालाई जगाउन हामी आन्दोलनमा थियौं । हामीलाई जनताको साथ पाएर सदनमा जानु थियो । उनीहरूकै विश्वासको जगमा टेकेर उनीहरूलाई अधिकार दिलाउनु थियो ।

सातदलीय गठबन्धनले मोर्चालाई वार्तामा आउन लिखित आमन्त्रण गर्‍यो । प्रधानमन्त्रीले माग पूरा गर्ने प्रतिबद्धता दोहोर्‍याए । राष्ट्रिय अखण्डता र सार्वभौमसत्तामा बाधा पार्ने मागबाहेक सबै मागप्रति सरकार सकारात्मक देखियो । माग पूरा भए हामी पनि नकारात्मक हुनुपर्ने कारण थिएन ।

मोर्चाको बन्दका कारण जनजीवन नराम्ररी प्रभावित भयो । मधेशको आधारभूत मागलाई सरकारले बेवास्ता गरेकोले जनविद्रोहमा उत्रिन बाध्य हुनुपरेको थियो । आन्दोलनमा सरकारले व्यापक दमनको सिलसिला पनि चलायो । सरकारले विभिन्न बहानामा प्रारम्भ गरिएको सैनिकीकरण र दमनलगायतका अमानवीय कार्य तुरुन्त रोके मात्र वार्ताको औचित्य रहने मधेशी मोर्चाको भनाइ थियो ।

बन्दुकको नाल तेस्‍र्याएर कसरी वार्ता हुन सक्थ्यो ! २४ दिनसम्म चलेको पहिलो मधेश आन्दोलनमा ४३ जना मधेशीले शहादत प्राप्त गरेका थिए । त्यतिखेर मधेश आन्दोलन तीन 'प' प्राप्तिका लागि भएको थियो । पहिचान, पहुँच र प्रतिनिधित्वका लागि थियो त्यो आन्दोलन । पहिचानका निम्ति सङ्घीयता, पहुँचका निम्ति राज्यको मुख्य तीन अंग कार्यपालिका, न्यायपालिका र व्यवस्थापिकामा उपस्थिति र प्रतिनिधित्वका लागि राज्यको हरेक अङ्ग, तह र निकायमा मधेशीको जनसंख्याको आधारमा समानुपातिक सहभागिता नै आन्दोलनको उद्देश्य थियो । मधेश आन्दोलनका यिनै तीन मुख्य मुद्दाबाहेक नागरिकता, जनसंख्याको आधारमा निर्वाचन क्षेत्र निर्धारण लगायतका केही सहायक मुद्दाहरू पनि थिए । त्यतिखेर आन्दोलन स्थगन भए पनि मुद्दा सेलाएका थिएनन् । आन्दोलनले तत्कालै गति लियो । त्यसैको परिणामस्वरूप २०६४ साल फागुन १ गतेदेखि संयुक्त लोकतान्त्रिक मधेशी मोर्चाको ब्यानरमा दोस्रो मधेश आन्दोलन भयो, जुन लगातार १६ दिनसम्म चल्यो । जनधनको क्षति रोकिएन, आन्दोलनकारीले सरकारी कार्यालयहरूमा 'मधेश सरकार' लेख्ने कार्य समेत गरे । त्यसले एक प्रकारको अभियानकै रूप धारण गर्‍यो ।

हामी वार्ता र संविधान सभा निर्वाचनको विरोधी थिएनौं । निर्वाचनका लागि निर्वाचन होइन, मुद्दा र समस्या समाधानसहितको निर्वाचन चाहन्थ्यौं । त्यसको लागि वातावरण बनाउने काम सरकारको थियो । सरकार आन्दोलन दबाउन भरमग्दुर प्रयास गर्दै थियो ।

दोस्रो चरणको मधेश आन्दोलनमाथि पनि सरकारले दमनकै अस्त्र उज्यायो । मधेशलाई रक्तमुच्छेल बनायो । आन्दोलनका क्रममा १० जनाले शहादत प्राप्त गरेका थिए ।

# ऐतिहासिक सम्झौता

सरकारी वार्ता टोली स्वायत्त मधेश प्रदेश कुनै पनि हालतमा मान्न तयार थिएन । संयुक्त लोकतान्त्रिक मधेशी मोर्चाले स्वायत्त मधेश प्रदेशबारे अडान लिएपछि वार्ता जतिबेलै निष्कर्ष बिना टुङ्गिन्थ्यो ।

मधेश आन्दोलन रोक्न र आन्दोलनकारीलाई दबाब सिर्जना गर्न भारतीय मध्यस्थता खोजियो । मोर्चाले राखेका ६ बुँदे माग पनि वार्ता केन्द्रित थियो । आन्दोलनलाई निष्कर्षमा लान अनौपचारिक रुपमा कुराकानी भइरहे । कतिपय अवस्थामा वातावरण सहमतिउन्मुख नभएको होइन । तर माग पूरा नभएसम्म मधेशको आन्दोलन भने नरोकिने निष्कर्षमा हामीहरू थियौं ।

२०६४ फागुन ९ गतेबाट राजधानीको होटल याडिसनमा वार्ता सुरु भयो । पहिलो दिनको बैठकमा 'स्वायत्त मधेश प्रदेश' मा कुरा मिलेन । कांग्रेसका नेताहरूले त्यसलाई सुन्नै चाहेनन् । मधेशी मोर्चालाई सहमतीमा नल्याए संविधान सभाको निर्वाचन नै नहुने अवस्थामा देश पुगिसकेको थियो । तर, उनीहरू टसको मस थिएनन् । त्यसैले प्रधानमन्त्री गिरिजाप्रसाद कोइराला, एमाले महासचिव माधवकुमार नेपाल र माओवादी अध्यक्ष प्रचण्ड लचिलो भएर मधेशी मोर्चालाई सहमतिमा कसरी ल्याउन सकिन्छ भनेर घोत्लिन थाले । उनीहरू मात्रै छलफलमा बसे । तर तीन पार्टीका शीर्ष नेताहरू पनि 'स्वायत्त मधेश प्रदेश' प्रति सहमत भएनन् ।

सात दलबीच नै कुरा नमिलेको देखेपछि हामीले भन्यौं– 'पहिला तपाईंहरू सहमति गर्नुस्, अनि वार्ता गरौंला ।'

संविधान सभा सदस्य निर्वाचन ऐन, २०६४ को दफा ७ को उपदफा १४ मा रहेको २० प्रतिशत वाक्यांशको सट्टा ५० प्रतिशत हुनुपर्ने मुख्यमाग मध्येको एकमा छलफल जारी थियो । यो मागमा ३० प्रतिशत पुऱ्याउन दुवै पक्ष सहमत हुने सम्भावना थियो । जनताको आत्मनिर्णयको अधिकार र स्वायत्त प्रदेश सहितको सङ्घीय लोकतान्त्रिक गणतन्त्रात्मक शासन प्रणालीअन्तर्गत् स्वायत्त मधेश प्रदेश स्थापना गरिनुपर्ने र यसको प्रत्याभूति वर्तमान अन्तरिम संविधानमा हुनुपर्ने मागमा समेत छलफल भएको थियो ।

मधेशलाई स्वायत्त मधेश प्रदेश बनाउन सरकारले सहमति गर्न सक्ने र आर्थिक, सामाजिकजस्ता विषयलाई समावेश गरी बाँकी मुद्दालाई संविधान सभापछि समाधान गर्ने सहमतितर्फ छलफल अगाडि बढेको थियो । तर कुनै निष्कर्षमा नपुगी वार्ता टुगियो । मधेशको माग पूरा गर्न आन्दोलनलाई सशक्त बनाउनुको विकल्प थिएन । त्यसकारण आन्दोलनलाई तीव्र बनायौं ।

२०६४ फागुन ११ गते सात दलले स्वायत्त मधेश प्रदेशको माग संविधान सभा निर्वाचन अघि पूरा गर्न सकिंदैन । मधेशी लगायत मुलुकका विभिन्न समुदायले उठाएको स्वायत्तता सहितको

सङ्घीय लोकतान्त्रिक राज्य संरचना निर्माण गर्न सकिन्छ भनेर निर्णय गर्‍यो । सात दलको यो निर्णयपछि 'वार्ता गर्नुको औचित्य छैन' भन्दै उपेन्द्र यादवजी बाहिरिए ।

वार्ताबाट भागेर मात्र पनि समस्या समाधान हुनेवाला थिएन । संविधान सभामा पनि भाग लिनुपर्ने अवस्था थियो । मधेश आन्दोलनका क्रममा मारिएकाहरूलाई शहीद घोषणा गर्न सरकार सहमत भएको थियो । यसअघि मधेशी जनअधिकार फोरमसँग भएको २२ बुँदे सम्झौतामा सरकारले मारिएकालाई शहीद परिवार जत्तिकै क्षतिपूर्ति दिने सहमति गरेको थियो । त्यसै गरी संविधान सभाको निर्वाचनका लागि समानुपातिक सूचीमा ३० प्रतिशतसम्म मात्र उम्मेदवारी दिने राजनीतिक दलले कोटा प्रणाली पूरा गर्नु नपर्ने कुरामा समेत सरकार सहमत थियो ।

संविधान सभाको निर्वाचनका लागि समानुपातिक निर्वाचनको सूची पेस गर्ने मिति सकिएको थियो । निर्वाचन आयोगले रातिसम्म फ्याक्स मार्फत् पठाउन मिल्ने व्यवस्था गरेको थियो । तर माहोलको अन्दाजा लगाउन सकिने अवस्था थिएन ।

२०६४ फागुन १३ गते बिहान हुन लागिसकेको थियो । ६ बुँदे सहमति एकाएक भाँडियो ।

एउटै कारण थियो– संविधान सभा निर्वाचन सार्ने उपेन्द्र यादवजीको प्रस्ताव ।

सरकारले मोर्चाको वार्ता टोलीसँग सोमबार बिहानसम्म समझदारी बनाउने तयारी गरेको थियो । त्यसपछि मन्त्रीले सम्बोधन गर्ने वा हस्ताक्षरपछि मन्त्रिपरिषद्ले अनुमोदन गर्ने तयारी गरिरहेको थियो ।

मधेशी जनताको स्वायत्त मधेश प्रदेशको चाहनाको साथै अन्य क्षेत्रका जनताको स्वायत प्रदेशसहितको सङ्घीय संरचनाको आकाङ्क्षालाई आत्मसात गर्ने, सेनामा मधेशीहरूको पहिचान सहितको समूहगत प्रवेश गराइने कार्य तत्काल प्रारम्भ गरिने जस्ता कुरा मस्यौदामा राखियो । तर, सरकारी पक्षका एक्ला वार्ताकार गृहमन्त्री कृष्णप्रसाद सिटौलाले सहमति जनाएनन् ।

२०६४ साल चैत २८ गतेको चुनाव सार्ने बुँदा आएपछि सिटौलाले प्रस्तावहरू दलका नेतासँग राख्छु अनि फेरि वार्ता गर्ने भनेर छलफल टुङ्ग्याइदिए । त्यतिखेर बिहानको चार बजिसकेको थियो । वार्ताको नाटक मात्रै भयो ।

सरकार र संयुक्त लोकतान्त्रिक मधेशी मोर्चाबीच फागुन १६ गते भने आठ बुँदे सम्झौता भयो । सम्झौता लगतै मोर्चाले १६ दिनदेखिको मधेश आन्दोलन फिर्ता लियो ।

सम्झौतामा प्रधानमन्त्री गिरिजाप्रसाद कोइराला र मोर्चाका तर्फबाट तमलोपा अध्यक्ष महन्थ ठाकुर, सद्भावना पार्टीबाट म र मधेशी जनअधिकार फोरमका केन्द्रीय संयोजक उपेन्द्र यादवले हस्ताक्षर गर्‍यौं ।

वार्तामा भएको सहमति सार्वजनिक गर्न प्रधानमन्त्री निवासमा विशेष कार्यक्रम आयोजना भयो । मञ्चमा प्रधानमन्त्री गिरिजाप्रसाद कोइरालाको दायाँबायाँ म, गट्ठमणी र यादबजी थियौ भने छेउमा माधवजी, प्रचण्डजी र सरकारका मन्त्रीहरू लहरै बसे ।

ऐतिहासिक सम्झौतापछि मैले र उपेन्द्रजीले हिन्दीमा भाषण गर्‍यौं । महन्थजीले नेपालीमै बोले । तीनै जना नेताले भाषण गरिरहँदा कार्यकर्ताहरूले ताली बजाएर स्वागत गरेका थिए ।

गिरिजाबाबुले पनि हामी सबै आफ्नै घरमा फर्किएका छौं भन्दै हिन्दी भाषामै आफ्नो भाषण सुरु गरे ।

उपस्थित सबैले संविधान सभाको निर्वाचन नै मुख्य कुरा माने । चुनावले मात्र लोकतन्त्रलाई मजबुत बनाउँछ भन्ने सबैको साझा बुझाइ देखियो ।

मोर्चाका कार्यकर्ताहरूले नेताहरूसँग अबिर जात्रा गरे र बधाई साटासाट पनि गरे । कार्यकर्ताहरूले आफूलाई लगाइदिएको माला घाँटीबाट निकालेर धन्यवाद स्वरूप कृष्णप्रसाद सिटौलाजीलाई पहिर्‍याइदिए । प्रधानमन्त्री निवासबाट निस्कँदा स्वागत गर्न कार्यकर्ताहरू गेटमा बसिरहेका थिए ।

आठबुँदे सम्झौता नै अहिलेसम्म भएको मधेश आन्दोलनको उल्लेख्य उपलब्धि थियो । २४० वर्षदेखि जकडिएर रहेको पुरानो राज्यसत्ताको परम्परावादी, यथास्थितिवादी र रुढिवादी मानसिकतालाई आन्दोलनले मर्ममै प्रहार गरेको थियो । र, उपलब्धी हाम्रासामु थियो ।

२००७ सालको राणाशासन विरुद्धदेखि लिएर २०६३ सालको लोकतान्त्रिक गणतान्त्रिक आन्दोलनसम्म हरेक अग्रगामी परिवर्तनहरूमा मधेश र मधेशीले निर्णायक भूमिका निर्वाह गरेका थिए । तर परिवर्तनपछि उपलब्धि उपभोग गर्ने सवालमा मधेशलाई वञ्चित, अपमानित र तिरस्कृत गरियो । ती आन्दोलनमा मधेशीले रोजेको वीरगतिको बाटोलाई अवमूल्यन गर्ने काम भयो । त्यतिमात्र होइन, आन्दोलनपछि मधेशीहरूलाई उल्टै कायरको संज्ञा दिने गरिन्थ्यो । मधेश आन्दोलन मधेशीप्रतिको त्यस विभेदकारी मानसिकता बोक्ने अहङ्कारमाथिको एकमुष्ट प्रहार थियो । साथै दशकौँदेखि दबिएर, थिचिएर बसेका मधेशी जनताले त्यस्तो मानसिकताप्रति प्रतिकार गरे । मधेशी शब्दप्रति हीनताबोध गर्ने मधेशी समुदाय गर्वले आफूलाई मधेशी भन्न थाल्ने भएपछि मधेशी जनतामा अपार हर्षको सिमाना थिएन ।

मधेश आन्दोलनको अर्को ठूलो उपलब्धि पहिचान पनि हो । विगतमा राष्ट्रिय तथा अन्तर्राष्ट्रिय जगतमा नेपाली भनेको पहाडी हो भन्ने सङ्कुचित मानसपटलमा समेत मधेश आन्दोलनले क्रान्ति ल्यायो । सम्झौताले उक्त कुरामा मोहर लगायो । देशका पहाडी समुदायबाट मधेशी पनि नेपाली हो भनी स्वीकार गरियो भने अन्तर्राष्ट्रिय जगतले समेत महसुस गर्न बाध्य भयो । मधेशी आफ्नै मुलुकभित्र कसरी हेपिएका छन्, दपेटिएका छन्, कसरी शोषित छन् र कसरी आन्तरिक औपनिवेशीकरणका शिकार भएका छन् भन्ने कुरालाई मधेश आन्दोलनले छलँग पारिदियो ।

मधेश आन्दोलनको बहुमूल्य उपलब्धि चाहिँ सङ्घीयता नै हो । नेपालजस्तो सामाजिक, सांस्कृतिक, आर्थिक, भौगोलिक बनौट भएको राष्ट्रमा सबै भाषा, संस्कृति, समुदाय र जातजातिको पहिचान सङ्घीयताले मात्र सुनिश्चित गर्न सक्छ । मधेशी जनताले सङ्घीयताकै लागि संघर्ष रगत बगाउन तयार भएका थिए । सङ्घीयताले मात्र नेपालको विविधतालाई सम्बोधन गर्न सक्छ भन्ने महसुस यही मधेश आन्दोलनले गराएको थियो । फागुन १६ को आठबुँदे सम्झौताले अन्तरिम संविधानलाई पनि संशोधन गर्न बाध्य पारेकाले मधेशका नागरिकको अनुहारमा अभूतपूर्व खुसीयाली छायो ।

# गठ चुँडिएको गठबन्धन

जनताले आफ्नो संविधान आफैं लेख्ने ऐतिहासिक अवसरमा मधेशका दलहरूबाट अर्को गम्भीर गल्ती हुन गयो । मधेशका शक्तिहरूबीच चुनावी गठबन्धन हुन सकेन । विभिन्न उतारचढावका बीच २०६४ साल चैत २८ गते संविधान सभाको निर्वाचन हुने पक्का भएको थियो ।

यो चुनावमा मधेशका शक्ति एकजुट हुनुपर्छ र संविधान सभामा हस्तक्षेप बढाउनुपर्छ भन्ने मेरो अभिप्राय थियो । कठोर सङ्घर्षको बाटो हिँडेपछि हामी संविधान सभामार्फत् आफ्नो निम्ति आफैं संविधान बनाउने क्षणमा पुग्दै थियौं । त्यहाँ मधेशीको हस्तक्षेप हुन सकेन भने फेरि उपलब्धिको संस्थागत गर्नबाट हामी चुक्न सक्थ्यौं । त्यसैले मोर्चाबन्दी गरेर चुनावमा जाऔं भन्ने नै मेरो ध्येय थियो ।

उपेन्द्र यादवजी गठबन्धनप्रति इच्छुक भएनन् । यसले पनि मधेशलाई खण्डित तुल्यायो । काङ्ग्रेसबाट विजयकुमार गच्छदार केही जमात लिएर फोरममा प्रवेश गरेका थिए । विजयजी आफ्नो पार्टीमा आएपछि यादवजीले चुनावमा गठबन्धनको आवश्यकता नै महसुस गरेनन् । एक्लै चुनाव जित्नु भन्ने अहम्को भावना देखियो । एकता शत्रुसँग गरे पनि फाइदा नै हुन्छ । हामी त सबै मधेशी थियौं । मधेशको हक र अधिकारका एउटै मोर्चामा सरकारी बन्दुक छलेका थियौं । आन्दोलनमा एउटै सिरानी गरेर सुतेका थियौं ।

सद्भावना पार्टी भने उम्मेदवारी दर्ताको अघिल्लो दिनसम्म पनि मोर्चाबन्दीकै पहलमा थियो ।

'राजेन्द्रजी हामी पार्टीमा आउन चाहन्छौं । सद्भावना पार्टी मधेशको हककका लागि लडेको पार्टी हो, त्यही पार्टीबाट चुनाव लड्न चाहन्छौं,' जिल्ला-जिल्लाका कहीं दाग नलागेका विभिन्न पार्टीका नेता, कहलिएका मानिसहरू मलाई फोन गरेर भन्थे ।

'निर्वाचनमा मोर्चा बनाएर लड्ने कुरा चलिरहेको छ, तालमेल गर्दा क्षेत्रको टुंगो हुँदैन । गठबन्धन भएको अवस्थामा कसले कुन सिट पाउने अनिश्चित हुन्छ,' म उनीहरूलाई जवाफ दिइरहेको थिएँ ।

पार्टीभन्दा पनि समग्र मधेशलाई ठूलो शक्तिका रूपमा उभ्याउने मेरो ध्येय थियो । गठबन्धन भजाएर बस्नाले पार्टीमा आउन गोडा उचालेर बसेका धेरै राम्रा मानिसहरूलाई भित्र्याउन सकिएन ।

उता, सरकारसँग सम्झौता गर्नासाथ उपेन्द्र यादवजी मधेश गए । धमाधम मानिसहरूलाई आफ्नो पार्टीगा बुला थाले । चुनावी गठबन्धनको लागि हामीले धेरै प्रयास गर्‍यौं । उपेन्द्र यादवजीले पार्टी भर्खर प्रवेश गरेका विजयकुमार गच्छदार र रेणु यादवलाई पठाए । मेरो

मुख टाल्ने र गठबन्धन बन्न पनि नदिने यो उनको चालबाजी थियो । उनी कुनै पनि हालतमा चुनावी तालमेलका लागि तयार थिएनन् । गच्छदारको आगमनले उपेन्द्र सारा संसार एक्लै हात पाछुँ जसरी हिँडेका थिए ।

हुन पनि विजयजीको प्रवेशले फोरममा नवीन तरङ्ग ल्याएको थियो । सबै पार्टीबाट नेताहरू ल्याई गठन गरिएको महन्थ ठाकुर नेतृत्वको तराइ मधेश लोकतान्त्रिक पार्टी (तमलोपा) पनि नूतन दल भएकाले त्यसप्रति पनि आकर्षण थियो ।

मधेशको एक मात्र ऐतिहासिक पार्टी सद्भावना पार्टीलाई भने आर्यघाटमा पुर्‍याइएको थियो । पार्टीको सारा नेतृत्व छिन्नभिन्न भएको थियो । हाम्रो संगठन नै चकनाचुर भइसकेको थियो । दोस्रो मधेश आन्दोलनमा हाम्रो सामूहिक नेतृत्वको संयोजनकारी भूमिकाको कारणले जनतामा हामीप्रति केही विश्वास बढेको थियो । चुनावमा मनोनय गर्ने दिनसम्म पनि उपेन्द्र यादवलाई गठबन्धनका निम्ति पर्खिरहेँ । मेरो सारा यत्न विफल भयो ।

गठबन्धन गर्ने चाहना विफल भएपछि तमलोपासँग केही स्थानमा तालमेल गरियो । तर त्यो तालमेल नाम मात्रको भयो ।

तीन दलको मधेशी मोर्चाबीचमा चुनावी तालमेल नभए पनि सहयोद्धाको धर्म निर्वाह गर्दै महन्थजी उठेको सर्लाही–६ मा सद्भावना पार्टीले उम्मेदवारी दिएन । उपेन्द्र यादवजी उठेको सुनसरी–५ मा सद्भावना पार्टीकोतर्फबाट मधेश आन्दोलनका सुनसरीका नेतृत्वकर्ता समेत रहेका देवराम मधेशीलाई उम्मेदवारी फिर्ता लिन लगाएँ । उनको स्थान सुरक्षित गर्न सहयोग गरेँ ।

तर मेराविरुद्ध आन्दोलनका दुवै सहयात्रीले उम्मेदवार खडा गरे । मलाई चुनाव हराउन मैदानमा उतारे । मेराविरुद्ध फोरमबाट पूर्वमन्त्री रामेश्वर यादव र तमलोपाबाट पूर्वमन्त्री रामचन्द्र रायजस्ता बलशाली नेताहरूलाई चुनावी मैदानमा उतारे । यद्यपि सर्लाही ४ बाट संविधान सभाको निर्वाचनमा अत्यधिक मतले जनताले मलाई रोजे र म संविधान सभामा पुगेँ ।

जनताले त काम हेरिरहेका हुन्छन् । मुद्दा हेरिरहेका हुन्छन् । तदनुरूप मूल्याङ्कन गरिरहेका हुन्छन् । हामी पो (प्रायः जनप्रतिनिधि)ले चुनाव जितेपछि जनताहरूलाई फर्किएर पनि हेर्दैनौं । मुद्दालाई चुनावी हतियारका रूपमा मात्रै उपयोग गछौँ । चुनाव जितेपछि ती मुद्दा कहाँ पुगे ? केका लागि चुनाव जितेको हुँ सम्म भुल्छौं ।

मनोनयको अन्तिम समयसम्म आन्दोलनका सहयात्री कुरेँ । जसका कारण पार्टी–सङ्गठनतिर ध्यान दिन पाइन । आन्दोलनमा होमिँदा आर्थिक हिसाबले म थङ्थिलो भइसकेको थिएँ । पार्टी र नेताहरू छिन्नभिन्न भइसकेको र एक हिसाबले भन्दा ब्रह्मनालमा बिसाइसकेको दल बोकेर चुनावको मैदानमा उत्रिएको थिएँ । तराई–मधेशका गिनेचुनेका फोरम तथा तमलोपातिर गएका थिए । फेरि जनताको बीचमा दोस्रो आन्दोलनपछि उपेन्द्र यादवजीमाथि लागेको 'मधेशघाती'को आरोप पनि मेटिएको थियो । त्यतिबेला फोरम र तमलोपाको आकर्षण देखिएपछि केहीले सद्भावना पार्टीले त एक सिट पनि जित्दैन भनी प्रचार पनि गरे ।

जनताको मनको कुरा मत नहाली कहाँ थाहा हुन्छ र !

संविधान सभाको प्रथम चुनावमा तीनवटै मधेशी दलले गरी ८३ सिट मात्र जित्यौं । फोरमले ५३ सीट ल्याई चौथो र तमलोपा २१ सिट ल्याई पाँचौं दल बने । त्यस्तो प्रतिकूल अवस्थामा पनि सद्भावना पार्टी ९ सिट सुरक्षित गर्‍यो । देशको छैठौं शक्तिको रूपमा संविधान सभामा प्रविष्ट भयो ।

प्रत्यक्षतर्फ बाराबाट सरोज यादव, सप्तरीबाट महेश यादव र सर्लाहीबाट खोभारी यादव विजयी भए भने समानुपातिक तर्फ पार्टी राष्ट्रिय कार्य समितिले मलाई निर्णय गर्न जिम्मेवारी दियो । सोही जिम्मेवारी वहन गर्दै लक्ष्मणलाल कर्ण (पर्सा), अनीलकुमार झा (रौतहट) , रामनरेश राय यादव (सर्लाही), महिलाबाट मालामती राना थारू (कैलाली) र गौरी देवी मेहता (सुनसरी) लाई सभासद् चयन गरियो ।

मधेशमा तीनवटा पार्टी मिलेर लडेको भए प्रत्यक्षतर्फका ११६ सीटमध्ये अत्यधिक प्रायः सबै जित्ले मेरो विश्लेषण थियो । समानुपातिक मतमा पनि हाम्रै वर्चस्व स्थापित हुन्थ्यो । मधेशका मुद्दालाई संस्थागत गराउन दबाब पुग्थ्यो ।

तर मधेश ठूलो होस् नहोस्, आफू ठूलो हुने चाहनाले उपेन्द्रजीलाई बाँध्यो । सहयात्रीप्रतिको उनको व्यवहारले मेरो मन कुँडियो । जतिबेला मधेशी जनता उनीसँग क्षुब्ध थिए । उनले विश्वास गुमाएका थिए । त्यतिबेला म उनको साथमा म थिएँ ।

अन्त्यमा उनले मलाई नै घात गरे । ठूलो पार्टीको ठूलो नेता आफ्नो पार्टीमा आउँदैमा सडकको सहयात्रीप्रति मुन्टो मर्काएर हिँड्नु किमार्थ उचित थिएन ।

प्रथम संविधान सभाको निर्वाचन त भयो । तर चार महिनासम्म पनि सरकार निर्माण हुन सकेन । राष्ट्रिय सहमतिको सरकार बनोस् भन्ने हाम्रो चाहना थियो । नेपाली काँग्रेस रक्षा मन्त्रालय मागिरहेको थियो । प्रत्यक्षतर्फ १२०, समानुपातिकतर्फ १०० र मनोनीत ९ गरी २२९ सिट जितेर माओवादी ठूलो दल बनेको थियो । ऊ काँग्रेसलाई रक्षा मन्त्रालय दिन तयार भएन ।

'काङ्ग्रेस समेतलाई समेटेर सरकार बनाउनुपर्छ । काँग्रेसलाई सरकारमा नल्याएर संविधान कसरी बन्छ ? संविधान बन्न दुई तिहाइ चाहिन्छ । सबैको मर्म र भावना समेट्न सहमतिको संविधान चाहिन्छ । काँग्रेसजस्तो पार्टी प्रतिपक्षमा बस्यो भने समस्या हुन्छ,' मैले प्रचण्डजीलाई भनैं ।

माओवादीका केही नेताहरू काँग्रेसलाई सरकारमा लैजाने पक्षमै थिएनन् । 'काँग्रेसलाई किन रक्षा दिएर ल्याउने ? हाम्रो बहुमत छँदै छ नि । अपार बहुमत छ हामीसँग । किन ल्याउने काँग्रेसलाई ?,' माओवादीका केही नेता प्रश्न गर्थे ।

लेखनाथ पौड्यालले कनितामा भनेझैं 'छोरो बढेपछि ज्यावा पूर्ति र झाँचा देखाउन' थाले । उग्रेन्द्रजीसँग ५३ बटा सिट थियो । मधेशी मोर्चाका साथीहरूबीच तालमेल गर्नेतिर सोच्दै रोचेनन् । दौडँदै प्रचण्डजीकहाँ पुगे । राम्रा मन्त्रालय लिएर उनी सरकारमा गए । महन्थजी 'सरकार नही अधिकार चाहिए' भन्ने नारा लगाउन थाले ।

हामी अन्यमनस्क भावमा पुग्यौं । म धेरै समय घोत्लिएँ । पहिल्यै प्रचण्डजीलाई वचन दिइसकेका थियौं । वचन हार्न मन लागेन । अन्ततः हामी पनि सरकारमा सहभागी भयौं ।

चुनाव सकिएको केही समयपछिको कुरा हो । अमेरिकी राजदूत निवासमा मधेशवादी पार्टीका नेतालाई लन्चमा आमन्त्रण गरिएको थियो । चुनावपछि उपेन्द्रजीसँग मेरो भेट भएको थिएन । उनीसँग त्यहीँ भेट भयो ।

'उपेन्द्रजी, आन्दोलन के बादतो आप से भेट भी नही हुयी । आन्दोलन मे तो हमलोग मोर्चा बनाकर साथ साथ लडे लेकिन चुनाव साथ साथ नही लडसके । मै तो चुनाव भी मोर्चा बनाकर ही लडने के लिए अन्तिम समयतक प्रयास किया लेकिन आप तो भाग गए । आपकी पार्टी में नये नये और वडे वडे लोग आगए थे, इसलिए सायद मोर्चा बनाने की आवश्यकता आप ने महसुस नही किया और कठिन समय में साथ रहने वाले को भी छोडकर चलदिए,' मैले उनलाई भनेँ ।

'आपको नौ सीट आगया, यह क्या कम है ?,' उनले खिस्स हाँस्दै भने ।

उनको जवाफ सुनेर म छक्क परेँ ।

उनको अनुहार र भनाइमा डरलाग्दो अहंकार थियो । जुन मधेश र मधेशीको हितमा पटक्कै थिएन ।

आन्दोलनमा सँगै लडेका थियौं । संविधान सभामा लड्न बाँकी नै थियो । नलडी अधिकार स्थापित हुँदैन भनेर उनले बुझ्न पनि बाँकी नै थियो । तर उनीमा अहंकारले डेरा जमाइसके छ !

आन्दोलनबाट प्राप्त उपलब्धि संस्थागत गर्न हामीबीच मोर्चाबन्दी एव मजबुत सहकार्यको खाँचो थियो ।

तर आन्दोलनपछिको उनका क्रियाकलाप र त्यस दिनको जवाफले मैले एउटै निष्कर्ष निकालेँ –उपेन्द्र यादवजीलाई मधेश वा हाम्रो साझा मुद्दाभन्दा पनि आफू शक्तिशाली बन्ने कुरा नै मुख्य रहेछ ।

आन्दोलनको भावना र लक्ष्य अनुरूपको मुद्दाहरू संस्थागत गर्न आसन्न संविधान सभामा कसले महत्त्वपूर्ण भूमिका खेल्न सक्छ, आन्दोलनको नेतृत्वकर्ताको हैसियतले हाम्रो लक्ष्य हुनुपर्ने थियो । तर उनले सहयात्रीप्रति रतिभर पनि इमान्दारिता र विश्वास कायम राख्न सकेनन् । यो हाम्रो साझा लक्ष्य र साझा आन्दोलनको भावनामाथि प्रहार थियो । एक प्रकारले हत्या नै भन्दा पनि हुन्छ ।

सत्तामा सम्मानजनक हैसियत र शक्ति भएर पनि उपेन्द्रजीले मधेशका मुद्दालाई उठाएनन् । केवल सत्ता भोगमा लिप्त रहे । मधेशका माग दसैँ सकिएपछिका जमराजस्ता भए । न कसैले रेखदेख गर्‍यो । न त पानी नै हाल्यो । त्यसैत्यसै मुर्झाउँदै गयो । मधेशीले नै मधेशका मुद्दा बिर्सिएपछि सिंहदरबारले त्यसलाई बिसर्जन गरिदिने भइहाल्यो ।

# जातीवाद

सुरुमै भन्छु- माफ किजिए रामराजा प्रसाद सिंहजीको हमारी साथ ! तर यति भन्दैमा कोहीप्रति भएको अन्याय न्यायमा त बदलिँदैन । तथापि यो आत्मस्वीकारोक्तिले मलाई राहत नै मिल्लेछ ।

२०६५ साल जेठ १५ गते पहिलो पटक गठन भएको संविधासभाको पहिलो बैठकले एउटा ऐतिहासिक निर्णय गर्दै थियो । संविधान सभाका ज्येष्ठ सदस्यको नाताले काङ्ग्रेसका कुलबहादुर गुरुङ्ले त्यो पहिलो बैठकको अध्यक्षता गरे । बैठकमा सहभागी कूल ५ सय ६५ सभासद्मध्ये ५ सय ६० जनाले जब गणतन्त्र कार्यान्वयनको प्रस्तावमा समर्थन गरे, अध्यक्ष गुरुङ्ले गणतन्त्र कार्यान्वयन भएको घोषणा गरे । मुलुकभर हर्षोल्लास छायो ।

लोकतान्त्रिक गणतन्त्र विधिवत् कार्यान्वयन भइसकेकाले अध्यक्ष गुरुङ्ले १५ दिनभित्र नारायणहीटी दरबार खाली गर्न पूर्वराजा ज्ञानेन्द्र र उनको निजी सचिवालयलाई निर्देशन दिए । यो ऐतिहासिक अवसरमा सद्भावना पार्टीको पनि सहभागिता थियो । सद्भावना पार्टीका तर्फबाट म सबैभन्दा बढी खुसी थिएँ । किनभने मुलुकमा प्रतिगमन प्रारम्भ भइसकेपछि अब राजतन्त्रको अन्त्य गरी गणतन्त्र घोषणा गर्नुपर्छ भनेर गैले नै आवाज उठाएको थिएँ । दिल्लीबाट दरबारको मिति पुगेको घोषणा पहिलो पटक मैले नै गरेको थिएँ ।

२४० वर्षसम्म नेपाली जनतामाथि शोषण, अन्याय, अत्याचार र विभेदको शृंखला चलाएर राज गर्दै आएको एकात्मक शासन-व्यवस्थाको मुख्य केन्द्र त्यस दिन धराशायी भएको थियो । एउटा वर्ग विशेषको संरक्षकको रूपमा रहेको राजसंस्था समाप्त भएकाले मधेशी जनता पूर्ण लोकतन्त्रको उपभोग गर्ने बाटामा पुगेका थिए । उनीहरू पनि समान अधिकार प्राप्त गरी राष्ट्रनिर्माणमा लाग्ने अवसरको ढोकासामु पुगेका थिए ।

गणतन्त्र कार्यान्वयनपछि त्यसैदिन अन्तरिम संविधान चौथो पटक संशोधन भयो । संविधानमा राष्ट्रपति र उपराष्ट्रपतिको व्यवस्था गरियो । मुलुक नयाँ सरकार गठन, राष्ट्रपति र उपराष्ट्रपतिको निर्वाचनतर्फ सोझियो । गिरिजाबाबु गणतन्त्र नेपालको पहिलो राष्ट्रपति बन्न चाहन्थे । तर माओवादी गिरिजा राष्ट्रपति भएको हेर्न चाहँदैनथ्यो । चुनावअगाडि माओवादीले प्रचण्डलाई भावी राष्ट्रपति सञ्ज्ञा दिँदै भित्ताभित्तामा फोटो टाँसेको थियो । चित्र रङ्ग्याएको थियो । उसले गिरिजा राष्ट्रपति भएको कसरी हेरोस् !

असार ७ गतेको सात दलीय मोर्चाको वार्तामा माओवादीतर्फका मन्त्रीहरूले सामूहिक राजीनामा दिए । असार १० गते पुनः सात दलीय मोर्चाको बैठकले संविधान संशोधन गरेर

राष्ट्रपति निर्वाचन बहुमतको आधारमा हुने टुंगो लगायो । सोही दिन मन्त्रीपरिषदले नियुक्त गर्ने २६ जना संविधान सभा सदस्यको निम्ति सिट बाँडफाँडमा सहमति जुट्यो । माओवादीले ९ सिट, काङ्ग्रेस र एमालेले ५-५ सिट, मधेशी जनअधिकार फोरमले २ सिट र सद्भावना पार्टी, नेमकिपा, जनमोर्चा नेपाल एवं नेकपा (माले)ले १-१ सिट पाउने गरी समझदारी जुट्यो । तर पछि सद्भावना पार्टीलाईलाई दिने भनिएको सिट बेइमानीपूर्वक हामीलाई नदिइकन गिरिजा सरकारले नेसपा (आ) का श्यामसुन्दर गुप्तालाई दियो ।

गिरिजाबाबुसँग मेरो अति निकटतम सम्बन्ध थियो । एक दिन गिरिजाबाबुले मलाई बालुवाटारमा बोलाए । 'राष्ट्रपतिको लागि सहयोग गर्नुपर्‍यो । परिस्थिति बुझ्नुभएकै छ,' उनले मुख फोरेरै भने । गिरिजाबाबु तपाईंलाई सहयोग गर्न हामीलाई निकै अप्ठ्यारो छ । किनकि तपाईंबाट हाम्रो पार्टीलाई दुई पटक असहयोग भएको छ । एक पटक हाम्रो दलको बहुमत हुँदाहुँदै पार्टीको मान्यता दिने बेलामा न्याय पाइएन । अर्को असहयोग त्यसबेला भयो जब तपाईंको मन्त्रिपरिषद्का सदस्य श्यामसुन्दर गुप्ताजीले हाम्रा साथीलाई सरकारी शक्तिको दुरूपयोग गरेर अपहरणसमेत गरेर निर्वाचन आयोगबाट पार्टीको मान्यता समेत खोस्नुभयो । यस्तो आपराधिक कार्य गर्दा समेत तपाईंले त्यतिबेला आफ्नै मन्त्रीलाई पनि कारबाही गर्नुभएन,' मैले उनलाई भनें ।

उनी केही बोलेनन् । 'बरु गणतन्त्रवादी नेताको ब्राण्ड बन्नुभएका रामराजाप्रसाद सिंहलाई सबै मिली सर्वसम्मत नेपालको पहिलो राष्ट्रपति बनाऔं,' उल्टै मैले उनलाई प्रस्ताव गरें । रामराजाप्रसाद सिंह राजा महेन्द्रले अफर गरेको प्रधानमन्त्री पद पनि अस्वीकार गरेको भनेर समाजमा स्थापित हुनुभएको थियो । यसबारे म आफैंले चाहिँ स्वतन्त्र पुष्टि गरेको छैन । सबै मिलेर उनलाई सर्वसम्मत राष्ट्रपति बनाउँदा गणतन्त्रलाई न्याय हुने कुरा गिरिजाबाबु समक्ष राखें ।

उनले मुख खुम्च्याउँदै भने, 'ओ तो माओवादीका क्यान्डिडेट है ।' गिरिजाबाबुलाई समर्थन नगर्ने कुरा बाहिर प्रेसलाई पनि बताएँ । अन्ततोगत्वा माओवादीले पनि कुनै हालतमा गिरिजाबाबुलाई राष्ट्रपतिमा समर्थन नगर्ने भयो । त्यसैताका संयुक्त लोकतान्त्रिक मधेशी मोर्चा राष्ट्रपतिको निर्वाचन, सरकार गठन र संविधान निर्माणमा पहल गर्न र त्यसबारे साझा धारणा तय गर्न सक्रिय भएको थियो ।

हाम्रो संसदीय दलको कार्यालय सिंहदरबारमा मोर्चाको छलफल भइरहेको थियो । छलफलमा राष्ट्रपति निर्वाचनको विषय प्रवेश भएको थियो । सबैले आआफ्ना धारणा राखिरहेका थिए । उपेन्द्रजी अचानक मोर्चाको बैठक छाडेर निस्किए । उनी त सोझै काङ्ग्रेसका नेताहरूसँग साँठगाँठ गर्न पो पुगेछन् । राष्ट्रपतिमा काङ्ग्रेसका डा. रामवरण यादव र उपराष्ट्रपतिमा फोरमका परमानन्द झालाई सघाउने गरी तालमेल भएछ । राष्ट्रपति बन्ने सुनिश्चितता नदेखेपछि र माओवादीतर्फबाट मधेशी उम्मेदवार रामराजाप्रसाद सिंह अघि सारिएपछि गिरिजाबाबु आफू चुनाव नलड्ने निष्कर्षमा पुगेछन् । काङ्ग्रेसले पनि चालबाजी गरेर मधेशी समुदायबाटै डा. रामवरण यादवजी उठाउने तयारी गरेछ ।

हामीले गणतन्त्रवादी नेता रामराजाप्रसाद सिंहलाई राष्ट्रपतिमा सहयोग गर्ने निधो पहिले नै गरिसकेका थियौं । रामराजाप्रति मेरो निकै सम्मान थियो । क्याम्पस पढ्दादेखि मैले उनको बारेमा सुनेको थिएँ । भारतीय स्वतन्त्रता संग्रामका नेता जयप्रकाश र डा. लोहियाहरूलाई जेलबाट छुटाउन भएको हनुमाननगर जेलकाण्डमा कोइलाडीका धेरै मान्छे पोलिएका थिए । बालखै रहेका रामराजाका माहिला भाइ लक्ष्मणप्रसाद सिंहसहित जेलमा रहेका बुवा जय मंगलप्रसाद सिंहलाई भेट्न गए । उनीहरू त्यहीँ गिरफ्तार गरिए । दुवै दाजुभाइले १६ महिना बन्दी जीवन व्यतीत गरेका थिए ।

पछि दोस्रो विश्व युद्ध समाप्तिको उपलक्ष्यमा नेपालमा पनि खुसीयाली मनाइयो । त्यही खुसीयालीमा रामराजाप्रसाद सिंहका दुवै दाजुभाइसहित धेरै कैदीलाई राणा सरकारले छाड्यो । तर बुवा जयमंगलप्रसाद सिंहलाई छाडेन । उनले राजतन्त्र उन्मूलनका लागि २०४२ सालमा सशस्त्र क्रान्तिको शङ्खनाद गरेका थिए । क्रान्तिको त्यो सुरुवातपछिको पहिलो पर्चामा मैले पढेको थिए । जसमा उनले लेखेका थिए- 'क्रान्ति एउटा पर्व हो ।' यसबाट म अत्यन्त प्रभावित भएको थिएँ । मैले उनलाई ४० कै दशकमा भेटेको थिएँ । त्यसबखत उनले मलाई भनेका थिए, 'क्रान्तिमा बगेको रगत अमृतधारा हो । त्यसले मृत्यु होइन अमरत्व दिन्छ ।' यो उक्तिले मेरो हृदयमा अमीट छाप छाडेको थियो ।

राजा महेन्द्रले लागू गरेको पञ्चायती पद्धतिको संसद् (राष्ट्रिय पञ्चायत) मा स्नातक क्षेत्रबाट चार जना निर्वाचित भएर जाने प्रावधान थियो । २०२४ सालमा मा पहिलोपटक स्नातक क्षेत्रका चार प्रतिनिधिका लागि निर्वाचन भयो । त्यस निर्वाचनमा रामराजाप्रसाद सिंहले पनि उम्मेदवारी दिए । निर्वाचनका दौरान उनले आफ्नो उम्मेदवारी किन भन्ने पर्चा वितरण गरे । बत्तीसपुतलीमा आयोजित एक सभामा भाषण पनि दिए ।

उनको पर्चा र भाषणको आधारमा राजाविरुद्ध द्वेष फैलाएको भन्दै उनको उम्मेदवारी रद्द गरियो । सुरक्षा कानुनअन्तर्गत् उनलाई गिरफ्तार पनि गरियो । निकैपछि उनी जमानतमा रिहा भए । २०२८ मा पुनः स्नातक क्षेत्रबाट राष्ट्रिय पञ्चायत सदस्यको निर्वाचन हुने भयो । यसपल्ट उनले सावधानीपूर्वक गिरफ्तारीबाट बच्दै चुनावमा उम्मेदवारी दिए र प्रचारप्रसार गर्न थाले । यसपटक अझ बढी क्रान्तिकारी भाषण दिन थाले । यो निर्वाचनमा उनको पर्चा अझै क्रान्तिकारी भावले ओतप्रोत थियो । उनका ती पर्चाका हरेक प्रति पाँच सय रूपैयाँसम्ममा बिक्री भए । यो कुरा सुन्दा मेरो नाडीमा पनि क्रान्तिकारी रगत दौडन्थ्यो । उनीप्रतिको सम्मान उलिएर आउँथ्यो ।

उनी निर्वाचनमा निर्वाचित त भए । तर राष्ट्रिय पञ्चायतको बैठक सुरु हुने दिन सदनमा उनलाई पुग्न नदिन गौंडागौंडामा सेना र प्रहरी तैनाथ गरिए । तर नाटकीय रूपमा उनी राष्ट्रिय पञ्चायतको बैठक कक्षमा प्रवेश गर्न सफल भए । तथापि उनलाई शपथ गराइएन । प्रहरीले उनलाई संसदभित्रबाटै पक्राउ गरेर लग्यो । अञ्चलाधीशले उनलाई अढाइ वर्षको जेल सजाय सुनाए ।

सदनबाटै जेल जाने उनी पहिलो निर्वाचित प्रतिनिधि थिए। त्यसै घटनालाई लिएर राजतन्त्रविरुद्ध सडक ताल थालेको थियो। वास्तवमा २०३६ सालको जनमत सङ्ग्रहको पृष्ठभूमि तयार पार्ने परिघटनामध्ये यो पनि एक थियो। धेरै विरोध हुन थालेपछि, राजगद्दी जाला भन्ने भयले राजा महेन्द्रले रामराजाप्रसादलाई दुई पटक दरबारमा बोलाएर कुराकानी गरे। प्रधानमन्त्रीसम्मको प्रलोभन दिए। डरत्रास देखाउँदै उनलाई माफी माग्न हुकुम दिए। तर रामराजाप्रसाद सिंह माफी माग्न राजी भएनन्। उनले राजालाई हाकाहाकी 'मि नट फर सेल' भनेका थिए। अन्ततः महेन्द्र उनलाई रिहा गर्न बाध्य भए। उनी गणतन्त्रवादी भएर पञ्चायत पनि प्रविष्ट भए।

त्यस परिघटनापछि रामराजाप्रसाद सिंह घोषित रूपमै गणतन्त्रवादी भए। उनले क्रान्तिको पहल गर्न थाले। उनीविरुद्ध पुनः अभियोग लगाइयो। उनी स्वदेशमै भूमिगत रहे। उनी भारत निर्वासित पनि भए। २०३६ सालमा जनमत संग्रह पनि भयो। २०४२ सालमा बम काण्ड भयो। उनलाई मृत्युदण्डको सजाय पनि तोकियो। उनको जायजेथा हरण भयो। तैपनि उनी विचलित भएनन्। २०४६ सालको परिवर्तनले राजसंस्था विस्थापित गर्न सकेन। त्यो परिवर्तनले राजासहितको बहुदलीय संविधान निर्माण गर्‍यो। तर उनी अडिग भएर राजतन्त्रको खिलाफ र गणतन्त्र स्थापनाका लागि सङ्घर्ष गरिरहे। २०४६ पछि पार्टी बनाएको भए उनको पार्टी नै देशको पहिलो पार्टी हुन्थ्यो। त्यतिबेला उनको लोकप्रियता त्यसरी चुलिएको थियो।

नेकपा (माओवादी) देशलाई गणतन्त्रमा पुर्‍याउन जनयुद्धमा होमिँदा आफूले प्रचण्डहरूलाई सहयोग गरेको उनले एउटा अन्तर्वार्तामा भने। यसबीचमा २०५८ जेठ १९ गते रात्रि नारायणहिटीभित्रै राजा वीरेन्द्रको वंशनाश भयो। त्यसपछि ज्ञानेन्द्र राजगद्दीको उत्तराधिकारी भएर आए। उनले पनि बाबु महेन्द्रकै पदचाप पछ्याउँदै प्रजातन्त्रको घाँटी निमोठे। २०६२/६३ जनक्रान्तिले राजगद्दी नै इतिहास बनाइदियो। त्यसपछि अन्ततः देश गणतन्त्रमा पुग्यो।

रामराजाप्रसादले देशलाई दिएको योगदानको जति नै प्रशंसा गरे पनि अपुग हुन्छ। राजतन्त्र अन्त्यका लागि उनले आफ्नो जीवन नै अर्पित गरिदिए। उनले मात्र नभइ उनका परिवार, उनका सङ्गठन र उनलाई सहयोग गर्ने सर्वसाधारण सबैले अनेकौं दुःखकष्टको सामना गर्नुपर्‍यो। अमानुषिक ताडना र प्रशासनिक कारबाहीको सामना मात्र भेल्नु परेन कि बरु बलिदानसम्म नै दिनुपर्‍यो। तर उनैलाई राजनैतिक दाउपेचको शिकार बनाउँदै राष्ट्रपति बन्न दिइएन।

२०६५ साउन ६ गते गणतन्त्र नेपालको प्रथम राष्ट्रपति निर्वाचन हुँदै थियो। उक्त निर्वाचनमा गणतन्त्रका प्रणेता रामराजाप्रसाद सिंह पनि उम्मेदवार भए। राष्ट्रले गणतन्त्रका प्रणेतालाई गणतन्त्र राष्ट्रको प्रथम राष्ट्रपति पद सौगातको रूपमा दिन सक्थ्यो। तर काङ्ग्रेस लगायत दल उनीप्रति त्यति उदार हुन सकेन। पुरातन राजनीतिक दलहरू रामराजाप्रति अनुदार हुनु स्वाभाविकै थियो। मधेशीप्रति उनीहरू कहिल्यै उदार थिएनन्। मलाई आश्चर्य त त्यतिबेला लाग्यो– उपेन्द्रजीले पनि रामराजाप्रसादलाई समर्थन गरेनन्। रामवरणका पक्षमा उभिए।

जबकि भारतमा भूमिगत हुँदा रामराजाप्रसाद सिंहले हरप्रकारले सहयोग गरेको उपेन्द्रले आफ्नो पुस्तकमा लेखेका छन् । मधेशी जनाधिकार फोरमको आन्दोलन विकास गर्न पनि रामराजाप्रसाद सिंहको ठूलै योगदान थियो । तथापि उपेन्द्रजीले त्यो गुनको भुक्तान किन गर्न चाहेनन् भन्ने कुरा मैले अझैसम्म बुझ्न सकेको छैन । उपेन्द्रजीले उहाँसँग यतिविधि गद्दारी किन गरे मैले बुझ्न सकिनँ ।

रामराजालाई रोक्न परमानन्द झालाई उपराष्ट्रपति बनाउने गरी काँग्रेससँग सम्झौता गरेका रहेछन् । यो उनको ऐतिहासिक गल्ती थियो । चुनावको केही दिन पहिले बिहानै परमानन्द झाजी मेरो घरमा आएर भने– ‘उपेन्द्रजीले मलाई उम्मेदवारी हाल्न लगाउनुभयो । कसरी जिल सकिएला र ? तपाईंले भोट दिनुपर्‍यो ।’ ‘मधेशी भएकाले उपराष्ट्रपतिमा हाम्रो पार्टीको भोट तपाईंलाई हुनेछ । तर राष्ट्रपतिमा हाम्रो भोट रामराजाप्रसाद सिंहलाई नै हुनेछ,’ मैले यति भनें ।

मधेशी जनअधिकार फोरमले राष्ट्रपतिमा काँग्रेसका डा. रामवरण यादवलाई मतदान गर्ने निर्णयसहित ह्वीप जारी गरेको थियो । पछि त्यसको विरोधमा जेपी गुप्ताले ‘नोट अफ डिसेन्ट’ लेखेका थिए । जेपी गुप्ताले त्यतिबेला रामराजाप्रसाद सिंहलाई मतदान गर्न पार्टीका सांसदहरूलाई आग्रह पनि गरेका थिए । ‘उपेन्द्र यादवजीले गलत निर्णय गर्नुभयो । यस घटनाले मधेशी जनअधिकार फोरम नेपालले आफ्ना एक संस्थापक, मुलुककै पहिलो गणतन्त्रवादी नेताप्रति घात गरेको छ । मतदानका लागि ह्वीप जारी गरिनु हुँदैन,’ जेपीजीले सार्वजनिक रूपमै भन्नुभयो ।

त्यतिबेला फोरमको ह्वीपको विरोध गर्दै जेपी गुप्ता, विजयकुमार गच्छदारसहित १९ जना फोरमका सांसदले रामराजाप्रसाद सिंहलाई मतदान गरे । तर उनीहरूको मतले केही पनि अन्तर राखेन । रामराजाप्रसाद सिंह राष्ट्रपतिमा पराजित भए । घोषित गणतन्त्रवादी रामराजा गणतन्त्रको पहिलो राष्ट्रपतिको चुनावमा हार्नु मधेश र समग्र देशका लागि नै लज्जाको विषय थियो ।

उपेन्द्रजीले मान्छे चिनेनन् भन्दिनँ । तर उनी नीति, सिद्धान्त र आदर्शबाट च्यूत भए । जातिवादको चास्नीमा उनले डुबुल्की लगाएका मात्र हुन् । वास्तवमा भन्ने हो भने मधेशमा मधेशवादको भावनाबाट भइरहेको राजनीतिलाई जातिवादमा बदल्ने पात्र उपेन्द्रजी नै हुन् । उनले त्यसलाई संस्थागत गर्दै लगे । गजेन्द्रबाबुको नेतृत्वमा मधेशको राजनीति रहँदासम्म मधेशवाद कमजोर भए पनि जिन्दा थियो । उपेन्द्र यादवको उदयपछि मधेशमा जातिवाद सरुवा रोगझैँ फैलिएको छ । मधेश यो जातिवादको भासमा फसेको छ ।

महन्थ ठाकुर पनि यो रोगबाट ग्रस्त छन् । जातिवादको गागिलागा उनले उपेन्द्र यादवलाई पनि उछिनिसकेका छन् । आजसम्म उनीबाट गरिएका ९० प्रतिशत नियुक्ति एकल जातिय आधारमा गरिएका छन् । हालै पार्टी बनाउँदा पनि नश्लीय पहाडिया शासकलाई उनले निकै पछि छाडेका छन् ।

हिजो मधेश आन्दोलनको लागि आव्ह्वान गर्ने नेता तथा पार्टी नै आज सरकारमा बसेर ती आन्दोलनकारीलाई आजीवन कारावासमा राख्न अदालतसँग भिख मागिरहेका छन्। साँठगाँठ गरिरहेका छन्। मधेश र थरुहट आन्दोलनलाई सरकारले आपराधिक कार्यको संज्ञा दिएर आन्दोलनकारीलाई जेल चलान गर्दा पनि महन्थ ठाकुर, उपेन्द्र यादव, डा. चन्द्रकान्त राउत (सिके) र रेशम चौधरी कोही पनि हिजोका ती सहयात्रीका पक्षमा बोल्दैनन्। सत्ता र शक्तिले उनीहरूको मुख टालिएको छ।

यसरी जनता र आन्दोलनको भावनामाथि कुठाराघात भएको छ। उनीहरूले यसको हिसाब भुक्तान गर्नैपर्छ। एकल जातीय सत्ताको विरोधमा लड्ने मधेशी पार्टी र नेताहरू नै आज त्यसको शिकार भएका छन्। आज मधेशवादको नाममा मतदान गराउन पनि साह्रै कठिन बन्दै गएको छ। तर देर छ, अन्धेर छैन। जनताले एक दिन तिनलाई दण्डित गर्नेछन्। मधेशमा मधेशवादको लहर फेरि जागृत भएर आउनेछ। यसकारण कि नेता पछाडि फर्कन सक्छन्। तर समयको पाङ्ग्रा कहिल्यै पछाडि धकेलिन सक्दैन।

# शपथ प्रकरण

२०६५ साउन ४ गते भयको उपराष्ट्रपति पदको निर्वाचनमा परमानन्द फा मधेशी जनअधिकार फोरम नेपालको तर्फबाट उम्मेदवार भई निर्वाचित भए । साउन ८ गते उनको शपथ ग्रहण भयो । फाले धोती र कुर्ता पहिरिए । हिन्दी भाषामा शपथ लिए । त्यसपछि यसको पक्ष र विपक्षमा व्यापक बहस भयो । मुलुकको राजनीति विभाजित भयो । पहाडिया मनोविज्ञानले सोच्यो–यो मधेशी कसरी उपराष्ट्रपति हुन सक्छ ?

हिन्दी भाषामा शपथ खाने नेपाली त हुनै सक्दैन । यो पक्कै भारतीय हुनुपर्छ । सडकमा नारा लाग्न थाले– 'परमानन्द फा, विदेशतिर जा...!' शपथ ग्रहणको विरुद्धमा सर्वोच्च अदालतमा मुद्दा दायर गरियो । सर्वोच्चले उपराष्ट्रपति परमानन्द फाको शपथ ग्रहणलाई असंवैधानिक ठहर गर्‍यो । उत्प्रेषणको आदेशद्वारा बदर गर्ने फैसला सुनायो ।

बहुभाषिक देशमा सर्वोच्च अदालतबाट भएको फैसलाले गम्भीर विवाद सिर्जना गर्‍यो । मधेशमा सर्वोच्च अदालतको फैसलाको विरोध आन्दोलन उठ्यो । सर्वोच्च अदालतको फैसलाको कारण देशमा अशान्ति उत्पन्न हुनु र संविधान निर्माणमा बाधा उत्पन्न हुनु गम्भीर विषय थियो । यस सम्बन्धमा मैले अदालतले सही नगरेको तथा संविधानमा उल्लेखित बहुभाषिक नीतिको सम्मान नभएको प्रतिक्रिया दिएँ ।

सर्वोच्चको फैसला निर्देशनात्मक, उपदेशात्मक र अनुरोधात्मक थियो । फैसलापछि उपराष्ट्रपति फाले पत्रकार सम्मेलन गर्न बाध्य भए । 'शपथ लिँदा मेरो मनमा महान् नेपाली भाषाको अपमान गर्ने कुनै मनसाय थिएन । हिन्दी भाषामा शपथ लिए पनि नेपाली भाषाकै शपथ पत्रमा हस्ताक्षर गरी प्रमाणित गरी बुझाएको छु,' उनले दाबी गरे । फैसला पूर्वाग्रही भएको प्रतिक्रिया दिए । उनले पुनः शपथ नलिने क्रान्तिकारी अडान प्रस्तुत गरे । जुन जायज पनि थियो । बहुभाषिक देशमा हिन्दीमा शपथ ग्रहण गर्न पाउनुपर्छ । यो सबै सम्पर्क र मातृभाषा हिन्दी हुनेको माग समेत हो । भाषिक रूपमा मधेशले खोजेको पहिचान यो पनि हो ।

परम्परावादी एवं एकल नश्लवादीहरूको जालमा फस्न फाले मञ्जुर गरेनन् । फाको अडानप्रति मधेश गौरवान्वित भयो । हिन्दी सम्पर्क भाषा हुनेहरूले शिर उँचो पारे । सर्वोच्च अदालतले एक साताको समयावधिमा नेपाली भाषामा पुनः शपथ लिन आदेश दियो । परमानन्दजीले त्यसो नगर्दा उनको पद पनि निष्क्रिय बन्न पुग्यो ।

परमानन्द फा सर्वोच्च अदालतको पूर्व न्यायाधीश थिए । भनिन्छ, त्यहीबीचमा रहेको तिक्तताका कारण यस्तो फैसला आएको हो । फैसलाको पक्ष र विपक्षमा जनमत विभाजित

भयो । यस्तो अवस्थामा निकासका दुईवटा विकल्प थिए- फैसलाको पुनरावलोकन वा संविधानको संशोधन । उपराष्ट्रपतिले नेपाली भाषा, दौरासुरुवाल र टोपीप्रति सम्मान छ, कुनै पूर्वाग्रह छैन भनेर भनिरहे । नेपालमा बोलिने सबै भाषा र वेशभूषाले समान मान्यता पाउनुपर्छ भनिरहेछ । जुन मधेशको धारणा पनि हो ।

हाम्रो पार्टीका भ्रातृ संगठनहरू एकल नश्लवादी सोचको विरोधमा सडकमा ओर्लें । 'देशमा बहुभाषाको सम्मान हुनुपर्छ । सबैलाई आआफ्नो भाषाको प्रयोग गर्न स्वतन्त्र रुपले दिनुपर्छ,' उनीहरूले गगनभेदी नारा लगाए । हामीले संविधान संशोधन गर्ने माग गर्यौं । म समेत सदस्य रहेको मन्त्रिपरिषद्बाट नेपालको अन्तरिम संविधान, २०६३ को सातौं संशोधन गर्ने निर्णय गर्यौं । विधेयक व्यवस्थापिका संसद् सचिवालयमा दर्ता गरियो । उक्त संशोधन प्रस्तावमा राष्ट्रपति र उपराष्ट्रपतिले आफ्नो कार्यभार सम्हानुअघि अनुसूची १ क बमोजिमको ढाँचामा सरकारी कामकाजको नेपाली भाषामा शपथ लिनुपर्ने, नेपालमा बोलिने आफ्नो मातृभाषामा शपथ लिन चाहेमा शपथको ढाँचाको व्यहोरा आफ्नो मातृभाषामा अनुवाद गरी त्यसको एक प्रति शपथ ग्रहणका लागि तोकिएको मितिभन्दा २४ घण्टा अगावै राष्ट्रपतिको कार्यालयमा पेस गर्नुपर्ने, नेपालमा बोलिने आफ्नो मातृभाषामा शपथ लिएमा सरकारी कामकाजको नेपाली भाषा र आफूले शपथ लिएको अन्य नेपाली मातृ भाषा शपथको प्रतिमा समेत हस्ताक्षर गरी राष्ट्रपति कार्यालय समक्ष पेस गनुपर्ने र शपथको अभिलेख राष्ट्रपतिको कार्यालयले राख्नुपर्ने व्यहोरा थियो ।

'उपराष्ट्रपतिजस्तो सम्मानित पद निष्क्रिय हुनु असहज परिस्थिति हो । व्यवस्थापिका संसद् उपराष्ट्रपति पदलाई क्रियाशील बनाउन चाहन्छ । उक्त पदलाई क्रियाशील गराउन व्यवस्थापिका संसद्बाट आवश्यकताअनुसार संविधान संशोधन गर्नुको साथै अन्य विधिसम्मत प्रक्रियाहरू अगाडि बढाउन नेपाल सरकारलाई निर्देशन जारी गर्दछ,' संविधान सभाले संकल्प प्रस्ताव पारित गर्यो ।

संकल्प प्रस्ताव पारित भएलगतै कानुन तथा न्याय मन्त्रीले निर्णयार्थ पेस गरेको नेपालको अन्तरिम संविधान, २०६३ को सातौं संशोधन विधेयक बिनासंशोधन अत्यधिक मतद्वारा पारित भयो । सम्माननीय उपराष्ट्रपतिको शपथ ग्रहण समारोह २०६६ माघ २४ गते तोकियो । संविधानले सबै भाषालाई सम्मान गर्ने भएपश्चात् परमानन्दजीले मैथिली र नेपाली दुवै भाषामा शपथ लिए । यो शपथपछि पाँच महिनादेखि निष्क्रिय भएको उपराष्ट्रपतिको पद क्रियाशील भयो ।

यस प्रकरणले एउटा फाइदा भयो हामीलाई । उपराष्ट्रपति प्रकरणले भाषा समस्या र विभेद सतहमा ल्याइदियो । एकल नश्लवादी चिन्तनको जरोमा फाको अडानले गहिरो प्रहार गर्यो । हामी त चाहन्थ्यौं रुखै ढलोस् । विभेदको गन्ध आउने रुख त के बगैंचा नै भए पनि मास्नुपर्छ ।

हिन्दी मधेशको सम्पर्क भाषा हो । सम्पर्क भाषा भनेको आवश्यकताले निर्धारण गर्छ । निर्वाचनको समयमा आ-आफ्ना पक्षमा हिन्दीमै भाषण गरेर मधेशीहरूसँग भोट माग्ने लामो परम्परा छ । पञ्चायतले 'एउटै भाषा, एउटै भेष' को नीतिलाई प्राथमिकता दिए पनि मधेशले नेपाली भाषालाई आत्मसात गर्न सकेको छैन । भारतमा एक प्रतिशतभन्दा कमले अङ्ग्रेजी भाषा बोल्छन् । तर त्यहाँ धेरैले त्यसलाई सम्पर्क भाषाको रूपमा प्रयोग गर्ने भएकाले सरकारी कामकाजको भाषाको मान्यता दिइएको छ ।

यहाँ पनि सरकारी कामकाजको भाषा नेपालीसँगै हिन्दी बनाउने हो भने यसले हाम्रो सार्वभौमिकता र सम्प्रभुतालाई अझ फराकिलो बनाउँछ । अपनत्वको दायरा पनि बढाउँछ । २०६३ सालको अन्तरिम संविधानमा 'नेपालमा बोलिने सबै मातृभाषाहरू राष्ट्रभाषा हुन्' भनिएको थियो । यसरी हेर्दा हिन्दी पनि नेपालको राष्ट्रभाषा हो । नेपालीलाई चाहिँ राष्ट्रभाषाका साथै सरकारी कामकाजको भाषा पनि बनाइएको हो । तर उपराष्ट्रपतिको सपथ ग्रहणका सन्दर्भमा अखबारहरूले २०४७ सालको संविधानमा व्यवस्था भएको 'राष्ट्रभाषा' र 'राष्ट्रिय भाषा'लाई आधार मानेर समाचारहरू बनाए । जबकि २०६३ सालको संविधानमा यसरी राष्ट्रभाषा र राष्ट्रिय भाषा भनेर छुट्याइएको थिएन ।

नेपालमा बोलिने ९२ भन्दा बढी भाषामध्ये सङ्ख्याका हिसाबले हिन्दी १६औं स्थानमा पर्न आउँछ । उपराष्ट्रपतिको शपथ असंवैधानिक भयो भन्नेहरू 'नेपालको अन्तरिम संविधानमा राष्ट्रपति र उपराष्ट्रपतिले लिने सपथको ढाँचा नेपालीमा भएको र सरकारी कामकाजको भाषा नेपाली हुनेछ' भनेर प्रस्टसँग उल्लेख भएकाले त्यो असंवैधानिक भयो भन्छन् । त्यसो भए यो भाषाको विवाद नभएर संवैधानिक विवादमात्र भएको आशयमा समाचारहरू आएको भए सामान्य नै हुन्थ्यो । तर पत्रिकामा यस्ता बहसहरू भए कि मधेशीलाई गैरनेपाली र महामहिम उपराष्ट्रपतिलाई विदेशी भएको भाष्य बन्न पुग्यो । जुन भाष्यले जो कोही मधेशीको मुटु पोलेको थियो । अपमानित महसुस गराएको थियो ।

भाषा विवादपछि सङ्घीय राज्यहरूमा सरकारी कामकाज तथा पठनपाठनको माध्यमका रूपमा बहुभाषाको प्रयोग हुनुपर्छ भन्ने सवालहरू उठाइयो । संविधान बनाउने सन्दर्भमा नयाँ नेपालको भाषानीतिलाई कसरी स्पष्ट बनाउन सकिन्छ सोच्न थालें । यसले भाषिक रूपमा राम्रो वैचारिकता पायो । नेपालमा भाषिक विभेदको शृंखला लामो छ । नेपालमा भाषाका कारण समस्या व्यहोर्ने मधेशीहरूले मात्र होइन, आदिवासी-जनजातिहरूले पनि उत्तिकै कष्ट खप्दै आएका छन् ।

अतः कुन राज्य वा प्रान्तमा कुन-कुन भाषाहरू सम्पर्क वा सरकारी कामकाजमा प्रयोग गर्न सकिन्छ भन्ने कुरा त्यहाँको जनसाङ्ख्यिकी तथा भाषिक बनोटमा भर पर्ने कुरा हो । तर मिश्रित खालको बसोबास भएकाले राज्य हेरी दुई-तीन ओटा भन्दा बढी भाषालाई प्रयोगमा ल्याउनुपर्ने हुन सक्छ भन्ने विचार मधेशी जनजाति कोणबाट उठाइयो । बहुभाषिक शिक्षा पद्धतिलाई अघि बढाउनुपर्नेमा हाम्रो जोड रह्यो ।

भाषिक विविधता युक्त नेपालमा एक भाषा मात्रै सरकारी कामकाजमा प्रयोग गर्नु उचित होइन । हिन्दीको साथै जनसङ्ख्या, लेख्य परम्परा, भाषिक क्षमता, साहित्यिक समृद्धिको हिसाबले दोस्रो ठूलो भाषा मैथिलीदेखि दसौं ठूलो गुरुङ भाषाले समेत सरकारी कामकाजी भाषाको रूपमा प्रयोग हुने हैसियत राख्छ । सङ्घीयस्तरमा के आधारमा कतिवटा भाषालाई सरकारी कामकाजको बनाउने र प्रदेश स्तरमा पनि उचित तर्कका आधारमा कतिवटा भाषामा कामकाज गर्ने भन्ने बारे संविधान सभामा बहस गर्ने हाम्रो सोच थियो ।

बाह्य देशको भाषाको प्रयोगले नेपालको राष्ट्रियता तथा सार्वभौमिकतामा खतरा हुन्छ भन्ने एकोहोरो तर्क हो । यसमा तुक देखिँदैन । नेपाल सद्भावना पार्टीदेखि लोसपासम्मका थुप्रै मागहरू मध्ये हिन्दी भाषालाई सम्पर्कका रूपमा स्थापित गर्ने सधैं प्राथमिकतामा रहेकै छ । कुनै बेला सद्भावना पार्टीले आफ्ना माइनुट र प्रेस विज्ञप्तिहरू समेत हिन्दीमा लेख्ने गरेको इतिहास हामीसँग छ ।

जब मधेशको भाषाको रूपमा हिन्दीलाई जोड्न थालियो, मेची–महाकालीका मधेशीहरू एकसूत्रमा बाधिने भए भन्ने त्रासले हिन्दीमाथि प्रहार हुन थाल्यो । मातृभाषाप्रति माया होइन कि हिन्दीको विरोध मात्रै गरियो । प्रत्येक थुँगालाई उनेर सुन्दर माला बनाउने हाम्रो उद्देश्य थियो । हिन्दीभाषा पनि यस मालाको एउटा सुन्दर फूल थियो ।

# स्वाभिमान यात्रा

राजनीतिक व्यवस्थापन राम्रोसँग नहुँदै पहिलो संविधान सभाको दुई वर्षको म्याद सकिन लागेको थियो । संविधान सभाबाट संविधान निर्माण गर्ने सन्दर्भमा ठूला दल उदासीन भए । संविधान सभाको बनोट उनीहरूले अपेक्षा गरेअनुसार थिएन । नेकपा (एमाले) का नेता केपी शर्मा ओली त यो 'यो संविधान सभा संविधान जारी नगर्दै विघटन हुन्छ' भन्दै हिँड्न थालेका थिए ।

संविधान सभामा माओवादी ठूलो दल भएर आएको थियो । मधेशीहरूको प्रतिनिधित्व पनि बढेको थियो । काङ्ग्रेस र एमाले जस्ता पुराना दलको हैसियत निकै खुम्चिएको थियो । यो उनीहरूका लागि अनपेक्षित थियो ।

त्यसैले पनि उनीहरू संविधान निर्माणमा उदासीन बनिरहेका थिए । मधेश आन्दोलनको कारणबाट अन्तरिम संविधान संशोधन गरी मधेश स्वायत्त प्रदेश हुने भनेरै उल्लेख भएकोले हामी ढुक्क थियौं । तर ठूला दलहरू मधेशी एकता टुटाउने षड्यन्त्रमा लागे । मधेशका मुद्दालाई संविधानमा स्थापित गराउन हामीलाई चुनौती थियो । त्यसका लागि मधेशमा फेरि जागरण अभियानको जरुरी थियो ।

मधेशी समुदायभित्र विद्यमान जातीय मनोविज्ञानको अन्तरकुन्तरमा पसेर फाटो ल्याउन खोजिरहेका थिए । खास गरी थारूहरूलाई मधेशीविरुद्ध उभिन उक्साइरहेको थिए । मुस्लिमहरू धर्मका आधारमा बेग्लै हुन्, पूर्वका राजवंशी, गनगाई, कोचे, मेचे बेग्लै हुन् भनेर प्रचार गरिँदै थियो ।

त्यसले समाजमा नयाँ अन्तरविरोध पैदा गर्‍यो । नयाँ ध्रुवीकरणको शिलान्यास गर्‍यो । विभाजनको नयाँ बीजारोपणलाई निस्तेज पार्न २०६६ फागुन १ गतेको पार्टी बैठकले मधेश स्वाभिमान यात्रा गर्ने निर्णय गर्‍यो । सङ्घीयता, नयाँ संविधान, स्वायत्त मधेश प्रदेश लगायत मधेशका माग सुनिश्चित गर्ने ध्येयले चैत २१ गते झापाको बिर्तामोडबाट मधेश स्वाभिमान यात्रा सुरु भयो । स्वाभिमान यात्राका नाराले सारा मधेशलाई गोलबद्ध हुन आह्वान गर्‍यो । मेची-महाकाली मधेश स्वाभिमान यात्रा मधेश र मधेशीलाई एकजुट बनाउन छेडिएको यात्रा थियो । आफैँमा विभाजित मधेशलाई जोड्ने सेतु पनि थियो ।

मधेशले के चाह्यन्छ र नश्लीय शासकले कसरी अधिकार र पहिचानबाट मधेशलाई अलग राखेको छ भन्नेबारे स्वाभिमान यात्रामार्फत् भ्रम चिर्नु थियो । जसकारण पनि यो गाना अत्यावश्यक थियो । स्वाभिमान यात्राका निम्ति प्रकाशित अपिलमा हामीले जनतालाई स्पष्टसँग निर्माणाधीन संविधानमा हाम्रा माग वा प्रस्ताव र शासकवर्ग वा सरकारले हामीमाथि

लाद्‍न चाहेका प्रावधानहरू बुझाउन खोजेका थियौं । जसमा हामीले टेबल नै बनाएर हाम्रो र सरकारको कुरालाई यसरी प्रस्तुत गरेको थियौं ।

| वे क्या चाहते हैं ? | हम क्या चाहते है ? |
|---|---|
| संविधान सभा के विषयगत समिति में प्रस्तावित विवादित विषय का प्रस्तावः | सद्‍भावना पार्टी का प्रस्तावः |
| १. मधेश को टुकड़े-टुकड़े मे बाटकर कमजोर बनाकर 'फुट डालो और शासन करो' नीति के तहत एक ही मधेश में बहु प्रदेश का प्रस्ताव तथा चितवन, दाङ्ग, सुर्खेत, उदयपुर, सिन्धुली का मधेश थरुहट इलाका पहाडी प्रदेश मे रखने का प्रस्ताव । | १. एक मजबुत और सम्पन्न प्रदेश स्थापना हेतु समग्र मधेश एक स्वायत प्रदेश का प्रस्ताव । |
| २. सङ्घीय सरकार के कामकाजकी सम्पर्क भाषा नेपाली भाषा । | २. नेपाली भाषा के साथ ही सम्पर्कभाषा हिन्दी भाषा को भि संवैधानिक मान्यता |
| ३. प्रदेश सरकार के कामकाज की भाषा नेपाली तथा स्थानीय मातृभाषा । | ३. प्रदेश सरकार के कामकाज की भाषा नेपाली तथा प्रदेश विधायिका द्वारा निर्धारित मातृभाषा । |
| ४. सेना मे समावेशी प्रवेश । | ४. सेना मे समावेशी, समानुपातिक समूहगत प्रवेश तथा मधेशी बटालियन की व्यवस्था । |
| ५. माँ और बाप दोनो नेपाली नागरिक होने पर ही सन्तान को नागरिकता । | ५. कोई एक भी नेपाली नागरिक होने पर सन्तान को नागरिकता । |
| ६. अगीकृत वैवाहिक सम्बन्ध के आधार पर विवाह के १५ वर्षके वाद अगिकृत नेपाली नागरिकता । | ६. वैवाहिक अगिकृत नागरिकता विवाह के तुरन्त वाद । |
| ७. वैवाहिक अगिकृत नागरिकता प्राप्ति, विदेशी नागरिकता परित्याग के वाद । | ७. विदेशी नागरिकता परित्याग की घोषणा के वाद । |
| ८. जन्मसिद्ध तथा अगिकृत नागरिकता प्राप्ति के १० वर्षवाद संवैधानिक अधिकार तथा पद के लिए योग्य होगा । | ८. जन्मसिद्ध तथा वैवाहिक अगिकृत नागरिकता प्राप्ति के साथ ही संवैधानिक अधिकार तथा पद के लिए योग्य होगा । |
| ९. पर्याप्त प्रमाण के आधार पर प्राप्त नागरिकता पर भी परेशान करने के नियत से अनुसन्धान तथा कारवाही का व्यवस्था । | ९. पर्याप्त प्रमाण के आधार पर प्राप्त नागरिकता सम्बन्ध में कारवाई नही करने की व्यवस्था । |
| १०. जनसङ्ख्या के अलावा भुगोल के आधार पर भी प्रतिनिधित्व का व्यवस्था । | १०. जनसङ्ख्या के आधार पर मात्र प्रतिनिधित्व की व्यवस्था । |
| ११. स्वायत्ता तथा आत्मनिर्णय का अधिकार विना का प्रदेश । | ११. स्वायत्तता तथा आत्मनिर्णय के अधिकार सहित का प्रदेश । |
| १२. भूमि नीति तथा भूमि सुधार सम्बन्धी अधिकार सङ्घीय सरकार का । | १२. भूमि नीति तथा भूमी सुधार सम्बन्धी अधिकार प्रादेशिक सरकार का । |

'अपना प्रान्त, अपना शासन, अपनी संस्कृति, अपना प्रशासन, अपना पुलिस, अपना न्यायालय, अपनी भाषा में अपना विद्यालय सेना में होगी, मधेशी का हिस्सा, मातृभूमि का करेंगे रक्षा गर्व से कहो हम मधेशी है,' अभियानको नारा यही थियो ।

मेरो नेतृत्वमा भएको यात्रामा तत्कालीन पार्टी पदाधिकारीहरू सहअध्यक्ष लक्ष्मणलाल कर्ण, उपाध्यक्ष नरसिंह चौधरी, सह-महासचिव विश्वनाथ राजवंशी, सुरेन्द्र कुर्मी, मनीष सुमन, कोषाध्यक्ष नवल किशोर शाह, प्रवक्ता राम नरेश राय यादव र युवा नेता सन्तोष मेहता सरिक थिए । केन्द्रीय नेताहरू, पार्टीका सभासद् र सबै वर्गीय मञ्चका पदाधिकारीलाई अनिवार्य सहभागी हुन भनिएको थियो । अभियानमा सीताराम मण्डल, राजकुमार गुप्ता, श्यामलाल मिश्र, माधव यादव, चन्द्रकला सिंह कुशवाहा, दुर्गाप्रसाद चौधरी, बाबुलाल यादव, हरेकृष्णप्रसाद सिंह, गयाहजरा पासवान, राजेन्द्रप्रसाद यादव, कामेश्वर झा र विष्णुनारायण चौधरी सहभागी थिए । यस्तै माधुरी मण्डल, अयोध्याप्रसाद वर्मा, लोकनाथ पाठक, लालबाबु यादव, मनमोहन चौधरी, डा. अब्दुल रहिम मिकरानी, शम्भुप्रसाद जयसवाल, वैद्यनाथ महतो, लालकिशोर साह, डा.अब्दुल रहिम, सुभाष राजवंशी र संविधान सभा सदस्य सरोज यादव पनि सहभागी थिए ।

यसैगरी देवेन्द्र यादव, संविधान सभा सदस्यद्वय गौरी देवी महतो कोइरी, मालामती राना थारु, मोहम्द अख्तर हुसैन मिकरानी, शिवप्रसाद पटेल, ओमकुमार झा, डा. आर डि सिंह यात्राका सदस्य बनेका थिए । डा. मिथिलेश साह, दिपेन्द्र चौधरी, धनिक लाल यादव, सफायत अन्सारी, राधा कायस्थ, फोनीराम चौधरी, द्रोपती गणेश गंगाई, गणेश प्रसाद, मास्टर तारा सिंह, मुनवर अली हलुवाई र वीरेन्द्र के.एम पनि अभियानमा थिए ।

सूर्यनारायण राय, रमण पाण्डेय, धनेष यादव, मैनुदिन अन्सारी, अब्दुल अजिज खाँ, राजेन्द्र प्र.सिंह, प्रविण अली, राजेन्द्रप्रसाद गुप्ता, रामबाबु साह, युगलकिशोर दास, चन्द्रप्रसाद राजवंशी, सोनफी यादव, अज्जु झा, डा. रवीन्द्र सिंह, रामबहादुर महतो, विजय अग्रहरी, भुपलाल चौधरी, लक्ष्मराम राना थारु, सुनील झा, चन्द्रीकाप्रसाद सिंह, माधव राजवंशी, कुलानन्द कर्ण, शैलदेवी महतो, निभा साह, रामेश्वर यादव, रंगिला साह, चुनी खातुन, सुन्बालाल मेहता, ब्रजनाथ उपाध्याय, किशोर यादव, सञ्जय गुप्ता (सुगन्ध), दिवाकर मिश्रा र सतन हाडी माझी पनि मेची-महाकाली जागरण यात्राका अंग बनेका थिए ।

जागरण यात्रामा विजयकुमार झा, नुरजहा खाँ, रानी शर्मा, मन्जु भगत, पुष्पा साह, रेखा घिमिरे, बच्चा साह, अशोक चौधरी, शिवदेव राय, रागिनी जयसवाल, रणजित सिंह, विजय साह, सरोज मिश्रा, रघुनाथ मेहता, राजनारायण साह, सन्तकुमार मेहता, देवराम मधेशी, शतीष कर्ण, विनोद सिंह, रमण सिंह, शम्भु राय यादव, राम सागर ठाकुर, शेख जमशेद, कामनी सिंह, मञ्जु ठाकुर, शम्भु यादव, विमला मेहता, वैद्यनाथ जयसवाल, राजेशकुमार साह, मनोज कर्ण, सरोज चौहान, पप्पु पटेल, शान्तिदेवी, पुष्पा यादव, राम दिनेश यादव, मुन्नी देवी, सुशीला देवी, वनारसी देवी, नइम अन्सारी, चन्दा देवी साह, उपेन्द्र महतो, रामबाबु साह, राजकुमार यादव, ललिता साह, नथुनी राय, बिगा बैठा, रामप्रिता महतो, नपुलफिशोर यादव, धर्मवीर आर्य, वृजेन्द्र चौधरी र दिनेश मेहता पनि सहभागी भएका थिए । अभियानको सांस्कृतिक टोलीमा कमल मण्डल, कृष्णदेव साह, नन्दीलाल यादव, इन्द्रदेव मण्डल, राम अवतार मण्डल, धनेश्वर खंग, महेश साह र सुनीता साहले नेतृत्व गरेका थिए ।

अभियानमा मधेशवासीको अभूतपूर्व साथ र समर्थन रह्यो । मधेश र पार्टीको उद्देश्य र पहिचान झल्काउने तुल र ब्यानरले सजिएका करिब ९० वटा गाडी यात्रा अवधिभर गुडेका थिए । करीब दुई सय अगुवा नेता/कार्यकर्ताको त्यो ऐतिहासिक यात्राले जिल्लापिच्छे स्वागत र सत्कार पायो ।

वसन्त ऋतुको चित्रमय वातावरणमा हामी विभिन्न जिल्लामा पुग्दा त्यसले छुट्टै उत्साहको सञ्चार गरेको थियो । सडक किनारमा हातहातमा पुष्पगुच्छा लिएर उभिएका पङ्क्तिवद्ध पार्टी कार्यकर्ता र जनताको न्यानो स्वागतले मधेशका मुद्दा स्थापित गरिछाड्ने हाम्रो उत्साहलाई अर्को क्षितिज प्रदान गर्‍यो ।

चैत २१ गते झापाको बिर्तामोडबाट सुरु भएको मेची-महाकाली मधेश स्वाभिमान यात्रा २०६७ साल वैशाख ९ गते कञ्चनपुरको बेलौरीमा आएर सम्पन्न भयो । स्वाभिमान यात्राका नारा सारा मधेशलाई गोलबद्ध हुने आह्वान गर्ने गरी बनाइएको थियो ।

*थारू हो या मुस्लीम, हम सभी मधेशी*

*एकता से ही हक मिलेगा, एकता से ही राज्य*

*एकता ही शक्ति का मन्त्र, टूटेंगे सारे षड्यन्त्र*

*समग्र मधेश, एक स्वायत्त प्रदेश !*

नाराहरू हिन्दी, नेपाली लगायत विभिन्न मातृभाषामा लगाइएको थियो । वालपेन्टिङ, पर्चा, पम्प्लेट एवं मिडिया मार्फत प्रचार तथा गीति एल्बमसमेत निकालिएको थियो ।

अभियानको पहिलो दिन मधेश स्वाभिमान यात्रा झापाकै राजगढमा पुगेर स्वाभिमान सभामा परिणत भयो । सभामा झापाका राजवंशी, सन्थाल, गंगाई, मेचे, कोचे, ताजपुरिया आदि समुदायले आ-आफ्नो भाँकी प्रदर्शन गरे । मौलिकता देखाए । मधेश रक्षा वाहिनीका युवायुवतीले स्वयंसेवकको भूमिका निर्वाह गरे । जिल्ला अध्यक्ष सूर्यनारायण गणेशको अध्यक्षतामा आमसभा भयो । 'मधेश के लिए सर्व स्वीकार्य संविधानका निर्माण यदि नही कियागया तो राज्य के विरुद्ध निर्णायक आन्दोलन करेंगे । इस स्वाभिमान यात्रा से उस निर्णायक महासंग्राम के लिए एक राजमार्ग बनानेका काम होगा,' मैले सभालाई सम्बोधन गर्दै भनें ।

मधेश स्वाभिमान यात्रा चैत २२ गते विराटनगर पुग्यो । त्यहाँको हाट खोलामा आयोजित सभामा पनि जनताको अपार सहभागिता देखियो । चित्रबहादुर केसी लगायतका केही दलका नेताले 'सङ्घीयताले देश टुक्रिन्छ' भन्ने हौवा खडा गरेका थिए । मोरङ जिल्लाका अध्यक्ष शंकर शाहले सभाको अध्यक्षता गरेका थिए । 'सङ्घीयता से देश टुटेगा नही, और मजबुत होगा । आजभी नेपाल मे संघीय शासन के विरोध मे साजिश हो रही है । हमे स्वायत्त मर्धेश चाहिए । हमे कमजोर नही मजबुत मधेश चाहिए,' मैले सभामा भनें ।

विराटनगरबाट इनरुवातिर लाग्दा हामीलाई हातमा पुष्पगुच्छा लिएर सडकमा उभिएका सयौं नागरिकले दुहवीमा स्वागत गरेका थिए । करिब अढाई सय वटा 'वसन्ती रिक्सा' र

एक सय जिपको साथमा हाम्रो यात्रा अघि बढेको थियो । सुनसरी जिल्ला अध्यक्ष चन्देश्वर चौधरीले सभाको अध्यक्षता गरे । 'नेपाल सरकार और संयुक्त लोकतान्त्रिक मधेशी मोर्चाबीच हुए सुम्झौतों का अक्षरशः पालना यदि सरकार नहीं कि तो फिर से मधेश में महासंग्राम होगा और उस महासंग्रामकी जिम्मेवारी सरकारको लेना पडेगा,' मैले त्यहाँ भनैं ।

त्यहाँबाट हामी सप्तरीतिर लाग्यौं । सप्तरीको प्रवेशद्वार कोशी ब्यारेजमा गाउँ–गाउँबाट आएका जनताले हाम्रो स्वागत गरे । त्यसपछि हाम्रो यात्रा राजविराज रंगशालामा पुग्यो । म र पार्टीका नेताहरूले स्व. गजेन्द्रनारायण सिंहको समाधीस्थलमा गएर श्रद्धाञ्जली अर्पण गर्यौं । सप्तरी जिल्लाका कार्यवाहक अध्यक्ष सुनीलकुमार झाले त्यहाँको सभाको नायकत्व निर्वाह गरेका थिए ।

'सद्भावना पार्टी के संस्थापक अध्यक्ष स्व. गजेन्द्रनारायण सिंह का सपना अभिभी अधुरा है, उसे पुरा करना होगा । गजेन्द्र बाबुका जलाया हुआ दीप आजभी जलाते रखने की जरुरत है । सङ्घीयता से देश नहीं टुटेगा, अगर सङ्घीयता नहीं हुआ तो देश टुट भी सकता है,' गजेन्द्रबाबुलाई सम्झँदै मैले भनैं ।

पहिलो मधेश विद्रोहका क्रममा लहानमा शहीद भएका रमेशकुमार महतोलगायतका शहीदहरूको प्रतिमामा माल्यार्पण गर्दा चैत २५ गते म भावुक भएको थिएँ । 'मैं आज प्रण लेताहुँ कि मधेशी वीर सपुतों के सपनों को साकार करके रहेंगे । स्वायत्त मधेश प्रदेश की स्थापना करवाना ही मधेशी सपुतों के प्रति असली श्रद्धाञ्जली होगी,' मैले त्यहाँ शहीदहरूको प्रतीमामा साक्षी राखेर यति भनैं ।

त्यसपछि हाम्रो यात्रा बाजागाजा र झाँकीका साथ सिरहाको सूर्यनारायण मरवैता क्याम्पसमा पुग्यो । सिरहा जिल्ला अध्यक्ष शैलेन्द्र ठाकुरले त्यहाँ सभाको अध्यक्षता गरे । सभामा मैले मधेशका लागि शहीद भएका वीर सपुतहरूको बलिदानीको मूल्य खोज्ने बेला आएको उद्घोष गरैं ।

मधेश स्वाभिमान यात्रा जनकपुर पुग्यो । बिहान जनकपुरको गोपाल मण्डलीनेर हाम्रो यात्रा पुग्दा फोरमका कार्यकर्ताले गैरराजनीतिक व्यवहार प्रदर्शन गरे । उनीहरूले यात्रामा सहभागी गाडीहरूमा तोडफोड गर्न थाले । त्यसपछि पार्टी कार्यकर्ता र जनकपुरवासी आक्रोशित भए । उनीहरूले हाम्रो यात्राको सुरक्षा गर्दै हामीलाई अघि बढाए । 'यदि फोरम सच्चा मधेशवादी दल हुन्थ्यो भने मधेशवादीकै कार्यक्रममा आक्रमण गर्दैनथ्यो । यो केवल मधेशीलाई एकआपसमा लडाउन चाहन्छ,' जनकपुरवासीले हामीले ढाडस दिँदै भने ।

धनुषा जिल्लाका कार्यवाहक अध्यक्ष सञ्जयकुमार सिंहले सभाको अध्यक्षता गरेका थिए । 'माता जानकी की पवित्र नगरी में मधेशवाद को स्थापित करने का कार्य प्रारम्भ हुआ है । अतः इसे बचाने के लिए सच्चा मधेशवादी पार्टी की जरुरत है,' त्यहाँ मैले भनैं ।

हामी यात्राको क्रममा महोत्तरीको जलेश्वर पुग्यौं । जिल्ला अध्यक्ष सुनील रोहितले त्यहाँ सभाको अगुवाइ गरेका थिए । चैत २८ गते सर्लाही प्रवेश गर्दा जता ततै हाम्रो स्वागतमा

फूलमाला लिएर बसेका जनताको भीड देखिन्थ्यो । मलंगवा नगर परिक्रमाका क्रममा अनगिन्ती टायर गाडा र विभिन्न सांस्कृतिक भाँकीहरू पनि पार्टीको झन्डासहित सहभागी भएका थिए । सभास्थल तीनबिगाहा मज्यमा पुग्दा पचासौं हजारको मानव सागर उर्लेको थियो । सर्लाही जिल्ला अध्यक्ष कौशलकिशोर राय यादवकले सभा नायकको भूमिकमा निर्वाह गरेका थिए ।

'मधेशको टुकडा-टुकडा करके फिर से उत्पीडन जारी रखने का प्रयास शासक वर्गद्वारा किया जा रहा है । सद्भावना इसका कडा प्रतिवाद करती है,' मैले त्यहाँ उद्घोष गरें ।

हामी चैत २९ गते रौतहटको गौर पुग्यौं । त्यहाँ पनि हाम्रो भव्य स्वागत भयो । जिल्ला अध्यक्ष मोहम्मद शेख इलियासको अध्यक्षतामा सभा सम्पन्न भयो । गौरबाट हामी बाराको कलैयातिर लाग्यौं । बारा जिल्ला अध्यक्ष प्रकाश चौगाईं र पार्टीका महासचिव एवं वाणिज्य एवं आपूर्ति राज्यमन्त्री सरोज यादव सयौं सवारी साधनका साथ हजारौं बाराबासी जम्मा गरेर हाम्रो स्वागतका लागि तयार थिए ।

चैत ३१ गते बाराको सदरमुकाम कलैयामा पत्रकार सम्मेलन गरी जागरण यात्रा पर्साको वीरगञ्जतर्फ लाग्यो । वीरगञ्जको गण्डक चोक पुग्दा पार्टीका सहअध्यक्ष एवं मन्त्री लक्ष्मणलाल कर्ण र पर्सा जिल्ला अध्यक्ष नेजामुद्दिन समानी लगायतका नेताकार्यकर्ता स्वागतार्थ उपस्थित थिए ।

२०६६ वैशाख १ गते मकवानपुरको हेटौंडास्थित जिविस सभाहलमा स्वाभिमान सभा सम्पन्न गरी हामी चितवनको खैरहनी पुग्यौं । त्यहाँ मैले थारू समुदायको बहुलता भएको चितवनका थरूहट गाउँहरूलाई पहाडसँग गाँसेर प्रदेश बनाउने प्रपञ्च भइरहेकाप्रति सजग गराएँ । चितवन जिल्ला अध्यक्ष सुनैना दहीतको अध्यक्षतामा सभा आयोजना गरिएको थियो । 'चितवन के थारुयों का शोषण जारी रखने के लिएयहाँ के थरूहट इलाका को भी पहाडी प्रदेश मे रखने के प्रस्ताव में सद्भावना पार्टी असहमति करते हुए इसका घनघोर विरोध जताया है । थरूहट क्षेत्रको मधेश प्रदेश मे ही रखना चाहिए,' मैले त्यहाँ भनें ।

वैशाख २ गते खैरहनीबाट नवलपरासीको परासीतर्फ लाग्यौं । पार्टीका जिल्ला उपाध्यक्ष माधवराज चौधरीको सभापतित्वमा त्यहाँ पनि भव्य स्वभिमान सभा भयो । वैशाख ३ गते स्वाभिमान यात्रा रूपन्देहीको भैरहवा पुग्यो । चिनी मिलको मैदानमा आयोजित सभामा खास गरी मधेशका मुस्लिम र थारूबीच फाटो ल्याएर शासन गर्न खोज्नेको षड्यन्त्रप्रति सजग रहन सबैलाई आग्रह गरें । रूपन्देही जिल्ला अध्यक्ष केशवराम त्रिपाठीको त्यहाँका सभा नायक थिए ।

वैशाख ४ गते कपिलवस्तुको तौलिहवा पुग्यौं । त्यहाँ पनि भव्य स्वागत-सत्कार भयो । बुद्धरत्न मावीको चउरमा आयोजित सभामा मैले मधेश र मधेशवासीको माग पूरा गराउन आवश्यक परेमा सरकार छाडेर मैदानमा आउने प्रतिवद्धता व्यक्त गरें । जिल्ला अध्यक्ष कुञ्जविहारी चौधरीले सभाको अध्यक्षता गरेका थिए । 'सद्भावना पार्टी सरकार की गुलाम

नही है । बल्की सरकार को भी आन्दोलन का एक मोर्चा के रूप में लिया है । जव यह सरकार मधेशकी बात करनी छोड देगी तो सद्भावना भी इस सरकार को छोड् देगी,' मैले त्यहाँ प्रतिवद्धता व्यक्त गरेँ ।

वैशाख ५ गते जङ्गलै-जङ्गलको बाटो छिचोल्दै दाङको गढवा पुग्यौं । जिल्ला अध्यक्ष विष्णुप्रसाद यादवको अध्यक्षतामा त्यहाँ पनि भव्य सभाको आयोजना भयो । विगतमा दाङ जिल्लामा सङ्गठन नरहे पनि स्वाभिमान यात्राकै सन्दर्भमा पार्टीका युवा नेता सन्तोष मेहतालाई एक महिनाअगाडि त्यहाँ खटाएका थियौं । परिणाम स्वरूप यात्राको दिन हजारौँको सहभागिता भयो । मधेश र मधेशीमाथि हुन लागेका षड्यन्त्रबाट सबैलाई चनाखो रहन आग्रह गरेँ । थप अधिकारको खोजीमा लाग्न दबाब दिएँ ।

नेपालगञ्ज अर्थात् मधेश आन्दोलनको अग्रणी भूमि । अन्तरिम संविधानमा सङ्घीयता नराखिएपछि हामीले आह्वान गरेको आन्दोलन (मधेश बन्द) का क्रममा २०६३ साल पुस ११ गते शासकको दमनबाट कमल गिरी शहीद भएका थिए । त्यही भूमिमा वैशाख ६ गते पुगेर मैले मधेश विद्रोहको बीउ नेपालगञ्जले नै रोपेको बताएँ । पार्टीका जिल्ला अध्यक्ष लक्ष्मीनारायण बर्माले विशाल सभाको अध्यक्षता गरे ।

त्यसपछि हामी बर्दिया पुग्यौं । त्यहाँ पनि ब्यान्ड बाजासहित नागरिकहरू हाम्रो स्वागतार्थ उपस्थित थिए । वैशाख ७ गते बर्दियाको गुलरियामा जिल्ला अध्यक्ष कुलानन्द कर्णको अध्यक्षतामा सभा भएको थियो । 'कोइ भी ताकत अब मधेशी के अधिकार को छिन नही सकता । मधेशी अब जाग उठा है । मधेश के बच्चे अब गुलाम नही बल्की स्वाभिमानी बनकर जीना चाहता है,' त्यहाँ मैले भनेँ । वैशाख ८ गते हामी कैलालीको धनगढीमा गयौं । त्यहाँ डगौरा थारू र रानाथारूको मौलिक वेशभूष एवं नाचगानका साथ हाम्रो स्वागत भयो । जिल्ला अध्यक्ष भूपलाल चौधरीले त्यहाँको सभाको अध्यक्षता गरेका थिए ।

'पहाडी शासकों ने थारुओं का जमीन छिनकर कमैया, कमलरी एवं हरुवा-चरुवा बनाया । थारुवान के नाम पर थारुको मधेशीयों से अलग कर थरूहटको पहाडी जिल्ला में भी मिलाकर पहाडी शासकों ने थारुओं पर अब भी शासन करने का दुस्साहस कर रहा है । इसे हमे रोकना होगा,' त्यहाँ मैले भनेँ ।

वैशाख ९ गते मेची-महाकाली मधेश स्वाभिमान यात्राको अन्तिम दिन थियो । बिहान धनगढीमा पत्रकार सम्मेलनपछि हामी कञ्चनपुरको बेलौरीतर्फ प्रस्थान गर्यौं । यात्रा सफल भएकोमा मुलुकभरबाट आएका नेता कार्यकर्ता हर्षित देखिन्थे । जिल्ला अध्यक्ष लक्ष्मीराम रानाथारूको अध्यक्षतामा त्यहाँ सभा आयोजना भएको थियो । सभामा गैले मधेश स्वाभिमान यात्राबाट मधेशको अधिकारका लागि लड्न निर्णायक एवं अन्तिम महासंग्रामको राजमार्ग तयार भएको उद्घोष गरेँ । यसरी नेता-कार्यकर्ताहरूको अहोरात्रको परिश्रमबाट मेची-महाकाली मधेश स्वाभिमान यात्रा पूर्ण रूपमा सफल रह्यो ।

'सङ्घीयताबाट देश विभाजन हुँदैन, मधेश प्रदेश दिँदैमा देश विभाजन हुँदैन, बरु सङ्घीयता भएन र मधेश प्रदेश दिइएन भने देश टुक्रिन पनि सक्छ' मेरा यी अभिव्यक्ति सञ्चार माध्यममा प्रकाशित र प्रसारित भए । नश्लवादीहरूलाई निहुँ चाहिएको थियो । राजेन्द्र महतोले देश टुक्राउने अभिव्यक्ति दियो भनेर संसद्मा कारबाहीको माग राखे ।

स्वाभिमान यात्रामा मैले देश जोड्ने कुरा गरेको थिएँ । भावनात्मक रूपमा छिन्नभिन्न रहेको देशलाई संविधानले जोड्नुपर्ने अभिव्यक्तिलाई नश्लीय शासन-सत्ताका उत्तराधिकारीहरूले बुझेनन् । 'मन्त्री भएर देश टुक्राउने कुरा गरेको' भनेर धेरैले ममाथि आक्रोश पनि पोखे । तर त्यति नभनी राज्यमा हाम्रो माग सम्बोधन हुने वातावरण नै बन्दैन थियो । संसद्मा मेरो अभिव्यक्तिमाथि आवाज उठेपछि प्रधानमन्त्री माधवकुमार नेपालले मलाई फोन गरे । 'सङ्घीयता र मधेश प्रदेश हुँदा देश टुक्रिने होइन । बरु भएन भने देश टुक्रिन सक्छ भनेको हुँ र त्यो सत्य पनि हो,' मैले नेपाललाई भनेँ ।

मधेश स्वाभिमान यात्रा सकेर म काठमाडौं फर्किएँ । वैशाख १४ गते काठमाडौंमा पत्रकार सम्मेलन गर्यौं । त्यसमा मैले मधेशमा थारू र मुस्लिमलाई फुटाउने षड्यन्त्र अब सफल नहुने बताए । मधेशी र थारूलाई एक गरेर एउटै 'मधेश-थरूहट प्रदेश' को वातावरण बनाउने प्रयास भइरहेको बताए ।

# पदयात्रा, पक्राउ र प्रदर्शन

मेची महाकाली मधेश स्वाभिमान यात्राले मधेशका मुद्दामाथि शासक वर्गले घोखाधडी गर्दैछन् भनेर जागरण पैदा गरेको थियो । नागरिक तहसम्म त्यो सन्देश प्रवाह गरेको थियो ।

तर मुद्दा संस्थागत गर्नका लागि त्यति दबाबले मात्रै पुग्दैनथ्यो । संविधान सभाभित्र भइरहेका षड्यन्त्रबारे आम नागरिकलाई सुसूचित गराउन घरघर जानुपर्ने खाँचो औंल्यायौं । हामी मधेशको मुद्दाप्रति निकै संवेदनशील थियौं । ती मुद्दाहरूलाई निष्कर्षमा पुर्‍याउन नागरिक तहबाट पनि खबरदारीको आवश्यकता थियो । त्यसका लागि हामी घरआँगनको तहसम्म जाने निधो गरेका थियौं । यसले पनि हाम्रो संवेदनशीलतालाई उजागर गर्छ । मधेशका अरू शक्ति बलेको आगो ताप्न आएका थिए । उनीहरू सिंहदरबारको तावेदारीकै ध्याउन्मा थिए ।

मधेशको मुक्तिको सपना सजाएर अत्यन्त प्रतिकूल परिस्थितिबाट यहाँसम्म आइपुगेका हुनाले मुद्दाप्रति उदासीन हुन हामीलाई पटक्कै छुट थिएन । आन्दोलनको दौरान बगेको शहीदहरूको रगतले पनि हामीलाई एकैछिन पनि मुद्दाबाट विश्राम लिन दिँदैनथ्यो । त्यसैले त हामी शासकका हरेक षड्यन्त्रप्रति सचेत थियौं । संविधानमा सभामा आवाज बलशाली तुल्याउन एकता अनिवार्य शर्त थियो । नेताहरूबीच अनेक स्वार्थ, इगोका कारण संविधान सभाभित्र देखिनुपर्ने एकता अनेकतामा विभक्त भइरहेको थियो । मधेशी जनताबीचको एकताकै लागि हामीले मधेश स्वाभिमान यात्रा छिचोलेका थियौं । यसलगत्तै प्रत्येक जिल्लामा निर्वाचन क्षेत्रस्तरीय जनजागरणको निम्ति पदयात्रा थाल्यौं ।

२०६७ जेष्ठ ७ गतेदेखि १५ गतेसम्म प्रत्येक निर्वाचन क्षेत्रमा सप्ताहव्यापी 'पदयात्रा' गरिएको थियो । उक्त पदयात्रामा पार्टीका तत्तत् निर्वाचन क्षेत्रका केन्द्रीय सदस्य, जिल्ला तथा स्थानीय नेताहरूले क्षेत्रको एउटा कुनाबाट अर्को कुनासम्म निरन्तर 'पदयात्रा' गरेका थिए । संविधान सभामा पार्टीले खेलेको भूमिका र सम्भावित षड्यन्त्रविरुद्ध पर्चा, पम्पलेटिङ, बाजागाजा, झन्डा ब्यानरसहित नेता कार्यकर्ताहरू पदयात्रामा सरिक भएका थिए ।

२०६५ साल माघ १९ गते पत्रकार ऋषि धमला, वीरेन्द्र केएम र रामशुभक महतोलाई राज्यबिरुद्धको अपराध गरेको आरोपमा प्रहरीले पक्राउ गर्‍यो । तिनताका प्रचण्डजी प्रधानमन्त्री थिए । यस प्रकरणमा पक्राउ परेका वीरेन्द्र केएम हाम्रो पार्टीनिकट विद्यार्थी मञ्चका केन्द्रीय अध्यक्ष सन्तोष मेहताको गृह जिल्लाकै भएकाले रिहाइको अपील मसम्म पनि आइपुगेको थियो । केएम निर्दोष रहेकाले उनलाई रिहा गर्नुपर्ने मेहताको अनुरोध थियो ।

विद्यार्थी मञ्चको तर्फबाट देशव्यापी प्रदर्शन र सुनसरी जिल्ला बन्द समेत गरियो । हाम्रो व्यापक दबाबपछि छानबिन समिति गठन भयो । छानबिन समितिले पक्राउ गरिएका पत्रकारहरू निर्दोष रहेको, राजनीतिक पूर्वाग्रहले फसाइएको प्रतिवेदन सार्वजनिक गरेपछि प्रधानमन्त्री, गृहमन्त्रीलगायत मन्त्रिपरिषद्मा समेत थुनामा रहेका पत्रकारको रिहाइको आवाज उठाएँ ।

तर एउटै मुद्दामा धमलालाई रिहा गरियो । बाँकी दुई जना मधेशी पत्रकार वीरेन्द्र र रामशुभकलाई थुनामुक्त भएनन् । देखादेखी यहाँ पनि मधेशीमाथि विभेद भयो । 'यो पत्रकारहरूको रिहाइमा पनि किन विभेद गर्नुभएको?,' मैले गृहमन्त्री वामदेव गौतमलाई सोधें । 'अदालतबाट यस्तो निर्णय आएको हो, हामी बाँकी दुई जनाको पनि मुद्दा फिर्ता लिन्छौं,' उनले जवाफ दिए । तर बीचमै सरकार परिवर्तन भयो । एमाले नेता माधव नेपालजीको सरकार बनेपछि मन्त्रिपरिषद्मा फेरि आवाज उठाएँ । माधव सरकारले सबै पत्रकारको मुद्दा फिर्ता लिएपछि वीरेन्द्र केएम र रामशुभक महतो पनि रिहा भए ।

देश र जनतालाई सदा खबरदारी गरेकै आधारमा पूर्वाग्रह साँधेर पत्रकार नै थुनामा पर्नु दुःखद् विषय थियो । उनीहरू निर्दोष रहेको प्रतिवेदन प्राप्त भएपछि मैले सत्यतथ्य बुझेर नै हामीले रिहाइको आग्रह गरेका थियौं । यसैबीच सर्वोच्च अदालतले नागरिकता र मतदाता नामावलीसम्बन्धी मधेश विरोधी फैसला गर्‍यो । २०६७ मंसिर १७ गते पार्टीको बैठक आह्वान गर्‍यौं । सर्वोच्चले मतदाता परिचयपत्रको बनाउन नागरिकताको प्रमाणपत्र अनिवार्य रूपमा चाहिने आदेश दिएको थियो । जसले गर्दा पहिले मतदाता रहेकाहरू उक्त निर्णयपछि मतदाता नरहने अवस्था सृजना हुन पुगेको थियो । यसविरुद्ध पुस २ गते काठमाडौंलगायत देशैभरि सर्वोच्च अदालतको आदेशको प्रतिलिपि जलाउने निर्णय भएको थियो ।

पुस २ गते सर्वोच्च अदालतको आदेश जलायौं । प्रहरी प्रशासनले व्यापक धरपकड गर्‍यो । देशैभरिबाट पार्टीका नेता कार्यकर्ता गिरफ्तार भए । केही दिन हिरासतमा बसेपछि उनीहरू मुक्त भएका थिए ।

# महाधिवेशन, सुझाव र दबाब

२०६९ वैशाख १९ गते जानकीधाम जनकपुरमा अनिष्ट भयो । मिथिला राज्यको माग गर्दै धर्ना भइरहेकै ठाउँमा बम विष्फोट भयो । पाँच जनाको मृत्यु भयो । बम विष्फोटको विरोधमा मिथिला राज्य संघर्ष समितिले अनिश्चितकालीन बन्दको आह्वान गर्‍यो ।

हामीले त्यही बेला जनकपुरमा पाँचौं महाधिवेशन आयोजना गरेका थियौं । हामीले २०६९ वैशाख २२ गतेदेखि २४ गतेसम्म महाधिवेशन गर्ने मिति तय गरेका थियौं । जनकपुर शोकको आहालमा चुर्लम्म डुब्न पुग्यो । महाधिवेशनको सम्पूर्ण तयारी पूरा भएर प्रतिनिधिसमेत जनकपुर भित्रिइसकेकाले महाधिवेशन रोक्ने अवस्था थिएन । शोकको घडीमा तामझामले महाधिवेशन गर्ने अवस्था पनि थिएन । तसर्थ हामीले सामान्य तरिकाले उद्घाटन गर्ने र बन्दसत्रमा लैजाने निर्णय गर्‍यौं ।

'जनकपुरमा भएको बम विष्फोटनमा पाँचजनाले शहादत प्राप्त गरेको शोकको घडीमा महाधिवेशन गर्नु परेको छ । हामी प्रचार–प्रसारमा संयमता अपनाउँछौं । नगर क्षेत्रमा कुनै प्रकारको हर्षोल्लास, नाचगान तथा तामझाम गरिने छैन,' मैले पत्रकार सम्मेलनमा भनें ।

मैले संघर्ष समितिका साथीहरूलाई महाधिवेशन अवधिभरका लागि बन्दकी कार्यक्रम फिर्ता लिन आग्रह गरें । शोकमा हामी पनि थियौं । महाधिवेशनका लागि सहभागीहरू आउन कठिनाइ हुने भएकाले मैले त्यत्ति आह्वान गरेको थिएँ । सङ्घर्ष समितिले त्यसलाई स्वीकार गर्‍यो । वैशाख २२ गते एक दिनका लागि उनीहरूले बन्दको कार्यक्रम स्थगित गरे । तर सशस्त्र सङ्घर्ष गरिरहेको जनतान्त्रिक तराई मुक्ति मोर्चा (राजनमुक्ति समूह)ले महाधिवेशनको विरोध गर्दै बन्द आह्वान गर्‍यो ।

सारा अवरोध चिर्दै मेचीदेखि महाकालीबाट प्रतिनिधि-पर्यवेक्षक र स्वयंसेवकहरू महाधिवेशन स्थलमा आइपुगेका थिए । त्यस महाधिवेशनमा मधेशका २२ र पहाडका २५ जिल्लाका गरी कूल एक हजार ३ सय २१ जना प्रतिनिधि थिए । जनकपुरको तिरहुतिया गाछीको मैदानमा उद्घाटन सत्रको आयोजना गरिएको थियो । 'हिमाल पहाड र मधेश के जनता के बीच आपसी सद्भाव तथा देश में एकता की आवश्यकता है,' महाधिवेशन उद्घाटन गर्दै मैले भनें ।

महाधिवेशनमा मित्रराष्ट्र भारतका थुप्रै पाहुनाहरू सहभागी भएका थिए । भारतीय जनता पार्टीका विदेश विभाग प्रमुख विजय जोलीले नेपालमा जारी शान्ति प्रक्रिया र संविधान निर्माण प्रक्रिया समयमै निष्कर्षमा पुगोस् भनेर शुभकामना दिए । महाधिवेशनले पूर्व सभ्यतामा

आधारित रहेर 'लोकतान्त्रिक समतावाद' को सिद्धान्त तयार पारेको थियो । घोषणापत्रमा हामीले सद्भावना पार्टी आन्दोलन विकास हुनुपूर्वदेखिका सङ्गठित, असङ्गठित सबै प्रकारका सङ्घर्ष प्रस्तुत गरेका थियौं । लोकतान्त्रिक समतावादका बारेमा विस्तृत अवधारणा पनि प्रस्तुत गरेका थियौं । मुलुक नूतन संविधान निर्माणको चरणमा थियो । देशमा विद्यमान सबै प्रकारका विभेदका दुष्चक्रलाई तोडेर समतामूलक समाजको जग बसाउनुपर्ने थियो । पार्टीको राजनीतिक दस्तावेजले आन्दोलनको नयाँ क्षितिज देखाओस् भनेर हामीले पार्टीका सहअध्यक्ष लक्ष्मणलाल कर्ण र पार्टी प्रवक्ता सन्तोष मेहतालाई उत्कृष्ट दस्तावेज र घोषणा पत्र लेख्ने अभिभारा दिएका थियौं ।

यहाँनिर लोकतान्त्रिक समतावाद भनेको के हो भनेर पनि प्रश्न उठ्न सक्छ । लोकतान्त्रिक समतावादको राजनीतिक अवधारणाबारे पनि चासो प्रकट हुनसक्छ । लोकतान्त्रिक समतावाद लोकतन्त्रकै उच्चतम रूप हो । जहाँ एउटा व्यक्तिको स्वतन्त्रता, बाँच्न पाउने अधिकार अर्को कुनै व्यक्तिभन्दा उच्च वा निम्न कोटीको हुन सक्दैन भन्ने अवधारणा नै लोकतान्त्रिक समतावादको कार्यरूप हो । अर्थात् सबै प्रकारका निर्णयहरू गर्दा तिनबाट प्रभावित हुन जाने प्रत्येक नागरिकका लाभ र हितका विषयहरूमा राज्यले समान सोच विचार पुर्‍याउनै पर्ने मान्यतामा आधारित सिद्धान्त थियो त्यो ।

महाधिवेशनमा हामीले दस्तावेजमार्फत् राष्ट्रवाद, समतावाद र संघवादका विषयमा पार्टीको धारणा प्रस्तुत गरेका थियौं । 'हाम्रो राष्ट्रवाद पुनः परिभाषित हुनुपर्छ । यसको आधार इतिहासको पुनः व्याख्याको नीति, नेपालको भावनात्मक एकीकरणको नीति, राष्ट्रिय गौरवको निर्माण नीति, अन्तर्राष्ट्रिय सम्बन्ध एव छिमेकीहरूसँगको विशेष सम्बन्ध, वैदेशिक सम्बन्ध एव अन्तर्राष्ट्रिय संगठन, वैदेशिक रोजगार, भुटानी शरणार्थी तथा प्रवासी र गैरआवाशीय नेपाली बारेको नीतिमाथि हुनुपर्ने छ,' हामीले दस्तावेजमार्फत् भनेका थियौं ।

यसै दस्तावेजमा हामीले आन्तरिक औपनिवेशिकतालाई मधेशको मूल समस्याका रूपमा किटान गरेका थियौं । जुन आज पनि यथावत छ । ऐतिहासिक रूपमा पछि पारिएका दलित र मुस्लिमका क्षतिपूर्ति स्वरूप स्वायत्त क्षेत्रको व्यवस्था हुनुपर्ने, आत्मनिर्णयको अधिकारसहितको सङ्घीयताको परिकल्पना गर्दै विद्रोह गर्न पाउने अधिकारको निम्ति कुनै वैधानिक तरिकाले छुट्टिन पाउने अधिकार आवश्यक नरहेको पार्टीको धारणा अगाडि सारियो ।

सघीय संरचनाको स्वरूप त्यतिखेर निकै चर्चाको विषय हुनाले हरेक पार्टीहरू आ-आफ्ना धारणा प्रस्तुत गरिरहेका थिए । सद्भावना पार्टीले सङ्घीयताको नीति एव आधार अनुरूप देशको राज्यसंरचना तीन तह (केन्द्र, स्वायत्त प्रदेश र स्थानीय तह) हुनेछन् भनेको थियो । 'देशमा विद्यमान त्रि-राष्ट्रियताको विश्लेषण गर्दा दुई खालको प्रदेशहरूको मोडेल प्रस्ताव गर्न सकिन्छ । तीनवटै राष्ट्रियता भएको समुदायको निश्चित भूगोल पनि छ । अर्थात् मधेशवादको भूगोल महाभारत पहाडमुनिको मेचीमहाकाली क्षेत्रफल रहेको नेपालको २२ देखि २४ जिल्ला हो । आदिवासी जनजातीवादको भूगोल सुदूरपश्चिमका पहाड बाहेकको नेपालका सम्पूर्ण

पहाड र हिमालहरू हो । खस बाहुनवादको भूगोल सुदूरपश्चिम भेगका पहाड रहेका छन् । यी ठाउँहरूमा यिनीहरूको घना बसोबास रहेको छ । यस हिसाबले नेपालमा तीनवटा प्रदेशहरू (१) मधेश प्रदेश वा मधेश-थरूहट प्रदेश, (२) सेतामगुराली वा जनजातिप्रदेश, (३) खसाङ्गप्रदेश हुन सक्छन् । अर्को महत्त्वपूर्ण कुरा के हो भने मधेशवाद भूगोलबाट जन्मेको राष्ट्रियता भएको हुनाले मधेशले समग्र मधेश एक प्रदेश भनिरहेको छ । त्यसैगरी जनजातिवाद जातीय उत्पीडनबाट जन्मिएकोले भूगोलभन्दा पनि जातीय राज्यप्रति यिनको बढी झुकाव रहेको छ । खस बाहुनवाद राज्यको संरक्षणमा पैदा भएकोले यी दुवै प्रकार एव आधारको विरोध गर्दछ । यस हिसाबले नेपालमा (१) मधेश वा मधेश-थरूहट प्रदेश, (२) लिम्बुवान, (३) खम्बु-किराँत, (४) ताम्सालिङ, (५) तमुवान, (६) मगरात, (७) खसान र (८) नेवा प्रदेश हुन सक्छन् । जनजातिवाद राष्ट्रियता भएका सन्निकट जनजातिहरू एउटै प्रदेशमा बस्न स्वीकार गरे कम प्रदेश बनाउन सकिन्छ । यी प्रदेशहरूबीच सांस्कृतिक स्वायत्त वा संरक्षित क्षेत्रहरू हुन सक्नेछ ।'

हामीले यसरी आफ्नो मान्यता अघि सारेका थियौं । जुन मनोगत नभइ नेपालको धरातलीय यथार्थमा आधारित थियो ।

# मधेशलाई ५ टुक्रा

आन्दोलनका उपलब्धिको रक्षाका लागि पनि संविधान बनाउनैपर्ने बाध्यता थियो । विभिन्न उतारचढावसहित राजनीति अघि बढ्दै थियो । २०६९ जेठ १४ गते मध्यराति संविधान सभाको म्याद सकिँदै थियो । संविधान सभाभित्र पहिचानसहितको सङ्घीयता र सङ्घीयतासहितको संविधान बनाउने दबाब दिन करिव ४ सय १७ जना सभासदले हस्ताक्षर गरिसकेका थिए ।

हामीले संवैधानिक विवाद समाधान समितिका संयोजक प्रचण्डजीलाई त्यो हस्ताक्षर बुझायौं । २०६९ जेठ २ गते एकीकृत नेकपा माओवादी, काङ्ग्रेस, एमाले र संयुक्त लोकतान्त्रिक मधेशी मोर्चाको संयुक्त बैठक बस्यो । बैठकमा काङ्ग्रेसले अचानक ११ प्रदेशको प्रस्ताव ल्यायो । त्यो प्रस्तावमा मधेशलाई पाँच प्रदेशमा विभक्त गरिएको थियो । पहाडका कुनै प्रदेशमा पनि जनजातिको शासन र पहिचान नहुने गरी खाका कोरिएको थियो ।

काङ्ग्रेसको प्रस्तावप्रति एमाले र एमाओवादीको पनि सहमति थियो । मोर्चाका तर्फबाट महन्थजी र विजयजीको पनि समर्थन थियो भनियो । काङ्ग्रेसको खाकामा मधेशका झापा, मोरङ र सुनसरीलाई छुट्टै प्रदेश बनाइएको थियो । सप्तरीदेखि वीरगञ्जसम्म एउटा प्रदेश बनाइएको थियो । चितवनलाई नारायणीमा मिलाइएको थियो । नवलपरासीदेखि बाँके बर्दियासम्मलाई थरूहट अनि कैलाली, कञ्चनपुरलगायतका जिल्लालाई अखण्ड सुदुरपश्चिम बनाएर अर्को पहाडी प्रदेशमा मिलाई मधेशलाई पाँच टुक्रा बनाउने प्रस्तावको विरोधमा मधेशका युवा, विद्यार्थी, बुद्धिजीवीहरूले काठमाडौँमा मोर्चाका अध्यक्षहरूको पुत्ला जलाए ।

म आकाशबाट खसेभैँ भएँ । मधेशलाई पाँच प्रदेशमा बाँड्ने अधिकार कसैलाई थिएन । आन्दोलनको मर्म र भावना त्यो हुँदै होइन । विजयजी लगायतका साथीहरूले मिडियाले उल्टोपाल्टो लेख्यो भनेर उम्कने बाटो खोजे । उनीहरूले जे भने पनि मधेश र मधेशीलाई टुक्राउने खेलको प्रतिवाद नगरेकाले उनीहरूको पनि त्यसमा समर्थन थियो भनेर बुझ्नु अन्यथा थिएन ।

भोलिपल्ट बालुवाटारमा एमाओवादी र मोर्चाको बैठक भयो । म दलहरूसँग कुरा नमिलेमा सांसद पद त्याग्ने र आन्दोलनमा जाने मुड बनाएर खल्तीमै राजीनामा बोकेर गएको थिएँ । 'मधेशी मोर्चाका नेताहरूले मधेशलाई पाँच प्रदेशमा बाँड्ने प्रस्ताव मानेकै छैनन् । त्यतिकै मधेशलाई पाँच प्रदेशमा बाँडिदिने ? यो कुनै हालतमा पनि मान्य हुँदैन । हामी सरकारमा पनि बस्दैनौं,' मैले अलि ठूलै स्वरमा भनेँ ।

'मधेशी मोर्चाका विजयजी र महन्थजीले कुनै हालतमा मान्दैनौं भन्नुभएन । त्यसैले मैले मानेको हुँ । मधेशी मोर्चाका नेताले यो कुनै पनि हालतमा मान्दैनौं भनेको भए म पनि मान्ने थिइनँ,' प्रचण्डले दोहोरो कुरा गरे । नारायणकाजी श्रेष्ठ पनि त्यहीँ थिए । उनलाई पनि नमज्जा लागेको रहेछ ।

'मधेशी मोर्चाका नेताहरूका कारण आज फेरि प्रचण्डजी ब्याक हुनुपर्ने अवस्था आयो । प्रचण्डजीले ११ प्रदेश मानिसक्नु भएको हो, संविधान बन्ने अवस्थामा आइसकेको हो । अब फेरि मधेशी मोर्चा मान्दैन भनेर रोकिन खोज्नुहुँदैछ । फेरि एकपटक एमाओवादी बद्नाम हुने भयो । एमाओवादी जनताको नजरमा फेरि गिर्ने भयो । प्रचण्डजीको इज्जत कहाँ रह्यो ? प्रचण्डजीको बोलीको ठेगान रहेनछ भनेर जनतामा छाप पर्ने भयो । बैठकमै मधेशी मोर्चाका नेताहरूले मान्दैनौं भनेको भए हामी किन मान्थ्यौं ? हामीलाई समस्या भयो,' नारायणकाजीले पनि यसो भने ।

मधेशलाई पाँच टुक्रामा विभक्त गर्ने ११ प्रदेशको समझदारीबाट एमाओवादी पछि हट्यो । उता अखण्ड सुदूरपश्चिमको माग गर्दै पश्चिम ठप्प थियो । संविधान बन्ने माहोल अन्योलमा नै थियो । मधेशलाई पाँच टुक्रामा विभक्त गरेर एक थान संविधान जारी गर्न हामीले सङ्घर्ष गरेका थिएनौं । हामीले यो कुरा आफ्नै शैली र स्वभावमा राख्यौं ।

# महासभा

समयले अवसर एकपटक दिन्छ, घरीघरी दिँदैन । पहिलो संविधान सभा क्रान्तिकारीहरूले भरिएको थियो । जनयुद्धमार्फत् राजनीतिमा प्रविष्ट भएको एमाओवादी, मधेशी जनअधिकार फोरम, तराई मधेश लोकतान्त्रिक पार्टी र सद्भावना पार्टीले परिवर्तनका एजेन्डा वहन गर्न सक्थे । उनीहरूले नेतृत्व गर्दा क्रान्तिकारी संविधान बन्न सक्थ्यो । मधेशका मुद्दाहरू सम्बोधन र संस्थागत गरेर जान सकिन्थ्यो ।

राजनीतिक दाउपेच र छिनाभ्फपटीले त्यो सम्भव भएन । पहिलो संविधान सभा विघटन भएपछि मुलुक एक प्रकारको अन्यौलको दिशातिर गयो । यसको निकासको जरुरत भयो । अन्यौलपूर्ण अवस्था चिर्न २०६९ असार २९ र ३० गते हामीले दुई दिवसीय महासभाको आयोजना गर्‍यौं । देशको समसामयिक राजनीतिक अवस्था र उत्पन्न अन्यौलपूर्ण परिस्थितिलाई 'ब्रेक थ्रु' दिन हामीले महासभा गरेका थियौं । महासभा मेरै अध्यक्षतामा बसेको थियो । देशका प्रायः सबैजसो राजनीतिक दलका प्रतिनिधि, सरकारसँग वार्तामा आइसकेका सशस्त्र संघर्षमा लागेका तराईका संगठनका प्रतिनिधि, वरिष्ठ बुद्धिजीवी, लेखक, पत्रकार, अधिकारकर्मी, मधेशवादी संघ-संगठन, स्वतन्त्र राजनीतिज्ञ, नागरिक समाज र अन्य विद्वत् वर्गको त्यहाँ उपस्थिति थियो ।

महासभामा देशले भोगिरहेको समस्या र त्यसको समाधानका लागि पार्टीको तर्फबाट मैले एउटा अवधारणा पत्र प्रस्तुत गरें । यसमा हाम्रो सङ्घीयताप्रतिको धारणा, मधेश विद्रोह, संविधान सभा र संविधान, विभिन्न आयोग, समिति तथा तीनदलले सिफारिस तथा प्रचार गरेको सङ्घीयताको स्वरूप, आदि विषय अवधारणाको मुख्य अङ्ग थिए ।

छलफललाई उद्घाटन र बन्दसत्र गरी दुई चरणमा बाँडिएको थियो । दुवै चरणमा कसिलो बन्दै गइरहेको राजनीतिक गतिरोधको गाँठो फुकाउने उपायबारे विभिन्न दलका नेताहरूले आ-आफ्ना धारणा राखेका थिए । महासभामा सद्भावना पार्टीका राष्ट्रिय अध्यक्षको हैसियतले मैले आफ्नो अवधारणा प्रस्तुत गरेको थिएँ ।

नेता लक्ष्मणलाल कर्णले पनि आफ्नो राय प्रस्तुत गरेका थिए । एकीकृत नेकपा माओवादीका अध्यक्ष पुष्पकमल दहाल 'प्रचण्ड', राष्ट्रिय प्रजातन्त्र पार्टीका अध्यक्ष पशुपति शमशेर जबरा, नेपाल कम्युनिस्ट पार्टी (संयुक्त) का अध्यक्ष चन्द्रदेव जोशी पनि महासभामा सहभागी भएका थिए । उनीहरूले पनि आ-आफ्ना दलका तर्फबाट विचार-दृष्टिकोण प्रस्तुत गरे ।

नेकपा (एमाले) का उपाध्यक्ष अशोक राई, नेता राजेन्द्र श्रेष्ठ, नेकपा मालेका अध्यक्ष सीपी मैनाली, नेकपा माले समाजवादीका अध्यक्ष यदुवंश झा, चुरेभावर पार्टीका बद्री न्यौपाने, संयुक्त लिम्बुवान् संघर्ष समितिका पदम अधिकारी, राष्ट्रिय तामसालिङ पार्टीका अध्यक्ष परशुराम तामाङ, मधेशी जनअधिकार फोरम (गणतान्त्रिक) का नन्दनकुमार दत्त, तराई मधेश लोकतान्त्रिक पार्टीका उपाध्यक्ष वृषेशचद्र लाल, मधेशी जनअधिकार फोरम नेपालका सचिव एवं प्रवक्ता रत्नेश्वरलाल कायस्थ, तराई मधेश लोकतान्त्रिक पार्टी नेपालका महासचिव दानबहादुर चौधरी र मधेशी जनअधिकार फोरम लोकतान्त्रिकका महासचिव जितेन्द्र देवले पनि आफ्ना विचारहरू प्रस्तुत गरे ।

यस्तै संघीय सद्भावना पार्टीका नेता देवेन्द्र यादव, नेपाल आदिवासी जनजाति महासंघका अध्यक्ष राजकुमार लेखी, संयुक्त लोकतान्त्रिक थारू मोर्चाका संयोजक सुरेन्द्र चौधरी, नेपाल पत्रकार महासंघका सभापति शिव गाउँले, तत्कालीन उच्चस्तरीय राज्य पुनःसंरचना सुझाव आयोगका सदस्यहरू प्रा.डा. कृष्ण हाछेथू, सुरेन्द्रकुमार महतो, स्टेला तामाङ, मल्ल के सुन्दर, राजनीतिक विश्लेषक सिके लाल र साहित्यकार एवं लेखक खगेन्द्र संग्रौला आदिले पनि महत्त्वपूर्ण सुझाव प्रस्तुत गरे ।

बुद्धिजीवी डा. रघुनाथ न्यौपाने, अधिकारकर्मी दिपेन्द्र झा, मनोज वाचा, प्रोफेसर आनन्द आदित्य, नेपाल बार एसोसिएसनका उपाध्यक्ष, बुद्धिजीवी तुलानारायण साह, रवि ठाकुर, सिमा खान, विश्वदीप मिश्रा, विजय कर्ण, पत्रकार चन्द्रकिशोर झा, दलित अधिकारकर्मी बलराम ऋषिदेव, मुस्लिम अधिकारकर्मी नजरुल हुसेन फलाही, सरकारसँग वार्तामा रहेका भूमिगत संगठनहरूवाट विवश विद्रोही, राजीव बिद्रोही, सुभाषचन्द्र सिंह, विद्यार्थी नेता सुरेश मण्डल, समाजिक तथा राजनीतिक कार्यकर्ता केशव झा, रमन पाण्डेय, नागरिक समाजका गणेश मण्डल लगायतले आ-आफ्नो धारणा प्रस्तुत गरे ।

मनीष सुमन र सन्तोष मेहताले कार्यक्रम सञ्चालन गरेका थिए । संविधान सभाको अवसानपछि राजनीतिक दलहरूबीच तिक्तता झनै भाँगिएको थियो । एकले अर्कालाई संविधान सभा विघटनको दोष थोपरेर आफू पानीमाथिको ओभानो बन्ने चेष्टा गरिरहेका थिए । तर त्यो हामी सबैको सामूहिक असफलताको उपज थियो ।

गतिरोध समाधानका लागि पुनः सबै पक्ष गम्भीरतापूर्वक लाग्नुपर्ने महासभाको निष्कर्ष थियो । महासभाले पहिचानसहितको सङ्घीयताको ग्यारेन्टी नयाँ संविधानमा हुनुपर्ने निचोड निकाल्यो । संविधान सभाबाटै नयाँ संविधानको निर्माण गर्नुपर्ने, कुनै प्रकारको आयोग वा अन्य बाटोबाट नयाँ संविधान ल्याउँदा मान्य नहुने र संविधानका विवादित विषयमा सहमति भएमा उक्त संविधान जारी गराउने प्रयोजनको लागि मात्र संविधान सभाको पुनःस्थापना गर्न सहमति हुनुपर्ने निष्कर्ष महासभाको थियो ।

संविधान जारी गराउने प्रयोजनको लागि मात्र संविधान सभा पुनःस्थापनामा सहमति भयो भने जेठ १४ गतेसम्म जे-जे विषय टुङ्गो लागेका थिए, ती सबैलाई कायमराख्दै सहमति

नभएका राज्य पुनःसंरचना लगायतका विषयमा पुनः छलफल थाल्नुपर्ने विषय हामीले हाम्रा तर्फबाट प्रस्तुत गरेका थियौं ।

यस्तै, संघीय एकाइहरूको संख्या, नामाङ्कन र सीमाङ्कनमा सहमति नबनेको खण्डमा तत्काललाई राज्य पुनःसंरचना सुभाव आयोगको बहुमतको प्रतिवेदनलाई प्रस्तावित संविधानको अंग बनाई संविधान जारी गर्नुपर्ने हाम्रो निष्कर्ष थियो । नयाँ संविधान अनुसार संसद्को निर्वाचन गराउने, निर्वाचित संसद्बाट उक्त आयोगको प्रतिवेदनमाथि छलफल गराउने सुभाव पनि हामीले दिएका थियौं ।

छलफलका क्रममा विवाद उत्पन्न भए विवादित मुद्दालाई अनिवार्य रूपमा तीन महिनाभित्र संसदमा मतदानको प्रक्रियाबाट जस्ताको तस्तै वा सामान्य हेरफेरसहित पारित गराई लागू गराउन सकिने पनि हामीले बताएका थियौं । यसका अतिरिक्त उल्लिखित प्रक्रियाअन्तर्गत सङ्घीयताबारे छिनोफानो भएपछि प्रदेशको निर्वाचन गराउने धारणा पनि हाम्रो थियो ।

यी विषयमा सहमति जुटिसकेपछि जेठ २ गते भएको पाँच बुँदे सहमतिअनुरूप नेपाली कांग्रेसको नेतृत्वमा सर्वदलीय चुनावी सरकार गठनको बाटो खुल्ने धारणा महासभाको थियो । सर्वदलीय सरकार बनेपछि नयाँ संविधानअनुसार संसद्को निर्वाचनमा जाँदा राम्रो हुने मान्यता हामीले अघि सारेका थियौं ।

कथम् त्यसो हुन नसके वार्ता र सहमतिको माध्यमबाट पहिचानसहितको सङ्घीयता र सङ्घीयतासहितको संविधान बन्न सक्दैन भनेर निष्कर्ष निकाल्नुपर्ने निचोड हाम्रो थियो । त्यस्तो अवस्थामा संविधान सभाको अर्को निर्वाचनको विकल्प नहुने र त्यसका लागि सबै कानुनी आधार तयार गरी राष्ट्रिय सहमतिको चुनावी सरकार गठनको दिशामा सबै राजनीतिक दल अगाडि बढ्नुपर्ने हामीले बताएका थियौं ।

सहमतिका लागि हाम्रो भरपुर पहल हुँदाहुँदै पनि नयाँ संविधानका लागि सहमति नभए त्यस परिस्थितिमा पहिचान सहितको सङ्घीयता पक्षधर शक्तिहरू संयुक्त मोर्चा निर्माण गर्नुपर्ने र सङ्घीय लोकतान्त्रिक गणतन्त्रात्मक संविधान निर्माणको पक्षमा जनमत बनाउन जनताकै बीचमा जानुपर्ने मान्यता हामीले अघि सारेका थियौं ।

त्यसैले पहिचान र अधिकारसहितको प्रदेशका लागि सद्भावना पार्टीसहित अन्य सबै सङ्घीयता पक्षधरहरू कुनै पनि बेला संघर्षको तयार रहनुपर्ने हामीले बताएका थियौं । हाम्रा यी विचार र दृष्टिकोणमा सहभागीहरूको धेरै मत भिन्नता देखिँदैनथ्यो ।

# गिरिजा सरकार र अनुभव

'तपाईं आन्दोलनमा सहभागी दल भएकाले कुन मन्त्रालय चाहिन्छ रोज्नुहोस्,' ऐतिहासिक जनक्रान्ति सफल भएपछि प्रधानमन्त्री बनेका गिरिजाबाबुले मलाई भने । पार्टीका संस्थापक नेता गजेन्द्रबाबुले पनि उद्योग, वाणिज्य तथा आपूर्ति मन्त्रालय नै चलाउनुभएको थियो । उहाँको सोच र चिन्तनलाई निरन्तरता दिएजस्तो हुने ठानेर हामीले पनि त्यही मन्त्रालय माग्यौं ।

अन्तरिम संसद्मा माओवादी प्रवेश गरेपछि मन्त्रिपरिषद् विस्तार भएको थियो । त्यही पुनर्गठनको बेला २०६३ साल चैत्र १८ गते म पहिलो पटक मन्त्री भएँ । मैले त्यतिबेला सरकारमा सामेल हुनुलाई सङ्घर्षकै एक मोर्चाका रूपमा लिएँ ।

मधेशी मन्त्री भएकाले मैले पनि सरकार र मन्त्रालयमा यदाकदा हुने गलत व्यवहारविरुद्ध सङ्घर्ष गरेँ । पहिलो पटक मन्त्री बनेको थिए । मन्त्रालय बुझेको थिइनँ । मन्त्रालय सञ्चालनको अनुभव पनि थिए । आफ्नो ज्ञान, सीप र बुझाइलाई उच्चतम उपयोग गरेँ । तागतले भ्याएसम्म मधेशका समस्या समाधानका निम्ति प्रयत्नशील रहेँ । मधेशको हित र आश्यकतालाई सर्वोपरि राखेँ । मन्त्रालयअन्तर्गतका एक दर्जन संस्थानहरूमा पार्टीका साथीहरूलाई अध्यक्ष बनाएँ ।

मन्त्रिपरिषद्मा रहँदा प्रारम्भमै मैले नेपाल आयल निगमको महाप्रबन्धक फेर्ने निर्णय गरेँ । दिगम्बर झालाई महाप्रबन्धक बनाउन प्रस्ताव लगेँ । तर प्रधानमन्त्री गिरिजाबाबुले पुरानोलाई नहटाउन आदेश दिएका छन् भनेर सचिवहरूले मेरो निर्णयलाई टेर्दै टेरेनन् । प्रधानमन्त्रीले नै सबै चलाउने भए विभागीय मन्त्री किन राखेको भनेर भोँक पनि चल्यो ।

'मुझे अपने मन्त्रालय मे नियुक्ति करने का अधिकार है या नही ? अपने मन्त्रालय मे भी नियुक्ति नही कर सकते तो फिर सरकार मे रहना जरुरी है क्या ?,' मैले गिरिजाबाबुलाई भनेँ ।

'नही वैसी बात नही है । आप देखलिजिए, अपनी सुविधा के हिसाब से किजिए । वह पुराने भी ठिक ही है, नये लाना चाहते है तो भी ठिक है,' मैले कडिकडाउ कुरा गरेपछि गिरिजाबाबुले भने ।

मन्त्रिपरिषद्मा रोकिएको मेरो प्रस्ताव पारित भयो । त्यसपछि मन्त्रालयमा काम गर्न सहज भयो । यो मधेशी मन्त्रीले केही गर्न सक्दैन भन्ने कर्मचारीतन्त्रमा रहेको सोच बदलियो । उनीहरूले खुरुखुरु टेर्न थाले । काम गर्न सहज हुँदै गयो ।

त्यति बेलासम्म मधेशीले देश चलाउनै सक्दैनन् भन्ने भाष्य स्थापित भएको रहेछ । कर्मचारीतन्त्रले पनि टेर्दै नटेर्ने संस्कृति विकास भइसकेको रहेछ । क्रान्तिपछि बनेको सरकार

भएकाले कर्मचारीको अनुहारमा केही डर त देखिन्थ्यो । कार्यसम्पादन गर्दै जाँदा पुराना शासकीय चिन्तनको धङधङी देखाइहाल्थे ।

तिनताक माओवादीबाट मातृका यादव पनि मन्त्री बनेका थिए । उनको प्रधानमन्त्री गिरिजाबाबुसँग मन्त्रिरिषद्मै नोकझोक चलिरहन्थ्यो । गिरिजाबाबु सम्झाउन खोज्थे । मातृकाजी तुरुन्तै छलाङ मार्नुपर्छ भन्ने जसरी प्रस्तुत हुन्थे । प्रधानमन्त्री सर्वेसर्वा हुने प्रणाली भएकाले मन्त्रालय चलाउन उनलाई गाह्रो भएको अनुभव मैले पनि गरेको थिएँ ।

उद्योग, वाणिज्य तथा आपूर्ति मन्त्रालय रोजेर गएको थिएँ । डिजेल र पेट्रोलमा मट्टितेल मिसाएर बेच्छन् भन्ने गुनासो थियो । सरकारमा नहुँदा पनि लामो समयदेखि यही गुनासो सुनिरहेको थिएँ । जति गुनासो आए पनि सुधार गर्नेतिर निगमले चासो देखाएको थिएन । निगमभित्र भ्रष्टाचारको जालो थियो । मैले मट्टितेल र डिजेलको मूल्य एउटै गरिदिएँ । त्यसबेला मलाई तेल माफियाबाट निकै ठूलो दबाब आयो । डिजेल र मट्टितेलको मूल्य एउटै गर्नुहुँदैन भन्ने उनीहरूको जोड थियो ।

तर मट्टितेलमा अनुदान दिएर भए पनि मिसावटको समस्या अन्त्य गर्नुपर्छ भन्ने मेरो मान्यता थियो । मूल्य समान भएपछि मट्टितेलको खपत ह्वात्तै घट्यो । शुद्ध डिजेल पाइन थाल्यो । जानीजानी मट्टितेलको भाउ कम राख्ने, डिजेलमा मिसाएर भ्रष्टाचार गर्ने धन्दा चलेको रहेछ । धेरैको खान्की बन्द भयो ।

आयन निगम विकृतिको अखाडा थियो । पेट्रोलियम पदार्थको अन्तर्राष्ट्रिय बजार भाउ थपघट हुँदा यहाँ असर पर्नु स्वाभाविकै हो । हाम्रो आफ्नो उद्पादन छैन । आयात नै गर्ने हो । त्यसका लागि अन्तर्राष्ट्रिय बजारकै भर पर्नुपर्छ । अन्तर्राष्ट्रिय बजारमा तेलको मूल्य घट्दा तुरुन्तै यहाँ लागु हुँदैनथ्यो । त्यसले गर्दा उपभोक्ता मारमा थिए । उनीहरूमा आक्रोश पैदा हुन्थ्यो । उनीहरू आन्दोलित हुन्थ्यो ।

यति मात्र होइन, अन्तर्राष्ट्रिय बजारमा तेलको भाउ बढ्दा पनि यहाँ घटी मूल्यमा बेच्नुपर्थ्यो । किनेर ल्याएको मूल्यभन्दा घटी मूल्यमा बिक्री गर्नुपर्दा त्यसको मार निगमले खप्नुपरेको थियो । यसले गर्दा आयल निगम घाटामा थियो । पहिलेदेखि नै पेट्रोलियम पदार्थमा सरकारले विभिन्न बहानामा अत्यधिक कर लगायो । त्यसले गर्दा निगम घाटामा जाने अवस्था बनेको थियो । अर्कोतर्फ अन्तर्राष्ट्रिय बजारमा कच्चा तेलको मूल्यमा गिरावट आउँदा, यहाँ घटेन भनेर उपभोक्ता आन्दोलित हुन्थे । यसमा सुधार ल्याउन अन्तर्राष्ट्रिय बजार भाउ अनुसार पेट्रोलियम पदार्थको स्वचालित मूल्य प्रणाली लागू गराउन खोजेको थिएँ । धेरै प्रयास गरेँ । सकिएन । मन्त्रीको जिम्मेवारीमा रहँदा जनआन्दोलन र मधेश आन्दोलनका शहीद परिवारले पेट्रोल पम्प खोल्न चाहेमा विशेष सुविधा दिन खोजेको थिएँ । मधेशमा सरकारप्रति आपनत्वको दायरा विस्तार होस् भनेर त्यसो गर्न खोजेको थिएँ । तर म लामो समय मन्त्री रहन सकिनँ । पार्टीको आधिकारिकता सम्बन्धी विवाद चुलिएपछि मैले गिरिजाबाबुको क्याबिनेटबाट राजीनामा दिएँ ।

# प्रचण्ड सरकार

विचार विमर्शबाट नै राम्रो नेतृत्व प्रदान गर्न सकिन्छ । संविधान सभा निर्वाचनपछि तत्कालीन नेकपा (माओवादी) अध्यक्ष पुष्पकमद दाहाल 'प्रचण्ड' जीको सरकारमा वाणिज्य तथा आपूर्ति मन्त्री भएर काम गर्दा मलाई मन्त्रिपरिषद्को कार्यशैली भिन्न लाग्थ्यो ।

हरेक प्रस्तावमा बहस हुन्थ्यो । हरेक मन्त्रीहरू बोल्न पाउँथे । माओवादीकै मन्त्रीहरूबीच पनि छलफल र अन्तरक्रिया हुन्थ्यो ।

प्रचण्डजी बहस गराउँथे । तर निर्णय भने आफैँ लिन्थे । उनको काम गराइको तौरतरिका मलाई ठीक लागिरहेको थियो । कहिलेकाहीँ कुनै विषयमा मन्त्रीले आपत्ति प्रकट गरेमा तत्कालका लागि प्रस्ताव पेन्डिङमा जान्थ्यो । प्रचण्डजीको मन्त्रिपरिषद्का केही स्मरणीय घटना छन् ।

एकपटक पश्चिमको पहाडी जिल्लामा बाढी पहिरोबाट विस्थापित भएकाहरूलाई पुनर्वास गराउने प्रस्ताव मन्त्रिपरिषद्मा आएको थियो । पश्चिमका बाढी-पहिरो प्रभावित र जोखिमहरूलाई मधेशमा जग्गा किनेर व्यवस्थित गराउन बसाईंसराइको प्रस्ताव मन्त्रिपरिषद्मा आएको थियो । मैले त्यसको विरोध गरेँ ।

'राजा महेन्द्रले मधेशको जंगल काटेर राजमार्ग बनाए । पहाडका लाखौँ मानिसलाई ल्याएर सुकुम्वासी र भूमिहीनहरूको नाममा मधेशमा बसाले । त्यसले मधेशको जनसङ्ख्या, भाषा, संस्कृति र अर्थतन्त्रमा असर पुर्‍यायो । राजा महेन्द्रले जे गरे गणतान्त्रिक सरकारले पनि त्यसैको सिको किन गर्नुपर्ने हो ? यदि पहाडका जनतालाई पहाडमा सुरक्षित व्यवस्थापन नगर्ने हो र मधेशमा बसाईंसराइ गराउँदै लैजाने हो भने पहाड त पूरै खाली हुन्छ । किनभने प्राकृति प्रकोपको जोखिम त सबैतिर छ । यसर्थ सरकारले पहाडका जोखिमयुक्त ठाउँमा बसोबास गर्ने नागरिकलाई मधेशमा पुनर्वास गराउने नीति लिनुहुँदैन । पहाडतिरै जोखिम कम भएको ठाउँमा व्यवस्थित बसोबास गराउनु उपयुक्त हुन्छ,' मैले भनेँ ।

त्यस मन्त्रिपरिषद्मा शान्ति मन्त्री थिए जनार्दन शर्मा 'प्रभाकर' । उनी भावुक भए । 'एउटै मुलुकमा एक ठाउँको मानिसलाई अर्को ठाउँमा स्थापित गराउन नपाउने ? एक नेपालीले आफ्नै मुलुकको अर्को भूभागमा बस्न नपाउने ? यो त ठीक कुरा भएन,' उनले भने । मन्त्रिपरिषद् सदस्यबीच मत बाझियो । त्यरापछि प्रधानमन्त्री प्रचण्ड अघि सरे । 'यो प्रस्तावलाई अहिले थाती राखौँ । पछि छलफल गरौँला,' यति भनेर प्रधानमन्त्री प्रचण्डजीले कुरा मोडे । त्यो प्रस्ताव त्यसै रोकियो ।

प्रचण्डजीको मन्त्रिपरिषद्मा उपेन्द्र यादव नेतृत्वको मधेशी जनअधिकार फोरमको उपस्थिति बलियो थियो । उनीहरूका भागमा प्रभावशाली मन्त्रालयहरू परेका थिए । तर मधेशका मुद्दामा मन्त्रिपरिषद् बैठकमा तयारीका साथ उनीहरू प्रस्तुत हुँदैनथे । संविधान सभामा बलियो उपस्थितिका हिसाबले सेनामा मधेशीको सामूहिक भर्ती लगायतका विषयमा उपेन्द्रजीले त्यसबेला अडान लिन सक्थे । त्यसले प्रभाव पनि पर्न सक्थ्यो । उनीसँग त्यो तागत पनि थियो । तर उनले आफ्नो तागतको प्रयोग कहिल्यै गरेनन् । परराष्ट्र मन्त्री भएकाले विदेश भ्रमणबाट उनलाई फुर्सद नै मिलेन । वास्तवमा मधेशको हितमा उपेन्द्रजीको ध्यान कहिल्यै गएन ।

एक पटक प्रचण्डजीलाई उनले गरेका गरेका वाचा पूरा नगरेकोमा मैले गम्भीर रूपमा गुनासो गरे । संसदीय समितिको सभापतिहरूको चयन हुँदै थियो । प्रचण्डजीले छैठौँ पार्टीको नाताले एउटा सभापतिको सिट दिने भनेका थिए । उनको कुरामा ढुक्क भएर एउटा सेमिनारमा भाग लिन दिल्ली गएँ । तर बाँडफाँट गर्दा हाम्रो भागमा एउटा पनि परेन । प्रचण्डजीको आश्वासन दिने तर व्यवहारमा लागू नगर्ने बानी रहेछ । त्यसबाट हामी पनि प्रताडित भयौं । प्रचण्डजीप्रति मेरो एउटा आशक्ति पनि थियो । उनी परिवर्तनका लागि युद्ध लडेर आएले बढ्तै भरोसा गर्छु । त्यतिबेला त्यो भरोसा खेर गयो ।

मुलुकको परिवर्तनका लागि आफ्नो मात्रै भलाइ हेरेर हुँदैन । पार्टीका कतिपय आवश्यकतालाई दराजमै थन्क्याएर मुलुकको हित हेर्नुपर्ने हुन्छ । मुलुकको खास आवश्यकतामा ध्यान दिनु पर्नेछ । प्रचण्डको समग्र नेतृत्व र व्यक्तित्वलाई केलाउँदा उनी सहज र उदार छन् । आफ्ना कुरा प्रष्ट भन्न सक्छन् । पेटमा कुरा नराखी छ्याङ्ग भन्न सक्छन् । यति हुँदाहुँदै उनी अस्थिर पनि छन् । एउटै कुरामा कहिल्यै अडिँदैनन् । आफ्नो अडानलाई समेत न्याय गर्न नसक्ने नेतामा पर्छन् उनी ।

# कटवाल प्रकरण

२०६६ वैशाख १२ गतेका दिन कालिकास्थानस्थित अमृत भोग पार्टी प्यालेसमा बेग्लै रौनक थियो । सद्भावना पार्टीको २०औँ स्थापना दिवसको उपलक्ष्यमा चियापान कार्यक्रम आयोजना गरिएको थियो । मैले त्यस दिन सबै क्षेत्रका व्यक्तित्वहरूलाई आमन्त्रण गरेको थिएँ । त्यही कार्यक्रममा प्रधानसेनापति रुक्माङ्गत कटवाल सिभिल पोशाकमा आए । मुलुकमा प्रधानसेनापति कटवाललाई हटाउने विषय 'हट केक' भइरहेको थियो । हामी देश दौडाहामा रहँदा नै वैशाख ७ गते सरकारले कटवालसँग चौबिस घण्टे स्पष्टीकरण सोधिसकेको थियो ।

हाम्रो पार्टी भने कटवाललाई हटाउन नहुने पक्षमा दृढ थियो । सरकारका अङ्ग चलाउने भन्दा पनि मुलुकको ध्यान संविधान निर्माणमा केन्द्रित हुनुपर्ने हाम्रो स्पष्ट मान्यता थियो । कार्यक्रममा सहभागी हुन आएका नेताहरूले प्रधानसेनापतिलाई सोधिएको स्पष्टीकरण सम्बन्धी विवाद राष्ट्रिय सहमतिका आधारमा टुङ्गो लगाउनुपर्ने मत राखे । अधिकांशको यही मत थियो । त्यही कार्यक्रममा पत्रकारसामु झलनाथजीले प्रधानसेनापतिलाई सरकारले स्पष्टीकरण सोध्नका लागि आफूले सैद्धान्तिक सहमति दिएको तर त्यसको कन्टेन्ट आफूलाई अहिलेसम्म पनि थाहा नभएको प्रतिक्रिया दिए । माधवजीले राजनीतिक मुठभेड सिर्जना गर्न नहुने मत राखे । नेपाली काङ्ग्रेसका सभापति सुशील कोइरालाजीले सेनालाई ह्युमिलेसन गरेर सहमति हुँदैन भने । प्रधानसेनापति कटवाललाई बर्खास्त गरिए हामीले मान्दैनौँ भनिरहेका थिए । मैले पनि संविधान निर्माण प्रक्रियामा व्यवधान उत्पन्न हुने कुनै पनि काम गर्नु हुँदैन भनेँ ।

मेरो तर्कमा सबैको सहमति देखियो । खासमा त्यसबेला सरकार र सेनाको विवाद अनावश्यक थियो । सहमति खोज्दै ऐतिहासिक जनआन्दोलनको एजेन्डा पूरा गराउने दायित्व बोकेका प्रचण्डजी सेनापति विवादको अनावश्यक भुमरीमा फसे । वास्तवमा त्यतिबेला सेनापति होइन, नेपाली सेनाको एकाङ्गी चरित्रलाई परिवर्तन गर्नुपर्ने खाँचो थियो । सेनालाई राष्ट्रिय स्वरूप र चरित्र प्रदान गर्नुपर्ने खाँचो थियो । त्यतिबेला ९३ हजार सेना थिए । जसमा मधेशी समुदायको सङ्ख्या बिल्कुलै नगन्य थियो । त्यसैले हामीले लामो समयदेखि नेपालको सेनाको स्वरूप, संरचना र चरित्र राष्ट्रिय बनाउनु पर्छ भन्दै आएका थियौँ । योगागा मधेशी समुदायको सामूहिक प्रवेशका लागि सरकार तथा दलहरूसँग सम्झौता पनि भइसकेको थियो । त्यसलाई कार्यान्वयन गर्नु सरकारको दायित्व थियो । तर सरकार व्यक्तिलाई हटाउने खेलमा लाग्यो ।

सबै राजनीतिक दलले त्यसो नगर्न सुझाव दिए पनि शक्तिको उन्मादले गर्दा माओवादी रोकिने पक्षमा देखिएन । २०६६ वैशाख २० गते मन्त्रिपरिषद् बैठकले कटवाललाई अवकाश दिने निर्णय गर्‍यो । रथी कुलबहादुर खड्कालाई कायम मुकायम प्रधानसेनापति बनाउने निर्णय गर्‍यो । त्यस दिन मन्त्रिपरिषद् बैठक बस्नुअघि प्रचण्डजीलाई त्यसो नगर्न आग्रह गरेको थिएँ । 'प्रचण्डजी अहिले पनि समय छ । एक पटक होइन । दश पटक सोच्नुहोस् । यस्तो काम नगर्नुहोस् । यो निर्णय लागू हुँदैन । हामी समर्थन गर्दैनौं । जसले कटवाललाई हटाउन भनिरहेका छन्, उनीहरू पनि आफ्नो कुरामा अडिँदैनन् । धोका पाइएला,' मैले उनलाई भनेको थिएँ ।

'कटवाललाई हटाउन बाध्य छु । पार्टीभित्रको दबाब छ । नगरी हुँदैन,' उनले भने ।

'त्यसो भए हामी समर्थन फिर्ता लिन्छौं, सरकार पनि छाड्छौं,' मैले भनें ।

यति भन्दैमा प्रचण्डजी रोकिनेवाला थिएनन् । निर्णय गरिछाड्ने निष्कर्षमा पुगेपछि प्रचण्डजीले हामीलाई समर्थन फिर्ता नलिन आग्रह गरे । उता एमालेले समर्थन फिर्ता लिने निर्णय गरिसकेको थियो । सरकारसँग ३ सय ५ जनाको मात्र समर्थन बाँकी थियो । हामीले समर्थन फिर्ता लिएपछि २ सय ९६ मात्र बाँकी रहन्थ्यो, जसबाट सरकारको बहुमत गुम्ने स्थिति थियो । थप मन्त्रालय दिएपछि सद्भावनाले समर्थन फिर्ता लिँदैन र सरकार पनि रहिरहन्छ भन्ने प्रचण्डजीलाई लागेको रहेछ ।

तर सद्भावना पार्टी सानो भए पनि अन्य मधेशी पार्टी जस्तो स्वार्थको राजनीतिमा थिएन । देश र जनताका लागि हामीलाई सरकार र कुर्सी छोड्नु सामान्य कुरा थियो । सरकारमा बसिरहन सकिँदैन भनेर प्रधानमन्त्रीलाई जानकारी दिएँ । म मन्त्रिपरिषद् बैठकमा गइनँ । लगत्तै प्रधानसेनापति रुक्माङ्गद कटवाललाई हटाउने निर्णय भयो । निर्णय कार्यान्वयनको प्रक्रिया अगाडि बढ्यो ।

हामी १८ वटा पार्टीको समर्थन थियो । राष्ट्रपतिलाई प्रधानमन्त्रीको यो निर्णयमा हाम्रो समर्थन नभएको व्यहोरा लेखेर दियौं । हामीले लेखेर दिएपछि राष्ट्रपति रामवरण यादव अल्पमतको सरकारको निर्णय लागू गर्न बाध्य रहेनन् । कटवालजीलाई हटाउने निर्णय कार्यान्वयन भएन । यो एउटा सबक थियो । सद्भावना पार्टीले समर्थन फिर्ता नलिएको भए बहुमत प्राप्त सरकारको निर्णय उल्ट्याउन राष्ट्रपतिलाई अधिकार हुने थिएन । यसरी कहिलेकाहीँ एउटा सानो दलको पनि मुलुकको राजनीतिमा कति ठूलो भूमिका हुने रहेछ भन्ने हामीले त्यसै दिन देखाइदियौं । मैले सरकार छाडें । भोलिपल्ट प्रचण्डजीले राजीनामा दिए । देश दुर्घटनाबाट जोगियो ।

# माधव सरकार

प्रचण्डजीले राजीनामा दिएको २० दिनपछि २०६६ जेठ ९ गते माधवकुमार नेपाल प्रधानमन्त्री बने । रौतहट र काठमाडौंबाट चुनाव हारेपछि धेरैले उनको राजनीतिक सकिएको अड्कल काटेका थिए । तर मन्त्रिपरिषद्को कोटामा संविधान सभा छिरेका माधवकुमार नेपाल मुलुकको प्रधानमन्त्री बने । त्यही भएर त राजनीतिक सम्भावना मात्रै होइन, संयोग पनि हो ।

माधव नेपाल नेतृत्वको सरकार गठनपछि नेकपा (एमाले) र कांग्रेसले एकलौटीरूपमा मन्त्रालय बाँडफाँट गरे । दलहरूबीच असमझदारी उत्पन्न भयो । लामो विवादपछि सद्भावना पार्टी पनि माधव नेपाल नेतृत्वको सरकारमा सामेल हुने निर्णय गर्‍यो । २०६६ साल असार १९ गते पार्टीका तर्फबाट म र लक्ष्मणलाल कर्णजी मन्त्री बन्यौं । म वाणिज्य तथा आपूर्ति मन्त्री बनें । लक्ष्मण लालजी बिना विभागीय मन्त्री बने ।

माधवजीको मन्त्रिपरिषद्मा पनि बहस हुन्थ्यो । तर एमालेभित्र चरम गुटबन्दी थियो । संसदीय दलका नेता झलनाथ खनाल थिए । तर प्रधानमन्त्री माधव बनेका थिए । पार्टीको किचलो मन्त्रिपरिषद्सम्मै आइपुग्थ्यो । एकपटक कुनै गुद्दागा गृहमन्त्री भीम रावल र पररराष्ट्रमन्त्री सुजाता कोइरालाबीच मन्त्रिपरिषद् बैठकमै चर्काचर्की पर्‍यो । सुजाताजी मन्त्रिपरिषद्को बैठक नै छाडेर हिँडिन् । रावलजी कुनै प्रस्तावमा कहिलेकाहीं कुरा राख्दा निकै आक्रामक हुन्ये । मन्त्रिपरिषद् बैठकमा प्रस्तुत हुने उनको शैलीले अरूलाई उत्तेजित बनाउँथ्यो । आफ्नै पार्टीका मन्त्रीहरूलाई सम्हाल्न प्रधानमन्त्री माधवजीलाई कहिलेकाहीं अप्ठ्यारो पर्थ्यो ।

'प्रधानमन्त्रीज्यू ! तपाईंसँग धेरै जिम्मेवारी छ । सबै काम गर्न तपाईं भ्याउनुहुन्न । केही काम बिनाबिभागीय मन्त्री लक्ष्मण लालजीलाई दिनुहोस् न,' लक्ष्मणलालजी बेकामे देखेर मैले माधव नेपाललाई भन्थें । तर उनले केही काम दिएनन् ।

माधवजीकै कार्यकालमा भौतिक योजना तथा निर्माण मन्त्री विजयकुमार गच्छदारले राजमार्गको छेउछाउमै पूर्व–पश्चिम विद्युतीय रेलवे बनाउने प्रस्ताव ल्याए । मैले त्यसको ठाडै विरोध गरें । 'यो प्रस्ताव ल्याउने हो भने मेरो विरोध हुन्छ । कुनै पनि हालतमा मानिंदैन । हुलाकी मार्ग बन्नुपर्नेमा राजा महेन्द्रले जंगल फडानी गरेर पूर्व पश्चिम राजमार्ग बनाए । अब रेलवे पनि राजमार्गकै छेउछाउ बनाएर के फाइदा ? हुलाकी मार्ग र पूर्व–पश्चिम राजमार्गको बीच भाग अर्थात् घना आवादी भएको मधेश क्षेत्रबाट रेलवे लगेमा पो जनतालाई फाइदा हुन्छ,' मैले असहमति राख्दै भनें ।

तीव्र विरोधका कारण त्यो प्रस्ताव त्यत्तिकै फिर्ता पठाइयो। पूर्व-पश्चिम र हुलाकी राजमार्गको बीचमा रेलवे बनाउने हो भने मधेशको मुहार फेर्न सकिन्छ भन्ने मेरो प्रस्ताव थियो। त्यसले गरीबी, अभाव र विपन्नताको परिचय पाएको मधेशले विकास र सम्भावनाको नूतन क्षितिज देख्छ भन्ने मेरो निष्कर्ष थियो। तर पछि २०७२ सालमा भौतिक पूर्वाधार तथा यातायता मन्त्री विमलेन्द्र निधीले रानीगञ्ज, सर्लाहीमा शिलान्यास गरे।

माधवजी प्रधानमन्त्री भएपछि तत्कालीन एकीकृत नेकपा (माओवादी) निकै क्षुब्ध भयो। सडकबाटै सरकार ढाल्ने उद्घोष गर्‍यो। बन्द-हड्तालका कार्यक्रम घोषणा गर्‍यो। गाउँगाउँबाट मानिसहरू काठमाडौं उतारेर आन्दोलन गर्न थाल्यो। देश अर्को मुठभेडको सँघारमा पुग्यो। प्रचण्डजीले आफ्नै कारणले राजीनामा दिएका थिए। उनलाई कसैले हटाएको वा बर्खास्त गरेको थिएन। गाउँगाउँबाट मानिसहरूलाई काठमाडौं उतारे पनि त्यो आन्दोलनले नागरिकस्तरबाट समर्थन पाउन सकेन। सरकार र एमाओवादी बीचको टकरावका कारण त्यसको असर संविधान निर्माणमा पनि परिरहेको थियो।

अर्कोतिर पार्टीभित्रको किचलोको असर माधवजीको कार्यसम्पादनमा पनि परिरहेको थियो। यही कारण उनले प्रधानमन्त्रीबाट राजीनामा दिए। उनको बहिर्गमनपछि एमाओवादीकै समर्थनमा एमाले अध्यक्ष झलनाथ खनाल प्रधानमन्त्री निर्वाचित भए। संविधान निर्माणतर्फ मुलुक एक पाइला पनि अघि नबढ्ने, संविधान सभाको काम प्रधानमन्त्री मात्रै बदल्ने भएपछि हामी झलनाथ नेतृत्वको सरकारमा सामेल भएनौं।

# प्रधानमन्त्री निर्वाचनको नौटंकी

प्रचण्डजीको राजीनामापछि मुलुकमा नयाँ सत्ता समीकरणको खेल सुरु भयो । प्रचण्डजीले मधेशवादी दलहरूलाई फकाउन धेरै कोसिस गरे । त्यसबेला प्रचण्डजीले मधेश मुद्दामा माओवादी र मधेशवादी दलहरूको धारणा एउटै भएको, प्रगतिशील मुद्दाका लागि माओवादी र मधेशवादी स्वभाविक मित्रशक्ति हुन् भनेर रटाइरहेका थिए । तर प्रचण्डजीप्रति त्यतिबेला विश्वासको संकट थियो । मधेशवादी दलहरूले माओवादीसँग सत्ता समीकरण बनाएनन् । यहीबीचमा फोरम नेपालभित्र मतभेदको शृंखला सुरु भयो । यादवजी माओवादीसँग बस्ने कुरा गर्थे भने विजयजी लोकतान्त्रिक सरकार बनाउने नाउँमा माधव नेपालको सरकारमा जाने कुरा गर्थे । आखिर त्यही रस्साकस्सीमा पार्टी विभाजन पनि भयो ।

सत्ताका लागि पार्टी फोर्ने परिपाटीबाट नवोदित मधेशी जनअधिकार फोरम पनि अछुतो रहेन । फोरम टुक्रिएपछि माओवादीको नेतृत्वमा सरकार बन्न सकेन । प्रचण्डजीले राजीनामा दिएको २० दिनपछि २०६६ साल जेठ ९ गते माधवकुमार नेपाल प्रधानमन्त्री बने । संविधान बनाउने मूल काम छाडेर देश सत्ताको खेलतर्फ अग्रसर भयो । हाम्रो भागमा पनि केही मन्त्रालय परे । पार्टीका तर्फबाट म वाणिज्य तथा आपूर्ति मन्त्री बनेँ भने लक्ष्मणलालजी विनाविभागीय मन्त्री बने ।

प्रचण्डजी त्यसबेला भारतसँग निकै आक्रोशित थिए । त्यसैले माधव सरकारलाई 'कठपुतली सरकार'को संज्ञा दिँदै भारतविरोधी राजनीतिमा उनी उत्रिए । जुन उनकै लागि प्रत्युपादक बन्यो । सडकबाट सरकार ढाल्ने उद्घोष गरेको माओवादी आन्दोलनतर्फ अग्रसर भयो । हामीले मुलुक नयाँ द्वन्द्वतर्फ अग्रसर भएको रूपमा बुझ्यौं । पहिलो एक वर्ष सरकार बनाउने र भत्काउने मै व्यतीत हुन आँटिको थियो । अर्को एक वर्षभित्र पनि संविधान बन्ने आधार खडा भइसकेको थिएन ।

यही अन्यौलका बीच २०६७ जेठ १४ को दिन नजिकियो । माओवादी आन्दोलनबाट फिर्ता भए पनि सरकारविरुद्धको सङ्घर्षबाट फिर्ता भएको थिएन । माधवकुमार नेपाल नेतृत्वको सरकारलाई उसले देखिसहेको थिएन ।

निर्धारित मितिमा संविधान नबन्ने भएपछि संविधान सभाको म्याद एक वर्ष लम्ब्याउनुपर्ने भयो । त्यसका लागि उच्चस्तरीय राजनीतिक सहमति जुटाउनुपर्थ्यो । एमाओवादीबिना त्यो सम्भव थिएन ।

संविधान राखाको म्याद एक वर्ष थप उसले प्रधानमन्त्रीबाट माधवकुमार नेपालको राजीनामाको शर्त अघि सार्यो । माधवजीले प्रधानमन्त्रीबाट राजीनामा दिने प्रतिबद्धता

जनाएपछि संविधान सभाको म्याद एक वर्षका लागि थपियो । शर्तअनुसार २०६७ साल असार १६ गते प्रधानमन्त्री नेपालले राजीनामा दिए । तर फेरि अर्को सरकार तत्कालै बन्न सकेन । देश अर्को संकटमा धकेलियो ।

माधवजीको राजीनामापछि करिब ७ महिनासम्म प्रधानमन्त्री निर्वाचनको नौटङ्की चल्यो । प्रधानमन्त्रीको दौडमा सुरुमा एमाओवादी अध्यक्ष प्रचण्ड, एमाले नेता झलनाथ खनाल र काँग्रेसका रामचन्द्र पौडेल थिए । आफ्नै सरकार गिराउन भूमिका निर्वाह गरेकाले माधव र केपी ओलीले झलनाथलाई प्रधानमन्त्री बन्न नदिने रोचक शर्त राखे । अर्थात ४ सय १ सभासदको समर्थन जुटाउन सके मात्र प्रधानमन्त्री उम्मेदवार बन्न सक्ने शर्त राखिदिए । खनालजीले त्यति सङ्ख्या कुनै हालतमा जुटाउन सक्दैनथे । उनी प्रधानमन्त्रीको दौडबाट सुरुमै आउट भए ।

२०६७ साल साउन ५ गते प्रधानमन्त्रीको लागि निर्वाचन भयो, जसमा कसैले बहुमत ल्याउन सकेनन् । दोस्रो देखि लगातार सातौँ चरणको निर्वाचनसम्म आइपुग्दा पनि बहुमत ल्याउन नसकेपछि प्रचण्डजीले उम्मेदवारी फिर्ताको घोषणा गरे । तथापि संसदमा प्रधानमन्त्रीको चुनाव जारी थियो ।

२०६७ पुस २८ गते सत्रौँ चरणको निर्वाचनपछि काँग्रेसका उम्मेदवार रामचन्द्र पौडेलले पनि उम्मेदवारी फिर्ता लिए । अन्ततः प्रचण्डजीले एमाले अध्यक्ष झलनाथ खनाललाई समर्थन गरे । २०६७ माघ २० गते खनाल प्रधानमन्त्री निर्वाचित भए । सद्भावना पार्टीले निर्वाचनमा झलनाथजीको विरोधमा भोट दियो तर यादवजीको फोरम नेपाल भने सरकारमा सहभागी भयो । यादवजी फेरि परराष्ट्रमन्त्री बने । फेरि सत्ताको स्वादमा उनी माहुरीजत्तिकै भुत्तिए । दोस्रो पटक सरकारमा जाँदा पनि उनीबाट मधेशको सवालमा केही काम भएन ।

# बाबुराम सरकार

प्रधानमन्त्री बनेपछि माधवकुमार नेपालको दुर्दशा सुरु भयो । पार्टीबाट उनलाई कुनै सहयोग भएन । भारी बहुमतले प्रधानमन्त्रीमा निर्वाचित भए पनि संविधान निर्माण मात्र होइन, सरकारले नियमित गर्नुपर्ने काम पनि गर्न सकेनन् ।

अन्ततः २०६८ साउन २९ गते उनले पनि राजीनामा दिए । संविधान सभाको थपिएको एक वर्षे म्याद पनि २०६८ जेठ १४ मा पुरा हुँदै थियो । जेठ १० गते उपेन्द्रजीको फोरम फेरि फुट्यो । जय प्रकाश गुप्ताजीले १३ जना सभासद् लिएर फोरम (गणतान्त्रिक) गठन गरे । सत्ता समीकरणका नयाँ खेल सुरु भए । जेठ १४ गते तिन महिनाका लागि संविधान सभाको म्याद थपियो ।

अब मधेशवादीदलहरू नयाँ सत्ता समीकरणका लागि अग्रसर भए । माओवादीसँगको यो नयाँ सत्ता समीकरण मिलाउने कार्यमा जेपीजीको महत्त्वपूर्ण भूमिका थियो । २०६८ साल भदौ ११ गते गोप्य ढंगले एमाओवादी र मधेशवादी दलबीच चारबुँदे सत्ता सहमति भयो । त्यसले डा. बाबुराम भट्टराईको नेतृत्वमा सरकार बन्ने आधार खडा गर्‍यो । त्यो सरकारमा हामी पनि सहभागी भयौं । त्यस सरकारमा म स्वास्थ्यमन्त्री रहेर काम गरें ।

संयुक्त लोकतान्त्रिक मधेशी मोर्चा र एकीकृत नेकपा (माओवादी) का बीचमा शान्ति, संविधान र संयुक्त सरकार सञ्चालन सम्बन्धी सहमति भएको थियो । कार्य अनुभवनले नवीन भए पनि पढेलेखेका प्रधानमन्त्री डा. बाबुराम भट्टराईमा केही गरौं भन्ने हुटुहुटी तीव्र थियो । उनले केही सुरुवात गरे पनि । उनी दलबलसहित भारत भ्रमणमा गए । टोलीमा मधेशी पार्टीका तर्फबाट मन्त्री र सांसदहरू थिए । त्यही भ्रमणका क्रममा (बाइलेट्रल इन्भेस्टमेन्ट प्रोटेक्सन एग्रिमेन्ट) बिप्पा सम्झौता भयो ।

प्रधानमन्त्री नेपाल फर्कन पाएका थिएनन् । यहाँ विरोधको आगो बल्यो । नेपालमा भारतीय लगानी पहिल्यैदेखि छ । मुलुकको आर्थिक विकासका लागि अझ धेरै लगानी भारतबाट भित्र्याउन जरुरी थियो । यही कारण नेपाल-भारतबीच बिप्पा सम्झौता हुनु अनिवार्य भइसकेको थियो । नेपालले अन्य धेरै मुलुकसँग यो सम्झौता गरिसकेको थियो । लगानी गर्ने पक्षलाई सुविधा, सहुलीयत र संरक्षण प्रदान गर्न राज्यले निर्वाह गर्नुपर्ने दायित्व रागेटिो यो सम्झौता भारतसँग गर्न ढिला भइसकेको थियो । म उद्योग मन्त्री हुनु पहिले पनि बिप्पा सम्झौताको पहल भएको थियो । त्यसको तयारी पनि गरिएको थियो । तर भारत विरोधी मानसिकताकै कारण सम्झौता भएको थिएन ।

त्यही विप्पा सम्झौता अन्य मुलुकसँग गर्दा केही नहुने, भारतसँग गर्दा राष्ट्रियता सङ्कटमा परिहाल्ने तर्कमा दम थिएन । भारतसँग यो सम्झौता गर्नु नेपालकै हितमा थियो । हाम्रो सबैभन्दा निकट मुलुकको लगानी आकर्षित गर्न र मुलुकको सम्भावनाको ढोका खोल्न बाबुरामजीले पहल लिएका थिए ।

बाबुरामजीको मन्त्रिपरिषद्मा जाँदा मलाई सुरुमै सङ्कट आइलाग्यो । स्वास्थ्य मन्त्रालयमा दुई जना सचिव थिए । डा. सुधा शर्मा र डा. प्रवीण मिश्र । दुवैबीच कुरा मिलिरहेको थिएन । भएभरको काम सुधाजीले सम्हाल्ने, प्रवीणजी आफूलाई कुनै काम दिइएन भनेर गुनासो गरिरहने अवस्था विद्यमान थियो । उनीहरूबीच विवाद देखेर म कार्य विभाजनको निष्कर्षमा पुगेँ ।

'तपाईं भएका बेला समेत प्रवीण मिश्रले केही काम नपाउने ?,' मधेशी साथीहरूकै दबाब आउन थाल्यो ।

मैले सन्तुलन हुने गरी काम बाँडिदिएँ । त्यो प्रस्ताव क्याबिनेटमा लगेर स्वीकृत गराएर पनि ल्याएँ । 'यो दुई समूहमा कार्य विभाजन गरिदिएको छु । तपाईं कुन समूहको काम लिने रोज्नुस्,' मैले सुधाजीलाई आग्रह गरेँ ।

'फलानो फलानो काम पनि मलाई दिनुहोस् । यसरी कार्य विभाजन हुँदैन । कार्य विभाजन परिवर्तन गर्नुपर्छ,' उनले आक्रोश पोखिन् ।

उनको अभिव्यक्तिमा 'मैले भनेको मन्त्रीले गर्नैपर्छ' भन्ने हठ झल्कियो । मैले त्यसलाई चुनौतीको रूपमा लिएको थिएँ । पछि उनले आफैँ 'काम गर्दिनँ' भनेर मुख्यसचिव समक्ष राजीनामा दिइन् । उनको राजीनामा स्वीकृत भयो । उनी त्यहाँबाट आफैँ बहिर्गमित भएपछि मन्त्रालयमा आमकर्मचारीको मप्रतिको व्यवहार र सोचमा परिवर्तन देखिन थाल्यो ।

बाबुरामजीलाई पनि मन्त्रिपरिषद्मा सन्तुलन मिलाउन निकै गाह्रो थियो । पार्टीको तर्फबाट एउटा प्रस्ताव आउँथ्यो । सरकारका सहयात्री दलबाट त्यसैमा अर्को कुरा आउँथ्यो । अन्त्यमा पार्टीकै लाइन अनुसार नै निर्णय गर्न उनी बाध्य हुन्थे ।

लडाकुलाई पैसा दिने, जनयुद्धकालमा मरेकाहरूलाई शहीदको सूचीमा सूचीकृत गर्ने र उनीहरूका परिवारलाई पैसा बाँड्ने काम पार्टीको दबाबमा हुन्थ्यो । प्रस्तावहरूमा बहस गराउन त खोज्थे । तर आफ्नो निर्णयमा उनी पनि अडिन सक्दैनथे । आफैँले गरेका निर्णय काट्दै हिँड्दा मलाई चित्त बुझ्दैनथ्यो ।

स्वास्थ्य मन्त्री भएका बेला मैले धेरै मिहिनेत गरेँ । कार्यअनुभव कम भए पनि त्यसबेला नयाँ स्वास्थ्य नीतिको समयानुकूल आधार तय गरियो । प्रत्येक गाउँमा एक जना एमबिबिएस डाक्टर, एउटा एक्स-रे मेसिन, एउटा ल्याब हुनैपर्ने र प्रत्येक नागरिकले स्वास्थ्य परीक्षणको सुविधा गाउँमै पाउन सक्ने गरी नीतिको प्रारूप तयार गरेको थिएँ ।

त्यसको उद्देश्य थियो- स्वास्थ्य सेवाको स्तर वृद्धि गर्ने । रगत लगायतका विभिन्न परीक्षणको अभावमा रोगै पत्ता नलागी कसैको अकालमा ज्यान जान नपाओस् भनी मधेशमा

मात्र हैन, हिमाल र पहाडका जनताको पनि गाउँमै रक्त परीक्षण सुविधा उपलब्ध गराउने नीतिमा जोड दिएँ ।

त्यस्तै, राणाकालीन अस्पताको स्तरोन्नति, डाक्टर, चिकित्सक स्वास्थ्यकर्मीको दरबन्दीमा वृद्धि, नेपालमै विशेषज्ञ सेवाप्रदान गर्ने र ठूला अस्पताल निर्माण गर्ने लगायतका चिकित्सा क्षेत्रमा युगानुकूल नीति तर्जुमा गने सोचबाट प्रारूप तयार गरिएको थियो ।

स्वास्थ्य सेवाका क्षेत्रमा मधेशमाथि विभेद हुन नपाओस् भन्ने ख्याल राखेर स्वास्थ्य नीतिको फ्रेमवर्क बनाइयो । जनसङ्ख्यालाई मूल आधार बनाएर स्वास्थ्य सेवामा वृद्धि गर्ने नीतिमा जोड दिएँ । स्वास्थ्य सेवा भनेको जमिन र जंगललाई होइन । नागरिकलाई दिने हो । ६५ प्रतिशत जनसङ्ख्या मधेशमा भएकाले ती नागरिकको घनत्व हेरेर सेवा सुविधा दिने नीति अख्तियार गरिएको थियो ।

स्वास्थ्य सम्बन्धी विज्ञापन पारदर्शी र सबैले पाउने नीति मन्त्रिपरिषद्‌बाट पास गराएँ । स्वास्थ्य सूचना तथा सञ्चार नीतिमा परिवर्तन ल्याएँ । गाउँ देहातका अस्पतालहरूको अवस्था नाजुक थियो । कतिपय अस्पतालहरू गोठ जस्ता थिए । स्तरोन्नति गर्न बजेटको अभाव थियो । मैले दस प्रतिशत बजेट स्वास्थ्य क्षेत्रमा छुट्याउनुपर्छ भनेर अर्थ मन्त्रालयमा दबाब बढाएँ । पन्ध्र सय उपस्वास्थ्य चौकीलाई स्वास्थ्य चौकीमा स्तरोन्नति गरेँ । वीरगञ्ज अस्पताल, जनकपुर अस्पताल र विराटनगर अस्पतालको स्तरोन्नति गरेँ ।

सर्लाहीको जिल्ला अस्पताल राणाकालदेखि १५ बेडमै सीमित थियो । त्यसलाई ५० बेडमा विस्तार गरेँ । सर्लाहीको चन्द्रनगरमा दुई सय बेडको गजेन्द्र नारायण सिंह महिला तथा बाल अस्पताल निर्माण गर्न मन्त्रिपरिषद्‌बाट स्वीकृत गराएँ । सर्लाहीको बयलबास, वरहथवा, हरिपुर्वा, बबरगञ्ज, पिपरीया लगायत ठाउँमा १५ बेडको अस्पताल स्वीकृत गराएँ । तनहुँको दमौलीमा गिरिजाप्रसाद कोइरालाको नामबाट स्वासप्रस्वास रोगसम्बन्धी अस्पताल निर्माण गर्ने प्रस्ताव स्वीकृत गराएँ ।

तर अर्को सरकारले ती कार्यक्रमको लागि बजेट निकासा नगरेका कारण केही योजनाहरू कार्यान्वयनमा जान सकेनन् । स्वास्थ्य मन्त्रालय प्राविधिक मन्त्रालय हुनाले डाक्टरहरूलाई प्रशासनिक काम गर्न कठिनाइ हुन्थ्यो । उनीहरूलाई सहजीकरणको खाँचो थियो । पाँच हजारभन्दा बढी स्वास्थ्यकर्मीको दरबन्दी खाली थियो । दिनहुँ स्वास्थ्यकर्मी र चिकित्सक सेवा निवृत्त भई पद रिक्त भएरहन्थ्यो । तर नियम कानुनका जटिलताका कारण चिकित्सक तथा स्वास्थ्यकर्मी भर्ती गर्न मिल्दैनथ्यो ।

'अस्पताल तथा स्वास्थ्य केन्द्र एक घन्टा पनि चिकित्सक तथा स्वास्थ्यकर्मीविहीन राख्नु हुँदैन । खाली भएको ठाउँमा तुरुन्त अस्थायी वा करारमा भर्ती गरेर जनताको स्वास्थ्यको रक्षा सरकारले गर्नुपर्छ । लोकसेवाले पठाएको छैन, डाक्टर आएपछि विरामी पर्नू भनेर सरकारले जनतालाई भन्न मल्दैन,' मैले निर्देशन दिँदै भन्ने गरेको थिएँ ।

मन्त्रिपरिषद् बैठकमा म सेनामा मधेशीको भर्तीको कुरा उठाउँथें । बाबुरामजी 'हुन्छ, गर्नुपर्छ' भन्थे । तर कार्यान्वयनमा उही उदासीनता प्रकट गर्थे । खासमा त्यो मन्त्रिपरिषद्मा मधेशवादी दलहरूको पकड राम्रो थियो । रक्षामन्त्री रहेका शरदसिंह भण्डारीले सेनामा मधेशीको समूहगत प्रवेशको विषय उठाएका थिए । 'त्यसो नगरे तराई टुक्रियो भने के गर्ने ?' भनेर प्रश्न उठाउँदा उनको अभिव्यक्तिलाई अर्थको अनर्थ लगाइयो । विवादित बनाइयो । फोरम लोकतान्त्रिकले प्रतिरक्षा गर्न उचित ठानेन । बरु रक्षामन्त्रीबाट फिर्ता बोलाएर विवादबाट उम्किने रणनीतिमा लाग्यो । संसद्मा स्ष्टीकरणको मौका समेत बोल्न नदिएर घोर अन्याय गर्‍यो ।

प्रमुख प्रतिपक्षी नेपाली काग्रेस र एमालेले उनको राजीनामा नआएसम्म संसद् चल्न नदिने अडान राखेका थिए । त्यसबाट आत्तिएर पार्टीले उनलाई फिर्ता बोलाएको थियो । पछि रक्षा मन्त्रालयको कार्यभार उपप्रधानमन्त्री तथा गृहमन्त्री विजयकुमार गच्छदार आफैँले सम्हाले । उनको कार्यकालमा पनि मधेशीलाई सेनामा सामूहिक भर्ना गर्ने विषयमा खासै प्रगति भएन । उनले कहिल्यै उच्चारण गरेनन् ।

बाबुराम नेतृत्वको सरकारबाट पनि मधेशका जनताको आशामा तुषारापात भयो । आफ्नै वैशाखीमा बनेको सरकारमा गएर त मधेशको लागि उल्लेखनीय कार्य केही गराउन सकेनन् भने यिनले हाम्रा माग कसरी पूरा गरायलान् भन्ने अविश्वास र शंकामाथि मलजल पुग्यो ।

'मधेशका नेताहरू भएको शक्तिशाली र ऐतिहासिक सरकारको कार्यकालमा न त संविधान नै बन्यो, न त मधेशका समस्याको सम्बोधन भयो,' मधेश र मधेश बाहिर यसरी नै टिप्पणी हुन थाल्यो । यसबाट मैले आफ्नो शिर निहुरिएको अनुभूति गरें । कहिलेकाहीँ मेरो मनमा आउँथ्यो– म एक्लै सरकार छोड्छु । त्यतिबेला मलाई मानिसहरू भन्थे–'सबै मिलेर तपाईंलाई ड्यामेज गरिदिन्छन् ।'

# सविधान सभा विघटन

सरकारी आँकडाअनुसार पहिलो संविधान सभाको निर्वाचन गराउन आठ अर्ब रूपैयाँ खर्च भएको थियो । संविधान सभाको चार वर्षे कार्यकालमा तीन अर्ब खर्च भएको थियो । ११ अर्ब खर्च गरेर पनि संविधान सभाले संविधान निर्माण नगरी अवसान भोग्नुपरेको थियो ।

यसमा नश्लवादी सोच नै प्रमुख कारकको रूपमा रहेको छ । आन्दोलनको मर्म र भावनाअनुरूप सबैलाई समान अधिकार दिएको भए विवाद र असहमति हुँदैनथ्यो । वास्तवमा पहिलो संविधान सभा विघटनको बिउ राष्ट्रपति चुनावकै बेला रोपिसकिएको थियो । संविधानमा रहेको सहमतीय राष्ट्रिय सरकारको अवधारणालाई संशोधन गरेर त्यसलाई अझै मलजल प्रदान गरियो ।

संविधान सभाको कार्यकाल सकिने अन्तिमतिर एक दिन, प्रधानमन्त्री कार्यालयमा सर्वदलीय बैठक बसेको थियो । प्रधानमन्त्री बाबुराम भट्टराईले तीन महिनाका लागि संविधान सभाको म्याद थप्न प्रस्ताव गरे । तर काङ्ग्रेसले म्याद थप्न मान्दै मानेन । म्याद पनि नथपिने, संविधान पनि नबन्ने अवस्थामा मुलुक पुर्‍याइयो । त्यहीबीचमा सर्वोच्च अदालतले म्याद थप्न नपाइने फैसला गर्‍यो ।

काङ्ग्रेस सभापति सुशील कोइरालाले तुरुन्तै पत्रकार सम्मेलन गरेर अदालतको फैसलाको स्वागत गरे । संविधान पाउने नेपाली जनताको लामो चाहना र आशालाई अन्ततः परम्परागत दलहरूले निमिट्यान्न पारिदिए । सात दशकभन्दा लामो सपना, दश अर्बमाथिको लगानी र हजारौँको रगतसँग साटिएको संविधान सभा मध्यरात १२ बजे विघटनको नियति भोग्न बाध्य भयो ।

अप्रिय हुँदाहुँदै पनि मधेशलाई अधिकारसम्पन्न बनाउन निर्वाचनमा जानुको विकल्प थिएन । प्रधानमन्त्रीले एकतर्फी रूपमा संविधान सभाको नयाँ निर्वाचन घोषणा गरेको भन्दै एमालेले सरकार छाड्यो । एमाले स्थायी कमिटी सदस्य ईश्वर पोखरेल उपप्रधानमन्त्री थिए । उनले राजीनामा दिए ।

संविधान सभाको निर्वाचन गर्ने सरकारको घोषणा असंवैधानिक भएको भन्दै नेपाली काङ्ग्रेस, नेकपा (एमाले) सहितका ५ दलले राष्ट्रपतिलाई गुहारे । काङ्ग्रेस, एमाले, फोरम, राष्ट्रिय जनशक्ति पार्टी र फोरम लोकतान्त्रिकको शरदसिंह भण्डारी गुटले राष्ट्रपतिलाई भेटी मसिर ७ गते संविधान सभाको निर्वाचन गर्ने सरकारको घोषणा अस्वीकृत गर्न र प्रधानमन्त्रीलाई बर्खास्त गर्न माग गरे । उनीहरूले 'संविधानको धारा ६२ संशोधन नभइकन संविधान सभाको निर्वाचन घोषणा हुन सक्दैन' भने मत राखे ।

संविधान सभाको निर्वाचन भइसकेपछि सात राजनीतिक दल र नेकपा (माओवादी) बीचको संवाद, सहमति, सहकार्य र एकताको भावना करिब करिब टुटिसकेको अवस्था थियो । संवाद जारी रहे पनि सहमति, सहकार्य र एकताका सम्भावनाहरू क्षीण हुँदै गैरहेका थिए ।

कुनै दलले पनि एक्लै बहुमत हासिल नगरेको, संविधान निर्माण गर्न कम्तीमा दुई तिहाइ बहुमत आवश्यक पर्ने हुँदा सबै दल मिलेर नै संवाद, सहमति, सहकार्य र एकताका आधारमा संविधान निर्माण गर्नुपर्ने जनादेशलाई प्रमुख राजनीतिक दलहरूले नजरअन्दाज गरेको भान हुन्थ्यो । राष्ट्रपति र उपराष्ट्रपतिको निर्वाचनमा राजनीतिक सहमतिका लागि संवाद, सहकार्य, सहमति र एकता कायम गर्नुको बदला प्रमुख राजनीतिक दलहरूबीच आरोप-प्रत्यारोपको स्थिति पैदा भयो ।

संविधान समयमा नबन्नुमा गिरिजाबाबुको राष्ट्रपति हुने चाहना र प्रचण्डको नियत पहिलो कारण थियो । दोस्रो कारण भनेको संविधान सभामा मधेशवादी शक्ति बलियो देखियो । संविधान सभापूर्व एकातिर राजनीतिक व्यवस्था परिवर्तन गर्न लोकतान्त्रिक आन्दोलनहरू भए भने अर्कोतिर राजनीतिक र सामाजिक विभेदहरूको अन्त्य गर्न मधेश लगायत जातीय समुदायहरूले आन्दोलनलाई सशक्त बनाए ।

तेस्रो कारण खाइपाइआएको भाग छोड्न नचाहनु पनि हो । जो आफू खाइपाइआएका अधिकार फिर्ता गर्न सक्ने अवस्थामा थिएनन्, तिनैले संविधान सभा विरुद्ध षड्यन्त्र गर्दै संविधान सभा विघटनसम्मको स्थिति पैदा गराए । विभेद र शोषण गर्ने बानी भएकालाई आफ्नो हालिमुहाली गुम्ने डर थियो ।

संविधान सभा नियमावली, २०६५ को अनुसार लोकेन्द्र बिष्ट मगर सभापति र सद्भावना पार्टीका अनिलकुमार झा समेत सदस्य रहेको राज्यको पुनर्संरचना र राज्यशक्तिको बाँडफाँड समितिले सहमति गरी पेश गरेको प्रतिवेदनअनुसार नेपालको एकात्मक राज्यको स्वरूपलाई पुनर्संरचना गरी सङ्घीय लोकतान्त्रिक गणतन्त्र नेपाललाई चौध स्वायत्त प्रदेशमा विभाजन गरियो । प्रदेश निर्माणको आधारहरूमा पहिचान र सामर्थ्यलाई लिइयो ।

पहिचानको आधार अन्तर्गत जातीय/समुदाय, भाषिक, सांस्कृतिक, भौगोलिक क्षेत्रगत निरन्तरता एव ऐतिहासिक निरन्तरता समावेश भयो भने सामर्थ्यको आधार अन्तर्गत आर्थिक अन्तरसम्बन्ध र सामर्थ्यता, पूर्वाधार विकासको अवस्था र सम्भावना, प्राकृतिक साधन र स्रोतको उपलब्धता र प्रशासनिक सुगमतालाई मानक लिइयो ।

संविधान विघटन हुनुको चौथो कारण शान्तिप्रक्रिया समयमै पूरा नहुनु पनि हो । २०६७ भाद्र २८ गते प्रधानमन्त्री माधवकुमार नेपाल र एनेकपा (माओवादी) अध्यक्ष प्रचण्डबीच शान्तिप्रक्रियाका बाँकी काम पुस मसान्तभित्र पूरा गर्ने सहमति भएपछि विशेष समितिबाट कार्यविधि निर्माण, अयोग्य लडाकुहरूको बहिर्गमन, शिविरहरू विशेष समितिलाई हस्तान्तरण र अनमीनको बिदाइ लगायत शान्तिप्रक्रियाका महत्त्वपूर्ण कार्य किनारा लाग्यो । देशलाई निकास दिने सवालमा यो ऐतिहासिक काम थियो ।

डा. बाबुराम भट्टराई प्रधानमन्त्री निर्वाचित भएपछि २०६८ चैत २८ गते माओवादी लडाकुका अस्थायी शिविर नेपाली सेनालाई हस्तान्तरण गर्ने र क्यान्टोनमेन्टका हतियारको साँचो विशेष समितिमा बुझाउने निर्णय भई कार्यान्वयन भयो । शान्तिप्रक्रिया सम्बन्धी यो कार्य पनि ऐतिहासिक महत्त्वकै थियो ।

लडाकु समायोजनको टुङ्गो लागेको १ हप्ताभित्र संविधानका विवादित विषयमा सहमति जुट्ने काँग्रेस एमालेको अडान थियो भने संविधानका विवादित विषयमा टुंगो नलागेसम्म जनमुक्ति सेनाका लडाकुहरूलाई विघटन नगरिने माओवादी नेताहरूको मत थियो । शान्तिप्रक्रिया सम्बन्धी यिनै विवादहरूले संविधान निर्माणको कार्य अवरुद्ध भयो । लडाकु समायोजनपश्चात् पनि खास गरी मधेशी, थारू, लिम्बूवान् लगायतको जनजातिहरूसँग गरिएको सहमति सम्झौता कार्यान्वयनप्रति दलहरू उदासीन रहे ।

गरिजाबाबुको देहान्तपश्चात् हामीसँग भएको सम्झौताको स्वामित्व काँग्रेसले पनि लिन चाहेन । जेठ २ मा प्रधानमन्त्री निवास बालुवाटारमा बहुजातीय पहिचानसहित ११ वटा प्रदेश हुने, शासकीय प्रणाली मिश्रित हुने, राष्ट्रपतिको निर्वाचन कानुनमा व्यवस्था भएको बमोजिम प्रत्यक्ष प्रणालीबाट हुने, प्रधानमन्त्री संसद्बाट निर्वाचित हुने, शासनप्रणालीमा संसद्को सर्वोच्चता हुने, संसदको निर्वाचन मिश्रित प्रणालीबाट हुने, न्यायाधीशहरूको नियुक्ति न्याय परिषद्बाट हुने लगायतका विषयहरूमा भएको सहमतिपछि सोहीदिन साँझ संवैधानिक समिति अन्तर्गतको विवाद समाधान उपसमितिको सिंहदरबारमा बैठक बस्यो ।

११७ वटा विवादित विषयहरूलाई कसरी सम्बोधन गर्न सकिन्छ सोको विस्तृत प्रतिवेदन तयार गर्न र संविधानको पहिलो मस्यौदाको तयारीको काम थाल्न संवैधानिक समितिका सदस्यहरूको ७ सदस्यीय कार्यदल निर्माण गर्ने निर्णय भयो । कार्यदलले जेठ ३ गते विवाद समाधान उपसमितिको बैठकमा प्रतिवेदन प्रस्तुत गर्ने कार्यतालिका बन्यो । पछि उक्त प्रतिवेदनमाथि जेठ ४ गते छलफल गर्ने सहमति सहित बैठक सकियो । तर त्यसपछि उक्त सहमतिलाई विवाद समाधान उपसमिति र संवैधानिक समितिबाट अनुमोदन गराउने कुनै पहल नभइ सो सहमति कार्यान्वयनमा आउन नसकी संविधान निर्माणको अन्तिम पहल असफल हुन पुग्यो ।

पुरानो कार्यतालिका अनुसार काम हुन नसकेपछि २०६८ मंसिर २० गते कार्यव्यवस्था परामर्श समितिले परिमार्जन गर्न सक्ने गरी कार्य तालिका संशोधन गर्‍यो । यति गर्दा पनि संविधानको पहिलो मस्यौदा तयार भएन । त्यसपछि २०६९ वैशाख ११ गते नियमावली संशोधन र २०६९ जेठ ६ अन्तरिम संविधानको धारा ७० मा संशोधन गरी गरी सहमति हुन नसकेका विषय सभाले बहुमतले पारित गरी संविधानको पहिलो मस्यौदा गर्न सकिने अन्तिम कार्यतालिका पारित भयो ।

बारम्बार म्याद थप्दै गर्दा पनि विवाद समाधान उपसमितिले सहमति कायम गर्न सकेन । संविधान सभाले संविधानको अधिकांश कार्य सम्पन्न गरेको भएता पनि थपिएको दुई वर्षको कार्यकाल सकिएर संविधान जारी नगरी संविधान सभाको दुःखद् अवसान भयो ।

# संविधान ल्याउने अन्तिम प्रयास

संविधान सभामा अब के हुने हो भनेर कसैले आँकलन गर्न सक्ने स्थिति थिएन । १४ जेठ २०६९ मा प्रधानमन्त्री निवास बालुवाटारमा बिहानैदेखि चहलपहल थियो । सायद कसैले पनि सोचेका पनि थिएनन् कि संविधान नदिइ संविधान सभाको अवसान हुन्छ भनेर । अन्तिमसम्मका घटनाक्रमहरू नयाँ संविधान घोषणाको नजिक थिए ।

बिहान ९ बजेतिर क्याबिनेट बस्ने कोठामा दलका शीर्ष नेताहरूको बैठक बस्यो । शीर्ष नेताको आफ्नै समूह थियो भने त्यो भन्दामुनिका नेताको पनि छुट्टाछुट्टै बैठक बसिरहेका थिए । दृश्यहरू रोचक थिए । तर सबैको अनुहारमा एक किसिमको अन्यौल थियो- अब के हुने हो ? धेरै काम भइसकेका थिए । केही असहमतिहरूमा सहमति गरेर, केही थाती राखेर पनि संविधान आउनेमा सहमति होला भन्ने मलाई थियो ।

दिनभरि बालुवाटारमा सर्वदलीय बैठक भयो । त्यहाँ कुरा मिलेन । अनि दलहरू बीच के सहमति भयो भने सोझै संविधान सभा भित्र जाने, जे हुन्छ, त्यहीँ गर्ने । यही निचोडका साथ हामी संविधान सभा भवनतिर लाग्यौं । त्यसैबेला अचानक एमालेको तर्फबाट सिंहदरबार आउनुपर्‍यो भन्दै फोन आयो ।

'छलफलका लागि सभामुखको कार्यकक्षमा आउनुपर्‍यो ।'

हामी सबै संविधान सभा भवन नगएर सभामुखको कार्यालयमा पुग्यौं । त्यहाँ म्याद थप्ने/नथप्ने, संकट काल लगाउने/नलगाउने भन्ने विवादमा राति साढे दश बजेसम्म बैठक चल्यो । 'संकटकाल लगाएर भए पनि म्याद थपौं । त्यसको जोखिम म लिन्छु,' प्रधानमन्त्री भट्टराईले भने । तर काँग्रेसले मानेन ।

त्यो बैठकमा भने काँग्रेसबाट संसद् मात्र जोगाउने प्रस्ताव आएको थियो । सरकार बनाउने र गिराउने गणितीय खेलको लागि संसदलाई मात्रै जोगाउने उसको ध्याउन्न थियो । काँग्रेसको त्यो प्रस्तावलाई कसैले समर्थन गरेनन् ।

अन्तिमसम्म सहमतिको पहल भैरहेको थियो । बैठक प्रधानमन्त्री कार्यालयमा सुरु भयो । यतिखेर रातको करिब ११ बजेको थियो । त्यहाँ सत्तारूढ दलका नेताहरू मात्र थिए । काँग्रेस, एमालेका नेताहरू त्यो बैठकमा थिएनन् । विशिष्ट व्यक्तिहरू भेट्ने बैठक कोठामा प्रचण्डजी, प्रधानमन्त्री भट्टराई, गृहमन्त्री विजयकुमारजी र म लगायत नेताहरू बसेर गम्भीर छलफल गर्न थाल्यौं । नेताहरूको बैठक सकिने बित्तिकै हतारहतार मन्त्रिपरिषद् बैठक बस्यो । सरकारसँग मिनेट-मिनेटको चाप थियो । मध्यरात हुनै लागेको र १२ बजेअघि नै कुनै निर्णय गर्नुपर्ने दवाबमा रहेकाले नेता-मन्त्रीहरू असिनपसिन थिए ।

मन्त्रपरिषद् बैठक बसिरहेकै समयमा माधवजी, रामचन्द्रजी लगायतका नेताहरू प्रधानमन्त्री कार्यालय आइपुगे । प्रचण्डजीले .'खै तपाईंहरूलाई त बोलाएका छैनौं त' भन्ने जवाफपछि उनीहरू खिस्रिक्क परेर फर्किए । रातको १२ बजेपछि संविधान सभाको म्याद सकिने भएकाले मुलुकलाई शून्यतामा जानबाट बचाउन मन्त्रिपरिषद् बैठकले मसिरमा संविधान सभाको अर्को निर्वाचन गर्ने निर्णय गर्‍यो । त्यो बाध्यात्मक अवस्थाको बाध्यात्मक निर्णय थियो । प्रधानमन्त्री भट्टराईले संविधान सभा भंग हुनभन्दा केही मिनेट अघि नै राष्ट्रपति डा. रामवरण यादवलाई शीतलनिवासमा एउटा पत्र बुझाए । पत्रको सार यस्तो थियो– 'अर्को संविधान सभाको निर्वाचन २०६९ मसिर ७ गते बिहीबार हुनेछ ।'

राष्ट्रपतिबाट निर्वाचनको मिति घोषणा भयो । १२ बज्यो । कानुनअनुसार संविधान सभा विघटन भयो । अन्तरिम संविधान–२०६३ ले व्यवस्था गरेको दुई वर्षको संविधान निर्माणको समयमा संविधान घोषणा हुन सकेन । २०६६ जेठ १० देखि १४ गतेसम्मका चार दिन अन्यौलपूर्ण रहे । जेठ १४ गते मध्यरातमा नेताहरू संविधान सभाको एक वर्ष म्याद थप्न सहमत भए । २ वर्षभित्र संविधान तयार गरी जारी गर्ने म्यान्डेटका साथ निर्वाचित भएको संविधान सभालाई म्याद थपेर ४ वर्षसम्म लम्बाइए पनि नेपाली राजनीतिक दलहरूबीच सङ्घीयताबारे सहमति जुट्न नसकेपछि २०६९ जेठ १५ गतेबाट सर्वोच्च अदालतको फैसला बमोजिम स्वतः विघटन भयो ।

अधिकांश विषयमा सभादारी जुटे पनि सङ्घीयताबारे सहमति हुन नसकेपछि संविधान सभा असफल भएको हो । 'पुराना राजनीतिक दलहरूले अन्त्यमा आएर सङ्घीयता स्वीकार नगर्दा संविधान निर्माण गर्न सकेनौं,' बालुवाटारमा आयोजित पत्रकार सम्मेलनमा प्रधानमन्त्रीले भने, 'विषयगत समिति र आयोगको प्रतिवेदनलाई आधार बनाएर प्रक्रियामा जाऔं भन्दा पनि उनीहरूले मानेनन् ।'

बाबुरामजीले घोषणा गरेको संविधान सभाको दोस्रो निर्वाचनलाई काग्रेस र एमालेले स्वीकार गरेनन् । बाबुरामजीबाट हुने निर्वाचनमा भाग लिंदैनौं भन्न थाले । निर्वाचन तयारीका लागि १ सय २० दिन आवश्यक पर्ने भन्दै आयोगले साउन ७ गतेसम्मको समयसीमा दिएको थियो । त्यो समयसीमा सकिन लाग्दा पनि ऐनकानुनमा संशोधन नभएपछि आयोगले निर्वाचन हुन नसक्ने जानकारी दिएको थियो । प्रतिपक्षीको असहयोगका कारण निर्वाचन हुने अवस्था पटक्कै देखिएन ।

त्यसपछि सरकार परिवर्तनको प्रसंग सुरु भयो ।

# नागरिकता

# नागरिकता

'राजेन्द्र महतोको नागरिकता रद्द !'

२०७६ साउन १९ गते पत्रपत्रिकामा ब्यानर समाचार छापिए। रेडियो टेलिभिजनले जोडजोडले फुके।

काठमाडौँको सत्ताले म जस्तो मधेशी अनुहार भएका सबैलाई भारतीय देख्छ। पहाडमा फर्जी नागरिकता लिएर क-कसले केके बिठ्याइँ गरे ? त्यसको लेखाजोखा उसको बहीखातामा छैन। किन छैन ? किनकि उनीहरू शासकका नातागोता परे। त्यसकारण उनीहरू नेपाली भए। मधेशकै धर्तीपुत्रहरू भने साभा इतिहास भएकै कारण सधैँ समस्यामा परे।

तर, मधेशमा लाखौँ भारतीयले नेपाली नागरिकता लिएर आफ्नो सत्तामाथि धावा बोलिरहेका छन् भनेर उनीहरूको मथिङ्गल भयभित भइरहेको छ। मधेशमा बढ्दो राजनीतिक चेतनाबाट आफूलाई असुरक्षित महसुस गरेको नश्लीय सत्तालाई 'राजेन्द्र महतोको नागरिकता रद्द' भन्न समाचारले शीतल दिएको हुँदो हो।

त्यस दिनको मन्त्रिपरिषद् बैठकले अशोक साह, विन्दे महतो, दानदेवी महतो, सोशील महतो, राजेन्द्र महतो, राजेश्वर महतो, रामकिशोर महतो र राजकुमार महतोको नागरिकता रद्द गरेको रहेछ।

रद्द गरिएकामध्ये एकजनाको नाम मेरो नामसँग मिल्न गयो।

मन्त्रिपरिषद्ले गरेको निर्णयको समाचार सम्प्रेषण गर्दा बदनियत राखेर मधेशी समुदायको अपमान गर्न यति भनियो-राजेन्द्र महतो लगायतको नागरिकता रद्द ! झुटो विवरण पेश गरी नागरिकता लिएको देखिएकाले उनीहरूको नागरिकता रद्द गर्नुपरेको जानकारी तत्कालीन सञ्चार तथा सूचना प्रविधिमन्त्री गोकुल बाँस्कोटाले दिए।

अनि मलाई मन नपराउने मानिसहरूलाई के चाहियो ? हाम्रो समाज त्यसै पनि प्रतिक्रियात्मक छ। थाहा पाउने जाँगरै कसलाई छ र ! हेडलाइन पढ्यो, तरङ्गित भइहाल्यो। प्रतिक्रिया दिइहाल्यो।

र त, त्यसको आयु क्षणिक हुन्छ। अल्पायुको हुन्छ।

नागरिकता रद्द हुनेहरूको विवरण नखुलाइएकोले मानिसहरूले राजेन्द्र महतोको नागरिकता रद्द भएको ठाने। त्यसभन्दा पनि एकपटक मधेश आन्दोलन उत्कर्षतिर अभिमुख हुँदै जाँदा शासक वर्गका हरुवा चरुवाहरूले गृहमन्त्रालयमा नै गएर प्रश्न उठाएँ। मेरो नागरिकताबारे भ्रम

फिँजाएर आन्दोलन मत्थर बनाउन खोजेका थिए । नागरिकता रद्दको समाचारले उनीहरूलाई राहत दियो ।

डढेलोभैँ त्यो समाचार सर्वत्र फैलियो । मधेशमा समेत त्यो खबर पुग्यो । मधेशी जनता त्यो षड्यन्त्रको विरोधमा झन् आन्दोलित भए ।

यो त एउटा उदाहरण मात्रै हो । नश्लीय सत्ताले मधेशीसँग नेपाली हुनुको प्रमाण मागिरहन्छ । पाइलापाइलामा नेपाली भएको प्रमाण देखा भनेर अपमानित गरिरहन्छ । गरीबी, अभाव र बेरोजगारीले मधेशीहरू जति पिल्सिएका छन्, त्योभन्दा दोब्बर उनीहरू राज्यको अपमान, घृणा र द्वेषले थिचिएका छन् ।

यस्तो भुङ्ग्रोभित्र आममधेशी मात्र होइन, पटकपटक सांसद र मन्त्री भइसकेका अविचलित सङ्घर्षबाट उदाएका मजस्ता मान्छे पनि पर्नुपरेको छ । मधेशमा कुनै आन्दोलन हुँदा जहिले पनि मेरो काठमाडौँस्थित घरमा ढुंगामुढा हुन्छ । ती ढुंगामुढा गर्नेहरूले मेरो घरमा प्रहार गर्दा मधेशीमाथि नै प्रहार गर्यौ भन्ने ठान्दा हुन् । यो कुरूप सोच हो । मधेश विरोधी तत्त्वलाई जीवित राख्ने काम राज्यले गरेको छ ।

म मधेशकै माटोमा जन्मिएँ । त्यहीँको माटोमा बाल्यकाल कोरेँ । उमेर बढ्दै जाँदा सपना देखेँ । मधेशका धूपमा खारिएका चरा-बचेराको आर्तनाद, तिनको विद्रोहको गीत सुनेर हुर्किएँ । हृदयमा क्रान्तिको फिलिङ्गो अटुट जगाएँ । यहीँको माटोमा कोर्न सिकेँ मैले परिवर्तनका अक्षरहरू । मेरो अन्तस्करणबाट निस्किएको विद्रोहको आवाज मधेशीका लागि मुक्तिको प्रेरणा बन्यो । नश्लीय चिन्तनधाराका शासक वर्गविरुद्ध प्रतिरोधको आवाज बन्यो ।

म शान्तिगामी हुँ । मधेशी प्रायः शान्ति र अहिंसाका द्योतक हुन् । पेटमा भोकको ज्वाला बोकेका उनीहरूले ओठले विध्वंशको आगो फोस्न सक्दैनन् । उर्वरा र सिर्जनाका पर्याय बनिरहेका उनीहरूका हातहरूले सर्वनाशको राँको उचाल्न सक्दैनन् । त्यसैले त्यसको त्यही अनुसारको प्रतिक्रिया लिन मैले कहिले पनि उचित ठानिनँ । एक सुरले आफ्नो मुल्य र मान्यतामा अडिग रहिरहेँ । म सत्यको पक्षधर हुँ । ढिलोचाढोको कुरा मात्र हो । सत्य एकदिन वास्तिविक रूपमा देखिन्छ नै । मेरा वा कसैको बारेमा भ्रम छर्दैमा त्यो सत्य हुँदैन र सत्य बन्न सक्दैन ।

सदियाँँदेखि शासक वर्गको अपमान सहेर पनि मधेशीहरू राज्यको अन्तिम किनाराको पहरेदार बनेका छन् । रक्षक बनेका छन् । ग्रीष्मयाममा मधेशीकै थाप्लामाथि आगो खनिन्छ । खोलानालाले पनि उनीहरूकै घरबारी र खेतखलियानमा डुबान र कटानको धारिलो तरबार उज्याइरहन्छ । शासक वर्गको अपमान मधेशीको भागमा परेकै छन्, प्रकृतिले पनि हामीहरूलाई न्याय गरेको छैन । यो सबै सहेर माटोको रक्षा गरिरहेका मधेशीहरूको हुर्मत लिन शासक वर्गले छोडेका छैनन् ।

यसविरुद्ध सिंहदरबारतिर औंला ठड्याएर विद्रोहको भाषा बोल्न मैले मधेशमै सिकेको हुँ । राज्यले खडा गरेको विभेदको पर्खाल, कोरिएको एकल जातीय, भाषिक पहिचानको सीमारेखाले सिकाएका हुन् ।

आफ्नो ऊर्जावान् समय यही देश र जनतामा लगानी गरेँ। यही देशका मजस्ता उत्पीडनमा परेका जनताका अधिकारको लागि आवाज उठाएँ। तर म नै यो देशको नागरिक नरहेको रहेको भ्रम सरकारी तवरबाट फिँजाइयो। यहाँका नश्लीय मिडिया त्यही चिन्तनको उत्तराधिकारीका रूपमा देखा परे। उनीहरूले आफ्नो बल र बुताले भ्याएसम्म त्यो खबर सम्प्रेषित गरे।

देशका मूलधारका भनिने प्रायः सञ्चारमाध्यम पूर्वाग्रही छन्। नश्लवादी छन्। साम्प्रदायिक पनि छन्। वास्तवमा उनीहरू एकल जातीय, भाषा, धर्म र संस्कृतिका खबरदाता हुन्।

मधेशको हकमा तिनीहरूको समाचारको सीमारेखा पूर्व-पश्चिम राजमार्गसम्म मात्र हो। त्यसभन्दा परका समस्या यिनीहरूको लेन्सले देख्दै दैख्दैन। त्यहाँका समस्यालाई राष्ट्रिय समस्या ठान्दै ठान्दैनन्।

त्यसैले त मन्त्रिपरिषद्को निर्णय बाहिरिने बित्तिकै कुन राजेन्द्र महतोको नागरिकता खारेज भएको हो भनेर विवरण खोज्ने कुनै प्रयाससम्म पनि गरेनन्। नाममात्र मिलेको कारणले सीधै ममाथि आक्रमणको शिलशिला सुरु भयो। कतिपय अखबारमा मेरो फोटो राखेर 'राजेन्द्र महतोको नागरिकता खारेज...!' शीर्षकमा ठूलो अक्षरका हेडलाइन छाए। अखबार र अनलाइनका पन्ति झलमल्ल भए। एक किसिमले भन्दा भ्रमपूर्ण समाचारको भेलबाढी नै आयो।

जतिबेला नाम मिलेको कुराको आड लिएर ममाथि तर्कहीन र मिथ्या आरोप लगाइयो त्यतिखेर म व्यवस्थापिका संसद्मा जनताद्वारा प्रत्यक्ष चुनिएर आएको सांसद थिएँ। मैले तत्कालै संसद्भित्रै आपत्ति जनाएँ। विरोध दर्ज गरेँ। नागरिकता खारेज भएका ती व्यक्तिका बारेमा अन्य विवरण किन नखुलाएको भनेर सरकारको नियतमाथि प्रश्न गरेँ।

त्यसपछि मात्रै मिडियाले मैले संसद्मा उठाएको आवाजलाई स्थान दियो। तर आजसम्म पनि मिडियाले विवरण खुलाएर नेपाली नागरिकता रद्द गरिएका ती राजेन्द्र महतो र म एकै होइन भन्ने सत्य प्रष्ट पार्ने चेष्टा समेत गरेन। बरु तिनै समाचारको आधारमा आम जनमानस र राजनीतिक वृत्तमा समेत भ्रम छर्ने काम भएको छ।

त्यसैले मैले भन्ने गरेको छु, नेपाल सबै नेपालीका लागि बनेको छैन। राष्ट्रनिर्माणको प्रक्रिया अझै पनि पूरा भएको छैन।

मधेशी नेपाली भएका प्रमाण सधैँ बगलीमा बोकेर या निधारमा टाँसेर हिँड्ने कुरा पनि भएन। यहाँ कुन नश्लवादी शासकको सन्तानले नागरिकता खल्तीमा बोकेर हिँड्न पर्छ? यहाँ त शासकवर्गका सन्तान दुनियाँको कुनै कुनामा जन्मेहुर्के पनि नेपाली हुन्छन्। तर मधेशी समुदायलाई अपमान र विभेद मात्रै गरिन्छ। पाइलैपिच्छे राष्ट्रियतामा शंका गरेर नेपाली भएको प्रमाण पेश गर्न लगाइन्छ। शंका लागेकै भरमा उनीहरूको राष्ट्रियता र पहिचानको धज्जी उडाइन्छ।

त्यस्ता भुटा र भ्रमपूर्ण खबरले जनता र मेरो दूरीलाई बढाउन भने सकेको छैन । यस्ता गैरजिम्मेवार, विभेदमूलक शासकीय चिन्तन तथा व्यवहारले मेरा पाइला डगमगाउँदैनन् । बरु झन् आफ्नो कर्तव्यतर्फ अग्रसर हुन्छन् । मेरो छातीभित्र उठेको विद्रोहको सुनामी अझै तेजिलो बन्छ ।

मौका पाए भने पूर्वाग्रह र प्रतिशोधबाट ओतप्रोत भएर नश्लवादीहरूले एक पटक होइन, हजारौं पटक मलाई भारतीय भन्न छुटाउँदैनन् ।

मैले मेरै देशको सविधानले गरेको व्यवस्थामा टेकेर नागरिकता प्राप्त गरेको हुँ ।

कसरी प्राप्त गरेँ, विस्तारमा भन्न चाहन्छु ।

प्रवेशिका परीषा उत्तीर्ण गर्नासाथ नागरिकताको आवश्यकता परिहाल्यो । प्राविधिक विषय अध्ययन गर्न नागरिकताको आवश्यक पर्दथ्यो । त्यतिबेलाको प्रसंग सुनाऊँ ।

एकदिन सर्लाही जिल्ला पञ्चायत कार्यालय मंगलवामा जिल्ला सभापति रामध्यानराय यादवलाई भेट्न गएँ । नागरिकताका लागि सिफारिस लिन । त्यहाँ भेल्ही गाउँ पञ्चायतका प्रधान पञ्च मधुनन्दन मिश्रा बसिरहेका थिए ।

'बउवा, पञ्चायतके सिफारिस लिअवा त सिफारिस क दे वो,' उनले मलाई नम्र भाषामा भने ।

'बाबू ! गाउँ पञ्चायतको सिफारिस लिएर आऊ, अनि नागरिकताको लागि सिफारिस गरिदिन्छु,' उनले यसै भने ।

त्यस दिन गाउँ पञ्चायतको सिफारिस नभएकाले नागरिकता बनाउन सकिनँ । त्यही बीचमा प्रवेशिकाको नजिता पनि आयो । म उत्तीर्ण भएँ । मेरो उडान काठमाडौंतर्फ सोझियो ।

यी २०३२ सालको कुरा हो ।

काठमाडौंमा कानुन विषय पढिरहेको थिएँ, २०३३ सालमा गाउँगाउँमा सरकारले नागरिकता टोली खटायो । जिल्ला पुगेर नागरिकता बनाउन नसक्ने, नागरिकता बनाउन सदरमुकाम जानुपर्छ भन्ने थाहा नभएका, अशक्त र अपाङ्गत भएकाको घर आँगनमै प्रशासन पुग्ने र दैलोदैलोमा नागरिकता दिने, सरकारले राम्रो काम गरेको थियो ।

मैले थाहा पाएसम्म त्यति बेला हाम्रो गाउँ देहाततिर नागरिकता बनाउन चलनै थिएन । नागरिकता किन चाहिन्छ र ! भन्थे मानिसहरू । उनीहरूका लागि पनि सरकार घर-आँगनमै पुगेको थियो ।

टोलीले गाउँ-गाउँमा जन्म र वंशजका आधारमा नागरिकताका पाउनेहरूको नाम छुट्टाछुट्टै दर्ता गराएको थियो । छुट्टाछुट्टै अभिलेख राखेको थियो ।

यसका अतिरिक्त अङ्गीकृत नागरिकताको पनि निवेदन उठाइरहेको रहेछ ।

गाउँमा टोली आएको थाहा पाएपछि म पनि काठमाडौंबाट गाउँ पुगें । यही माटोमा जन्मिएपछि नागरिकता उसको नैसर्गिक अधिकार हो । नेपालमा जन्मिएका मानिसलाई

नागरिकता लिन वञ्चित गरिनेछैन भनेर त्यतिबेला नेपालको संविधान २०१९ र कानुनमै भएको व्यवस्था थियो ।

फुरुङ्ग हुँदै मैले जन्मको आधारमा निवेदन दिएँ ।

मेरो निवेदन जन्मसिद्धको आधारमा खडा गरिएको रेकर्डको ८७ नम्बरमा दर्ता गरिएको थियो । त्यति बेला बबरगञ्ज गाउँ पञ्चायतका प्रधानपञ्च श्री शंकरसिंह दनुवारको सिफारिससमेत टोलीलाई बुझाएको थिएँ ।

तर अस्थायी निस्सा वितरण गर्ने क्रममा म गाउँमा थिइनँ । काठमाडौँमै भएकाले अस्थायी निस्सा लिन छुटें । पछि काठमाडौँबाट गाउँ गएँ । त्यहाँबाट सिडिओ (प्रमुख जिल्ला अधिकारी) कार्यालय मलङ्गवा पुगें । टोलीले पनि सबै रेकर्ड सिडिओ कार्यालयमा बुझाएका रहेछन् । प्रशासकीय अधिकृत रामरतन मिश्रा थिए । उनलाई म काठमाडौँको बागबजारमा डेरा गरी बस्दा नै चिन्थें ।

'हाकिम साहेब, अस्थायी निस्सा वितरण गर्न टोली गाउँ गएका बेला काठमाडौँमा भएकाले लिन पाइनँ,' मैले यति भनें ।

उनले नागरिकता टोलीले बुझाएको रेकर्ड हेरे । जन्मसिद्ध आधारमा खडा गरिएको अभिलेख पल्टाउँदै गए ।

मैले दाजुभाइहरूको नागरिकताको प्रतिलिपि, आवश्यक अन्य कागजात पनि लगेको थिएँ । उनले सबै विवरण रुजु गरे ।

कैफियत नभेटेपछि उनले सिडिओ हेमराज शर्माको कार्यकक्षमा फाइल पठाए । उनले सबै कागजात रुजु गरेपछि मलाई ना.प्र.न. ८७ को नागरिकता प्रदान गरियो । त्यसताका अस्थायी नागरिकताका निस्सा लिइसकेकाको हकमा निस्सा नम्बरलाई नै ना.प्र.न. लेख्ने चलन थियो । अस्थायी निस्सा नलिएकाको हकमा भने जन्मसिद्धको दर्ता रजिष्टरमा लेखिएको नम्बरलाई नै ना.प्र.न. का रूपमा लेखिन्थ्यो ।

यसरी विधिवत् मैले २०३४ साल असोज २९ गतेका दिन नागरिकता प्रमाण पत्र प्राप्त गरें ।

नेपालको संविधान २०१९ को व्यवस्थाअनुसार संविधान लागू भएको बखत जसको जन्म नेपालमा भएको हो, उसले जन्मसिद्ध नागरिकता पाउने व्यवस्था थियो । त्यसैमा टेकेर मैले नागरिकता प्राप्त गरेको थिएँ ।

२०१५ साल मंसिर ४ गते यही धर्तीमा जन्मेको र उमेर पुगी नागरिकता ऐन २०२० अनुसार सगौरव जन्मको आधारमा जन्मसिद्ध नागिकता प्राप्त गरेको धर्तीपुत्र हुँ म । म कुनै पूर्वजको नाताले नेपालको नागरिक भएको हैन, त्यसैले यहाँ पूर्वजको चर्चा जरुरी रहेन ।

यो त भयो मेरो नागरिकताको नालीबेली । अब अर्को कुरा गरौं ।

२०४६ मा प्रजातन्त्र पुनःस्थापनापछि नेपाल सद्भावना परिषद्लाई पार्टीको रूपमा २०४७ वैशाख ३ गते रूपान्तरित गरियो । पार्टीको स्थापना नै मधेशको गर्भबाट भयो ।

मधेशका प्रायः नागरिकहरूसँग पनि नागरिकता थिएन । गरीब, निमुखा, कृषकहरूसँग एक धुर जग्गा थिएन । त्यहाँका विपन्नहरूसँग भूमिमा पहुँच त थिएन, थिएन, नागरिकता समेत पाउन सकेका थिएनन् । जब उनीहरूलाई नागरिकता दिनुपर्छ, नागरिकको दर्जा दिइनुपर्छ भन्ने 'भारतीयलाई किन नागरिकता चाहियो ?' भन्नेजस्ता तिखो वचनको सामना गर्नुपर्थ्यो ।

त्यसैले पार्टी स्थापनादेखि नै हामीले नागरिकताको मुद्दा उठायौं ।

सद्भावनादेखि समयक्रममा म आबद्ध पार्टीका हरेक कार्यक्रममा मधेशीको पहिचान, राष्ट्रियता र नागरिकताका सवाल जोडतोडका साथ उठ्ने गरेका छन् । ती सार्वजनिक रूपमा सुरक्षित छन् ।

यहाँका एकल राष्ट्रिय राज्यका मूल्य–मान्यतामा विश्वास गर्ने नश्लवादी शासक सम्भ्रान्त तथा उसका मिडियाले मधेशीलाई 'भारतीय'का रूपमा देखाउँछन् । मैले मेरा मधेशी जनताको लागि गरेको सङ्घर्षलाई भारतीयलाई नागरिकता दिलाउन गरेको भन्ने भाष्य बनाउँछन् । पहाडेको लागि बोल्ने नेता नेपाली हुने अनि यही देशको मधेशमा बस्ने मधेशीको बारेमा कस्ले बोल्ने ? बोल्यो भने भारतीय भनिहाल्ने । यो कस्तो मानसिकता हो ।

राज्यको उपप्रधानमन्त्री समेत भइसकेको मान्छेको सार्वजनिक अपमान गरेर यहाँका एकल नश्लीय राष्ट्रवादी भनाउँदा र तिनका मिडियाले मलाई मधेशी भएकै कारणले त्यसप्रकारको व्यवहार गरेका हुन् । यस्तो गर्दा उनीहरूलाई सुकुन मिल्छ । तर धर्तीपुत्र मधेशीलाई कस्तो महसुस भएको होला, कहिल्यै सोचिएन ।

संविधान सभाबाट नेपालको संविधान २०७२ बनाउँदा मधेशी, दलित, जनजाति, मुस्लिम, थारू, खस लगायतका जनताको अधिकार, पहिचान प्राप्तिको चाहना, भावना विपरीत काँग्रेस, कम्युनिष्टहरूबाट संविधान बन्न सुरु भयो । उता विरोधमा मधेशमा तेस्रो मधेश आन्दोलन सुरु भयो । त्यति बेला नेपालभारत सीमा नाकामा बसी नाका अवरोध गर्न बाध्य भयौं । समस्या समाधानतर्फ पहल नगरी आन्दोलनकारी र मधेशीमाथि सबै दोष थुपार्ने, मधेश र मधेशीलाई अझ नराम्रो बनाउने मौका शासकहरूले किन छोड्थे । काठमाडौँको आपूर्ति प्रायः वीरगञ्ज नाकाबाट हुने र वीरगञ्ज नाकामा मेरो नेतृत्वमा आन्दोलन भएकाले यो सबै समस्याको जड राजेन्द्र महतो नै हो भनेर कुनियत तरिकाले मेरो विरुद्धमा व्यापक प्रचार गरियो ।

६ महिनासम्म चलेको मधेश आन्दोलनमा गरिएको नाकाबन्दीको सम्पूर्ण रिस काठमाडौँले ममाथि नै पोख्यो । 'राजेन्द्र महतो भारतीय दलालमात्रै होइन 'भारतीय' नै हो, ऊ देशद्रोही हो, देश निकाला नै गर्नु पर्छ'सम्म भनियो । यस प्रकारका गैरजिम्मेवार, राष्ट्रघाती, मधेशीविरोधी अभिव्यक्ति तथा व्यवहार पूर्वाग्रही नश्लीय मानसिकता बोकेका टाउकाहरूबाट भोग्दै–झेल्दै आएको छु । तर यस्ता प्रायोजित पूर्वाग्रहले भरिएको षड्यन्त्र र आरोपबाट म कहिले पनि विचलित भइनँ र हुने पनि छैन । मेरो लडाइँ यस्ता भिगीअवरोधले लम्बिन सक्छ, तर रोकिनेवाला छैन ।

नश्लवादी साम्प्रदायिकता यो देशको लागि विष हो । त्यसकारण सबैमा यो ज्ञान हुन आवश्यक छ ।

एउटा औँला कसैलाई उठाउँदा बाँकी औँला आफैँतिर फर्किएका हुन्छन् । र भनिरहेका हुन्छन्, अरुलाई हेर्नु अगाडि आफूलाई हेर एकपटक । बुभ्ने गर । केही अध्ययन गर । चेतनालाई फराकिलो पार । अनि सबै अटाउने मानसिकता राखेर प्रिय वाणीमा सम्बोधन गर । केवल औँला नउठाऊ ।

कसैको राष्ट्रियतामाथि प्रश्न उठाउनु भन्दा पहिले नागरिकताका बारेमा राम्रोसँग बुभ्न जरुरी छ । एक विशेष सामाजिक, राजनीतिक, राष्ट्रिय वा मानव संसाधन समुदायको एक नागरिक हुने अवस्था हो । सामाजिक अनुबन्धका सिद्धान्त मातहत नागरिकताको अवस्थामा अधिकार र उत्तरदायित्व दुवै सामेल हुन्छन् । राज्यसँग कानुनी सम्बन्ध स्थापित गरी अधिकारको रक्षा गर्ने दस्तावेज नै नागरिकता हो । सोही दस्तावेजकै आधारमा टेकेर मैले मधेश र मधेशीको अधिकार खोजी गरिरहेको छु ।

अन्तर्राष्ट्रिय कानुनमा राष्ट्रियता भनेको व्यक्ति र राज्यबीचको कानुनी बन्धन हो । यद्यपि नागरिकता र राष्ट्रियताले फरक मौलिक रूपमा फरक कानुनी स्थितिको परिकल्पना गर्छ । राष्ट्रियताको श्रेयका लागि जुस सोली (राज्यको माटोमा जन्मिएको राष्ट्रियता) र जुस सान्गुइन (वंशजमा आधारित राष्ट्रियता) गरी प्रमुख दुई सिद्धान्तहरू छन् ।

नेपालमा नागरिकता प्रमाण पत्रलाई सबैभन्दा वैधानिक कानुनी पहिचानको दस्तावेज मानिन्छ । सबैभन्दा वैधानिक कानुनी पहिचान नभई कुनै पनि मान्छे राज्यतहमा कसरी पुग्न सक्छ ?

नागरिकता र राष्ट्रियता धेरै हदसम्म मिल्दाजुल्दा शब्दहरू हुन्, तर पनि यी दुई शब्दहरू अर्थमा फरक छन् । प्रायः युरोपियन मुलुकहरू एउटै राष्ट्रियतामा आधारित भएर निर्माण भएका छन् । तर संसारमा आज पनि यस्ता थुप्रै देशहरू छन् जुन देशमा एकभन्दा बढी राष्ट्रियताहरू अस्तित्वमा छन् ।

बहुल राष्ट्रिय राज्यको अवधारणा तहत वा सङ्घीयता तहत त्यस्ता देशहरूमा उनीहरूको आआफ्नो राष्ट्रियताको पहिचानसहित उक्त देशका नागरिकताधारी रहेका छन् । नागरिकता भनेको व्यक्तिले समाजमा पाउने राजनीतिक र कानुनी अधिकार हो ।

रक्तसम्बन्ध सिद्धान्त र जन्मसिद्ध सिद्धान्त संसारका प्रायः राष्ट्रहरूले मान्दै आएको स्थायी नागरिकताको सिद्धान्त हो ।

परम्परागत रूपमा ग्रीस सहरमा बस्ने व्यक्तिलाई नागरिक भन्ने गरिन्थ्यो । आधुनिक नागरिकता प्रणालीलाई फ्रेन्च रिभोलुसनको परिणामको रूपमा लिने गरिन्छ । आधुनिक समयमा नागरिकताको नीति जूस सान्गुनिरा (रक्तको अधिकार) र जूस सोली (माटोको अधिकार) राष्ट्रहरूका बीच विभाजित छ । जुस सान्गुनिस नीति अर्थात वंश वा रक्तको अधिकार जातीयता वा वंशका आधारमा नागरिकता दिन्छ । यी युरोपमा प्रचलित एक राष्ट्र राज्यको अवधारणासँग सम्बन्धित छ ।

हाम्रो सभ्यतामा, हाम्रो देशमा समेत जननी जन्मभूमिश्च स्वर्गादपि गरियसिको मान्यता उच्च छ । पूर्वीय सभ्यतामा जन्मभूमिको धेरै नै महत्त्व रहेको छ । र राजेन्द्र महतो त्यही जन्मभूमिमा हुने नश्लवादी साम्प्रदायिक विभेदको विरोधमा उभिएको हो । देशको विरोधमा होइन ।

हामीले उठाउने गरेका विषय एउटा देशका नागरिकले पाउनु पर्ने अधिकारको हो भन्ने कुरा नश्लवादी साम्प्रदायिक चेत बोकिरहेको नेतृत्वले देख्न चाहेको छैन वा भनौं, देखेर पनि देखिरहेको छैन ।

मधेशीलाई भारतीयको रूपमा बुझ्ने परम्पराले मधेशको ठूलो समस्याको विषय नै नागरिकता बनाइदिएको छ । जसकारण एक्काइसौं शताब्दीमा हाम्रा होनाहार युवापुस्ताले देशको लागि आफ्नो ऊर्जाशील समय दिनुपर्नेमा नागरिकताको लागि भौतारिनुपर्ने अवस्था सिर्जना भएको छ । त्यसमाथि वैवाहिक नागरिकताको विषय उचित सम्बोधनको पर्खाइमा छ । नागरिकताको विषयमा राज्य जति सकिन्छ पारदर्शी हुनुपर्छ ।

सामान्यतया कुनै देशको नागरिकसँग विवाह गरेर उक्त देशको नागरिकता प्राप्त गर्न सक्ने कानुनी बाटोहरू छन् । यस नागरिकताको आधार वैवाहिक नागरिकता (जुरे मेट्रिमोनी) हो ।

नागरिकतालाई नियमित र व्यवस्थित गर्ने आधार र पृष्ठभूमि राष्ट्रपिच्छे फरक फरक देखिन्छन् । यसका बाबजुद पनि सबै मुलुकहरूले नागरिकताको विषयलाई सम्बोधन गर्न निर्माण गर्ने कानुनहरू भने खास सिद्धान्तमा आधारित हुन्छन् ।

जन्मको आधारमा नागरिकता फ्रान्सबाट थालनी भएको हो । जसमा जुन देशको सीमाभित्र व्यक्ति जन्मिन्छ सोही देशको नागरिक बन्छ । वंशजको आधारमा नागरिकता जर्मनीबाट थालनी भएको हो । यस सिद्धान्त अनुसार बाबु वा आमा नागरिक भएको देशमा तिनका सन्तानले नागरिकता स्वतः पाउँछन् ।

अङ्गीकृत नागरिकता अङ्गीकरण कुनै देशका नागरिकलाई आफ्नो देशको नागरिक बनाउने प्रक्रिया हो । अङ्गीकृत व्यक्ति पहिले नै कुनै देशको नागरिक रहिसकेको हुनाले उसलाई अङ्गीकृत नागरिकता दिने वा नदिने विषय सम्बन्धित राष्ट्रको विवेकमा भर पर्छ । नेपाल नागरिकता ऐन, २०६३ को दफा ५ मा र अहिलेको संविधानको ११ को ८ मा पनि अङ्गीकृत नागरिकताको व्यवस्था रहेको छ ।

सम्मानार्थ नागरिकता अन्तर्राष्ट्रिय ख्यातिप्राप्त व्यक्तिलाई कुनै पनि देश प्रदान गर्न सक्ने राजनीतिक अधिकार नभएको नागरिकता हो । कुनै बाहिरी क्षेत्र कुनै देशको शासन प्रशासनभित्र गाभिने गरी प्राप्त भएमा त्यस क्षेत्रभित्रका व्यक्ति सोही मितिबाट क्षेत्र विलय वा क्षेत्र प्राप्तिको आधार अन्तर्गत देशको नागरिक हुने व्यवस्था संसारमा प्रचलनमा रहेको छ ।

# नेपालमा नागरिकताको इतिहास र संघर्ष

हाम्रो देशमा नागरिकता प्राप्तिका कानुनी व्यवस्था, प्रचलन तथा व्यवहारको कथा पनि रोचक छ ।

नागरिकतासम्बन्धी कानुनको पृष्ठभूमिलाई केलाउनले हो भने पृथ्वीनारायण शाहको १८३१ सालको दिव्योपदेशसम्मै पुग्नुपर्ने हुन्छ । त्यहाँ रैतान अथवा प्रजा शब्द उल्लेख गरिएका छन् ।

तत्पश्चात् १९१० सालको मुलुकी ऐन, नेपाल सरकार वैधानिक कानुन २००४, नेपालको अन्तरिम शासनविधान २००७ सालमा नागरिक र गैरनागरिक भन्ने शब्द उल्लेख गरिएका थिए । दिव्योपदेश वा ऐनहरूमा खास गरी नागरिकता प्रदान गर्नेबारे कुनै कुरा उल्लेख गरिएको थिएन ।

यसैले पनि नेपालमा नागरिकताको इतिहास धेरै पुरानो छैन ।

नेपालमा नागरिकता प्रमाणपत्र दिने–लिने कानुनको सुरुवात नेपाल नागरिकता ऐन– २००९ र नेपाल नागरिकता नियमावली– २०१५ बाट भएको हो । २०२० पछि नेपाल लोकसेवा आयोगले उम्मेदवारको दरखास्त फारमका साथमा नागरिकता राख्न अनुरोध गर्‍यो । त्यति बेला नागरिकताको अनिवार्य प्रावधान भने थिएन ।

त्यहीबीच सरकारी नोकरी गर्नेमध्येबाट कसैकसैले नागरिकता प्रमाणपत्र लिने प्रचलनको थालनी भयो ।

नेपाल नागरिकता ऐन २००९ को दफा २ मा नेपाल राज्यमा जन्मेको, जसको आमाबाबुमध्ये एकजना नेपालमा जन्मेका र राज्यभित्र आफ्नो स्थायी बासस्थान कायम गर्ने उद्देश्यले सपरिवार बसोबास गरेकालाई नेपाली नागरिक ठहर गर्ने प्रावधान राखिएको थियो ।

त्यही ऐनकै दफा ३ ले नेपाल अधिराज्यको कानुन र रीत बमोजिम नेपाली नागरिकको साथ वैवाहिक सम्बन्ध भएको स्वास्नी मानिस नेपाली नागरिक रहने व्यवस्था गरेको थियो ।

तिनताक नेपालको तिब्बतसँग व्यापारिक सम्बन्ध राम्रो थियो । व्यवसायका सिलसिलामा तिब्बतमै बस्ने र उतै बिहे गर्ने परम्परा बसेको थियो ।

नेपाल र तिब्बतबीचको सन्धि शर्तबमोजिम नेपाली लोग्ने मानिसले भोट अर्थात तिब्बतमा रहेका बेला तिब्बतको भोटिनी स्वास्नीबाट जन्मेका छोरा नेपाली नागरिक हुने तर छोरीहरू तिब्बतका नागरिक ठहर्ने भनेर नेपाल नागरिकता ऐन, २००९ को दफा १० मा उल्लेख भयो ।

नेपाल अधिराज्यको संविधान २०१५ मा नागरिकका मौलिक हक र कर्तव्यको व्यवस्था गरिएको थियो । तर, नागरिकता प्राप्तिका सन्दर्भमा भने बेग्लै कानुनी प्रबन्ध गरेको भने देखिँदैन । २०१९ साल पौष १ गते घोषणा भएको नेपालको संविधान २०१९ को भाग २ मा नागरिकता सम्बन्धी नीतिहरू उल्लेख भएका थिए । जसमा नागरिकता प्राप्ति तथा समाप्ती दुवै कानुनले निर्धारण गरे बमोजिम हुने उल्लेख गरिएको थियो ।

नागरिकता सम्बन्धी नियमावली २०१५ अनुसार तपाईं नेपालको जन्मसिद्ध या स्वयंसिद्ध नागरिक हो भनेर लेखेर दिन सुरुआत गरियो । तर अहिले जस्तो नागरिकताको व्यापक प्रयोग नहुने भएकाले प्रशासनबाट नागरिकता लिनेको संख्या असाध्यै न्यून थियो भन्दा हुन्छ ।

नेपालको संविधान २०१९ मा नेपाली राष्ट्रभाषा बोल्न र लेख्न जान्ने, नेपाली उत्पत्तिको व्यक्ति हुनुपर्ने जस्ता वाक्यांश प्रयोग गरियो । साथै विगतको नागरिकता सम्बन्धी कानुनी विकासक्रमलाई दृष्टिगत गरी नेपाल नागरिकता अध्यादेश २०२० मसिर २९ गते जारी गरियो । पछि सोही यथावत् २०२० फागुन १६ गते नेपाल नागरिकता ऐनको रूपमा देखा पर्न आयो ।

नागरिकता ऐन २०२० मा वंशजको आधारमा नागरिकतालाई प्राथमिकतामा राखियो । जन्मसिद्ध नागरिकताको प्रावधान भने नेपालको संविधान २०१९ मा पनि थियो । तर नेपालमा जन्मेका सन्तान नेपालका जन्मसिद्ध नागरिक हुने भनी ऐनमा राखिएको प्रावधान अनुसार उमेर पुगेपछि निश्चित अवधिभित्र नागरिकता लिइसक्नुपर्ने व्यवस्था गरिएको थियो ।

नेपाली पुरुषसँग बिहे गरेका विदेशी महिलाहरू बिहे गर्नें बित्तिकै नेपाली नागरिक स्वतः हुने प्रावधानलाई हटाएर निजले चाहेको खण्डमा अङ्गीकृत नागरिकता लिन सक्ने प्रावधान राखियो । साथै नेपालको संविधान २०१९ ले कायम गरे बमोजिम नेपालीसँग बिहे गरेका, तिब्बती भोटिनीबाट जन्मेका सन्तान छोरा भए नेपाली र छोरी भए तिब्बतीयन हुने विभेदकारी प्रावधानलाई भने नेपाल नागरिकता ऐन २०२० ले खारेज गरेको थियो ।

राजा महेन्द्रको राष्ट्रवाद नागरिकतामा झल्किँदा त्यसको असर पछिसम्मै नेपालको आदिवासी र मूलवासीमा परिरह्यो । त्यसले मधेशी मात्रै हैन, पहाडी र हिमाली भेगका नेपाली बोल्न नजान्ने नेपालीसमेत अप्ट्यारोमा परे । राज्यले जानाजान कतिपयलाई अङ्गीकृत नागरिकता थमायो । कति नागरिकता लिनबाट वञ्चित भए । यसको असर दोस्रो, तेस्रो पुस्तासम्मले पनि भोग्नु पर्‍यो । यद्यपि ब्यहोरिरहनु परेको छ ।

संविधानमा नेपाली भाषा पढ्न र लेख्न जान्नेले नेपाली नागरिकता पाउने प्रावधान भए पनि व्यवहारमा नेपाली भाषा बोल्नेलाई नागरिकता दिने चलन थियो । पढ्न र लेख्न जान्नेले मात्रै नेपाली नागरिकता पाउन सक्छ भन्ने कुरालाई व्यवहारमा लागू गरेको भए पहाडी समुदायका पनि थोरै मानिसले नागरिकता पाउँथे होला । पहाडमा लेखपढको जमाना आएको पनि धेरै भएको छैन । हुनेखानेले भारतका काशि, बनारस, पीठ, मठतिर पुगेर शिक्षादीक्षा लिए पनि होलान् । त्यो सङ्ख्या पनि कति नै होला र !

नेपाल सरकारले नागरिकसँग नेपाली नागरिकता प्रमाणपत्र हुनुपर्ने आवश्यकता ठान्यो । २०३२ सालदेखि नागरिकताको टोली तराईका जिल्लामा खटाउने क्रम सुरु भयो । टोलीले गाउँमा गएर वंशजको नागरिकलाई अस्थायी निस्सा दिने र जन्मसिद्धको नाम लगत बनाउने आदेश भयो । र त्यसलाई पनि अस्थायी निस्सा वितरण गर्‍यो । त्यस आधारमा प्रमुख जिल्ला अधिकारीले प्रमाणपत्र दिने व्यवस्था भयो । टोलीले अस्थायी निस्सा वितरणमा २००३/२००४ सालको नापीको कागज भएको वा, नेपाल सरकारको जागिरे भइरहेको वा भइसकेको प्रमाण भएको वा, जनजाति वा पहाडी समुदायको व्यक्ति इत्यादि मध्ये कुनै एक प्रमाण मात्रैलाई आधार बनायो । सोही प्रमाणलाई अभिलेखका रूपमा राख्यो ।

यस बखत मधेशका धेरै धर्तीपुत्र नागरिकता लिनबाट वञ्चित भए । यसकारण कि, तिनताक मधेशमा भूमिको स्वामित्व जमिनदारहरूसँग मात्रै थियो । आफ्नै नाममा जग्गाजमिन नभएका भूमिहीन, सुकुम्बासीहरूले नागरिकता पाउन सकेनन् । जसको असर अहिलेसम्म परिरहेको छ । तिनका सन्तानले अझै पनि नागरिकता पाउन सकेका छैनन् ।

२०२० सालपछिको जग्गा–जमिनको प्रमाण हुने मधेशीलाई जन्मसिद्धमा नामदर्ता गर्न भनियो । तर, तराईमा जमिनदारी प्रथाले गर्दा पुराना जग्गाधनीको संख्या अति न्यून थियो । त्यसपछि सरकारले नेपाल नागरिकता ऐन २०२० लाई २०३३ आश्विनमा संशोधन गर्‍यो । त्यो समय फिल्डमै रहेको नागरिकता टोलीले जन्मसिद्ध नागरिकता दिन २०२० पछिको जग्गा वा मोहीसम्बन्धी कुनै प्रमाण भएको वा भन्सार, जर्ना, दाउरा पुर्जी, मलेरियाको औषधि छिटाएको, अस्पतालको पर्चा, स्कुल फिस वा अड्डाअदालतमध्ये कुनै कागजात भएको र गाउँका मानिसले स्थायी बसोबाससहित जन्म प्रमाणित गरिदिएको सर्जमिन मुचुल्कालाई नागरिकता प्राप्तिको आधार बनायो ।

यो प्रावधान नागरिकता ऐन २०२० लाई संशोधन गरी राखिएको थियो ।

जन्मसिद्ध होस् कि वंशज दुवै उस्तै हुन् । अंगीकृत मात्रै फरक हो भन्ने कुरा कानुन, प्रमाण र दुनियाँको नजिर थियो । टोलीले जसलाई जे मन लाग्यो दियो र लियो ।

हेर्दा अङ्गीकृत नागकिरता प्रावधान विदेशीका लागि मात्र राखिएको थियो । व्यवहारमा पुग्दा मधेशीहरूले नागरिकता लिने क्रममा समेत यो व्यवस्था बाध्यकारी बन्यो । यो अभ्यासले मधेशीलाई विदेशीसरह सम्झन वा भारतीय हुन् भनी बहिष्कृत गर्न बल पुर्‍याइरह्यो । राष्ट्रिय एकता र देशभक्तिको नाममा नेपाली उत्पत्तिको व्यक्तिजस्ता अस्पष्ट वाक्यांशलाई नागरिकतामा घुसाउँदा यससित सम्बन्धित पञ्चायती राष्ट्रवाद मौलाएसँगै नागरिकको अधिकार कुण्ठित हुने उपक्रम पनि भाँगियो ।

वंशज र जन्मसिद्धको प्रमाण नभएका तर नेपालका पुराना र स्थायी निवासी मधेशीहरूले आवश्यक तानेमा आफूलाई भारतीय घोषित गरी अङ्गीकृत नागरिकताको फारम गरी टोलीगा बुझाउनु भनिएपछि केहीले अङ्गीकृत फारम भरे । पछि २०३८ मा मन्त्रालयबाट अङ्गीकृत नागरिकता प्रमाण पाए ।

यसरी २०३२ सालदेखि वंशज, जन्मसिद्ध, अङ्गीकृत गरी नागरिकताको तीन किसिम प्रचलनमा आए । तर त्योभन्दा पहिलेका बडाहाकिमले तराईवासी, पहाडी र जनजाति सबैलाई प्रायः जन्मसिद्ध नै भनेर प्रमाण दिएकाले र नेपाल नागरिकता ऐन २०२० आइसकेपछि पनि २००९ को ऐनको कुरा समेत समातिराखेको थियो । साथै २०३२/३३ को टोलीले समेत नागरिकताको अस्थायी निस्सामा '२००९ र २०२० बमोजिम' भनेर लेख्ने गरेको थियो ।

औलो रोग उन्मूलन भएपछि नेपालको पहाडी क्षेत्रबाट तराई मधेशमा बसाइँसराइ गर्नेको सङ्ख्या ह्वात्तै बढ्यो । बसाइँसराइपछिको अवस्थाबारे अध्ययन गर्न २०३९ साउनमा हर्क गुरुङको सयोजकत्वमा नेपालमा आन्तरिक र अन्तराष्ट्रिय बसाइँसराइको अध्ययन गर्ने कार्यदलसमेत गठन भयो । त्यस कार्यदलले सात महिनामा सरकारलाई प्रतिवेदन बुभायो ।

नेपालजस्तो सानो मुलुकमा भारतीय आप्रवासन दर धेरै रहेको प्रतिवेदनको निचोड थियो । अतः यसलाई नियन्त्रण गर्न सीमाक्षेत्र बन्द गर्नुपर्ने, सीमा क्षेत्रलाई खाली गरी भूतपूर्व सेनाहरुलाई बसोवास गराउनु पर्ने सुझाव दिइयो । प्रतिवेदन सार्वजनिक नहुँदै त्यसको सार लिक भएपछि गजेन्द्रनारायण सिंहको अगुवाइमा विरोध सुरु भयो । वास्तवमा भन्ने हो भने नेपाल सद्भावना परिषद्को गठन नै हर्क गुरुङको प्रतिवेदनको विरोधको गर्भबाट भएको हो । सद्भावना परिषद्को कडा विरोधका कारण सरकारले उक्त प्रतिवेदन लागू गर्न सकेन । उक्त प्रतिवेदन सार्वजनिक समेत भएन ।

२०४६ पछिको जनआन्दोलन पछि बनेको संविधानले नागरिकता सम्बन्धी पुरानै कानुनलाई हुबहु सदर गर्‍यो । २०५१ सालको मध्यावधिपछि नेकपा (एमाले)ले अल्पमतको सरकार बनाएको थियो । त्यसबखत नागरिकतासम्बन्धी समस्या समाधान गर्न भन्दै एमालेको सरकारले सांसद धनपति उपाध्यायको नेतृत्वमा उच्चस्तरीय नागरिकता आयोग गठन गर्‍यो । यसको सदस्य म पनि थिएँ । आयोगले मुलुकभर ३४ लाख बालिग व्यक्ति नागरिकताविहीन भएको तथ्याङ्क निकाल्यो । त्यही आधारमा प्रतिवेदन बुभायो ।

प्रतिवेदन कार्यान्वयनमै नआइ नौ महिनामै तत्कालीन एमाले अध्यक्ष मनमोहन अधिकारी नेतृत्वको सरकार ढल्यो ।

एमालेको अल्पमतको सरकारको पतनपछि तत्कालीन नेपाली काग्रेसका नेता शेरबहादुर देउवाको नेतृत्वमा सरकार बन्यो । २०५२ को मसिरमा त्यस सरकारले उपाध्याय आयोगको प्रतिवेदन कार्यान्वयन र थप समस्या समाधानका लागि भन्दै सांसद महन्थ ठाकुरको सयोजकत्वमा समिति बनाएका थिए । तर यो समितिले पनि प्रतिवेदन लेख्ने बाहेक अर्को काम गरेन । त्यसको केही समयपछि देउवा सरकार पनि ढल्यो । सरकारहरू फेरिँदै गए तर मधेशीहरूको नियति बदलिएन । नागरिकतासम्बन्धी समस्या हस्तान्तरित हुँदै आए ।

लोकेन्द्रबहादुर चन्द सरकारको पालामा २०५३ चैतमा गृहमन्त्री वामदेव गौतमले जितेन्द्रनारायण देवको सयोजकत्वमा नागरिकता अनुगमन तथा कार्यमूल्याकन समिति गठन गरेका थिए । अध्ययनपछि त्यस समितिले तराई र भित्रीमधेशका २० जिल्लामा ३२ हजार ८ सय

४९ जनालाई वंशज, एक हजार १ सय ९८ लाई अङ्गीकृत र ४३ जनालाई जन्मसिद्ध नागरिकता वितरण गरेको तथा ३४ लाख नेपालीलाई नागरिकता वितरण गर्नुपर्ने निष्कर्ष निकालेको थियो ।

समितिले यो जानकारी २०५४ वैशाख ३१ गते गोरखापत्रमा सूचना प्रकाशित गरेर दियो । त्यतिखेर वितरण गरिएका नागरिकताको प्रमाणपत्र बदर गर्न सर्वोच्चले २०५८ मा आदेश जारी गर्यो ।

यसरी पञ्चायतदेखि गणतान्त्रिक मुलुकको सरकारसम्मले नागरिकताको विषयलाई प्राथमिकता दिएजस्तो गर्ने तर मधेशीलाई नागरिकता दिनेबेलामा ऐन, कानुन देखाएर विभिन्न प्रकारको झन्झट पैदा गराउँदै मुट्ठी कस्दै आएका छन् ।

सिंहदरबारको सत्ताले मधेशका खास भूमिहीन र नागरिकता पाउनुपर्ने वर्गलाई बेवास्ता गर्दा समस्याको गाँठो भने झन्झन् कस्सिँदै गयो ।

नागरिकतालाई राजनीतिक दाउपेचसँग जोडेकै कारण मधेशमा यो समस्या विकराल हुँदै गयो ।

म यतिबेला २०६२/०६३ को आन्दोलनको पूर्वसन्ध्याको कुरा गरिरहेको छु ।

त्यतिबेला तत्कालीन नेपाल सद्भावना पार्टी (आनन्दीदेवी) ले नागरिकताको विषय सम्बोधन गर्ने शर्तमा मात्रै संयुक्त आन्दोलनमा सरिक हुने बताएको थियो । त्यसमा अरु राजनीतिक दलहरू पनि सहमत थिए ।

२०६३ वैशाख ११ गते आन्दोलन सफल भयो । अन्तरिम सरकार बन्यो । अन्तरिम संविधान निर्माणको क्रम चलिरहेको थियो । त्यतिबेला हामीले आन्दोलनका घटक दलहरूलाई पूर्ववत् वाचाहरू सम्झायौं । २०६३ मा अन्तरिम संविधान जारी हुनुभन्दा पहिले नागरिकता सम्बन्धी ऐन बनाइयो । अन्तरिम संविधानले पछि ऐनको बाधा अड्काउ फुकायो । नागरिकता ऐन २०६३ को दफा ४(१) ले २०४६ चैत मसान्तभित्र जन्मेकालाई जन्मका आधारमा नागरिकता दिने व्यवस्था गर्यो । गृह मन्त्रालयको अभिलेखअनुसार त्यो बेला सरकारले देशभर ५ सय ६१ टोली खटाएर २६ लाख १५ हजार ६ सय १५ नागरिकता वितरण गर्यो ।

२०६३ देखि ०६५ सम्ममा एक लाख १० हजार ७ सय २६ जनाले जन्मसिद्ध नागरिकता लिए ।

दुर्भाग्य यिनै नागरिकका सन्तानलाई नागरिकता प्राप्तिबाट वञ्चित गरियो । नागरिकता देऊ भन्दा भारतीय करार गर्न खोजियो । यही समस्या समाधान गर्ने शर्तमा इच्छा नहुँदा नहुँदै एमाले अध्यक्ष केपी शर्मा ओलीको दोस्रो प्रधानमन्त्री कार्यकालमा हामी सरकारमा सहभागी भएका थियौं ।

हाम्रै शर्तअनुसार २०७८ जेठ १ गते नागरिकतासम्बन्धी अध्यादेश जारी भयो । नागरिकता पाउनबाट वञ्चित रहेका नागरिकको पीडा सम्बोधनका लागि जारी गरिएको अध्यादेशले राष्ट्रियता नै खतरामा पर्ने अड्कल काटियो । सडकदेखि सदनसम्म चर्को विरोध गरियो ।

संसद्ले दुई दुई पटक पास गरेर पठाएको विधेयकलाई नश्लीय सत्ताको उत्तराधिकारीहरूबाट रोक्ने काम भयो ।

नागरिकता पाउनबाट वञ्चित रहेकामाथि शीतल निवास गैरजिम्मेवार बनेको मात्र थिएन, संवेदनहीन पनि देखिएको थियो ।

पछि रामचन्द्र पौडेल राष्ट्रपति हुँदा यसलाई सच्याउने काम भयो । अध्यादेश जारी भयो ।

अध्यादेशका अन्तरवस्तुमा विरोध गर्ने ठाउँ कहीँ पनि थिएन । नेपालको संविधान २०७२ ले जन्मसिद्धका सन्तानलाई वंशजको नागरिकता दिने स्पष्टै व्यवस्था गरेको भए पनि त्यस अनुरूपको ऐन नबनेको भन्दै राज्यले नागरिकता दिन हिच्किचाइरहेको थियो ।

संविधानमा उल्लेख भएको विषय आठ वर्षसम्म कानुन बनाएर कार्यान्वयनमा लगिएन । नागरिकता नै नभएर करिब ६ लाख नागरिकको जनजीविका सकसपूर्ण बनेको थियो ।

लामो समयसम्म नागरिकता नहुँदा नागरिकको जनजीविका मात्र होइन, जीवन नै तहस नहस हुने वातावरण राज्यले सिर्जना गर्‍यो ।

यसको एउटा असर चर्चा गर्न चाहन्छु ।

जन्मसिद्धका सन्तानलाई नागरिकता नदिएपछि धेरै मानिसहरू पलायन भए । खुला सीमा छ । बढीमा ३० किलोमिटर छिचोलेपछि छिमेकी मुलुक भारत पुगिन्छ ।

विशाल देश पसेपछि भोकै मरिंदैन भन्ने विश्वास छ । त्यही विश्वासलाई पछ्याउँदै भारत पसेकाहरू मध्य केहीले उतै रासन कार्ड बनाउन थाले । विस्तारै परिवार लैजाने र कालान्तरमा पलायनको बाटो रोजे ।

देशले त्यस्ता नागरिकता नपाएकाहरूको पीडाको सुनुवाइ गरेको भए श्रमशक्ति पलायनको बाटोमा जाँदैनथ्यो । 'भारतीय हुन्, जाऊन् त !' भनेर केहीको शरीर हलुगो भएको पनि हुनसक्छ । प्रकारान्तरले यसको असर देशको उत्पादकत्व, उत्पादनमा पर्छ । जनशक्ति, श्रमशक्तिमा पर्छ ।

अहिले पनि जन्मसिद्ध नागरिकता लिएकाको सन्तानबाहेक अन्य सदस्य अनागरिक नै बन्नुपर्ने अवस्था छ । एक थान नागरिकताको खोजीमा उनीहरू तड्पिइरहेका छन् । कतिको त इहलिला नै समाप्त भइसकेको छ ।

मेरो लडाइँ तिनै देशका वास्तविक धर्तीपुत्रको राजनैतिक तथा संवैधानिक अधिकारको लागि हो ।

नेपालमा राज्यविहीनताको अवस्था सिर्जना गर्न राज्य नै उद्यत् छ । तर राज्य यो सत्य स्वीकार गर्न तयार छैन । राज्यले नश्लवादी साम्प्रदायिकताको चस्मा हटाएर हेर्ने अभ्यास सुरु गर्न किञ्चित् ढिला नगरोस् । देश भएर पनि देश नहुनु पीडाको निकै ठूलो पहाड हो ।

राज्यविहीनताले राज्यकै अस्तित्वमाथि ठूलो समस्या खडा गर्छ । नश्लवादी मानिसकता त्यागेर सबैले त्यता ध्यान दिनुपर्ने बेला भइसकेका छ । यस समस्यालाई न्यूनीकरण गर्न अन्तर्राष्ट्रिय कानुनी अभ्यासहरू पनि छन् ।

ती प्रचलित अभ्यासका माध्यमबाट देशमा विद्यमान नागरिकतासम्बन्धी समस्या हल खोज्न सकिन्छ

बुबा वा आमामध्ये एकजना देशको नागरिक छ भने सैद्धान्तिक रूपमा उसका छोराछोरीले वंशजकै आधारमा नागरिकता पाउने व्यवस्था विश्वका एक सय २६ देशको कानुनमा छ ।

२०६२/६३ को जनआन्दोलनको जगमा बनेको नेपालको अन्तरिम संविधानमा पनि यही व्यवस्था थियो । तर विभिन्न जटिलता देखाइ व्यवहारमा ल्याउन रोकिएको छ ।

मधेशमा प्रमुख जिल्ला अधिकारीहरूले आमा र बुबा दुवै जना वंशजको नाताले नागरिक भएमात्र उनीहरूको छोराछोरीलाई वंशजको नागरिकता दिँदा रहेछन् । आमा र बाबुको नागरिकतामा पनि बाबुको नागरिकतालाई अनिवार्य नै गरेको छ ।

संयुक्त राष्ट्र सङ्घीय शरणार्थीसम्बन्धी उच्चायोग (युएनएचसीआर) ले एकसय २२ वटा मुलुकमा गरेको सर्वेक्षणमा बुबा र आमा दुवै नेपाली नागरिक नभएमा वंशजको आधारमा नागरिकताप्राप्त गर्न नसक्ने एकमात्र मुलुकको रूपमा नेपालको पहिचान गरेको छ ।

नागरिकतासम्बन्धी प्रावधान बमोजिम नागरिकता पाउनको लागि आमा र बुबा दुवै नेपाली नागरिक हुनुपर्ने बाध्यात्मक अवस्था सिर्जना गरिएको छ । यो प्रावधानअनुसार बुबा र आमामध्ये कुनै एकजनाको मात्रै नेपाली नागरिकता नभएको खण्डमा तिनका सन्तानले नागरिकता पाउन सकिरहेका छैनन् र ठूलो संख्यामा रहेका वास्तविक नेपाली नागरिकहरू राज्यविहीन हुने विडम्बनापूर्ण अवस्था छ ।

नेपाली पुरुष जो भारतीय लगायत अन्य विदेशी गहिलाराँग बिबाह गर्छन् र विबाहित महिलाले नेपाली नागरिकता बनाउन नसकेमा वा बनाउन अनिच्छा देखाएमा तिनका सन्तानसमेत राज्यविहीन भइरहेका छन् ।

२०३३ सालमा ऐन संशोधन हुँदा नागरिकता टोली गाउँमा कार्यरत थियो । त्यसो हुँदा काम गर्न बाँकी रहेको गाउँ-ठाउँमा वंशज र जन्मसिद्धको समेत अस्थायी निस्सा बाँड्यो । पहिले टोली पुगिसकेको गाविसमा जो छुट्यो, छुट्योको अवस्था रह्यो ।

तिनताका नागरिकता नोकरीवाला अथवा जग्गाधनीका लागि हो भन्ने धारणा र व्यवहार व्याप्त थियो । सरकारले पनि त्यही भाष्य स्थापित गर्‍यो । टोलीबाट जमिनदार र जागिरदारबाहेकले नागरिकता लिन आवश्यक ठानेनन् ।

२०२० सालको नागरिकता ऐन संशोधनमा जन्मसिद्ध नागरिकता रोजी सक्ने म्याद २०३७ चैत मसान्त तोकिएको थियो । तर हदम्यादको कुरा प्रचार गरिएन । जसले हदम्याद राख्यो उसैले मानै शाहा पाउने अवस्था बन्यो ।

नागरिक स्तरमा जन्मसिद्ध र वंशज भनेको उस्तै हो भन्ने प्रचार गरियो । कानुनी एव संवैधानिक अधिकार पनि समान नै थियो । तर राज्यधारीहरूको मनोविज्ञान चाहिँ फरक रहेछ । उनीहरूले फरक नै व्यवहार गरे ।

यसरी यहाँ आफ्नै प्राचीन निवासीलाई विदेशी मानियो र त्यही कुरा लेख्न लगाइयो, जुन आज नयाँ संविधान बन्दा पनि कायम नै छ ।

२०६३ मा बनेको ऐनको दफा ४ (१) मा २०४६ चैत मसान्तभित्र जन्मेकालाई जन्मको आधारमा नागरिकता दिन भनिएको छ । यो ऐनमा पनि दुई वर्षको म्याद अर्थात् २०६५ सम्म नागरिकता लिन सक्ने म्याद दिइएको थियो तर थप म्यादमा काम गरिएन ।

२०६३ मा खटिएका टोलीहरूले छुटहरू र नाबालकको नामदर्ता नै नगरेकाले एउटै आमाबाबुका सन्तान कोही नागरिक र कोही गैरनागरिक बन्न पुगेका छन् । फेरि पनि समस्या बाँकी रह्यो ।

नीति-निर्मातामा सुझबुझको कमी र हतारमा काम सक्ने प्रवृत्तिले गर्दा यहाँ पनि समस्या थाती रह्यो ।

वर्तमान संविधानको धारा ११ को उपधारा २ को (क) मा संविधान जारी हुँदाका बखत, वंशजको नागरिकता पाएका वंशजको नागरिक ठहरिने भनिएको छ ।

धारा ११ को उपधारा २ को (ख) मा कसैको जन्म हुँदाका बखत उसको बाबु वा आमा नेपालको नागरिक रहेछ भने ऊ पनि बालिग भएपछि वंशजको नागरिकता पाउने उल्लेख भएकाले २ असोज २०७२ सम्म जोसुकै व्यक्तिको आमा वा बाबुमध्ये एकजनाले जुनसुकै किसिमको नागरिकता प्रमाणपत्र प्राप्त गरेको रहेछ भने उसको सन्तान वंशजको नागरिक हुने भन्ने कुराले धेरै समस्याको समाधान गर्न सक्थ्यो ।

तर, त्यसैको तल धारा ११ को उपधारा (३) मा यो संविधान जारी हुनु पहिले 'जन्मको आधारमा नेपालको नागरिकता प्राप्त गरेको' नागरिकको सन्तानले बाबु र आमा दुवै नागरिक रहेछन् भने मात्र ऊ बालिग भएपछि वंशजको नागरिकता पाउने छ भनी भनिएको छ ।

यसबाट सर्वप्रथम त धारा ११ (२) मा लेखिएको 'नागरिक' शब्द नै विवादित हुन पुगेको छ र दोस्रो कुरा यो उपधारा ३ मा 'यो संविधान प्रारम्भ हुनुअघि जन्मका आधारमा नेपालको नागरिकताप्राप्त गरेको नागरिकको सन्तान' भन्ने शब्दावली प्रयोग भएकाले यो शब्दावलीको नागरिकता २०६३ सालको ऐन नियमअनुसार वितरण भएको हुँदा यी नागरिक जन्मसिद्ध पनि होइन रहेछन् भन्ने कुरा स्पष्ट गरेको छ ।

यसबाट नागरिक नागरिकबीच विभेद बनाइराख्ने र समस्याको स्थायी समाधानमा नजाने मनसायले २०६३ सालमै धुर्त्याइँ गरेर 'काइते' शब्दावलीको प्रयोग गरी कानुन निर्माण भयो । २०७२ मा त्यसैलाई निरन्तरता दिइयो ।

अन्यथा, सिद्धान्ततः स्त्रीजातिको नागरिकतामा विवाद नआउनुपर्ने हो । यिनी कि त बाबु वा आमा, कि त पतिको नागरिकताको आधारमा नागरिक ठहरिनुपर्दछ । वैवाहिक अङ्गीकृत नागरिकतामा आजभोलि पतिको नागरिकता, विवाहदर्ता र सिफारिस आदिका साथै भारतीय बाबुको रासन-कार्ड मागिने गरेको देखिएको छ ।

यो कुन नियममा छ ? भारत सङ्घीय राज्य हो । उसको प्रत्येक राज्यमा रासन कार्ड बन्दैन ।

रासनकार्ड, मतदाता नामावली आदि विशाल भारतका प्रत्येक नागरिकसँग हुन्छ ? नेपाली नागरिकसँग विवाह भएकी निजकी छोरीले कसको रासन-कार्ड दिने ? उसले आफूलाई भारतीय व्यक्तिकी छोरी भन्नु र पतिको नागरिकता सहितका कागज पेस गर्नु आफैँमा पर्याप्त छैन ?

कानुनी अस्पष्टताले मधेशमा निकै ठूलो समस्या ल्याइको छ । हामीले गरिरहेको सङ्घर्ष यसैको समाधानका लागि हो ।

कानुनमा अनेक अस्पष्टताहरू छन् । व्यक्तिपिच्छे मनलाग्दी ढङ्गले कानुनको व्याख्या हुँदै आएको छ । व्यक्तिपिच्छे नियम-कानुको फरक-फरक व्याख्या गरेर ताडित तुल्याइन्छ ।

कानुनमा लेखेको कुरा पहाडको व्यक्तिको हकमा एउटा व्याख्या हुन्छ र कार्यान्वयनमा जान्छ । मधेशका हकमा अर्को व्यख्या गरिन्छ र अड्चनमा पुर्‍याइन्छ ।

इतिहासदेखि नै मधेशीलाई नागरिकता लिन कसरी वञ्चितीकरण गरियो भनेर केही चर्चा गरौं ।

१९६८ सालमा मधेशमा नापी भयो । त्यतिबेला बसोबास वा घर बर्गैंचा छुट्याउने, नापजाँच नै नगरी मौजा छुट्याउने र नापी गर्ने चलनकै थियो । घरबास र बर्गैंचा भएको ठाउँ छुट्याएर नापी गरेकाले बसोबास गर्ने क्षेत्रको लालपुर्जा भएन । कामदार तथा रैतीहरूको लगत भयो । उनीहरूले नागरिकता पाएमा मोहियानी हकको दाबी गर्न सक्ने भयले जमिनदारलाई दपेट्यो । कामदार र रैतीहरूलाई नागरिकतासम्बन्धी जानकारी दिइएन ।

तराईमा धेरै आदिवासी नागरिकताविहीन भए ।

राणाकालीन ऐनमा घरवास दर्ता नहुने चलन थियो । त्यसको फाइदा शासकवर्गले लिनुसम्म लिए । पछि भूमिसुधार ऐन लागू भयो । पहाड, सहर तथा गाउँका घर स्ववासी भनेर दर्ता गरियो । आफ्नै जमिन नहुने र गरीबहरू नागरिकताविहीन भएर बस्नुपर्ने बाध्यता तराईमा मात्र नभएर हिमाल, पहाड जताततै देखियो । प्रायः जसो दलित, गरीबहरू, भूमिहीन, सुकुम्वासी, मजदुर, कुल्ली, मगन्ते, सन्तमहन्त, साधु, लावारिस र भिक्षुहरू आजपर्यन्त नागरिकताविहीनकै अवस्थामा छन् ।

स्वदेशका आदिवासी नागरिकताबाट वञ्चित हुने अर्कोतर्फ छिमेकी मुलुकका आप्रवासीहरू तीव्र हुँदै जाने हो भने नागरिकताको समस्या भनै गहिरिने कुरा निर्विवाद छ ।

भारतबाट आउने आप्रवासीहरू मात्र होइन, तिब्बती शरणार्थी र भुटानी शरणार्थीको संख्या पनि उत्तिकै छ । नेपालमा जति आप्रवासीहरू छन्, तिनीहरूको नेपाली नागरिकताप्रतिको मोह पनि बढ्दो नै देखिन्छ ।

तराईका मध्यभागका धेरैले नागरिकता पाए, तर पश्चिमी भागका धेरै गानिराहरूले नागरिकता लिन पाएका छैनन् । बाँके जिल्ला प्रशासन कार्यालयमा दशौँ हजार निवेदन उरुङ लागेका

छन् । ती फाइलहरूको सुनुवाइ हुन सकेको छैन । कतिको त जिल्ला प्रशासन धाउँदाधाउँदै, प्रशासकहरूलाई अनुनयविनय गर्दागर्दै मृत्य समेत भइसक्यो होला ।

शक्तिको बलमा लिन सक्नेले नागरिकता लिए पनि होला ।

त्यसैले एक पटकको लागि मात्र नागरिकता वितरण गर्ने कुरा औचित्यपूर्ण हुन सक्दैन । जन्मसिद्धको प्रक्रिया पूरा गर्नेले नागरिकता पाउनुपर्ने प्रावधान सधैंका लागि हुनुपर्छ । आफ्नै देशको नागरिकलाई संवैधानिक रूपमा अनागरिक बनाउनु भनेको राज्यले नागरिकलाई अन्याय गर्नु हो । जानकारीको अभाव, प्रशासनिक कठिनाइ र रोजगारीको लागि भारत जानु जस्ता कारणले धेरै मानिसहरू नागरिकता लिनबाट वञ्चित भए । जन्मसिद्ध नागरिकता पाएका व्यक्तिका सन्तानहरूले कुन नागरिकता र कसरी पाउने कुरा कतै केही उल्लेख नहुँदा लामै समयम अन्यौल कायम रह्यो ।

नागरिकताको सन्दर्भमा तीन किसिमको जटिलता विद्यमान छ । राजनीतिक, प्रशासनिक र संवैधानिक तथा कानुनी । अरूको खेतमा काम गरेर गुजारा गर्ने मानिसको आफ्नो ओत लाग्ने घर छैन, न त उनीहरूसँग जमिनको लालपूर्जा नै छ । एउटा गाउँमा जन्मेको मानिस अर्कै गाउँमा गएर बसिरहेका हुन्छन् । बसाइँसराइको प्रमाणपत्र हुँदैन । यस्ता वर्ग र समुदायका व्यक्तिहरूले कसैगरी सबै कागजात जम्मा गरे पनि फोटो खिचाउन पैसा हुँदैन । जेनतेन फोटोको लागि पैसाको जोहो गरे पनि नागरिकता प्राप्त गर्नका लागि जिल्ला प्रशासन कार्यालय धाइरहनुपर्ने बाध्यताका कारण यिनीहरू नागिरकता बनाउने प्रयास नै गर्दैनन् ।

विभिन्न समयमा घुम्ती टोलीबाट वितरण गरिएका नागरिकतामा पनि अनेक समस्या देखिएका छन् । एक घरका व्यक्तिमा पनि भिन्नभिन्न नागरिकता छ । दाइको जन्मको आधारमा छ । भाइले वंशजको आधारमा पाएका छन् । नागरिकता नम्बर वितरणमा पनि एकरूपता छैन । कसैको नागरिकता नम्बर दोहोरिएको छ ।

यथार्थ तर प्रमाण पूरा गर्न नसकेका व्यक्तिलाई पनि जन्मका आधारमा नागिरकता वितरणले सिर्जना गरेको समस्या पनि छ । नागरिकता वितरण टोलीमा खटिएका कर्मचारी अनुभवी नहुने तर पूर्ण अधिकार दिइएका कारण त्यसको फाइदा गलत व्यक्तिले पनि उठाएका छन् ।

यसरी कानुनी अस्पष्टता/अभावबाट धेरै मानिसहरू अनागरिक बन्न पुगेका छन् । यो देशको दुर्भाग्य हो ।

न्याय र अधिकार खोज्ने क्रममा न्यायालय धाएरै कति जनताको जीवन बितेको छ । न्यायको टुंगो लागेको छैन । नागरिकतासम्बन्धी मुद्दा पनि यसै गरेर अल्झिएको छ, न्यायालयमै । अदालतको पनि आफ्नै निर्णयमा एकरूपता छैन । त्यसमा पनि नागरिकताका सम्बन्धमा अदालतले अनावश्यक रूपमा मनको बाघदेखि डराएर फैसाला गरिरहेको छ ।

प्रजातन्त्र पुनःस्थापनापछि मात्रैको नागरिकतासम्बन्धी मुद्दाहरूको स्मरण गर्ने हो भने राज्यले कसरी गिजोलिरहेको छ भनेर छर्लंगै हुन सकिन्छ ।

तत्कालीन राजा वीरेन्द्रको कार्यकालमा पनि संसद्‌बाट दुई पटक पारित गरी नागरिकता विधेयक प्रमाणीकरण गर्न पठाउँदा दरबारले राय-सल्लाह लिने भनेर सर्वोच्च अदालत पठाइदिएको थियो । सर्वोच्चले पनि राय दिएको थियो । त्यो अभ्यास पूर्णतः असंवैधानिक थियो ।

यसकारण कि, त्यस बखत पनि सर्वोच्च अदालतलाई संविधानको व्याख्या गर्ने अधिकार मात्र थियो, संविधान बाहिर गएर रायसल्लाह दिने होइन ।

संवैधानिक राजाको सल्लाहकार तत्कालीन श्री ५ को सरकार अर्थात् मन्त्रिपरिषद् थियो भने सरकारको सल्लाहकार मुख्य न्यायाधिवक्ता हुने चलन थियो । यसको व्याख्या बुभ्रु राजा वीरेन्द्रद्वारा मन्त्रिपरिषद्को सिफारिसबिना कल्याणविक्रम अधिकारीलाई राजदूतका लागि गरिएको नियुक्ति र त्यसविरुद्ध सर्वोच्च अदालतमा दायर रिटमा तत्कालीन प्रधानन्यायाधीश विश्वनाथ उपाध्यायले जारी गरेको आदेशको अध्ययन सान्दर्भिक हुन्छ ।

विवादको व्यवस्थापन गर्न तत्कालीन प्रधानमन्त्री कृष्णप्रसाद भट्टराईले कल्याणविक्रमको नाम आफूले राजालाई सुभ्राएको भनेर भने । यथार्थ त्यस्तो थिएन ।

त्यसरी संवैधानिक प्रक्रियाको अनुपालन नहुँदा उत्पन्न भएको जटिल गतिरोध अन्त्य गर्ने एकमात्र उपाय विधेयकलाई फिर्ता लिनुपर्ने थियो तर प्रतिनिधिसभाबाट दुई पटक पारित भएकाले उक्त विधेयक फिर्ता लिन प्रधानमन्त्री गिरिजाप्रसाद कोइराला मञ्जुर थिएनन् । पछि शेरबहादुर देउवा प्रधानमन्त्री हुँदा विधेयक फिर्ता भयो ।

अध्यादेशमार्फत आएको मतदाता नामावलीसम्बन्धी नियमावली २०६८ को अनुसूची २ मा बिनानागरिकता मतदाता नामावलीमा नाम दर्ता गर्दा सम्बन्धित सचिवले त्यसको पूर्ण जिम्मेवारी लिनुपर्ने प्रावधान कायम गरियो । जसले गर्दा नागरिकता नभएको व्यक्तिको हकमा गाविस सचिवहरूले जिम्मेवारी लिन चाहेनन् र थुप्रै संख्यामा मतदाताहरू मतदाता नामावलीमा आफ्नो नाम लेखाउनबाट वञ्चित भए ।

यद्यपि प्रमुख राजनीतिक दलबीच ११ बुँदे सहमति भइ सोहीअनुसार संविधान संशोधन भएर मतदाताको निम्ति नागरिकता अनिवार्य नहुने सरकारको निर्णय भयो । बिना नागरिकता मतदाता नामावलीमा नाम लेखाउन पाउनुहुँदैन भनेर अधिवक्ता पूर्णचन्द्र पौडेलले सर्वोच्चमा रिट दायर गरे । सबै पत्रिकाको मुख्य समाचारका रूपमा यो विषयले प्राथमिकता पनि पायो ।

संविधानअनुसार नै सर्वोच्चले कानुनको व्याख्या गरी निर्णय दिने हो तर सो अदालतले प्रारम्भिक सुनुवाइ गर्दै न्यायाधीश सुशीला कार्कीको एकल इजलासले नागरिकताबिना परिचयपत्र बनाउने काम तत्कालका लागि रोक्न आदेश गर्‍यो । पूर्णचन्द्र पौडेलको रिटमा माग भएबमोजिम अन्तरिम आदेश भयो । त्यसपछि निर्वाचन आयोगले फेरि मौका पायो र बिनानागरिकता मतदाता नामावलीमा नाम दर्ता गरेन । यी सम्पूर्ण कारणहरूले गर्दा हरेक गतिसमा लगभग २० प्रतिशत मधेशी मतदाताहरू मतदाता नामावलीमा आफ्नो नाम लेखाउनबाट वञ्चित रहे । यसकारण पनि दोस्रो संविधान सभामा मधेशी दलहरू खुम्चन पुगे । त्यसमा केही भूमिका मधेशी दलहरूको आन्तरिक समस्याले पनि खेल्यो ।

२०६४ सालको संविधान सभा निर्वाचनका लागि निर्वाचन आयोगले एक करोड ७६ लाख मतदाता दर्ता गरेको थियो तर दोस्रो संविधान सभाको निर्वाचनको क्रममा मतदाता संख्या एक करोड १० लाखमा झ्यो । नागरिकता नभएका कारण ठूलो संख्यामा मतदाताहरूले मतदाता नामावलीमा नाम दर्ता गराउन सकेनन् ।

त्यसपछि अधिवक्ता दीपेन्द्र झा लगायतका वकिलहरूले पूर्णचन्द्र पौडेलको रिटलाई खारेज गर्नुपर्छ भनेर तेस्रो पक्षबाट सर्वोच्चमा निवेदन दिए । त्यो मुद्दा तत्कालीन प्रधानन्यायाधीश दामोदर शर्मा र माननीय न्यायाधीश गिरीशचन्द्र लालको बेञ्चमा परेको थियो । त्यसमा अधिवक्ता बालकृष्ण न्यौपानेले तराईका धेरै मानिसहरू पारिबाट आएको भन्दै बहस सुरु गरे ।

न्यायाधीश लालले कालापानी बचाउन नसक्नेहरू तपाईंहरू, हरेक दिन खुला सीमा सुरक्षा गरेर अस्तित्वमा बसेको देश नेपालका स्थायी बासी मधेशीहरू राष्ट्रवादी कसरी भएनन् ? सबै मधेशीहरू पारिबाट आएका छन् भने तपाईंका बाजे बराजु कहाँबाट आएका थिए भनेर प्रश्न गरे । अन्ततः बिना नागरिकता अरू कुनै प्रमाण भए पनि मतदाता नामावलीमा नाम लेखाउन पाउने सर्वोच्चबाट अन्तरिम आदेश खारेज भयो ।

तर यो फैसला व्यवहारमा लागू हुन सकेन ।

यसको कारण के हो भने मतदाता नामावलीमा नाम लेख्ने ठाउँमा तिनकै उपस्थिति थियो जसको दिमागमा सिक्किमीकरण र फिजीकरणको मन्त्र टाँसिएको छ । उनीहरूको सपना नै यो देशलाई सिक्किमीकरण र फिजीकरण गर्नु हो । त्यसैले मूलवासीहरूको अस्तित्व सङ्कटापन्न अवस्थामा पुऱ्याइएको छ ।

त्यति बेला निर्वाचन आयोगले बिना नागरिकता पनि मतदाता नामावलीमा नाम लेखाउन पाइन्छ भनेर प्रचार गर्न जरुरत ठानेन । जसका कारण मधेशको धेरै ठाउँमा नागरिकता नभएको व्यक्तिको नाम मतदाता नामावलीमा चढाइएन । उनीहरू मतदानबाट वञ्चित हुन पुगे ।

यस्ता अनेकौं कथाहरू छन्, ती कथाहरूलाई मानवीय आँखाबाट हेर्नु पर्छ । मानवता भएन भने न देश रहन्छ न सिद्धान्त । तर राज्यमा प्रतिनिधित्वकै आधारमा अल्पसंख्यक भएको कारण मूलबासीमाथि निकै ज्यादती भएको छ ।

विजयकुमार गच्छदार तत्कालीन मधेशी जनधिकार फोरम लोकतान्त्रिकका तर्फबाट गृहमन्त्री छँदा मन्त्रिपरिषद्बाट निर्णय गराई २०६८/८/२० मा जन्मसिद्ध नागरिकका सन्तानलाई प्रक्रिया पूरा गरी वंशजको आधारमा नागरिकता दिन देशभरका जिल्ला प्रशासन कार्यालयलाई परिपत्र गर्न लगाएका थिए ।

जन्मका आधारमा नागरिकता पाएका बालिग सन्तानले नागरिकता नपाएर शैक्षिक एवं वृत्ति विकास लगायत समस्या भोगिलरहेको भन्दै सरकारले संवैधानिक प्रावधान अनुसार निर्णय गरी वंशजका आधारमा नागरिकता दिन निर्देशन दिएको थियो । तर, झापाका तत्कालीन प्रमुख जिल्ला अधिकारीले नागरिकता दिन अस्वीकार गरे ।

गृहमन्त्रीको परिपत्रलाई प्रमुख जिल्ला अधिकारीहरूले ठाडै लत्याएको यो नै पहिलो घटना हुनुपर्छ ।

नेपाली सञ्चार माध्यमहरू पनि प्रजिअलाई सच्चा राष्ट्रवादी भन्दै देवत्वकरण गरे । ठूला सञ्चार माध्यममा समाचार छापिएकै आधारमा आफूलाई राष्ट्रवादी ठान्ने मधेश विरोधी वकिलहरूले सर्वोच्च अदालतमा मुद्दा दायर गरे । उनीहरूको तर्कमा सहमत हुँदै सर्वोच्च अदालतले पनि अन्तरिम आदेश गर्‍यो । पछि २०६८ फागुन ४ गते सर्वोच्च अदालतको आदेशपछि नागरिकता वितरण रोकियो । नागरिकलाई अनागरिक बनाएर आफू राष्ट्रवादी बन्ने नश्लीय पहाडीया अहंकारवादको पुस्तैनी रोग नै हो ।

वंशजको आधारमा नेपाली नागरिकता प्राप्त गर्ने व्यवस्था नेपालको अन्तरिम संविधानमै थियो । तर गृह मन्त्रालयलाई यसको आधारबारे निर्णय गर्ने क्षेत्राधिकार तथा अधिकार छैन भन्ने सर्वोच्च अदालतको अन्तरिम आदेशले हजारौं राज्यविहीन बन्न पुगे । जसको जन्म बुबाको नागरिकता प्राप्तिअघि भएको थियो, ती व्यक्तिहरू राज्यविहीन बन्नुपर्‍यो । यस्ता व्यक्तिहरूले निकै सकसपछि मात्र नागरिकता पाए ।

कहिलेकाहीँ त यस्तो लाग्छ, मधेशीहरू दुःख भोग्नकै लागि जन्मिएका हुन् । उनीहरूको ललाटमा दुःखबाहेक नियतिले केही लेखेको छैन । कहालिलाग्दा दुःखहरू भोगेर पनि ती पीडित मधेशीले नागरिकता पाएका छैनन् ।

जनकपुरको प्रभातकुमार शान्तनुको रिटमाथि सुनुवाइ गर्दै, २ फाल्गुन २०७३ मा सर्वोच्चका न्यायाधीशद्वय हरिकृष्ण कार्की र पुरुषोत्तम भण्डारीको संयुक्त इजलासले जन्मसिद्ध नागरिकता पाएका सन्तानलाई वंशजको नागरिकता दियो ।

सुनसरी जिल्ला बेलगछिया गाविसका नेहा दास र प्रियादासले आमाबुबाले जन्मसिद्ध नागरिकता पाएको तर आफूले वंशजको नागरिकता नपाएको भन्दै १३ आषाढ २०७४ मा रिट दायर गरे । सो रिटमा सुनुवाइ गर्दै सर्वोच्च अदालतका प्रधानन्यायाधीश गोपाल पराजुली र टंकबहादुर मोक्तानको संयुक्त इजलासले २५ माघ २०७४ मा जन्मसिद्ध नागरिकता पाएका सन्तानले वंशजको आधारमा नागरिकता दिन गृह मन्त्रालयलाई आदेश जारी गर्‍यो । त्यसपछि व्यक्तिपिच्छे फैसला गर्नुभन्दा सबैका हकमा लागू हुने गरी परिपत्र जारी गर्न गृह मन्त्रालयलाई निर्देशन दियो ।

सर्वोच्च अदालतले जन्मका आधारमा नागरिकता लिएका नागरिकका सन्तानलाई संविधानअनुसार वंशजको नागरिकता दिन उपर्युक्त आदेश गरेकाले नागरिकता संशोधन विधेयक लामो समय संसद्मा अड्कियो । यस्तो गम्भीर परिस्थितिमा लाखौं अनागरिक भएर बसेका नागरिकहरू राज्यप्रदत्त हकबाट वञ्चित गरियो ।

हाम्रो दबाबपछि गृहमन्त्री रामबहादुर थापाको निर्णयअनुसार १९ चैत २०७५ मा सबै जिल्ला प्रशासन कार्यालयलाई जन्मको आधारमा नागरिकता पाएका सन्तानहरूलाई वंशजको नागरिकता दिन फेरि परिपत्र गर्‍यो ।

गृह मन्त्रालयको यो परिपत्रको विरुद्ध वरिष्ठ अधिवक्ता बालकृष्ण न्यौपानेले वंशजको नागरिकता नबाँझ्न सर्वोच्च अदालतमा रिट दायर गरे। उक्त रिटमा सुनुवाइपछि सर्वोच्चका न्यायाधीश पुरुषोत्तम भण्डारीको एकल इजलासले प्रधानमन्त्री तथा मन्त्रीपरिषद्को कार्यालय, गृह मन्त्रालय र गृह मन्त्री रामबहादुर थापा बादलका नाममा निर्णय कार्यान्वयन नगर्न अन्तरिम आदेश जारी गर्‍यो।

भूमिपुत्रहरू कसरी अन्यायमा पर्छन् भन्ने उदाहरण विजयकुमार साह हुन्। उनी महोत्तरी, जलेश्वरका हुन्। उनका बाबु २००८-०१० सालतिर जलेश्वरबाट हेटौंडामा आएर रक्सीको भट्टी चलाउँथे। त्यही क्रममा विजयका बुबा र आमाको विवाह हुनपुग्छ। २०२४ सालमा विजय जन्मन्छन्।

उनका दाजु अशोककुमारले २०२४ मसिर ८ गते तत्कालीन अञ्चलाधीशको कार्यालयबाट जन्मसिद्ध नागरिकता लिन्छन्। दाजुकै नागरिकता बनाउँदा विजय नाबालक भन्ने जनाइएकाले उनले जन्मसिद्धको नागरिकता लिन्छन्।

२०५२ सालमा बाबुको मृत्यु भइसकेको हुन्छ। तर बाबुको नागरिकता नभएको कारण देखाउँदै पुनरावेदन अदालत पाटनका न्यायाधीशद्वय कृष्णप्रसाद श्रेष्ठ र लक्ष्मणमणि रिसालको इजलासले २०५२ माघ १७ गते नागरिकता खारेज गर्ने गृहमन्त्रालयको निर्णय अदालतले सदर गर्छ। विजयको नागरिकता खारेज हुन्छ।

पछि २०६४ सालमा विजयले नागरिकता बदर गर्न गरेको गृहमन्त्रीको निर्णय र पुनरावेदन अदालत पाटनको फैसला बदर भागी हुँदा मुद्दा दोहोर्‍याएर हेरी पाऊँ भनेर निवेदन दिन्छन्।

त्यसमाथि २०६६ साल फागुन १८ गते न्यायाधीशद्वय रामकुमारप्रसाद शाह र दामोदरप्रसाद शर्माको इजलासले 'नेपालमा स्थायी बसोवास गर्ने कुनै व्यक्तिले कुनै कालखण्डमा नेपालको नागरिकताको प्रमाणपत्र नलिएको कारणबाट निज विदेशी नागरिक हो भनी सम्झन नमिल्ने कुरा आयो, साथै त्यसमाथि थप कारबाही गर्न कुनै कानुनी आधार समेत भएन' भन्दै फैसला सुनाउँछ।

नेपालमा स्थायी बसोबास भएको हरेक व्यक्तिले नागरिकताको प्रमाणपत्र लिनै पर्ने कुनै कानुनी प्रावधान छैन। पिताले तत्कालको अवस्थामा नागरिकताको प्रमाणपत्र नलिएको मात्र कारणबाट निज स्वतः गैरनेपाली नागरिक वा विदेशी नागरिक रहेको भनी सम्झन मिल्दैन। नेपालको स्थायी बासिन्दा नभएको अथवा विदेशी नागरिक रहेको भनी जिकिर लिने पक्षले नै निज कुन विदेशी राष्ट्रको नागरिक हो भनी तथ्यपूर्ण रूपमा स्थापित गर्नुपर्ने हुन्छ भनी फैसला भयो।

फैसलाले विजयलाई न्याय मिल्यो। तर यसबीचमा उनी अदालत धाउनु परेको पीडा अकथनीय छ।

यी त केही उदाहरण हुन्। यसले नेपालको स्थायी राज्यसत्ताको चरित्रलाई उदाङ्गो पारेको छ। मधेशीको नागरिकता प्राप्तिको दुःखलाई देखाएको छ।

अर्को चिन्ताको विषय छ- बालबालिकालाई वंशजको आधारमा नागरिकता दिनका लागि आमाबुवा दुवैले नागरिकता प्रमाणित गर्नुपर्ने ।

ह्युमन राइट्स वाचले नेपाली महिलाहरूका लागि नागरिकताको कानुनी प्रमाण सुरक्षित गर्न धेरै गाह्रो रहेको तथ्य सार्वजानिक गरेको थियो । जसमा परिवारका पुरुष सदस्यहरूले महिलाको कानुनी प्रमाण सुरक्षित गर्न सहयोग गर्न चाहँदैनन् भन्ने उल्लेख छ ।

वास्तवमा, नागरिकता सविधानले प्रत्याभूत गरेको प्रमुख मौलिक अधिकार हो । तर सविधानले सिर्जना गरेको अन्तर्राष्ट्रिय कानुनी दायित्वहरू पूरा गरेन । अर्कोतर्फ, यो पत्र राज्यविहीनतासँग सम्बन्धित कमजोरी र लैङ्गिक भेदभाव सम्बन्धी कानुन जसले नागरिकहरूलाई राज्यविहीन बनाउन सहयोग गरिरहेको छ । नेपाल विश्वको आधुनिक प्रजातान्त्रिक राज्य भएकोले महिलालगायतका नागरिकको मानव अधिकारको संरक्षण र प्रवर्द्धन गर्न सरकारले आफ्नो दायित्व पूरा गर्नुपर्दछ ।

मानवअधिकार भनेको कुनै पनि भागमा बसोबास गर्ने प्रत्येक पुरुष वा महिलाको मौलिक अधिकार हो । नागरिकताविहीन भनेको कसैको संरक्षणमा नहुँदा मानवअधिकार उल्लङ्घनको अवस्था हो । यस सन्दर्भमा नेपाल पनि मानवअधिकारसम्बन्धी विभिन्न महासन्धिहरूको पक्षराष्ट्र भएको छ । महासन्धिले तोकेको कानुनी दायित्व पूरा गर्न नेपालले ती दायित्वहरूको पालना गर्न फरक-फरक कानुनहरू एवं राष्ट्रिय संरचना बनाउनुपर्छ । दुई दर्जनभन्दा बढी मानवअधिकार सम्बन्धित महासन्धिहरू हस्ताक्षरकर्ताको रूपमा नेपाल रहेको छ ।

तर काम र व्यवहारमा ती कुराहरू कति लागू भएका छन् ? हाम्रो चिन्ता र चासो यसमा हो ।

नेपालमा नागरिकता प्राप्तिसम्बन्धी केही विशेष प्रश्नको उत्तर खोज्न जरुरी छ ।

कुनै बालकले विशेष गरी उसको बाबुको राष्ट्रियता नभएमा वा निज उपस्थित नभएको खण्डमा आमाको राष्ट्रियताको आधारमा नेपालको राष्ट्रियता प्राप्त गर्न सक्छ ? नेपाल राज्यको भू-भागमा जन्मेका तर अन्यथा राज्यविहीन हुनसक्ने ती व्यक्तिहरूका लागि नागरिकता प्राप्त गर्न राज्यको राष्ट्रियतासम्बन्धी कानुनले नागरिकता उपलब्ध गराउँछ ? राष्ट्रियता सम्बन्धी कानुनमा अविभेदकारी सिद्धान्त लागू गरिएको छ ? नागरिक नागरिकबीच (अङ्गीकृत बाहेक) किन विभेद पैदा गरिएको छ ?

मधेशी र मूलबासीले नागरिकता प्राप्तिका लागि गरिएको सङ्घर्षलाई राज्यले हलुका रूपमा हेर्न खोज्नु निकै नराम्रो सङ्केत हो । अझै कति समयसम्म मधेशका जनताले नागरिकताको लडाइँ लड्नुपर्छ ? नेपाली नागरिकता प्रमाणपत्रको अभावमा रहेका लाखौं मधेशीले देशलाई सवैधानिक अधिकार सहितको आफ्नो देश ठान्ने दिन कहिले आउँछ ?

यी र यस्ता प्रश्नको उत्तरमा सद्भावना पार्टीले आफ्नो स्थापनाकालदेखि नै नागरिकता समस्याको समाधानको मुद्दा उच्च स्वरमा उठाउँदै आयी । खासमा नागरिकता रागरया कानुनी होइन । यो त मानसिकताको समस्या हो । कृत्रिम रूपमा शासकवर्गले खडा गरेको

समस्या हो । कुनै पनि देशको नागरिकका लागि नागरिकता आफैँमा समस्या हुँदैन । तर, जब राज्यबाट नागरिकता दिइँदैन र उसको राष्ट्रियतामाथि प्रश्न उठाइन्छ तब यो समस्याका रूपमा उत्पन्न हुन्छ ।

नेपालमा नागरिकता प्रमाणपत्र सबै सरकारी कामकाजका लागि अनिवार्य गरिएपछि बृहत् रूपमा नागरिकतासम्बन्धी समस्या सिर्जना भयो । पहिले कुनै पनि नागरिकले सम्पत्ति आर्जन गर्दा वा आफ्नो काम कारोबार गर्दा बाहेक नागरिकता प्रमाणपत्रको माग गर्ने चलन थिएन । अभ्ा मधेशका जनतालाई राज्यले जागिरको अवसर नदिने भएकाले 'मधेशीले किन नागरिकता लिनुपर्‍यो ?' भन्ने मानसिकता थियो । जब जग्गा जमिन खरिद गर्न, बैंक खाता खोल्न, विद्युत् जडान गर्न, जन्मदर्ता र मृत्यु दर्ता प्रमाणपत्र लिन लगायत सबै सरकारी काममा नागरिकता अनिवार्य गरियो तब मात्र मधेशका जनताले नागरिकताको आवश्यकता महसुस गरे । यो कुरा राज्यलाई पनि थाहा छ । थाहा भएर पनि राज्यले त्यसलाई सम्बोधन नगरेका कारण हामी निरन्तर लडाइँमा छौं ।

सीमापारिबाट मानिसहरू आएर आफ्नो भाग खोसिदिने हुन् कि भन्ने डरको मानसिकताबाट संविधानका धाराहरू लेखिएका छन् । वनको बाघले खाओस् नखाओस्, मनको बाघबाट साम्प्रदायिक मानसिकता बोकेका पहाडे पुरोहित पुरुषहरू निकै तर्सिएको देखिन्छ । यिनलाई आफ्नो सुनको लंकामा बिहार र युपीका मानिस आउँछन् भन्ने डर छ । तिनको आर्थिक हैसियतको यिनलाई अन्दाजै छैन ।

आर्थिक हैसियत बनाउनको लागि पनि सरकारी जागिर खानु पर्ने अवस्था देशैभरि थियो । सरकारी सेवामा जान चाहने मधेशीले मात्रै नागरिकताको आवश्यकता ठाने । बाँकी मधेशीको दैनिक कार्य बिना नागरिकता नै भइरहेको थियो । तर मधेशी जिल्लामा रहेका जिल्ला प्रशासन कार्यालयहरूले एकल नश्लीय चिन्तन राखे । मधेशीलाई नानाथरीको प्रमाण मागेर निरुत्साहित गरे । झमेलामा पारे । अनुहार हेरेर व्यवहार गरे ।

नेपाली भाषी (पहाडीया) आयो भने केही प्रमाण न चाहिने, सहज रूपमा नागरिकता दिने तर मधेशी आउने बित्तिकै 'तिमी भारतीय जस्तो देखिन्छौ' भन्दै विभेदका सीमारेखा कोर्ने काम आजको दिनमा पनि यो राज्यले गरिरहेको छ । राज्यको सोच नै विभेदकारी भएपछि त्यसले न्याय गर्छ भन्न पनि सकिँदैन ।

तीसको दशकको उत्तरार्द्धतिर हर्क गुरुङप्रतिवेदनले आफ्नो देश भनेर बसेका मधेशीहरू झस्किए । राज्यस्तरबाटै पहिचान र राष्ट्रियतामाथि संकट खडा गरियो । अब पनि बोलिएन हाम्रो पहिचान र अस्तित्व लोप भएर जान्छ भनेर मधेशीहरू संगठित भए । प्रतिवाद गर्न थाले । तर हाम्रो प्रतिवादलाई देशघातको रूपमा हेर्ने चिन्तनले यो देशले गरेका जति पनि राजनीतिक क्रान्ति संस्थागत हुन सकेनन् ।

देशले आर्थिक फड्को मार्न सकेन ।

तिनै कुरालाई केन्द्रमा राखेर सद्भावना परिषद् नामक सामाजिक संगठनमार्फत आफ्नो अधिकार, पहिचान र राष्ट्रियताका लागि लड्ने क्रमको थालनी भयो ।

म फेरि दोहोऱ्याउन चाहन्छु– मधेश आन्दोलनको सूत्रपात नागरिकता प्राप्तिको लडाइँबाटै भएको थियो । यसले विश्राम पाएको छैन ।

२०४७ सालको संविधानले नागरिकता समस्यालाई झन् जटिल बनाइदिएको थियो । त्यसमा जन्मका आधारमा नागरिकता पाइने प्रावधान खारेज गरियो । वंशज र अङ्गीकृत गरी दुईवटा प्रावधान मात्र राखियो । वंशज नागरिकताका लागि विभिन्न आधार र प्रमाणका जटिलता सिर्जना गरियो । त्यसपछि नागरिकता समस्या झन् टड्कारो रूपमा आयो । यस मुद्दालाई सद्भावना पार्टीले सडक र सदन दुवैमा आन्दोलनका रूपमा लिएर गयो । पार्टीले देशव्यापी रूपमा संविधानको धारा ८ र ९ जलायो । पार्टीका नेता/कार्यकर्ताहरू धेरै पटक पक्राउ पनि परे ।

पहिले पनि उल्लेख गरिसकेको छु कि २०५१ सालको मध्यावधि निर्वाचनपछि नागरिकता समस्या समाधानको लागि तत्कालीन संसद्मा धनपति उपाध्यायको अध्यक्षतामा ९ सदस्यीय 'उच्चस्तरीय नागरिकता समस्या समाधान सुझाव आयोग' गठन भएको थियो । जसमा म आफ्नो पार्टीको तर्फबाट सदस्य थिएँ ।

मैले लिखित सुझाव दिएँ ।

यस समस्या समाधानका लागि बाधकको रूपमा देखिएका ऐन, नियम, कानुन, तथा संविधान समेतमा आवश्यकता अनुसारको संशोधनको सुझावसहित प्रशासनिक क्षमता तथा साधनस्रोतको अभिवृद्धि गरी नागरिकता प्रमाणपत्र वितरणको वर्तमान शैली, प्रक्रियागत एवं व्यवहारिकतामा सुधार र सरलता ल्याउनु पर्ने आयोगलाई मेरो सुझाव थियो ।

यी सुझावका बाबजुद आयोगको प्रतिवेदनले नागरिकता समस्या पहिचान गर्नेसम्मको काम गऱ्यो । ३४ लाख नेपालीले नागरिकता प्राप्त गर्न नसकेको प्रतिवेदन सरकार समक्ष पेश गऱ्यो । तर समाधान भने दिन सकेन । मैले बाध्य भएर फेरि त्यस प्रतिवेदनको अभिन्न अंग रहने गरी सुझावसहितको 'नोट अफ डिसेन्ट' नै लेखेँ ।

त्यतिबेला संविधानको धारा ८ बाट मृत पञ्चायती संविधान, २०१९ लाई मुक्त गरी, नेपाल नागरिकता ऐन, २०२० का केही दफालाई वर्तमान संविधानको अंग बनाइएकोले त्यसलाई समेत हटाई नेपाल अधिराज्यको संविधान, २०४७ लाई आफैँमा पूर्ण बनाउनुपर्ने मेरो मत थियो । नेपालको संविधान, २०१९ को धारा ७ तथा नेपाल नागरिकता ऐन, २०२० को दफा ३ बमोजिम नेपालको नागरिक ठहर्ने व्यक्तिहरूलाई २०४७ को संविधानले समेत नागरिक ठहराइदिए पनि पहिचान र प्रमाणको अभावमा नागरिकता प्रमाणपत्र प्राप्त गर्न कठिनाइ भएको कुरालाई जोड दिएको थिएँ । २०१९ सालि पौष १ गतेभन्दा पहिले बाबु वा आमा वा आफैँ नेपालमा जन्मेको नाताले नागरिक ठहरिए पनि प्रमाण जुटाउन मुस्किल भई धेरै नागरिकले नागरिकता प्रमाणपत्र पाउन नसकेको, बाबुले नागरिकता प्रमाणपत्र नलिएकाले बच्चालाई नेपालको नागरिक भएको

प्रमाणित गर्न कठिनाइ भएको, जसका कारणले उनीहरूका सन्तानलाई नागरिकता प्रमाणपत्र पाउन समस्या भएको, नेपाली नागरिकता भएको तर विभिन्न जटिलताले गर्दा नागरिकता प्रमाणपत्र पाउन नसकेको, नेपाली नागरिकसँग विवाद गरेकी महिलाले पनि नागरिकता प्रमाणपत्र पाउन नसकेको आदि उदाहरणहरू विस्तारमा राखेको थिएँ ।

मधेशमा नागरिकताको मुद्दा उठ्दा जहिले पनि प्रहारको निशानामा मै पर्छु । देशका नश्लवादी राष्ट्रवादीहरूबाट नानाथरीको लाञ्छना सहनु परेको छ ।

यति हुँदाहुँदै पनि मेरो ठाउँबाट समस्याको समाधान निकाल्न कटिबद्ध छु । नागरिकता समस्या समाधानका लागि संसद्मा गरेको सङ्घर्ष त्यसैका प्रमाण र साक्षी दुवै हुन् ।

त्यसो त, नागरिकताका लागि मधेश र मधेशीले संघर्ष नगरेको ठाउँ कहाँ होला र ! उनीहरूले कहिले मान्छे हुनलाई संघर्ष गर्नुपर्‍यो । कहिले, कहिले नागरिकताको लागि रगतपच्छे भएर लडाइँ लड्नुपर्‍यो । राज्यको बन्दुकबाट उछिट्टिएको तातो गोली खाएर मर्नुपर्‍यो । तर पनि मधेशले आफ्ना हक र अधिकारका लागि लड्न थाकेको छैन ।

सडक छेऊको जमिनदारको घर झलमल्ल उज्यालो हुन्थ्यो । त्यसैको पछाडिको दीनदुःखीको घर बिजुली नभएर अन्धकार हुन्थ्यो । साहुको निगाहमा बाँचेको दीनदुःखीको नाममा आफ्नै जमिन हुँदैन । जमिनको लालपूर्जा नभएपछि कसरी नागरिकता बनाउन्, प्राधिकरणलाई निवेदन दिएर कसरी बत्ती ल्याउन् ?

मैले यस्ता कैयन अँध्यारा बस्ती र नागरिकताविहीन अँध्यारा अनुहारहरू देखेको छु ।

त्यसैले २०५१ सालमा धनपति उपाध्याय नेतृत्वको उच्चस्तरीय नागरिकता समस्या समाधान सुभाव आयोगको सदस्य भएर संर्घष गरेका थिएँ । आयोगलाई महत्त्वपूर्ण सुभाव दिएको थिएँ । त्यसैको आधारमा प्रतिवेदन तयार पारेर सरकारलाई बुभाइएको थियो ।

तर समाधानको तहमा पुग्न पाएन । सरकार विघटन भइहाल्यो । पछि सांसद महन्थ ठाकुरको अध्यक्षतामा गठित समितिले पनि धनपति प्रतिवेदनको सुभावलाई नै आत्मसात गर्‍यो ।

२०५३ सालमा आएर जितेन्द्रनारायण देवको संयोजकत्वमा गठित 'कार्य मूल्याङ्कन एवं अनुगमन समिति'को कार्यकालमा पनि धनपति आयोगको प्रतिवेदनकै सुभावको आधारमा सरकारले तराईको ८७ निर्वाचन क्षेत्रमा नागरिकता वितरण टोली पठाएको थियो । यस क्रममा आंशिक रूपमा मेरो सुभावलाई पनि समट्ने कोसिस गरियो । मधेशमा नागरिकता पनि बाँडियो ।

दुर्भाग्य ! अदालतले दिइएको नागरिकता पनि बदर गरिदियो । जितेन्द्र देवको समितिको काम बीचमै रोकेर फर्किनुपर्‍यो ।

२०४७ सालको संविधान जारी भएपछि हामीले सद्भावना पार्टीका तर्फबाट संसद्मा दुईपटक संशोधनको प्रस्ताव उठायौं । २०४८ सालको आमनिर्वाचनमा २ सय

५ निर्वाचन क्षेत्रमध्ये हामीले ६ सिट जितेका थियौं। संसद्मा स्वतन्त्रसमेत गरी १९ दलको प्रतिनिधित्व थियो। नेपाली कांग्रेस र एमाले एकातिर बाँकी सबै दल अर्कातिर हुँदा पनि सिट दुई तिहाइ पुग्दैनथ्यो।

उनीहरूले विश्वकै उत्कृष्ट संविधान बनाएको दाबी गरिरहेका थिए। 'कमा' र 'फुलस्टप' पनि परिवर्तन गर्नुहुँदैन भन्दै संविधानको वकालत गर्थे। संविधानलाई समय अनुसार परिवर्तन योग्य दोस्तावेजका रूपमा नभई नश्लवादीहरूले अपरिवर्तनिय ग्रन्थको बनाउन खोजे।

जब नागरिकता समस्या टड्कारो रूपमा उठ्यो। शासक वर्गले आँखामा छारो हाल्न नखोज्ने होइन। संविधान संशोधन नगरी नियम कानुन तथा निर्देशिकाबाट समस्या समाधान गर्ने निर्थक प्रयास गर्थे।

'सभामुख महोदय ! नागरिकता के बिना न लोग जन्म ले सकते हैं, न मर सकते हैं, जिने की बात तो दूर रही। समाधान के बदले, समाधान का रास्ता ढूंढने के बदले फिर ठगने की बात हो रही है। प्रधानमंत्री, गृहमंत्रीजी कहते हैं कानुन में सुधार करके समस्या का समाधान करेंगे। लेकिन इससे कुछ नहीं होना जाना है। सिर्फ एक ही रास्ता है, वह है संविधान संशोधन। बिना संविधान संशोधन का इतनी बडी समस्या का समाधान नहीं होगा सभामुख महोदय ! इस नागरिकता के अभावमें सांस लेना मुश्किल है और जब सांस रुक जाता है तो आदमी मरने के अवस्था में पहुँचजाता है। जनता की धैर्य की बाँध यदि टूट गयी तो बहुत कुछ टूट जाएगा। क्योंकि वह ४० लाखजनता जब सडक पर आकर अपनी राष्ट्रियता की तलाश करने लगेगी, खोजने लगेगी उस समय, तब क्या होगा सभामुख महोदय !'

समस्या समाधान गर्ने भन्दै भ्रमको पर्दा हाल्न खोजिरहेका बखत म सदनमा यसरी आफ्ना कुरा राख्थें।

नागरिकताविहीन मधेशीहरू पाइलैपाइलामा समस्या भेल्थे। नागरिकता नभएकाले उनीहरूले कुनै नोकरी पाउँदैनथे। भूमि खरिद बिक्री गर्न पाउँदैनथे। छोरीहरूको बिहाबारी रोकिन्थ्यो। पुस्तैनी जेथा भए पनि त्यसलाई बैंकमा राखेर ऋण नै निकासा गर्न सक्दैनथे। बच्चालाई प्राथमिक तहमा भर्ना गर्न जाँदा उसको अभिभावकसँग जन्मदर्ता प्रमाण पत्र मागिन्थ्यो। जन्मदर्ता प्रमाण पत्रकालागि गाउँ पञ्चायत, तथा स्थानीय पञ्जिका अधिकारीकहाँ पुग्नुपर्थ्यो।

'बाउको नागरिकता छ ?,' ती अधिकारीले प्रश्न गर्थे।

मधेशीहरू ठूलै अपराधीजसरी शिर निहुर्‍याएर फर्कन्थे। उनीहरूका लालाबाला शिक्षादीक्षाबाट वञ्चित हुन्थे। मधेशका गाउँ-देहातका यी समस्याबाट शासक बेखबर थियो।

परम्परागत राजनीतिक शक्ति र तिनका उत्तराधिकारीहरू मधेश गएपिच्छे नागरिकता समस्या समाधान गर्छौं भन्न छुटाउँदैनथे। तर काठमाडौँ आएपछि आफ्ना वाचाप्रति बेइमानी व्यवहार प्रदर्शन गर्नेमात्र होइन, मधेशीलाई मानिस नै स्वीकार्न गाह्रो मान्थे।

'समयमै नागरिकता समस्या समाधान गरिएन भने मधेशका जनताले हतियार उठाउने अवस्था आउन सक्छ,' मैले संसद् र सडकसम्मै यसरी विद्रोह पनि ओकलें।

नभन्दै मधेशमा हतियार उठ्यो । हामी शान्तिकामी हौँ । हामीले कहिल्यै हतियारमा विश्वास गरेनौँ ।

शासक वर्गले पैतालामुनि दबाउन खोजेपछि मधेशमा पनि हतियार उठ्यो ।

२०६१ सालमा राजाले शासनसत्ता हत्याएपछि पुरातन राजनीतिक दलको चेत फिर्‍यो होला भनेर हामी ढुक्क थियौँ । मधेशलाई पहाडसँगै डोर्‍याउनेमा हामी विश्वस्त थियौँ ।

तर २०६२/०६३ सालका आन्दोलन पूरा भएपछि उनीहरूले पुनः फणा उठाइहाले । मधेश र मधेशी जनताको शिर दंश गर्न थालिहाले ।

सिंहदरबारको रैथाने सत्तासँग हामीले धेरै केही मागेका थिएनौँ । नागरिकता समस्या यथाशीघ्र समाधान गर मात्र भनेका थियौँ । मधेशीलाई नागरिकसरह व्यवहार गर, रैतीका दाँजामा नराख, हाम्रो माग यत्ति थियो । रैथाने सत्ताले सुन्ने छाँटकाँट देखाएन । हामीले सदनदेखि सडकसम्म आवाज उठायौँ । २०६३ साल साउन १४ गतेको प्रतिनिधिसभा बैठकमा पनि आवाज उठायौँ ।

२०६३ सालमा नागरिकता विधेयक ल्याइयो । त्यो नागरिकता विधेयकमा २०४६ साल चैत्र मसान्तसम्म नेपालको सरहदभित्र जन्म भई नेपालमा स्थायी बसोबास गर्दै आएको व्यक्तिले प्रचलित कानुनबमोजिम नेपालको नागरिकता प्राप्त गर्न सक्ने प्रावधान राखियो । त्यो हाम्रो दबाबको बलमा राखिएको थियो ।

जसबाट जन्मका आधारमा नागरिकता पाउने वातावरण बन्यो ।

त्यो विधेयकमा त्रुटिमुक्त भने थिएन । जसलाई मैले सार्वजनिक रूपमा औँल्याएको थिएँ । नागरिकता विधेयकमा २०४६ साललाई डेडलाइन बनाएर नागरिकता दिने प्रावधान राखिएपछि मैले त्यसको विरोधमा २०६३ साल भदौ २५ गते सदनमा विरोध जनाएँ ।

'सभामुख महोदय ! २०६३ में जनआन्दोलन जब हुआथा उस समय किसीकी भी नागरिकता नही खोजी गयी थी । जानदेने वाले की भी नागरिकता नही खोजी गई । लाठी खानेवाले की नागरिकता नही खोजी गई । हर नागरिक अपने देश में खुशहाली के लिए, अधिकार के लिए, अग्रगमन के लिए और शान्ति के लिएआन्दोलन किया था । आज २०६३ में उस की समस्या समाधान करने की बात होती है तो २०४६ सालकी जन आन्दोलन को लेकर उसको डेड लाइन बनाया जाता है । २०६३ साल के आन्दोलन की बात नही की जाती । उसके उपलब्धी की बात नही की जाती । इससे प्रभावित कैसे होगा जनता, मै इस पर प्रवेश करना चाहूँगा ।'

मैले संसद्मा यो पनि भनेको थिएँ ।

'२०४६ साल चैत मसान्ततक जन्मसिद्ध की बातें उस विधेयक में कहा गया है । ०४६ साल चैत के बाद दूसरा सन्तान जो ०४७ साल में जन्महुआ है उसके लिए यह विधेयक मौन है । उसके लिए कोई व्यवस्था नही किया है । उसका क्या होगा ? वहनागरिक का २०४७ साल में जो जन्महुआ सन्तान उसका क्या होगा? इस बीच का १६ वर्ष के अवधि में जो जन्मा उस नागरिक का सन्तान है, नेपाली नागरिकका सन्तान उसका क्या होगा ? नागरिकता समस्या जहाँ का

तहीं रह जाएगा इसीलिए नागरिकता समस्या समाधान करते वक्त हमबार–बार कहते हैं कि इस समस्या का समाधान इस ढंग से किया जाए कि कभीभी इस देश में नागरिकता समस्या शब्द का उच्चारण किसी को ना करना पडे। नेपाल का संविधान २०४७ का धारा ८ और ९ जब तक खारिज नहीं किया जाता है, इस नागरिकता विधेयक का कोई अर्थ नहीं है सभामुख महोदय !'

यसरी मैले दृढतापूर्वक आफ्ना कुरा राखें। जनआन्दोलनको दौरानमा मधेशमा उठेका आवाजलाई सदनसम्म पुर्‍याएँ।

२०६३ साल भदौ २६ गते नागरिकता लगायतका समस्यालाई लिएर पार्टीका नेता कार्यकर्ताले सिंहदरबार अगाडि जुलुस निकाले। सिंहदरबारको पश्चिम ढोका अगाडि शान्तिपूर्ण जुलुश निकाल्दा प्रहरीले ४० को दशककै रवैया देखायो। मधेशीका थाप्लामा अन्धाधुन्द लाठी बर्सायो।

कैयन् साथी घाइते भए। तथापि माग पेचिलो बन्दै गयो। अन्ततः अन्तरिम संविधानमा आंशिक रूपमा भएपनि हाम्रो माग समेटिने वातावरण बन्यो।

नागरिकता प्राप्तिको लामो यात्रामा हामी आन्दोलनकै मैदानमा छौं।

विभिन्न सरकारी दमन सहँदै हामी आजको दिनसम्म आइपुगेका छौं। नागरिकताका लागि अभै लड्नुपर्ने अवस्था छ। २०७२ सालको संविधानलाई अभै फराकिलो बनाउन सकिन्थ्यो। सर्वस्वीकार्य बनाउन सकिन्थ्यो।

तर नेपाली काग्रेस, नेकपा (एमाले), माओवादी केन्द्रजस्ता परम्परागत र पुराना विचार बोकेका दलले मधेशलाई सँगै लिएर जान चाहेनन्। हामी ढोकामा छुट्यौं। मधेश फेरि पछि पर्ने अवस्था आयो।

यो संविधानले मधेश र मधेशीलाई विभेद त गरेको छ नै लैंगिक विभेदको पर्खाल पनि खडा गरेको छ।

लैंगिकताले मानिसमा निहित जैविक गुणहरूका साथै सामाजिक विशेषतामा भएका भिन्नतालाई दर्शाउँछ। सोही भिन्नताको आधारमा नेपालको संविधानले आमाको नामबाट नागरिकता बनाउँदा शर्तशर्त तेर्स्याएको छ।

नागरिकता प्राप्तिको पहिलो आधारले आमा वा बाबु दुवैको नाममा नागरिकता प्रदान गर्छ। तर बाबु अनिवार्य भन्छ। त्यसपछिका नागरिकता प्राप्तिका आधारले सीधा महिलामाथि विभेद गर्छ। वर्तमान व्यवस्थाले महिलालाई 'दोस्रो दर्जाको नागरिक' बनाएको छ। संविधानले सबै नागरिक समान भनिरहँदा नागरिकको परिचय प्रदान गर्ने नागरिकताले भने महिलालाई दोस्रो दर्जामा किन राख्यो ?

हाम्रो प्रश्न यहाँनिर हो।

संविधानको समानताको हकसम्बन्धी धारा १८ ले 'पुरुष र महिलाबीच कुनै पनि विभेद गरिने छैन' भनेर प्रष्ट व्यवस्था गरेको छ। तर नागरिकतासम्बन्धी प्रावधानमा महिला नेपाली नागरिक नै होइनन् भन्ने धारणा विकास गर्न खोजेको छ।

नागरिकतासम्बन्धी सरकारी व्यवस्थाले महिलाको अस्तित्वमाथि नै प्रश्न सिर्जना गरेको छ । बहसमा रहेको बाबुको पहिचान नखुलेको व्यहोरा देखाउनुपर्ने, बाबुको पहिचान नखुलेको स्वघोषणा गर्नुपर्ने प्रावधानले महिलाको अस्मितामाथि नै प्रश्न उब्जाउन सक्छ ।

महिलाले आफ्नो नामबाट सन्तानलाई नागरिकता दिलाउन जाँदा 'तिम्रो कोसँग सम्बन्ध थियो र यो बच्चा जन्मियो ?' भन्दै कर्मचारीले प्रश्न गर्न मिल्छ ? बाउको पहिचान नखुलेका बालबालिका राज्यविहीन हुने सम्भावनाको सम्बोधन गर्न राज्यसँग के उपाय छ ? नेपाली आमाबाट विदेशमा जन्मेका सन्तान जसको बाबु पहिचान भएको छैन । उनीहरू स्वतः राज्यविहीन हुने भए ।

पुरुषले जुन देशको महिलासँग बिहे गर्छ, छोराछोरीले पनि त्यही नागरिकता पाउने तर नेपाली महिलाले अन्य देशको पुरुषसँग बिहे गरेको खण्डमा उनका छोराछोरी नेपालमा बस्नै नसक्ने र उनीहरूले नागरिकता पाउन नसक्ने अवस्था बन्न गएको छ । हामीले कस्तो समानताको पृष्ठपोषण गरिरहेका छौं ?

नेपाली आमाबुबाबाट नेपालमै जन्मेको नागरिकले वंशजको आधारमा नेपाली नागरिकता पाउँछन् । तर ऐन बन्दा संविधानभन्दा अझ एक कदम अगाडि बढेर आमाको नामबाट नागरिकता लिनको लागि चारवटा शर्त-सीमा तोकियो ।

पहिलो, शर्त नेपालमै जन्मेको हुनुपर्ने ।

दोस्रो, नेपालमा बसोबास गरेको हुनुपर्ने ।

तेस्रो, बाबुको पहिचान भएको हुनुपर्ने ।

चौथो, बाबुको पहिचान नभएको स्वघोषणा हुनुपर्ने ।

तर बाबुको नामबाट नागरिकता लिन भने आमाको परिचय दिनुपर्ने बाध्यकारी व्यवस्था छैन ।

आमाले आफ्नो नामबाट सन्तानलाई नागरिकता दिलाउँदा यतिका शर्त पूरा गर्नुपर्छ भने बुबाले सन्तानको नागरिकता बनाउँदा आमाको खोजी किन हुँदैन ? यसबाट महिला र पुरुषबीचको विभेदलाई कानुनद्वारा नै संरक्षण गरेको ठहर्दैन ?

नागरिकता कानुनले वैवाहिक अङ्गीकृत नागरिकतामा पनि महिला र पुरुषबीच विभेद गरेको छ । नेपाली पुरुषले बिहे गरेर ल्याएका विदेशी महिलाले चाहेको बेला अङ्गीकृत नागरिकता पाउँछन् तर नेपाली महिलाले बिहे गरेर ल्याएका विदेशी पुरुषले अङ्गीकृत नागरिकता पाउँदैनन् । यद्यपि उसबाट जन्मेको बच्चाले भने अङ्गीकृत नागरिकता पाउँछन् ।

संविधानको धारा ११ को उपधारा ६ मा नेपाली नागरिकसँग वैवाहिक सम्बन्ध कायम गरेकी विदेशी महिलाले चाहेमा सङ्घीय कानुनबमोजिम नेपालको अङ्गीकृत नागरिकता लिन सक्ने व्यवस्था छ । विदेशी महिलालाई ७ वर्षपछि मात्रै नागरिकता दिने कुरा बहसमा छ । तर्क के गरिएको छ भने कुनै पनि भारतीयसँग विवाह गर्ने विदेशी व्यक्तिलाई भारतमा सात वर्षसम्म

लगातार बसोबास गरेको खण्डमा नागरिकता दिने व्यवस्था रहेकोले हामीकहाँ पनि यो व्यवस्था गर्नु पर्दछ । बुझ्नु पर्ने कुरा के छ भने भारतमा यो व्यवस्था महिला पुरुष दुवैका लागि हो । नेपालमा भने महिलाको लागि मात्र यस्तो प्रस्ताव गरिएको छ ।

अर्को कुरा भारतमा विभिन्न प्रयोजनका लागि विभिन्न प्रकारका परिचयपत्रहरू बन्ने र बनाइने क्रम जारी छ । यस्ता खालका परिचयपत्र प्राप्त गर्नका लागि नेपाल जस्तो नागरिकता प्रमाणपत्र अनिवार्य गरिएको हुँदैन र विवाह गर्नेबित्तिकै यस्ता परिचयपत्र बन्न सक्छ । जस्तै– रासन कार्ड, आधार कार्ड, भोटर आईडी, प्यान कार्ड, पासपोर्टजस्ता विभिन्न प्रकारका परिचयपत्रहरू स्थानीय निकाय, प्रदेश सरकार तथा केन्द्रीय सरकारले जारी गर्ने गरेका छन् ।

नेपालसँगको १९५० को मैत्री सन्धिलाई भारतले परिपालन गर्ने भएका कारण त्यहाँ नेपाली महिलालाई कुनै कानुनी समस्या नै हुन्न । उनीहरूले यी कार्डहरूको आधारमा भारतमा हरेक अधिकार प्रयोग गर्न पाउँछन् ।

मुख्य कुरा नेपालजस्तै भारतमा संविधानअनुसार नागरिकता कानुन अहिलेसम्म लागु भएको छैन । भारतमा जुन सातवर्षे प्रावधान छ, त्यो नेपाली छोरीका लागि हुँदा पनि होइन । नेपालीलाई त्यहाँ राष्ट्रियताकै आधारमा राज्यबाट भेदभाव छैन ।

भारतको संविधानले भारतीय मूलको व्यक्ति (संविधानमा अनुसूचित २२ भाषी अर्थात् यस परिभाषा अनुसार मधेशमा बोलिने मुख्य भाषाको साथै नेपाली भाषीलाई पनि भारतीय मुलका रूपमा परिभाषित गरिएको छ), जो अविभाजित भारत (पाकिस्तान र बंगलादेश बाहेक) बाहिर कुनै पनि देशको नागरिक हो र उक्त देशको नागरिकता त्याग गरी भारतको नागरिकता चाहन्छ भने उसलाई नागरिकता प्राप्त गर्नबाट वञ्चित नगरिने उल्लेख गरेको छ ।

नेपालीले भारतमा १९५० को सन्धिअनुसार भारतीय सरह नै बस्न पाउँछन् । आधारभूत सेवा-सुविधा पाउँछन् । शिक्षा र रोजगारीको सिलसिलामा लाखौं नेपाली त्यसै गरी बसिरहेका पनि छन् ।

कानुन बनाउने बेलामा सांस्कृतिक वैवाहिक परम्परा पनि हेरिनुपर्छ । यसले ठूलो अर्थ राख्छ । हिन्दू धर्मावलम्बीमा विवाह भनेको निकै पवित्र सामाजिक र सांस्कृतिक मान्यता हो । विवाह आध्यात्मिक सम्मेलन हो । विवाहपछि स्त्रीको गोत्र र जात परिवर्तन हुने मान्यताअनुसार राष्ट्रियता सजिलै परिवर्तन हुँदा समस्या आउँदैन । तर हामीकहाँ नागरिकता अनिवार्य छ । भारतमा त्यस्तो अवस्था पनि छैन । नेपालमा हालसम्म असंख्य नागरिकताविहीनहरूलाई कुनै पनि कानुनी अधिकार उपभोग गर्ने गरी कुनै प्रकारको नागरिकता बाहेकको परिचयपत्र वितरण गर्ने कानुनी व्यवस्था नै छैन । त्यसैले ७ वर्षको यो प्रावधानभित्र नेपाल भारतको खुला सीमाना, सीमाञ्चलका जनताको एक आपसको पारिवारिक तथा सांस्कृतिक सम्बन्धलाई खल्बल्याउने उद्देश्य मात्रै देखिन्छ ।

भारतसँग हाम्रो सांस्कृतिक वैवाहिक परम्परा छ । त्यस अर्थमा अन्य वैदेशिक मुलुक र भारतबिचको भिन्नता बुझ्नु पर्दछ । नेपालकै शाह, राणा परिवारको बिहे राजस्थान, कस्मिरका राजपरिवारसँग भएको छ । तर हल्ला यसरी चलाइएको छ कि मानौ मधेशी समुदायको मात्र युपी वा बिहारतिर बिहेबारी हुन्छ । वास्तवमा तीनैतिरका सिमाना छेउछाउ हाम्रो सामाजिक सम्बन्ध छ । जुन कालमा नेपालसँग सीमा र नागरिकतासम्बन्धी कानुन थिएन, त्यही बेलादेखि नै यी क्षेत्र नेपालसँग जोडिएका हुन् । अहिले मात्र वैवाहिक सम्बन्ध हुन थालेको होइन । अहिलेको व्यवस्थाले पारिवारिक सम्बन्धलाई व्यवस्थित र मर्यादित बनाउँदैन । राष्ट्रप्रतिको अपनत्वभाव पनि क्षीण बनाउँछ ।

यतिका वर्षसम्म नेपालीसँग विवाह गर्ने विदेशी महिलालाई नागरिकता दिने प्रावधानले कस्तो खालको राष्ट्रिय सुरक्षामा चुनौती उत्पन्न गर्‍यो ? आज आएर के र कुन कारणले सात वर्षको जटिलता उत्पन्न गर्नुपर्ने कारण आइलाग्यो ? यसको प्रष्टताबिना नै यस्तो कानुनको निर्माण गर्नु एकल नश्लीय संकुचित राष्ट्रवादको आवेग बाहेक केही मान्न सकिँदैन ।

विदेशी महिलाले नेपालमा विवाह गर्दा सात वर्ष कुर्न पर्ने प्रावधान राख्ने हो भने ती दम्पतिबाट जन्मिने सन्तानहरूको जन्मदर्ता, विद्यालय भर्ना, गरीब–दलितको हकमा छात्रवृत्तिजस्ता यावत कानुनी सुविधा तथा अधिकारहरूबाट वञ्चित हुनुपर्ने हुन्छ । कथंकदाचित् विवाहको सातवर्ष नपुग्दै पतिको मृत्यु भयो भने ती महिलाको अवस्था के हुने ? ती महिलाले त्यस सात वर्षको अवधिमा कुनै पनि प्रकारको सरकारी वा गैरसरकारी सेवाका लागि आवेदन र प्रतिस्पर्धा गर्न पाउने वा नपाउने यी यावत जटिलताहरू सम्बोधन कसरी गर्ने ?

सामान्यतया विवाह भएको करिब दुई वर्षभित्रमा सन्तान जन्मन्छन् । बच्चाको जन्म भएको ३५ दिन भित्रमा जन्मदर्ता गर्नुपर्दछ । जन्मदर्ता गर्नको लागि बाबु र आमा दुवैको नागरिकता आवश्यक हुन्छ । आमाले वैवाहिक अङ्गीकृत नागरिकता प्राप्त गर्न थप अझ पाँच वर्ष पर्खनुपर्दछ । उक्त अवधिसम्म बच्चाको जन्मदर्ता हुँदैन । जन्मदर्ता विना बच्चाको विद्यालय भर्ना हुँदैन । नाबालक परिचयपत्र जारी हुँदैन ।

फेरि, विवाह भएर आएको दिन राष्ट्रवादी नहुने र सात वर्षपछि राष्ट्रवादी भइने तर्कमा कुनै दम पनि छैन ।

हुन त भारतीय नागरिक नेपालीलाई छोरी दिन खासै लालायित पनि छैनन् । शिक्षा र रोजगारीको अवसर छोरीचेलीलाई यताभन्दा उतै राम्रो छ । त्यसैले, उताका छोरीलाई पनि नेपालकी बुहारी बन्न खासै रुचि छैन । यी दुई देशबीच विवाह पहिलेभन्दा निकै घटिसकेको छ । नागरिकतामा कडाइ गरेर यसलाई झन् घटाउन खोजेको प्रतीत हुन्छ ।

भारतीय नागरिकता कानुनले भारतीय नागरिकले कुनै अर्को देशको नागरिकता लिएको खण्डमा भारतको नागरिकता स्वतः बदर हुने व्यवस्था गरेको छ । त्यसकारण नेपाली नागरिकता लिने भारतीय महिलाले त्यहाँ नागरिकता त्यागेको प्रमाणपत्र ल्याउनुको औचित्य नै छैन । उसो त त्यहाँ नागरिकताका प्रमाणपत्र भनेर कुनै प्रमाणपत्र नै वितरण गरिएको छैन । तसर्थ नेपालमा गर्न खोजिएको यो व्यवस्था लैंगिक हिसाबले विभेदपूर्ण छ ।

भारतमा पनि राष्ट्रपति, उपराष्ट्रपति, महान्यायाधिवक्ता लगायतका केही खास उच्चपदहरू भारतीय नागरिकका लागि मात्र (नागरिकताको आधार जुनसुकै भए पनि, भारतीय नागरिक भए पुग्ने) सुरक्षित राखेको छ । तर, नेपालमा त्यसभन्दा पनि एक कदम अगाडि बढेर धारा २८९(१) ले त आठवटा संवैधानिक पदहरू नागरिकमध्ये पनि वंशजलाई मात्र सुरक्षित गरेर नागरिकहरूकै बीचमा फरक व्यवस्था गरेको छ ।

जबकि जन्मसिद्ध नेपाली नागरिकलाई (जसलाई वंशज नै मानिएको थियो) पनि बन्देज गरिदिएको छ । संसारमा यस्तो विभेदकारी कानुन कहाँ छैन । जन्मको आधारमा पाउने नागरिकता नै संसारभरि मुख्य प्राथमिकतामा हो । वंशज त प्रायः उसका लागि हो, जसका आमा, बुवा सम्बधित देशको नागरिक भए पनि सन्तानको जन्म अरू नै कुनै देशमा भएको हो । तर नेपालमा जन्मसिद्ध अर्थात् धर्तीपुत्र समेतलाई अरू देशको नागरिकता त्याग गरी अङ्गीकरण गर्न आएझैँ, विदेशीभैँ मुख्य पदहरूमा बन्देज गरियो । वास्तवमा त्यो नागरिक जो अर्को कुनै देशको नागरिक थिएन जो स्वतः नेपालको नागरिक भए अर्थात् जन्मसिद्ध र वंशज नागरिकताधारी र त्यो नागरिक जसले परिवार, समाज, वंश चलाउन अर्कों देशको नागरिकता त्याग गरेर नेपाली नागरिक भए । ती वैवाहिक नागरिकताधारी महिलालाई बन्देज गर्नु न्याय सङ्गत त हुँदै होइन, बरु अपराध हो । यस अर्थमा राज्य नै अपराधी राज्य हो ।

बरु अङ्गीकृतका निम्ति केही देशमा यस्ता मुख्य पदमा बन्देज लगाइएको छ । धारा २८९ ले मधेशी समाजको सीमापारिको सदियौँदेखिको पारिवारिक, सामाजिक सम्बन्धमा गम्भीर प्रहार गरेको छ । दोश्रो र तेश्रो दर्जाको नागरिक बनाउने मनोवैज्ञानिक प्रहार हो । यही अवस्था रहिरहे कुनै पनि भारतीयले आफ्नो छोरी नेपालीलाई दिने छैनन् ।

पितृसत्तात्मक समाजले निर्माण गरेको यो भाष्य बदल्न आवश्यक छ । महिलाका हकमा संविधानले गरेको नागरिकता सम्बन्धी व्यवस्था लैंगिक हिसाबले विभेदपूर्ण छ । यो त्रुटि सच्याइनु पर्छ ।

एउटै देशमा विभिन्न दर्जाका नागरिकहरू छन् । संविधानले नै नागरिकलाई विभेद गर्छ । यसको परिचय अब हामीले नै बोक्नुपर्ने भएको छ ।

नेपालको संविधानको भाग २ मा रहेको नागरिकतासम्बन्धी प्रावधानहरू २०१९ सालको संविधानभन्दा पनि पछाडि फर्किएको अवस्था छ । नागरिकले नागरिकलाई अनागरिक बनाउने खेल संसारमा यहीँ मात्र होला ।

अन्तरिम संविधानमा बुबा वा आमा दुईमध्ये एकको आधारमा नागरिकता लिन सकिन्थ्यो, त्यस प्रावधानलाई अहिले बुबा र आमा गरिएको छ । त्यस्तै धारा ११ को ५ ले बुबाको पहिचान नभएकोमा दिएको वंशज नागरिकता पनि बुबा फेला परेको खण्डमा अङ्गीकृतमा परिणत हुने प्रावधान राखेको छ । यो विश्वकै अनौठो प्रावधान हो । यो प्रावधानलाई धारा २८९ सँग गाँसेर हेर्नुपर्ने हुन्छ ।

वंशज नेपालीले पनि कुनै विदेशी नागरिकसँग विवाह गरेको खण्डमा नेपालमै बसोबास भए पनि यदि बच्चा नेपालमै जन्मिन सकेन भने तिनका सन्तान नागरिकता विहिन हुन्छन्। नेपालमै जन्मे पनि बुबा विदेशी भएकाले अङ्गीकृत हुन्छन् र अङ्गीकृत नागरिकहरू मस्यौदाको धारा २८२ अनुसार राष्ट्रपति, उपराष्ट्रपति, सभामुख, उपसभामुख, सुरक्षा प्रमुखलगायतका पदका लागि योग्य नहुने गरी बन्देज लगाएको छ।

त्यति मात्र होइन, नेपालमा वंशजका आधारमा नागरिकता लिएका नागरिकलाई पनि तेश्रो दर्जाको नागरिकको रूपमा व्यवहार गरिएको छ। रगतलाई माटोसँग मिसाइएको छ। यसको सीधा प्रभाव मधेशीहरूको सीमा वारिपारिको रोटीबेटीको सम्बन्धमाथि परेको छ। यस्तो देशमा छोरीचेली दिएर कुनै पनि भारतीयको मन हलुका हुँदैन। त्यसो भन्दैमा हाम्रो आफ्नो अस्तित्वलाई कमजोर मान्नै पर्छ भन्ने तर्क पनि कदापि होइन।

साथै यो कुरा विश्वव्यापी रूपमा नागरिकताको सिद्धान्त प्रतिकूल पनि छ। हालको संविधान अन्तरिम संविधान २०६३ भन्दा पश्चगामी छ। यसले जनताको हित हुन दिँदैन। त्यसकारण जनताको हितको लागि हामीले आवाज कडाइका साथ उठाइरहेका छौं।

अङ्गीकृत नागरिक राज्यको प्रमुख पदहरूमा नियुक्त वा निर्वाचित हुन नपाउने प्रावधानमाथि खुलेर बहस हुनुपर्छ। संविधानको धारा २८९ को उपधारा (१) राष्ट्रपति, उपराष्ट्रपति सुरक्षा निकाय लगायतका प्रमुखको पदमा निर्वाचित, मनोनित वा नियुक्त हुन वंशजको आधारमा नेपालको नागरिकता प्राप्त गरेको हुनु पर्नेछ।

त्यस्तै उपधारा (२) मा 'उपधारा (१) मा उल्लिखित पदबाहेक अन्य संवैधानिक निकायको पदमा यस संविधान बमोजिम नियुक्तिको लागि योग्य हुन अङ्गीकृत नेपाली नागरिकता प्राप्त गरेको कम्तीमा दश वर्ष, जन्मको आधारमा नेपाली नागरिकता प्राप्त गरेको पाँच वर्ष र नेपालको नागरिकता त्याग गरी पुनः वंशजको आधारमा नेपाली नागरिकता प्राप्त गरी कम्तीमा पाँच वर्ष नेपालमा बसोबास गरेको हुनु पर्नेछ' भनिएको छ।

उपधारा (२) लाई मान्ने हो भने हाम्रा केही आशा लाग्दा नेताहरू नै कानुन विपरीत काम गरेका छन्। आफैं कानुन तोडेर आएर संसद् भवनमा चर्का नारा लगाउने नेतालाई कानुनले आफैंलाई के भनेर व्याख्या गरेको छ भन्ने समेत थाहा छैन। आफैंमाथि लागू भएको कानुन राम्रोसँग थाहा नभई कानुन बनाउने ठाउँमा आएको नेतृत्वलाई हामी वैकल्पिक नेतृत्वको रूपमा हेर्न खोज्दैछौं।

यदि ती नेतृत्व मेरो जस्तो छाला र बोली बोल्ने अनुहारको हुन्थ्यो भने यो सत्ताले स्वीकार्थ्यो ? यहाँनिर हामी आफ्नै देशमा तेश्रो दर्जाको नागरिक भएर बाँचिरहेका छौं।

केही भने देश त्यागेर, देशको नागरिकता त्यागेर विदेशमा सुख चहारेर उतैको नागरिक भएर बसेर, फुर्सद कटाउन विदेशीको मिसन बोकेर आएका विदेशीका गुलामहरूले विदेशी नागरिकता त्यागेको केही समयमा नै देशको मुख्य पदहरूमा पुग्न मिल्ने तर मधेश र मधेशीको लागि चाहिं

किन विभेद छ ? के यो देशमा पहाडे भएर जन्मिएको मान्छे चाँहि पुनः नागरिकता लिएको क्षणबाटै शत प्रतिशत शुद्ध नेपाली हुन्छन् ! अनि हामी मधेशी सदियौंदेखि बसोबास गरिरहेका नागरिक भने अनागरिक भइरहनु पर्ने ?

वास्तवमा म यही प्रश्नको उत्तर खोजिरहेको छु । अब त उमेर पनि घर्किएसकेको छ । कपाल फुलेर सेताम्य भइसकेका छन् । शरीर कुप्रिंदै गएको छ । दृश्य पनि पातलिन थालेको आभास भइसकेको छ । तर पनि मेरो देशका नश्लवादी शासकले मलाई र मजस्ता नेपालका मधेशी नागरिकलाई आफ्नो ठान्न सकेन ।

पूर्व नेपालीहरू बेलायतमा सांसद हुँदा नाक फुलाएर हिंड्ने यही समाजका मान्छे हुन् । तर अङ्गीकृत नागरिकलाई कुनै ठाउँमा छिर्न नदिने भनेर केका आधारमा लाग्छन् ?

हामी ढोंग र पाखण्डमा रमाउँछौ । वास्तविकतासँग डराउँछौ । तर वास्तविकताले अँगालो खोजिरहेको छ । ढोंग गर्नेहरूले हाम्रो शरीरमा काँडैकाँडा टासिदिएका छन् । काँडाले घोच्ने डरले मधेशीलाई कसैले नअँगालुन् भनेर ढोंगीहरूले राजनीति गरिहरेका छन् ।

आफ्नो योग्यतामा विश्वास नभएका कमजोरहरूले मात्रै बन्देजको राजनीति गर्छन् । आफ्नो देशमा नागरिकता दिइसकेपछि कसैलाई कुनै पदमा नियुक्त गर्न बन्देज लगाउने कस्तो राष्ट्रवाद हो ? कोही आउँछ र भाग खोस्छ भन्ने किन यति धेरै डर छ हाम्रो नेतृत्वमा ?

आफ्नो नागरिकलाई आफ्नो बनाउन नसक्ने देशमा कोही नागरिक बन्न लालाहित पनि हुँदैन । तर व्यक्तिगत लाभ हेरेर न्यून सख्यामा कमजोरीको फाइदा उठाउनेहरू ननिस्केलान् भन्न सकिंदैन । हामी चनाखो चाहिँ हुनुपर्छ ।

यहाँ सोचिन्छ, नेपालको राजनीतिक, आर्थिक र सामाजिक अवस्थाले विदेशका नागरिक लाइन लागेर यहाँ दोस्रो दर्जाको नागरिक हुन आउँछन् ।

नागरिकता खुकुलो बनाउँदा खुल्ला सीमा भएकोले भारतबाट नागरिकहरू नेपाल छिरी नागरिकता लिन सक्ने भय प्रत्येकको दिमागमा भरिएको छ । नेपालको अधिकतम सीमा भारतको उत्तर प्रदेश र बिहारसँग जोडिएको छ । भारतले अहिले तीव्र रूपमा आर्थिक वृद्धिदर हासिल गरिरहेको छ । बिहारको संरचना एकदमै गुणस्तरीय बन्दैछ । दिन दुगुणा, रात चौगुणा विकासमा फड्को मारिरहेका मुलुकका मानिसहरू हामीकहाँ दोस्रो दर्जाको नागरिक बन्न लालायित होलान् ?

म चाहिँ हुनुपर्ने कारण देख्खिनँ । शासकलाई कुन भयले गाँजिरहेको छ ! यहाँनिर चाहिँ मलाई आश्चर्य लाग्छ ।

बरु सन् २००० पछि थुप्रै मधेशीहरू नागरिकताको लडाईबाट दिक्दार भएर भारत छिरेका छन् । वास्तवमा उनीहरू आफ्नो प्यारो मातृभूमि छाड्न बाध्य भएका हुन् ।

अनुहारका काला, बोलीमा हिन्दीको भल्को भएकाहरू यहाँ लोकप्रिय प्रधानमन्त्री र राष्ट्रपति भइदिने हुन् कि भने डरले नश्लीय चिन्तन बोकेको सत्ताले धारा २८९ निर्माण गरेको हो । यो

प्रावधान देशको अहितमा छ । मधेशका नागरिकले आफ्नो क्षमताको भरपुर प्रयोग गरी यो देशलाई माथि उठाउन पाउनु पर्छ । यो सबै मधेशीको हक हो ।

नेपालमा राज्यविहीनताको समस्या अन्त्य गर्नै पर्छ । त्यसका लागि नेपालले सिइटिएडब्लू, आइसिसिपिआर, सिआरसि, सिइआर जस्ता महासन्धिहरूको दायित्वहरूलाई गम्भीरतापूर्वक पालना गर्नुपर्छ । यसका लागि नेपालले नयाँ कानुन तर्जुमा र परिमार्जन गर्नुपर्छ । तर सम्बन्धित महासन्धिको मर्म र भावनाअनुसार कानुन परिमार्जन गरिएको व्यवहारमा हामीले फेला पारेका छैनौं ।

मानवअधिकारको संरक्षण हुने गरी नयाँ संविधान संशोधन गराउनको निम्ति नेपालमा बस्ने तमाम जनताले आवाज उठाउनु आफ्नो जिम्मेवारी हो भन्ने बुझ्न जरुरी छ । यस विषयमा अन्तर्राष्ट्रिय समुदायले पनि हाम्रो सरकारलाई दबाब दिनुपर्छ ।

कमसेकम महिलाहरू आफ्ना छोराछोरीलाई स्वतन्त्र रूपमा नागरिकता हस्तान्तरण गर्न स्वतन्त्र हुनुपर्छ । नागरिकता सम्बन्धी धेरै नियमहरू सङ्घीय कानुनमा भएबमोजिम हुने भएकोले नेपालको संसद्ले तयार पार्ने अन्य नखुलाइएका सबै व्यवस्था समेट्नु पर्छ । तर छलफलमा आएका विवादहरू सुन्दा लाग्छ, नेपालका केही अभिजात वर्गकाहरू यसका निम्ति तयार छैनन् ।

नेपाल सरकारले नै राज्यविहीनता सम्बन्धी अन्तर्राष्ट्रिय महासन्धिहरूको पालना गर्ने कानुनहरू अनुरूप आफ्ना कानुन परिमार्जन गर्न पहल गर्नुपर्छ । मधेश सधैँभरि आफ्नो अधिकारको लागि लडिरहन हुँदैन । देशमा विकास चाहिन्छ । निकास चाहिन्छ । त्यसको लागि मधेशी जनशक्ति अपरिहार्य हुन आउँछ ।

राज्य यो विषय बुझेर पनि मौन छ । त्यसकारण हामी राज्यलाई निरन्तर झकझकाइरहेका छौं । ताकी आधिकारका लडाइँ हामीले लड्न सक्यौं भने हाम्रा छोरानाति यो देश विकासमा लाग्न पाउँछन् । उत्पादनमुखी हुन पाउँछन् । जसले नेपाली समाजमा नयाँ आयाम थप्ने छ । अनि हामी बहुल पहिचानको देशका गर्विला नागरिक हुन पाउछौं ।

राष्ट्रनिर्माण तथा राष्ट्रिय पहिचानको प्रक्रियामा साझा समझ हासिल गर्न सङ्घर्ष हुन्छ । लोकतन्त्रका मूल्य र मान्यतालाई सम्मान गर्दै राज्य अघि बढ्नुपर्छ । लाखौं राज्यविहीन मानिसहरूको थप जटिलताले आन्तरिक शान्ति, स्थिरता र सुरक्षामा गम्भीर खतरा निम्त्याउन सक्छ । जातीय र वर्गीय द्वन्द्वको सामना गर्ने अधिकांश देशहरूले द्वन्द्वपछि राष्ट्रियता कानुन र नागरिकतालाई पुनः परिभाषित गर्न बाध्य भएका छन् । यदि नागरिकलाई आफ्नो माटोमा राज्यविहीन/नागरिकताविहीन राखियो भने, आफ्नो देशप्रति, राजनीतिक, सामाजिक वा नैतिकरूपमा निष्ठाविहीन मानिसहरूको समुदाय सिर्जना हुनेछ ।

विष्फोटिक कुरा हो यो ।

वर्तमान भेदभावपूर्ण प्रावधानहरूले अल्पसंख्यक समूहहरूको अधिकारलाई नकारात्मक रूपमा असर गरेको छ भन्ने तथ्यलाई हामीले मनन गर्नुपर्छ ।

महिलाहरूको नागरिकताको प्रमाण अस्वीकार गर्नु भनेको उनीहरूले वैवाहिक सम्पत्ति वा सम्पदामा आफ्नो अधिकार दाबी गर्न नसक्ने सुनिश्चित गर्ने उपयुक्त तरिका हो । पितृसत्तात्मक वर्चस्वमा आधारित राष्ट्रियताले मधेशी र महिलामाथि निकै अन्याय गरेको छ । राज्यविहीन बालबालिकाहरूमा विशेष रूपमा हानी पुगेको छ । राज्यले उनीहरूको शिक्षा, किफायती स्वास्थ्य सेवा र भूमि स्वामित्वप्रतिको अधिकार खोसिदिएको छ ।

नागरिकतामा नेपालको पुरानो सामन्ती संरचनाले मूलवासी नेपाली र महिलाहरूलाई निकै विचलित बनाएको छ । सामन्ती मनोविज्ञानले मातृसत्तात्मक समाज सिर्जना हुने र तराईमा भारतीयहरू बसोबास गर्ने डर आफ्नै देशमा मान्छेलाई पराइ बनाइरहेको छ । यो कस्तो ज्ञान हो ? यसले देशलाई कसरी भलो गर्छ ?

राज्यविहीनतालाई राष्ट्रवादसँग जोडेर मानवीय समवेदनाविहीन हुने सामन्ती चिन्तनको विरोध नगरेर के गर्ने ? हामी पनि छौँ, हाम्रो पनि अधिकार देऊ भनेर कति भन्ने ? कति सम्झाउने ? विगत पाँच दशकमा राज्यले राज्यविहीन व्यक्तिहरूको ठूलो संख्या सिर्जना गरेको छ । जनतालाई बैंकिङ सुविधा, सम्पत्ति लेनदेन, व्यापार अवसर र सामाजिक सुरक्षाजस्ता आधारभूत अवसरबाट वञ्चित गरेर राज्यले अक्षम्य अपराध गरेको छ ।

राज्यले सधैँ एकै खालको नीति लिएर हुँदैन । समयानुकूल हुनुपर्छ । नागरिकका लागि सकारात्मक कदमहरू चालु पर्छ । जसअन्तर्गत व्यवस्थापकीय तथा नीतिगत संरचना सिर्जना गर्न पनि आवश्यक छ । राज्यको दायित्व अधिकारको उल्लङ्घन भएका व्यक्तिलाई प्रभावकारी उपचारको प्रत्याभूति गराउनु पनि हो । यथार्थमा भन्ने हो भने नेपालमा यस्तो कुनै संरचना वा उपचार उपलब्ध रहेको देखिँदैन ।

नयाँ संविधानमा यस्तै प्रतिगामी प्रावधानहरूमार्फत् जनसंख्याको एक भागलाई उपेक्षा गर्दा स्थिति झन्झन् बिग्रन्छ भन्नेमा शासन-सत्ताका रैथाने हुँ भन्नेहरू किन सोच्दैनन् ?

जबजब निर्वाचनको बखत आउँछ अनि निर्वाचन आयोगले नागरिकता अनिवार्य गर्ने कुरा गर्छ । नेपालले पितृसत्ता र भेदभावमा आधारित कानुनलाई संशोधन गरेनन् भने देशलाई राज्यविहीनताको संकट र राजनीतिक अस्थिरताको साथै हिंसाको सम्भावित पुनरुत्थानतर्फ समेत लैजाने खतरा हुन्छ ।

समस्याको छलफल र विश्लेषणपछि समाधानका उपायहरू पनि आउँछन् । तर आश देखाएर मात्र हुँदैन । काम र व्यवहार पनि एकै हुनुपर्छ ।

पुरातन राजनीतिक बलहरूले मधेशीलाई समेट्न चाहेको भए, मुद्दाहरूलाई महसुस गरेको भए समय क्रममा समस्या पिलो बनेर रहँदैनथ्यो ।

क्रान्तिकारी योद्धा बीपी कोइराला विराटनगरका थिए । उनका सहयोगी तथा सहयोद्धाहरू पक्कै पनि मधेशी समुदायका थिए । तुलनात्मक रूपमा उनी मधेश बुझेकै नेतामा गनिन्थे । उनले पनि नेपालका मधेशीलगायत अन्य समुदायलाई समेट्न सकेनन् । यसबाट लोकतान्त्रिक आन्दोलनमा बीपी कोइरालाले मधेशको सवाललाई सम्बोधन गर्न नसकेको वास्तविकता प्रष्ट हुन्छ ।

लोकतन्त्रको विषयमा राजाभन्दा फरक मत राखे पनि राष्ट्रियताको सवालमा एउटै भाषा नेपाली, एउटै पहिरन दौरासुरुवालको पक्षपोषण बीपी कोइरालाले पनि गरे । त्यसैले गजेन्द्रनारायण सिंह र वेदानन्द झा लगायतका नेताहरूले छुट्टै बाटो रोजे ।

जनतामा मानसिक दासत्वको भावना बढाउन पञ्चायतमा विभिन्न नीति तथा रणनीतिहरू अपनाइयो । 'महेन्द्रमाला' मार्फत् राष्ट्रवादलाई बालबालिकाको कलिलो मानसपटमा घुसाइयो । 'आफ्नै भाषा, आफ्नै भेष' को भाष्यमार्फत् महेन्द्रीय राष्ट्रवादका चेला तयार पारियो । त्यसपछि प्रत्येक संविधानले महेन्द्रवादको प्रकारान्तरले महेन्द्रको त्यही खोकला राष्ट्रवादको सङ्कथनलाई वहन गरेको छ ।

नागरिकताको सवालमा अहिलेको संविधानलाई फराकिलो बनाउन के गर्नुपर्छ । त्यसमा मेरा केही सुझाव छन् । यी सुझावहरू कार्यान्वयनमा जाँदा संविधानको अपनत्वको दायरा देहातको गाउँबस्तीसम्म पुग्छ ।

नागरिकताको सवालमा संविधान संशोधन गर्दा पाँच वटा कुरा हुनुपर्छ ।

नेपालको संविधान २०७२ को धारा ११(३) को 'र' हटाउनु पर्छ । 'बुबा वा आमा' नै गर्नु पर्छ ।

दोश्रो, नेपालको अन्तरिम संविधानमा उल्लेख भए बमोजिम २०४६ साल चैत मसान्तसम्म नेपालमा जन्मेकालाई जन्मसिद्धको आधारमा एक पटकको लागि नागरिकता दिने भनिएको थियो । एकपटकको लागि होइन अहिले पनि सबैलाई मौका दिनु पर्छ । त्यसबेला कोही मुलुकबाहिर वा पहुँचबाहिर भएको हुनसक्छ । उनीहरूलाई अनागरिक नै बनाइराख्ने कुरा आउँदैन । उसको नागरिकताकै आधारमा परिवारका अन्य सदस्यलाई पनि सम्बोधन गर्नु पर्छ ।

तेश्रो, जन्मसिद्ध नागरिकता पाएका मानिसको छोराछोरीलाई वंशज नागरिकता दिने भनिएको थियो । भनिएको कुरा पनि व्यवहारमा आउनु पर्‍यो । उसको परिवारको अन्य सदस्यले पनि अनागरिक भए नागरिकता पाउनुपर्छ ।

चौथो, महिला र पुरुष दुवैलाई समान हक प्रदान गरिनुपर्छ ।

पाँचौं राज्यको निश्चित पदहरूमा आफ्नै नागरिकलाई वञ्चित गरिने गरी दोश्रो र तेश्रो दर्जाको नागरिक बनाउने संविधानको विभेदकारी धारा २८९ संविधानबाट हटाउनु पर्‍यो ।

मतदाता नामावालीमा नाम दर्ता गर्नका लागि नागरिकता हुन पर्ने आवश्यकतालाई ध्यानमा राख्दा गृह मन्त्रालयले चुनावअघि सबैलाई नागरिकताको प्रमाणपत्र वितरण गर्नुपर्दछ, होइन भने नागरिकताको अनिवार्यता हटाउनुपर्दछ ।

जन्मको आधारका नागरिकता प्राप्त गरेका सन्तानलाई नागरिकता वितरण गर्दा देखिने कानुनी अस्पष्टता हटाइनुपर्छ । वंशज, जन्मसिद्ध वा जन्मको आधारका नागरिकको दाजुभाइ दिदीबहिनी जो नागरिकतादेखि वञ्चित छन्, तिनलाई नागरिकता दिएर र नामदर्ता गरेर राख्नुपर्दछ ।

अङ्गीकृतका सन्तानले नेपालमा स्थायी बसोबास गरेका छन् र नेपाली नागरिकता रोज्छन् भने तिनलाई नागरिकता दिनुपर्दछ । नेपाली नागरिकता भएका व्यक्तिका बाबुआमाले नागरिकता नलिएर बसेका रहेछन् भने तिनलाई उचित र न्यायसंगत किसिमको नागरिकता दिनुपर्दछ ।

आफ्नो घर-जग्गा, स्थायी व्यापार, आदि केही नभए पनि ज्याला-मजदुरी गरी बसेका प्राचीन निवासी र तिनका सन्तान यदि नागरिकतादेखि वञ्चित छन् भने तिनका लागि सोच्नुपर्दछ ।

विदेशी केटासँग विवाह भएको नेपाली केटीलाई निजले अन्य देशको नागरिकता नलिने बेलासम्म नेपाली नागरिकता कायम नै रहने व्यवस्था गरिनुपर्दछ ।

सनाखत गर्ने व्यक्तिसँगको भैँ-झगडा, अंशवण्डा किचलो, व्यक्तिगत रिसिबी, आदि कारणबाट नागरिकताबाट वञ्चित व्यक्तिको लागि स्थानीय जनप्रतिनिधिको सनाखतमा प्रमुख जिल्ला अधिकारीले नागरिकता जारी गर्ने सक्ने व्यवस्था ऐनमा नै लेख्नुपर्छ ।

परापूर्व कालदेखि नै वैवाहिक सम्बन्ध कायम रहेको भारतीय महिलासँग नेपाली केटाको विवाह र विदेशी मूलकी केटीसँगको बिहेपछि वैवाहिक अंगिकृत नागरिकता दिँदा फरक फरक प्रावधान राख्न सकिन्छ । चलिआएको रीतअनुसार भारतीय महिलालाई विवाह भएको तत्काल एव विदेशी मूलकी निम्ति फरक प्रावधान राख्न सकिन्छ ।

लिभिङ्ग टुगेदरबाट जन्मेका, सेरोगेट आमा, टेष्टट्युव वेवीलाई नागरिकता दिने कार्य स्पष्ट हुनुपर्छ ।

विदेशमा बलात्कृत भई स्वदेश फर्केका महिलाको सन्तानलाई नागरिकता वितरण गर्न पनि राज्यले सोच्नु पर्छ । यति काम गरी सकेपछि यी बाहेक अरूलाई नागरिकता वितरण हुने छैन भन्ने अभिप्रायले संविधानमा वैवाहिक समेत सम्बोधन हुने गरी वंशजको मात्र स्पष्ट व्यवस्था गर्नुपर्दछ अनि मात्र राज्यको आवश्यकता हेरेर अङ्गीकृतको व्यवस्थालाई शर्तसहित कडा बनाउन सकिन्छ ।

प्रत्येक नेपालीलाई सरल र सहज तरिकाले नागरिकता उपलब्ध गराउनु राज्यको कर्तव्य पनि हुन्छ । गैरनेपाली नागरिकले नागरिकता नपाउन भनी राज्य चनाखो पनि हुनुपर्दछ । घरायसी कामका लागि, नागरिकता चाहिने व्यवस्थाले गर्दा नागरिकताको चाप बढेको हो । यस्तो कार्यमा नागरिकता माग गर्ने परिपाटी बन्द हुनुपर्दछ ।

नागरिकता समस्यालाई सर्वकालीन रुपमा समाधान गर्नैपर्छ । घरभित्रै बुबा, आमा, दाजुभाइ दिदीबहिनीबीच विभेद गराउनु राजनीति हो । नागरिकमाथि विभेद कायम राखेर गरिने राजनीतिले राष्ट्रवादी होइन राष्ट्रघाती भइन्छ । नागरिक नागरिकबीच विभाजनको सीमारेखा

कोरेर, विभेदको पर्खाल खडा गरेर, आपसमा विभक्त गरेर राष्ट्रलाई अग्रगमनतिर लान सकिँदैन । नागरिकलाई असमान व्यवहार गरेर समृद्धिको सपना देख्न सकिँदैन । विभेदले विद्रोहलाई निम्तो दिन्छ । समाजमा हुर्किँदै आएको विद्रोहको भावनालाई बढावा दिने होइन, बेलैमा समाधान गरिनुपर्छ ।

तसर्थ नयाँ संविधानमा नागरिकताको भागलाई पुनर्लेखन गरिएन भने महिला र अधिकांश मधेशी समुदायका व्यक्ति यो देशको दोस्रो र तेस्रो दर्जा नागरिक हुनुको साथै नागरिकता नपाउने अवस्था बनिरहन्छ । भुटानबाट नेपाली मूलका नेपालीहरू लखेटिए जसरी मधेशीहरू पनि लखेटिएर भारतको उत्तर प्रदेश र बिहारमा शरणार्थी बन्न बाध्य हुनुपर्ने दिन मैले टाढा देखेको छैन । त्यसैले नागरिकताको भागलाई संशोधन गरी पुर्नलेखन गर्नु आवश्यक छ ।

पुरानै पितृसतात्मक समाजशास्त्रको दुर्गन्ध आउने पहाडी नश्लीय राष्ट्रवाद मात्र झल्किने नागरिकताका प्रावधानहरू संविधानबाट हटाउनै पर्छ ।

नागरिकता समस्या समाधान बारे श्रीलङ्काको एउटा रोचक घटना यहाँ सान्दर्भिक होला ।

नागरिकताले निम्ताएको द्वन्द्व र त्यसको सफल व्यवस्थापनसम्बन्धी श्रीलङ्का एक उदहारण हुनसक्छ । श्रीलङ्कामा भएको जातीय युद्धको बीजारोपण नागरिकताबाटै भएको देखिन्छ । उन्नाइसौं शताब्दीतिर ब्रिटिसहरूले श्रीलङ्कामा चिया-कफी, रबर, नरिवल खेतीका लागि मजदुरका रूपमा ठूलो संख्यामा भारतीय तमिलहरूलाई भित्राएका थिए ।

सन् १९४६ सम्म श्रीलङ्कामा सात लाख ८० हजार भारतीय तमिल आप्रवासीहरूको संख्या पुगेका थियो । सन् १९४८ फेब्रुअरी ४ का दिन श्रीलङ्का ब्रिटिश उपनिवेशबाट स्वतन्त्र भएपश्चात् त्यहाँको सरकारले नागरिकतासम्बन्धी अध्यादेश अनुमोदनका लागि संसदमा पठायो । सो अध्यादेशले श्रीलङ्काली नागरिकता प्राप्तिका लागि निवेदकले आफ्नो बुबाको जन्म श्रीलङ्कामा भएको प्रमाणित गर्नुपर्ने व्यवस्था थियो । नागरिकतासम्बन्धी पारित उक्त कानुनअनुसार मात्र पाँच हजार भारतीय तमिलहरू श्रीलङ्का नागरिकताका लागि योग्य ठहरिए । नागरिकताबाट वञ्चित हुने भएपछि तमिलले राज्यका विरुद्ध हतियार उठायो । आफ्नो अलग देश अलग्गै राष्ट्रियता अनुरूपको देशको निम्ति ठूलो हिंसात्मक लडाइ लड्यो ।

पछि श्रीलङ्काली संसदले 'भारतीय मूलका व्यक्तिहरूलाई नागरिकता प्रदान गर्ने ऐन' को मस्यौदा गर्‍यो र अक्टोबर २००३ मा सर्वसम्मतिले पारित गर्‍यो । उक्त ऐनले त्यहाँ बसोबास गर्ने भारतीय मूलका कुनै पनि व्यक्तिलाई स्वतः नागरिकता प्रदान गर्दछ । ती भारतीय मुलका व्यक्तिहरू जोः

– सन् १९६४ अक्टोबर ३० देखि श्रीलङ्कामा स्थायी बसोवास गर्दै आएका; वा

– सन् १९६४ अक्टोबर ३० देखि श्रीलङ्कामा स्थायी बासिन्दा भएका व्यक्तिका सन्तान जो श्रीलङ्कामा बसोबास गर्दै आएका थिए ।

उक्त ऐन जारी गरिएपछि यूएनएचसीआरको कार्यालय जस्ता अन्तर्राष्ट्रिय संस्थाहरू तथा

सिलोन मजदुर काङ्ग्रेसले उक्त नयाँ कानुनको धेरै प्रचारप्रसार गरेका थिए। भारतीय मूलका तमिलहरूले श्रीलङ्काको नागरिकता स्वेच्छिक रूपमा प्राप्त गर्ने मनसाय व्यक्त गर्नु पर्दथ्यो। यस्तो कार्य प्रायः घरको मूलीद्वारा गर्दा हुन्थ्यो। एक पटक स्वीकृति प्राप्त गरेपछि त्यस परिवारका सबै सदस्यहरूलाई नागरिकता प्रदान गरियो।

एकै महिनामा करिब एक लाख ९० हजार घर परिवारका मूलीले श्रीलङ्काली नागरिकता प्राप्त गरेका थिए। पछि त्यही नागरिकताको आधारमा उनका परिवारका बाँकी सदस्यले पनि नागरिकता प्राप्त गरे।

त्यहाँ अन्य ठाउँबाट परिबन्दले ल्याइएकाको हकमा त सम्मानजनक व्यवस्था गर्ने नीति ल्याइयो र समस्याको हल गरियो भने हामी यहाँका धर्तीपुत्रका हकमा चाहिँ नेपाल सरकार र समाज नै यो समस्या संकुचित दृष्टिबाट हेरेर समाधानको पहलतिर जाने चाहेन।

नेपालमा नागरिकताको जुन लडाइँ थियो, त्यो नेपालमा मात्र भएको हो। यस्तो लडाइँ संसारमा कहीँ हुने गरेको छैन। राष्ट्रियताको लडाइँ यसरी पटक्कै हुँदैन। राष्ट्रियता दिइएन भने अर्को राष्ट्रियता बनाइन्छ। तर नेपालको आधी जनसंख्याको राष्ट्रियता माथि खतरा उत्पन्न गरिएको अवस्थामा पनि मधेशीहरू अर्को राष्ट्रियताको लागि नलडी यहाँ संघर्षरत छन्। मधेशी पनि अर्को राष्ट्रियताका लागि लड्न सक्थे। 'तिमी नेपाली राष्ट्रियतालाई एकलौटी गरेर सन्दुकमा कैद गरी राख, हामी मधेशको राष्ट्रियता खडा गर्छौं' भन्न सक्थे। मधेशका जनता नेपालका सच्चा नेपाली राष्ट्रवादी भएकाले उनीहरूले अर्को राष्ट्रियताको कुरा कहिल्यै निकालेनन्।

त्यसैले नागरिकता समस्या समाधानमा श्रीलङ्काको अनुभव हामीलाई पनि कामयावी हुनसक्छ।

नागरिकतासम्बन्धी अन्तरदेशीय सम्झौता पनि आवश्यक छ।

नागरिकतासम्बन्धी वा राज्यविहीन हुने सम्भावनाविरुद्ध राज्यहरूलाई अन्तर्राष्ट्रिय सन्धिसम्झौताले निर्देशन दिएकै छ। तर आवश्यक भए क्षेत्रीय वा अन्तरदेशीय सम्झौताहरू पनि गर्नुपर्दछ।

डेनमार्क, फिनल्याण्ड, आइसल्याण्ड, नर्वे र स्वीडेनबीचको नर्डिक सम्झौता, युरोपेली आर्थिक सम्झौता, सेंजेइयास भित्रका सबै २७ देशहरू, स्विट्जरल्याण्ड, आइसल्याण्ड, लिकटेनस्टाइन र नर्वेबीचको सम्झौता हो। यी देशका नागरिकहरूले एकअर्काको क्षेत्रमा स्वतन्त्र रूपमा बस्न, काम गर्न र आवत जावत गर्न सक्छन्, नागरिकता लिन चाहे लिन पनि सक्छन्। अष्ट्रेलिया र न्युजील्याण्डबीचको ट्रान्स-टास्मान सम्झौताले दुवै देशका नागरिकहरूलाई एकअर्काको देशमा स्वतन्त्र रूपमा बस्न र काम गर्न अनुमति दिन्छ। मर्कोसुर सम्झौताले दक्षिण अमेरिकी देशका नागरिकहरूलाई एक अर्काको देशमा बसोबास गर्न सजिलो बनाउँछ।

त्यसै गरी सन् १९६९ को गानब अधिबकारसम्बन्धी अमेरिकी महासन्धि, सन् १९९७ को राष्ट्रियतासम्बन्धी युरोपेली महासन्धि (परिमार्जन सहित १५ मार्च २००६) र सन् १९९९ मा अफ्रिकी

एकता संगठन (हाल अफ्रिकन युनियन) ले पारित गरेको एक घोषणामा प्रत्येक व्यक्तिलाई राष्ट्रियताको अधिकार हुने कुरा उल्लेख गरिएको छ। तिनमा 'प्रत्येक व्यक्तिलाई अन्य कुनै राष्ट्रियताको अधिकार नभएमा आफू जन्मिएको देशको क्षेत्राधिकारभित्र राष्ट्रियताको अधिकार हुनेछ' भनी व्याख्या गरिएको छ। यी महासन्धि र घोषणा पालना गरिरहेका सबै देशहरूले जन्मको आधारमा नागरिकताको ग्यारेन्टी गरेका छन्।

हुन त नेपाल र भारतबीच पनि १९५० मा मैत्री सन्धि भएको छ। त्यस सन्धिले दुवै देशका नागरिकलाई एक अर्काको देशमा आवतजावत गर्न, रोजगारी गर्न, व्यापार गर्न तथा सम्पत्ति राख्न पाउने अधिकार प्रदान गरेको छ। तर उक्त सन्धिमा उल्लेख भएअनुसार दुवै देशका नागरिकता कानुनहरू समान छैन। भारतमा जन्मको आधारमा नागरिक हुने कुरालाई प्राथमिकता दिएको छ भने नेपालमा उक्त प्रावधान नै छैन। नेपालमा बहस हुने गरेको छ कि भारतीय संविधानमा वैवाहिक नागरिकताको लागि ७ वर्ष पर्खिने प्रावधान छ। त्यसैले नेपालमा पनि सोही अनुसारको प्रावधान उपयुक्त हुन्छ।

अतः यो देशमा नागरिकताको समस्या होइन, समस्या मानसिकताको हो। नश्लीय एकात्मक, औपनिवेशिक सोचबाट ग्रसित एवं दूषित र दुर्भावना बोकेका शासकको समस्या हो। जुन दिन नेपाल सबैको साझा फूलबारी हो भन्ने सद्बुद्धि आउँछ, त्यही दिन सबै समस्या हल भएर जाने छन्।

राष्ट्रसंघको तत्त्वावधानमा सम्पन्न भएको सन् १९३० को हेग महासन्धिले सबै व्यक्तिको राष्ट्रियता सुनिश्चित गर्ने प्रयास गरेको थियो। सन् १९४८ को मानव अधिकारसम्बन्धी विश्वव्यापी घोषणापत्रको धारा १५ ले प्रत्येक व्यक्तिलाई राष्ट्रियताको अधिकार दिएको छ।

'कसैलाई पनि स्वेच्छाचारी ढंगले उसको राष्ट्रियताबाट वञ्चित गरिने छैन, न त उसको नागरिकता परिवर्तन गर्ने अधिकारबाट नै वञ्चित गरिनेछ,' घोषणापत्रको धारा १५ मा व्यवस्था भएको कुरा हो यो।

यो अधिकार व्यक्ति तथा राज्यबीचको वास्तविक प्रभावकारी सम्बन्धको अस्तित्वमा आधारित रहेको छ। प्रथम पटक सन् १९५५ को नोटेवोमको मुद्दामा अन्तर्राष्ट्रिय न्यायालयले यस्तो सम्बन्धलाई नागरिकताको आधारभूत तत्त्वको रूपमा स्वीकार गर्दै निर्णय गरेको थियो।

'यस्तो राजनैतिक तथा कानुनी बन्धन जसले कुनै व्यक्तिलाई सम्बन्धित राज्यसँग जोडेको हुन्छ र उसलाई उक्त राज्यसित इमान्दारिताको बन्धनमा बाँधी राज्यको कूटनैतिक संरक्षणको हकदार बनाएको हुन्छ,' राष्ट्रियताबारे मानव अधिकारसम्बन्धी अन्तर–अमेरिकी अदालतले यसरी परिभाषित गरेको छ।

मानवअधिकार र राष्ट्रियता दुवैको प्रत्याभूति गराउन यहाँको राज्य सफल हुन सकेको छैन। राष्ट्रियताबारेको सोच र चिन्तनलाई फराकिलो बनाउन सकिएन भने भौगोलिक सीमाले मात्रै देशको रक्षा गर्न सक्दैन। नागरिकको मन टुट्यो भने शासककी राष्ट्रियताको चिन्तनले मात्रै देश भौगोलिक रूपमा एक रहन सक्दैन। अतः देशको अपनत्व बोध सबैले गर्न सक्नुपर्छ।

सन् १९६५ को सबै किसिमका जातीय भेदभाव उन्मूलन गर्ने सम्बन्धी अन्तर्राष्ट्रिय महासन्धिले प्रत्येक व्यक्तिलाई वर्ण, रङ्ग, राष्ट्रिय वा जातीय उत्पत्तिका आधारमा भेदभावबिना नागरिकता/राष्ट्रियताको अधिकारलगायत विभिन्न मौलिक अधिकारहरूको उपभोगका लागि कानुनको दृष्टिमा समानताको अधिकार प्रत्याभूत गर्न राष्ट्रहरूलाई दायित्व तोकेको छ ।

राज्यको यो गहनतम दायित्वमा हामी कहाँनिर छौं, हाम्रो भूमिका, नियत र नीतिले सन् १९६५ को महासन्धिको मर्म र भावना कत्तिको आत्मसात गरेको छ त ? स्वमूल्याङ्कनको कसीमा हामीले आफूलाई बाँध्नै चेष्टा गर्‍यौं ?

सन् १९६६ को नागरिक तथा राजनीतिक अधिकारसम्बन्धी अन्तर्राष्ट्रिय अनुबन्धको धारा २४ ले राज्यको दायित्व तोकेको छ ।

धारा २४ मा प्रत्येक बालबालिकलाई ऊ बालक भएको कारणले पाउनुपर्ने संरक्षणको अधिकार उसको जाति, वर्ण, लिङ्ग, भाषा र धर्मप्रति राज्यले विभेदको दृष्टि राख्न नहुने उल्लेख छ ।

त्यस्तै, राष्ट्रियता वा सामाजिक उत्पत्ति, सम्पत्ति वा जन्मको आधारमा भेदभावबिना निजको परिवार, समाज तथा राष्ट्रबाट प्राप्त हुनेछ भनेर उल्लेख छ । यसका अतिरिक्त प्रत्येक बालबालिका धर्तीमा पैदा भइसकेपछि जन्मदर्ता गरिने र निजको नाम राखिने समेत उल्लेख छ । धारा २६ ले प्रत्येक बालबालिकालाई नागरिकता/राष्ट्रियता प्राप्त गर्ने अधिकार दिएको छ । सोही धारामा सबै व्यक्तिहरू कानुनको दृष्टिमा समान हुनेछन् र विना भेदभाव कानुनको समान संरक्षणका हकदार रहने उल्लेख छ ।

यसका साथै कानुनले सबै प्रकारका भेदभावलाई निषेध गर्नेछ र सबै व्यक्तिलाई जाति, वर्ण, लिङ्ग, भाषा, धर्म, राजनीतिक वा अन्य विचारधारा, राष्ट्रियता वा सामाजिक उत्पत्ति, सम्पत्ति, जन्म वा अन्य हैसियतका आधारमा हुने कुनै पनि भेदभाव विरुद्ध समान तथा प्रभावकारी संरक्षणको प्रत्याभूति दिइने पनि व्यवस्था गरेको छ ।

यसको पक्षराष्ट्र नेपालमा अवस्था के छ ? हामीले आफूलाई आत्ममूल्याङ्कनको कसीमा राख्न पर्दैन ? मैले उठाइरहेको सवाल यत्ति हो । मानव अधिकारसँग सम्बन्धित विषयहरूको पक्षराष्ट्र बन्ने, विश्वका मञ्चहरूमा प्रतिबद्धता पनि जनाउने तर मधेशमा पुगेपछि भुसुक्कै बिर्सने रुग्ण मनोदशामा किन छन् ? यहाँका शासकहरू ? मेरो प्रश्न यत्ति हो ।

महिलाविरुद्ध हुने सबै प्रकारका भेदभाव उन्मूलन गर्ने सम्बन्धी सन् १९७९ को अन्तर्राष्ट्रिय महासन्धिको धारा ९ ले पनि केही व्यवस्था गरेको छ ।

यसका पक्ष राष्ट्रहरूले महिलालाई पुरुष सरह राष्ट्रियता प्राप्त गर्ने, परिवर्तन गर्ने वा धारण गर्ने समान अधिकार प्रदान गर्न हिच्किचाउनु हुँदैन । यसका अतिरिक्त पक्ष राष्ट्रहरूले बालबालिकाको राष्ट्रियता सम्बन्धमा महिलालाई पुरुष सरहको समान अधिकार प्रदान गर्नेछन् भनेर स्पष्ट पारेको छ ।

व्यवहारमा यी कुराहरू कत्तिको लागू भएका छन् ? प्रश्न सोध्ने हक सबैसँग छ ।

नागरिकता तथा राज्यविहीनताका कारणहरूको उन्मूलन गर्न हामीले नयाँ सोचाइलाई स्थान दिनुपर्छ । कुनै देशको राष्ट्रियतासम्बन्धी कानुन जब अर्को देशको कानुनसँग बाँझिन्छ, तब त्यहाँ कुनै व्यक्तिलाई दुईमध्ये कुनै पनि देशको राष्ट्रियता बेगर छाडिदिँदा समस्याहरू आइपर्न सक्छन् । अनागरिक हुने अवस्था बढेर आउँछ ।

कानुनहरू ठीकसँग मस्यौदा गरिएका हुनसक्छन् तर समस्याहरू त्यति बेला आइपर्छन् जब तिनीहरू एकैसाथ कार्यान्वयन गरिन्छन् ।

उदाहरणको लागि 'क' राज्यले त्यस देशमा जन्मिएको व्यक्तिलाई वंशजको आधारमा राष्ट्रियता प्रदान गर्दछ तर त्यसरी जन्मने व्यक्तिका बाबुआमा 'ख' राज्यका नागरिक हुन सक्तछन् । अर्कोतर्फ 'ख' राज्यले जन्मिएको ठाउँको आधारमा मात्र राष्ट्रियताको प्रदान गर्दछ तर त्यस्तो व्यक्ति 'क' राज्यमा जन्मिएको थियो । यसरी त्यस्ता व्यक्ति राज्यविहीन हुन सक्दछन् ।

यी समस्याहरू निराकरण गर्न हेग महासन्धि सन् १९३० लाई हामीले भुल्नु हुँदैन । हेग महासन्धिले प्रत्येक राष्ट्रले उसका नागरिक को हुने भन्ने कुरा आफ्ना कानुनद्वारा निश्चय गर्ने बताएको छ ।

सन् १९६१ को राज्यविहीनता न्यूनीकरण गर्ने महासन्धिमा कुनै राष्ट्रको भूभागमा जन्मेको व्यक्तिलाई निश्चित उमेरमा राष्ट्रिय कानुनका प्रावधानअनुसार कानुनको कार्यान्वयनद्वारा राज्य प्राप्त गर्न सक्ने उल्लेख छ ।

राष्ट्रको भूभागमा जन्मेको त्यस्ता व्यक्तिले आवेदन दिन सक्ने व्यवस्था उल्लेख छ । त्यसरी आवेदन दिँदा त्यस्तो आवेदन देहायका एक वा सो भन्दा बढी तथ्यमा आधारित हुनुपर्ने बताइएको छ । जसमध्ये, कुनै निश्चित अवधिभित्र आवेदनदर्ता गर्न सकिने, निश्चित बसोबासको आवश्यकता पर्ने, कुनै विशेष प्रकृतिको (देशद्रोह) फौजदारी अभियोग नभएको र वा उक्त व्यक्ति पहिलादेखि नै राज्यविहीन अवस्थामा रहिआएको हुनुपर्ने छ ।

जन्मको आधारमा कानुनसम्मत बालकलाई, यदि बालकको आमासँग उक्त बालक जन्मेको देशको राष्ट्रियता छ भने; वंशजको आधारमा, कुनै व्यक्ति जो कुनै पक्ष राष्ट्रको भूभागमा जन्मिएर पनि उमेर वा बसोबासका आवश्यकताहरूको कारणबाट राष्ट्रियता प्राप्त गर्न असमर्थ छ भने पनि राष्ट्रियता प्रदान गर्न सकिने उल्लेख छ ।

यसका अतिरिक्त कुनै पक्ष राष्ट्रको भूभागमा पाइएका अनाथहरूलाई; आवेदन बमोजिम, पक्ष राष्ट्रको भू-भागमा नजन्मेको (अन्यत्र जन्मेको) व्यक्ति, यदि ऊ जन्मँदाको बखतमा आमाबाबुमध्ये कुनै एकको राष्ट्रियता त्यस राष्ट्रको थियो भने राष्ट्रिय कानुनले व्यवस्था गरे बमोजिम राष्ट्रियता प्रदान गरिने छ भनी उल्लेख गरेको छ ।

सन् १९६१ को महासन्धिअनुसार नागरिकताको अन्त्य वा परित्याग, अर्को नागरिकताको पूर्वप्राप्ति वा प्राप्त गर्ने आश्वासन शर्तमा आधारित हुनुपदर्छ ।

त्यसमा अपवादको रूपमा अङ्गीकृत व्यक्तिहरूको विषयलाई भने लिन सकिन्छ ।

जो औपचारिक जानकारी र समय सीमाको जानकारीका बाबजुद पनि निश्चित वर्षसम्म विदेशमा बसोबास गर्दछन् र नागरिकता कायम राख्ने मनसाय व्यक्त गर्न समेत असमर्थ हुन्छन्, यस्तो अवस्थामा पक्ष राष्ट्रले अङ्गीकृत नागरिकको उक्त आवेदनलाई इन्कार पनि गर्न सक्ने अवस्था विद्यमान हुँदाहुँदै पनि प्राप्त गरेको हुन्छ । नागरिकताको समाप्ति कानुनबमोजिम मात्र र पूर्ण कार्यविधिगत प्रणाली, जस्तैः कुनै अदालत वा अन्य स्वतन्त्र निकायबाट निष्पक्ष सुनुवाइको अधिकारको प्रत्याभूत भएको अवस्थामा मात्र हुन सक्दछ ।

दोहोरो वा बहुराष्ट्रियता स्वीकार नगर्ने देशहरूले नागरिकता प्राप्ति वा कायम राख्नका लागि पूर्वशर्तको रूपमा नागरिकताको परित्याग गरेको वा छोडेको हुनुपर्ने आधार राख्दछन् । नागरिकता परित्याग वा समाप्ति सम्भव नहुने अवस्थामा नागरिकतासम्बन्धी कानुनमा समावेश छैन भन्ने कुराको सुनिश्चितता प्रदान गर्नुपर्दछ । उदाहरणको लागि शरणार्थीहरू आफ्नो नागरिकता परित्याग गर्न उनीहरूको उत्पत्तिको देशमा फर्कन वा सम्बद्ध निकायमा सम्पर्क गर्न सक्ने अपेक्षा गर्न सकिँदैन ।

यी सबै सन् १९६१ महासन्धिले निक्र्यौल गरेकै कुरा हुन् ।

अतः नागरिकताको विषय नेपालका शासकले सोचे जस्तो सतही हुँदैन । हिजोको दिनमा भएका कमीकजोरीलाई राज्यले हृदयङ्गम गरी अब नयाँ जन्मिने बालबालिकाहरूका लागि स्पष्ट कानुनी अधिकार तय गर्नुपर्छ । तब मात्र कानुनी राज्य व्यवहारतः कार्यान्वयनमा आउँछ ।

बालबालिकाहरूलाई असर पार्ने कानुन तथा अभ्यासहरू पनि संसारमा छन्। नागरिक तथा राजनीतिक अधिकारसम्बन्धी अन्तर्राष्ट्रिय अनुबन्ध तथा बालअधिकारसम्बन्धी महासन्धि दुवैले सबै बालबालिकाहरू, जहाँसुकै जन्मेका भए पनि जन्मने बित्तिकै उनीहरूको जन्मस्थानमा तत्काल दर्ता गरिनुपर्छ भन्ने कुरालाई जोड दिएको छ ।

सबै बालबालिकालाई राष्ट्रियतासम्बन्धी हक छ । कुनै पनि बालकको राष्ट्रियता सम्बन्धित देशको कानुनअनुसार निर्धारण गरिन्छ र सबै राष्ट्रहरूलाई उक्त बच्चा कहाँ र कोबाट जन्मेको थियो भन्ने स्पष्टीकरणको आवश्यकता पर्दछ । जन्मको प्रमाणविना कुनै बालकलाई आफ्नो पहिचान स्थापित गर्न र राष्ट्रियता प्राप्त गर्न प्रायः असम्भव नै हुन्छ ।

राष्ट्रहरूले नागरिक तथा राजनीतिक अधिकारसम्बन्धी अन्तर्राष्ट्रिय अनुबन्ध तथा बालअधिकार सम्बन्धी महासन्धिका धारा ७ र २४ बमोजिम जन्मदर्ताको प्रक्रिया व्यवस्थित तरिकाले सञ्चालन भएको कुरा सुनिश्चित गर्न सम्बन्धित स्थानीय प्रशासनलाई आवश्यक स्रोतहरू उपलब्ध गराउनु पर्दछ । आवश्यक भएमा अन्तर्राष्ट्रिय समुदायहरू विशेष गरी संयुक्त राष्ट्रसङ्घीय बालकोषबाट सहयोगको लागि अनुरोध गर्नुपर्दछ । हामीले यी अभ्यासलाई गम्भीरताका साथ लिन नसक्दा कैयन् युवा राज्यहीन हुन पुगेको तितो यर्थाथ हामीसामु छ ।

जन्मदर्ताको रागपगा राज्यले राष्ट्रियतामा विवाद उठेका घटनाहरू पहिचान गर्नुपर्छ । ती बालकहरू अन्यथा राज्यविहीन हुने देखिएमा उनीहरूलाई नागरिकता प्रदान गर्नुपर्दछ । सन् १९६१

को राज्यविहीनता न्यूनीकरण गर्ने महासन्धिका सम्बद्ध प्रावधानहरूलाई महासन्धिको अनुमोदन गरेपश्चात् राष्ट्रिय कानुनमा समावेश गरिनुपर्दछ ।

बच्चा जन्मेको देशको नागरिकता कानुनमा नागरिकता प्राप्त गर्ने प्रावधानहरूको व्यवस्था गरिएको हुनुपर्दछ । यसले कुनै पनि बालकको जन्मको आधारमा प्राप्त हुने राष्ट्रियता निश्चय गर्दा त्रुटि हुन गए पनि राज्यविहीन हुनबाट जोगाउँछ ।

कुनै बच्चा उसको आमाको राष्ट्रियताको राष्ट्रमा जन्मन सक्छ । मानौं उक्त अवस्थामा उसको बाबुको राष्ट्रियता छैन । त्यस्तो अवस्थामा धेरै राष्ट्रहरूमा महिलाहरूलाई उनीहरूको आफ्नो नामबाट आफ्ना सन्तानलाई राष्ट्रियता हस्तान्तरण गर्ने अनुमति दिइएको हुँदैन । यस्ता अवस्थामा बच्चाहरू राज्यविहीन हुन पुग्दछन् ।

नेपालमा महिलालाई पूर्ण नागरिकको दर्जा नदिने राज्यव्यवस्था अझै पनि विद्यमान छ । व्यवहारिक रूपमा नागरिकको सीमाभित्र पुरुषमात्र अटाए । त्यसैले महिलालाई नागरिकता प्राप्त गर्न सहज भएन ।

केही राष्ट्रहरूले कुनै महिलाको राष्ट्रियताको हैसियत उनको कुनै गैरनागरिकसँग विवाह भएमा स्वतः हेरफेर गर्दछन् । त्यसकारण कुनै महिलाले आफ्नो पतिको राष्ट्रियता स्वतः प्राप्त गरिनन् वा उनको पतिसँग कुनै राष्ट्रियता छैन भने उनी राज्यविहीन हुन सक्छिन् ।

विवाहित महिलाको राष्ट्रियतासम्बन्धी महासन्धि सन् १९५७ र महिलाविरुद्ध हुने सबै किसिमका विभेद उन्मूलन गर्ने महासन्धि सन् १९७९ ले महिलालाई पुरुष सरह नागरिकता प्राप्त गर्न, परिवर्तन तथा कायम गर्न पाउने समान अधिकार प्रदान गरेको छ । ती महासन्धिहरूमा समाविष्ट सिद्धान्तअनुसार, कुनै पनि लोग्ने मान्छेको राष्ट्रियताको हैसियतले स्वतः उसको श्रीमतीको राष्ट्रियता परिवर्तन गर्दैन र राज्यविहीन बनाउँदैन । न त श्रीमानको राष्ट्रियता प्राप्त गर्न नै बाध्य गराउँछ । यी सबै सन्धिलाई नेपालले स्वीकार गरेको छ ।

तर यहाँ कार्यान्वयनमा उदासीनता देखाइएको छ । जुन मुलुकमा महिलाहरूलाई पुरुष सरह समान अधिकारहरू दिएको छैन, विवाहपछि आफ्नो नागरिकता स्वतः गुम्ने अवस्था छ, अथवा जहाँ महिलाले आफ्नो विवाहपछि पहिलेको नागरिकता त्याग्नुपर्दछ, त्यस्ता मुलुकले आफ्नो नागरिकतासम्बन्धी कानुनमा त्यस्ता महिलाले वैवाहिक सम्बन्धको समाप्तिपश्चात् आफ्नो पहिलेको नागरिकता स्वतः प्राप्त गर्न सक्षम बनाउने प्रावधानको व्यवस्था गर्नुपर्दछ । यी सिद्धान्तहरूको कार्यान्वयनबाट महिलाविरुद्ध हुने विभेद र कुनै बालकले निजको बाबु राज्यविहीन भएको अवस्थामा राज्यविहीनताको हैसियत ग्रहण गर्नुपर्ने सम्भावना दुवैलाई टाढा राख्न मद्दत पुर्‍याउँछ ।

त्यस्तै, अनाथ तथा परित्यक्त बालबालिकाहरूसँग प्रायः कुनै निश्चित राष्ट्रियता हुँदैन । अवैध सम्बन्धबाट जन्मिएका बालबालिकाहरू पनि राष्ट्रियता प्राप्त गर्नबाट वञ्चित भएका हुन सक्छन् ।

कुनै राष्ट्रको भूभागभित्र फेला परेका परित्यक्तलाई त्यस राष्ट्रको नागरिकता प्रदान गर्नु पर्दछ । यो सिद्धान्त धेरै राष्ट्रहरूका नागरिकतासम्बन्धी कानुन र राष्ट्रियतासँग सम्बन्धित अन्तर्राष्ट्रिय दस्तावेजहरूमा समावेश गरिएको छ ।

कुनै पनि बालकको राष्ट्रियताको निर्धारण गर्दा उक्त बालकको सर्वोत्तम हित सधैं प्राथमिक सोचको विषय हुनुपर्दछ ।

धर्मपुत्र/पुत्रीसम्बन्धी अभ्यास हामीकहाँ पनि छ । अन्य देशबाट बालबालिका ल्याएर धर्म पुत्रपुत्री बनाउने चलन अनेक देशमा पाइन्छ । यसले कुनै पनि बालकको राष्ट्रियतालाई राज्यविहीनतातिर उन्मुख गराउन सक्दछ ।

धर्मपुत्र/पुत्री बनाइ विदेशमा पठाइने बालबालिकाका हकमा अन्तर्राष्ट्रिय कानुनअनुरूप राष्ट्रिय कानुनमा पनि सोही मान्यताको व्यवस्थाको सुनिश्चितता गर्नु पर्दछ । सन् १९६७ को बालबालिकालाई धर्मपुत्र/पुत्री राख्ने सम्बन्धी युरोपेली महासन्धिले राष्ट्रहरूलाई तिनीहरूका नागरिकहरूले धर्मपुत्र/पुत्रीको रूपमा ग्रहण गरेका बालबालिकाहरूलाई नागरिकता प्रदान गर्दा सहजता अपनाउन प्रोत्साहित गरेको छ ।

राष्ट्रियताको प्राप्ति, पुनः प्राप्ति र अन्त्यसँग सम्बन्धित धेरै प्रशासनिक र कार्य विधिगत विषयमा समस्या पनि छन् । कुनै व्यक्ति नागरिकताको लागि योग्य भए । उनीहरू पूर्व राष्ट्रियताको राष्ट्रको अधीनमा रहेको कारणले अधिकतम प्रशासनिक शुल्क र पूरा गर्न नसकिने म्याद अथवा आवश्यक कागजातहरू उपलब्ध गर्न असमर्थ छन् । जस कारणले राष्ट्रियता प्राप्त गर्नमा रोकावट आउन सक्दछ ।

राष्ट्रियताको प्राप्ति, थमौती, अन्त्य, पुनः प्राप्ति वा प्रमाणीकरणसँग सम्बन्धित निवेदनहरू उचित समयावधिभित्र कारबाही अगाडि बढाउनु पर्दछ ।

राज्य उत्तराधिकारको अवस्थाहरूमा राष्ट्रियताको स्वतः प्राप्ति वा समाप्तिको दर्ताको लागि साधारणतया राष्ट्रहरूलाई नागरिकतासम्बन्धी सबै निर्णयहरूको लिखित प्रमाण राख्ने सुभाव दिइए पनि लिखित मुचुल्का भने माग गर्नु हुँदैन ।

राष्ट्रियता प्राप्ति, थमौती, अन्त्य, पुनः प्राप्ति वा प्रमाणीकरण शुल्कहरू तथा प्रशासनिक र न्यायिक पुनरावलोकनसँग सम्बन्धित शुल्क मनासिब हुनु पर्दछ ।

राष्ट्रियताको विषयमा महिलालाई असर पार्ने कानुन र अभ्यासहरू पनि छन् । त्यसमाथि हामी चनाखो हुनुपर्छ । भेदभाव वा नागरिकताबाट स्वेच्छाचारी वञ्चितीकरणसँग सम्बन्धित कारणहरूमा पनि हाम्रो ध्यान जान जरुरी छ ।

नागरिकता प्रदान गर्ने वा इन्कार गर्ने राष्ट्रको स्वविवेकको एउटा प्रमुख व्यवधान जातीय भेदभावमाथिको बन्देज हो । यो सिद्धान्त सबै प्रकारको भेदभाव उन्मूलन गर्ने सम्बन्धी अन्तर्राष्ट्रिय महासन्धि र अन्य धेरै दस्तावेजहरूमा प्रतिविम्बित भएको छ ।

संयुक्त राष्ट्रसंघको जातीय भेदभावसम्बन्धी समितिले सन् २००४ अक्टुबर-१ को गैरनागरिक विरुद्धका भेदभावसम्बन्धी साधारण सुभावहरू' मा 'जात, रंग, वंश, वा राष्ट्रिय वा जातीय उत्पत्तिको आधारमा नागरिकताबाट वञ्जित गर्नु राष्ट्रियताको अधिकार उपभोग गर्न सुनिश्चित गर्नुपर्ने दायित्वको उल्लङ्घन हो' भनी उल्लेख गरेको छ ।

राष्ट्रियतासँग सम्बन्धित अविभेदकारीताको सिद्धान्तलाई संविधान र राष्ट्रियतासम्बन्धी कानुनमा व्यवस्थित गरिन्छ भनी सुनिश्चित गर्नुपर्दछ र उक्त सिद्धान्तलाई प्रशासकीय र न्यायिक निर्णयहरूद्वारा कार्यान्वयन गरिन्छ भनी सुनिश्चित गर्नु पर्दछ ।

विवाहित दम्पतिबाट जन्मेको बालक, बिनाविवाह जन्मेको बालक र राज्यविहीन दम्पतिबाट जन्मेको बालक सबैलाई अन्तर्राष्ट्रिय कानुनअनुसार राष्ट्रियताको समानअधिकार हुन्छ । हाम्रो कानुनले पनि यी कुराहरूलाई राम्रोसँग सम्बोधन गर्नुपर्छ भन्ने नै मेरो दृष्टिकोण हो ।

विवाहित नारीको श्रीमान्को राष्ट्रियताको हैसियतले श्रीमतीको राष्ट्रियता स्वतः परिवर्तन गरी राज्यविहीन बनाइनु हुँदैन, न त उनलाई श्रीमान्को राष्ट्रियता ग्रहण गर्न बाध्य नै बनाइनुहुन्छ ।

मानव अधिकारको विश्वव्यापी घोषणापत्रले कसैलाई पनि राष्ट्रियताबाट स्वेच्छाचारीरूपले विमुखीकरण गरिने छैन भनी उल्लेख गरेको छ । कुनै नागरिकताको समाप्ति पूर्णतः कार्यविधिगत प्रत्याभूतिबाट हुनुपर्छ र यसले राज्यविहीनताको परिणाम ल्याउनु हुँदैन ।

अन्तर्राष्ट्रिय कानुनको आधारभूत सिद्धान्तअनुसार राज्यविहीनतामा परिणत हुने भए कोही पनि व्यक्तिलाई राष्ट्रियताबाट वञ्जित गराइनु हुँदैन । कुनै पक्ष राष्ट्रले कुनै व्यक्ति वा व्यक्तिहरूको समूहको राष्ट्रियता जातीय, धार्मिक वा राजनीतिक आधारहरूमा अपहरण गर्ने छैन भनेर कानुन जानेर मात्र हुँदैन । त्यसको व्यवहारमा पनि प्रयोग आवश्यक हुन्छ । नेपालमा नागरिकता समस्याको पृष्ठभूमि र त्यसको प्रभाव निकै गहिरो छ । यतिका भूमिका नेपालको नागरिकता समस्या र त्यसको प्रभावलाई दर्शाउनकै लागि हो ।

नेपालमा सबै परिवर्तनका आन्दोलनहरू मधेशबाट नै सुरु भएका छन् । तर अधिकारको सन्दर्भमा मधेशलाई सधैं पछाडि परियो ।

राजा महेन्द्रले पहिलोपल्ट नेपालको संविधान, २०१९ मा नागरिकता शब्दलाई रणनीतिक रूपमा प्रयोग गरे । राजा महेन्द्रको तत्कालीन निरङ्कुश शासनविरुद्धको लोकतान्त्रिक आन्दोलनको केन्द्र पनि मधेश नै थियो ।

रक्सौल र जनकपुर तिनै आन्दोलनको भावभूमि हो । बीपी कोइराला लगायतका आन्दोलनकारीहरू सीमापारि रक्सौलमा बस्थे र वारि आन्दोलन गर्थे । राजा महेन्द्र जनकपुर जाँदा उनको गाडीमा मधेशी युवक दुर्गानन्द भालेले बम फाले । २०२० साल फागुन १५ गते केन्द्रीय कारागारको रूखमा भुन्ड्याएर उनलाई फाँसी दिइयो ।

तत्कालीन समयमा ब्राह्मणलाई फाँसी दिन नहुने कानुनी व्यवस्था थियो । भाको हकमा कानुन संशोधन गरियो र रूखमा भुन्ड्याइयो । त्यसरी फाँसीमा उनिने पनि मधेशी नै थिए । अतः मधेश पहिलेदेखि नै लोकतान्त्रिक आन्दोलनमा 'फ्रन्टलाइन'मा छ ।

दुर्गानन्दजस्ता क्रान्तिकारी छविका व्यक्तित्वको उदयकै कारण पनि हुनसक्छ, राजा महेन्द्रले लोकतान्त्रिक आन्दोलनलाई नियन्त्रण गर्न नागरिकतालाई हतियार बनाए । राजा महेन्द्रले निरङ्कुश शासनको निरन्तरता कायम गराउन नागरिकतामा जटिल प्रावधान राखे । महेन्द्रले राखेको जटिल प्रावधानका कारण मधेशीहरूले नागरिकता नै पाउन नसक्ने अवस्था बन्यो ।

उता पहाडी जनजाति युवालाई गोरखा सेनामा जान पृथ्वीनारायण शाह कालको वैधानिक प्रक्रियालाई झनै खुकुलो बनाइएको थियो । अधिकांश जनजाति युवा बेलायत तथा भारतको सेनामा भर्ना हुने तथा मधेशीहरू नागरिकताबाट वञ्चित भएपछि नेपाली सत्तामा एउटा समुदायको एकछत्र आधिपत्य कायम हुनु स्वाभाविक भयो ।

महेन्द्र आफ्नो मिसनमा सफल भए । तर लाखौँ नेपालीले त्यसको असर आजपर्यन्त भोगिरहनु परेको छ ।

नागरिकता आयोगमा काम गरिसकेकोले त्यति बेलादेखि नागरिकता समस्या सम्बन्धमा बोल्न प्रायः म नै पार्टीको तर्फबाट जान्थेँ ।

यसै क्रममा २०५० साल पुस ५ गते तत्कालीन नेपाली काङ्ग्रेस नेतृत्वको सरकार र नेपाल सद्भावना पार्टीबीच वार्ता भएको थियो । वार्तामा पार्टीका तर्फबाट म, हृदयेश त्रिपाठी र गौरीशंकर मोहपाल थियौँ । त्यति बेला नागरिकतासम्बन्धी समस्या समाधान गर्न कार्यदल गठन गर्ने सहमति भएको थियो तर तत्कालीन नेपाली काङ्ग्रेसको सरकारले सहमतिलाई कार्यान्वयनमा लगेन । अल्झाएर राख्यो ।

२०५१ सालको मध्यावधिपछि गठन भएको नेकपा (एमाले) को अल्पमतको सरकारले नागरिकता समस्यालाई आफ्नो नीति तथा कार्यक्रममै समावेश गर्‍यो । तर राजनीतिकरण भयो । समाधानको बाटो खोज्नुको साटो सदन, सडकमा चर्को नारा घन्किए । राजनीतिक अदूरदर्शिता र पूर्वाग्रहीपनले समस्याको आगामा घ्यू थप्यो ।

नागरिकता समस्या कुनै नारा होइन । नागरिकले आधारभूत सुविधा समेत उपभोग गर्न नपाएको चित्कार हो ।

प्रशासनिक क्षमता तथा स्रोत साधनको कमीले गर्दा पनि नागरिकता समस्याको सरल तरिकाले समाधान गर्न कठिन भएको सरकारी स्वीकारोक्तिलाई हामीले नजिकबाट हेरिरहेका छौँ । तर सरकार सधैं यसैको बहानामा पन्छिरहन्छ ।

राज्यको अक्षमताको कारणले नागरिक दण्डित हुनुहुँदैन । एकातर्फ समस्याको समग्र समाधानको लागि क्षमता एवं साधनको अभाव हुनु, अर्कोतर्फ बिना नागरिकताको कुनै कामै नहुनु, यो कस्तो विडम्बना हो ? यसको समग्र समाधान खोज्न शासकले चक्षु उघ्नार्न ढिला भइसकेको छ ।

राज्यले सबै प्रशासनिक कामका नागरिकता प्रमाणपत्र अनिवार्य गर्छ भन्ने सबै नागरिकलाई पहिले यसको महत्त्वको शिक्षा दिन जरुरी छ । अभियानको रूपमा प्रमाणपत्र

वितरण कार्यक्रम सञ्चालन गराउन जरुरी छ । सबैले नागरिकता पाउने अवस्था बनाउन जरुरी छ ।

हाम्रो प्रश्न यही हो- राज्य किन राज्य बन्न मन पराइरहेको छैन ?

भारतसँगको खुला सीमा र सामाजिक सम्बन्धले गर्दा समस्या उत्पन्न भएको होइन । नागरिकता समस्याको समग्र एवं स्थायी समाधान गर्ने नियत र संकल्प नभएकोले यो पटकपटक दोहोरिरहने घाउ बनेको छ ।

नेपाल भारतको सामाजिक सम्बन्ध एवं भौगोलिक अवस्था कुनै सरकार, पार्टी वा व्यक्तिले बनाएको होइन । यो प्रकृति र यसैको आडमा विकास भएको सभ्यता र संस्कृतिको उपज हो । यो शिवधनुष जत्तिकै तोड्न नसकिने छ । जसले प्राकृतिक सम्बन्धलाई खलबल्याउन खोज्छ, ऊ आफैँ खल्बलिन्छ ।

शाश्वत् कुरा यही हो ।

एक देशको नागरिक अर्को देशमा स्वतन्त्र आवतजावत गर्छन् । घुमफिर गर्छन् । बन्द व्यापार गर्छन् । जीवन गुजारा गर्छन् । सामाजिक-सांस्कृतिक सम्बन्ध गाँस्छन् । यसैको आधारमा राष्ट्रियता खतरामा देख्ने चस्मा बदल्नुपर्छ ।

हामीले आफ्नो सम्पूर्ण देशवासीलाई व्यक्तिको नैसर्गिक र संविधान प्रदत्त अधिकारबाट वञ्चित नगर्ने र देशभित्र जन्मिएका नागरिकलाई समान दृष्टिले हेर्नेबित्तिकै अहिले होइन, त्यसबाट भविष्यमा कुनै समस्या उत्पन्न हुँदैन ।

जन्मसिद्धका सन्ततीलाई हेर्ने शासकीय आँखा महेन्द्रकालीन भएकैले समस्या थुप्रिँदै गएका छन् ।

अर्को, अङ्गीकृत नागरिकता संवैधानिक प्रावधान अनुरूप पाउने व्यवस्था छ । तर 'त्यागेको' भन्ने शब्दको व्याख्या स्वघोषणाको रूपमा नगरी त्यागेको प्रमाणपत्र पहिले नै माग्नाले विभिन्न जटिलता उत्पन्न भएको छ ।

वंशज वा जन्मसिद्धको प्रमाणपत्रको अभावमा र आवश्यकताले घँचेट्दा कतिपय नागरिकले अङ्गीकृत नागरिकता पनि लिन बाध्य भएका छन् । चाहे बाध्यतावश होस् वा अज्ञानतावश, अङ्गीकृत नागरिकता प्रमाणपत्र प्राप्त गर्नुभन्दा पहिले जन्मिएका सन्तानहरू अन्यायमा छन् । यी सन्तानहरू राज्यविहीन अवस्थामा पुगेका छन् । भखरै राष्ट्रपतिबाट विधेयक जारी भएको छ, यसले केही हदसम्म समाधानको बाटो देखाउने छ ।

# सङ्घर्ष र उद्घोष

# कुठाराघात

मधेश हरेक क्रान्तिमा सँगै लड्छ । रक्तमुच्छेल हुन्छ । तर उपलब्धि संस्थागत गर्ने र अधिकार सम्पन्न बनाउने बेलामा मधेशलाई दैलो बाहिर राखिन्छ । २०७२ सालको संविधान निर्माण त्यसैको निरन्तरता हो । मधेश आफ्नो अधिकारको पैरवी गरिरहेको थियो । सङ्घर्ष र त्यागको बाटो हिँड्दै आएको मधेश अब सम्झौता गर्ने पक्षमा थिएन । किनकि हाम्रो निचोड थियो- हिमाल, पहाड र तराईलाई भावनात्मक रूपमा एक गराउने कडी नै २०७२ को संविधान बन्नुपर्छ । सात दशक लामो प्रतीक्षापछि प्राप्त संविधान सभा र त्यसले निर्माण गरेको संविधानले मधेशका मुद्दा सम्बोधन गरेन भने राजनीतिक स्थायित्व त हुँदैन नै, विकास र समृद्धिको यात्रामा मधेश झनै पछि पर्छ । सारमा भन्दा मधेशका यसअघिका सङ्घर्ष निरर्थक बन्न पुग्छन् ।

सोह्र बुँदे सहमतिपछि प्रचण्ड मात्रै होइन, मधेशको ठूलो दल फोरम लोकतान्त्रिक पनि ३० दलीय गठबन्धनबाट बाहिर आयो । विगतमा आन्दोलनरत पक्षसँग भएको सहमति अनुरूप संविधान बन्नुपर्छ भनेर हामी ३० दल आन्दोलनको मैदानमा थियौं । तर उनीहरू हामीहरूलाई मैदानमै छाडेर यथास्थितिवादी काँग्रेस-एमालेसँग सम्झौताको बाटो हिँड्न मञ्जुर भए ।

२०७२ जेष्ठ २५ मा तत्कालीन नेपाली काँग्रेस, नेपाल कम्युनिस्ट पार्टी (एकीकृत मार्क्सवादी, लेनिनवादी), नेकपा एकीकृत माओवादी र मधेशी जनअधिकार फोरम लोकतान्त्रिकका बीचमा १६ बुँदे सहमति भएको थियो । परम्परागत राजनीतिक दलहरूलाई आफूले भने बमोजिम संविधान निर्माण गर्न र जारी गर्न यही सहमतिले मार्ग प्रशस्त गरेको थियो ।

हाम्रा निम्ति १६ बुँदे सहमति विगतदेखि भएको सबै आन्दोलनका उपलब्धि गुमाउने एउटा टर्निङ प्वाइन्ट थियो ।

मधेशको आशा, अपेक्षा र भावनालाई लत्याएर हतार-हतार गरिएको सम्झौता थियो । मैले देशलाई देशको आधा भूगोल, आधा जनसंख्या र ठूलो राजनीतिक समूह र शक्तिहरूलाई बाइपास गरेर अपूरो संविधान निर्माण गर्ने कदमका रूपमा बुझेको छु ।

तत्कालीन ठूला राजनीतिक दलहरूले गरेको त्यो त्रुटि जनताप्रतिको कुठाराघात थियो । विद्रोहको बाटो हिँड्दै आएको मधेश फेरि गनि आफ्नो हक र अधिकारका निम्ति आन्दोलित हुने अवस्था बन्यो । हामीलाई हक, अधिकार दिन्छन् कि दिँदैनन्, हाम्रो भावनाको सुनुवाइ हुन्छ कि हुँदैन भनेर मधेशले पर्खिरहेको थियो । तर त्यसको छेकछन्द नपाएपछि आन्दोलित हुनु मधेशको निर्मम बाध्यता बन्यो ।

तेस्रो ऐतिहासिक जनआन्दोलनको तयारीमा जुट्यो मधेश । उपलब्धि संस्थागत गर्ने बेलामा मधेशका केही नेताहरूको भूमिका दोहोरो देखियो । मधेशको आन्दोलनबाट आफूलाई शक्ति र सामर्थ्यमा पुर्‍याउने र पछि त्यही रैथाने सत्तासँग सम्झौता गरेर आफ्नो दुहुनो सोझ्याउने दोहोरो अनुहार यसपटक पनि देखियो ।

संविधान जारी गर्ने बेला असोज ३ मा आफ्नो सम्मानजनक हैसियत नदेखेपछि हस्ताक्षर गर्न नगएको दाबी विजय गच्छदारको थियो । तर प्रधानमन्त्रीको चुनावमा भने तिनै 'थारू–मधेशी विरोधी' ओलीसँग गठबन्धन गर्ने लाइनमा उभिए ।

गच्छदार रणनीतिक चलाखीमा निपुण थिए । मधेशकै नाम भजाएर सत्तासँग भाग लिँदै आएको गच्छदारले २०६३ को मधेश आन्दोलनपछि पनि आफ्नो पुरानो अनुहार मेट्न चाहेनन् । सिंहदरबारको सत्तासँग हिस्सेदारी खोज्ने कृत्यलाई निरन्तरता दिई नै रहे । २०७२ असोज २४ मा उनले संविधान सभा भवनमा एमाले, एमाओवादीसँग सरकार गठनसम्बन्धी आठबुँदे सहमतिमा हस्ताक्षर गरे ।

यसरी सत्ताका खेलाडीले समाजको मुद्दा भन्दा आफ्नो फाइदा हेर्दा मधेश पछाडि पर्नुपर्ने अवस्था आयो । आठबुँदे सहमतिमा तराई मधेश, थारूवान, हिमाल पहाडलगायत देशका विभिन्न भागको प्रदेश सीमाङ्कन विषयलाई राजनीतिक लेपन लगाइयो ।

संविधान संशोधन गर्दा सहमतिका आधारमा समाधान गर्ने, निर्वाचन क्षेत्र निर्धारणका सम्बन्धमा हाल कायम रहेका जिल्लाका भौगोलिक क्षेत्रमा कम्तीमा एक निर्वाचन क्षेत्र रहने गरी जनसंख्याका आधारमा निर्वाचन क्षेत्र निर्धारण हुने व्यवस्था समेटियो ।

गच्छदारको त्यस तीन दलीय सहमतिमा तराई लगायत विभिन्न क्षेत्रमा आन्दोलनका क्रममा घाइते हुनेको उपचारको व्यवस्था गर्ने, राहत नपाएका मृतकका परिवारलाई क्षतिपूर्ति उपलब्ध गराउने, आन्दोलनका क्रममा बन्दी बनाइएका व्यक्तिलाई रिहा गर्ने र यस क्रममा लगाइएका मुद्दा खारेज गर्ने, आन्दोलनका क्रममा क्षति पुगेका घर व्यवसायलाई उचित क्षतिपूर्ति दिने बुँदा समावेश भयो ।

करिब तीन साताअघि जारी भएको नयाँ संविधान जारी गर्ने अन्तिम समयमा बाहिरिएको मधेशी जनअधिकार फोरम (लोकतान्त्रिक) का अध्यक्ष विजयकुमार गच्छदारले एमाले र एकीकृत माओवादीसँग ८ बुँदे सहमति गर्दै ओलीलाई समर्थन गर्न पुगेका थिए ।

तिनताक एमाले अध्यक्ष केपी शर्मा ओली मधेशीको मर्म र भावनाको तेजोवध गर्दै थिए । उनको सोचाइ मधेशीहरूको राष्ट्रियतामाथि शंका गर्न मिल्छ भन्ने थियो । उनीहरूलाई भारतीय करार गर्दै आफूलाई २४ क्यारेटको राष्ट्रवादी प्रमाणित गर्न नश्लवादीहरूले केही बाँकी राखेका थिएनन् ।

त्यसमाथि भर्खर संविधान जारी गरेको अहंकार उनीहरूमा थियो । उनीहरूको रक्षाकवच बनेर गच्छदार जाँदै थिए । संविधान बनाउने बेलामा उनले आन्दोलनका सहयात्री–सहधर्मीलाई

मैदानमै छाडेर सम्झौता गर्न नतम्सिएको भए मधेशले आफ्नो हक, अधिकार स्थापित गर्न सक्थ्यो । मधेश आन्दोलनको बाटोमा एकतावद्ध भएर हिँड्न सक्थ्यो । मधेश रगतको आहालमा चुर्लुम्म डुब्दैनथ्यो ।

सयौँ मधेशीहरू आन्दोलनका क्रममा गिरफ्तार भएका थिए । कतिका थाप्लामा ज्यान मुद्दा थियो । गिरफ्तार भएका सहधर्मी, मुद्दा खेपिरहेका आन्दोलनकारीका कुनै माग सम्बोधन नगरी, मुद्दा फिर्ताको प्रक्रिया अघि नबढाइ उनी सत्तामा जान हतारिएका थिए ।

'हिजो के आधारमा संविधानमा हस्ताक्षर नगरी हिँड्नुभो, आज के आधारमा मन्त्री बन्न जाँदै हुनुहुन्छ ?,' मधेश र थरूहटका जनताले उनलाई निर्मम प्रश्न गरिरहेका थिए । तर उनलाई ती प्रश्नप्रति जवाफदेही हुनु थिएन ।

मधेशी जनता पहिलेदेखि नै १६ बुँदेको निर्णयले असन्तुष्ट देखिएका थिए । आन्दोलनकै बीचमा १६ बुँदेको ठीक चार महिनापछि सांसदहरू प्रधानमन्त्रीको मतदान प्रक्रियामा सामेल भएको भन्दै मधेशी मोर्चाको निर्णयप्रति नेता कार्यकर्ता क्षुब्ध बने । दर्जनौँको मृत्यु, सयौँ घाइते र असङ्ख्य गिरफ्तारीबीच जारी आन्दोलन नाकाबन्दी हुँदै कोइरालाको प्रधानमन्त्री चुनावसम्म पुग्दा मधेशका नेतृत्वकर्ता पनि विभाजित भइसकेका थिए । नेतृत्वमा एकमत थिएन ।

तिनताक म प्रधानमन्त्रीको चुनावमा भाग लिनुपर्ने पक्षमा थिइनँ । मधेशका मुद्दा सडकमै छन् । आन्दोलनका दौरान बगेका रगत, आन्दोलनकारीको थाप्लामाथिका मुद्दाहरू ज्युँ का त्युँ थिए । मधेशका मुद्दालाई सडकमा असरल्ल छाडेर म त्यता जान सक्दिनथेँ । सत्ताले मधेशमाथि पटकपटक धोखाधडीको राजनीति गर्दै आएको छ । तर हामीले सम्झौता गर्नु मधेशमाथिको महाधोका हो । त्यहाँ बगेको रगतको अपमान हो भन्ने बोध जतिबेलै भइरह्यो ।

यो त मेरो कुरा थियो । पदका लागि जनताको लासमाथि घिन लाग्दो राजनीतिक हर्कत हुन छाडेन । मुद्दामाथि धोकाधडी हुन छाडेन । मधेशकै केही नेताहरू सत्ता लिप्सातिर अग्रसर देखिए । उनीहरू सत्तामा जान लालायित भए । विरोधमा हाम्रा पार्टीका सभासदहरूले सामूहिक राजीनामा दिएका थिए । सामूहिक राजीनामा भएकैले त्यो स्वीकृत भएको थिएन । त्यही आधारमा पार्टी नै फुट्न सक्ने स्थिति पैदा भयो ।

मैले संसदीय दलका नेता लक्ष्मणलाल कर्णसँग लामो छलफल गरेँ । परिस्थितिको मूल्याङ्कन भयो । संसद् भवनको गेटभित्र हाम्रा पार्टीका सांसदहरू प्रविष्ट भए । सद्भावना पार्टीका सांसदले संविधान सभा सदस्य पदबाट सभामुख सुवासचन्द्र नेम्वाङसमक्ष राजीनामा बुझाए । राजीनामा बुझाउँदा पनि सबैको एक मत थिएन । कतिपय सभासदहरूको तर्क थियो कि अहिले रूपान्तरित संसद् हो । सभासद भइरहेकाले राविधान राखा बहाल छँदै राजीनामा बुझाउनुपर्थ्यो । संविधान जारी भई संविधान सभा नै प्रतिनिधि सभामा रूपान्तरित भइसकेकाले यहाँ राजीनामा बुझाउनुको कुनै तुक छैन । अतः मतदान प्रक्रियामा सहभागी हुनुपर्छ । तर यो तर्क मात्रै थियो । संविधान सभाले नूतन संविधान जारी गरेको त थियो । तर

त्यो संविधान मधेश विरोधी थियो । मधेशको भावनालाई आत्मसात गरेकै थिएन । त्यसैले हामीले संविधान जलाएका थियौं । तर नयाँ संविधानको धारा २९८ को उपधारा ३ अनुसार भएको निर्वाचन प्रक्रियामा मधेशी मोर्चा सहभागी भयो ।

मैले नचाहँदा नचाहँदै पनि त्यो प्रक्रिया स्वीकार गर्नुपर्‍यो । प्रधानमन्त्रीको चुनावपछि काठमाडौंमै मोर्चाको दुई दिन बैठक बस्यो । बैठकमा मतमतान्तर बढेकाले, विचारहरू ध्रुवीकृत भएकाले कुनै निष्कर्ष निकाल्न सकेन । बैठक समारात्मक भएको भए, त्यसले कुनै निकास निकाल्न सकेको भए, त्यसको भोलिपल्ट पत्रकार भेटघाटमा मोर्चाले आन्दोलनको स्वरूप बदलेको घोषणा गर्ने योजना थियो ।

मोर्चाले आन्दोलनको स्वरूपलाई फेरबदल गर्न नहुने मेरो मत थियो । त्यसकारण सद्भावना पार्टी बैठकमा अनुपस्थिति भयो । आन्दोलनको मुख्य घटकनै बैठकमा नभएकाले त्यसले आन्दोलनको स्वरूप बदल्न सकेन । प्रधानमन्त्री चुनावमा मोर्चा कसरी एकाएक लचिलो भयो ? अनुमान गर्न कठिन थियो । आन्दोलनकारी पनि आश्चर्यमा थिए । उनीहरूको विश्वासमाथि कुठाराघात भएको थियो । मोर्चाको यही निर्णयले आन्दोलन खुम्चन पुग्यो । आन्दोलनकारीको मनोदशा खस्कियो । मधेशवासी खिन्न भएका थिए ।

त्यतिखेर सुशील कोइराला प्रधानमन्त्रीमा निर्वाचित भएको भए परिस्थिति मोर्चा घटक दलले सोचेअनुरूप पनि हुन्थ्यो होला । तर हामीले ओलीलाई हराउने नाममा निर्वाचनमा भाग लिई आन्दोलनलाई तुहाइदियौं । ओली झन् शक्तिशाली भएर पो आए ।

केपी ओलीले जुन ढंगले आन्दोलनलाई गिज्याएका थिए, मधेशलाई हियाएका थिए, नेपाली काङ्ग्रेसले सबै माग पूरा गरिदिने वचनले हामीलाई दबाबमा पारेको थियो । त्यसमाथि आन्दोलन अनिश्चयको भुमरीमा फसेका बेला माग पूरा हुने आश्वासन र सहजकर्ता आदिको दबाबले त्यो अप्रिय निर्णय गर्ने अवस्थामा हामी पुग्यौं ।

सम्झौताले आन्दोलनलाई खुम्च्याउँछ । त्यो हाम्रा हकमा पनि लागू भयो । मधेशमा उठ्दै गरेको आन्दोलनको ज्वारभाटामा धक्का लाग्यो । जुनसुकै तर्क र कारण दिए पनि आन्दोलनलाई बीचमै रोकेर प्रधानमन्त्रीको निर्वाचनमा जानु त्यही संविधान स्वीकार्नु र आन्दोलनमाथि दमन गर्नेलाई सघाउनु नै भयो । यो निकै आत्मघाती काम थियो । जनता र कार्यकर्ताले आफूमाथि कुठाराघात भएको बुझे ।

त्यतिबेला मधेश मुक्ति आन्दोलनको खलनायक थिए ओली । मधेशीलाई अधिकारबाट विमुख गरिनुपर्छ भन्ने मनोदशा थियो उनको । उनका आँखाले मधेशीलाई जहिल्यै बिहारी देख्ये । उनी सत्तामा पुगे भने मधेशलाई अधिकार दिने सवालमा अझै निर्मम बन्छन् भन्ने मोर्चाको बुझाइ थियो । त्यसकारण पनि उनलाई सत्ता बाहिर राखेर माग पूरा गराउने रणनीति थियो, मधेशी मोर्चाको ।

तर त्यसो भएन । हामी शून्यमै फर्किएका थियौं । लगतै संसद् सभामुख र राष्ट्रपतिको निर्वाचन प्रक्रियातर्फ अग्रसर हुँदै थियो । प्रधानमन्त्री निर्वाचनमा हामीले अर्को धक्का व्यहोरिसकेका थियौं । राष्ट्रपति र सभामुख चयन प्रक्रियामा सरिक भए बचेखुचेको शाख पनि धुलोपीठो हुन्थ्यो । त्यसकारण मोर्चा बाहिरै बस्ने निष्कर्षमा पुग्यो ।

राष्ट्रपतिमा विद्यादेवी भण्डारी चुनिइन् । सभामुख ओनसरी घर्ती भइन् । आन्दोलनलाई निर्णायक तहमा पुर्‍याउन नसक्दा मधेश पछाडि परेको छ । आन्दोलनलाई बीचमै अलपत्र छाडेर मधेशी नेताहरू सत्ताको वरिपरि पुग्दा त्यसको मूल्य धर्तीपुत्र मधेशीलाई सदियौँदेखि चुकाइरहनु परेको छ ।

मधेश आन्दोलनलाई निर्णायक तहमा पुर्‍याउन नसक्दाको चोट मेरो मुटुमा पिलो बनेर बसेको छ । तेस्रो मधेश आन्दोलनको उभारबारे म इमान्दारिताका साथ भन्दैछु, फिल्डमा नगइकन जुन प्रतिरोधलाई राजनीतिक पार्टी, मिडिया, बुद्धिजीवीले अनेक रंग र उपमा दिए, हामीलाई बदनाम गर्न अनेक प्रपञ्च र कोसिस गरे ।

# अपमान ज्यादा दुख्दो रहेछ !

व्यक्तिगत रूपमा म महिलाको सहभागिता र नेतृत्वको सधैं पक्षपाती हुँ । जसरी महिला र पुरुषको सहअस्तित्वबाट सृष्टि नित्यनिरत छ । सरकार, सत्ता, नेतृत्व प्रणाली मात्र होइन, समग्र राज्य प्रणाली यसबाट विमुख हुन सक्दैन भन्ने मान्यतामा म अविचलित छु । उच्चारण गर्न होइन, कसैले सुन्न नचाहेको आमाको नामबाट नागरिकता हुनुपर्ने पक्षमा म सतीसालभैं खडा छु ।

संविधान जारी गर्ने बेलामा मधेशीका मुद्दालाई ढोका बाहिर राखियो । नश्लवादीहरूले ढोका थुनेर आफ्नो इच्छाअनुरूपको संविधान लेखे । त्यसपछि पनि हाम्रा कुरा सुन्ने चेष्टा गरिएन । यसबाट हाम्रो चित्त फाटेको थियो । मधेश र मधेशी नागरिकले अपमान बोध गरेका थिए ।

त्यसकारण सभामुखको निर्वाचनमा हामी सहभागी भएनौं । तर सभामुखका रूपमा ओनसरी घर्ती निर्वाचित हुँदा हामी खुसी नै भयौं । पहाडको सीमान्त समुदायकी महिला राज्यको माथिल्लो तहमा पुग्दा हामी दुःखी हुनुपर्ने कारण थिएन । काठमाडौंको सत्ता यता भागशान्तिमा थियो । प्रधानमन्त्री, राष्ट्रपति, सभामुख, आदि पदहरू आपसमा भाग लगाएका थिए । आफूअनुकूल संविधान जारी गरेको उमङ्ग पनि छँदै थियो ।

हाम्रो एकमात्र विकल्प आन्दोलन थियो । आन्दोलनमै फर्कनु मधेश र मधेशीका पक्षमा थियो । आन्दोलनका दौरानमा पटकपटक मृत्युको नजिक पुगेर फर्किएको थिएँ । मृत्यु स्वयम्ले पनि मलाई छामछामछुमछुम गरेर फर्किएको महसुस गरेको छु । त्यसैले मलाई मृत्युको भय थिएन । जसरी हुन्छ आन्दोलनलाई एकतृत गर्नु थियो ।

यता, मोर्चाका शीर्ष नेताहरू आन्दोलनकै बीचमा काठमाडौं केन्द्रित वार्तामा अल्झिएका थिए । मधेशीहरू काठमाडौंमा भएका शीर्ष नेताहरूले सम्झौता गरिहाल्छन् कि भनेर चनाखो थिए । घाम-पानी नभनी उनीहरू आन्दोलनमा आएका थिए । दालमोठ चिउरा चपाएर उनीहरू आफ्नो अधिकारका लागि सडकमा अरिङ्गालसरह ओइरिएका थिए ।

कार्यकर्ता र आमजनताहरूको आँट, भरोसाले मैले कुनै दिन पनि अकेलापन महसुस गर्नुपरेन । नश्लीय सत्ताले आन्दोलनलाई बदनाम गर्न र बिटुल्याउन कुनै कसर बाँकी राखेको थिएन । आन्दोलन दबाउन अनेक शस्त्र-अस्त्र गाँडागाँडामा तैनाथ गरेको थियो । दिनरात एकै पारेर कुदैं । मेचीदेखि महाकालीसम्म मोटरसाइकलमा यात्रा गरें । मेचीदेखि महाकालीसम्म पुग्दा नागरिकहरू आन्दोलन जसरी हुन्छ सफल पार्नुपर्छ भनिरहेका थिए । उनीहरूको

अनुहारमा आशाको फिलिङ्गो नाचिरहेको थियो । उनीहरूको अनुहारमा प्रतिविम्बित आशा र अपेक्षाले मलाई अफ्र ऊर्जावान् तुल्याइरह्यो ।

देशमा बन्द र हड्ताल चलिरहेको थियो । सिंहदरबारको सत्ताको आदेशपालकहरू गाउँदेहातमा तैनाथ थिए । उनीहरू मधेशीको छाती र टाउको ताकी-ताकी लाठी, गोली बर्साइरहेका थिए । देशका सबैजसो नाका पुगेँ । त्यहाँ सदियौँदेखि अधिकार नपाएर छटपटिएका नागरिकहरू आन्दोलन सफल बनाउन ओइरिएका छन् । पहिचानका लागि भोकै, अनिदै बसेका छन् । उनीहरूको एउटै चिन्ता त्यहाँ देखिन्थ्यो– कतै काठमाडौँमा वार्ताका लागि बसिरहेका नेताहरूले सम्झौता गरेर फेरि हाम्रो भावनामाथि कुठाराघात त गर्दैनन् ।

त्यसकारण पनि म उनीहरूलाई हौसला बढाउन हरबखत आन्दोलनमा रहेँ । नाका-नाका पुगेँ ।

सत्ताधारीहरूको निशानामा म थिएँ । उनीहरूले आक्रमण गर्ने हुन् कि भन्ने चिन्ता मलाई थिएन । मैले जीवन नै मधेश र मधेशको माटाप्रति समर्पित गरिसकेको थिएँ । त्यसैले मृत्युको पर्वाह थिएन । तर आन्दोलन नै तितरवितर हुने हो कि भन्ने चिन्ता चाहिँ थियो ।

नभन्दै जोगबनी नाकामा आक्रमण भयो । त्यो हमला ज्यानलेवा थियो । फेरि एकपटक मृत्युको मुखमा पुगेर फर्किएको आभास भएको थियो । कसोकसो त्यहाँबाट उम्किएँ । यसरी मैले ६ महिनासम्म अडिग रहेर आन्दोलनलाई अगाडि बढाएँ ।

तर केही नेताको सोच मुद्दाभन्दा ममाथि हुँ भन्ने थियो । कसैले म नै मुद्दा हुँ भन्थे । अन्ततः उनीहरू सम्झौता र स्वार्थको चास्नीमा जेरीभैँ चुर्लुम्म डुब्न पुगे । सम्झाइबुझाइ गर्दा पनि रोक्न सकिएन । लोभको भाँडो कता ढल्किन्छ, राजनीतिमा यसै भन्न कहाँ सकिन्छ र !

अन्त्यमा त्यही सोचले मधेशीको अधिकार सुनिश्चित हुन सकेन । तर म कसैलाई दोष दिएर उम्कने पक्षमा छैन । मधेशको मुद्दा किनारा लगाउन नसक्नु र मधेशलाई किनारामै पारिरहनुमा मेरो पनि दोष छ । आफ्नो भागको दोष लिएर सधैँ मधेशकै पक्षमा लडिरहन मलाई कुनै पनि आपत्ति छैन ।

२०७२ को संविधान र त्यसपछिको आन्दोलनले पनि कुनै निकास निकाल्न नसकेपछि र घटक दलहरू तितरवितर हुन थाले । कतिले सत्तासँग सम्झौता गरे । कतिले सम्झौताका लागि बोलाइ पो हाल्छन् कि भनेर अवसर ढुकेर बसे ।

आन्दोलनकारी शक्ति तितरवितर भएपछि मोर्चाले फेरि हारेको थियो । मुकुकलाई क्रियाशील तुल्याउन, दुनियाँको नजरमा सरकारसमेत बनाउन सक्दैनन् भन्ने नपार्न र राजनीतिलाई गति प्रदान गर्न कतिपय सन्दर्भमा म लचिलो पनि भएँ । सरकार बनोस् । गतिरोध अन्त्य भई निकास निस्कोस् भन्ने मान्यता थियो ।

तसर्थ मैले आफ्नातर्फबाट सकारात्मक भूमिका निर्वाह गर्ने कोसिस गरेको हुँ । गद्दगि गरिरहेको छु । मैले सधैँ भन्दै आएको छु । हामी मधेशका समस्या होइनौँ । समाधान दिन राजनीतिमा क्रियाशील भएका हौँ । हामी त मधेश-पहाडका सेतु हौँ । राजनीतिक कडी हौँ ।

तर सिंहदरबारले यही कुरा बुभ्र सकेन । हामीले बुभाउन सकेनौं । प्रधानमन्त्रीकै चुनावको प्रसंगलाई निरन्तरता दिन चाहन्छु । त्यतिबेला सुशीलजीलाई प्रधानमन्त्री हुन सहमति जुटाउन आवश्यक पर्थ्यो । उनलाई प्रधानमन्त्री बनाउन प्रचण्डजी मानिसकेका थिए । तर बाबुराम भट्टराईजीले कसै गरी मानेनन् । सुशीलजीले पनि उनलाई मनाउन सकेनन् । यो कोइरालाको मात्रै हार थिएन मोर्चाको पनि हार थियो ।

मैले त्यतिबेलो मोर्चा घटक दलहरूलाई भनेको पनि थिएँ । सुशीलजीले जिल्ले सम्भावना छैन । तर उनीहरूले सुशीलजीको जित र हारको सवाल नभएको र ओलीविरुद्ध पनि मत रहेको प्रमाणित गर्नुपर्ने अवस्था रहेको तर्क गरे । कुनै पनि बहानामा मलाई चाहिँ यसो गर्नु उपयुक्त लागेको थिएन ।

म आज पनि भन्छु– सुशील कोइराला जिल्ले परिस्थिति भएपछि मात्रै भोट दिन हामी आउनुपर्थ्यो । यसमा हामी चुक्यौं । प्रयोग मात्रै भयौं । आन्दोलन गतिशील चिज हो । कुनै घटना विशेषले यसमा ठहराव आउँदैन । रोकावट आउँदैन । कसैले सम्भौता गर्दैमा वा विश्राम लिँदैमा त्यो थाक्छ भन्ने पनि होइन । एउटा पुस्ता थाके पनि काँध फेर्ने अर्को पुस्ता तयार भइसकेको हुन्छ । यो आन्दोलनको नियम नै हो । मधेश आन्दोलनमा यो पटक-पटक प्रमाणित हुँदै आएको छ । र त, प्रधानमन्त्रीको निर्वाचन पछि पनि आन्दोलन क्रमिक रूपमा चल्यो ।

आन्दोलन सुरु हुँदाको पनि एउटा प्रसंग छ । २०७१ साल पुस २३ गते बालुवाटारमा बैठक बसेको थियो । प्रधानमन्त्री सुशील कोइराला थिए । बैठकमा नेपाली काँग्रेस, एमाले, मधेशी मोर्चा र एकीकृत नेकपा माओवादी लगायत दलहरू थिए । प्रधानमन्त्रीकै तत्त्वाधानमा बैठक आयोजना गरिएको थियो ।

'सङ्घीयताको मूल मर्म भनेको विकास र स्वशासन नै हो । स्वशासनको ग्यारेन्टी हुने गरी पुनःसंरचना गरिनुपर्छ । विगतमा स्वायत्त मधेश प्रदेश र थरुहट प्रदेश लगायतका प्रदेशहरूको सम्भौता भएको थियो । त्यो आवश्यकता र माग दुबै हो । मधेश प्रदेश मधेशको भूभागलाई नै लिएर बनाइनुपर्छ । मधेशको भूभाग अलगथलग गरेर अर्को प्रदेशमा गाभ्न मिल्दैन । काँग्रेस र एमालेको प्रस्तावित सात प्रदेशको खाकामा मधेशका भापा, मोरङ, सुनसरी, कैलाली र कञ्चनपुरलाई जसरी मधेश थरुहटबाट अलग गरिएको छ, त्यो हामी कुनै पनि हालतमा मान्दैनौं । मधेशको भूमि मधेशै हुनुपर्छ, यो हाम्रो अडान मात्र होइन, मूल्य-मान्यता पनि हो ।'

मैले बैठकमा कुरा राखेको थिएँ । यति मात्र होइन, मैले त्यो बैठकमा आठबुँदे सम्भौताबारे शीर्ष नेताहरूलाई स्मरण गराएको थिएँ । 'मधेशी जनताको 'स्वायत्त मधेश प्रदेश'को चाहनालगायत अन्य क्षेत्रका जनताको स्वायत्त प्रदेशसहितको संघीय संरचनाको आकांक्षालाई स्वीकार गरी नेपाल संघीय लोकतान्त्रिक गणतन्त्रात्मक राज्य हुनेछ,' सम्भौताको दुई नम्बर बुँदामा स्पष्टरूपमा उल्लेख थियो ।

विगतका सम्भौतालाई इमानदारीताका साथ पालना गर्न र मधेशका जनताको चाहनाको सम्बोधन गर्न मैले कुरा राख्दा एमाले अध्यक्ष केपी ओलीजी एकाएक आक्रोशित भए । उनका आँखा गोलभेडाँजस्ता राता देखिए ।

'यो बकबास हो, वाहियात हो,' उनी एक्कासि भोक्किए । मैले मधेश-थरूहट प्रदेशको कुरा उठाएका थिएँ । उनले समेत भूभाग सबै मधेश भन्ने हो भने 'यूपी र बिहार जाऊ' भन्न थाले । मैले अन्यनतै अपमान महसुस गरेँ ।

'मधेशको अधिकार खोज्दा मधेशीलाई यूपी र बिहार देखाउने ? भापा, मोरङ, सुनसरी, कैलाली, कञ्चनपुरलाई फेरि गुलाम बनाउने ?,' मैले प्रतिवाद गरेँ ।

'ओलीजीले के भन्न खोजेको ? मधेश बिहार र यूपीको हो भनेको हो कि ? यूपी र बिहार पनि मधेशमा चाहियो भनेको ? यूपी र बिहारलाई मधेशमा या मधेशलाई यूपी र बिहारमा मिलाउने भनेको पो हो कि ?,' हामीले कडा शब्दमा प्रतिवाद गर्‍यौं ।

ओलीजीले घोसेमुन्टो लगाए । उनको अभिव्यक्ति अमर्यादित मात्र थिएन । आपत्तिजनक थियो । नश्लीय चिन्तनबाट ग्रस्त थियो । हाम्रो मुटुमा सुइरो रोपेभँ भयो । केपी ओलीले माफी नमागेसम्म हामी बैठकमा बस्देनौं भनेर हामी जयाकजुरूक उठ्यौं । त्यसबखत मधेशको चाहना र भावना विपरीतको सङ्घीयता हामीलाई मञ्जुर छैन भनेका थियौं ।

सङ्घीयता हाम्रो आन्दोलनसँग अक्षुण्ण रहँदै आएको छ । नेपाल सद्भावना पार्टीले पहिलो पटक २०४७ सालमा मधेशमा सङ्घीयताको नारा लगाएको थियो । जतिबेला हामीलाई विखण्डनकारीको आरोप लगाइएको थियो ।

आज सङ्घीयता राष्ट्रिय एजेन्डा मात्र बनेको छैन, मुलुक यसैको पथमा छ । पहिचान र स्वायत्तता सहितको बाटो भएर हामीले विकास र समृद्धिका सपना देखिरहेका छौं ।

युगौँसम्म केन्द्रीय एकात्मक शारान भोग्दै आएका आम नेपाली जनता र त्यसमा पनि मधेशी र पहाडका जनजाति, दलित, पछाडि पारिएका वर्गलाई समान अधिकार दिलाउन यो मुलुकमा सङ्घीयता दर्बिलो बनोस् र त्यसमार्फत् मधेश स्वायत्त होस् भन्ने हाम्रो सपना छ । यही सपनासँग अन्योन्याश्रित भएर मधेशले समृद्धिको कल्पना गरिरहेको छ ।

त्यही बेला सङ्घीयताका बारेमा विभिन्न दृष्टिकोण आइरहेका थिए । कसै कसैले हिमाल, पहाड र तराई मिलाएर उत्तर-दक्षीण पुनःसंरचना गर्ने हो कि भनेर तर्क गरिरहेका थिए । कसै-कसैले बिना आधार, उद्देश्य र लक्ष्य मनोगत हिसाबले सीमा, संख्या र नामको निर्धारण गर्ने कुरा पनि गरिरहेका थिए ।

यस्ता विचारबाट समस्याको समाधान हुन सक्दैन भन्ने हाम्रो निष्कर्ष थियो । भूगोलको बाँडफाँट मात्र सङ्घीयता होइन । त्यसमा पहिचान पनि सन्निहित हुनुपर्छ भन्ने हाम्रो दृष्टिकोण थियो । विभिन्न जाति, भाषा, धर्म, समूदाय, सम्प्रदायले अपनत्व नगर्दासम्म र पहिचानको सुगन्ध नमिसिँदासम्म साँचो अर्थमा सङ्घीयता प्राप्त हुँदैन भन्ने हाम्रो विचार थियो ।

प्रशासनिक एकाइ खडा गर्न त पञ्चायतले नै विकास क्षेत्रको अवधारणा ल्यापकै थियो नि । तारसले बिकाराको मार्ग प्रशस्ता गर्न नसकेकाले देशलाई पुनःसंरचनाको बाटीमा हिँडाउनु परेको हो । मुलुक सङ्घीयतामा लैजानका लागि राज्य पुनःसंरचना गर्दा संविधान सभाले पाँच

आधार तय गरेको थियो । ती आधार भनेका भूगोल, भाषा, संस्कृति, पहिचान र सामर्थ्य थिए । तिनै आधारलाई केन्द्रमा राखेर मात्रै साँचो अर्थमा सङ्घीयतामा मुलुकलाई लैजान सकिन्छ भनेर हामीले भन्दै आएका थियौ ।

मधेशी, जनजाती, दलित लगायत उत्पीडनमा परेका वर्ग, समुदाय र क्षेत्रलाई सबैभन्दा बढी सङ्घीयता चाहिएको हो । उनीहरू नै राज्यसत्ताबाट पछि पारिएका हुन् । उनीहरूकै लागि राज्य पुनःसंरचना गर्नु परेको हो । हिमाल, पहाड र तराई जोडिँदिदा कसरी मधेशीले आफ्नो शासनको अनुभूति गर्न सक्छन् ? मधेशीको भूगोल मधेश नै हो । मधेशको भूगोललाई लिएर राज्य पुनःसंरचना गर्ने कि ? बहुपहिचानका आधारमा हिमाल र पहाडमा पनि राज्यको पुनःसंरचना गर्ने कि ? त्यतिबेलाको हाम्रो मूल प्रश्न थियो ।

यसका लागि संवैधानिक समितिले केही अध्ययन गरेको थियो । त्यो एउटा आधार हुनसक्थ्यो । सरकारले गठन गरेको उच्चस्तरीय राज्य पुनःसंरचना आयोगको प्रतिवेदनलाई पनि आधार बनाउन सकिन्थ्यो । यस्ता आधारहरूलाई गहन रूपमा अध्ययन गरेर जुन माग र उद्देश्यमा आधारित रहेर सङ्घीयताको खाँचो महसुस गरिएको थियो, त्यसैमा टेकेर राज्य पुनःसंरचना गरेको भए मुलुकले निकास पाउँथ्यो । विकास र समृद्धिको ढोका पनि खुल्थ्यो ।

तर सङ्घीयताको मूल मर्म र आन्दोलनको भावना नपछ्याइ राज्य पुनःसंरचना गरियो । मधेशीहरूलाई खुम्च्याइयो । आदिवासी, जनजाति, मुस्लिम, दलित, थारू लगायत सीमान्तकृत, उपेक्षित र उत्पीडितहरूलाई सङ्घीयताको अपनत्व नै भएन ।

अन्तरिम संविधानले अधिकार सम्पन्न स्वायत्त मधेश प्रदेश तथा अन्य क्षेत्रका जनताको स्वायत्त प्रदेशको चाहना पूरा गर्ने आधार बोकेको थियो । अन्तरीम संविधानको धारा १३८ मा त्यसको प्रबन्ध थियो । तर संविधान सभाले संविधान बनाउने बेलामा त्यसबाट पछि हटियो । मधेशको भूमि झापा, मोरङ, सुनसरी, चितवन, कैलाली र कञ्चनपुरलाई पहाडको प्रदेशमा गाभियो ।

कैलाली र कञ्चनपुरलाई समेटेर थरूहट बनाउनुपर्छ भन्दा काँग्रेस सभापति शेरबहादुर देउवाले ती ठाउँलाई आफ्नो मौजाझैँ ठानें । शासकीय यस्तै चिन्तनशैली समस्यालाई यथावत् राख्ने कारक बन्यो । सीमान्तकृत र सवाल्टर्नहरूलाई अधिकार दिने सवालमा काँग्रेस, एमाले र माओवादी एकै हुन् । तर एमाले अध्यक्ष केपी शर्मा ओली मुखर थिए । पछाडि पारिएका क्षेत्रका मानिसहरूले अधिकारको कुरा उठाउँदा उनी छुचो मुख चलाइहाल्थे ।

संविधान जारी गर्नेबेलामा मधेशीलगायत पछाडि पारिएका वर्ग, समुदाय, जातिका मानिसहरूले छुट्ने स्थिति देखिएपछि मधेशी मोर्चा आबद्ध दलका सांसदहरूले प्रक्रियाबाट बाहिरिएका थिए । उनीहरू संविधान जारी गर्ने बेलामा फट्के किनाराका साक्षी बस्न चाहेनन् । पहिचान कुल्चने, अधिकारजति सिंहदरबारको रैथाने सत्ताले मुठ्याउने भएपछि उनीहरूले संविधान जारी गर्ने प्रक्रियाबाट आफूलाई अलग गराए ।

तर ओलीले छुद्र मुख चलाइ हाले- बोटबाट दुई-चारवटा आँप झर्दैमा कोही आत्तिनुपर्दैन । उनले यो मधेशद्वेषी अभिव्यक्ति त्यहाँका नागरिकहरू शहीद हुँदा पनि प्रयोग गरेर अपमान गर्ने काम गरेका थिए । यति मात्रले शासक वर्गको परिचय पूर्ण हुँदैन । आफ्नो अधिकारका लागि सिंगो मधेश संग्राममा थियो । मधेशीहरू हुलाकी राजमार्गको सडकमा निस्किएर हातेमालो गरिरहेका थिए । पूर्वदेखि पश्चिमसम्मका नागरिकहरू त्यो हातेमालोमा सरिक भएर सिंहदरबारसँग अधिकार र पहिचान मागिरहेका थिए ।

तिनै ओलीले फेरि मुख चलाए- त्यो कुनै हालतमा मानवसाङ्लो होइन । बरु त्यो त माखेसाङ्लो हो । अर्थात् उनले मधेशी नागरिकहरूलाई माखा (भिँगा) को संज्ञा दिन हिच्किचाएनन् । मधेशीहरूको मुटुमा वचनको छुरा चलाउन र नश्लवादी शासकको परिचय दिन तत्कालीन एमालेका नेताहरू कोही भन्दा कोही कम थिएनन् । एमालेका पूर्व अध्यक्ष रहेका झलनाथ खनाललले मधेश प्रदेशलाई धोती प्रदेशको संज्ञा दिए । एमाले उपाध्यक्ष रहेका वामदेव गौतमले व्यवस्थापिका संसद्बाटै मधेशका आन्दोलनकारीलाई आतंककारीको उपमा भिराए ।

एमालेकै नेता शंकर पोखरेलले 'मधेशीहरू कालो हुन्छन् त्यसैले कालो दिवस मनाउँछन्' भनेर ट्विट गर्दै मधेशीहरूको स्वाभिमानमाथि बज्र प्रहार गरे । यी र यस्तै नश्लीय चिन्तनधारासँग लड्नु र आफ्नो पहिचान स्थापित गरिछाड्नु आज हाम्रो नियति बनेको छ ।

# आमरण अनशन

नश्लवादी शासकहरूसँग समाधानको सूत्र थिएन । उनीहरूसँग एकताको मन्त्र थिएन । उनीहरूको दिमाग त विभाजनको भावनाले ग्रस्त बन्न पुगेको थियो । त्यसको असर पहिलो संविधान सभामा देखियो । पहिलो संविधान सभाबाट उनीहरूले संविधान बनाउन सकेनन् । त्यसको मार मुलुकले खेप्नुपर्ने भयो ।

झन्डै आठ अर्ब खर्चिएर पहिलो संविधान सभाको चुनाव गरिएको थियो । चार वर्ष अर्को तीन अर्ब खर्च भयो । तर त्यो संविधान सभाले संविधान दिन सकेन । बेमेल र आपसी कलहको बाटो हिँड्दै आएका नश्लवादीहरूले महत्वपूर्ण समय खेर फाले ।

पहिलो संविधान सभाको अवसानपछि बाबुराम सरकारले चुनाव गराउने कि अर्को सरकारले गराउने बहस चल्यो । मैले बाबुराम सरकारलाई नै निर्वाचन गर्ने जिम्मा दिनुपर्छ भन्ने पक्षमा थिए । बल्लबल्ल लडेर ल्याएको लोकतन्त्र गैरदलको हातमा जिम्मा लगाउने पक्षमा म थिइन । पूर्व न्यायाधिकारीको हातमा सत्ता सुम्पनु दलीय अक्षमताको पराकाष्ठा थियो । तर निर्लज्ज नश्लीय सत्तावादीहरूको बाटो त्यतैतिर छ भन्ने मैले बुझेको थिएँ ।

मैले डा. बाबुराम भट्टराईलाई संविधान सभाको अर्को चुनाव गराउन दिनुपर्छ भनेँ । तर दलहरूले कुरै पर्न दिएनन् । माओवादीले चुनाव गराए सारा स्रोत-साधन एकोहोर्‍याएर आफ्ना पक्षमा परिणाम पार्छन् भन्ने भयले सताएको थियो । काङ्ग्रेसबाट सुशील कोइराला प्रधानमन्त्री हुनुपर्ने लबिङ सुरु भयो तर माओवादी मान्न तयार थिएन ।

'केही दिनका लागि भए पनि सरकारमा जानुपर्‍यो । बाबुरामजीको पनि सम्मान हुन्छ । पछि चुनावी सरकार तपाईंकै नेतृत्वमा बनाउनु पर्छ,' मैले सुशील कोइरालालाई भेटेर यसो भनेँ ।

'अहँ ! यी सरकारमा काङ्ग्रेस जान मिल्दैन । यस्तो कुरा लिएर नआउनूहोस्,' कोइरालाले ठाडै भने ।

यसपछि झन् सङ्कट पैदा भयो । एकले अर्काको नेतृत्व नमान्ने अवस्था उत्पन्न भएपछि सङ्कट चुलियो । पार्टीभन्दा बाहिरको तटस्थ व्यक्तिको नेतृत्वमा भए पनि चुनाव गराउनुपर्ने बाध्यात्मक अवस्था आइपर्‍यो । नेपाली राजनीतिको समस्या नै यही हो, एकले अर्कोलाई नसघाउने । राम्रा काम भए पनि विरोधको नारा भट्ट्याइरहने ।

यता स्वतन्त्र व्यक्तिलाई प्रधानमन्त्री बनाउनुपर्ने विकल्पमा प्रचण्डजीले छलफल सुरु गरे । फलतः बहालवाला प्रधानन्यायाधीशकै अध्यक्षतामा निर्वाचन गराउने विषयमा टुंगो लाग्यो । राष्ट्रिय संकटबाट पार पाउन यो बाध्यात्मक उपाय थियो तर न्यायसंगत र उपयुक्त विकल्प भने थिएन ।

मुलुक गैरदलीय व्यक्तिको हातमा सुम्पँदै थियौं । दलहरूको असक्षमताका कारण बाध्यात्मक उपाय अपनाउनु प¥यो । हामीले त्यसलाई 'आवश्यक बुराई'का रूपमा लियौं । अन्तत, प्रधानन्यायाधीश खिलराज रेग्मी मन्त्रिपरिषद्को अध्यक्ष बने । तर निर्वाचनको आवश्यक तयारी र निर्वाचनको मिति तोक्ने काम भने भएन । जनतामा अन्यौलको अवस्था उत्पन्न भयो । 'खिलराज रेग्मी पनि कतै सत्ताको आयु लम्ब्याउने खेलमा त छैनन् ?,' हाम्रो मनमा पनि यो प्रश्न ठड्कारो भयो ।

आशंका गर्ने ठाउँ भेटिए । तिनताक अनेक शक्ति केन्द्र खेलिरहेका थिए । आफ्नो स्वार्थ कहाँ घुसाउन पाइन्छ भनेर मौका कुरिरहेका थिए । खिलराजको काँधमा बन्दुक राखेर आफ्नो स्वार्थ सिद्ध गर्लान् कि भनेर मेरो मुटु सिरिङ्ग भयो ।

अन्यौल र गतिरोध चिरी निर्वाचनको सुनिश्चितताको माग गर्दै २०७० साल वैशाख १९ गतेदेखि सुनसरीमा पार्टी प्रवक्ता सन्तोष मेहता र जिल्ला नेता देवराम यादव 'मधेशी'ले आमरण अनशन थाले । संविधान सभाको मिति अविलम्ब घोषणा गर्नुपर्ने, निर्वाचन क्षेत्र पुनः निर्धारण आयोग अविलम्ब गठन गर्नुपर्ने, नागरिकता वितरण निर्देशिका २०७० संशोधन गरी आमाका नामबाट पनि नागरिकता दिइनुपर्ने, तराईका सशस्त्र समूहसँग भएका सम्फौताको पालना गरिनुपर्ने र तराईका सीमावर्ती क्षेत्रमा भारतीय मुद्रा सटहीमा हुँदै आएको तस्करी रोकी ती क्षेत्रमा सटही काउन्टरको व्यवस्था गरिनुपर्ने पार्टीको माग थियो ।

दुई नेताले सुनसरीमा आमरण अनशन थालेको एघार दिनपछि मधेशका २० जिल्लामा हाम्रा ८४ जना साथीहरूले पनि आमरण अनशन थाले । अनशनका क्रममा साथीहरूको स्वास्थ्य अवस्था खस्कँदै जान थाल्यो । तर अनशन बसेकाप्रति सरकारको ध्यान गएन ।

आमरण अनशनमा सन्तोष मेहता र देवराम मधेशी बाहेक मोरङबाट चन्द्रप्रसाद राजवंशी, सहादत्त हुसैन, जिवछ कामत थिए । सुनसरीबाट देवनारायण यादव, महादेव मेहता, बच्चालाल अडगरिया यादव, रीता साह, चुन्नी खातुन, रामप्रसाद भा थिए । सप्तरीबाट अनिश असारी, जसमुल खाँ, किशोरकुमार यादव, दिनेशकुमार यादव, शैलेशकुमार साह थिए ।

सिरहाबाट रोहित पासवान, भोगेन्द्र पासवान, रामपरीक्षण सिंह तथा धनुषाबाट लालकिशोर साह, राजीव भा, श्रीमती निभा साह, सरगुन पासवान, लक्ष्मण महतो तथा महोत्तरीबाट रमण पाण्डेय, अरुणकुमार सिंह, कृष्णदेव प्रसाद शर्मा, रामबाबुप्रसाद साह थिए ।

सर्लाहीबाट रामआशिष गुप्ता, उपेन्द्र महतो, राजाराम पासवान, अब्दुल रहिम मिकरानी, राजु प्याकुरेल थिए । रौतहटबाट योगेन्द्र राय यादव, विशाल चौधरी तथा बाराबाट सरोज यादव, प्रकाश चौगाई तथा पर्साबाट मोहन लाल चौधरी, मास्टर तारा सिंह, फिरोज मंसुर, जगदिश पटेल थिए ।

चितवनबाट अर्जुन उप्रेती, इन्दु तिवारी, जनार्दन घिमिरे, जीवन चौधरी तथा ननलगरासीबाट सत्राजित यादव, हरि नारायण चौधरी, अनिरुद्धप्रसाद गौड, रामवृक्ष यादव, प्रकाश पासवान थिए ।

कपिलवस्तुबाट रामचन्द्र जयसवाल, रविदत्त मिश्र त्यसै गरी बाँकेबाट आनन्द प्रकाश पाण्डेय, रामकुमार दिक्षित, लक्ष्मी नारायण वर्मा, मुनवर अलि हलुवाई थिए ।

बर्दियाबाट सितराम गोढिया, पर्शुराम कुर्मी, श्रीमती पुण्यकला श्रीवास्तव थिए । कैलालीबाट फोनीराम चौधरी, धनिराम राना तथा कञ्चनपुरबाट करण सिंह राना, लच्छु राम राना, बुभौना थारू थिए । कास्कीबाट फजलुद्दीन मियाँ, विष्णु खनाल, इर्साद अहमद मियाँ तथा तनहुँबाट सुक्रराज ढकाल, एकदेव लामिछाने, देवबहादुर थापा, शर्मिला थापा लगायतका थिए ।

आमरण अनशनका क्रममा साथीहरूको स्वास्थ्यावस्था दिनानुदिन कमजोर हुन थाल्यो । तर उनीहरूप्रति सरकार संवेदनहीन प्रतीत हुँदै थियो । त्यसपछि म मेचीदेखि महाकालीसम्मको भ्रमण गरेँ । अनशनकारी साथीहरूको स्वास्थ्यावस्था बुभेँ । सरकारको रवैया अर्कै थियो । मधेशीप्रति जुनसुकै सरकारको पनि एकै आँखा र उस्तै हेराइ हुन्छ । मैले गहिरोसँग गरीअनुभूत गरेको थिएँ ।

जेठ ४ गते नेपालगञ्जबाट मैले घोषणा गरेँ, 'आमरण अनशनमा बस्ने सबै साथीहरूको जिम्मा म लिन्छु । तपाईंहरू अनशन तोड्नूहोस् । म आफैँ काठमाडौँमा गएर तपाईंहरूको सट्टामा आमरण अनशन बस्छु । त्यतिबेला चुनावको मिति घोषणा गराउन बाध्य पार्ने योभन्दा उपयोगी अर्को अस्त्र थिएन ।

२०७० वैशाख २५ गते बुधवारका दिन प्रमुख जिल्ला अधिकारीमार्फत् सबै जिल्लामा मन्त्रिपरिषद् अध्यक्षलाई ज्ञापनपत्र पठायौं । आन्दोलनसम्बन्धी कार्यक्रमको जानकारी सञ्चार माध्यम, नागरिक समाज, मानव अधिकारकर्मीलाई गरायौं ।

वैशाख २६, २७ र २८ गते देशव्यापी रिले अनशन गर्यौं । २९ गते आइतबार मधेश बन्द गरिएको थियो । ज्ञापनपत्रमा सशस्त्र संगठन समूहबीच विभिन्न चरणमा गरिएका सम्भौताअनुसार नेता एवं कार्यकर्ताको सुरक्षाको पूर्ण प्रत्याभूति गरिनु पर्ने माग अघि सारिएको थियो । त्यस्तै, राजनीतिक मुद्दा खारेज गरेर आगामी संविधान सभाको निर्वाचनबाट शान्तिपूर्ण राजनीतिमा आउने बाटो खुला गरिदिन आग्रह पनि गरेका थियौं ।

निजामती सेवा ऐनसम्बन्धी समावेशी विधेयकमा सेवा प्रवेशका लागि मधेशी, आदिवासी, जनजाति, दलित र पछाडि पारिएको क्षेत्रको हकमा ३५ वर्ष उमेर कायम गरिएको विभेदकारी प्रावधान तुरुन्त संशोधन गर्न माग गरेका थियौं । त्यसलाई बढाएर ४० वर्ष कायम गर्नुपर्ने हाम्रो अनुरोध थियो ।

यिनै विषय समेटेर हामीले ज्ञापनपत्र बुभायौं । सरकारले हामी सकारात्मक हुन सक्नेसम्म हुन्छौं भन्यो । तर ज्ञापनपत्रले मात्र सरकारले मुद्दाको सम्बोधन गर्छ भनेर हामीलाई रत्तिभर विश्वास थिएन । त्यसैले २०७० साल जेठ ५ गतेबाट काठमाडौँको रत्नपार्कस्थित शान्तिवाटीकामा आमरण अनशन सुरु गरेँ । अनशन सुरु गर्दा मेरो शारीरिक अवस्था भने त्यसका लागि तयार रहेनछ ।

मैले अनशन स्थलबाट हाम्रा जायज मागप्रति समर्थन र सहयोगका लागि सम्पूर्ण राजनीतिक दल, नागरिक समाज, पत्रकार, बुद्धिजीवी, कानुन व्यवसायी, मानव अधिकारवादी र जनसमुदायसँग पनि अनुरोध गरेको थिएँ । तर अन्य राजनीतिक दलहरूबाट त्यति सहयोग र सदासयता पाइरहेको थिइनँ ।

अनशन थालेको केही दिनबाट नै मेरो स्वास्थ्यमा समस्या देखिन थाल्यो । कम्मरमुनि बेस्सरी दुख्यो । हातगोडा पनि फुल्दै आयो । एक महिनासम्म पानीसमेत नखाइ बस्न सक्छु भन्ने आत्मविश्वास थियो । विस्तारै क्षीण हुन थाल्यो । गम्भीर समस्याहरू देखा पर्न थाले ।

चिकित्सकको रिपोर्टअनुसार मेरो मिर्गौला बिग्रने अवस्थामा पुगेको थियो । उता सरकार माग पूरा गर्नुको साटो अनशन तोडाउने षड्यन्त्र गर्न थाल्यो । मेरो स्वास्थ्य अवस्था निकै नाजुक भएपछि सरकारले त्यसको फाइदा उठाउने रणनीति अपनायो । बल प्रयोगको विधि अवलम्बन गर्‍यो । मैले त्यो ज्यादतीको प्रतिकार नगरेको होइन । तर कमजोर र अस्वस्थ भएकाले मेरो केही जोर चलेन ।

ज्यादतीको विरोधमा हाम्रो पार्टीले भोलिपल्ट मधेश बन्दको आह्वान गर्‍यो । पूरै मेचीदेखि महाकालीसम्म बन्द भयो । कतिपय ठाउमा बन्द खुलाउन बल प्रयोग गरियो, सरकारको ज्यादतीका कारण कतै तोडफोड पनि भयो । कार्यकर्ता निकै आक्रामक भए ।

यता मलाई वीर अस्पताल लगिए पनि मेरो तर्फबाट अनशन जारी नै थियो । अस्पताल ल्याएको भोलिपल्ट बिहान मेरो स्वास्थ्यावस्था बुझ्न नेपालका लागि तत्कालीन भारतीय राजदूत जयन्त प्रसादजी वीर अस्पताल आए । त्यसै दिन गृहमन्त्री माधव घिमिरे, स्वास्थ्यमन्त्री विद्याधर मल्लीक र कानुनमन्त्री माधव पौडेल पनि आए । उनीहरूले मलाई 'समझदारी गर्नुपर्‍यो, अनशन तोड्नुपर्‍यो' भने ।

हाम्रा माग पूरा गराउन संयन्त्रले सरकारलाई दबाब दिने निर्णय गरेको खबर लिएर त्यसका तत्कालीन संयोजक नेकपा (एमाले) अध्यक्ष झलनाथ खनाल पनि आए । उनका साथमा एमालेका नेताहरू पनि थिए । 'ठ्याक्कै चुनावको मिति घोषणा गराउन केही प्राविधिक कठिनाइ छन् तर यति दिनभित्र निर्वाचन गराउँछु भनेर सरकारबाट घोषणा गराउन सकिन्छ । तपाईंले अनशन तोड्नुपर्‍यो', खनालजीले आग्रह गरे ।

अनशन बसेको एक हप्तापछि सरकारसँग सम्झौता भयो । सद्भावना पार्टीका तर्फबाट सहअध्यक्ष लक्ष्मणलाल कर्ण र सरकारका तर्फबाट गृहमन्त्री माधवप्रसाद घिमिरे बीच तीनबुँदे समझदारी भयो । अनशन तोडियो । ज्यानकै बाजी थापेर अनशन बसेपछि मात्र २०७० साल मसिर महिनाको पहिलो सातभित्र निर्वाचन गराउने सहमति भयो ।

नभन्दै, २०७० साल मसिर ४ गते संविधान सभा निर्वाचन भगो । मेरो अनशनले लोकतान्त्रिक अभ्यासलाई देशमा बलियो बनाउन सहयोग पुर्‍यायो । यसरी हामी संविधान सभाको निर्वाचनको अन्योल चिर्न सफल भयौं ।

# स्वार्थको जुट, मुद्दामा फुट

दोस्रो संविधान सभा निर्वाचनको मिति घोषणापछि सबै राजनीतिक दलले आ-आफ्ना चुनावी कार्यक्रम तय गरे । नागरिककहाँ जाने मुद्दा तयार पार्न लागे । निर्धारित मितिभित्रै संविधान बनाइछाड्ने अठोट तय गर्न लागे ।

सबैभन्दा बलियो मुद्दा हामीसँग थियो । देशको अन्तिम किनारामा उपेक्षा र उत्पीडनमा बाँचिरहेका समूदायलाई राज्यसत्तामा मूलप्रवाहीकरण गर्ने मात्र होइन, सम्पूर्ण पछाडि पारिएको वर्ग, लिङ्ग, जाति, समूदाय र सम्प्रदायका नागरिकलाई सत्ताको मालिक बनाउने हाम्रो ध्येय थियो । यसलाई बलियोसँग नागरिकका बीचमा लैजान सके मधेशको सबैभन्दा पुरानो पार्टीलाई ठूलो बनाउन सकिन्छ भन्ने मेरो सोच थियो । त्यसका लागि देशैभरि दौडने सोच बनाएँ ।

अफसोस ! आफ्नो निर्वाचन क्षेत्रमा धेरै ध्यान दिन पाइनँ । त्यहाँका नागरिक र तिनका गुनासासँग एकाकार हुन त परै जाओस्, साक्षात्कार गर्न समेत पाइनँ । चुनावमा हामीले गरेको विकास पनि नहेर्नें, हाम्रो योगदान पनि नहेर्नें, आफ्नो नजिकको समुदाय र जाति मात्र हेर्नें, नीति, सिद्धान्त र आदर्श नहेर्नें अवस्था बन्यो । नागरिकले आफ्नो धारणाको विकास गर्ने वातावरण नै बन्न पाएन । नचाहिँदो कुराको प्रभाव चुनावमा पर्‍यो ।

मधेश आन्दोलनको केन्द्रमा म थिएँ । त्यसविरुद्ध विभिन्न शक्ति एकतृत भइरहेको मैले भेउ नै पाइनँ । मेराविरुद्ध पैसाको खोलो बगाइयो । लोभ र आश्वासन थमाइयो । दीनहीनहरुलाई मेराविरुद्ध प्रयोग गरियो । परिमाणतः म चुनावमा केही मतले पराजय हुन पुगेँ ।

तथापि समानुपातिकमा मधेशी दलहरुको पहिलेको जत्तिकै मत आयो । प्रत्यक्षतर्फ भने विभाजनको असर पर्‍यो । मधेशवादी दलहरु प्रत्यक्षतर्फ ४२ बाट भरेर ११ स्थानमा खुम्चिए । संख्या घटेसँगै मधेशका हक र अधिकार पनि खुम्चिएको महसुस गरेँ ।

त्यतिबेला मधेशवादी दलहरु सत्ता स्वार्थको पासोमा परेर टुक्रा टुक्रामा विभाजित भएकै कारण मुद्दा फेरि पनि ओभेल परेको महसुस भयो । यसको जिम्मेवारी हामी सबै मधेशी नेताले लिनैपर्छ । नागरिकले विश्वास गरेको बेला हामीले आफ्नो स्वार्थको सीमा नाघ्न सकेनौं । तसर्थ चुनावमा नागरिकले पनि आफ्नो स्वार्थ हेरे ।

यो गल्तीको जिम्मा हामीले नै लिनुपर्छ । मधेशका मुद्दा हामीले नबुझेका होइनौं । 'फुटाऊ र राज गर'को नश्लीय चिन्तन हामीले नबेहोरेका पनि होइनौं । यसलाई हृदयङ्गम गर्न नसक्दा हामी पछि परेका छौं । मधेशको बृहत्तर हितका पक्षमा मधेशीहरु नै एकजुट भएर नउभिँदा र

सत्ताको सहयोगी बन्न पुगिदिँदा हामीले मधेशका भागमा अधिकार पार्न सकेनौं । मधेशीको पहिचान कमजोर बन्न पुग्यो । मधेशी दलहरूलाई मधेशले नै अविश्वास गर्ने परिस्थिति बन्न पुग्यो ।

संविधान सभाको दोस्रो निर्वाचनसम्म पुग्दा राजनीतिक परिदृश्य परिवर्तन भइसकेको थियो । जसले मुद्दा उठायो उही पछि पर्ने अवस्था बन्यो । अनेकौं शक्ति केन्द्रहरूले हामीलाई खुम्च्याउने अवस्था बनिसकेको थियो ।

त्यसको शिकार हामीमात्र होइन, नेकपा (एकीकृत माओवादी) पनि बन्न पुग्यो । २००७ सालदेखि संविधान सभाको आवाज उठे पनि; २०४७ सालमा यसैका लागि हामीले सद्भावना पार्टीको विकास गरे पनि; संविधान सभा निर्वाचनकै जस चाहिँ माओवादी र उसले विकास गरेको जनयुद्धलाई दिनै पर्छ ।

तर दोस्रो संविधान सभाको निर्वाचनमा उही खस्कने अवस्था बन्यो । एमाओवादी र मधेशवादी दलजस्ता सङ्घीयता पक्षधर, परिवर्तनकारी तथा विभेदविरुद्धको विद्रोहबाट उदाएका शक्तिहरू हार्नु र काङ्ग्रेस र एमालेजस्ता यथास्थितिवादी शक्तिले जित्नु देशको लागि सुखद् पक्कै थिएन ।

एमाओवादी र मधेशवादीप्रतिको नकारात्मक भोट काङ्ग्रेस र एमालेले प्राप्त गरे । पहिलो संविधान सभा निर्वाचनमा उनीहरूसँग मुद्दा थिएन, त्यसकारण नागरिकले उनीहरूलाई मत दिएनन् । दोस्रो संविधान सभामा हामीहरूप्रति नागरिकको गुनासैगुनासो र आक्रोश पनि थियो । त्यसैको लाभ काङ्ग्रेस र एमालेले प्राप्त गरे ।

परिमाणतः उनीहरू पहिलो र दोस्रो दल बने । उनीहरूले नीति, सिद्धान्त, आर्दश र अधिकारको लडाइँका आधारमा नभई हाम्रो कमजोरीका कारण मत पाएका थिए ।

एमाओवादीले जनयुद्धका क्रममा जनतालाई धेरै सपना देखायो । युद्धमा बीसौं हजार मानिस मारिए । तर जब चुनाव जितेर बहुमतका साथ सरकार बन्यो, त्यो ४ वर्षे अवधिमा उनीहरूले के गरे ? परिवर्तनकारी शक्ति भन्ने अनि यथास्थितिवादी रवैया प्रदर्शन गर्ने गरेपछि जनताले शङ्का गर्नु नौलो कुरा पनि होइन । मधेशवादी दलको सन्दर्भमा पनि त्यस्तै भयो ।

चुनावमा सपना देखाएर पूरा नगरी आरामले कुर्सीमा सुतिरहनेलाई जनताले ब्युँझाउने कोसिस गरे । माओवादीको रवैया कस्तो देखियो भने सरकार छाड्ने अनि सडकबाट सरकार फेर्नेजस्तो अलोकतान्त्रिक बाटोमा लागे । जसकारण जनतामा यिनीहरू पनि हाम्रो मुक्तिको लागि हैन आफ्नै थैली भर्न आएका रहेछन् भन्ने पर्न गयो । ए माओवादी भित्रैबाट पनि संस्थापन पक्षविरुद्ध आवाज उठ्यो । यसले जनतामा घोर निराशा छायो । त्यसको नकारात्मक प्रतिक्रिया मतदानमा पर्यो ।

सत्ताको लागी पार्टी फोर्ने, मन्त्री बन्ने, मन्त्री बनेर केही नगर्ने चलनको नयाँ रीत मधेशमा पनि थपियो । मधेशी नेताले ठूला मन्त्रालयहरू पाएर पनि केही गरेनन् । मधेशी नेता रक्षा मन्त्री

पनि बने तर सेनामा मधेशीले प्रवेश पाएनन् । गृहमन्त्री पनि भए तर नागरिकता समस्याको पूर्ण समाधान भएन ।

मधेशी नेताको स्वार्थमा जुट, मुद्दामा फुटको कारण मधेशवादी पार्टीप्रति जनता निकै नकारात्मक बन्न पुगे । यसले निर्वाचनमा नकारात्मक असर गर्‍यो । तर जति नै नकारात्मक भए पनि जनताले समानुपातिकतर्फको मतमा फेरबदल गरेनन् ।

मधेशको नकारात्मक भोट काङ्ग्रेस र एमालेमा खासै गएन । आपसमै विभाजित भयो । त्यसकारण पनि प्रत्यक्षमा मधेश केन्द्रीत पार्टीको लज्जास्पद हार हुन पुग्यो ।

मधेशमा धेरै राजनीतिक पार्टीहरूको उदयले मधेशको मुद्दालाई ओभेलमा पार्ला भन्ने डर मेरो मनमा सधैं थियो । निर्वाचनले देखाएको नतिजाले पनि मधेशवादी दल सुधारिएर एक स्थानमा आउनुको विकल्प थिएन । सोही कारणले एकीकरणको विषयले महत्त्व पायो ।

सद्भावना पार्टी, तराई मधेश लोकतान्त्रिक पार्टी र मधेशी जनअधिकार फोरमबीच पार्टी एकीकरणको निर्णय सद्भावना पार्टीको केन्द्रिय समितिको बैठकबाट मिति २०७० फाल्गुन २८ गते भइसकेको थियो । तर लगातार छ महिनाको प्रयासपछि एकीकरणको प्रयास असफल भयो । त्यसपछि पुनः सद्भावना नाम रहेका विभिन्न पार्टीहरूबीच एकता गर्ने निर्णय भयो । निर्णयबमोजिम लक्ष्मणलाल कर्ण, मनीषकुमार सुमन, देवेन्द्रप्रसाद यादव, सन्तोष मेहता, योगेन्द्र राय यादव सम्मिलित पाँच सदस्यीय वार्ता समिति तयार भयो । तर अनिलकुमार झाले नेतृत्व गरेको सङ्घीय सद्भावना पार्टीले एकीकरणप्रति चाहना देखाएन । यहाँसम्म कि विकास तिवारीले नेतृत्व गरेको नेपाल सद्भावना पार्टी (गजेन्द्रवादी) नामको समूहले पनि एक्लै अगाडि बढ्ने मनसाय देखायो । मधेशमा मजबुत सङ्गठनको आवश्यकता थियो । एकीकरणको निम्ति धेरै प्रयास गरेँ । तर सबै तितरवितर भएर लाग्न खोजे । मधेशको मुद्दा फेरि ओभेलमा पर्ने खतरा बढ्यो । जसको कारण नयाँ आन्दोलनको पृष्ठभूमि तयार भयो ।

# श्वेतपत्र

अरूलेझैँ धेरै गल्ती गर्ने छुट मलाई थिएन । छैन पनि । म क्रान्ति र परिवर्तनको निम्ति राजनीतिमा आएको हुँ । विगतमा जानअन्जान भएका गल्ती कमीकमजोरीलाई आत्मसात गर्दै मैले जनता जनार्दनसँग क्षमायाचना गर्नुपर्छ ।

अघिल्लो सविधान सभामा पहिलो शक्ति बनेको एनेकपा माओवादी दोस्रो सविधान सभामा तेस्रो बनेको र मधेशी पार्टीहरू पनि कमजोर देखिएका कारण सीमान्तकृत समुदायको उपस्थिति कमजोर र उपल्लो भनिएका जातिहरूको प्रतिनिधित्व बलियो देखियो । तर दोस्रो सविधान सभामा समानुपातिकतर्फबाट हुने प्रतिनिधित्व कानुनले तोके अनुसार नै हुने भए पनि प्रत्यक्षतर्फ दलित, महिला, अल्पसंख्यक र जनजातिको प्रतिनिधित्व कमजोर देखिएकाले सविधान सभामा पिछडिएको समुदाय कमजोर देखिने भएको छ ।

म निकै चिन्तित थिएँ । ममा छटपटी थियो । पछि परेका समुदायको अधिकारलाई सुनिश्चित गर्ने गरी लेख्ने भनिएको सविधानमा उनीहरूकै कमजोर उपस्थितिले दोस्रो सविधान सभाबाट सीमान्तकृत समुदायको अधिकार सुनिश्चित नहुने खतरा बढ्यो । त्यसैले यो भेला बोलाएको थिएँ ।

दोस्रो सविधान सभा चुनावपछि बदलिएको राजनीतिक परिस्थितिमा मधेशी राजनीतिक पार्टीको भूमिका के हुने ? मधेश विरोधी सरकार र मधेश विरोधी सविधान सभाको स्वरूपकोबीच हामीले राजनीतिक, सामाजिक, सांस्कृतिक र आर्थिक अधिकार कसरी पाउन सकिएला ? कस्तो रणनीति बनाएर विगतका उपलब्धिको जगेर्ना र थप उपलब्धिका लागि सङ्घर्ष पेचिलो बनाउन सकिन्छ ? यी सबै विषयउपर छलफल गर्न मधेशका नागरिक, समाजका अगुवा एवं बुद्धिजीवीहरूलाई बोलाएको थिएँ ।

त्यो दिन थियो– २०७१ साउन ३ गते शनिबार । कार्यक्रममा मैले पार्टीको अध्यक्षको हैसियतले लिखित श्वेतपत्र जारी गरेँ ।

'मित्रो, पिछले २२ वर्षों की अनवरत राजनीतिक यात्रा के दौरान जीवन के कई उतार चढाव, आरोह-अवरोह को पार करते हुए आज हम यहाँ खडे है । मुझे यह कहने में जरा भी सकोच नही है कि इस दौरान जाने अनजाने गे, कभी बाध बर कभी मजबुरी में कुछ गलतियाँ अवश्य हुई होगी और पार्टी के तरफ से आज तक हुई उन सभी गलतियो के लिए पार्टी अध्यक्ष होने के नाते उन सभी की नैतिक जिम्मेवारी लेते हुए क्षमा प्रार्थी हूँ । एक और बात जिसका उल्लेख किये बिना शायद यह वक्तव्य पूरा नही होगा । इस बार हुए सविधान सभा के निर्वाचन

के पश्चात जो समानुपातिक सभासद की चयन की प्रक्रिया हुई उसको लेकर मधेशी पार्टी के भीतर तथा आम मधेशी जनता तक मे निराशा, हताशा, आक्रोश, अविश्वास का माहौल बना हुआ है । वैसे भी इस प्रक्रिया के कारण सभी मधेशी दलो की यही स्थिती है । मित्रो, मुझे यह कहने मे जरा भी संकोच नही है की समानुपातिक सभासद चयन प्रक्रिया मे हमारी पार्टी से भी त्रुटी हुई है । इसलिए इसको लेकर आजतक जो भी आलोचना हुई उसे सहृदय करता हुँ ।'

मैले श्वेतपत्रमा उल्लेख गरेको थिएँ ।

सविधान सभाको चुनावपछि चयन भएको समानुपातिक सभासद चयनमा कतै न कतै त्रुटि भएको स्वीकारेँ । मैले आफ्नी श्रीमती शैलदेवी महतोलाई समानुपातिक सभासद् बनाउँदा आलोचना भएको महसुस गरेको थिएँ । म यस बखत चुनाव हारेको थिएँ । सविधान सभामा भए गरेको छलफल, कागजात आदिबारे हरेक पल प्रतिदिन अपडेट हुन सक्छु भनेर यस्तो अप्रिय निर्णय गरेको थिएँ ।

मेरी श्रीमतीले मलाई राजनीतिमा हरेक पल सहयोग गरेकी छिन् । उनी आफैँ पनि गजेन्द्रबाबुको समयदेखि पार्टीको विभिन्न समितिहरूमा रहँदै आएकी थिइन् । उनी महिला संगठनकी केन्द्रीय उपाध्यक्ष थिइन् । विभिन्न आन्दोलनमा अनशन बसेकी थिइन् । अगुवाइ गरेकी थिइन् । घाइते भएकी थिइन् । सङ्घर्ष गरेकी थिइन् ।

यद्यपि पार्टीमा अन्य महिला नेतृको पनि योगदान अझ बढी होला । मेरी श्रीमतीले सभासद् बन्ने वा कुनै प्रकारको राजनीतिक लाभ लिने मनसाय पनि कहिले व्यक्त गरेकी होइनन् ।

त्यस बखत प्रायः दलले परिवारका सदस्यलाई सभासद् तथा कुनै पदमा घुसाउन खोजेको भन्दै समाजमा त्यसको तीव्र आलोचना भइरहेको थियो । त्यो स्वाभाविक पनि थियो । यस्ता गतिविधि आज पनि देखिन्छ । यो गलत छ । परिवारवाद, नातावाद, कृपावाद ठिक होइन । तर परिवार भित्रका कुनै सदस्यको दल राजनीतिमा योगदान छ भने त्यसको कदर नै नगर्ने अवस्था सिर्जना हुनुहुँदैन । त्यसो गरिएमा परिवारबाट राजनीतिक सहयोग पाइँदैन । परिवार भित्रका मान्छेले राजनीति गर्न फरक दल र फरक विचार अपनाउनु पर्ने बाध्यता हुन्छ । गम्भीर भएर सोचौँ त, के यो चिन्तन सोच स्वच्छ छ ? निष्पक्ष छ ?

सोही कार्यक्रममा मैले तमलोपा, फोरम र सद्भावनाबीच हुने एकीकरणले मधेशीवादी पार्टीहरूबीच एकता हुने हो र त्यसको निम्ति मैले त्याग गर्नुपर्छ भने तयार छु । मलाई अध्यक्ष पद चाहिँदैन पनि भनेको थिएँ ।

'मित्रो, सद्भावना पार्टी इस एकीकरण के लिए सुरु से सबसे अधिक प्रयास करने वाली पार्टी रही है और मै पूरी जिम्मेवारी के साथ यह भी कहना चाहता हूँ कि आज भी मधेशी दलो के बीच एकीकरण के लिए सर्वाधिक त्याग करने को तैयार हूँ । लेकिन इस एकीकरण के पीछे का उद्देश्य क्या होना चाहिए ? यह भी समझना होगा । हम यह एकिकरण सिर्फ

इसलिए नही कर रहे है कि मधेश मे एक ही पार्टी रहे और वह पार्टी कुछ काम ही नही करे तो वैसे एकीकरण का क्या फायदा ? एकीकरण को मधेश मे एक मजबूत राजनीति शक्ति का निर्माण हो जो मधेश के अधिकार के लिए सङ्घर्ष करने को और हर प्रकार के त्याग करने के लिए तैयार रहे । मित्रो ! हम इतिहास के पन्नो से शिखते हुए अपने हरेक क्रियाकलाप की आत्मसमीक्षा और आत्मालोचना करते हुए युवाओं को साथ लेकर चलने के अपने संकल्प को दोहराते हैं । संविधान सभा से यदि मधेश मुद्दे पर बेइमानी की गई तो संविधान सभा को छोडने से भी हम पीछे नही हटेंगे । मधेश मैत्री संविधान बनने तक, मधेश को अधिकार सम्पन्न बनाने तक, मधेश की पहचान दिलाने तक, मधेश को आर्थिक उन्नत बनाने तक, समृद्ध मधेश का सपना साकार करवाने तक हमारा सङ्घर्ष जारी रहेगा ।'

मैले श्वेतपत्रमा यो पनि भनेको थिएँ । 'मधेशवादी दल फगत सत्तामा जान्छन् । उनीहरू केवल मन्त्रीका लागि राजनीति गर्छन्' भन्ने आरोप लागिरहेको बखत मैले सङ्घीयता सहितका संविधान निर्माण नभए संविधान सभाबाट राजीनामा दिनुको साथै संविधान निर्माण नहुञ्जेल सरकारमा नजाने पनि घोषणा गर्नुपर्छ भनेको थिएँ ।

हुन त मधेशी दल वा सद्भावना पार्टी सत्तामा गएर केही पनि नगरेका होइनन् तर यस बखत सत्ता बाहिर रहेर व्यापक दबाब सिर्जना गर्नु आवश्यक ठानैं । हामी यस अवधिमा सरकारमा पनि गएनौं ।

कार्यक्रममा विभिन्न वक्ताहरूले आआफ्ना धारणा राखेका थिए र सुझाव पनि दिएका थिए । पूर्वमन्त्री उमाकान्त भादेखि तुलानानारायण साह, दिपेन्द्र झा, विजयकान्त मिश्र, मञ्चला झा, दिगविजय मिश्र, दिगम्बर झा, जय निसान्तलगायतले आआफ्नो धारणा राखेका थिए । सबैको एउटै धारणा थियो– यो संविधान सभाबाट मधेशीले चाहेको जस्तो संविधान बन्दैन । त्यसैले आन्दोलनका लागि तयार रहनू !

# १६ बुँदेपछिको बाटो

विगतका आन्दोलनका एजेन्डा र भावना, विभिन्न जाति, जनजातिहरूसँग गरिएका सम्झौता, २०६४ फागुन १६ गते तत्कालीन प्रधानमन्त्री गिरिजाप्रसाद कोइरालाद्वारा एमाओवादी अध्यक्ष पुष्पकमल दाहाल प्रचण्ड र एमाले महासचिव माधवकुमार नेपालको रोहबरमा सरकार-संयुक्त लोकतान्त्रिक मधेशी मोर्चाबीच भएको ८ बुँदे सम्झौताअनुसार सविधान बन्नुपर्छ भन्ने हाम्रो मान्यता थियो ।

संघीय लोकतान्त्रिक गणतन्त्रसहितको सविधान बनाउनुपर्छ । देशलाई नामको हैन, कामको सङ्घीयता चाहिएको छ । ८ बुँदे सम्झौतामा कबुल गरिएको मात्र हैन, अन्तरिम सविधानको अगसमेत बनिसकेको अवस्थामा अन्तरिम सविधानको मार्ग दर्शनअनुसारको सविधान सविधान सभाबाट बन्छ भन्नेमा हामी विश्वस्त थियौं ।

हामीले हाम्रा मागका सन्दर्भमा पटक-पटक सम्झाएका थियौं । 'विगतमा गरिएका आन्दोलनका एजेन्डा र सम्झौताअनुसार सविधान निर्माण गरिँदैन, केवल गणितीय आधारमा सविधान बनाइन्छ भने परिवर्तनकारी शक्तिहरूबाट अर्को आन्दोलन हुन्छ, फेरि मधेश आन्दोलन नै गर्न बाध्य हुन्छ,' हामीले भनेका थियौं ।

आखिर यो सविधान कसका लागि ? जनताको परिवर्तनको चाहना नै पूरा नहुने सविधानको के काम ? जनताले यथास्थितिको सविधानको लागि आन्दोलन गरेका थिएनन् । जनताको रगत बेकारमा बगेको हैन । विगतको जनयुद्ध, जनआन्दोलन, मधेश आन्दोलन, विभिन्न जाति-जनजातिको आन्दोलनमा गरिएको सम्झौता-सहमतीलाई बेवास्ता गरेर सविधान बन्न सक्दैन, बनेमा त्यो सर्वस्वीकार्य हुँदैन भन्नेमा हामी स्पष्ट थियौं ।

काग्रेस, एमाले र माओवादीले सहमतिबिनाको सविधान सबैको लागि मान्य हुने कल्पना कसरी गरेका होलान् ? जबकि उनीहरूलाई थाहा थियो, पहिलो सविधान सभामा परिवर्तनकारी शक्तिको दुई तिहाइभन्दा बढी समर्थन हुँदाहुँदै काग्रेस-एमालेको सहमति जुट्न नसकेका कारण गणितीय बलमा मात्र सविधान बनाइएन । र, सविधान सभा नै असफल भयो । तर काग्रेस र एमालेले फेरि त्यही गणितको दुरुपयोग गर्न खोजे । उनीहरूले के बुझ्नु पर्थ्यो भने सविधान सभामा गणितको दुरुपयोग हुन हामीले दिँदैनथ्यौं । यदि गणितको दुरुपयोग गरेमा त्यो सविधान जनताले जलाउँछन् र अर्को आन्दोलन हुन्छ । लहरो तान्दा पहरो जान सक्छ भनेर हामीले शीर्ष नेताहरूलाई सचेत गराइसकेका थियौं ।

सहमतिको आधारमा सबैले आआफ्ना अडानमा तलमाथि गरेमा सम्झौता हुनसक्छ । सहमति भएन र आन्दोलन भयो भने त्यतिबेला एजेन्डा नै परिवर्तन हुनसक्छ । अझ प्रगतिशील र क्रान्तिकारी एजेन्डा अघि सार्नुपर्ने हुनसक्छ । जुन कुरामा सहमती गर्न काँग्रेस र एमालेलाई महँगो लागेको छ, त्यो भोलि अझ धेरै महँगो हुन सक्छ । यस्ता तथ्य हामीले पटक-पटक सार्वजनिक रूपमै बोल्दै आएका थियौं । तर सत्तारुढ दलहरूले संविधान सभामा गणितका आधारमा हामीसँग गरिएका सबै सहमतिलाई उपेक्षा गरेर संविधान बनाउने प्रक्रिया थालेपछि हामी संविधान सभाभित्र पूरै ताकतका साथ लड्यौं । प्रतिरोध गर्‍यौं ।

हाम्रा माग पूरा भएको भए हामीले कसैसँग लड्नु पर्दैनथ्यो । हामीले हाम्रै राज्यसँग अधिकार न मागेका थियौं । तर कसैको सम्पत्ति मागेजस्तो र सत्ता सञ्चालकहरूले आफ्नै ढुकुटीबाट झिकेर दिनुपर्नेजस्तो व्यवहार गरियो । गणितका आधारमा संविधानको मस्यौदा आएमा संविधान सभा छाडेर सडकमा जाने र निर्णायक सङ्घर्ष गर्ने कुरामा म प्रष्ट थिएँ । संविधान सभाबाट सम्झौताअनुसार संविधान नबनेसम्म कुनै पनि मधेशवादी दल सरकारमा जान हुँदैन भन्ने मेरो प्रष्टमत थियो ।

मेरो मान्यता मलाई मात्र ठीक लागेर हुँदैनथ्यो । जनतालाई ठीक लाग्नुपर्थ्यो । तसर्थ मेचीदेखि महाकालीसम्मका जनता समक्ष पुगें । विभाजनको रोगले मधेशको शक्ति कमजोर बन्दै थियो । तर मलाई मधेशमा सुदृढ शक्ति निर्माण गर्नु थियो । त्यसको बलमा अधिकारको लागि अन्तिम निर्णायक सङ्घर्ष गर्नु थियो । हामी दृढ निश्चयका साथ अगाडि बढिरहेका थियौं । संविधानमा गडबडी भएमा निर्णायक आन्दोलन हुन्छ, हुन्छ, हामीले बारम्बार भनिरहेका थियौं । हामी कुनै हालतमा मधेशलाई अधिकार दिलाउने अठोटमा थियौं ।

निर्णायक आन्दोलनका लागि जनताको विश्वास जित्नुपर्छ, जनताको विश्वास जिते उपाय सबल तथा दुर्बल पक्षको मूल्याङ्कन, विगतमा भए गरेका गल्तीहरूप्रति आलोचना, आत्मालोचना र मधेशका शक्तिहरूबीचको मोर्चाबन्दी नै हो भन्ने मलाई लागेको थियो । अनि मात्र परिवर्तनकारी संविधान निर्माण गराउन काँग्रेस, एमाले, माओवादीलाई बाध्य पार्न सकिन्छ भन्नेमा पनि म स्पष्ट थिएँ ।

जुन दिन सद्भावना पार्टीले उठाएका सवालहरू असफल हुन्छन्, मधेशी, जनजाति लगायतले पहिचान र अधिकार पाउँदैनन् । उनीहरूको भाषा, संस्कृति र वेशभूषाले वैधानिक मान्यता पाउँदैनन्, राज्य सञ्चालनका अगहरूमा समावेशी समानुपातिक प्रतिनिधित्व हुँदैन, सेनामा मधेशीले प्रवेश पाउँदैनन्, पहिचानसहितको अधिकार सम्पन्न स्वायत्तमधेश प्रदेश लगायत अन्य प्रदेशहरू पाउँदैनन्, त्यसपछि के हुन्छ ? सबैलाई मेरो यही प्रश्न थियो ।

यदि अब पनि अधिकार र पहिचान नगाउने हो भने यो संविधान सभापछि मधेशी जनताको धैर्यको बाँध टुट्छ । त्यसपछि धेरै बन्धन र बाध्यताहरू टुट्नेछन् । भ्रमहरू हट्नेछन् । आशाहरू स्वतः निराशामा परिणत हुनेछन् । सरकारमाथिको विश्वासमा कमी आउनेछ । वितृष्णा बढ्दै जानेछ । आवेग, आक्रोश बढ्नेछ । नयाँ युवापिँढी आफ्नो भविष्यको लागि

'मरता क्या नही करता' को अवस्थामा पुग्नेछन् । त्यस बेला उनीहरूले नोक्सान र परिणामको चिन्ता गर्ने छैनन् । नियतिले कहाँकहाँ पुऱ्याउँछ, त्यसको पनि विश्लेषण गर्ने छैनन् । उनीहरू आफ्नो अधिकारका लागि मरिमेटेर लाग्ने छन् । दिलो ज्यानले लाग्ने छन् । जब उनीहरू लाग्ने छन्, जब उनीहरू भिड्नेछन्, त्यसमा उनीहरूका आमा, बाबु, दाजु, भाइ, बहिनी, शाखा सन्तान सबै बाध्य भएर लाग्ने छन् र त्यसपछि मधेशी जनता अन्तिम पटक आफ्नो अस्तित्व, पहिचान र अधिकारको लडाइँ लड्ने छन् । त्यतिबेला मधेशीको पहिचान, प्रतिनिधित्व, अस्तित्व, अधिकारसम्पन्न स्वायत्त मधेश प्रदेश निर्माणका लागि वर्षौंदेखि लड्दै आएकाहरू पनि को कहाँ कुन अवस्थामा पुग्नेछन्, त्यसको कुनै भविष्यवाणी गर्न नसकिने मेरो बुझाइ थियो ।

सद्भावना पार्टीले अन्तरिम संविधानमा सङ्घीयता राखिनुपर्छ भनी 'नोट अफ डिसेन्ट' लेख्दालेख्दै पनि त्यसलाई उपेक्षा गर्दै आठ दलले अपार समर्थनको अहङ्कारमा अन्तरिम संविधान जारी गर्दा के भयो ? सङ्घीयताबारे प्रतिबद्धताबिनाको एक थान संविधान दिँदा मुलुकले कत्रो मूल्य चुकाउनुपऱ्यो । त्यसको तस्बिर हाम्रा सामु धूमिल भइसकेको थिएन । प्रथम मधेश जनविद्रोह दृश्य हाम्रा सामु ताजै थियो ।

त्यसबेला मधेशमा शासकवर्गलाई सडकमा हिँड्न पनि मुस्किल भयो । दर्जनौं मधेशी शहीद भए । अनि मात्रै सङ्घीयता स्वीकार गरियो । 'यसपालि यस्तो अवस्था मधेशमा मात्र आउने छैन । अधिकार र पहिचानसहितको सङ्घीयता नपाउने हो भने अब उत्पन्न हुने वितृष्णा र आक्रोशको आगाले हिमाल र पहाडलाई पनि बाँकी राख्ने छैन,' हामीले सबैले बुझ्ने भाषामा भनेका थियौं ।

मरिसकेपछि डाक्टर पठाउनुको कुनै अर्थ रहँदैन ! समय रहँदै शासकवर्गले देशको मूलधारका मधेशी, आदिवासी-जनजाति, थारूका भावना बोकेका राजनीतिक दलहरूले के भनिरहेका छन्, त्यसलाई संवेदनशीलताका साथ सुनेनन्, बुझेनन् र त्यसलाई स्वीकार गरेनन् भने यी मधेशी दलहरू पनि मधेशी जनतालाई केही न केही बताउन बाध्य हुन्छन् । त्यसबेला उनीहरूले जनतालाई के-के बताउलान् ?

'हामीले मधेशी जनतालाई उसको मधेश-थरूहट प्रदेशको रूपमा दिलाउन सकेनौं । असफल भयौं– हामीले यति भन्नै पर्ने हुन्छ । त्यतिबेला यसो भन्नु नै हाम्रो लागि जनताप्रति इमानदारिता हुनेछ । त्यसपछि जनताको धैर्यको बाँध टुट्ने समय त्यही हुनेछ,' हामीले यही कुरा निरन्तर शासकवर्गलाई बताइरहेका थियौं ।

मधेशी, आदिवासी, जनजाति, दलित, मुस्लिम, महिला, पछाडि पारिएका वर्ग समूदायलगायत देशका सीमान्तकृत उत्पीडित जनताको मूल मुद्दा पहिचान, समावेशिता र अधिकारसम्पन्न स्वयत्त प्रदेशयुक्त राज्यको पुनःसंरचनालाई धरापमा पारी नेपाली काङ्ग्रेस, नेकपा (एमाले), एकीकृत (नेकपा माओवादी) र मधेशी जनअधिकार फोरम लोकतान्त्रिकले गरेको १६ बुँदे सहमति अन्तरिम संविधानको प्रस्तावना, मर्म र निर्दिष्ट लक्ष्यविपरीत प्रतिगमनकारी कदम थियो । उक्त सहमतिले मुलुकलाई अझ बढी आन्तरिक द्वन्द्व र अस्थिरतामा धकेलेको छ भन्ने मेरो बुझाइ थियो ।

स्वायत्त प्रदेशहरूको स्वीकार्य सीमाङ्कन, नामाङ्कन तथा साधन स्रोत र शक्तिहरूको बाँडफाँट बिना संविधान निर्माण गर्ने षड्यन्त्र मधेश विद्रोह लगायतका आन्दोलनहरूको मर्मको उल्लङ्घन थियो । विगतका संविधान सभामा भएको सहमति, राज्य पुनःसंरचना र शक्तिहरूको बाँडफाँट समिति तथा उच्चस्तरीय राज्य पुनःसंरचना आयोगको प्रतिवेदन तथा नेपालको अन्तरिम संविधानको धारा १३८ मा भएको संवैधानिक व्यवस्थाको समेत ठाडो उल्लङ्घन थियो । १६ बुँदे सहमतिले संविधान सभाको क्षेत्राधिकार कटौती गर्नुको साथै यसको गरिमामाथि प्रश्न चिह्न खडा गर्‍यो ।

संयुक्त लोकतान्त्रिक मधेशी मोर्चालाई यस्तो कथित सहमति कदापि स्वीकार्य थिएन । मोर्चा पहिचान, समावेशिता र अधिकार सम्पन्न स्वायत्त प्रदेशसहितको राज्य पुनःसंरचनाका लागि निरन्तर सङ्घर्ष रत रहने प्रतिबद्धतामा थियो ।

'संविधानको घेराभित्र बसेर शान्तिपूर्ण र लोकतान्त्रिक तरिकाले सङ्घर्ष गर्दागर्दै पनि राज्य संवेदनशील भएन । शासक दूरदर्शी भएनन् । एकात्मक शासनको चस्मा लगाएका नेता र दलहरूले परिवर्तनका एजेन्डालाई आत्मसात गर्न चाहेनन् । शोषण, अन्याय र विभेदमा पारिएका जनतालाई न्याय दिन्छु भन्नेहरू नै खलपात्र बन्न थाले । जनताले न्याय पाएनन्, पहिचान र समान अधिकार पाएनन् भने जनतामा विद्रोह जन्मन्छ र त्यसबेला आन्दोलनले आफ्नो बाटो लिन्छ,' मैले पटक–पटक भनेको पनि थिएँ ।

'महाभारतमा पाण्डवले पाँच गाउँ मात्र माग्दा महाभारत भयो । मधेशी, जनजाति, थारू लगायत अधिकार र पहिचानको लागि लड्ने जनतामा पनि 'मरता क्या नही करता' भन्दै 'बिना युद्धे न केशवः' को अवस्था सिर्जना भएमा आश्चर्य नमाने हुन्छ' भनी सबैलाई प्रष्ट पारेका थियौं ।

तर हामीलाई हाम्रो पहिचान र अधिकार चाहिएको थियो । महा भारतको सङ्ग्राम होइन । यी सबै कुरा नियाल्दा हामी पारदर्शी ढंगबाट नै अघि बढिरहेका थियौं । हामीसँग आफ्नो बाटो, आफ्नै अवधारणा थियो । तर आगोलाई टपरीले ढाक्न खोजियो । फलतः अधिकारको लागि नयाँ बाटो रोज्नु पर्ने हाम्रो बाध्यता बन्यो ।

# विमर्श र बुझाइ

पहिलो र दोस्रो मधेश आन्दोलन भएको ठ्याक्कै ९ वर्षपछि दोस्रो संविधान सभाबाट संविधान निर्माण हुँदै थियो । त्यसमा मधेशी-थारूको व्यापक असन्तुष्टि रह्यो । शान्तिपूर्ण अहिंसात्मक आन्दोलनमा राज्यले चरम दमन गर्‍यो । नरसंहार भयो । सयौँ अशक्त हुने गरी घाइते भए । मधेशी जनताको अवस्था भयावह बनाइयो । जसकारण सीमानाकामा धर्ना एव अवरोधको आन्दोलन गर्ने अप्रिय निर्णय लिनुपर्‍यो ।

तेस्रो मधेश आन्दोलन नै अन्तिम मधेश आन्दोलन होस् भन्ने मेरो मनसाय थियो । जनआन्दोलनको जस्तो प्रकृतिको आन्दोलनको परिकल्पना गरियो । तर त्यसका कारणले देशले आर्थिक लगायत हरेक प्रकारको घाटा बेहोर्नुपर्थ्यो । देशको अर्थतन्त्रलाई नै ध्वस्त बनाएर आन्दोलन गर्न हुँदैन भन्ने धारणा राखेको थिएँ । मधेशी जनताको अधिकारको लागि मधेशी जनता नै उत्रिनु पर्ने अवस्था थियो । उसो त हरेक आन्दोलनको लक्ष्य राज्यमाथि बढीभन्दा बढी जनदबाब सिर्जना गर्नु नै हुन्छ । हामीले पनि गरेको राज्यमाथि दबाब सृजना नै हो । तर त्यसलाई राज्यले सकारात्मक रूपमा हेर्न सकेन । मधेश आन्दोलनप्रति उसले पूर्वाग्रही मानिसकता बदल्नै सकेन ।

नेपालको राष्ट्रिय समस्याहरूको सही विश्लेषण, ती तमाम समस्याहरूको सुहाउँदो हल र त्यस समस्याहरूबाट मुक्तिको सही बाटो अत्यन्त महत्त्वपूर्ण र आवश्यक सवाल हुन् । केन्द्रीय राज्य सत्ताको विरुद्धमा फैलिएको मधेशी समुदाय, आदिवासी जनजाति र मुस्लिम दलित समेतको विद्रोही मनोविज्ञानलाई विचलित पारेर विद्रोह समाप्त पारिदिनुपर्छ । त्यसो भए संगठित विद्रोहको सम्भावना कम भइहाल्छ भन्ने सोच नश्लवादी सत्ता र शासकले राखेका थिए ।

राज्यसत्ता सधैँको लागि मधेशी आन्दोलन, आदिवासी जनजाति आन्दोलन बदनाम होस्, विचलित होस् भन्ने चाहन्थ्यो । यस विरुद्ध पनि मधेशी जनता सचेत भइसकेका थिए । सद्भावना पार्टीले निर्णायक आन्दोलनको परिकल्पना २०६९ वैशाख २३ गतेको जनकपुर महाधिवेशनमा नै गरेको थियो । त्यतिबेला पारित गरेको आन्दोलनको रूपरेखामा मधेशको भूसंरचना, सांस्कृतिक संरचना एव आदिवासी, मधेशी र मुस्लिम समेतको मनोविज्ञान संरचना अध्ययन गरेर शान्तिपूर्ण एव अहिंसात्मक 'दीर्घकालीन सशक्त विद्रोह' वा आमविद्रोहमार्फत् तय गर्न निरन्तर छिटपुट आन्दोलन तथा अभियान जारी राख्ने कार्यक्रम तय थियो ।

यस्तो आन्दोलन एव अभियान खास गरेर संविधान निर्माणको क्रममा अझ आवश्यक हुन सक्छ भन्नेमा हामी सचेत थियौँ । यस्तो कार्यक्रमलाई हामीले तीव्र बनाएनौँ भने मुक्ति

आन्दोलनहरू लम्बिन सक्छन् भन्नेमा पनि हाम्रो ध्यान थियो। मधेशी र आदिवासीका नाममा थुप्रै संगठनहरू, पार्टीहरू खुले, तर निश्चित लक्ष्य र उद्देश्यको अभावमा कमजोर हुँदै गएका थिए। तर हामीले हाम्रो लक्ष्य निर्धारण गरेका थियौं। उक्त बाटो तय गर्न उपयुक्त माध्यम गान्धीवादी आन्दोलन नै थियो। यति धेरै मधेशी एवं जनजातिमाथि पीडा हुँदा पनि गजेन्द्रबाबुले सधैं अहिंसात्मक, शान्तिपूर्ण एवं गान्धीवादी बाटो नै अपनाए। हामी उनलाई नै आर्दश मान्छौं। हिंसाबाट प्राप्त उपलब्धिको रक्षा पनि हिंसात्मक नै हुन्छ, अन्त्य पनि अनिश्चित नै रहन्छ। शान्तिपूर्ण सङ्घर्ष एवं सम्झौताबाट प्राप्त उपलब्धि नै दिगो रहन्छ भन्नेमा म प्रष्ट थिएँ।

अधिकारको लागि सत्याग्रहको बाटो नै सबैभन्दा उपयुक्त माध्यम हो भन्ने तथ्यलाई हामीले केन्द्रमा राखेका थियौं। सत्याग्रही आन्दोलनमा बहिष्कार, धर्ना, अनशन, असहयोग, हड्ताल, हिजरत, सविनय अवज्ञा, आमविद्रोह लगायतका तरिकाहरू हुन सक्छन् भन्ने निष्कर्षका साथ हामीले आन्दोलनको रूपरेखा तयार गरेका थियौं।

तर जसरी हुन्छ जनतालाई एकताबद्ध बनाएर अधिकार र पहिचानको सुरक्षा गर्नु हाम्रो लक्ष्य थियो। त्यसको निम्ति बहादुरी, पौरख, एवं कुर्बानी आवश्यक हुनसक्छ। साहस र कुर्बानीबेगर संसारमा कुनै परिवर्तन भएको छैन। हामीले ऐतिहासिक अवसर पाएका छौं। यसलाई इतिहासले हमेसा याद गर्नेछ भन्नेमा पनि हामी प्रष्ट थियौं। त्यसकारण पनि कति पटक-पटक मर्ने, एक पल्ट बलिदानीको साहस गरेर सधैंको लागि बाँचिन्छ, अमर भइन्छ र भविष्यमा हाम्रा सन्ततिले पटकपटक मर्न पर्दैन भने हामी मर्न किन तयार नहुने भन्ने मनशायका साथ हामी मधेश आन्दोलनमा उत्रेका थियौं।

सम्झौताहरू नभएका होइनन्। तर पटक-पटकको उधारो सम्झौताले हामीलाई दिक्क पारेको थियो। मधेशले मागेको संविधान सभाबाट संविधान बन्दै थियो तर त्यसमा हाम्रा मागहरूलाई बेवास्ता गर्ने सम्भावना हाम्रै आँखा अगाडि थियो।

सोही उद्देश्य अनुरूप मैले २०७२ असार २० गते नै रिपोर्टर्सक्लबमा संविधानको अन्तिम मस्यौदामा पनि मधेशको माग नसमेटिए काठमाडौँको दानापानी बन्द गर्ने गरी आन्दोलन गर्ने चेतावनी दिएँ। त्यतिबेला मैले स्पष्ट भनेको थिएँ, 'अन्तिम मस्यौदासम्म कुर्छौं। त्यसमा पनि हाम्रो भावना सम्बोधन भएन भने संविधान सभा त्यागेर काठमाडौँको दानापानी बन्द हुने गरी आर्थिक नाकाबन्दी गर्छौं।'

तर मेरो उक्त चेतावनीलाई सत्तापक्षले हलुका ढंगले लियो। नभन्दै त्यस्तै परिस्थितिमा हामीलाई धकेलेर पुऱ्याइयो। निर्णायक सङ्घर्षको वातावरण बनाउन जरुरी सम्झेर छिटगुट आन्दोलनका कार्यक्रम तय गर्न थाल्यौं।

तीस दलीय मोर्चाले दोस्रो चरणको आन्दोलन अगाडि बढाएपश्चात् सरकारले बहुमतीय प्रक्रियाबाट संविधान निर्माण कार्य स्थगन गऱ्यो। पछि २०७१ फागुन ३० गतेसम्मका लागि

आन्दोलन स्थगित गरी सरकार पक्षको काङ्ग्रेस, एमालेसँग वार्ता सुरु भयो, तर यी पार्टीहरूले २०७१ कार्तिक १७ गतेकै बहुमतीय प्रकृयाको पुरानो ९ बुँदे प्रस्ताव दोहोर्याए । सहमतिअनुसार संविधान निर्माण गर्ने नियत पटक्कै देखिएन । त्यसपछि बाध्य भएर ३० दलीय मोर्चाले २०७१ चैत्र ५ गतेदेखि सङ्घर्ष को घोषणा गर्नुपर्‍यो ।

सद्भावना पार्टी, तमलोपा, फोरम, तमसपा गरी चार मधेशवादी दलले संयुक्त लोकतान्त्रिक मधेशी मोर्चा गठन गरी आन्दोलनको प्रारम्भ गरे । अन्य मधेशीदलहरू नेसपा, रामसपा, गणतान्त्रिक फोरम लगायतका दलहरूले पनि आआफ्नै हिसाबले मोर्चाबन्दी गर्दै आन्दोलनमा सरिक भए ।

मधेशी तथा जनजातीलगायत उत्पीडित समुदायको आफ्नो अधिकारको स्थापनाका लागि सडक सङ्घर्षको आह्वान गर्नु हाम्रो बाध्यता र नैतिक दायित्व पनि थियो । तर्सथ तीस दलीय गठबन्धनको संयुक्त आन्दोलन निष्कर्षमा पुर्‍याउन सद्भावना पार्टीको विस्तारित बैठक २०७१ चैत्र १० र ११ मा वीरगञ्जमा बस्यो । मेरो अध्यक्षतामा बसेको उक्त बैठकले 'स्वायत्त मधेश प्रदेश' को सुनिश्चितताका लागि सङ्घर्ष गर्न जनतालाई सजग रहन सुसूचित गर्यौं ।

सङ्घीयताको जन्मदाता नै मधेश थियो । त्यसकारण सङ्घीयताको कुरामा हामी अरूभन्दा सशक्त र सजग थियौं । तीस दलीय मोर्चाले घोषणा गरेका आन्दोलन र उक्त आन्दोलनलाई जनआन्दोलनमा रूपान्तरण गर्न उक्त विषयसँगै सार्वजनिक जीवनसँग सम्बन्धित प्रश्नहरूको हलको निम्ति पनि रणनीति बनाएका थियौं ।

यसको निम्ति हाम्रो पार्टीले छुट्टै रणनैतिक योजना र आन्दोलनको कार्यक्रम घोषणा गर्यो । जसमा उखुको मूल्य र भुक्तानीमा स्थानीय स्तरमा दबाब कार्यक्रम गर्ने र सबै कृषिउपजको उचित मूल्य र खरिद व्यवस्थाका लागि सङ्घर्षका कार्यक्रम तय गर्ने, चुरे उत्खनन गरी बालुवा ढुङ्गा भण्डारण र वितरण गर्ने सरकारी निर्णयविरुद्ध कार्यक्रम गर्ने, सरकारले प्राथमिक सेवा केन्द्रमा सत्तरी प्रकारका औषधिहरू निःशुल्क उपलब्ध गराउन दबाब दिने लगायतका कार्यक्रम तय थियो ।

साथै, भन्सारबाट एक हजार रूपैयाँसम्मका सामान ल्याउन छुट छ, तर यो सुविधाबाट वञ्चित गरेर सुरक्षा निकायले बल प्रयोग गरेकोमा विरोध गर्ने, वार्तामा आएका सशस्त्र समूहका माग र सहमति कार्यान्वयनका सम्बन्धमा सरकारलाई दबाब दिने हाम्रो रणनीति थियो ।

त्यस्तै, आन्दोलनको क्रममा पार्टीले गाउँगाउँमा जनजीविकासँग सम्बन्धित राहत समिति गठन गर्ने, यदि संविधान बहुमत सदस्य संख्याको बलमा जबरजस्ती निर्माण गरे वा गर्न खोजिए मधेशबाट निर्वाचित जनप्रतिनिधिमाथि दबाब सिर्जना गर्ने तथा उनीहरूको जवाफदेहिताको निम्ति जनतामा सशक्त वातावरण बनाउने, सवारी चालकको प्रमाणपत्र मधेशमा अविलम्ब वितरणको व्यवस्था मिलाउन सम्बन्धित जिल्लामा आन्दोलन गरेर दबाब दिने कार्यक्रम हाम्रो योजनामा थियो ।

किसानलाई मलखादको आपूर्तिमा परेको समस्याको सन्दर्भमा पार्टीले लबिङ गर्ने र दबाबमूलक कार्यक्रमको योजना बनाएका थियौ । असुरक्षित श्रम गन्तव्य मुलुकमा रोजगारीमा जाँदा युवा चर्को ब्याजमा ऋण लिएर जान बाध्य छन् । त्यसतर्फ पार्टी नेताले ध्यान दिई सुरक्षित वैदेशिक रोजगार र बैंकमार्फत् कम ब्याजमा ऋण उपलब्ध गराउन पार्टीले सहयोग गर्ने लक्ष्य पनि लिएका थियौ । त्यसको निम्ति प्रत्येक जिल्लामा नेतालाई फोकल जिम्मेवारी दिने तथा छुट्टै श्रमिक बैंक स्थापनाको लागि माग र सङ्घर्ष गर्ने कार्यक्रम पनि हामीले बनाएका थियौ ।

मालपोत र नापीजस्ता कार्यालयहरूका सेवा केन्द्रहरू उत्तरी क्षेत्रमा मात्र सार्ने सरकारको नीतिको विरोध गर्ने तथा आवश्यक अन्य क्षेत्रमा पनि कार्यालय स्थापनाको निम्ति सङ्घर्ष गर्ने योजना थियो । राजस्वको आफ्नो अग्र अधिकार घोषणा गर्ने योजना बुनेका थियौ । सरकारले विभिन्न पाँच आयोगमा गरेको २९ नियुक्तिमध्ये २१ वटा नियुक्तिमा खस ब्राह्मणको मात्रै थिए । त्यसबारेमा जनतालाई चेतना जगाउने र जनस्तरबाट विरोधको वातावरण बनाउने रणनीति बनाएका थियौ । चुरेक्षेत्रमा राजमार्ग वरिपरि आप्रवासन भई सरकारी जग्गा कब्जा गरी मानिसहरू अवैध रूप बसेका र बसाइएका थिए । यसप्रति सरकारको सहमतिको नीति तथा कार्यशैलीलाई गाउँगाउँमा उजागर गर्ने कार्यक्रम हाम्रो योजना थियो ।

सम्बन्धित जिल्लाका वनमा सबै नागरिकको पहुँच पुर्‍याउन सामुदायिक वन खारेज गरी साझेदारी वन कार्यक्रम कार्यान्वयनका लागि आन्दोलन सिर्जना गर्ने, स्थानीय विकास मन्त्रालयले उपभोक्ता समितिमार्फत् पैसा बाँडेर विकास खर्चको नाममा गरेको भ्रष्टाचारविरुद्ध आन्दोलन गर्ने, बाबुआमासँग नेपाली नागरिकता भए पनि जन्मिएका आफ्ना सन्तानलाई नेपाली नागरिकता नदिने सरकारको षड्यन्त्रविरुद्ध आन्दोलन सिर्जना गर्ने योजना हाम्रो कार्यतालिकाभित्र थियो ।

देशमा महिलामाथि हुने बलात्कार तथा हिंसाविरुद्ध विभिन्न किसिमका जनचेतना तथा अभियानहरू निरन्तर सञ्चालन गर्ने योजनामा थियौ । मधेशमा सुरक्षा व्यवस्थाको नाममा मधेशी जनता दिनहुँजसो सुरक्षाकर्मीबाट उत्पीडनमा परेका छन् । पार्टीद्वारा त्यस्ता उत्पीडन र गैरन्यायिक कामको विरोध गर्ने तयारीमा हामी थियौ ।

नवलपरासी, रूपन्देही र कपिलवस्तुमा पञ्चायती शासकको कारण जग्गा जोत्ने र जग्गाधनीबीचको विवादका कारण जग्गा नाप्ने क्रममा जग्गा दर्ता हुन सकेन । उक्त काम अझै पनि अलपत्र छ । त्यसैले जग्गा छुट दर्ताको व्यवस्था मिलाउनका निम्ति आवश्यक जनदबाब सिर्जना गर्ने लगायतको हाम्रो रणनीति थियो ।

यसरी जनतालाई सजग रहन तथा राष्ट्रघर्ष बारे निम्ति सुसूचित गराउँदै जनताको दैनिक जीविकोपार्जन र स्थानीय समस्यामा पार्टी र सगंठन लड्न आवश्यक ठान्दै जनजीविकासँग सम्बन्धित थप २० बुँदे माग अगाडि सार्‍यौ । स्थानीय तहमा जनमैत्री कार्यक्रमलाई प्राथमिकताका साथ अघि बढाउन र सङ्घर्षको शिखरमा पुग्नका लागि जिल्ला विकास

समिति, नगरपालिका र गाउँ विकास समिति रहेको सातदलीय गठबन्धन एव प्रतिनिधित्वबाट फिर्ता भई आन्दोलनको घोषणा गरेका थियौ । यस बखत स्थानीय तह सात दलीय गठबन्धनकै आधारमा सञ्चालित थियो । हाम्रो उद्देश्य समग्रमा सङ्घीयतासहितको सविधान निर्माणका लागि जनदबाब सिर्जना गर्नु थियो ।

सङ्घीयताका लागि सविधान सभाले नै राज्य पुनर्संरचनाका पाँच आधार तय गरेको छ । ती पाँच मुख्य आधारहरू भूगोल, भाषा, संस्कृति, पहिचान र सामर्थ्य नै हुन् । यसका लागि सवैधानिक समितिले केही अध्ययन गरेको थियो । त्यो एउटा आधार हुनसक्थ्यो । सरकारले गठन गरेको उच्चस्तरीय राज्य पुनर्संरचना आयोगको प्रतिवेदन अर्को आधार हुनसक्थ्यो । अन्तरिम सविधानको धारा १३८ मा व्यवस्था इन्कार गर्न मिल्दैन । इन्कार गरे मानिँदैन । फेरि विद्रोह हुन्छ भन्दै आएका थियौ ।

यथार्थ हो, हामी एकैचोटि नाकामा बस्न गएका हैनौ । सविधान सभा त्याग गर्ने अवस्थामा त्यसै पुगेका हैनौ । मैले बारबार सविधानको मस्यौदामा हाम्रो असमति के हो ? केमा परिवर्तन गरिनुपर्छ ? सविधानको मस्यौदामा सच्याइनु पर्ने लिखित आफ्नो अवधारणा सविधान जारी हुनुभन्दा तीन महिनाअघि २०७२ असार २५ गते नै सार्वजनिक रूपमा जारी गरेको थिएँ । मस्यौदा समितिमा पनि बुझाएको थिएँ ।

फास्ट ट्र्याकका नाममा हामीलाई पेलेर सविधान जारी गरिएमा हामी सविधान सभा त्याग गर्न बाध्य हुनेछौ, भनेको थिएँ । सबै राजनीतिक कार्यक्रमहरूमा मैले मधेशको चाहना र मधेशीको भावना बताइरहेँ । तर सरकारले सुन्दै सुनेन । हामीले सङ्घीयतामा सीमाङ्कनको आधार, अधिकार बारे थुप्रै विचार-विमर्श गर्यौ । तर राज्यले हामीलाई चुनावमा हारेको, हरुवा, सानो सभासद्को संख्याको रूपमा मात्रै बुझ्यो । राज्यको बुझाइ नै तुच्छ थियो । अन्ततः हामी मैदानमा उत्रिनै पर्यो ।

# गणितको अहंकार

त्यतिबेला मुलुकमा संविधान नभएर संविधान बनाउन लागिएको थिएन। नेपालको संविधान, २०७२ को प्रारम्भिक मस्यौदाले नेपाली जनताले खोजेको परिवर्तनलाई आत्मसात गर्न सक्यो कि सकेन, यो सबैभन्दा महत्त्वपूर्ण सवाल थियो। किनभने मुलुकमा पहिले पनि विभिन्न कालखण्डमा विभिन्न संविधान बनाइएकै हुन्।

२०४७ सालको संविधानलाई त्यसका निर्माताले 'दुनियाँकै सर्वोत्कृष्ट संविधान' भनेकै हुन्। त्यो संविधानको पूर्णविराम र अल्पविराम पनि फेर्नु हुँदैन भनिएकै हो। परिवर्तनको चाहना बोकेका जनताले विभिन्न आन्दोलन र सङ्घर्ष गरे। त्यही क्रममा पछिल्लो ऐतिहासिक जनआन्दोलनको एजेन्डा थियो– संघीय लोकतान्त्रिक गणतन्त्र नेपालको संविधान।

अन्तरिम संविधान, २०६३ मा 'संविधान सभाबाट संघीय लोकतान्त्रिक गणतन्त्र नेपालको संविधान बन्छ' भन्ने प्रतिबद्धतालाई लिपिबद्ध गर्नुपर्ने थियो। अन्तरिम संविधान बनाउने बेलामा सङ्घीयताको त्यो एजेन्डालाई सुरुमा छोड्ने काम भयो। सात दल र माओवादीसहितको आठ दलमा संलग्न सद्भावना पार्टी त्यतिबेला आन्दोलनको एजेन्डा सङ्घीयतालाई इन्कार गर्नु जनता र आन्दोलनप्रतिकै धोखाधडी हो भन्दै 'नोट अफ डिसेन्ट' लेख्न बाध्य भयो।

'नोट अफ डिसेन्ट'मा हामीले अन्तरिम संविधानमा संविधान सभाबाट बन्ने संविधान सङ्घीयतासहितको संविधान हुनेछ भनेर सिद्धान्ततः स्वीकार गरिनुपर्ने तथा समान जनसंख्याका आधारमा निर्वाचन क्षेत्रको भागबण्डा हुनुपर्ने कुरालाई केन्द्रमा राख्यौं।

विडम्बना! २०६३ माघ १ गते मुलुकका सबै पार्टीको सहमति रहेको अहंकारसहित सङ्घीयताबिना नै अन्तरिम संविधान जारी गरियो। आखिर माघ २ गते सबै दलको सहमतिमा बनाइएको भनिएको त्यो संविधानमा आगो लाग्यो र त्यो आगो पूरै मधेशमा फैलियो। त्यसको राप र ताप यति उच्च थियो कि तत्कालीन प्रधानमन्त्री गिरिजाप्रसाद कोइरालाले दोस्रो पटक सम्बोधन गर्नुपर्‍यो।

त्यसमा 'मधेशको जनसंख्या प्रतिशतका आधारमा निर्वाचन क्षेत्र निर्धारण' र संघीय लोकतान्त्रिक राज्यप्रणाली निर्माण गरी शासन प्रणाली र राज्य संरचनाका सबै अंगहरूमा मधेशी, दलित, आदिवासी, जनजाति, महिला, मजदुर, किसान, पछाडि पारिएका वर्ग र क्षेत्र सबैलाई समानुपातिक समावेशीका आधारमा सहभागिता गराउने प्रतिबद्धता व्यक्त गरिएको थियो।

सरकार र मधेशी मोर्चाबीच २०५४ फागुन १६ गते भएको आठबुँदे सम्झौतामा 'मधेशी जनताको स्वायत्त मधेश प्रदेशको चाहना लगायत अन्य क्षेत्रका जनताको स्वायत्त प्रदेशसहितको

संघीय संरचनाको आकांक्षालाई स्वीकार गरी नेपाल संघीय लोकतान्त्रिक गणतन्त्रात्मक राज्य हुने र 'सरकारले सुरक्षा अंग लगायत राज्यका सबै निकायहरूमा मधेशी, आदिवासी जनजाति, महिला, दलित, पछाडि पारिएका क्षेत्र र अल्पसङ्ख्यक समुदायको समावेशी समानुपातिक सहभागिता' हुने गरी नियुक्ति, बढुवा र मनोनयन अनिवार्य रूपले गर्ने स्पष्ट उल्लेख छ। अन्तरिम संविधानको धारा १३८ (१) (क) मा यी सबै प्रतिबद्धतालाई लिपिबद्ध गरिएको छ।

संविधान सभा त्यसै आकाशबाट खसेको हैन। जनताको ७० वर्षदेखिको सपना पूरा हुने क्रममा विगतका आन्दोलनका एजेन्डा र भएका सम्झौतालाई संविधानको मस्यौदाले सम्बोधन गर्न सक्यो कि सकेन? हाम्रो मुख्य प्रश्न यही थियो।

कुनै बेला सद्भावना पार्टीले नारा लगाउने गर्थ्यो, 'हर मर्जका एक ही दबा, जल्द करो संविधान सभा'। वास्तवमै संविधान सभाले संविधान बनाउन लागेको थिएन। ६०१ सभासदले संविधान बनाउन लागेका थिएन। प्रमुख तीन दलका तीन टाउकाले गरेको निर्णयलाई हुन्छ भन्ने मात्र थियो।

जनतालाई ठग्न हस्ताक्षरकारी चारदलकै केही सभासद्हरूले मस्यौदाको विरुद्धमा संविधान सभाको 'रोष्ट्रम'बाटै आवाज उठाइरहेका थिए। उक्त मस्यौदामा ती दलमा संलग्न नेता, कार्यकर्ता तथा जनता समेत सन्तुष्ट थिएनन्। देखावटी रूपमा विरोध गरिरहेका थिए। मधेशी जनजाति विरुद्धको संविधानमा भने सबैले हस्ताक्षर गरेका थिए।

नेपाल तीनवटा मुख्य समुदायबाट बनेको छ। जहाँ खसआर्य एक तिहाइ, मधेशी एक तिहाइ र आदिवासी जनजाति एक तिहाइ छन्। यो क्लस्टरभित्र पनि विभिन्न क्लस्टरहरू छन्। यी तीन समुदायको जनसंख्या लगभग बराबर छ। यी तीन समुदायको लागि संविधान बनाउनुपर्नेमा खसवादी मानसिकता बोकेकाहरूले आफ्नो लागि मात्र संविधान बनाए। संविधान एकल जातीय मानसिकताबाटै प्रेरित भयो।

संविधानले मधेशी, दलित, मुस्लिम, थारू, आदिवासी-जनजाति, सीमान्तकृत, अल्पसङ्ख्यक, पछाडि छाडिएका वर्ग तथा महिलालगायतको भावनालाई सम्बोधन गर्न सकेन। कस्तो विडम्बना! संविधानमा 'नेपाल संघीय लोकतान्त्रिक गणतन्त्र' भनेर लेखियो। तर जनताको मर्मअनुसारको पहिचान र सीमांकन सहितको सङ्घीयतालाई रद्दीको टोकरीमा फालियो।

राज्य पुनःसंरचनाको आधार पहिलेको संविधान सभामै तय भइसकेको थियो। पहिचान र सामर्थ्यको आधारमा खाका कोर्ने सहमति पनि भएकै थियो। भौगोलिक एकरूपता र पहिचानको आधारमा सङ्घीयताको खाका कोर्ने नाममा मधेशमा बस्ने समुदायलाई विभाजन गर्ने काम भयो। चाहे पहाडी होस्, चाहे मधेशी, मेचीदेखि महाकालीसम्म सँगसँगै बसेका समुदायलाई समुदायकै नाममा मधेशबाट अलग गर्न खोजियो।

राज्यसत्तामा समानुपातिक समावेशी प्रतिनिधित्व र जनसंख्याका आधारमा निर्वाचन क्षेत्र भनेर विगतकै सम्झौताहरूमा स्वीकृत गरिएको सिद्धान्त हो। जनसंख्याको आधारमा निर्वाचन क्षेत्र पाउनु मधेशको संवैधानिक अधिकार हो। त्यसैले जनसंख्याअनुसार संसद्मा सिट पाउने

संवैधानिक व्यवस्था गरिनुपर्थ्यो । संविधानमा त्यसलाई पनि इन्कार गरिएको थियो । प्रत्येक प्रदेशबाट राष्ट्रिय सभामा पाँच सिट भनिएको थियो । त्यो कुन लोकतान्त्रिक मूल्य-मान्यता थियो ? जनसंख्यालाई इन्कार गरेर सत्ताले के गर्न खोजेको थियो ?

संविधानले नागरिकताको सवाललाई झन् जटिल बनाइदियो । कुनै कुनै मामलामा यसले मुलुकलाई २०१९ सालको निरंकुश कालखण्डको पञ्चायती संविधानभन्दा पनि पछि धकेलिदियो ।

नेपाल र भारतबीच बेटीरोटीको सम्बन्ध छ । भारतबाट विवाह गरेर ल्याएपछि ती महिलालाई वैवाहिक अङ्गीकृत नागरिकता दिने कानुन छ । तिनका सन्तानलाई वंशजको नागरिकता दिने कानुन पहिलेदेखि चलिआएकै हो । नयाँ प्रावधानअनुसार भारतबाट विवाह गरेर ल्याइएकी महिलालाई नागरिकता दिने सम्बन्धमा प्रावधानमा राखिएन र उनबाट जन्मिने सन्तानलाई हकमा झमेला थपियो । त्यो किन गर्न खोजियो ?

भारत र नेपालबीचको सामाजिक, पारिवारिक र प्राकृतिक सम्बन्धलाई तोड्न खोज्नुको कारण के थियो ? प्राकृतिक सम्बन्ध तोड्ने प्रयास गर्नेहरू आफैँ टुटेर गएका छन् । हाम्रो सत्ताले यो कुरालाई किन बुझ पचायो ?

संविधानमा 'एक भाषा, एक भेष' को पुरानै विभेदकारी महेन्द्रवादी नीतिअनुसारको व्यवस्था राखियो । बहुभाषिक नीति राख्नुपर्नेमा सरकारी कामकाजका लागि एउटा निश्चित भाषालाई मात्र किटानी गरियो । राष्ट्रपति, उपराष्ट्रपति लगायत राज्यका उच्च संवैधानिक पदहरूमा वंशज र जन्मसिद्धका आधारमा नागरिकता प्राप्त नागरिकले आजसम्म उक्त अधिकार प्राप्त गरेका छन् । त्यस्तै अङ्गीकृत नागरिकता पाएको दस वर्षसम्म नेपालमा स्थायी बसोबास गरेको व्यक्तिले मात्र नियुक्त वा निर्वाचित हुन पाउने अधिकार प्राप्त गर्ने भनियो । मधेशका ती नागरिक राष्ट्रपति, उपराष्ट्रपति, प्रधानमन्त्री, प्रधानन्यायाधीश, मुख्यमन्त्री, सभामुख, आदि बन्न कुन देशमा जाने ? यस्तो प्रतिगमनकारी व्यवस्था किन ल्याइयो ? यो प्रावधान मधेशी जनतामाथिको अपमान नभए के हो ?

आश्चर्य ! तराई निवासी मधेशी नागरिकको उक्त संवैधानिक पदहरूमा नियुक्ति हुनबाट वञ्चित गर्न उद्यत यहाँको शासकवर्गद्वारा दुनियाँको कुनै पनि कुनामा (सार्क देशबाहेक) रहने बस्ने 'नेपालीमूल' को व्यक्तिलाई 'गैरआवासीय नेपाली नागरिकता' प्रदान गर्ने व्यवस्था संविधानको धारा १९ मा गरियो ।

यस प्रकार राज्यले एकातर्फ 'नेपालीमूल' को दुनियाँको जसलाई पनि गैरआवासीय नेपाली नागरिकता दिने उदारता देखायो भने अर्कोतर्फ नेपालकै धर्तीपुत्र तराई निवासी मधेशी नागरिकलाई विभिन्न अधिकारबाट वञ्चित गर्ने षड्यन्त्र गर्‍यो ।

योभन्दा ठूलो विभेदकारी व्यवस्था अरू के हुन सक्छ ? यहाँका शासकवर्गले या सच्चाइलाई बिर्सिसकेको छ कि यो देश विभिन्न भाषा, संस्कृति, वेशभूषा र विभिन्न राष्ट्रियताका व्यक्ति, समुदायहरूबाट बनेको देश हो । सबै नेपाली यो देशको नागरिक हुन् । नेपाली भाषाभाषी मात्रै यो देशका नागरिक होइनन् । मधेशी पनि यहाँकै धर्तीपुत्र हुन् ।

मस्यौदाले एकातर्फ प्रस्तावनाबाट मधेश आन्दोलनलाई हटाएको थियो भने अर्कोतर्फ त्यसले नेपाली जनताले विभिन्न सङ्घर्ष र आन्दोलनबाट प्राप्त गरेको उपलब्धि 'लोकतन्त्र', 'गणतन्त्र' र 'सङ्घीयता'लाई समाप्त गर्ने षड्यन्त्र गरेको थियो ।

नेपाल राज्यको परिभाषामा 'सङ्घीय' शब्द झिकी सङ्घीयता नहुने संकेत थियो । पूर्ण प्रेस स्वतन्त्रतालाई हटाइएको थियो । त्यसैले त्यो मस्यौदा विभेदकारी र प्रतिगमनकारी थियो । त्यो सम्पूर्ण नेपाल र सम्पूर्ण नेपाली जनताको हितमा थिएन ।

त्यसले नेपालको राष्ट्रिय एकता र अखण्डतालाई बलियो पार्न सक्दैन थियो । त्यसले मधेशी, दलित, मुस्लिम, थारू, आदिवासी-जनजाति र महिलालाई पहिचान, सम्मान र अधिकार दिन सक्दैन थियो । यसले मुलुकमा ठूलो अन्तर्द्वन्द्वको सिर्जना गर्थ्यो । नयाँ किसिमको आन्दोलनको आँधीबेहरी जगाउँदै थियो ।

यदि अधिकारसम्पन्न स्वायत्त प्रदेशबाट जनताले आफ्नो शासन र प्रशासन पाउन सकेनन् भने त्यसको विकल्प खोज्न सक्छन् । प्रदेशबाट आफ्नो अधिकार पाएनन् भने उनीहरूले देशबाट पाउने विकल्प रोज्न सक्छन् । प्रदेशबाट शासन प्रशासन पाउने ढोका बन्द गरेमा त्यो प्राप्तिको अर्को बाटो देश नै हुनसक्छ । सोही मस्यौदा अनुरूपको संविधान बन्दा पूरै नेपालमा लागू भएन र कुनै क्षेत्र वा समुदायले इन्कार गर्‍यो भने उसका लागि कसले संविधान बनाइदिने ? खस-आर्यवादी मानसिकता बोकेकाले मधेशका लागि संविधान बनाएनन् भने मधेशमा कुन संविधान लागू हुन्छ ? यो निकै गम्भीर प्रश्न थियो । मैले उठाएको यस प्रश्नको आज पनि राज्यले गतिलो उत्तर दिन सकेको छैन ।

विगतका आन्दोलनका उपलब्धि समेट्ने गरी संविधानको मस्यौदा बनाइनुपर्छ । अनि मात्र मुलुकको राजनीतिक 'सेटलमेन्ट' हुन्छ । मुलुक आर्थिक समृद्धिको नयाँ युगमा प्रवेश गर्न सक्छ । पहिचान, अधिकार, सम्मान र शासनका लागि कसैले पनि फेरि सङ्घर्ष गर्नु नपरोस् भन्ने ग्यारेन्टी संविधानले दिनुपर्छ । यसैमा सबैको कल्याण छ । यसैमा सबै जनताको भलो छ । मेरो यस प्रकारको तर्कलाई अनेक प्रकारबाट तोडमोड गरी बजारीकरण गरियो ।

आफूलाई सर्वेसर्वा र सर्वशक्तिमान ठान्ने अहङ्कारी राणा र पञ्जहरू इतिहासको गर्तमा विलीन भए । राजा ज्ञानेन्द्रको दम्भ तोडियो र अढाइ सय वर्षदेखिको राजतन्त्र ढल्यो । नब्बे प्रतिशत गणितको अहंकार देखाउने काङ्ग्रेस, एमाले र एमाओवादीको अहंकार पनि तोडिनसक्छ भनेर हामी सचेत गराउँदै थियौं ।

तिनै शक्तिमान दलहरूले मिलेर बनाएको अन्तरिम संविधानलाई ठाडै इन्कार गर्दै मधेशमा आन्दोलन भएको थियो । त्यो कुरा पनि स्मरण गराउँदै थियौं ।

तर कसैको केही लागेन । आखिर त्यही भयो- संविधान सभाबाट गणितीय आधारमा 'फास्ट ट्र्याक'का नाउँमा एकांगी संविधान बनाउने प्रकृयाको सुरुआत काङ्ग्रेस, एमाले, एमाओवादी र फोरम लोकतान्त्रिकले २०७२ जेष्ठ २५ मा १६ बुँदे सम्झौता गरी अधुरो अपूरो संविधान निर्माण प्रक्रिया अगाडि बढाए । हामीमाथि धोका भयो । फलतः मधेशमा तेस्रो ऐतिहासिक जनआन्दोलन प्रारम्भ भयो ।

# आन्दोलन, यथार्थ र दमन

अन्तरिम संविधान र विगतका सम्झौता समेत बेवास्ता गरी गरिएको १६ बुँदे सहमति र त्यही आधारमा जारी गरिएको संविधान मस्यौदाको विरोध भयो । मेरो अध्यक्षताको सद्भावना पार्टी, संघीय समाजवादी फोरम नेपाल, तराई मधेश लोकतान्त्रिक पार्टी र तराई- मधेश सद्भावना पार्टी सम्मिलित संयुक्त लोकतान्त्रिक मधेशी मोर्चाद्वारा आन्दोलनको घोषणा गर्न बाध्य भयौं ।

हामीले २०७२ जेष्ठ २७ गते नै मोर्चाको निर्णय गरी मधेशी जनअधिकार फोरम (लोकतान्त्रिक) का अध्यक्ष विजयकुमार गच्छदारले १६ बुँदे सहमतिमा हस्ताक्षर गर्ने कार्य गरेको हुँदा अब उप्रान्त उक्त पार्टीसँग संयुक्त लोकतान्त्रिक मधेशी मोर्चाको कुनै सम्बन्ध नरहने गरी मोर्चाबाट निस्कासन गर्‍यौं । मधेशी, आदिवासी, जनजाति, दलित, मुस्लिम, महिला, पिछडा वर्गलगायत देशका सीमान्तकृत उत्पीडित जनताको मूल मुद्दा पहिचान, समावेशिता र अधिकार सम्पन्न स्वायात्त प्रदेशयुक्त राज्यको पुनःसंरचनालाई धरापमा पारी नेपाली कांग्रेस, नेकपा एमाले, एकीकृत नेकपा माओवादी र मधेशी जनअधिकार फोरम लोकतान्त्रिकले गरेको १६ बुँदे सहमति अन्तरिम संविधानको प्रस्तावनालाई हाम्रो मर्म र निर्दिष्ट लक्ष्यविपरीत प्रतिगमनकारी कदम ठहर गर्‍यौं । यसले संविधान सभाको क्षेत्राधिकार कटौती गर्नुको साथै यसको गरिमामाथि प्रश्न चिह्न खडा गरेको पनि यसै बेला भनेका थियौं ।

त्यो १६ बुँदे वास्तवमा तीस दलीय विपक्षी गठबन्धन छिन्नभिन्न पार्ने षड्यन्त्र पनि थियो । तीस दलीय मोर्चा, जसमा मधेश केन्द्रित आठ दल सामेल थिए । आठ मधेशवादी दल मध्ये बाँकी रहेका चार मधेशी दल १६ बुँदे विरुद्ध ओर्लियौं ।

'मधेशमा दुई प्रदेश नदिने १६ बुँदे'अन्तर्गत् ०७२ असार १५ गते संविधान सभामा पेस भएको संविधान मस्यौदाविरुद्ध आन्दोलनको सुरुआत संविधान सभाको बैठकमै उक्त संविधानको मस्यौदा च्यातेर गरेका थियौं । त्यसपछि पुनःगठित संयुक्त लोकतान्त्रिक मधेशी मोर्चाको बैठक बसी आन्दोलनका कार्यक्रम तयार भयो ।

२०७२ असार २४ देखि दुई सातासम्म देशैभर चलाउने भनिएको जनमत संकलन मधेशमा लगभग प्रभावित बन्यो । कतिपय जिल्लामा जनमत संकलनका लागि सरकार तथा अन्य दल जानै सकेनन् । गएको ठाउँहरूमा पनि झडप भयो । साउनको अन्तिम सातादेखि मधेशमा स्वःस्फूर्त लगातार आन्दोलन तथा बन्दका कार्यक्रम सुरु भयो ।

जनकपुरतिरका सरोज मिश्रलगायतका युवा मास नामक सङ्गठनमार्फत् सक्रिय थिए भने पश्चिम मधेशमा लक्ष्मन थारू, रेशम थारू, भानुराम थारू लगायतको नेतृत्वमा थरूहट सङ्घर्ष समिति सक्रिय थियो ।

पूर्वी मधेशमा पूर्वमाननीय मुगालाल मेहताको संयोजकत्वमा मधेश स्वायत्त प्रदेश सङ्घर्ष समितिले भापा, मोरङ र सुनसरीमा भेला, प्रदर्शन, गोष्ठी एवं बन्द-हड्तालजस्ता आन्दोलन सुरु गरिसकेका थिए । संविधान सभामा मधेश एवं जनजातिको पक्षमा संविधान नबन्ने स्पष्ट हुँदै गइरहेको थियो ।

बाध्य भएर संयुक्त लोकतान्त्रिक मधेशी मोर्चाले २०७२ साउन ३१ गतेदेखि अनिश्चितकालका लागि मधेश बन्दको आह्वान गर्नु पर्‍यो । तीन ठूला दलको मधेशप्रतिको दृष्टिकोण एवं रवैयाबारे मधेश जानकार थियो । हामीमाथि हुन सक्ने षड्यन्त्रका बारेमा जनतालाई निरन्तर अवगत गराइरहेका थियौं । मधेश बन्दको आह्वानले मधेशमा तरङ उत्पन्न भयो । व्यापक जनसहभागिता हुन थाल्यो । प्रदर्शनकारी र प्रहरीबीच झडप हुँदा प्रहरीको तर्फबाट लागेको गोलीले दोस्रो दिन नै २४ वर्षीय राजीव राउतको सप्तरीमा मृत्यु भयो ।

कपिलवस्तुमा प्रहरीको गोली लागेर चारजना घाइते भए । सद्भावना पार्टीका सभासद्‍हरूले संविधान सभाबाट सामूहिक राजीनामा दिए । सद्भावना पार्टीको केन्द्रीय कार्यालय काठमाडौँबाट वीरगञ्ज सार्‍यौं । आन्दोलन सफल नभएसम्म मैले काठमाडौँ नफर्कने घोषणा गरेँ । सप्तरीमा आन्दोलनबाट एक जनाको मृत्यु र त्यही दिन हाम्रो संविधान सभाबाट राजीनामा र मेरो काठमाडौँसँग नाता टुटेको घोषणाले मधेशमा आन्दोलनको गर्मी ह्वात्तै अकाशियो ।

२०७२ भाद्र २ गते मोर्चाको बैठक बस्यो । मैले मोर्चाका सबै सभासद्ले राजीनामा दिने प्रस्ताव राखेँ तर मोर्चाका अन्य घटकले मानेनन् । त्यही दिनको मोर्चाको बैठकबाट आन्दोलनमा शहीद भएका परिवारलाई आन्दोलनपश्चात् बन्ने हाम्रो प्रदेश सरकारले रेखदेख, शिक्षा, रोजगार एवं ५० लाख रूपैयाँ सहयोग गर्ने समेत निर्णय भयो । तर जुन सपना र उद्देश्यले हामीले आन्दोलन गरेका थियौं त्यो पूरा हुन सकेन ।

हामी मोर्चाका नेताहरूले बोलेको वचन पूरा गर्न सकेनौं । सबैले आ-आफ्नो जिम्मेवारी इमान्दारिताका साथ पूरा गरेको भए आन्दोलनको रूपरङ नै अर्कै हुन्थ्यो । जनताप्रति हामी सबैले नैतिक जिम्मेवारी लिँदै माफी माग्नुपर्छ । मधेश र मधेशीको लागि मैले चालेका कदम गलत थिए या थिएनन् इतिहासले आँखा उघारेर हेर्‍यो भने एक दिन सत्यता बाहिर आउला । मैले यसो भनेर दूधले नुहाउन खोजेको होइन । जनताप्रति बफादार मात्र बनेको हुँ । म जनताबिना केही पनि होइन । मलाई जनताले नै यहाँसम्म पुर्‍याएका हुन् । मैले जनताका लागि नै मेरो जीवन अर्पण गरेको छु र इमान्दारिताका साथ आफ्नो जिम्मेवारी बहन गर्ने प्रयास गरिरहेको छु ।

सीमाङ्कनबिना संविधान जारी नगर्न सर्वोच्च अदालतको अन्तरिम आदेश भएपछि चार ठूला दलले सीमाङ्कनसहित ६ प्रदेशको पुरक समझदारी साउन २३ गते गरे । ६

प्रदेश सीमाङ्कन हुँदै गर्दा मधेश-थरुहट क्षेत्रलाई टुक्रा-टुक्रा पारिसकेका थिए । तर जब मध्यपश्चिमको पहाडी आवाज सदर गर्दै काठमाडौँको संस्थापनले भदौ ६ गते सातौँ प्रदेश बनायो, वञ्चितीकरणमा पर्दै आएका थारू मधेशीहरू झन् आक्रोशित हुन पुगे । तराई-मधेश यतिबेला आन्दोलनको राप र तापमा जलिरहेको थियो ।

एकसुरले मधेशीजनता आफ्नो अधिकारका लागि सडकमा सङ्घर्ष गरिरहेका थिए । बलिदानी दिइरहेका थिए । उनीहरू थाकेका थिएनन् । उनीहरूलाई आफ्नो प्राणको रत्तिभर पनि पर्वाह थिएन । आन्दोलनमा निरन्तर लागि रहेका थिए । मधेशीहरू आन्दोलनको

भुङ्ग्रोमा भटाभट आफ्नो प्राण होमिरहेका थिए । तर काङ्ग्रेसको गठबन्धन सरकारले हामीलाई जिस्काइरहेको थियो । गैरमधेशी नेताहरू मधेशलाई उक्साउने अभिव्यक्ति दिइरहेका थिए ।

काङ्ग्रेसका वरिष्ठ नेता शेरबहादुर देउवा र संवैधानिक संवाद तथा सहमति समिति सभापति डा. बाबुराम भट्टराईबीच संविधान सभा विशेष समितिको बैठकमा दोहोरो भनाभन भयो । देउवाले 'कैलाली र कञ्चनपुरको रौं पनि छोड्दिनँ' भनेपछि भट्टराईले 'के कैलाली तपाईंको ठेक्का हो ?' भनी प्रश्न गरेका थिए ।

नेपाल मधेशीलाई जनता नै नमान्ने देश बन्ने प्रयासमा मात्र रह्यो । संविधानमा आफ्ना हक, अधिकार, पहिचान र स्वायत्तताका कुरा लेखियोस् भन्दा मधेशका बस्तीहरूलाई शोकमग्न बनाइयो । राज्यसत्ताको क्रूर दमनका बावजुद पनि मधेशले आफ्नो शालीनता र भद्रतालाई गुमाएन । कैलालीको टीकापुरको दुःखद घटनाबाहेक आन्दोलनरत पक्षबाट संयमता नै अपनाइएको थियो । यद्यपि राज्यपक्षले गम्भीरतापूर्वक लिएन । सरकारले मधेशी, थारू, मुस्लिम र दलित-जनजातिका आवाजलाई बेवास्ता गरी बन्दुकको बलमा दबाउने नीति अख्तियार गर्‍यो ।

२०७२ भदौ ७ मा 'थरुहट स्वायत्त प्रदेश' लेखेको साइनबोर्ड विभिन्न कार्यालयमा राख्ने र टीकापुर नगरपालिकामा कोणसभा गर्ने कार्यक्रम थियो तर कार्यक्रम हुनुअघि नै प्रदर्शनकारी र प्रहरीबीच झडप भयो । आठ प्रहरी र एक बालककको ज्यान जाने गरी दुःखद घटना घट्यो । यो घटनापछि राज्य झन्झन् आक्रमक बन्यो ।

प्रहरीको सामूहिक ज्यान गएपछि सुरक्षाबल तीव्र प्रतिक्रियामा उत्रियो । उनीहरूबाट दुस्मन देशका सेनाहरूसँग युद्ध लडिरहेको जस्तो व्यवहार भयो । सामान्य बल प्रयोग गरे हुने ठाउँमा सशस्त्र प्रहरी बल र नेपाल प्रहरी अत्यन्त आक्रामक हुन पुग्यो । राज्यले हामीसँग टीकापुरको बदला लिने उद्देश्य लियो । शान्तिपूर्ण आन्दोलनमा रहेका आन्दोलनकारीलाई चरा-चुरुङ्गीजस्तै राज्यले भटाभट मार्न थाल्यो । टाउको उड्ने गरी ताकीताकी गोली हान्न थाल्यो ।

भदौ १४ र १५ गते वीरगञ्जमा पुलिसको गोलीले चारजना प्रदर्शनकारीको ज्यान गयो । भदौ २३ गते पुलिसको गोली लागी महोत्तरीमा तीन आन्दोलनकारी मारिए । त्यसको पर्सिपल्ट

प्रहरीको गोलीबाट जनकपुरमा तीनजना पार्टी नेताको ज्यान गुम्यो । २९ भदौमा रुपन्देहीको बेथरीमा पुलिसकै गोली लागेर चार वर्षे बालकसहित अरू चार जनाको मृत्यु भयो । नेपाल प्रहरीको उग्रता वीरगञ्ज, कपिलवस्तु, जनकपुर, रङ्गेली, भारदह र महोत्तरीमा बढी देखियो ।

गोली लागेर घाइते भएका आन्दोलनकारीले पानी माग्दा समेत प्रहरीले ताकेर गोली हान्न छोडेनन् । आन्दोलनमा जति शहीद भए, तीमध्ये एकाधबाहेक सबैको घटनास्थलमै मृत्यु भयो । जनताको सुरक्षामा खटिएका प्रहरीको गोलीले घाइते भएर प्रहरीसमक्ष जीवनयाचनामा हात जोड्दा पनि प्रहरीले गोली हान्यो । मानवीयता बिर्सिएर प्रहरीले मधेशी जनतामाथि दमन गर्‍यो ।

आन्दोलनकारीसँग प्रहरीको यतिसम्मको नफरत थियो कि बाराको कलैयामा एकजना आन्दोलनकारीलाई गोली हानेर मार्‍यो । मृतकको शरीरमा प्रहरीले कम्मर मर्काएर पिसाब फेर्‍यो । आन्दोलनकारीलाई कुनै आतंककारीलाई इनकाउन्टर गरेझैँ मारियो ।

मानवअधिकार आयोगका अध्यक्ष अनुपराज शर्माले बीबीसी नेपाली सेवालाई अन्तर्वार्ता दिँदै मधेशमा सुरक्षाकर्मीबाट अत्यधिक बल प्रयोग भएको सत्यलाई जनतासामु ल्याइदिए । त्यसपछि आमनेपाली जनताले हाम्रो वास्तविक अवस्था थाहा पाए ।

सुरक्षाकर्मीले आफ्नो बलको दुरूपयोग नगरेको भए त्यति चर्को आन्दोलन हुँदैनथ्यो । दस वर्षको बच्चालाई प्रहरीले घेरेर लाठीचार्ज गरेको दृश्य समेत सतहमा आयो । प्रहरीले गर्न भ्याएसम्मको दमन मधेशीमाथि गर्‍यो । हृदयविदारक दमन गरेर ती प्रहरीले के पाए ? मधेशीको लासमाथि पिसाब फेरेर तिनले के पाए ? एउटा निहत्था नाबालकलाई घेरेर लाठीचार्च गरेर प्रहरीले आफूलाई कुन विजयको सगरमाथामा पुर्‍यायो ? आन्दोलनको क्रममा भएका शहादतहरू केवल मृत्यु मात्र थिएनन्, नरसंहार नै थिए ।

आन्दोलन दबाउन राज्यले विरगञ्जमा भदौ १४ गते हठात कर्फ्यु लगाउने निर्णय गर्‍यो । तर औचित्य पुष्टि गर्ने आधार राज्यसँग पनि थिएन । विनाआधार राज्यले गरेको दमनको विरोधमा जुलुसमा सहभागी भएका दिलीप चौधरीको प्रहरीको गोलीबाट मृत्यु भयो ।

दिलीपको मृत्युको भोलिपल्त गाउँगाउँबाट उर्लिएको जुलुसले कर्फ्यु तोड्यो र फेरि प्रहरीले जुलुसमाथि गोली चलायो । चारजनाको ज्यान लियो । त्यस्तै निषेधाज्ञा तोडेको आरोपमा भदौ ३० मा फेरि एकजनाको मृत्यु भयो । त्यतिबेला मान्छे मर्नु मुला उखेल्नुभैँ सामान्य मान्यो सरकारले । आफ्नै जनताको माया नभएको सरकारसँग हामी हाम्रो अस्तित्वको लडाईमा थियौं । तर पहाडीया अपराधिक शासक चेतना भएको सरकार मधेशीलाई अधिकार दिन कहाँ तयार हुन्थ्यो र !

२०७२ भदौ २३ गते महोत्तरीको विभिन्न गाउँबाट ठूलो संख्यामा जलेश्वरमा जुलुस प्रर्दशन गर्न नागरिक सडकमा आए । प्रदर्शन जारी थियो । सोही बखत रोहण चौधरी कोचिङ पढेर घर फर्कँदै थिए । प्रहरीको गोली लागेर दस कक्षामा अध्ययनरत १७ वर्षीय चौधरीको मृत्यु भयो । आन्दोलनमा होमिएका अमित कापर, रामविनोद यादव र वीरेन्द्र बिच्छालाई पनि प्रहरीको गोली लाग्यो । उनीहरूले जलेश्वरमै मृत्युवरण गरे ।

उक्त घटनापछि शान्तिपूर्ण आन्दोलन पूर्ण हिंसामा परिणत भयो । भाद्र २४ गते जलेश्वरबाटै निस्किएका महिलाहरूको जुलुसले कर्फ्यु तोडेर निषेधाज्ञा उल्लंघन गर्‍यो । एक जना सहयोद्धाको मृत्युको खबर पाएर शव लिन हिँडेको सशस्त्र प्रहरीको टोलीले महोत्तरीमा अन्धाधुन्द गोली पड्काउँदै गयो ।

सशस्त्रको गोलीबाट आफ्नै घर नजिकै उभिरहेकी रामशीला मण्डलको मृत्यु भयो । रामशीला अघिल्लो दिन निस्किएको महिलाको जुलुसको नेतृत्वकर्ता मध्येकी एक थिइन् । उनलाई सशस्त्र प्रहरीले चिनेर गोली चलाएको थियो । त्यस्तै २३ गते नाति गुमाएका गणेश चौधरी सुर्ती किन्न निस्किएको बेला सशस्त्रको निशानामा परे ।

समाजसेवीको परिचय बनाएका गणेश आन्दोलनमा पनि थिएनन् । जहाँ उनको मृत्यु भयो, त्यहाँ कर्फ्यु, निषेधाज्ञा केही पनि थिएन । महोत्तरीकै आन्दोलनमा विनय चौधरीले छोरा र बाबु गुमाए । यसरी संविधान जारी हुँदाको दिनसम्म नौ सुरक्षाकर्मीसहित ४३ को ज्यान गइसकेको थियो । राज्यपक्षले अधिकांश नागरिकको छाती र टाउकोमा गोली दागेको थियो ।

छतमा खेल्दै गरेका बालक, धारामा पानी पिउँदै गरेका किशोर र घरमै बसिरहेका गृहिणीसमेतलाई प्रहरीले निसाना बनायो । पूरै मधेश-थरूहटलाई आन्दोलनमै छाडी १६ बुँदेवालाहरू असोज ३ गते संविधान जारी गर्ने मुडमा थिए । यदि त्यस दिन संविधान जारी भए मुखमा कालोपट्टी बाँधी कालो झण्डा लिएर मौन जुलुस प्रदर्शन गर्ने र सोही दिन बेलुका ७ बजेदेखि ८ बजेसम्म ‘ब्ल्याक आउट’ गर्ने योजना हामीले बनायौं । त्यसै गरी असोज ४ गते संविधान जलाउने हामीले सोच्यौं । तर पनि हामीले हाम्रो सहमति बेगर संविधान जारी नगर्न, वार्ता गर्न र हाम्रो माग पूरा गर्न भनिरह्यौं । विडम्बना हाम्रो कुरा सुन्दै सुनिएन । हाम्रो आन्दोलन र जायज माग सम्बोधन भएन । हामीलाई किनारीकरण गरियो ।

एकल नश्लीय राष्ट्रवादका हिमायतीहरू जसरी पनि संविधान जारी गर्ने यस्तो उन्मादमा थिए कि उनीहरू हाम्रो कुनै पनि कुरा सुन्न चाहँदैन थिए । हामीलाई सम्बोधन गर्ने कुनै प्रयास नै भएन । बरु उल्टो आन्दोलनमाथि चरम दमनको नीति अख्तियार भयो । शान्तिपूर्ण आन्दोलनमा अश्रुग्यास, पानीको फोहरा, घुँडामुनि गोली हान्नु पर्ने कानुन मिच्दै प्रदर्शनकारीमाथि प्रहरीले टाउको र छातीमा गोली दाग्यो ।

आन्दोलन गर्ने सडकहरूमा निषेधाज्ञा जारी गरिए, बजारहरूमा कर्फ्यु लगाइयो, आन्दोलन गर्ने कुनै ठाउँ नै बाँकी राखिएन । हरेक ठाउमा प्रतिबन्ध लगाइएपछि सीमानाकामा जानुबाहेक हामीसँग अर्को विकल्प पनि थिएन ।

शान्तिपूर्ण सडक सङ्घर्ष बाट सुरु भएको आन्दोलन विस्तारै सबै आवत-जावत रोकेर काठमाडौँ घेराबन्दी गर्नेतर्फ मोडिगो । जसकारण राजधानी काठमाडौंमा आपूर्ति व्यवस्था केही असहज हुन पुग्यो । त्यसपछि हामीमाथि दुस्मन देशको नागरिकजस्तो व्यवहार हाम्रै सरकारबाट हुन थाल्यो । हाम्रै नेपाली दाजुभाइले हामीलाई पराइ मान्न थाले । वार्ताबाट

समस्या समाधान गर्नुको सट्टा मधेशी आन्दोलनकारीमाथि अन्धाधुन्द रूपमा जनताले पेट काटेर बुभाएको पैसाले खरिद गरेको सरकारी गोली बर्सिन थाल्यो ।

राज्यसँग नागरिकको अधिकार माग्दा राज्यले मानव अधिकारको धज्जी उडायो । दर्जनौं निहथ्था आन्दोलनकारीलाई लखेटी-लखेटी माऱ्यो । आन्दोलनमाथि चरम दमन गऱ्यो । ज्यान जोगाउन मधेशी मोर्चा बाध्य भएर नेपालभारत सिमानामा धर्ना बस्न विवस भयो । ज्यान जोगाउने प्रयासमा सीमानाकामा अवरोध हुन पुग्यो । त्यसैलाई नक्कली राष्ट्रवादीहरूले कथित नाकाबन्दी भने । वास्तवमा त्यो मधेशीको अधिकारको लडाइँमाथि राज्यले गरेको दमनबाट बच्न मधेशीले सीमानाकामा गरेको धर्ना मात्र थियो । हामीले कुनै नाकाबन्दी गरेका थिएनौं । नाकाबन्दी गर्ने अभिप्राय पनि थिएन ।

# बेवास्ता

२०७१ साउन १९ गते संविधान सभा भवनमा भारतीय प्रधानमन्त्री नरेन्द्र मोदीले भाषण गरे । शस्त्रबाट शास्त्रमा प्रवेश गरेकामा माओवादीलाई धन्यवाद दिए । उनले ऋषिमनले संविधान लेख्न हामी सबैलाई आग्रह गरे ।

नेपालको संविधान निर्माणमा सबै राजनीतिक दललाई पार्टीभन्दा माथि उठेर देशबारे सोच्न र सबैले आफ्नो ठान्ने संविधान बनाउनुपर्ने उनको सुभाव थियो । हिमाल, पहाड र तराईलाई 'एउटै फूलको गुलदस्ता' बनाएर समग्र विकास गर्नुपर्ने सन्देश उनले दिएका थिए । वर्तमानको लागि मात्रै होइन । आउँदो पुस्ताका लागि समेत उपयोगी हुने दूरदृष्टि राखिएको सर्वस्वीकार्य समावेशी संविधानको निर्माण हुनुपर्ने धारणालाई मोदीले जोड दिए ।

मोदीले प्रष्ट भनेका थिए- नेपालका हरेक मानिसले यो संविधानमा अपनत्व महसुस गर्न सकेनन् र उनीहरूका सपना संविधानमा समेटिएनन् भने त्यसपछिका दिनमा नेपालले धेरै ठूलो कठिनाइ भोग्नु पर्नेछ ।

भारतको सहयोगमा निर्मित ट्रगा सेन्टरको उद्घाटन समारोह सम्बोधनको क्रममा उनले संविधाननिर्माण सहमतिबाट गर्दा फाइदा हुन्छ, संख्याको बलबाट संविधान निर्माणले नेपालको कहिल्यै भलो गर्दैन भनेका थिए । प्रधानमन्त्री कोइराला र संविधान सभाध्यक्ष सुवास नेम्वाङलाई छेउमा राखेर सबै दलको सहमतिमा संविधान लेखिनुपर्ने सुभाएका थिए ।

सत्तारुढ दलहरू बहुमतीय प्रक्रियाबाट संविधान बनाउने चेष्टा गरे नेपालको लागि दुर्भाग्यपूर्ण हुने उनले पटकपटक संकेत गरेका थिए । मोदीले मधेशी र माओवादीको नामै किटेर 'नेपालमा चाँडै नै यस्तो संविधान बनोस्, जहाँ मधेशीले हामीलाई हेर्ने कोही छैन भन्ने महसुस नगरोस्, पहाडीले पनि त्यस्तो नसोचोस् र माओवादीलाई पनि नलागोस् कि हामीलाई सोध्ने कोही छैन' भनेका थिए ।

उनले एकपटक सहमतिबाट संविधान जारी गरेपछि संसद्बाट दुई तिहाइले संशोधन गर्न सकिने भएकाले अहिले सहमतिबाहेक अरू नसोच्न हामीलाई सुभाव दिए । सधैं बल्भिरहने मधेश समस्या र शान्ति प्रक्रियाप्रति छिमेकी भएको नाताले उपयुक्त सुभाव दिनु उनको कर्तव्य पनि थियो । तर आफ्नो एकल नश्लीय स्वार्थमा रहेका प्रमुख दलहरूले उक्त सुभावअनुकूल वातावरण नै बनाएनन् ।

भारतीग विदेश सचिव प्रधानमन्त्री नरेन्द्र मोदीको विशेष दूत भएर २०७२ आश्विन १ गते काठमाडौँ आए । सरकार र पार्टीका नेताहरूसँग संविधान निर्माणबारे गम्भीर हुन र

सबैलाई साथ लिएर जान सुझाव दिए । उनले केही दिन ढिलो भए पनि गनूहोस् तर सबैलाई मिलाउनूहोस् भने । तर हाम्रा शासकले फेरि पनि सल्लाह मानेनन् । अन्ततः शोकाकुल मधेशलाई त्यही हालमा छाडेर काठमाडौँमा दीपावली मनाउने तरखर सुरु भयो ।

एकपाखे सविधानले देशको एकातिरको भाग उज्यालो भयो । अर्कोतिरको भाग पूरै अँध्यारो !

# काला दिन

शोकमग्न थियो मधेश । हामी शहादत दिएका शहीदको लास गनिरहेका थियौँ । तर राज्यले निर्दयीताका साथ आँसुमा डुबेको मधेशलाई बेवास्ता गर्दै उत्सव र दीपावलीको आह्वान गर्‍यो । हिन्दू परम्परामा आफन्तको मृत्युमा, सुतकमा उत्सव गरिँदैन । देशले मधेशीलाई आफ्नो ठानेको भए जूठोमा उत्सव गर्ने थिएन । राज्यले नुनखोर्सानी बनाएर ल्याएको संविधानले मधेशलाई चह्याउने तुल्यायो । हरेक मधेशीले यसको हिसाबकिताब राखेका छन् । एकदिन असुल गरिछाड्नेछन् ।

मधेशी जनतालाई सडकमै छाडी, प्रतिरोधको जवाफमा दमनको चक्रथप बढाई 'फास्ट ट्र्याक' समात्दै संविधान सभाका नियमावली निलम्बन गर्दै, प्रक्रियाहरू मिच्दै सत्तारुढदलहरू अगाडि बढे । केही सांसदले विद्रोह गर्न खोजे । तर तिनको आवाजलाई प्राथामिकतामा राखिएन ।

२०७२ असोज १ गते मध्यरात संवैधानिक राजनीतिक संवाद तथा सहमति समिति सभापति रहेका तत्कालीन माओवादी नेता बाबुराम भट्टराईले 'सोसल इन्क्लुजन एट्लास'को आवरण तस्वीरसहित फेसबुकमा एउटा स्टाटस लेखे, 'सुगौली सन्धिको यो दुई सयौँ वर्ष हो । आजको २४ घन्टाले पुर्खाले आर्जित गरेको र हामीले दुई सय वर्षसम्म भोग्दै आएको मातृभूमि नेपालको अखण्डता युगयुगसम्म जोगाउन सक्छौँ कि सक्दैनौँ भन्ने कुराको सायद फैसला गर्नेछ । नेपाल भनेको हिमाल, पहाड, तराईमा बसोवास गर्ने विविधवर्ग, जाति, लिङ्ग, भाषा, धर्म, संस्कृति, पेशाका जनताको अनेकताबीचको एकताको सामूहिक अभिव्यक्ति र पहिचान हो । एउटा जातिक्षेत्रको समुदायले मात्र कताको प्रमाणपत्र दिई आफूलाई 'नेपाली' र अरूलाई गैरनेपाली ठान्ने प्रवृत्तिले अखण्ड नेपाल कायम राख्न सक्दैन ।'

'नेपालमात्र अखण्ड हो र त्यसभित्रका अरू सबै इलाका सङ्घीय ढाँचामा पुनःसंचना हुन सक्छन् भन्ने बिर्सेर वा बुझ पचाएर पुरानो राज्यले बनाएको आफ्नो चुनावी क्षेत्र, जिल्ला, अञ्चल, विकास क्षेत्रलाई 'अखण्ड' राख्ने हठले पुर्खाले छोडेर गएको नेपालको अखण्डता धरापमा पर्दैछ । सार्वभौम संविधान सभाले सङ्घीय लोकतान्त्रिक गणतन्त्र नेपालको नयाँ संविधान छिटो जारी गर्नुपर्छ र कुनै पनि बहानामा यो संसद्लाई असफल पार्ने दुष्प्रयासलाई परास्त गर्नैपर्छ । यसमा कुनै विवाद छैन र हुनु हुँदैन,' उनले भनेका थिए ।

'तर देशको अखण्डतामाथि आउन सक्ने अनिष्ट रोक्न र गैरैभन्दा धेरै राजनीतिक शक्ति र सगुदायको स्वामित्व, अपनत्व रहेको संविधान निर्माण गर्न दुई चार दिन अघिपछि हुन्छ भने त्यसलाई कसैले पनि प्रतिष्ठाको विषय बनाउनु हुन्न ! खासगरी पूर्वदेखि पश्चिमसम्मको

तराई-मधेशमा झन्डै एक महिनादेखि असन्तुष्टि र विग्रहको ज्वालामुखी पुतपुताइरहेको र दिनहुँ मान्छेको ज्यान गुमेर स्थिति विष्फोटक बन्दै गएको अवस्थामा त्यसलाई सम्बोधन नगरी अघि बढ्ने हठ कसैले गर्नुहुँदैन । राजनीतिक समस्यालाई फौजी दमनले हल गरेको इतिहास कतै छैन । त्यसैले आजै वार्तामा बस्ने वातावरण बनाऔं । संवादबाटै समाधान खोजौं । देशको अखण्डतालाई धरापमा नपारौं । दुई चार दिन ढिलोछिटोले कुनै आकाश खस्दैन,' उनले यो पनि भनेका थिए ।

भट्टराईको यो टिप्पणी गलत समयमा आएको भन्दै सञ्चारमाध्यम र सामाजिक सञ्जालमा कडा आलोचना भयो । आलोचना गर्ने त्यही नश्लीय मानसिकता थियो । अरूले अधिकार माग्दा दुःख लाग्छ यो मानसिकतालाई । अधिकार माग्दा पनि आफ्नै भागको खोस्न थालेको सम्झन्छ यो मानसिकताले । यसकै कारण नेपालले गर्नुपर्ने आर्थिक, नैतिक क्रान्ति गर्न सकिरहेको छैन । प्रगति केबल सपना बनिरहेछ ।

संविधान विधेयक पारित गरेसँगै मधेश र थरूहटमा प्रतिरोध अझ चर्कियो । हिंसा अझ बढ्ने सम्भावना थियो । त्यति मात्र होइन, नेपाली समाजको विभाजित मनोविज्ञानले साम्प्रदायिक दंगाको सम्भावना पनि बढिरहेको थियो । आन्दोलनलाई हाइवे र बजार क्षेत्रबाट नाका केन्द्रित गर्नु हाम्रो बाध्यता थियो । यसो नगरेको भए प्रहरी दमनको साथै पहाडी-मधेशी दंगा हुने निश्चित थियो । जसरी पनि असोज ३ गते संविधान जारी हुने नै भयो । अन्तिम घडीमा समेत कुनै वार्ता हुन सकेन । हामी प्रतीक्षामा थियौं । बरु यसबीच राष्ट्रपतिका असन्तुष्टि विभिन्न स्रोतहरूमार्फत् उजागर भइरहे ।

'अन्तरिम संविधानको संरक्षण गरिदिन' आग्रह गर्दै २०७२ जेठ ३० मा मसहितको मोर्चाको टोली डा. राष्ट्रपति रामवरण यादव भेट्न शीतल निवास गएका थियौं । राष्ट्रपतिलाई हामीले आग्रहपत्र बुझाएका थियौं ।

पत्रमा अन्तरिम संविधान र संविधान सभा नियमावली २०७० को कार्यविधिअनुसार संविधान निर्माण गर्नुपर्ने भए पनि जेठ २६ गते संवैधानिक, राजनीतिक संवाद तथा सहमति समितिमा प्रस्तुत सोह्रबुँदेले अन्तरिम संविधानको प्रस्तावना, निर्देशक सिद्धान्त, संवैधानिक व्यवस्था, मर्म कुल्चिएको छ । यो सहमति उक्त संविधानको धारा १३८ (१) र १३८ (१) (क) मा मधेशी जनतालगायत आदिवासी जनजाति र पछाडि पारिएका तथा अन्य क्षेत्रका जनताको स्वायत्त प्रदेशको चाहनालाई स्वीकार गरी नेपाल सङ्घीय लोकतान्त्रिक गणतन्त्रात्मक राज्य हुनेछ । नेपालको सार्वभौमसत्ता, एकता र अखण्डतालाई अक्षुण्ण राख्दै स्वायत्त प्रदेशहरूको सीमा, संख्या, नाम र संरचनाका अतिरिक्त केन्द्र र प्रदेशका सूचीहरूको पूर्ण विवरण, साधनस्रोत र अधिकारको बाँडफाँट संविधान सभाबाट निर्धारित गरिनेछ' भनी रहेको संवैधानिक प्रावधानको विपरीत छ भनेका थियौं ।

हामीले संवैधानिक विधिप्रक्रिया बमोजिम अघि बढ्ने वातावरण बनाइदिन राष्ट्रपति गुहारेका थियौं । राष्ट्रपति यादवले आफूले ठूला दलका नेताहरूसँग सहमतिबाट संविधान जारी

गराउन आग्रह गरिरहेको भन्दै कोसिस जारी राख्ने आश्वासन दिई फर्काएका थिए । उनले संविधान जारी गर्दैनन् भन्ने हल्ला पनि चल्यो । राष्ट्रपति स्वयं एउटा मधेशीको छोरो भएकोले हाम्रो अन्तिम भरोसाको केन्द्र पनि उनी नै थिए । तर राष्ट्रपति असोज ३ गते अपराह्न निर्धारित समयमा संविधानलाई ढोग्न नयाँ बानेश्वर आए । हामी सडकमा आक्रोश पोख्दै थियौं । हाम्रो अनुपस्थिति र असन्तुष्टिबीच करतल ध्वनिका साथ नेपालको संविधान जारी भयो ।

उसो त राष्ट्रपति पनि नश्लीय पहाडिया मानसिकताले बनाएको थियो । अनुहार मात्रै मधेशको परेको न हो । राष्ट्रपतिले के गर्न सक्थे र ? संविधानमा हस्ताक्षर नगरे महाअभियोग लगाउने धम्की छँदै थियो । धम्कीमा अडिग भएको भए मधेशले न्याय पाउन सक्थ्यो । मधेशले न्याय पाउँदा राष्ट्रपतिमाथिको अन्याय हेरेर मधेश पनि बस्दैन थियो । मधेशमाथिको विभेदको एउटा शृङ्खला त्यहीं सकिन्थ्यो । तर उक्त संविधान सभाले मधेशी-जनजातिको कतिपय अधिकार खोस्ने गरी संविधान जन्मायो ।

भन्ने नै हो भने, संविधान हाम्रो सबैभन्दा मुख्य माग थियो । हामी पनि संविधानलाई हाम्रो भन्न चाहन्थ्यौं, अपनाउन चाहन्थ्यौं, तर हाम्रो हस्ताक्षरबिना नै संविधान जारी भयो । उल्टै मधेशमा राज्यको हिंस्रक व्यवहार बढ्न थाल्यो । त्यसले आन्दोलनकारीलाई गलाउनुको सट्टा झन्झन् आक्रोशित बनायो ।

असोज ४ गते सबै जिल्लाको सदरमुकाममा संविधान जलाउने कार्यक्रम निर्धारित थियो । सोही अनुसार विरगञ्जमा उक्त कार्यक्रम सिध्याएर बैठकको लागि मोर्चाका सबै शीर्ष नेतालाई खबर गरेर असोज ५ गते सप्तरी पुगैं । स्थानीय नेता अनिरुद्धप्रसाद सिंहको राजबिराज-१ स्थित घरमा राति ८ बजेबाट मोर्चाको बैठक भयो । मसहित संघीय समाजवादी फोरमका अध्यक्ष उपेन्द्र यादव, उपाध्यक्ष रेणु यादव, तमलोपा अध्यक्ष महन्थ ठाकुर, उपाध्यक्ष हृदयेश त्रिपाठी, तराई-मधेश सद्भावना पार्टीका अध्यक्ष महेन्द्र राय यादव लगायत नेताहरू सम्मिलित बैठक राति दुई बजेसम्म चल्यो । बिहान ८ बजेबाट फेरि सुरु भयो ।

मैले रिपोर्टर्स क्लबमा काठमाडौंको दानापानी बन्द गर्छौं भनेर बोलेको करिब तीन महिनापछाडि नाका केन्द्रित आन्दोलन गर्नै पर्ने परिस्थिति निर्माण भयो । म वीरगञ्जबाट हिँड्ने वेलामै निजामुद्दिन समानी लगायतका नेताहरूलाई 'सडकमा आन्दोलन गर्दा गोली हान्छन् । चरम दमन गर्छन्, त्यसैले अब हामी भोलिदेखि नाकाजाम गर्नुपर्छ' भनिसकेको थिएँ । नभन्दै साथीहरू हाम्रो अधिकारिक निर्णयभन्दा पहिल्यै वीरगञ्ज-रक्सौल नाकामा धर्ना कस्न गए ।

यता बैठकले सम्पूर्ण आर्थिक कारोबार ठप्प पार्ने निर्णय गर्‍यो । हामीले भारतबाट छिर्ने कुनै पनि सामान नेपाल प्रवेश गर्न नदिने भगौं । मुख्य नाकाहरू नेतृत्व गर्न विभिन्न दल तथा नेताहरूबीच जिम्मेवारी बाँडफाँट गरियो । जसअनुसार विरगञ्जनाका मेरो जिम्मा, विराटनगर उपेन्द्रजीको जिम्मा, तगलोपा रुपन्देही, भैरहवानाका महन्थ ठाकुरको जिम्मामा थियो । त्यसै गरी महेन्द्र यादवको भागमा काँकडभिट्टा पर्‍यो ।

हाम्रो आन्दोलनको प्रतिक्रियामा राज्यले भारतले नाकाबन्दी गरेको भनेर प्रचार गर्‍यो । काठमाडौँ र पहाडभरि भारतविरुद्ध विषवमन गरियो । प्रतिक्रियामा राज्यले हिन्दी प्रसारण सेवालाई बन्द गर्‍यो । वास्तवमा हाम्रो आन्दोलन र मागबाट ध्यान अन्तै मोड्न यस्तो प्रपञ्च रचिएको थियो । यहाँका शासक र सम्भ्रान्तले भारतलाई अघि सारेर सधैं आफूलाई राष्ट्रवादी देखाउँदै आएका छन् । यतिबेला पनि आमजनतामा व्यापक भ्रम छर्न उनीहरू सफल भए । अन्ततः मधेश र मधेशीको लागि काला दिनहरूको लम्बाइ केही मात्रामा बढ्न पुग्यो ।

# नाकाबन्दी

भारतले नाकाबन्दी गरेको भनेर राज्यले जनताको ध्यान अन्तै मोडिरह्यो । हाम्रो माग सम्बोधन नगर्न राज्यले भारतलाई दोष दियो । तर गरिब देशका जनतालाई सबैभन्दा धनी विचार 'राष्ट्रवाद' हुँदो रहेछ ।

कम्युनिस्टहरूले भारतलाई विस्तारवादी भने । नेपालमा पहाडी कम्युनिस्ट थेरै छन् । अतः पहाडमा भारतविरोधी मानसिकता सधैं बलियो रहँदै आयो । त्यही मनोदशालाई राज्यले प्रयोग गर्‍यो । आफ्नै जनतालाई राज्यले 'म्यानुपुलेट' गर्‍यो । भारतले लगाएको नाकाबन्दी भनी प्रचार गर्‍यो । त्यसपछि भारतप्रति पहाडे समुदाय निकै आक्रोशित बन्न पुग्यो । देशभर भारतीय हस्तक्षेप भनेर दुष्प्रचार गरी त्यसैको विरुद्ध राष्ट्रियताको भावना चर्काइयो ।

रोचक कुरा के भने त्यही नेपाल सरकार हामीसँग चाहिँ 'तपाईंहरूले गरेको नाकाजाम फिर्ता गरी बरु आन्दोलन जारी राख्नूस् र वार्तामा आउनूस्' भनिरहेको थियो । हामीसँग भेट्दा हामीले नाकाजाम गरेको भन्ने र बाहिर चाहिँ भारतले नेपालमा नाकाबन्दी गर्‍यो भन्दै कुर्ल्ने विरोधाभाष प्रवृत्ति दुर्भाग्यपूर्ण थियो ।

भारतले नाकाबन्दी गरेको हो भने हामीसँग नाकाबन्दी फिर्ता गरिदिनूस् भनी किन याचना गर्नु ? वास्तवमा हामीले गरेको आमहड्ताल थियो । नाकामा धर्ना थियो । त्यसबाट नाकाजाम थियो । असहयोग आन्दोलन थियो । नाकाबन्दी होइन । त्यसकारण यो वास्तविकता सबैलाई थाहा हुँदाहुँदै पनि कसैलाई थाहा नभएभैं छ ।

मधेशमा कुनै कामकुरा हुन्छ भने त्यसलाई भारतसँग जोडेर ओभेलमा पार्ने प्रयासमा राज्य नै लाग्दै आएको छ । अनि पहाडी जनता तिनै नेताका हरेक भूट पत्याउन तयार छन् । हुन त विचरा 'बा'ले, 'दाइ'ले भनेको कुरा नपत्याए उनीहरूकै अस्तित्व संकटमा हुन्छ । तिनको गुलामी गरिएन भने आधिकारको लागि फेरि मधेशजस्तै गरी लड्नुपर्छ । चाप्लुसीकै भरमा सबै पाइएकै छ भने किन लड्ने भन्ने तिनको भयानक मानसिकता छ । मधेशलाई तथानाम भन्दा मधेशको व्यथा पहाडमा पनि उम्रिन सक्छ । यो तथ्यबाट हामी किन भागिरहेका छौं ?

मधेश आन्दोलनलाई निष्कर्षमा पुग्न नदिन राज्यले गरेको प्रोपोगाण्डामा हामी प्रष्ट थियौं । तर समान अवसर, समान अधिकारका दाप्रा गाग त्यसै ओभेलमा पर्ने अवस्थामा थिएनन् । नेपालमा भारतले नाकाबन्दी गर्‍यो भनेर सरकार, एकल नश्लवादी मिडिगा र बुद्धिजीबीले स्थापित गर्न खोजे । असोज ९ गते भारतीय विदेश मन्त्रालयले 'नेपाली नाकाहरूमा भारतको कारणले नभइ मधेशी आन्दोलनका कारणले मालवाहक गाडीहरू आउजाउ हुन नसकिरहेको'

बतायो । सबै किसिमका सत्ताहरूमा एकल नश्लीय पहाडे मूलका मान्छेहरूको वर्चस्व छ नै । उनीहरूले यसलाई मधेशको आन्दोलन नभइ भारतको नाकाबन्दीका रूपमा स्थापित गर्न कुनै कसर बाँकी राखेनन् ।

यता हामी भने सीमानाका तथा राजमार्ग केन्द्रित अवरोधका गतिविधिहरूबाट नै सरकार तथा सत्तारुढ दलहरूलाई मधेशको माग सुन्न बाध्य पार्न सकिन्छ कि भन्नेमा थियौं । तर त्यस्तो भएन । जो अन्यायमा परेको छ, पीडित छ, त्यस्तालाई भारत मात्र होइन, जुनसुकै न्यायप्रेमी मुलुक र मुलुकवासीले नैतिक समर्थन गर्दछन् र गर्दै आएका पनि छन् । आजको जमानामा अन्यायलाई कसले समर्थन गर्न सक्छ ? न्यायको पक्षमा कमसेकम लोकतान्त्रिक देश उभिन्छन् नै । देशमा प्रजातन्त्र पनि मधेशी र भारतको समर्थनमा आएको हो । पहाडी त राणाको कलो खानमा नै व्यस्त थिए ।

निश्चित रूपमा भारत सरकार या त्यहाँका नेताहरू तथा आम जनताले पनि नेपालको मधेश र मधेशी जनताले भोग्नुपरेको अन्याय, अधिकारविहीन अवस्था, असमानता र उत्पीडनको पक्षमा समर्थन दिएका हुन् । उनीहरूले हाम्रो आन्दोलन बन्द गर्ने वा खुला राख्ने भन्ने सन्दर्भमा कुनै राय सुभाव हामीलाई दिएका थिएनन् । तर विगतमा गरिएका र सबै लोकतान्त्रिक भनिएका जनआन्दोलनमा भारतको साथ सहयोगझैं यसपालि पनि उस्तै प्रकारको साथ सहयोगको अपेक्षाचाहिँ हामीले गरेका थियौं । यस्तो अपेक्षा भारतबाट मात्रै पनि होइन, खास गरी अमेरिका, युरोप, आदि लोकतान्त्रिक देशहरूसँगै संयुक्त राष्ट्रसंघसँग पनि उत्तिकै थियो ।

ती देशहरूले हाम्रो देशको संविधानको स्वागत पनि गरेनन् । यस्तोमा 'नाकाबन्दी-नाकाबन्दी' भनेर जुन कोकोहोलो मच्चाइयो, यसले हामीलाई आश्चर्यमा पारेको थियो । हामीले असहयोग, अवज्ञा आन्दोलन गरिरहेका थियौं, आम हडताल, सडक यातायात बन्द, व्यापार बन्द, नाकाजाम, कर सङ्कलनमा अवरोध, आर्थिक कारोबारमा अवरोध हुनु कुनै अनौठो कुरा होइन ।

तर हामीसँग संवाद गर्नुको साटो राज्यका सम्पूर्ण संयन्त्र भारतले अघोषित नाकाबन्दी लगाएको भाष्य स्थापित गर्नमै सम्पूर्ण ऊर्जा प्रयोग गरिरहेको थियो । हामीसँग वार्ता गरेको भए, मधेशी पनि नेपाली नै हुन् भनेर सोचेको भए बेकारको ऊर्जा खर्च हुँदैन थियो । हामी देशलाई नयाँ उचाइमा लान काँधमा काँध मिलाउन तयार थियौं । तर एकोहोरो काँधले धेरै भार थाम्न खोज्दा काँध भाँचिने खतरा बढ्यो । काँध नलच्कियोस् भनेर त हामीले आन्दोलन गरेका थियौं । खै कसले बुभ्यो हाम्रो आर्तनाद !

यता नेपाल सरकारले भारतले नाकाबन्दी लगायो भनेर सुगा रटाइ रटाइरहँदा उता भारतीय गृहमन्त्री राजनाथ सिंहले नेपालमा नाकाबन्दी लगाउने कुरा सोच्न पनि नसक्ने बताइरहेका थिए । उनले प्रधानमन्त्री सुशील कोइरालालाई फोन पनि गरेका थिए ।

'नाकाबन्दी भन्ने शब्दको उच्चरण नै नगरौं । भारतले यस्तो कुरा सोच्न पनि सक्दैन र कहिल्यै गर्दा पनि गर्दैन । यो कल्पनाभन्दा बाहिरको कुरा हो, यस्तो कुरा गरेर सम्बन्धमा

चिसोपन ल्याउने कुरा कसैले पनि नगरौं । हामीले कुनै किसिमको नाकाबन्दी लगाएका छैनौं,' सिंहले कोइरालाई भनेका थिए ।

'नेपाललाई दुःख सुखमा साथ दिँदै आएका छौं र भविष्यमा पनि दिँदै जाने' स्पष्ट पार्दै सिंहले नेपालमा समस्या परेको बेलामा भारतले जस्तोसुकै सहयोग गरेको अवगत गराएका थिए । आगामी दिनमा पनि साथ र सहयोग दिँदै जाने आश्वासन जनाउँदै नाकाबन्दीले आफूहरूको पनि आर्थिक भार बढ्नेतर्फ सचेत गराएका थिए । जानीजानी हामी तनाब किन थप्छौं भन्ने आशयको अभिव्यक्ति सिंहले कोइरालासँग व्यक्त गरेका थिए । यो कुरालाई सञ्चारमाध्यमले पनि सही ढंगले बाहिर ल्याएन । सञ्चारमाध्यमदेखि राज्यसम्म हाम्रो मुद्दालाई ओभेलमा पार्न कम्मर कसेर लाग्यो ।

संविधान जारी भएपछि मधेशी, थारू, जनजातिले असन्तुष्टि व्यक्त गरिरहेको अवस्थामा उनीहरूको भावना संविधानमा समेटियोस् भन्ने भारतको चाहना भए पनि कस्तो संविधान बनाउने भन्ने नेपालका राजनीतिक दलले तय गर्ने विषय हो भनेर सिंहले असमझदारीको विषयमा नेपालका प्रधानमन्त्री सुशील कोइराला र नेकपा एमालेका अध्यक्ष केपी ओलीसँग टेलिफोनमा कुराकानी गरेको जानकारी मैले पाएको थिएँ ।

यदि भारतले नै नाकाबन्दी गरेको थियो भने हाम्रो कुनै पनि नेताले देशभन्दा बाहिर गएर कतै पनि भारतले नाकाबन्दी गर्‍यो भनेर भन्ने आँट किन गरेनन् ? भारतीय राजदूत रन्जित रेकी 'काठमाडौं डिलेमाः रिसेटिङ् इन्डिया-नेपाल टाइज' पुस्तकमा पनि भारतले नेपालमा नाकाबन्दी गरेको होइन, मधेशी आफैं धर्नामा बसेका हुन् भन्ने कुरा उल्लेख छ ।

मलाई लाग्छ, न्यायपूर्ण आन्दोलनमा भारतमात्र होइन विश्वको समर्थन रहनु स्वाभाविक हो । यो आन्दोलनमा पनि भारतीय नागरिकको समर्थन थियो किनकि हाम्रो रगतको नाता छ । तर भारतसँग नेपालको सम्बन्धलाई राजनीतिक/कूटनीतिक आँखाबाट मात्र व्याख्या गरियो भने त्यो त्रुटिपूर्ण हुन जान्छ ।

सामुदायिक संस्कार र संस्कृतिमा समानता भएको सम्बन्ध अन्य मुलुकमा सायद कमै होला । राजनीतिक नेतृत्वको अहम् तुष्टिका लागि सीमा सञ्चालका नागरिक स्तरको सम्बन्ध बिगार्न हुँदैन । कुनै पनि नेपाली र भारतीय प्रधानमन्त्रीले बनाउँदैमा दुई देशको सम्बन्ध बन्ने र बिगार्दैमा बिग्रने भन्ने हुँदैन । नेपाल र भारतलाई कुनै उखान-टुक्काले जोडेको होइन । संस्कार, संस्कृति र परम्पराले जोडेको हो । यो कुरा सबैलाई थाहा छ । तर यसको सकारात्मक पक्षलाई फ्याँकेर आफ्नो राजनीतिका लागि प्रयोग गर्ने दुष्ट चरित्रले इमानमा बस्दा पनि बेइमानझैँ बनाइदिएको छ । यो प्रवृत्ति गलत छ । आम नेपाली जनताले यो कुरालाई नजिकबाट हेर्नु जरुरी छ । नेता र सञ्चारमाध्यमको भरमा धारणाको विकास गर्नुभन्दा जनस्तरको सम्बन्ध विस्तार गरी वास्तविकता बुझ्नु आवश्यक छ ।

भन्ने नै हो भने मधेशको यो आन्दोलनलाई कदाचित् भारतीय सरकारले विरोध गर्थ्यो भने पनि भारतका नागरिकले समर्थन गर्थे । जस्तो कि यसअघिका सबै लोकतान्त्रिक आन्दोलनहरूलाई भारतका नागरिकहरूले समर्थन मात्र होइन, सहयोग नै गरेका छन् ।

आफ्नै बहिष्कृत नागरिकको असन्तुष्टि दबाउनका लागि अन्धराष्ट्रवादको माध्यमबाट जनता ठग्ने काम भयो । मुलुक हाँक्ने नेतादेखि मधेश र मधेशीबारे सामान्य जानकारी समेत नभएकाहरूले सामाजिक सञ्जालमा भारत विरोधी राष्ट्रियताको भावनाले मधेश आन्दोलनमा उत्रिएकाहरूको रगत उमाल्थ्यो । हामीले भारतको चर्चाको लागि आन्दोलन गरेका थिएनौं । हाम्रो मुद्दाको लागि आन्दोलन गरेका थियौं । तर हाम्रो मुद्दालाई छायामा पारेर राज्य र हाम्रै नेपाली दाजुभाइ दिदीबहिनीले हामीमा आक्रोशको ज्वाला थप्दै थिए । यो यथार्थलाई सञ्चारमाध्यमले पनि जनतामा ल्याउन खोजेन । काठमाडौं हामीविरुद्ध मत बनाउनैमा व्यस्त भयो ।

मोर्चाले गरेको नाकाजामलाई भारतको अघोषित नाकाबन्दी भन्दै त्यससँग जोडेर राज्य र काठमाडौंका सोसल मिडियाको राष्ट्रवादी हल्लाले मधेशका नागरिकलाई झन् आन्दोलित बनायो । काठमाडौंबाट हिन्दी सिनेमा र च्यानल बन्द गर्ने राज्य संयन्त्रको आदेशमा संघसंस्थाहरूको निर्णयले मधेशका नागरिकमा झन् चोट पुर्‍यायो ।

मधेशी जनता नाकामा छन् । सडकमा छन् । तर आन्दोलन फगत भारतले गरिदिएको सतही तर्कको सहारा राज्यले लियो । आन्दोलनको चुरो नै नखोजी भारतलाई गाली गर्ने तथा झन्डा जलाउने कार्य देशैभरि भयो । राष्ट्रियताका नाममा देशभित्रै जारी आन्दोलनको मागलाई सम्बोधन नगरी अरुलाई गाली गर्ने काम भयो । यो कदापि जायज होइन । तर यसले मधेश आन्दोलनलाई भारतसँग जवर्दस्ती जोडिदियो । यो बुझाइले आममधेशी जनताको चित्तमा ठूलो चोट पुर्‍यायो र त ज्यानको बाजी लगाउन पनि मधेशीलाई गाह्रो भएन ।

नाकाबन्दी भनेर जुन कोकोहोलो मच्याइयो, त्यसका पछाडि राज्य तथा सम्भ्रान्तवर्गका खास पाँच मक्सद थिए । पहिलो, भारतले नाकाबन्दी लगायो भनेपछि भारत चिढिएर यसको प्रतिवाद गर्न मधेशीहरूलाई असहयोग गर्न थाल्छ भने उनीहरूलाई लाग्यो । भारतको अन्तर्राष्ट्रिय बदनामी भएपछि उत्तेजनामा आएर आफ्नो अन्तर्राष्ट्रिय जगतमा छवि बचाउन भए पनि नेपाल भारत दुवै सुरक्षाकर्मी मिलेर आन्दोलनमाथि दमन गराउन सकिन्छ कि भन्ने नेपालको षड्यन्त्र थियो । दोस्रो, भारतीय नाकाबन्दी भनेपछि बोर्डरमा धर्ना दिने मधेशीहरू पनि भारतीय हुन् भन्ने अर्थ लाग्ने भयो । यसले गर्दा मनोवैज्ञानिक रूपमा उनीहरू कमजोर हुने भए र भारत विरुद्ध प्रशिक्षित गरिएका काँग्रेस तथा एमालेमा आवद्ध मधेशी कार्यकर्ता र आन्दोलनमा अगुवाइ गरिरहेका बीच फाटो आउने भयो । तेस्रो, पहाडी जनताबीच राष्ट्रवादको प्रसार हुने भयो । चौथो, त्यसो भनिदिएपछि मधेशीका माग पूरा गर्नै नपर्ने भयो किनभने उनीहरू केही होइन । नाकाबन्दी त भारतले गरेको हो भन्ने हुने भयो । पाँचौं भारतविरुद्ध चीन कार्ड खेलेर भारतलाई तर्साउन सकिन्छ कि भन्ने राज्यको दाउ थियो ।

नाकाबन्दीको भाष्यले राज्यको पहिलो र दोस्रो मक्सद त पूरा भएन । तर भ्रम र भूठको सहारामा बाँकी मक्सद पूरा गर्न भरपुर प्रयास भने गर्‍यो । भ्रमको खेती कतिन्जेल टिक्छ र ! नेपाल र भारतको सम्बन्धको आयाम काठमाडौँले वर्णन गरेभैँ हो कि भारतसँग सामाजिक, आर्थिक, सांस्कृतिक र राजनीतिक सम्बन्धले जोडिएका हामी मधेशीको दृष्टिकोणबाट पनि उत्तिकै महत्त्वका साथ हेरिनुपर्छ ?

प्रचार गरिएभैँ 'नाकाबन्दी' त्यस्तै थियो त ! यो विषयमा गहन अध्ययन नै भएन । कानुन र तथ्याङ्कले यसलाई गलत साबित गरिदिएको छ । नाकाबन्दीबारे अन्तर्राष्ट्रिय कानुनको पनि विश्लेषण गर्ने हो भने पनि यो सम्भव छैन । वीरगञ्ज नाकामा धर्नाकारीको संख्या बढी थियो । त्यसकारण त्यहाँ प्रभाव राम्रो थियो । भैरहवा, नेपालगञ्ज, विराटनगर, जोगबनी लगायत नाकामा धर्नाकारीको संख्या कम थियो । त्यसकारण त्यहाँ प्रभाव पनि कम रह्यो । वास्तवमा हामीले गरेको नाकाजाम थियो । नाकाबन्दी थिएन ।

संयुक्त राष्ट्रसङ्घले १९६५ जुलाई ८ मा भियना सन्धि पारित गर्‍यो । यो सन्धिअनुसार भूपरिवेष्ठित देशले अर्को देशबाट सामान ल्याउन पाउने पारवहन अधिकार पाए । जसमा बन्दरगाहबाट भूपरिवेष्ठित देशले आफ्नो देशभित्रसम्म बिनारोकटोक सामान ल्याउन पाउने व्यवस्था छ । त्यस्तै सन् १९७३ मा जमैकाको मोन्टेगो वेमा सम्पन्न सामुद्रिक कानुनसम्बन्धी संयुक्त राष्ट्रसङ्घीय सम्मेलनले पारित गरेको सन्धिमा भूपरिवेष्ठित देशलाई समुद्रसम्म जाने बाटो निर्वाध रूपमा सञ्चालन गर्न दिनुपर्ने व्यवस्था छ ।

संयुक्त राष्ट्रसङ्घ अन्तर्गत्को विश्वव्यापार सगठनमा आवद्ध देशले सगठनको कानुन मान्नुपर्ने हुन्छ । विश्वका १६५ भन्दा धेरै देश सङ्गठनको सदस्य छन् । सङ्गठनका सदस्य देशबीच निर्वाध व्यापार गर्न पाउने अधिकार छ । २०४७ सालमा नेपाल-भारतबीच दुई पक्षीय भएको पारवहन सन्धिअनुसार नेपालले बन्दरगाह उपयोग गर्ने अधिकार छ । भूपरिवेष्ठित देशले समुद्र उपयोगसम्बन्धी प्राप्तअधिकार उपयोगका लागि द्विपक्षीय व्यापार सम्फौता गर्न सकिने व्यवस्था छ । एसियाली देशबीच सडक सञ्जालमा जोडिएर निर्वाध व्यापार गर्न पाउने अभियानसहित एसियाली हाइवे सम्फौता पनि भयो । नेपालका पूर्व-पश्चिम राजमार्ग र अरनिको राजमार्ग एसियन हाइवेअन्तर्गत् पर्दछन् ।

सार्क मुलुकले आपसमा निर्वाध र स्वतन्त्र रूपमा व्यापार गर्न पाउने अधिकार सुनिश्चित गर्न साफ्टा गठन गरेको छ । सार्क क्षेत्रमा सामान रोक्न नपाउने साफ्टामा उल्लेख छ । एसियाली र सार्कका केही देश मिलेर स्वतन्त्र बजार अभियानअन्तर्गत बिमस्टेकले व्यापारमा स्वतन्त्रताको ग्यारेन्टी गरेको छ । बिमस्टेकमा बंगलादेश, म्यानमार, नेपाल र भारतसहित आठवटा देश सदस्य छन् ।

उल्लेखित महत्त्वपूर्ण कानुनले गर्दा भारतले नेपालमाथि त नेपालले पनि भारतमाथि नाकाबन्दी लगाउन सक्दैन । भारतले उपर्युक्त कानुन उल्लङ्घन गरेको पनि होइन । यदि कसैले उल्लङ्घन गरेको भए अन्तर्राष्ट्रिय अदालत पनि जान सकिन्छ । यसोभन्दा फेरि

उपबुझुकहरू त्यो त अघोषित नाकाबन्दी थियो नि भन्दै जोरी खोज्न आउँछन्। २०७२ पुष
१ गते बुधवार नेपाल राष्ट्र बैंकले जारी गरेको तथ्याङ्कले नै नाकाबन्दी भएको भनिएको
भाष्यको हावा फुस्काइदियो। मधेश आन्दोलनका बेला २० अर्ब १६ करोडको वस्तु निर्यात
भयो। व्यापार घाटा ३८ प्रतिशतले घट्यो। प्रतिवेदनले ४ महिनामा नेपालको आयात र निर्यात
दुवै घटेको देखायो। प्रतिवेदनअनुसार आर्थिक वर्ष २०७२/७३ को चार महिनामा कूल वस्तु
आयात ३६ दशमलव ८ प्रतिशतले घट्यो। वस्तुको आयात घटेर १ सय ६० अर्ब ९९ करोड
रूपैयाँमा झ्यो।

भारततर्फको सीमा नाकाहरूमा जाम-अवरोध हुँदा यतिको घट्नु स्वाभाविक हो। खास
गरी पेट्रोलियम पदार्थको आयातमा उल्लेख्य गिरावट आएकाले प्रतिशतमा धेरै प्रभावित
भयो। चार महिनामा १५ अर्ब ३७ करोडको पेट्रोलियम आयात भएको रहेछ। भारतबाट
मुख्यतया पेट्रोलियम पदार्थ, यातायातका साधन तथा पार्टपूर्जा, एम.एस.विलेट, मेसिनरी तथा
पार्ट पूर्जालगायत वस्तुको आयात घटेको प्रतिवेदनले देखाएको छ। आश्चर्यको कुरा के हो
भने सोही अवधिमा खुल्ला रहेको चिनियाँ नाकाबाट भएको आयातमा पनि २२ दशमलव ३
प्रतिशतले आयातमा कमी आएको देखियो।

उक्त चालू आर्थिक वर्षको पाँच महिनामा नौ सामग्रीको आयात निर्यात दुवैमा वृद्धि
भयो। राष्ट्र बैंकको तथ्यांकअनुसार नेपालबाट अलैंची, दालचिनी, फलफूल, अदुवा, जुटको
बोरा, पशुपक्षी, तेल, रेसावाला धागो र तरकारीको चालू आर्थिक वर्षमा निर्यात बढ्यो। त्यस्तै
भारतबाट जस्तापाता रोलिङ, कच्च्यापदार्थ, फलफूल, पशुपक्षी, रड, तार, चामल, स्टिलपाता,
चिनी र तरकारी आयातमा त्यसभन्दा अघिल्लो वर्षको पाँच महिनाको अवधिमा वृद्धि भएको
देखियो। आयात-निर्यात वृद्धि एक प्रतिशतदेखि साढे दुई सय प्रतिशतसम्म भयो। निर्याततर्फ
सबैभन्दा बढी जुट बोरामा २ सय ४५ प्रतिशतले वृद्धि भयो।

आर्थिक वर्ष २०७१/७२ को पाँच महिने अवधिमा ४६ लाख रूपैयाँको जुटका बोरा निर्यात
भएकोमा २०७२/७३ मा १ करोड ५८ लाख रूपैयाँ बराबरको निर्यात भयो। आयाततर्फ भने
सबैभन्दा बढी स्टिल पातामा वृद्धि भएको तथ्याङ्कले देखाउँछ। राष्ट्र बैंकको तथ्याङ्कअनुसार
आर्थिक वर्ष २०७१/७२ को पाँच महिनामा २२ अर्ब ८० करोड ४३ लाख रूपैयाँ बाराबरको
आयात भएकोमा त्यो वर्ष भने १३ अर्ब ८७ करोड ६२ लाख रूपैयाँको मात्रै निर्यात भएको
देखिन्छ। जुन ३९ दशमलव २ प्रतिशतको गिरावट हो। प्रतिशतको आधारमा आयातनिर्यातमा
दुवैतर्फ बराबरी गिरावट आएको देखिन्छ।

पचास प्रतिशतभन्दा बढी आयात वीरगञ्ज नाकाबाट हुन्छ। तर केही सामग्रीमा आयात-
निर्यात वृद्धि हुनुको कारण भने वीरगञ्ज बाहेकका नाकाको प्रभाव नै थियो। चालु आर्थिक
वर्षको पहिलो ६ महिनामा भारतबाट धान-चामलको आयात १५.६ प्रतिशतले बढेर ७ अर्ब
८० करोड रूपैयाँ पुग्यो। चालु आर्थिक वर्षको मसिर मसान्तसम्ममा चीनबाट हुने आयात पनि
१४.१ प्रतिशतले घट्यो।

नाकाजामको सुरुआती हप्ताको ग्यास र इन्धनको तथ्याङ्क पनि गज्जबको छ । असोज १४ गते बिहीबार साँझ ६ बजेसम्म बेलहिया नाकाबाट मात्रै केमिकल बुलेट २ वटा, पेट्रोल ट्याकर ८ वटा, डिजेल ट्याकर ६ वटा, ग्यासका २ वटा बुलेट, मट्टीतेलका २ वटा ट्याकरसहित १ सय १६ वटा गाडी नेपाल प्रवेश गरेका रहेछन् । दोस्रो सातातिर एकै दिन १३४ ट्याकर तेल, १९ ट्याकर पेट्रोल, १०५ ट्याकर डिजेल र २८ बुलेट ग्यास आएको रहेछ ।

नाकाजामको तेस्रो साताको ग्यास र इन्धनको तथ्याङ्क पनि उति नै रमाइलो छ । त्यति बेलासम्म मेचीबाट १० बुलेट, विराटनगरबाट २४ बुलेट, वीरगन्जबाट २ बुलेट, भैरहवाबाट १८ बुलेट, नेपालगञ्जबाट २२ बुलेट र धनगढीबाट ६ बुलेट ग्यास आएको देखिन्छ । त्यसैगरी पेट्रोलका ९६ ट्याकर र डिजेलका ८३ ट्याकर आएको देखिन्छ । जोगबनी नाकाबाट असोज १७ देखि २१ गते सम्ममा जम्मा ४ सय २१ गाडी आएका थिए । जसमा २२ वटा ग्यास बुटेल र ७५ वटा पेट्रोलियम बोकेका टयाङ्कर थिए । त्यसपछि पनि सोही अनुपातमा पेट्रोलियम पदार्थ भित्रिने क्रम जारी रहेको थियो । यो सबै तथ्याङ्ले के बताउँछन भने हाम्रो अवरोधकै कारण पर्याप्त मात्रामा भित्रिएको रहेन छ तर दोष भारतलाई ! यिनै तथ्याङ्कले पनि नाकाबन्दी राज्यले भजाएको मात्र थियो भन्ने पुष्टि गर्छ ।

# थरूहट र टीकापुरको जनविद्रोह

२०७२ साउन २८ मा म लगायतका नेताहरू थरूहट आन्दोलनलाई सम्बोधन गर्न टीकापुर गएका थियौं । हामीहरूले अधिकार प्राप्तिका लागि आन्दोलनमा होमिन थरूहटका कार्यकर्ताहरूलाई हौसला प्रदान गर्यौं । अधिकार नदिए खोसेर लिनुपर्ने यथार्थलाई बुझायौं । मैले भनेको थिएँ – 'नयाँ नेपाल बनाउनको निम्ति कैलाली कञ्चनपुर सहितको थरूहट प्रदेश आवश्यक सर्त हो ।'

त्यसै बखतमा शेरबहादुर देउवाले 'कैलाली र कञ्चनपुरको रौं पनि छोडिँदैन' भन्दै थारू मुक्तिआन्दोलनको आगोमा आक्रोशको घिउ थपेका थिए । देशलाई मिलाएर लैजाने जिम्मेवारी पाएकाले नै कुनै भूभागलाई आफ्नो बिर्ता जस्तो गर्नु जायज होला ?

'फास्ट ट्र्याक'बाटै संविधान जारी गर्ने भनेर जसरी मुख्य राजनीतिक दलहरू जोडतोडका साथ लागे, त्यसरी नै सबै जाति, वर्ग, समुदाय र क्षेत्रका जनताहरू पनि आआफ्ना हकअधिकार संविधानमा सुनिश्चित गर्नतिर लागे । थरूहट प्रदेशको माग गर्दै आएका थरूहट आन्दोलनकारी पनि सडक आन्दोलनमा उत्रिए ।

आन्दोलन धर्मराइरहेको थियो । टीकापुरमा थारू कल्याणकारिणी सभाको नेतृत्वमा आन्दोलन अघि बढ्न सकेन । त्यसकारण हाम्रो सद्भावना पार्टीसँग आबद्ध त्यही क्षेत्रका पार्टीका केन्द्रीय सचिव रेशमलाल चौधरीको संयोजकत्वमा एक आन्दोलन परिचालन समिति बनाउन सुझाएको थिएँ । जिल्ला सदरमुकाम धनगढीमा समेत आन्दोलन उठ्न नसकिरहँदा यही समितिमार्फत् टीकापुरमा भने आन्दोलन अघि बढिरहेको थियो ।

खास गरी कैलाली र कञ्चनपुरलाई थरूहट क्षेत्रबाट अलग गरियो । थारू क्लस्टर मासियो । जसले गर्दा थारूहरूले निकै पीडा महसुस गरिरहेका थिए । उनीहरू 'गर या मर'को दोसाँधमा थिए । स्थानीय स्तरबाट आन्दोलन नउठेसम्म सुनुवाइ नहुने भयो । थारूहरू एकजुट भई आन्दोलन गर्न कस्सिए । यसरी थारू आन्दोलनको केन्द्र टीकापुर बन्यो ।

थारू आन्दोलनको पृष्ठभूमि हेर्दा वैशाख २०६१ मा थरूहटको पहिचानका लागि आन्दोलन भएको थियो । काङ्ग्रेस र एमालेले भने आफ्ना भ्रातृ संगठनलाई थरूहटविरुद्ध सडकमा उतारे । माओवादीका नेता लेखराज भट्टले पनि मन्त्री रहेकै बेला पार्टी निर्णयको विरोध गर्दै अखण्ड सुदूरपश्चिमको वकालत गरे । यही क्रममा वैशाखमा नवलपरासीको थारू संग्रहालयमा आगजनी समेत भयो । वैशाखमा धनगढीमा आयोजित थरूहट भेलालाई अखण्ड पक्षधरले भाँडी ।

यसरी पटकपटक थारूहरूलाई अपमानित र दुर्व्यवहार गर्ने काम भयो । जोड्न छोडेर समाजलाई भाँड्ने काम नश्लवादी चिन्तन बोकेका पहाडियाले नै गरिरहे । थारूवान प्रदेशको लोभ देखाएर अधिकांश थारू माओवादी जनयुद्धतिर आकर्षित भएका थिए । सबैभन्दा बढी शहादत पनि दिए । माओवादीको अगुवाइमा भएको जनयुद्ध र त्यसविरुद्ध भएका कारबाहीको क्रममा थारूहरूको निकै बिचल्ली भयो । ८३३ जना थारूले ज्यान गुमाए, २४१ जना जना बेपत्ता पारिए । नेकपा (माओवादी)ले २०५४ सालमै जातीय/क्षेत्रीय मुद्दा र जनयुद्धलाई आपसमा जोड्न खोजेको थियो ।

तर तिनै नेकपा (माओवादी) शान्ति प्रक्रियामा आएपछि थरूहट प्रदेशको सपना तुहाउन कम्मर कसेर लागे । माओवादीको जनयुद्ध कसका लागि थियो ? सबैलाई पहिचान र अधिकार दिलाउनु पर्ने होइन ? माओवादीको व्याख्याअनुसार कुनै जाति पछि पर्नुको कारण जातीय पहिचानसहित राज्यसत्तामा समावेश हुन नपाउनु हो । यसै क्रममा माओवादीले दाङ्देखि कञ्चनपुरसम्म थरूहट/थारूवान बनाइनुपर्छ भन्ने मुद्दा हिंसात्मक द्वन्द्वकै बेला उठाएको थियो । यसैले कैलालीमा धेरै थारू माओवादी पार्टीमा आकर्षित भएर युद्ध मोर्चामा होमिएका थिए । यसरी थरूहट आन्दोलनमा माओवादी जनयुद्धको पृष्ठभूमि पनि जोडिएको छ ।

एकातिर पेलेरै संविधान जारी गरिनु, अर्कोतिर थरूहट पक्षले त्यसको विरोधमा शान्तिपूर्ण आन्दोलन पनि गर्न नपाउनुले थरूहट पक्षधरमा व्यापक उकुसमुकुस छाएको थियो । त्यसैले उनीहरूले निषेधाज्ञा तोडेर टीकापुर नगरपालिका कार्यलयमा 'थरूहट स्वायत्त प्रदेश' लेखिएको साइनबोर्ड राख्ने र नगरपालिका परिसरमा कोणसभा गर्ने योजना बनाए । पहिचानको सपना पूरा नहुने अवस्था आएपछि खोजीमा लाग्नु स्वभाविक थियो । राज्यले दिलाउने प्रयास गर्नुपर्थ्यो ।

आन्दोलनकारीहरूको भनाइअनुसार सोही सभालाई सफल बनाउने उद्देश्यका साथ २०७२ भदौ ७ मा थारू जनता टीकापुरको पश्चिम, उत्तर र दक्षिणबाट लक्षित स्थानमा आउन थाले । दिउँसो करिब १ बजेतिर टीकापुरको पशु हाटबजार र दुगौली बजारमा प्रदर्शनकारी र प्रहरीबीच मुठभेड भयो । टीकापुरको उत्तरतर्फबाट आइरहेका प्रदर्शनकारीको भीडलाई भने प्रहरीले शिवमन्दिर नजिकबाट अघि बढ्न दिएन ।

पश्चिमतिरबाट आएका प्रदर्शनकारी र प्रहरीबीच झडप हुँदा ८ प्रहरी र एक बालकको ज्यान जाने गरी दुःखद् घटना हुन पुग्यो । टीकापुर घटनापछि राज्य र गैरराज्य पक्षबाट सिङ्गो थारू समुदायलाई नै अपराधी ठहराइयो । पूरै राज्य थारू समुदायविरोधीको रूपमा प्रस्तुत भयो ।

'थारूहरू जति सबै अपराधी हुन्, हत्यारा हुन्' भन्ने ढङ्गले थारू समुदायमाथि राज्यपक्षद्वारा व्यवहार भयो । कर्फ्युबीच ८ भदौमा टीकापुर बजारमा रहेका थारूका घर तथा पसलमा छानी-छानी आगजनी र तोडफोड भयो । त्यसलाई रोक्ने प्रयाससमेत सुरक्षाकर्मीबाट भएन बरु उत्साहित गर्ने काम भयो ।

टीकापुरमा थारूहरूको जनसैलावले जनविद्रोहको रूप लिँदै थियो र त्यस हजारौं हजारको अनियन्त्रित भीडबाट केही सुरक्षानिकायका व्यक्तिहरू मारिए । दुर्भाग्यपूर्ण घटना भएको बेला म लगायतमधेशी मोर्चाका सबै नेता भापामा विरोधका कार्यक्रममा थियौं । मञ्चमै त्यो घटनाको सूचना आयो । त्यसपछि विस्तारै सबै नेता आ-आफ्ना भाषण छोट्याउँदै त्यहाँबाट कोही भारत त कोही कतैबाट निस्किसकेका थिए । तर म नजिकैको होटलमा गई बसिरहेको थिएँ । त्यहाँ मैले सयौं प्रहरी र अराजक युवाको जत्था होटलको तल देखेँ ।

उपेन्द्रजीले काँकडभिट्टा पार गरी भारतमा पुगेर मलाई फोन गरे । स्थिति गम्भीर रहेको बताउँदै त्यहाँबाट भाग्न भने । राति १२ बजे म त्यहाँबाट ज्यान जोगाएर बाइकमा सुनसरी पुगेँ । मध्यरात सुनसरीमा पार्टीकै नेता सन्तोष मेहताको घरमा वास बसेँ । तर पक्राउ पर्ने डरले म भूमिगत भइनँ । मधेश आन्दोलनको सडककै मोर्चामा रहिरहेँ ।

टीकापुर घटनामा सुरुमा थारू समुदायका सयौं जनामाथि मुद्दा लगाइयो । टीकापुर घटनापछि करिब एक महिनासम्म लगातार कर्फ्यू लगाइयो । कर्फ्युका बेला पनि पहाडी समुदायका मान्छे सजिलै ओहोरदोहोर गर्न सक्ने सुविधा थियो, तर थारूहरूलाई भने त्यस्तो सहुलियत थिएन । एक जातिलाई मात्रै निषेध कस्तो द्वेष हो ! एउटाको हात समातिदिने अर्कोलाई पिट्न लगाउने काम राज्यबाट भयो । यस्तै गर्छ राज्यले भनेर नै अधिकार र पहिचानको लडाइँमा उत्रिएको थियो थरूहट । कसैको अधिकार खोस्न आन्दोलन गरिएको थिएन ।

त्यसको ठीक उल्टो, त्यसबेला थारू अनुहार देख्ने बित्तिकै उनीहरूमाथि सुरक्षाकर्मीबाट समेत कुटपिट हुन्थ्यो । त्यस अवधिमा कैयन् बेपत्ता भए, कैयन् थारूको घरमा घुसी किशोरी तथा महिलामाथि बलात्कार भयो । लामो समयपछि टीकापुर बजारमा केही घन्टाका लागि कर्फ्यु खोलिँदा पनि थारूहरू किनमेलका लागि टीकापुर बजार आउन सकेनन् । डरत्रास यति फैलाइयो कि बरु उनीहरू टीकापुरबाट २० किलोमीटर दूरीमा रहेको भारतीय बजार तिकुनियाँ जान सहज मान्थे ।

भाद्र ८ गते प्रशासनकै समर्थनमा, कर्फ्युको बीचमा टीकापुर बजारमा रहेका थारूका घरलाई छानी-छानी आगो लगाइएको थियो । यतिसम्म कि बजारमै रहेका केही थारूका घरमा आगजनी नहुनु, जहाँ अछामी अथवा पहाडी समुदायका पसल थिए । तथ्य हेर्दा कस्तो देखिन्छ भने पहाडी समुदायको घर भए पनि त्यसमा थारू समुदायको पसल रहेको छ भने लुटिएको पाइयो । घर पनि थारूको हो र पसल पनि थारूकै हो भने त्यो घरमा आगजनी गरी पूरै ध्वस्त बनाइएको थियो । तर यी कुराहरूलाई वास्तै नगरी उल्टो राज्यले सम्पूर्ण रूपमा थारूहरूमाथि खास गरी रेशमलाल चौधरी, लक्ष्मण थारूहरू जस्ता दर्जनौं थारूहरू नेतृत्वलाई मुद्दा लगाई थरूहट आन्दोलन सिध्याउने खेलमा लाग्यो ।

थारूलाई देशका नागरिक नै होइनन् जस्तो गरियो । सरकारले जतिसुकैबल लगाए पनि जनताले रेशमजीको मूल्याङ्कन आफ्नो हकका लागि लड्ने नेताको रूपमा गरेको

प्रमाणित त्यतिखेर भयो जब उनले २०७४ साल मङ्सिरमा भएको चुनाव अत्यधिक मतले जिते । जननिर्वाचित रेशमजी समेत दर्जनौँलाई सरकारले मुद्दा मात्र लगाएन, उनीलगायत आन्दोलनकारीहरूलाई विभिन्न जेलमा कोचेर राख्यो । ती आन्दोलनकारीका बालबच्चा, घर परिवार दयनीय अवस्थामा बाँच्न बाध्य भए । केही मुद्दाको डरले विस्थापित नै भए ।

आधुनिक हातहतियारले सम्पन्न सुरक्षा निकायका उच्चस्तरीय प्रहरी अधिकृत समेत कसरी मारिए ? किन मारिए ? आत्मरक्षाको लागि हतियार कहाँ थियो ? किन प्रयोग गरिएन ? यी सबै सवाल आफैँमा महत्त्वपूर्ण छन् । छानबिन आयोगका प्रतिवेदन सार्वजनिक नगरिएका कारण घटना अझै रहस्यमय नै छ ।

आन्दोलनमा सुरक्षा निकायबाट कहिले निहत्था आन्दोलनकारी नै मारिन्छन्, कहिलेकाहीँ आन्दोलनबाट सुरक्षा निकायका व्यक्ति मारिन्छन् । आन्दोलनमा कहिलेकाहीँ भीड अनियन्त्रित हुँदा यस्तो दुर्भाग्यपूर्ण घटना हुन्छ । जनआन्दोलन र जनमत सङ्ग्रहताका काठमाडौँमा पनि आन्दोलनकारीबाट प्रहरी मारिएका थिए ।

मधेशमा सयौँ मधेशी जनता मारिए । त्यसबारे कुनै सोधखोजसम्म गरिएन । प्रायः आन्दोलनहरूमा आन्दोलनकारी मारिँदा कुनै प्रहरीमाथि मुद्दा चलेको छैन तर कहिलेकाहीँ आन्दोलनको अनियन्त्रित भीडमा प्रहरी मारिँदा छानी-छानी आन्दोलनकारीको नेतृत्वलाई झूटा मुद्दा लगाउने, जेल चलान गर्ने, यातना दिनेजस्ता कार्य सरकारले गरेको छ ।

यही परिवेशमा आतंकित एवं भयभित रहेको कैलाली र टीकापुरको थारू समाजमा सान्त्वना र सहयोगको खाँचो थियो । मैले पार्टीको तर्फबाट प्रवक्ता सन्तोष मेहतालाई कैलालीको इन्चार्ज बनाएर पठाएको थिएँ । उनलाई छ महिना लगातार जिल्लामा बसेर टीकापुर आन्दोलनका कैदीबन्दी रहेका लक्ष्मण थारूलगायतसँग निरन्तर संवाद गर्न लगाएको थिएँ । त्यसै गरी भारतमा लुकेर बसेका आन्दोलनकारीहरूसँग लखिमपुर, लखनउ लगायत क्षेत्रमा पुगी उनीहरूको परिस्थिति बुझ्ने तथा सहयोग गर्ने र उनीहरूका परिवारलाई समेत सान्त्वना दिने लगायतको कार्यहरू गर्न लगाएको थिएँ । माननीय विमल केडियाको संसदीय कोष कैलाली जिल्ला पठाएको थिएँ । जसको अधिकांश खर्च टीकापुरमा भएको थियो ।

सद्भावना पार्टीले थारूहरूलाई सक्दो सुरक्षा र भरोसा दिने प्रयास गरिरह्यो । असुरक्षा महसुस गरेमा थारूहरूलाई सुरक्षा र साथको प्रत्याभूति दिलाउने काम सद्भावना पार्टीले गर्‍यो ।

सबै पीडालाई हेरी मैले रेशम चौधरीलाई २०७४ को संसदीय निर्वाचन लड्न प्रेरित गरेँ । दोस्रो संविधान सभाको निर्वाचनमा पनि मैले तत्कालीन सद्भावना पार्टीको उम्मेदवारको रूपमा त्यही टीकापुर निर्वाचन क्षेत्रबाट उम्मेदवार बनाएको थिएँ । त्यतिबेला उनले सम्मानजनक मत ल्याएका थिए । तर २०७४ को निर्वाचनताका रेशम लाल चौधरी, लक्ष्मण थारू लगायत थरुहट आन्दोलनमा लागेका आन्दोलनकारीप्रति जनतामा अत्यअधिक आकर्षण थियो । राज्यले अपराधी भनी दोषारोपण गरेकी रेशम लाल चौधरी अत्यधिक जनताको मत ल्याएर प्रतिनिधिसभामा निर्वाचित भई सांसद बने । लक्ष्मण थारू भने केही मतले पराजित भए ।

निर्वाचित भएका रेशमजी निर्धक्क भएर अदालतमा हाजिर हुन गए । तर कैलाली जिल्ला अदालतले पुर्पक्षको लागि थुनामा राखिदयो । अर्कोतर्फ निर्वाचित सांसदलाई निर्वाचित भएको प्रमाणपत्र पनि दिइरहेको थिएन । यी सबैको विरोधमा उनी जेलमै आमरण अनशनमा बसे ।

अस्पतालमा राख्दासमेत हातखुट्टामा नेल लगाउन छोडेनन् । यी सबै अत्याचारको विरोधमा म दैनिक रूपमा विभिन्न सञ्चार माध्यममा बोलिरहेको थिएँ । दिनरात जति बोले पनि प्रधानमन्त्री, गृहमन्त्रीलगायत पार्टीका नेताहरू रेशमजीलाई सांसदको शपथ, निर्वाचित भएको प्रमाणपत्र, लोगो नदिई सांसदको मान्यता दिइरहेका थिएनन् । त्यसैले २०७५ पुस १७ गते संसद्को रोष्ट्रमबाट प्रधानमन्त्रीलगायत सबै दलका नेता सांसदहरू समेतको उपस्थितिमा आफ्ना कुरा राखेँ । रोष्ट्रमबाट मैले पटक-पटक रेशम लाल चौधरीको शपथग्रहण र कैदीबन्दीको रिहाइका लागि जोडतोडका साथ आवाज उठाएँ । त्यसको दुईचार दिनमै उनलाई शपथ ग्रहण गराइयो ।

त्यति मात्र होइन, निर्वाचनपछि केपी ओली आफ्नो सरकारमा तत्कालीन राजपालाई ल्याउन चाहन्थे । तर त्यतिबेला पनि मैले प्रधानमन्त्रीलाई भन्ने गरेको थिएँ, 'पहिले रेशम लाल चौधरी लगायतको रिहाइ, मुद्दा फिर्ता, संविधान संशोधन अध्ययनका लागि कार्यदल गठन लगायतको माग पूरा गर्नुहोस् । अनि मात्र सरकारमा सहभागिताको कुरा हुन्छ ।'

ओली सरकारले त्यसो नगरेपछि सरकारमा राजपा गएन । बरु माग पूरा गर्ने आशामा बाहिरबाट सरकारलाई समर्थन गरिरह्यो । मुद्दा फिर्ता लिई जेलबाट छोड्नुको सट्टा जब रेशमजीलाई उल्टो आजीवन कारावासको सजाय अदालतले सुनाएपछि हामीले उतिखेर नै सरकारलाई दिइएको समर्थन फिर्ता लियौं ।

टीकापुर घटनाको पीडित आन्दोलनकारीहरूको न्यायको लागि पटक-पटक निष्पक्ष न्यायिक छानबिन आयोग गठनको माग गर्‍यौं । तब मात्रै सर्वोच्चका पूर्वन्यायाधीश गिरिशचन्द्र लालको अध्यक्षतामा मधेश तथा थरूहट आन्दोलनको जाँचबुझ गर्न सरकारबाट उच्चस्तरीय आयोग गठन भयो ।

आयोगको प्रतिवेदन सार्वजनिक गराउन पटक-पटक संसद्को रोष्ट्रमसम्म घेराउ गरी संसद् अवरुद्ध गरियो । तर हालसम्म त्यो प्रतिवेदन सरकारले सार्वजनिक गरेको छैन । त्यसको मुख्य कारण टीकापुर घटनाको भोलिपल्ट भाद्र ८ गते टीकापुरमा थारूहरूमाथि सुरक्षा निकायको उपस्थितिमा शासक वर्गका थारू विरोधी जवानबाट गरिएको आक्रमण, आगजनी, लुटपाट, बलात्कार, तोडफोड तथा सुरक्षा निकाय समेतद्वारा गरिएका आतंकको विवरण छानबिनको दायरामा ल्याउनुपर्छ भनेर हो ।

मधेश आन्दोलनमा प्रहरीद्वारा शान्तिपूर्ण आन्दोलनकारीमाथि अन्धाधुन्ध टाउको र छातीमा गोली प्रहार गरेको सत्यतथ्य सबै समेटिएको प्रतिवेदन सरकारले आफ्नो गल्ती लुकाउनकै निम्ति सार्वजनिक गरेको छैन ।

पीडितलाई सरकारबाट राहत पुर्‍याउनको लागि गरिएका सङ्घर्ष केही मात्रामा सफल भएको छ । रेशमजीलगायत घटनाका पीडितहरूलाई आर्थिक रूपमा केही क्षतिपूर्ति दिइएको थियो । अड्डा-अदालतका वहस पैरवीको लागि तथा पीडित-परिवारजनलाई सक्दो सहयोग गर्ने प्रयास पार्टी र मैले आफ्नोतर्फबाट पनि गरेको थिएँ । आज पनि व्यक्तिगत रूपमा टीकापुर जनविद्रोहका आन्दोलनकारीप्रति म पूर्णरूपले प्रतिबद्ध र संवेदनशील छु । पीडितहरूलाई न्याय दिलाउन लडी नै रहने छु ।

सद्भावना पार्टीको २०६५ असोज २८ गते जनकपुरमा बसेको मेरो अध्यक्षताको बैठकले मधेश प्रदेशको नाममा आपत्ति जनाउँदै आएका केही थारू अगुवाहरूसँग आवश्यक संवाद एवं अन्तक्रिया गर्ने निर्णय गरेको थियो । त्यसपछि निरन्तर थारूलाई मधेशसँग जोड्ने अभिभयानमा म लागि रहेँ । कुनै समय मधेश आन्दोलनकै विरोधमा देखिएका राजकुमार लेखीदेखि पश्चिमका लक्ष्मण थारू, रेशम लाल चौधरी सबैलाई एउटै मञ्चमा ल्याउन सफल भएँ । थारूहरूको राजनैतिक अधिकार, शासन एवं स्वायत्तताका लागि अद्यापि म लडाइँकै मोर्चामा छु ।

'दाइ म अपराधीको रूपमा राष्ट्रपतिबाट माफी मगाएर कारागार मुक्त हुन चाहन्नँ । बरु म सधैं कारागार बस्न तयार छु मैले कुनै अपराध गरेको छैन । कैद माफी भयो भने म दोषी नै रहेको अर्थ लाग्न सक्छ र मेरो राजनैतिक जीवन समाप्त हुन्छ । मलाई सफाइ दिलाउनूहोस्,' मैले कारागारमा भेट्दा रेशमले बारम्बार भन्थे ।

हामीले पनि सधैं सरकारसँग रेशम र थारुहट आन्दोलनका योद्धाले अदालतबाट सफाइ पाउनुपर्ने माग राख्यौं । या त सरकारले निःशर्त माफी दिनुपर्‍यो । कैद मिनाह होइन, कैद मिनाहाले अपराध र कैद सजाय कबुल गरी माफी मागेर माफी दिएको अर्थ लाग्छ । तर पछि आफ्नो छुट्टै पार्टी बनाएपछि कैद भुक्तानामा मिनाहामार्फत् नै रेशम रिहा भए । अरू पनि कैदी बन्दी सजाय अवधिमा कटौती गर्दा रिहाइ भए । यसरी माफी मागेर रिहाइ भए पनि केही एकल नश्लवादमा रमाइरहेकाहरूलाई पटक्कै पचेको छैन ।

सद्भावना पार्टीकै निरन्तरको दबावले गर्दा यति बेला रेशम थारू लगायत केही योद्धाले कारवास सजायबाट मुक्ति पाएका छन् । थरुहट आन्दोलनलाई सफलता र सहजतापूर्वक न्याय दिलाउन सधैं अग्रसर छु । किनभने म गजेन्द्रनारायण सिंहको शिष्य हुँ । पूर्वका राजवंशी, कोचे, मेचेदेखि पश्चिमको राना, थारूसम्मको एउटै संस्कृति र एउटै भूगोल छ । त्यो भूगोलको नाम मधेश हो जुन नेपालको तराई क्षेत्र हो । जहाँ थारू बहुल बस्ती छ । त्यो थरुहट पनि हो । त्यसैले यी सबै समुदायको प्रादेशिक भावना समान छ । अर्को अर्थमा म पहिचानवादी, संघियतावादी, बहुराष्ट्रवादी पनि हो । त्यसैले म थारू लगायत सम्पूर्ण उत्पीडित राष्ट्रहरूको मुक्तिका खातर लड्ने सिपाही आफूलाई ठान्छु । लड्नमै गर्वबोध गरिरहने छु ।

# वार्ताको नौटंकी, प्रगति शून्य

हामीले केवल पहिचान र अधिकार मागेका थियौं । गणतान्त्रिक युगमा पनि राज्यको हेपाइ सहँदैनौं भनेका थियौं । तर राज्य पक्षबाट मानवाधिकारका सबै सीमा तोडियो । अन्धाधुन्द गोली चलाइयो । तेस्रो मधेश आन्दोलनमा पनि निहत्था ४३ जनाभन्दा बढी मधेशी आन्दोलनकारीलाई हत्या गरियो । जबरजस्ती गणितको आधारमा एकतर्फी संविधान जारी गर्दासम्म नश्लवादी चिन्तन बोकेका, एकल राष्ट्रिय राज्यको मान्यताका आधारमा शासन गर्ने शासक सम्भ्रान्तहरूले संविधानमा अधिकार र पहिचानका लागि शान्तिपूर्ण सङ्घर्ष गरी रहेको आन्दोलनकारीहरूसँग कहिले पनि समस्याको समाधान गर्ने सोच देखाएन । अझै थिचमिची गर्ने काम राज्यबाट भयो ।

उत्पीडनमा परेका आफ्नो देशका आन्दोलनकारी नागरिकमाथि एक दुस्मन देशको नागरिकसरह व्यवहार गरियो । एकल जातीय शासक सम्भ्रान्तहरूले मधेशीलाई गोली ठोक्दै नेपालको संविधान २०७२ जारी गरी छाडे । तर वार्ता गर्न उचित ठानेनन् ।

राज्यले वार्ताको आवश्यकता त्यतिबेला महसुस गर्‍यो जति बेला प्रधानमन्त्री सुशील कोइराला संयुक्त राष्ट्रसंघको महासभाका लागि न्युयोर्क उड्ने तयारीमा थिए । किनकि त्यो अन्तर्राष्ट्रिय मञ्चमा दुनियाँले मधेश आन्दोलन, वार्ता र संविधानका विषयमा प्रश्न उठाउन सक्ने प्रशस्त सम्भावना थियो ।

पहिचान र अधिकार दिनु त थिएन नै, केवल देखाउनु थियो । अनि वार्ताको नौटंकीको सुरु भयो । प्रधानमन्त्री कोइरालाले आन्दोलनमा रहेकासँग होइन कि काठमाडौँमा उपलब्ध रहेका मोर्चाका नेता महन्थ ठाकुरलाई फोन गरी भेट्ने इच्छा व्यक्त गरे । आन्दोलनकै निम्ति जनकपुर उड्न विमानस्थलतर्फ जान लागेका महन्थजी विजुलीबजारस्थित तमलोपा कार्यालयमा फर्के जहाँ प्रधानमन्त्री कोइरालासँग एकघण्टा प्रथम वार्ता भयो । पछि ठाकुरजीले हामीलाई बताएअनुसार कोइरालाले आफूले तत्कालै मधेश समस्या समाधानका लागि संविधान संशोधनको पहल गर्ने भन्दै संविधान सभाको अन्तिम बैठकमै बोलिसकेको बताउँदै केही समय पर्खन आग्रह गरेका थिए ।

महन्थजीले मधेशी-थारू र जनजातिको साझेदारी छुटाएर ठूला दलले एकलौटी संविधान जारी गरेकोमा गुनासो पोखे । यदि ठोस सम्झौता गर्ने हो भने तुरुन्तै लिखित प्रतिबद्धतासहित संविधान संशोधन अघि बढाउन माग भयो । तर प्रधानमन्त्री आफ्नै विवशता सुनाएर गए । उनलाई विदेश भ्रमण जानु थियो । घुम्नु थियो । देशबासीको कुनै सरोकार थिएन । मधेशलाई यत्तिकै छोडेर उनी विदेश उडे ।

त्यही साँझ मधेशी मोर्चाको निर्णायक बैठक राजविराजमा सुरु हुँदै थियो । यता मध्याह्न सवा १२ बजे प्रधानमन्त्री, एमाले अध्यक्ष केपी ओली, उपाध्यक्ष विद्या भण्डारी र एमाओवादी अध्यक्ष प्रचण्ड फोरम लोकतान्त्रिकको मुख्यालय सानेपामा पुगे । त्यहाँ गच्छदारसहित मधेशी मोर्चाद्वारा सञ्चालित आन्दोलनमा नरहेका सङ्घीय लोकतान्त्रिक मोर्चाका नेताहरू शरतसिंह भण्डारी र राजकिशोर यादवसँग डेढ घन्टा छलफल चल्यो । संविधान संशोधन गरेर भए पनि समाधान निकाल्न गच्छदारहरूले सुभाव दिए । तीन दलका, नेताहरूले सकारात्मक संकेत दिए । तर केही भएन ।

त्यसै बेला इन्डियन एक्सप्रेस दैनिकमा भारतीय विदेश मन्त्रालयको मधेश आन्दोलनसम्बन्धी सातबुँदाको प्रस्तावको खबर छापिएपछि नेपाली मिडिया लगायतमा सनसनी फैलियो । जनसङ्ख्याको अनुपातमा निर्वाचन क्षेत्र तोक्नुपर्ने, संविधानमा न्यायको हकअन्तर्गत् समानुपातिक भन्ने शब्द थप्नुपर्ने, संवैधानिक पदहरूमा नागरिकका लागि समान अवसर, प्रदेशको जनसङ्ख्या अनुपातका आधारमा माथिल्लो सदनमा प्रतिनिधित्व, झापा, मोरङ, सुनसरी र कैलाली–कञ्चनपुरलाई मधेश प्रदेशमा समेट्नुपर्ने, निर्वाचन क्षेत्र पुनरवलोकन २० वर्षबाट घटाएर १० वर्षमा झारिनुपर्ने र नेपालीसित विवाह गरेकी विदेशी महिलाका लागि नागरिकताका कुरा उठाइएको थियो ।

मधेश आन्दोलनलाई लिएर दिल्लीलाई मध्यस्थकर्ता बनाउन दमननाथ ढुंगाना सक्रिय देखिँदै थिएँ । २०७२ असोज दोस्रो साता ढुङ्गानासहित पूर्व राजदूत विजयकान्त कर्ण, तुलानारायण साह, अधिवक्ता दिपेन्द्र झा, थारू अभियन्ता कृष्णराज सर्वहारी दिल्ली पुगे ।

'नेपालमा संविधान आउन त आयो । तर त्यसमा केही पनि मिलेको छैन । मधेश, थरूहट र जनजातिहरूको भावना सम्बोधन गर्ने हो भने अब केही धारामा संशोधन गरेर पुग्दैन । त्यसैले पूरै संविधानको परिमार्जन गर्ने गरी एउटा संविधान पुनरवलोकन आयोग बनाउने वातावरणका लागि तपाईंहरूले भूमिका खेलिदिन पर्‍यो भन्ने विचार उनीहरूले दिल्लीमा राखे । उक्त बसाइँमा नेपाली टोलीले भाजपा महासचिव राममाधवसँग पनि भेट गर्‍यो । संविधान संशोधन गराएर मधेशको माग सम्बोधन गराउनमा भारतले सक्रिय सहयोग गर्ने उनले आश्वासन दिए ।

समस्याको समाधान खोज्न छलफल काठमाडौँदेखि दिल्लीसम्मै भइरहेको थियो । मधेशमा ४३ जनाभन्दा बढीले शहादत दिँदा पनि काठमाडौँमा 'मधेशपरस्त' कोही थिएनन् । सामाजिक ध्रुवीकरणको असर– एउटा पक्ष देशभित्र राज्यपक्षले चलाएको हिंसा र मानवअधिकार हननलाई अनदेखा गर्थ्यो अनि सबै दोष भारततिर देखाएर पन्छिन्थ्यो । मधेशका मुद्दा भारतबाट प्रायोजित रहेको भन्ने खालका अभिव्यक्ति सरकारमै बसेका मन्त्रीहरूले समेत दिइरहे । भारततर्फ आक्षेप लगाएपछि यता राष्ट्रवादी भइन्थ्यो । पहाडिया मानसिकतालाई अझै मलजल गर्न सकिन्थ्यो । आफ्नो भोटलाई सुरक्षित गर्न सकिन्थ्यो । यसरी प्रसंगविहीन अवस्थामा पनि भारताको विरोध गरेर पहाडिया सेन्टिमेन्ट बटुल्ने पुरानै चलन थियो । त्यसैको पुनरावृत्ति मात्र भयो ।

यता मोर्चाले सरकारबाट दङ्गाग्रस्त क्षेत्र घोषणा गरिएका जिल्लाबाट सेना फिर्ता गर्नुपर्ने माग राख्यो । त्यसो नहुञ्जेल वार्तामा बस्न नसकिने अडान लियो । आन्दोलनका मृतकलाई शहीद घोषणा गर्नुपर्ने, मृतकका परिवारलाई क्षतिपूर्ति, आन्दोलनका घाइतेको उपचार, गिरफ्तारको रिहाइ र मुद्दा फिर्ताजस्ता माग वार्ताकै शर्तका रूपमा अघि सार्यो । काङ्ग्रेस नेता महेश आचार्य, एमाले पोलिटब्युरो सदस्य अग्नि खरेल र माओवादी उपाध्यक्ष नारायणकाजी श्रेष्ठ सुरुवातका वार्ता प्रक्रियामा सामेल भए ।

नश्लीय शासक सम्भ्रान्तको रवैया राष्ट्रघाती नै थियो । आफ्नै देशका नागरिकलाई अनागरिक देख्ने नश्लीय शासकहरूको वार्तालाई सकारात्मक दिशातर्फ लैजाने कुनै मनशाय देखिएन । मधेशमा त्यत्रा मानिस मारिए । लासको पहाड बन्यो । तर राज्य सञ्चालक र उच्चअधिकृत कोही पनि मधेशको जमिनमा गएर जनतासँग संवाद गर्नुपर्ने आवश्यकता महसुस गरेनन् । घाउमा मल्हम लगाउनुपर्ने आवश्यकता महसुस गरेनन् । एकैपल्ट टीकापुर घटनाको ३३ औं दिनमा (असोज १०) गते प्रधानमन्त्री कोइराला कैलाली गए । आफ्नै कार्यकर्तासँग भेटे । घटनाका पीडित र सर्वसाधारण थारूसँग भेट्दै नभेटी फर्किए ।

कोइराला समग्र देशको प्रधानमन्त्री बनेर गएनन् । उनले आफू मधेशी, थारू र जनजातिको पनि प्रधानमन्त्री हुँ भन्ने नै बिर्सिए । उनी मात्रै हैन, देशका कुनै पनि प्रधानमन्त्रीले म मधेशीको पनि प्रधानमन्त्री हुँ भनेर कहिल्यै अनुभूत गराउन चाहेनन् ।

यता २०७२ असोज १२ मा काङ्ग्रेसकातर्फबाट मन्त्री विमलेन्द्र निधि, केन्द्रीय सदस्य फरमूललाह मन्सुर, मीना पाण्डे, अजयकुमार चौरसिया, आनन्दप्रसाद दुङ्गाना, महेन्द्र यादवलगायत सहभागी एक भेलाले संसद्को पहिलो बैठकबाट संविधान संशोधन गरी मधेशीका माग सम्बोधन गर्न आवाज उठायो । अन्तरिम संविधानको व्यवस्थाअनुसार राज्यको हरेक निकायमा समानुपातिक समावेशी सिद्धान्तका आधारमा प्रतिनिधित्व सुनिश्चित हुनुपर्ने, काङ्ग्रेसकै महासमिति बैठकको निर्णयअनुसार प्रदेशको निर्धारण गर्न अहिलेको सीमाङ्कन हेरफेर र प्रदेश थपघट गर्नसमेत माग गरे ।

एमाओवादीका मधेशी सभासद्हरू भने त संविधान जारी हुनुअघि नै भदौ १० गतेदेखि आन्दोलनमा ओर्लिसकेका थिए । अध्यक्ष प्रचण्ड, नेताहरू वर्षमान पुन 'अनन्त' र हरिबोल गजुरेललाई भेटी उनीहरूले यो सभाले मधेशीको अधिकार रक्षा नगर्ने हुनाले आफूहरू आन्दोलनमा जानुको विकल्प नभएको बताएका थिए । पछि उनीहरू संविधान सभा बहिष्कार गरेर सङ्घर्षमै ओर्लिए । तर त्यो जनतालाई ठग्न मात्रै जस्तो देखियो किनकि एक जनाबाहेक सबैले संविधानमा हस्ताक्षर गरे ।

संविधान निर्माणको आखिरी घडी भदौ अन्तिम सातामा केही मधेशी थारू नेताहरू अध्यक्ष ओलीलाई भेट्न बालकोट गए । उनीहरूले आन्दोलनकारीहरूले स्थानीय जनताको जायज मागहरू कब्जामा पारिसकेको भन्दै एमाले त्यस भन्दाबाहिर बस्न नहुने सम्झाए । ओलीले भने आन्दोलनको आवश्यकता नरहेको भन्दै भ्रममा नपर्न भने ।

वार्ताका अनेक सिलसिला चलिरहे तर कुनै प्रगति देखिएन । वार्ताबाट समस्या समाधान गर्ने कुनै मानसिकता नै देखिएन । यसरी वार्ताहरू शून्यमा टुंगिए । समग्र मधेशलाई पहाडसँग जोड्ने कुराले मधेशलाई भनै दुःखित बनाएको थियो । पहाडसँग जोडिएर मधेशीको हक र अधिकार प्राप्त हुँदैनथ्यो । पहाडीया नश्लीयताबाट मधेशको पहिचान सुरक्षित हुँदैन थियो । हामीले छुट्टै पहिचान र अधिकार सहितको स्वायत्त मधेश प्रदेशको माग गरिरहेका थियौं ।

आन्दोलन सुरु हुँदै हामीले भापादेखि नारायणी नदीसम्म मधेश प्रदेश अनि त्यसदेखि पश्चिम कञ्चनपुरसम्म गरी थरुहटको सीमाङ्कन मागिरहेका थियौं । तर तराई मधेशमा दुई प्रदेशका लागि ठूला तीन दल तयार थिएनन् । तर मधेशी मोर्चासँग वार्ताको सुरुवातमा माओवादीले पूर्वको भापा, मोरङ र सुनसरी अनि पश्चिमका कैलाली र कञ्चनपुरलाई विवादित जिल्ला घोषणा गरी संघीय आयोगबाट टुङ्ग्याउने र बाँकी क्षेत्रमध्ये कांग्रेस र एमालेले विगतमा उठाउँदै आएको नवलपरासीदेखि बर्दियासम्म थारु बहुल क्षेत्र समेटी प्रदेश बन्ने गरी प्रादेशिक सीमाङ्कन हेरफेर गर्ने मध्यमार्गी प्रस्ताव अघि साऱ्यो ।

प्रचण्डले सरकार-मधेशी मोर्चा र विपक्षी कांग्रेसबीच निर्णायक वार्ता तयारीका लागि संवाद थाले । त्यही क्रममा तमलोपा अध्यक्ष महन्थ ठाकुरसँग ३० कार्तिक २०७२ मा ललितपुरको गोप्य स्थानमा भेटेका प्रचण्डले सीमाङ्कनसम्बन्धी सहमति खोज्ने गरी नयाँ मिलनविन्दु अघि सारे ।

प्रचण्डको प्रस्तावअनुसार हालको मधेश प्रदेशअन्तर्गत सप्तरीदेखि पर्सालाई कायम राख्ने, नवलपरासीदेखि बर्दियासम्मका थारु बहुलवस्ती छुट्याएर बाँकीलाई पहाडसँग मिलाउने, भापा र कञ्चनपुरलाई विवादित जिल्ला घोषणा गरी उनी नेतृत्वकै राजनीतिक समितिमार्फत् टुङ्ग्याउने, त्यसमा तयार नभए पूर्वका तीन र पश्चिमका दुई जिल्लासमेतलाई विवादित जिल्ला घोषणा गर्ने, मोरङ र सुनसरीको जिल्ला सीमा परिवर्तन गरी पहाडी बहुल क्षेत्रलाई पहाडमा, मधेशी बहुल क्षेत्रलाई मधेशमा मिलाउने थियो ।

भेटपछि तमलोपा अध्यक्ष ठाकुरले विगतका भेटभन्दा प्रचण्डले कार्तिक ३० गते नयाँ शिराबाट विकल्प अघि सारेकाले सहमतिको सम्भावना रहेको संकेत दिए । ठाकुरसँग भेट्नुअघि प्रचण्डले मधेशी बुद्धिजीवीसँग पनि सहमतिका लागि विकल्पहरू के-के हुन सक्छन् भनी छलफल गरे ।

तर प्रचण्डले ठाकुरलाई भेटेकै दिन मोर्चाका अन्य नेताहरूले त्यस्तो विकल्पलाई असान्दर्भिक ठहराइदिए । उपेन्द्रजीले प्रचण्डजीको प्रस्तावलाई जिम्मेवार प्रस्ताव ठानेनन् । यसरी वार्ताहरू निष्कर्षविहीन भएर टुंगियो । प्रगति शून्य रह्यो ।

# मागपत्रमा वार्ता

मधेशले विगत ४० वर्षदेखि हक र अधिकार मागिरहेको छ । तर आजसम्म कुनै मागप्रति सरकार सकारात्मक भएन, संवेदनशील देखिएन । मागहरू केवल मधेशलाई अगाडि बढाउने र यो देशको विकासमा मधेशीले समान सहभागिता जनाउन सकून् भनेर मागिएका थिए । सार्वभौम राज्यको विपरीत राष्ट्रघाती माग थिएनन् । यो देशको माया पहाडलाई भन्दा धेरै मधेशलाई छ । देशलाई मधेशले नै जोगाएको हो । सीमानामा बसेर देशको रक्षा मधेशले गरेको हो । यदि मधेशले राष्ट्रघात गर्ने हो भने यो देश उहिल्यै इतिहासको गर्तमा विलीन भइसकेको हुनेथियो ।

पहिल्यै नै सहमति भइसकेका माग मुद्दा कार्यान्वयनको निम्ति मधेश आन्दोलित भइरहेको थियो । नयाँ माग केही थिएन । आन्दोलन प्रारम्भ गर्दाखेरी नै ११ बुँदे माग अगाडि सारिएको थियो ।

पहिलो संविधान सभाबाट गठित राज्य पुनःसंरचना तथा राज्यशक्ति बाँडफाँट समिति, राज्य पुनःसंरचना उच्चस्तरीय सुझाव आयोगको प्रतिवेदन तथा मधेशी, आदिवासी जनजातिलगायत उत्पीडित समुदायसँगभएका सम्झौता र नेपालको अन्तरिम संविधान–२०६३ को धारा १३८, १ (क) अनुरूप तराई/मधेशमा मेचीदेखि महाकालीसम्म दुई स्वायत्त प्रदेशलगायत ऐतिहासिक पृष्ठभूमि र पहिचानको आधारमा अन्य स्वायत्त प्रदेशहरू निर्माण हुनुपर्ने उल्लेख थियो । त्यस्तै स्वायत्त प्रदेशहरू अधिकार सम्पन्न हुनुपर्ने राज्यसितको पुरानै सहमति मोर्चाले अक्षरशः दोहोर्‍याएको थियो । यो बुँदाले पूर्व र पश्चिम गरी मधेशमा दुई प्रदेशको मोर्चाको मागलाई लिखित रूपमा प्रष्ट पारेको थियो ।

त्यस्तै सबै समुदायलाई राज्यका निकायहरूमा समावेश गर्नु थियो । मौलिक हकमा समुदायगत समानुपातिक समावेशी हुने स्पष्ट व्यवस्थासहितको अलगधाराको व्यवस्था गर्नुपर्ने माग मोर्चाले गरेको थियो । सङ्घ, प्रदेशलगायत राज्यको सम्पूर्ण अङ्ग, तह, निकाय र सेवाआयोगहरूमा समानुपातिक समावेशी हुने कुराको प्रत्याभूति हुनुपर्ने माग ११ बुँदेमा समेटिएको थियो ।

प्रतिनिधिसभाको निर्वाचन क्षेत्र जनसंख्याका आधारमा निर्धारण तथा मिश्रित निर्वाचन प्रणाली अन्तरिम संविधानमा भएको व्यवस्था बमोजिम गर्ने र राष्ट्रियसभामा प्रत्येक प्रदेशबाट अनिवार्य प्रतिनिधित्व हुने गरी जनसंख्याका आधारमा प्रदेशका सदस्यहरू, प्रदेशसभाका सदस्यहरू मतदाता हुने गरी एकल सङ्क्रमणीय निर्वाचन प्रणालीबाट गठन हुनुपर्ने माग मोर्चाले राखेको थियो ।

नागरिकताको सन्दर्भमा पनि मागहरू राखिएका थिए । वैवाहिक नागरिकताको प्राप्ति सघीय कानुनमा नभइ संविधानमै स्पष्ट व्यवस्था हुनुपर्ने र संवैधानिक पदहरूमा मनोनीत वा निर्वाचित अन्तरिम संविधानको व्यवस्था अनुरूप हुनुपर्ने माग मोर्चाले गरेको थियो । न्यायपालिकालाई सङ्घ राज्यको आधारभूत मान्यताअनुरूप अर्थात् सघीय ढाँचामा रूपान्तरित गर्ने तथा सर्वोच्च अदालत, उच्चअदालत र स्थानीय अदालतको नियुक्ति समावेशी समानुपातिक आधारमा गर्नुपर्ने, साथै उच्चअदालत र स्थानीय अदालतको न्यायाधीशहरूको नियुक्ति प्रादेशिक कानुनबमोजिम हुनुपर्ने थियो ।

भाषिक सङ्घर्ष पनि हाम्रो माग थियो । नेपाल बहुभाषिक देश हो । यहाँ अनेक भाषाहरू रहेका छन् तर एकल राज्यले समग्र देशलाई खस–आर्यमय बनाएको छ । सङ्घ, प्रदेश र स्थानीय निकायका सबै अङ्गहरूमा बहुभाषिक नीति लागू गर्नुपर्ने हाम्रो माग थियो ।

त्यस्तै गरेर समावेशी आयोगमा सबै समुदायको प्रतिनिधित्व तथा अन्य सबै आयोगहरूको गठन र कार्यक्षेत्र स्पष्ट उल्लिखित हुनुपर्ने, प्राकृतिक स्रोत तथा वित्तीय आयोगमा सबै प्रदेशहरूको प्रतिनिधित्वको व्यवस्था हुनुपर्ने माग पनि हामीले अगाडि सारेका थियौं । स्थानीय निकाय तथा विशेष संरचनाको गठन प्रादेशिक कानुनबमोजिम हुनुपर्ने माग पनि थियो ।

नेपाली सेनामा मधेशको सहभागिता बढाएर नेपाली सेनालाई राष्ट्रिय स्वरूप प्रदान गर्दै लोकतान्त्रीकरण गर्ने तथा सेनालगायत सम्पूर्ण सुरक्षा निकायहरू समानुपातिक समावेशी व्यवस्था गर्नुपर्ने माग थियो । नेपाल अनेक जातजाति र भाषाभाषीले बनेको मुलुक हो । नेपाललाई एकल राष्ट्रिय राज्यका रूपमा नभई बहुराष्ट्रिय राज्यका रूपमा परिभाषित गर्नुपर्ने माग पनि हाम्रो थियो ।

त्यसै गरी अर्को अलिखित सर्त के थियो भने, 'काठमाडौँका वार्ताहरूमा चिया बिस्कुटको सत्यानाश मात्रै भयो । अब मधेशमै वार्ता गरौं ।'

यद्यपि यसमा मोर्चाकै साथीहरू अडिएनन् । साँच्चै वार्ता मधेशकै भूभागमा भएको हुन्थ्यो भने त्यसले वार्ताकारहरूको मनोविज्ञानमा कस्तो फरक पर्न जान्थ्यो होला ! त्यसैले मैले जहिले पनि वार्ता मधेशमा नै होस् भनेको थिएँ ।

'दिल्लीमा वार्ता हुन सक्छ भने आफ्नै देशको भूभागमा किन हुन सक्दैन ? कि पहाड मात्र देश हो, पहाडी मात्रै नागरिक हुन् ?,' मेरो यस्तो प्रश्न रहन्थ्यो ।

२०७२ कात्तिक १५ गते वार्ताअघि प्रचण्डको संयोजकत्वमा गठित उच्चस्तरीय राजनीतिक समन्वय समितिको बैठक ओलीको सरकारी निवास बालुवाटारमा बसेको थियो । मोर्चाको चासो सम्बोधन गर्न बसेको सो बैठकले मधेश आन्दोलनमा ज्यान गुमाएकाहरूलाई शहीद घोषणा, प्रतिव्यक्ति १० लाख रूपैयाँका दरले गृतकबग परिपारणलाई वितरण, धाइतको पहिचान गरी क्षतिपूर्ति, भूटा मुद्दा फिर्ता, गिरफ्तारको रिहाइलगायत निर्णग गर्दै मन्त्रिपरिषद्ले तत्कालै घोषणा गर्ने सहगति भएको थियो । उक्त समिति बैठककी निर्णय सरकारी वार्ता टोली संयोजक परराष्ट्रमन्त्री कमल थापाले मधेशी मोर्चा वार्ता टोलीलाई पढेरै सुनाएका थिए ।

वार्ताको माहोल एकाएक सुखद् मोडतर्फ डोरिएको थियो । प्रफुल्ल उपप्रधानमन्त्री थापाले बाहिर आएर भित्रको उत्साह सञ्चार गरे, 'मधेश आन्दोलनको मुख्य मुद्दा मानिँदै आएको सीमाङ्कन हेरफेरलाई पहिलो पटक सरकारले 'रिकग्नाइज' गरेको छ, जुन यसअघि भएको थिएन । संविधान संशोधन गर्न कांग्रेसको सहमति आवश्यक पर्ने भएकाले हामी तत्काल कांग्रेससँग संवाद थाल्छौं । अनि मोर्चासँग अर्को चरणको वार्ता गर्छौं ।' तर त्यो 'अर्को चरणको वार्ता' सुरु हुनै सकेन । १५ गतेको वार्ताको भोलिपल्टै दक्षिणी नाका वीरगञ्ज तनावग्रस्त भयो ।

भोलिपल्टै नयाँदिल्ली पुगेका परराष्ट्रमन्त्री थापाले भारतीय समकक्षी सुष्मा स्वराजसामु संवादहीनता तोड्ने सूत्रका रूपमा चारबुँदे 'ननपेपर' दिए । ननपेपरका चार बुँदा थिए - संघीय प्रदेशको विवाद मिलाउन सीमाङ्कन संयन्त्र गठन, मधेश आन्दोलनको मागलाई ध्यान दिँदै सीमाङ्कन समस्या हल, मधेश केन्द्रित दलको सहमतिमा तीन महिनाभित्र संयन्त्रले प्रतिवेदन दिने कार्यविधि, नागरिकताबारे देखिएको 'अस्पष्टता' हल ।

तर यो चार बुँदेबारे मोर्चासँग कुनै छलफल गरिएन । त्यसको भोलिपल्ट मन्त्रिपरिषद्‌को आकस्मिक बैठक बसेर आन्दोलनका माग सम्बोधन गर्ने गरी तीन बुँदे निर्णय लिइयो । झन्डै चार बुँदेसँग मेल खाने गरी तयार उक्त तीन बुँदे प्रस्तावको मजबुनमा थियो- सरकारले राजनीतिक सहमतिका लागि संयन्त्र गठन गर्ने, उक्त संयन्त्रले तीन महिनाभित्र दिने सुझावका आधारमा सीमाङ्कन टुंगाउने । राज्यका निकायहरूमा समानुपातिक समावेशी सहभागिता सुनिश्चित गर्ने । प्रत्येक जिल्लामा कम्तीमा एक निर्वाचन क्षेत्र कायम रहने गरी जनसंख्याका आधारमा निर्वाचन क्षेत्र निर्धारण गर्ने । नागरिकता लगायतका अन्य मागहरूलाई समेत वार्ताको माध्यमबाट समाधान खोज्ने भनियो तर पनि सहमति गरिएन ।

कुनै निष्कर्ष निस्कोस् या ननिस्कोस्, मोर्चाका कोही न कोही नेता वार्तामा बसिहाल्ने परम्पराले मागप्रति सरकार गम्भीर देखिएन । चिया बिस्कुट खान मात्रै बसेजस्तो भयो । मोर्चासँग सरकारको वार्ता यस्तै रह्यो ।

संविधान जारी हुँदै गर्दा मधेशमा सरकारले तीव्र हिंसा मच्चाइरहेको थियो । मधेश तथा काठमाडौंमा सरकारका विरुद्ध पुतला जल्दै थिए । वार्ता पनि चल्दै थियो । वार्तामा आवश्यक पर्ने लचकता कम प्रदर्शित थियो । दर्जनौं अनिर्णित वार्ताहरूबीच २०७२ पुस अन्तिम साता तीन ठूला दल र काठमाडौंमा रहेका मोर्चा नेताहरूले गरेको रचनात्मक निर्णय थियो- अब वार्ताका साँचो दोस्रो तहका नेताहरूलाई सुम्पिने । एक अर्कालाई सुन्न र बुझ्न सक्ने अनि सम्बन्धित पार्टी नेतृत्वलाई पनि विश्वासमा लिन सक्ने ठानिएका ती नेताहरूको नामावली तयार गरियो ।

तीन दलबाट थिए – उपप्रधानमन्त्री तथा एमाले उपाध्यक्ष भीम रावल, कांग्रेस नेता महेश आचार्य र माओवादी नेता कृष्णबहादुर महरा । मोर्चाबाट थिए- तमलोपा वरिष्ठ उपाध्यक्ष हृदयेश त्रिपाठी, संघीय समाजवादी फोरम सहअध्यक्ष राजेन्द्र श्रेष्ठ, सद्भावना पार्टी

सहअध्यक्ष लक्ष्मणलाल कर्ण र तमसपा वरिष्ठ नेता रामनरेश राय । २६ पुसमा सिंहदरबारमा बसेको कार्यदल बैठकमा तीन दलका तर्फबाट नेताहरूले मोर्चाको संशय घटाउने गरी कुरा राखे, 'तपाईंहरूले मागे जस्तो गरी अहिले मधेशमा दुई प्रदेश हुँदैन । त्यसैले हाल प्रस्तावित राजनीतिक संयन्त्रलाई संसदीय प्रक्रियाबाट संवैधानिक वैधता दिलाऔं । त्यसले सीमाङ्कन हेरफेर टुङ्ग्याउँछ ।'

वार्ता सफल हुनै लाग्दा प्रधानमन्त्रीले कार्यविधिलाई कारक देखाउँदै सिमाङ्कन संयन्त्र बनाउन सहमती दिएनन् । त्यसपछि निरन्तरका वार्ता प्रधानमन्त्री ओलीमै निर्भर थियो तर ओलीले प्रस्तावित संयन्त्रको कार्यविधिमा लेख्न प्रस्ताव गरेको भाषा रुचाएनन् ।

एमालेले त मिल्थ्यो भने मधेशीलाई मान्छे नै होइनन् भनेर संविधानमा लेख्यो । भाषा नरुचाउनु सामान्य भयो । प्रधानमन्त्री ओलीले वार्ता उत्कर्षमा पुगेकै बेला मुद्दाहरूमा कडा अडान लिँदै गए तर हामी चाहिँ नरम थियौं । माघ पहिलो सातादेखि काठमाडौंमा चलेका रातदिनका वार्ताहरू यसको असली कारणहरू थिए । त्यसै क्रममा मधेशी मोर्चाले एघारबुँदे मागपत्रमा उठाउँदै आएका केही रणनीतिक मागहरू तत्कालको निम्ति स्थगन गर्ने रणनीति लियो । तिनैमध्ये एक थियो- बहुराष्ट्रिय राज्यको माग ।

पटकपटकका छलफलपछि २०७२ पुस अन्तिम साता र माघ पहिलो हप्ताभरि वार्ताहरू भइरहे । सुरुमा ११ बुँदेलाई तीन दलकातर्फबाट पाँच बुँदामा भारियो । त्यसमा सीमाङ्कन, समानुपातिक प्रतिनिधित्व, राष्ट्रिय सभा, आन्दोलनसँग सम्बन्धित शहीद परिवार, घाइते, क्षतिपूर्ति र न्यायिक छानविन आयोगको विषय समेटिएको थियो । त्यसपछि मोर्चा कार्यदलले एक बुँदा अझै थप्दै ६ बुँदा बनायो । सीमाङ्कन सुल्झाउन प्रस्तावित राजनीतिक संयन्त्रलाई संविधानको अनुसूचीमा राखिनुपर्ने कुरा छैटौं बुँदा थियो ।

मोर्चाको उक्त मस्यौदा प्रस्तावमा भनिएको थियो, 'राजनीतिक संयन्त्रले तराई-मधेशमा दुई प्रदेश हुने गरी प्रदेशहरूको संख्या र सीमाङ्कन परिमार्जन गर्नेछ । संविधानको अनुसूचीमा राजनीतिक संयन्त्रको कार्यक्षेत्र राखिनेछ । सरकारले मधेशी मोर्चाको माग सम्बोधन गर्न संविधानको धारा ५६ को उपधारा ३ को अनुसूची ४ लाई परिमार्जन गर्न प्रमुख राजनीतिक दल र आन्दोलनरत मोर्चा सम्मिलित राजनीतिक संयन्त्र निर्माण गरिनेछ ।'

त्यस्तै, राष्ट्रिय सभामा प्रदेशसभाका सदस्यहरू भएको निर्वाचक मण्डल रहने गरी प्रत्येक प्रदेशबाट पाँचजना अनिवार्य र बाँकी जनसंख्याका आधारमा हरेक प्रदेशबाट कम्तीमा तीन जना महिला, एक दलित, एक अपाङ्गता भएका व्यक्ति वा अल्पसंख्यकसहित निर्वाचित ५६ सदस्य निर्वाचित हुने प्रस्ताव गयो ।

अरू आन्दोलनसँग सम्बन्धित मागमा आन्दोलनका मृतकलाई शहीद घोषणा, परिवारलाई क्षतिपूर्ति, घाइतेको उपचार खर्च, आन्दोलनका मृतकबारे उच्चस्तरीय न्यायिक छानबिन समिति गठन लगायतका थिए ।

यिनै मस्यौदा बुँदाहरूका आधारमा अब कार्यदल स्तरको वार्ता शीर्ष तहमा प्रवेश गर्नेवाला थियो । मोर्चासँग निर्णायक वार्ता हुनुअघि प्रधानमन्त्री ओली, काङ्ग्रेस सभापति सुशील कोइराला र माओवादी अध्यक्ष प्रचण्डले बालुवाटारमा उक्त ६ बुँदैमाथि छलफल चलाए ।

त्यो बैठकमा एमालेले मधेशमा दुई प्रदेश हुने गरी अहिल्यै सीमाङ्कन हुने प्रतिबद्धता संयन्त्रको कार्यविधिमार्फत् दिन नसकिने बरु संसद्‌बाट संविधान संशोधन विधेयक अहिलेकै अवस्थामा पारित गर्नुपर्ने अडान लियो । त्यसपछि संविधान जारीकर्ता तीन ठूला दलका तर्फबाट काङ्ग्रेस नेता महेश आचार्य बोले, 'संविधान संशोधनबाट तत्कालै सबै माग पूरा गर्न नसकिने भयो । भाषा परिमार्जन गरेर सम्झौता गर्ने हो भने सकिन्छ ।'

यसअघिका वार्तामा पनि अनेक जालसाजीपूर्ण भाषा प्रयोग गरेर मधेशका मागलाई कमजोर तुल्याउने काम भएको थियो । यस कुरामा मधेश चनाखो थियो । आचार्यको भनाइले मोर्चा नेताहरू आक्रोशित भए । सद्भावना सहअध्यक्ष लक्ष्मणलाल कर्णले संविधान संशोधनमार्फत् मधेश आन्दोलनको अवतरण गराउन तीन ठूला दल अनिच्छुक भएको बताउँदै अब कार्यदलका वार्तामा आफूहरू नबस्ने चेतावनी दिए । बन्दै गरेको सहमति पनि भाँडियो । मधेशले न पहिचान पायो, न अधिकार नै ।

# राज्यले मारेर मर्दैनन् राजेन्द्रहरू

भनिन्छ, शरीर मरे पनि आत्मा मर्दैन । मधेशको समस्या शरीर हैन, आत्मा हो । मुख थुनेर आवाज त थुनिएला तर समस्या त छरपष्ट देखिन्छन् । हात काटेर भाग्यरेखा कहाँ भेटिन्छ र !

देशमा नाकाजाम थियो । जनता नाकामा थिए । आफ्नै देशलाई नाकाजाम गर्नु कति दुःखद् थियो होला । यो वर्णनातीत दुःख हामी बताउन पनि असमर्थ छौं । तर बाध्यता अनेक थिए । हाम्र गर या मरको स्थितिमा सीमानाकामा पुगेका थियौं । सीमा अवरोध कार्य सबै नाकामा चलिरहेको थियो । सबै नाकालाई अवरोध गरेर सरकारलाई वार्ताद्वारा समस्या समाधान गराउन बाध्य पार्ने रणनीति अपनाइएको थियो ।

निदाइरहेको सरकारलाई जगाउनु थियो । चीर निद्रामा जान लागेको मधेशलाई पनि बचाउनु थियो । सरकार मुखले केही बोलिरहेको थिएन । केवल बन्दुकका मोहोरीहरू भटाभट बोलिरहेका थिए । यस्तो प्रतीत हुन्थ्यो– राज्य भनेको बन्दुकको नालमात्रै हो, त्यसैबाट उम्किएर आएको गोलीले नै राज्य चलाउँछ ।

म स्वयं सबै नाका-अवरोध कार्यमा सहभागी थिएँ । कहिले भैरहवा, त कहिले नेपालगञ्ज, त कहिले वीरगञ्ज, त कहिले गौर, मलगङ्वादेखि विराटनगरसम्मका नाका अवरोध कार्यक्रममा सहभागी थिएँ । यातायात बन्द, हड्ताल रहेको कारण मोटरसाइकलमा नै मेची महाकाली दौडिरहेको थिएँ । कहिलेकाहीँ भारतको मालवाहक रेल्वे पनि प्रयोग गरें । त्यही क्रममा म भैरहवा नाकामा भारतको बाटो हुँदै पुगें । त्यहाँ नाकामा धर्ना बस्दा ममाथि आक्रमणका लागि केही गुण्डातत्व धारिलो हतियार सहित आए । आक्रमण गर्न खोज्दा धक्कामुक्का भयो । गुण्डातत्व कै साथीको हातको औंला कटियो । धन्न म बचें ! नेपालगञ्ज रूपैडिया नाकामा जाँदा पनि आतङ्कको वातावरण थियो तर म त्यहाँ धर्ना बसेपछि आन्दोलनकारीको मनोबल बढ्नपुग्यो ।

यसैक्रममा म विराटनगर जोगबनी नाकाको अवरोध कार्यक्रममा भाग लिन २०७२ पौष १० गते त्यहाँ गएको थिएँ । पछिल्लो ६७ दिनदेखि वीरगञ्ज नाका पूर्ण रूपले ठप्प पार्न अनेक रणनीति बनाएको थिएँ, अब म त्यहाँ नियमित नरहे पनि नाका ठप्प रहने परिस्थिति थियो । वीरगञ्ज नाकापछिको महत्त्वपूर्ण नाका जोगबनी हो । यो नाका जाम गर्ने मुख्य जिम्मेवारी उपेन्द्रजीमा थियो । उनले त्यहाँ समय कम दिइरहेका थिए । त्यसैले त्यहाँका आन्दोलनकारीहरूले मलाई बोलाइरहेका थिए । पूर्वी मधेशको आन्दोलनलाई अझ सशक्त बनाउन तथा आन्दोलनकारीको ऊर्जा थप गर्नको निम्ति म विराटनगर-जोगवनी नाकामा गएँ ।

प्रहरीको गुप्तचरले सन्तोष मेहतालाई सूचना दिए । सोही अनुसार विराटनगरमा २०७२ पौष १० गतेको राति ममाथि हमला हुँदैछ र मेरो ज्यान लिने तयारीमा केही समूह छन् भन्ने सूचना

पाएँ । सबैले मलाई त्यहाँ नबस्न भने । मुख्य मान्छेलाई नै केही भइदियो भने आन्दोलनको के होला भनेर चिन्ता व्यक्त गर्ने धेरै थिए । सन्तोषको सूचनापछि दिलीप धाडेवालले पनि मलाई प्रहरीको गोप्य योजना सुनाए । तर मैले कसैलाई पनि चिन्ता नलिन भनें ।

'राज्यले राजेन्द्र महतोलाई मार्ने ताकत राख्दैन । यदि मलाई मारे भने पनि महान् आन्दोलनको निम्ति मेरो मृत्यु हुने हो । मेरो जीवन सफल हुनेछ । जनताले उठाएको झापा, मोरङ सुनसरीको मधेश क्षेत्र मधेश प्रदेशमा रहनु पर्ने माग पूरा हुनेछ । तसर्थ म कतै जाने सोचमा छैन । जे पर्छ म सहन्छु । भोग्छु,' साथीहरूलाई यही भनेर अन्य दिन जसरी नै बसें ।

बिहान भयो । मलाई केही भएन । तर बिहानै फेरि अर्को सूचना आयो– दसगजासम्म मलाई जान नदिइ वरै रोकेर गिरफ्तार गर्ने । योजना अनुसार बिहानै मोटरसाइकलमा जोगबनीको लागि प्रस्थान गरें । मलाई भेट्नका लागि विराटनगरमै कार्यरत एकजना प्रहरी मोटरसाइकलमा पछिपछि आउँदै थिए । बाटोमा ओभरट्याक गरेर नाकामा नजान भनें । र मलाई सिध्याउने योजना बनेको कुरा पनि बताए । र अगाडि बढे । तर पनि म जोगबनी नाकातर्फ लागें । आन्दोलनको लागि निर्धारित समय पूर्व नै पारि जोगबनी गइहालें ।

जोगबनीमा बिहार विधान सभाकी विधायक देवन्तिदेवीले भगवान यादवको स्मृतिमा सभाको आयोजना गरेकी थिइन् । भगवान पनि विधायक थिए । उनी खुला सिमाना र नेपाल– भारत विशेष सम्बन्ध पक्षधर थिए । भारतीय नागरिकसँग आन्दोलनमा सद्भाव चाहेका थियौं । त्यसैले पूर्वयोजना अनुसार नै उक्त स्मृति सभामा सहभागी भएको थिएँ । साथै जोगबनीका नागरिकसँग अन्तरक्रिया गरेको थिएँ ।

कार्यक्रममा गएर फर्कने क्रममा दसगजामा धर्ना दिएँ । मसँगै विराटनगरका अगुवा आन्दोलनकारी सत्यनरायन साह, एसएन मेहतालगायत सयौँको सङ्ख्यामा मोर्चाका जिल्ला नेताहरू थिए । शान्तिपूर्ण रूपमा विराटनगर जोगबनी नाकामा धर्ना दिँदा गरेका निहत्था आन्दोलनकारीहरूमाथि एक्कासि नेपाल सरकारका प्रहरीहरूद्वारा आक्रमण भयो । बाँसको भाटा अन्धाधुन्द रूपमा ममाथि प्रहार भयो । ममाथि जानलेवा हमला भयो । मेरो टाउको फुट्यो । हात, खट्टामाप्रहार भयो । सँगै रहेका आन्दोलनकारी साथीहरू दिलिप घाडेवाल, सन्तोष मेहता, तेन्जिङ लामालगायत दर्जनौँ साथीहरू घाइते भए । मोहन लिम्बू, सन्तोष तामाङ, सुनिल राई, अर्जुन लिम्बू, पर्वत श्रेष्ठ, राजेश राई, प्रविन तामाङ, आकाश तामाङ लगायत १६ जना पक्राउ परे । उनीहरूमाथि मुद्दा चलाइयो ।

आन्दोलनकारीहरूले हामी सबै घाइतेहरूलाई उठाई भारतको सीमातर्फ लगे । क्लिनिकमा प्राथमिक उपचार गराई तुरुन्त विराटनगरको अस्पतालमा पुर्‍याए । रातभरि त्यहाँ उपचार गरियो । तर हाम्रो इलाज त्यहाँ सम्भव भएन । त्यसपछि हामीलाई धरानस्थित बीपी कोइराला स्वास्थ्य विज्ञान प्रतिष्ठानमा पुर्‍याइयो ।

आक्रमणको घटना आगोझैं देशभर फैलियो । ठाउँ–ठाउँमा विरोध प्रदर्शन सुरु भएका थिए । आन्दोलनकारी साथीहरूले बीपी प्रतिष्ठानमा उपचार गर्नु उचित देखेनछन् । उनीहरूले अन्यत्र लैजाने बन्दोवस्त मिलाए । थप उपचारको लागि धरानदेखि हेलिकप्टरबाट पुस १७ गते काठमाडौं

विमानस्थल ल्याइयो । त्यहाँबाट सीधा मेदान्त अस्पताल दिल्ली लगियो । जाँचपड़्तालहरू भयो । कुनै गम्भीर अवस्था नदेखिएकाले पुस २२ गते मेदान्तबाट डिस्चार्ज भएँ । हाम्रो आन्दोलन अहिंसात्मक थियो । हामी चाहन्थ्यौं-एक जनाको पनि रगत नबगोस् । तर आन्दोलनमा मेरै रगत बग्यो । राज्यले मार्नै खोजेको थियो, पहिचानको आन्दोलनले मेरो जीवनको निरन्तरता माग्यो ।

त्यही बीचमा प्रधानमन्त्री ओलीले स्वास्थ्यको अवस्था जानकारी लिए । उपचारपछि वार्ताबाट समस्याको समाधान गर्ने बताए । 'तपाईं काठमाडौं जसरी पनि आउनुपर्छ । वार्ता गर्नुपर्छ,' भनी पटकपटक आग्रह गरे । त्यसपछि २०७२ माघ ३ गते दिल्लीबाट सीधै काठमाडौं आएँ । विमानस्थलबाट पहिला पार्टी कार्यालय आएँ । साथीहरूलाई भेटेँ । अनि पार्टीका नेता लक्ष्मणलाल कर्णलाई लिएर सीधै प्रधानमन्त्री निवास बालुवाटार पुगेँ । प्रधानमन्त्रीसँग लामो वार्ता भयो । तर प्रधानमन्त्री ओलीमा मैले कुनै गाम्भीर्यता देखिनँ । त्यसैले म वार्ताको जालभेलमा नफसी फेरि भोलिपल्ट नै आन्दोलन भइरहेको मधेशमा पुगेँ ।

मधेश आन्दोलनको सम्बन्धमा पटनाको एक संस्थाले अन्तरक्रिया कार्यक्रम राखेको थियो । मधेशी मोर्चाका सबै शीर्षस्थ नेताहरूलाई आमन्त्रित गरिएको थियो । हामी त्यसमा भाग लिन २०७२ माघ १८ गते गएका थियौं । कार्यक्रमपछि त्यही बेला पटनामा नै रहेका बिहारका पूर्वमुख्यमन्त्री लालुप्रसाद यादवसँग अचानक शिष्टाचार भेटघाटमा हामी उनको निवासमा गएका थियौं । त्यहाँ हामी बसेको तस्बिरलाई लिएर काठमाडौंका केही मिडियाले खुबै प्रचार गरे । 'आन्दोलनको समर्थन खोज्न' दिल्ली गएको भनेर विरोध भयो ।

देशमा मधेशीले ससुराल गए पनि विरोध हुन्छ, मामाघर गए पनि प्रश्न सोधिन्छ ? तर पहाडीया शासकहरू यी प्रश्नबाट माथि छन् । प्रश्नको दायरा समान हुन्थ्यो भने उनीहरूलाई पनि सोधिन्थ्यो- पटकपटक दिल्ली किन जान्छौ ? रुघा, खोकीको उपचार गर्न पनि दिल्ली किन पुग्छौ ? मध्यरात निवासमा राजदूतलाई किन भेट्छौ ? सत्ता जोगाई पाऊँ भनेर समर्थन किन गर्छौ ? दौरा-सुरुवाल र टोपी लगाएर किन राष्ट्रघात गर्छौ ? कि दौरा-सुरुवाल र टोपी लगाएपछि राष्ट्र बेच्न पनि छुट हुन्छ ?

मधेश आन्दोलनमा लालुजीको माध्यमबाट भारतले मधेशीलाई सहयोग गरिहाल्छ कि भनेर पनि उनीहरू आत्तिएका थिए होलान् । हामीले के भन्दै आएका थियौं भन्ने, हाम्राबीचमा राजनीतिक सम्बन्ध मात्रै होइन कि व्यक्तिगत, परिवारिक र रोटीबेटीको सम्बन्ध पनि छ । त्यसैले औपचारिकतामा मात्रै सीमित गरेर हेर्न बुभ्रन मिल्दैन । तर एकल नश्लीय सोच बोकेकालाई मधेश र भारतबीचको सम्बन्धको फराकिलो आयतन र आयामलाई बुभ्ने फुर्सद कहाँ !

राज्य सकेसम्म वार्ताको नौटङ्की गरेर गलाउने, नभए तर्साउने रणनीतिमा थियो । जोगबनीलगायत विभिन्न नाकामा ममाथि भएको आक्रमणलाई हेर्दा के मान्न सकिन्छ भने, राज्य मलाई सिध्याउनै चाहन्थ्यो तर नागरिकको अपार समर्थनका कारण सकिराखेकी थिएन । राजेन्द्र महतोलाई मार्दैमा मधेशका समस्या हल हुँदैनन् । ती समस्या र अपमानको छिद्रबाट पटकपटक राजेन्द्र महतो जन्मिरहन्छन् । एउटा राजेन्द्र महतोलाई राज्यले सिध्याउला तर त्यसपछि हजारौं राजेन्द्र जन्मन्छन् ।

# अन्तिम अवस्था

सरकार मधेशीको लासमाथि सुतिरहेको थियो । उसलाई रगत र लाससँग मोह थियो । उसका लागि मधेशीको ज्यान जानु अनागरिकको ज्यान जानु न थियो ।

सयौँको शहादतले पनि सरकारलाई जगाउन सकिएन ! ६ महिनासम्मको लामो आन्दोलनले गर्दा आमजनता तथा आन्दोलनकारी समेत 'अब के गर्ने र कसरी अगाडि बढ्ने ?' भन्नेमा चिन्तित थिए । आन्दोलन प्रारम्भ भएको ६ महिना बितिसक्दा पनि सरकारबाट ठोस रूपमा वार्ताद्वारा माग पूरा गराउन कुनै पहल भइरहेको थिएन ।

वीरगञ्ज-रक्सोल नाकाको अवरोध बाहेक सबै सिमानाका लगभग खुलेका थिए । यो नाकाजामको कार्यक्रमले सबैभन्दा वीरगञ्ज र रक्सौलका मात्र उद्योग-धन्धा, बन्द-व्यापार र व्यवसाय अत्यधिक प्रभावित भए । वीरगञ्ज-रक्सौलका उद्योगपति व्यापारीको भनाइ के थियो, 'या त सबै नाका र बजार बन्द गर्नुपर्‍यो । त्यो भएमा वीरगञ्ज नाकालाई पनि बन्दै राख्नू । नत्र भने वीरगञ्ज नाका र बजार मात्रै किन बन्द गर्नुपर्ने ?'

वीरगञ्ज नाका मेरो जिम्मामा थियो । ममाथि अत्यधिक दवाब आइरहेको थियो । व्यापारी र उद्योगपतिको कुरा जायज पनि थियो । आन्दोलनबाट सबैभन्दा पीडित मधेशी जनता नै थिए । दिनभरि काम गरेर साँझ मामको जोहो गर्नुपर्ने बाध्यतामा उनीहरू थिए । उनीहरूलाई यो बाध्यताबाट उकास्न नश्लीय सत्ताले केही गरेको थिएन । त्यसैका लागि हामी शहीद बन्न तयार भएका थियौँ ।

आन्दोलनलाई अब कसरी अगाडि बढाउने, भावी रणनीति के हुने भनेर मोर्चाको बैठक गर्ने निश्चित गरियो । त्यहीबीचमा बैठकअगाडि मलाई वीरगञ्ज नाका खोल्ने बारे पत्रकारले विराटनगरमा सोधेका थिए । 'वीरगञ्ज नाका बन्द राख्ने हो भने सबै नाकाबन्द गरौं । नत्र वीरगञ्ज नाका पनि खोलौं' भन्ने प्रस्ताव मोर्चाको भोलिको बैठकमा राख्न लागेको बताएको थिएँ । त्यसपछि वीरगञ्ज र रक्सौलका व्यापारी-उद्योगीहरू मिली 'सबै नाका बन्द गर्ने भए मात्रै हामीले पनि बन्द गर्छौं । नत्र वीरगञ्ज-रक्सौल नाका मात्रै किन बन्द गर्ने ?' भन्न थाले ।

उनीहरूले बैठक बस्नुभन्दा एक दिन अगाडि नै वीरगञ्ज-रक्सौल नाका खोले । मोर्चाको निर्णयभन्दा एकदिन पहिले नै आफैं खोले । उद्योगी-व्यवसायीले आफैं नाका खोल्न थालेपछि त्यहाँ केही आन्दोलनकारीले विरोध पनि गरेका थिए । तर नाकाजामका कारण स्थानीय पनि आजित थिए । 'अरू नाका पनि बन्द राख्ने हो भने विरगञ्ज पनि स्वतः बन्द रहन्छ,' भने ।

२०७२ माघ २५ गते मोर्चाको बैठक बस्यो । बैठकले आन्दोलनको स्वरूप परिवर्तन गर्दै नाकाजामका कार्यक्रम स्थागित गर्‍यो । यस प्रकार मोर्चाको नाका अवरुद्ध गर्ने सम्बन्धी निर्णय वीरगञ्ज नाकाबाहेक अन्यत्र कार्यन्वयन गरिएन । गराइएन । गराउन सकिएन ।

वीरगञ्ज नाकाको नाकाजाम मात्र पूर्णरूपमा सफल भएको ईर्ष्या पनि मोर्चामा रहेका केही नेतामा देखिएको थियो । किन कि मैले भनेको थिएँ-मोर्चाको निर्णय अनुरूप नाकाबन्दीको जिम्मेवारी सबैले गम्भीरतापूर्वक निर्वाह नगरेकाले दुर्भाग्यपूर्ण अवस्था देखियो । जिम्मेवारी पाएका नेताले आफ्नो जिम्मामा परेको नाका पूर्णरूपमा बन्द गराउन सकेको थिए ।

सबैले पूर्णरूपमा आफ्नो जिम्मेवारी पूरा गरेको भए सरकारमाथि दबाब पुग्थ्यो । सरकार एक महिनामै हायलकायल हुन्थ्यो । मधेश थप अधिकारका लागि आन्दोलित हुनुपर्दैनथ्यो । नाकाजामले गर्दा मधेशकै जनताले पनि अत्यधिक दुःख पाए । नाकाजामको असर देशैभर पर्‍यो । नागरिकको चुल्हो-चौकासम्म त्यसको असर पुग्यो । जनतालाई पर्न गएको कठिनाइको लागि हामी क्षमाप्रार्थी पनि छौं ।

तर त्यतिबेला तपाईंहरूले पनि भन्नुपर्थ्यो- मधेशीलाई अधिकार देऊ । मधेशीको लासको उरुङमाथि समृद्धिको कुनै बिहान प्राप्त हुँदैन । सबैले राज्यलाई खबरदारी गर्न नसक्दा आन्दोलनकारीले उठाएका माग-मुद्दा सरकारले पूरा गरेन । मधेशको लासमाथि शोक मग्न मधेश यसपटक पनि रित्तै भयो । आन्दोलनकारीहरू खाली हात फर्किए ।

खाली हात फर्केका मान्छेहरू खाली दिमाग र मन भने लिएर फर्केका होइनन् । सरकारको बेवास्ताको चोट उनीहरूको मन-मष्तिस्कमा टनाटन भरिएको छ । अब त्यो कहिले र कुन अवस्थामा बाहिर निस्कन्छ, भविष्यमा थाहा हुने नै छ । खरानीभित्र आगो अवश्य नै छ । परिस्थिति परिपक्व भएपछि विष्फोट हुन्छ नै !

# मधेश आन्दोलन र समीक्षा

शिशिरमा बोटविरुवा नाँगा हुन्छन् । पात झरेर खण्डहर देखिन्छन् । डाँडाकाँडाहरू रुखा देखिन्छन् ।

यस्तै भएको थियो- तेस्रो आन्दोलनपछिको मधेश । यस कुराले मलाई सधैँ पिरोल्छ । आन्दोलन लक्ष्यमा नपुगी तुहियो । सरकारलाई जगाउन सकिएन । कति आमाका काख रित्तो भए । धेरै दिदी बहिनीका सिन्दुर पुछिए । ४३ जना भन्दा बढीले शहादत प्राप्त गरे । तर पनि अधिकार दिलाउन सकिएन । यसपटकको आन्दोलन जनआन्दोलन नै थियो । ६-६ महिनासम्म आन्दोलनलाई पार्टीले थेगेको होइन, जनताले चलाएको हो । यो आन्दोनल आममधेशीले थेगेको हो । जनताको जोसिलो सहभागिता र भरथेग हुँदाहुँदै पनि आन्दोलन किन तुहियो ?

यति लामो आन्दोलन हुँदा पनि यसको एजेन्डा सम्बोधन नै भएन । आन्दोलनकारीसँग सार्थक वार्ता नै भएन । आन्दोलनका सहभागीमा चोट थपेर आन्दोलन तुहियो । यसका पछाडि मधेशी मोर्चाको नेतृत्वले आन्दोलन हाँक्ने सवालमा गरेका केही गल्तीहरू जिम्मेवार छन् । आफैँलाई समीक्षा गर्नु, आफैँतिर फर्किएर हेर्नु अघि बढ्ने सबैभन्दा सुरुआती र अनिवार्य चरण हो । मैले भनिसकेको छु कि मधेश अभै आन्दोलनमै छ । भलै यतिखेर त्यो आन्दोलन मनमा सल्किएर बसेको छ । मैदानमा उत्रन बाँकी छ ।

त्यसैले आगामी आन्दोलनका लागि पनि हाम्रो समीक्षा महत्त्वपूर्ण छ । आन्दोलन निष्कर्षमा नपुग्नेको पहिलो कारण सविधान सभा परित्याग गर्न नसक्नु नै हो । मोर्चाको आन्दोलन सुरु हुनुभन्दा पहिलेको १६ बुँदे सहमति विगतदेखि भएको सबै आन्दोलन गुमाउने एउटा 'टर्निङ प्वाइन्ट' थियो । जब एमाओवादीले कांग्रेस र एमालेलाई समर्थन गर्दा सविधान सभामा दुई तिहाइ देखियो, त्यति बेलै हामीले निर्णय गर्नुपर्थ्यों- यसबाट बन्ने सविधान मान्ने कि नमान्ने ?

मैले मोर्चाको पुनःगठन भइरहेकै बखत 'क्रान्तिकारी धार स्पष्ट गरौं' भनिरहेको थिएँ ।

भन्ने बेलामा हामी सविधान निर्माण प्रक्रियामा सहभागी छैनौं, यो सविधान मान्दैनौं भन्ने, बेला-बेलामा चर्का कुरा नि गरिदिने तर सविधान सभा छोड्ने हिम्मत पनि नगर्ने ! यो विरोधाभास हामीमा देखापर्यो । मैले मोर्चाको बैठकमा बारम्बार 'अब सविधान सभा छोडौं' भनेको थिएँ । अन्ततः सद्भावना पार्टीका सांसदहरूले मात्रै सविधान सभा परित्याग गरे । यसले आन्दोलनलाई ऊर्जा त दियो तर मोर्चा भित्र एकमत नहुँदा हाम्रो राजीनामालाई

घुर्कीका रूपमा मात्र बुभ्छे । सानो बच्चाले आफ्नो माग पूरा नभएर खाना खान छोडेजस्तो मात्र भयो । राजीनामा स्वीकृत भएन ।

प्रधानमन्त्रीको चुनावमा भोट दिन हामी संसद् फर्किनु हुँदैनथ्यो । आन्दोलन सफल नहुनुको दोस्रो कारण यही हो । हाम्रो पार्टी संविधान सभा परित्याग गरेर मधेश भरेको थियो । मोर्चा आवद्ध पार्टीहरूले पनि संविधानको प्रक्रिया बहिष्कार गरेका थिए । २०७२ भदौ १ गते संविधान सभा र संसद् दुवै छाड्ने, काठमाडौँबाट केन्द्रीय कार्यालय मधेशमा सार्ने भीष्मप्रतीज्ञा गरेको म र हाम्रो दल सद्भावना पार्टीसमेत त्यस बखत नयाँ वानेश्वर फर्कनु परेको थियो ।

तर म त्यसको पक्षमा थिइनँ । हाम्रा पार्टीका सांसद्ले दिएको सामूहिक राजीनामा स्वीकृत भएको रहेनछ । मोर्चाका बाँकी सांसदहरू भोट हाल्ल संसद् भवन पुगे पनि हाम्रा सांसदहरू संसद् भवन नयाँ बानेश्वरमा अन्यमनस्क भावमा अन्तिम समयमा मात्र पुगेका थिए ।

त्यस अवधिमा २०औँ पटकसम्म मोर्चाका नेता उपेन्द्र यादव लगायतले आफू र अन्य ठाउँबाट संसदमा फर्कन दबाबमूलक फोन गरे । गर्न लगाए । केपी ओलीले आन्दोलनलाई गिज्याएका थिए । त्यति नै बेला काङ्ग्रेसले सबै माग पूरा गर्ने वचनवद्धता व्यक्त गर्‍यो । यसले हामीलाई दबाबमा पार्‍यो । त्यसमाथि आन्दोलन अनिश्चयको भूमरीमा फसेको थियो । माग पूरा हुने आश्वासन र शुभचिन्तकको दबाबले अप्रिय निर्णय गर्ने अवस्था आयो । प्रधानमन्त्रीमा कोइरालालाई समर्थन गरियो । यसले आन्दोलनलाई नराम्रो धक्का लाग्यो । आन्दोलनको क्रान्तिकारी धारलाई क्षीण बनायो ।

हामी भारतीय नाकाबन्दीको अफवाहलाई चिर्न असफल भयौं । यो तेस्रो कारण थियो । त्यसलाई चिर्न सक्नुपर्थ्यो । तर सकेनौं । अन्तरिम संविधान जारी भएपछि मधेशमा भएको आन्दोलनलाई सम्बोधन गर्न भारतको मध्यस्थतामा २०६४ सालको फागुनमा ८ बुँदे सहमति भएको थियो । १६ बुँदे सहमतिले सम्भौतालाई पनि किनारा लगाइदियो । त्यसकारण हामीले भारतलाई प्रश्न गर्‍यौं, 'मध्यस्थतामा सम्भौता गरेर हामीले संविधान सभाको निर्वाचन गर्न दिएका थियौं । हामीसँग केही वाचाहरू गरिएका थिए । आज ती वाचाबाट तीन दल पछाडि हटे । अब के गर्ने ?'

भारतले फेरि आफ्ना दूतहरू पठाएर मध्यस्ताको प्रयास गर्‍यो तर त्यस परिघटना र त्यसपछिको नाकाजाम आदिलाई लिएर जुन भ्रम फैलाइयो, त्यसले आन्दोलनलाई अर्को धक्का दियो । नाकाजामले आन्दोलनलाई प्रत्यक्ष फाइदा पनि भयो । आन्दोलन सदरमुकाम र राजमार्गमा भएका बेला ४० जना मारिएका थिए । नाकामा गएपछि यो संख्या कम भयो । साथै नाकाजामले आन्दोलनका एजेन्डालाई अन्तर्राष्ट्रियकरण गर्न पनि मद्दत गर्‍यो । मधेशमा पनि गाउँगाउँमा आन्दोलन पुग्यो । यसको अर्को पाटोमा चाहिँ राज्य, सरकारभन्दा सामान्य मानिसमा यसको दबाब र प्रभाव पर्न गयो । त्यसैले मलाई नाकाबन्दीभन्दा बढी प्रोपोगान्डाले काम गर्‍यो भन्ने लाग्छ । तर सबै दोषको भागिदारी आन्दोलनकारी भए ।

मलाई लाग्छ– आन्दोलन नाकामा नगइ सदरमुकाम र राजमार्गमा नै रहेको भए, यसले समाजमा अरू ध्रुवीकरण ल्याउने थियो । साम्प्रदायिक भावना र झडपहरू पनि बढ्न सक्थे । थप हिंसा हुन सक्थ्यो । तर नाकामा गएकाले त्यस्तो केही हुन पाएन । खुसी लाग्छ, यो आन्दोलनमा असङ्ख्य पहाडीहरूको पनि समर्थन थियो । मधेशमा कुनै पहाडीको घरमा आक्रमण भएन । हामीले देशवासीलाई तत्काल बुझाउन सकेनौं । राज्यको प्रोपोगाण्डालाई चिनें हतियार हामीसँग भएन । फलस्वरूप हामीले गरेको नाकाजाम भारतीय पोल्टामा पारियो । तर यो राज्यको कुनै नयाँ तरिका थिएन । हामी राज्यको यो धुर्त्याइसँग अज्ञान पनि थिएनौं । हामीले राज्यले फैलाउने तथाकथित 'राष्ट्रवादी' हौवासँग लड्ने तयारी गर्दै गरेनौं ।

'किन गरेनौं ?'

यो प्रश्न म आन्दोलनका अगुवालाई गरिरहेको छु । प्रकारान्तरले आफैँलाई गरिरहेको छु ।

आन्दोलन निचोडमा नपुगनुको चौथो कारण पनि छ । त्यो हो, मोर्चामा आवद्ध नेतृत्व इमान्दार भएन । तथ्यहरूले स्थापित गरिसक्यो कि नाकाजाम गलत थिएन । नाकाजामको सुरुका दुई साता काठमाडौं, पोखरा, हेटौंडालगायत सहरी क्षेत्र अस्तव्यस्त थिए । नाकाजामको पहिलो सातामैँ उक्त आन्दोलन बढीमा दुई साता लम्बिएको भए आन्दोलनले उठाएका माग सम्बोधन भइसकेको हुन्थ्यो । ठीक ढंगले ठीक ठाउँमा दबाब दिन मोर्चा चुक्यो । मोर्चाका हरेक साथीहरू चुक्यौं ।

नाकाजामको निर्णय गर्दा आन्दोलन सशक्त होस् भन्नका निम्ति हामी शीर्ष नेतृत्वले आन्दोलनका केन्द्रविन्दु बाँडफाँट गरेका थियौं । त्यसप्रति मोर्चाका नेताहरू इमान्दार भएनन् । राजविराजको बैठकमा सबैको सहमतिमा नाका बाँडफाँट भएको थियो । तर विराटनगरमा कहिल्यै नाकाजाम भएन ।

अब, उपेन्द्रजीको इमान्दारीमा प्रश्न गर्ने कि नगर्ने ? भैरहवा नाका किन बन्द रहेन ? त्यो क्षेत्रका दुई जना प्रभावशाली नेता – हृदयेश त्रिपाठी र सर्वेन्द्रनाथ शुक्लाले किन मोर्चा सम्हालेनन् ? उनीहरूले महन्थजीको प्रतिष्ठाको लागि पनि नाकाबन्द गर्नुपर्थ्यो । किन गरेनन् ? महेन्द्र यादवजीको भागमा काँकडभिट्टा थियो । उनी एक मिनेटका लागि पनि काँकडभिट्टा गएनन् । नाका बाँडफाट गरिसकेपछि किन गएनन् ? यसमा नेतृत्व पन्क्ति आन्दोलनप्रति कति इमान्दार भए ?

पाँचौं कारण छ, एकातिर आन्दोलन अर्कोतिर अनुत्पादक वार्ता शृंखला चल्यो । ४० पटकसम्म वार्ता भए । वार्ता भएको मिडियाहरूले सार्वजनिक गर्थे । निश्चित उद्देश्य बोकी आन्दोलनमा रहँदा यति धेरै वार्ताको के औचित्य थियो ? मलाई लाग्छ कि यी अन्त्यहीन वार्ताहरूले गर्दा पनि राज्यले हामीलाई अवमूल्यन गर्‍यो ।

छैठौं कारण, राज्य स्वयं कालाबजारी, महँगी र लुट संस्थागत गर्न थालेको थियो । देशकै प्रमुख सीमानाका वीरगञ्ज मेरो कमाण्डमा थियो । त्यहाँ आन्दोलनको स्वरूप कडा थियो ।

देशका सबै नाका खुलिसकेकाले वीरगञ्ज नाका मात्र बन्द गर्दा त्यहाँका स्थानीय जनतालाई कष्ट मात्र भएको, काठमाडौँ लगायत देशका अन्य स्थानमा कालोबजारीबाट भए पनि सामान पुगिराखेकाले वीरगञ्ज नाका खोलिनु पर्छ भन्ने मेरो तर्क थियो । ६ महिना लामो मधेश आन्दोलनबाट सबैभन्दा बढी मधेशीलाई पीडा भएको र अरू सबै नाका खुलेकाले वीरगञ्ज नाका मात्र बन्द गर्नुको औचित्य नभएको भनेर भनेको थिएँ । मैले वीरगञ्ज नाका खोल्नु पर्छ भनेकै कारण मोर्चाको बैठकमा लिखित रूपमै मेरो आलोचना भयो ।

मैले यतिकै वीरगञ्ज नाका खोल्ने कुरा गरेको थिइनँ । त्यस पछाडिका केही ठोस कारणहरू थिए । एकातर्फ आन्दोलनले आफ्नो लक्ष्य प्राप्त गर्ने दिशा समाल्न सकेन भने अर्कोतर्फ मधेश र देशकै आर्थिक अवस्था धरासयी बन्दै गएको थियो । त्यसकारण तत्काल वीरगञ्ज नाका खोल्नु उपयुक्त थियो ।

नाकाजामले पूरै नेपाल कालोबजारी अर्थतन्त्रको प्रत्यक्ष मारमा पुगेको थियो । ग्याँस, डिजेल, पेट्रोलको खुलेआम कालोबजारी र अन्य वस्तुको अत्यधिक मूल्य वृद्धिको मारबाट उठ्नै नसकिने गरी आम नेपाली थलिएका थिए । नाकाबन्दीको बाहनामा सीमावर्ती क्षेत्रमा मौलाएको कालो धन्दा झन् भयावह थियो । यसले नेपालको अर्थराजनीतिमा एउटा आकार लिइसकेको प्रतीत हुन्थ्यो । पेट्रोल डिजेलको कालो धन्दा कहाली लाग्दो गरी मौलायो ।

सीमापारि रोकिएका ट्रक/कन्टेनरहरू सीमावारि ल्याउन खुलेयाम बार्गेनिङ्ग भए । एउटा पार गराएको २५ देखि ५० हजार रूपैयाँसम्म दलालले लिनेगरेको थाहा पाएँ । पेट्रोल/ग्याँस उपभोक्ताहरू तेहोरो मारमा परेका थिए । हरेक सामानको मूल्य चारगुना, पाँचगुना चर्को थियो । मिसावटका कारण कम गुणस्तरका सामानले बजार पिटेको थियो । खोजेको परिमाण सामान पनि पूरा नपाइने । कहीँ कतै उजुरी सुनुवाइ नलाग्ने यो धन्दाले एउटा बलियो गिरोह नै खडा गरेको थियो । नाकाजामको निरन्तरताले यस्ता देशद्रोही गिरोह स्वार्थपूर्तिको लागि सल्बलायो ।

सातौं कारण पनि मैले पहिल्याएको छु । जसमा ममाथि भएको आक्रमणपश्चात् मोर्चाले आन्दोलन अगाडि बढाउन सकेन । म आफैँ पुस १२ गते विराटनगर नाकामा धर्ना दिन पुगेँ । सुरक्षाकर्मीले मेरो हत्या गर्ने उद्देश्यसहित मलगायत सद्भावनाका प्रवक्ता सन्तोष मेहता, केन्द्रीय नेता दिलीप धाडेवाल, तेज्जिङ लामालाई गम्भीर घाइते हुने गरी आक्रमण गर्‍यो । हामीलाई नाकाबाट हटाइयो ।

प्रहरीको हस्तक्षेपमा मेरो खुट्टा र टाउकोमा गम्भीर चोट लाग्यो । मोर्चाका अन्य घटकका प्रमुख नेताहरू मलाई भेट्न अस्पतालसम्म आएनन् । उल्टो उपेन्द्रजीले सस्तो लोकप्रियताका लागि महतोले नाटक गरेको भनेर घटिया कुरा गरे । मोर्चाले ममाथिको आक्रमणको प्रतिवादसम्म गरेन । यसबाट मधेशी जनतामा मोर्चामै केही नेतामा आन्दोलनप्रति इमान्दारिता नरहेको सन्देश गयो । यसले आन्दोलनकारीमा निराशा छायो ।

विराटनगर–जोगबनी काण्डपश्चात् मोर्चाका नेताहरूले चाहेको भए आन्दोलनलाई अझ उचाइमा पुर्‍याउन सक्थे । तर मैले बढी क्रेडिट पाउँछु कि भनेर ईर्ष्या भावले आन्दोलनलाई कमजोर बनाइयो, सायद । कुनैकुनै बेला मलाई अनुभव हुन्छ कि नाकामा त्यस दिन बरु मैले शहादतप्राप्त गरेको भए साथीहरू ईर्ष्या गर्ने अवस्थामा त हुने थिएनन् र आन्दोलनले पनि सफलता पाउँथ्यो ।

आठौं कारण प्रचण्डमाथि मोर्चाको प्रचण्ड विश्वास हो । माओवादीले जनयुद्ध कालभरि मधेश थरूहट लगायत सबै उत्पीडित वर्गको मुक्तिको निम्ति एउटा सपना देखाएको थियो । प्रचण्डलाई हामीले परिवर्तनको वाहक मानेका थियौं । उनलाई हामीले समयमै चिन्न सकेनौं । उनीमाथि असाध्यै भरोसा गर्‍यौं । उनै प्रचण्डले गच्छदार समेतलाई लिएर आन्दोलन छाडी ओली–काङ्ग्रेससँग गठबन्धन गरे । जसको मुख्य उद्देश्य संविधान ल्याउने र नेपाली राज्यसत्तामा पुरानो शक्ति, जात र समुदायको जुन वर्चस्व थियो, त्यसैलाई निरन्तरता दिनु थियो ।

नवौं कारण सिके राउतको छुट्टै देश बनाउने आन्दोलन थियो । हामी सङ्घीयताको निम्ति, स्वायत्त मधेश प्रदेशको निम्ति आन्दोलन गरिरहेका थियौं तर सिके राउतले ‘सङ्घीयताले केही पनि हुँदैन, अलग देश बनाउनुपर्छ’ भन्दै आन्दोलन गरिरहेका थिए । उनको आन्दोलनले मधेशी जनता पनि उद्वेलित हुँदै थिए भने राज्य पनि सशङ्कित हुँदै थियो । अन्ततः मधेश बाहेक पूरै पहाड एव नेपाली समाज मधेश आन्दोलन देश टुक्र्याउने आन्दोलन जस्तो बुझेर हाम्राविरुद्ध लाग्यो ।

यस्ता विभिन्न कारणले आन्दोलन निष्कर्षमा पुगेन । तर सबैभन्दा ठूलो त पहाडिया नश्लीय चिन्तन कारक रह्यो । उसले एकल राज्यसत्ता हातमा लिएर बारम्बार मधेशलाई अनागरिक देख्छ । शोषण दमन गर्छ । अपमान गर्छ ।

# तितरबितर आन्दोलनका अगुवा

७५३ वटै स्थानीय तहको निर्वाचन गर्ने घोषणा भयो । यता हामीले आन्दोलनको घोषणा गर्‍यौं ।

उपेन्द्रजीबाट फेरि धोका भयो । चुनाव नजिकिँदै गर्दा उपेन्द्रजीहरूले गुपचुप चुनावमा सहभागी हुनको निम्ति निर्वाचन आयोगमा पार्टी दर्ता गरे । तर मिडिया र हामीसँग आन्दोलनकै कुरा गरिरहे । चुनाव नजिकिँदै गर्दा संघीय गठबन्धन बनाएर आन्दोलनमा सहभागी भएका विभिन्न दलमध्ये फोरमले आन्दोलन छाडेर स्थानीय तहको चुनावमा भाग लिने निर्णय गर्‍यो ।

राष्ट्रिय जनता पार्टीकै कारण सरकारले चार–चार पटक निर्वाचनको मिति सारिसकेको थियो । राजपालाई निर्वाचनमा आउन सजिलो होस् भनेरै संसद्ले नियम निलम्बन गरेर स्थानीय तह निर्वाचनसम्बन्धी ऐन र राजनीतिक दलसम्बन्धी ऐन संशोधन गरेको थियो ।

२०७३ वैशाख ९ मा भएको सहमतिअनुसार दोस्रो चरणमा जेठ ३१ गते चुनाव हुने बताइएको थियो । तर चुनावमा राजपाको सहभागिता सुनिश्चित नभएकै कारण चुनाव असार ९ र १४ निम्ति सर्‍यो । अन्तिममा प्रदेश २ का लागि असोज २ मा चुनाव तोकियो । फोरमका नेताहरू निर्वाचन सार्ने सरकारको निर्णयको विरोध गरिरहेका थिए । जबकि संयुक्त लोकतान्त्रिक मधेशी मोर्चामा आवद्ध दलहरूले संविधान संशोधनको नारा लगाउँदा संघीय समाजवादी फोरम 'संशोधन' मात्रै होइन 'पुनर्लेखन'कै पक्षमा थियो ।

संविधान संशोधन विधेयक फेल वा पास जे भए पनि राजपा नेपाल भने चुनावमा सहभागी हुने कुरा गरेको थियो । मुख्य कुरा संविधान बनाउने पक्षहरूलाई संशोधनका लागि सहमत गराउनु थियो । ९० प्रतिशतले जारी गरेको संविधानप्रति संसदभित्रका ६४ प्रतिशतले संशोधनको आवश्यकता रहेको स्वीकार गर्नुलाई हामीले सकारात्मक रूपमा लिएका थियौं । संसदभित्रको संख्या, बल र प्राविधिक कारणले मात्रै संविधान संशोधन हुन सकेको थिएन ।

भदौ ५ गते संसदमा संविधान संशोधनको निम्ति विधेयक प्रस्तुत भयो तर संशोधन विधेयकलाई षड्यन्त्रमूलक ढंगले असफल गराइयो । संविधान संशोधन विफल भए पनि अधिकार र पहिचानका मुद्दा संसदभित्र प्रविष्ट भयो । एक किसिमले भन्दा संशागित नै भयो ।

प्रमुख प्रतिपक्षी एमालेले विपक्षमा मतदान गरेर संशोधन प्रस्ताव फेल गरायो । उसले कहिल्यै मधेशले हकअधिकार पाएको हेर्न चाहँदैनथ्यो । यसपटक पनि उसले आफ्नो पुरानै अनुहार देखायो ।

हामीले संविधान संशोधनबिना चुनावमा भाग नलिने भन्दै स्थानीय तहको पहिलो र दोस्रो चरणको चुनाव बहिष्कार गरेका थियौं । उपेन्द्र यादव ले दुवै चुनावमा भाग लिइसकेका थिए ।

हामीले गरेको दुई दुई चरणको निर्वाचन बहिष्कार र आन्दोलनकै परिणाम स्वरूप आज यो संविधानलाई ९० प्रतिशतले बनाएको संविधान भन्न सकिने अवस्था छैन किनभने ६४ प्रतिशतले संविधान संशोधनको पक्षमा मत हालेका थिए । त्यति मात्रै होइन हाम्रो आन्दोलनको कारण नौ स्थानीय तह थपियो ।

साथै, आन्दोलन क्रममा ज्यान गुमाएका सम्पूर्णलाई सरकारले शहीद घोषणा गर्नु, कार्यकर्तामाथि लगाइएका मुद्दा फिर्ता गरिनु, मधेश आन्दोलनका क्रममा तोडफोड, लुटपाट र आगजनी आदिबाट भएको भौतिक क्षतिको क्षतिपूर्ति दिन सरकार तयार हुनु, आन्दोलनमा घाइते, अगभंग भएकालाई आजीवन आर्थिक सहयोग गर्ने सरकारबाट निर्णय हुनुलाई उपलब्धि मानेका थियौं । त्यसकारण हामी चुनावमा गयौं ।

# जहाँको त्यहीँ

पहाड खनेर मुसा निकाले जस्तो भयो मधेशलाई। दर्जनौँले ज्यान गुमाए। सयौँ अङ्गभङ्ग भए। तर मधेशले केही पाएन। अफ राज्यले मधेशलाई केही दिनै चाहेन। देशलाई नश्लवादी शासक र सम्रान्त पहाडियाको बिर्ता बनाइरह्यो। मधेशलाई हेयको आँखाले मात्रै हेरियो।

आन्दोलनका बखत भएको पटक-पटकको वार्ता क्रममा हामीले उठाउँदै आएको माग र मुद्दामा नश्लीय सत्ता केही विषय सम्बोधन गर्न सहमत पनि भयो। तर ती सहमति लागू गर्न तयार भएन।

मधेशीहरूको आन्दोलनलाई अपमान गरियो। संविधानको प्रस्तावनामा 'मधेश आन्दोलन वा विद्रोह' उल्लेख गरिएन। मोर्चाको माग प्रस्तावनामा 'मधेश आन्दोलन' वा 'मधेश विद्रोह' उल्लेख हुनुपर्ने थियो। प्रमुख दल, कांग्रेस, एमाले र एमाओवादी मधेश आन्दोलन र थारू आन्दोलन समेट्न तयार भएन।

संविधानको धारा ११ को उपधारा ६ मा नेपाली नागरिकसँग वैवाहिक सम्बन्ध कायम गरेकी विदेशी महिलाले चाहेमा संघीय कानुनबमोजिम अङ्गीकृत नागरिकता लिन सक्ने व्यवस्था छ। मोर्चाले 'संघीय कानुन बमोजिम' भन्ने शब्द हटाउनु पर्ने माग गरेको थियो। तर प्रमुख दलहरू त्यसमा सहमत भएनन्। संविधानमा मधेशीको हक सम्बन्धी छुट्टै व्यवस्था हामीले माग गरेका थियौँ। मौलिक हकमा मधेशीको हक सुनिश्चित गर्नुपर्ने माग थियो। प्रमुख दलले पुनर्विचार गर्न सक्ने भनेका थिए। तर त्यसमा पनि उनीहरू सहमत भएनन्।

संविधानको धारा ४२ को उपधारा १ मा आर्थिक रूपले पछाडि पारिएका खस-आर्यलाई आरक्षण दिइएको छ। अन्तरिम संविधानमा गरिएको व्यवस्थामै समानुपातिक समावेशी सिद्धान्तअनुसार गर्नुपर्ने माग थियो। प्रमुख दल पनि समानुपातिक समावेशी सिद्धान्तमा सहमत थिए। संविधानको धारा ५६ मा तराई मधेशका २२ मध्ये १४ जिल्लालाई पहाडी बाहुल्य भएको राज्यमा गाभेर प्रदेशको सीमाङ्कन गरिएको छ। ती १४ जिल्लालाई मधेश प्रदेश/थरुहट राज्यमा राख्नुपर्ने मोर्चाको माग थियो। संघीय आयोगबाट सीमाकनको टुंगो लगाउन सहमत भए तर मधेश र थरुहट प्रदेश मान्न प्रमुख दल राजी भएनन्।

संविधानको धारा ८४ मा प्रतिनिधिसभाको प्रत्यक्षतर्फ सिट संख्या निर्धारण भूगोल र जनसङ्ख्यालाई आधार बनाएर गरिएको छ। जनसङ्ख्याको आधारमा प्रतिनिधि सभाको सिट सङ्ख्या निर्धारण गरिनुपर्ने मोर्चाको माग थियो। प्रमुख दल जनसङ्ख्याको आधारमा निर्वाचन क्षेत्र निर्धारण गर्न सहमत त भए तर भूगोललाई नछाड्ने भए।

संविधानको व्यवस्थामा प्रतिनिधिसभा गठनसम्बन्धी धारा ८४ को २ मा समानुपातिकतर्फ मधेशी र थारूसहित खस आर्य पनि रहेको छ । अन्तरिम संविधानकै व्यवस्थाअनुसार मधेशी र थारूको अधिकार सुरक्षित गरिनुपर्ने र खस आर्यसम्बन्धी लेखिएको स्पष्टीकरण हटाउनुपर्ने मोर्चाको माग थियो । प्रमुख दलहरू आर्थिक रूपले पछाडि रहेका खस-आर्यलाई हटाउन सहमत भएनन् ।

संघीय कार्यपालिकासम्बन्धी धारा ८२ को उपधारा २ र धारा १७४ को उपधारा २ मा नेपाल सरकार र प्रान्त सरकारको कार्यमा अदालतमा प्रश्न उठाउन नपाइने छ । मोर्चाको माग अदालतमा प्रश्न उठाउन पाउने व्यवस्था हुनुपर्ने थियो ।

संविधानको धारा ८६ मा राष्ट्रिय सभामा प्रत्येक प्रदेशबाट आठजनाका दरले निर्वाचित हुने र चारजना राष्ट्रपतिबाट मनोनीत हुने व्यवस्था छ । मोर्चाको मागमा प्रत्येक प्रदेशबाट एकजना अनिवार्य र बाँकी जनसंख्याको आधारमा संख्या निर्धारण हुनुपर्ने थियो । प्रमुख दलहरू जनसंख्याका आधारमा मात्र संख्या निर्धारण गर्न सहमत भएनन् ।

संविधानको धारा १२९ मा सर्वोच्च अदालतका न्यायाधीशहरूको नियुक्ति र योग्यतामा समावेशी सिद्धान्त उल्लेख छैन । न्यायाधीश नियुक्ति समावेशी बनाउनुपर्ने माग थियो । एमाओवादी सहमत भयो तर कांग्रेस–एमाले भएनन् ।

संविधानको धारा १३९ मा उच्च न्यायालयमा न्यायाधीशहरूको नियुक्तिमा समावेशी सिद्धान्त अपनाइएको छैन । न्यायाधीशहरूको नियुक्ति समावेशी बनाउनुपर्ने माग थियो । एमाओवादी सहमत भयो, कांग्रेस–एमाले यसमा पनि सहमत भएनन् ।

संविधानको धारा २६२, २६३ र २६४ मा क्रमशः मधेशी आयोग र थारू आयोगमा अङ्गीकृत नागरिक पदाधिकारी हुँदैन । मुस्लिम आयोगको काम, कर्तव्य, अधिकार स्थायित्वबारे उल्लेख छैन । मोर्चाले अन्य संवैधानिक आयोगमा जस्तै काम, कर्तव्य, अधिकार र सम्बन्धित वर्गबाट मात्र नियुक्तिको सुनिश्चितता भएको स्थायी प्रकृतिको आयोगको व्यवस्था हुनुपर्ने माग गरेको थियो । आयोगको पुनरावलोकन गर्न सकिने व्यवस्था उल्लेख गरेको धारा २६५ खारेज गर्नुपर्ने माग पनि थियो ।

संविधानको धारा २६६ को राष्ट्रिय सुरक्षा परिषद् गठनमा प्रदेशको मुख्यमन्त्रीलाई सदस्य राखिएको छैन । परिषद्मा प्रदेशको मुख्यमन्त्री पदेन सदस्य हुनुपर्ने माग थियो ।

संविधानमा नेपाली सेनामा महिला, दलित, आदिवासी जनजाति, खस आर्य, मधेशी, थारू, मुस्लिम, पछाडि पारिएको वर्ग तथा पछाडि पारिएको क्षेत्रका नागरिकको प्रवेश समानता र समावेशी सिद्धान्तको आधारमा संघीय कानुन बमोजिम सुनिश्चित गरिने व्यवस्था छ । मोर्चाको खस – आर्य शब्द हटाउनुपर्ने माग थियो ।

संविधानको धारा २८६ मा निर्वाचन क्षेत्र निर्धारण आयोग गठनको व्यवस्था छ । यसमा मोर्चाको माग निर्वाचन क्षेत्र निर्धारण आयोग गठन गर्दा समावेशी बनाउनुपर्ने थियो ।

प्रमुख दलहरू संविधानमा उल्लेखित व्यवस्था नै कायम राख्ने पक्षमा उभिए । संविधानको धारा २८६ को उपधारा १२ मा निर्वाचन क्षेत्रको पुनरावलोकन २० वर्षमा गर्ने व्यवस्था छ । पुनरावलोकन जनगणनासँगै प्रत्येक १० वर्षमा गरिनुपर्ने माग थियो । प्रमुख दल छलफल गर्न भने सहमत थिए ।

संविधानको धारा २८९ मा राष्ट्रपति, उपराष्ट्रपति, प्रधानमन्त्री, प्रधानन्यायाधीश, प्रतिनिधिसभाका सभामुख, राष्ट्रिय सभाका अध्यक्ष, प्रदेश प्रमुख, मुख्यमन्त्री, प्रदेशसभाका सभामुख र सुरक्षा निकायका प्रमुखको पदमा निर्वाचित, मनोनित वा नियुक्ति हुन वंशजको आधारमा नेपालको नागरिकता प्राप्त गरेको हुनुपर्ने व्यवस्था छ । मोर्चाको माग यो धारा पूर्णरूपमा खारेज गर्नुपर्ने थियो । दलहरू खारेज नगर्ने अडानमा रहे ।

यसरी मोर्चाका माग जहाँका त्यही रह्यो । राज्यले मधेश आन्दोलनलाई अलिकति पनि सम्मान दिएन । मधेशलाई अन्याय र अत्याचार गरिरहने मानसिकता कायम राखिरह्यो ।

# प्रतिगामी संविधान –२०७२

युगौँदेखि नेपाली जनताले गरेको त्याग, तपस्या, सङ्घर्ष र बलिदानको परिणामस्वरूप नै मुलुकमा एकात्मक केन्द्रीकृत एव नियन्त्रित निरंकुश राजतन्त्रात्मक प्रणालीको अन्त्य भयो । समावेशी सघीय लोकतान्त्रिक गणतन्त्रात्मक प्रणालीको स्थापना भयो । पहिलो जननिर्वाचित संविधान सभालाई षड्यन्त्रमूलक ढंगले असफल बनाएपछि दोस्रो पटक जनताद्वारा निर्वाचित संविधान सभाको गठन भयो तर 'फास्ट ट्र्याक'को नाममा हुन्छ कि हुन्को भरमा अन्तरिम संविधानभन्दा पनि प्रतिगामी संविधान बनाइयो ।

संविधान निर्माण सम्बन्धमा नेपालको अन्तरिम संविधान, २०६३ को धारा–१३८ (१) मा 'वर्गीय, जातीय, भाषिक, लैङ्गिक, सांस्कृतिक, धार्मिक र क्षेत्रीय भेदभावको अन्त्य गर्न राज्यको केन्द्रीकृत र एकात्मक ढाँचाका अन्त्य गरी राज्यको समावेशी, लोकतान्त्रिक संघीय शासन प्रणाली सहमतिको अग्रगामी पुनःसंरचना गरिनेछ' भनिएको छ ।

त्यसै गरी धारा १३८ (१क) मा 'मधेशी जनता लगायत आदिवासी जनजाति र पिछडिएका तथा अन्य क्षेत्रको जनताको स्वायत प्रदेशको चाहनालाई स्वीकार गरी नेपाल संघीय लोकतान्त्रिक गणतन्त्रात्मक राज्य हुनेछ । नेपालको सार्वभौमसत्ता, एकता र अखण्डतालाई अक्षुण्ण राख्दै स्वायत प्रदेशहरूको सीमा, सङ्ख्या, नाम र संरचनाका अतिरिक्त केन्द्र र प्रदेशका सूचीको पूर्ण विवरण, साधन-स्रोत र अधिकारको बाँडफाँट संविधान सभाबाट निर्धारित गरिनेछ' भनेर लेखिएको छ ।

तर अन्तरिम संविधानको उपर्युक्त निर्देशन बमोजिम नेपालको संविधान बनाइएन । सार्वभौमसत्ता सम्पन्न जनता र सार्वभौम संविधान सभाको सदस्यहरूको अधिकारलाई समेत हनन गरिएको असंवैधानिक, गैरलोकतान्त्रिक एव स्वेच्छाचारी प्रक्रिया र कार्य लोकतान्त्रिक हुन सक्दैन । त्यसैले नेपालको संविधान, २०७२ लाई लोकतान्त्रिक एव राजनैतिक रूपमा संविधान सभाबाट बनेको संविधान मान्न सकिंदैन । यो केवल प्राविधिक रूपमा मात्रै संविधान सभाबाट बनेको हो ।

नेपालको संविधान, २०७२ ले समानुपातिक समावेशिता, समावेशी लोकतन्त्र, स्वशासन र स्वायत्तता, पहिचान सहितको सङ्घीयता र लोकतान्त्रिक गणतन्त्रात्मक प्रणालीको समेत विपरीत रहेको छ । यसले मधेशी, आदिवासी जनजाति, थारू, दलित, पिछडा वर्ग, महिला, मुस्लिम, अल्पसङ्ख्यक तथा सीमान्तकृत आदि समुदायमाथि शताब्दियौंदेखि कायम रहेको भेदभाव, असमानता, विभेद, शोषण तथा उत्पीडनको अन्त्य गरी उनीहरूको पहिचानको

मान्यता एवं समान अधिकार, अवसरमा समानता र सामाजिक न्यायको प्राप्तिलाई नै निषेध गर्ने कार्य गरेको छ ।

चार दलका केही नेताहरूको सहमतिले पहिचान, सङ्घीयता, गणतन्त्र, धर्मनिरपेक्षता, समावेशी लोकतन्त्र, संवैधानिक सर्वोच्चता तथा विधिको शासनसहितको सङ्घीय लोकतान्त्रिक गणतन्त्र नेपालको संविधान निर्माण गर्नुको सट्टा पहिचानविहीन र विकृत सङ्घीयता भएको संविधान निर्माण गरे । यसका अतिरिक्त पनि अनेकौं विभेदकारी प्रावधानहरू नेपालको संविधानमा रहेका छन् ।

महिलालाई पुरुष सरह अंश र वंशको अधिकारबाट वञ्चित पारी लैङ्गिक असमानता र विभेदपूर्ण रहेको छ । वंशजको नागरिकता प्राप्त गर्न बाबु वा आमा नेपाली नागरिक राख्नुको सट्टा आमा र बाबु नागरिक राखियो । यसबाट नेपाली आमाको सन्तानहरूलाई नागरिकता प्राप्त गर्नबाट समेत रोक लगाउन सक्ने अवस्थाको सिर्जना गरियो ।

नेपालको संविधानले आमाको नामबाट नागरिकता बनाउँदा शर्तैंशर्त तोकिदिएको छ । पहिलो सर्त नेपालमै जन्मेको हुनुपर्ने, दोस्रो नेपालमा बसोबास गरेको हुनुपर्ने, तेस्रो बाबुको पहिचान भएको हुनुपर्ने र चौथो शर्त बाबुको पहिचान नभएको स्वघोषणा हुनुपर्ने छ । महिलालाई यतिसम्म कडा गर्‍यो कि बाबुको पहिचान नभएको भनेर गरिएको स्वघोषणा गलत ठहरियो भने आमालाई एक वर्षदेखि तीन वर्षसम्म कैद वा एक लाखदेखि तीन लाखसम्म जरिवाना वा दुवै सजायको व्यवस्था गरिदियो । यो भनेको एउटी आमालाई ठूलो सजाय हो ।

धारा ११ कै उपधारा ३ ले दफा ११ को उपधारा २ को 'ख'को प्रवाधान काट्दै बाबु र आमा दुवै नेपाली नागरिक भएमा मात्रै वंशजको आधारमा नेपाली नागरिकता प्रदान गर्ने प्रावधान भन्छ ।

नागरिकतासम्बन्धी व्यवस्थामा पनि यो संविधान प्रतिगामी रह्यो । नागरिकतामा लैंगिक विभेद, नागरिक–नागरिकबीच कोही पहिलो र कोही दोस्रो दर्जाको नागरिक हुने अवस्था सिर्जना गर्ने, वैवाहिक नागरिकतामा पनि जटिलता, खास समुदाय (मधेशी) लाई अङ्गीकृत नागरिकता लिन बाध्य पार्ने र संवैधानिक पदहरूमा जानबाट रोक लगाउने जस्ता प्रावधान राखियो । यस सम्बन्धमा मैले नागरिकता अध्यायमा विस्तृत चर्चा गरेकै छु ।

संविधानमा नश्लवादी चिन्तन र विभेद काम राखियो । संविधानको धारा ११ (६) नेपाली नागरिकसँग वैवाहिक सम्बन्ध कायम गरेकी विदेशी महिलाले चाहेमा संघीय कानुनबमोजिम नेपालको अङ्गीकृत नागरिकता लिन सक्नेछ भन्ने व्यवस्था गरेको छ ।

सोही व्यवस्था बमोजिम विदेशी बुहारी/ज्वाईंलाई नागरिकता प्रदान गर्ने संघीय कानुन बनाउनु पर्ने आवश्यकता छ । यस्तो व्यवस्था पहिलाको कुनै पनि संविधानमा थिएन । यो संविधानमा विभेदकारी भाषिक नीति अवलम्बन गरियो । संविधानको धारा ७ मा 'देवनागरी लिपिमा लेखिने नेपाली भाषा नेपालको सरकारी कामकाजको भाषा हुने छ,' उल्लेख छ ।

उक्त प्रावधानले निरङ्कुश पञ्चायतकालीन नारा 'एउटै भाषा, एउटै भेष' कै नीतिको अनुसरण गरी अन्य भाषाप्रति विभेदको नीति कायम नै राखेको छ । नेपालजस्तो बहुभाषिक मुलुकमा समान भाषिक अधिकारलाई प्रत्याभूति गराउन भाषाहरूलाई अनुसूचीमा सूचीकृत गरी सरकारी कामकाजको भाषाको लागि बहुभाषिक नीति अवलम्बन गरिनु पर्दछ ।

सर्वोच्च अदालतको आदेशको पनि अपहेलना गरियो । सम्मानित सर्वोच्च अदालतले २०७२ आषाढ ४ गते ४ दलीय १६ बुँदे सहमतिप्रति संविधानको धारा १३८ र ८२ को व्यवस्था विपरीत कुनै कार्य नहोस् भनी दिएको अन्तरिम आदेशको समेत ठाडो उल्लङ्घन गरियो ।

संविधानमा विभेदकारी प्रस्तावना राखियो । 'राष्ट्रहित, लोकतन्त्र र अग्रगामी परिवर्तनका लागि नेपाली जनताले पटक-पटक गर्दै आएका ऐतिहासिक जनआन्दोलन, सशस्त्र विद्रोह, त्याग र बलिदान' लाई समावेश गरिएको भए तापनि ऐतिहासिक मधेश जनविद्रोह, आदिवासी जनजाति लगायतका आन्दोलनहरूलाई सम्बोधन नगरी प्रस्तवनामा नै जातीय विभेदकारी नीतिलाई अवलम्बन गरिएको छ ।

संविधानको धारा २७४ (१) मा 'नेपालको स्वाधीनता, सार्वभौमिकता, भौगोलिक अखण्डता, जनतामा निहित सार्वभौम सत्ताको प्रतिकूल हुने गरी यो संविधान संशोधन गर्न सकिने छैन' भनियो । तर जनताले लामो सङ्घर्ष र बलिदानबाट प्राप्त गरेको ऐतिहासिक एवम् महत्त्वपूर्ण उपलब्धिहरू सङ्घीयता, गणतन्त्र, समानुपातिक समावेशिता, लोकतन्त्र आदिलाई समावेश नगरी धरापमा पार्ने षड्यन्त्र गरिएको छ ।

संविधानमा गैर-समावेशी चरित्रलाई अवलम्बन गरियो । नेपालको अन्तरिम संविधान, २०६३ को धारा-२१ मा 'आर्थिक, समाजिक वा शैक्षिक दृष्टिले पछि परेका महिला, दलित, आदिवासी जनजाति, मधेशी समुदाय, उत्पीडित वर्ग, गरिब किसान र मजदुर वर्गलाई समानुपातिक समावेशी सिद्धान्तको आधारमा राज्यको संरचनामा सहभागी हुने हक हुनेछ,' भनेर लेखिएको छ। तर नयाँ संविधानको धारा ४७ मा 'समावेशी सिद्धान्तको आधारमा राज्यको संरचना तथा सार्वजनिक सेवामा सहभागिताको हक हुने छ' लेखिएको छ ।

हाम्रो आन्दोलनकै बीच संविधानको पहिलो संशोधन गरी 'पछाडि परेका महिला, दलित, आदिवासी जनजाति, मधेशी, थारू, मुस्लिम, पछाडि पारिएका वर्ग, अल्पसङ्ख्यक, सीमान्तकृत, अपाङ्गता भएका व्यक्ति, लैंगिक तथा यौनिक अल्पसङ्ख्यक , किसान, श्रमिक, उत्पीडित वा पछाडि पारिएका क्षेत्रका नागरिक तथा आर्थिक रूपले विपन्न खस आर्यलाई समानुपातिक समावेशी सिद्धान्तको आधारमा राज्यको निकायमा सहभागी हुने हक हुनेछ' भनी संशोधन गर्‍यो तर त्यहाँ पनि मधेशी समुदायलाई विभिन्न क्लस्टरमा विभाजित गरिदियो । राज्यको संरचनामा सहभागी हुने हकको ठाउँमा राज्यको निकाय लेखियो । सार्वजनिक सेवा लेखिएन ।

संसदीय व्यवस्थापिका र निर्वाचन प्रणाली पनि प्रतिगामी छ । संविधानको धारा ८४ (क) ले प्रतिनिधिसभाको लागि हुने प्रत्यक्ष निर्वाचन प्रणालीमा न्यून प्रतिनिधित्व हुँदै आएको

महिला, दलित लगायतका समुदायहरूको बीचमा मात्र प्रतिस्पर्धा हुने गरी 'आरक्षित क्षेत्र वा कोटा' नछुट्याइ असमावेशी र विभेदकारी बनाएको छ ।

धारा ८४ (२) कै स्पष्टीकरणमा खस-आर्यको परिभाषा गर्दा दलित त्यसभित्र राखिएको छैन, खस-आर्य बाहेक कुनै पनि कलस्टरको परिभाषा गरिएको छैन । जबकि दलित क्लस्टरभित्र मधेशी दलित, महिला कलस्टरभित्र मधेशी महिला पारिने सम्भावना अत्यन्तै न्यून भयो ।

त्यसै गरी सङ्घीय, प्रादेशिक र स्थानीय तहको व्यवस्थापिका, कार्यपालिका, संवैधानिक निकाय र अन्य सार्वजनिक क्षेत्रमा दलितहरू अर्थात शिल्पी समुदायको सबै क्षेत्रमा पर्ने गरी समानुपातिक समावेशिता अर्थात प्रतिनिधित्व वा सहभागिताको व्यवस्था सुनिश्चित गरिनुपर्छ । धारा ८६ (२ क) ले प्रत्येक प्रदेशबाट समानरूपले ८ जनाको दरले निर्वाचित हुने व्यवस्थाले समान जनसङ्ख्याको आधारमा प्रतिनिधित्व हुन पाउने अधिकारलाई अपहरण गरी मात्र भौगोलिक आधारमा प्रतिनिधत्व गराउने कार्य गैरलोकतान्त्रिक रहेको छ । जबकि हाम्रो आन्दोलनकै बखत संविधानकै धारा ८४ (१ क) मा प्रतिनिधि सभाको लागि जनसंख्यालाई प्रमुख आधार बनाउने भनेर संविधानको पहिलो संशोधन गर्‍यो तर राष्ट्रियसभामा भने लागू गरिएन ।

त्यसैगरी अन्तरिम संविधानमा प्रत्यक्षबाट ४२ प्रतिशत र समानुपातिकतर्फबाट ५८ प्रतिशत रहेकोमा हाल समानुपातिक तर्फको सिट संख्या घटाइ ४० प्रतिशत मात्र गरी मधेशी, दलित, महिला आदिको प्रतिनिधित्वलाई कम गरिएको छ । धारा ८६ (२ख) 'नेपाल सरकारको सिफारिसमा राष्ट्रपतिबाट मनोनीत कम्तीमा एक जना महिला सहित तीन जना' मनोनीत गर्ने कुराको कुनै औचित्य नै छैन ।

संविधानमा एकल जातीय र एकात्मक न्याय प्रणाली अवलम्बन गरियो । संविधानको धारा-१२७, १२८ र १२९ ले न्यायपालिकालाई संघीय सर्वोच्च अदालतको सट्टा सर्वोच्च अदालत, प्रादेशिक उच्च अदालतको सट्टा उच्च अदालत र स्थानीय अदालतको सट्टा जिल्ला अदालतको व्यवस्था गरिएको छ ।

न्यायाधीशहरूको नियुक्ति न्यायपालिकाको संरचनालाई एकात्मक तथा केन्द्रीकृत न्याय प्रणाली तथा असमावेशी हुने गरी एकल जातीय प्रभुत्वलाई नै निरन्तरता दिने कार्य गरेको छ । नेपाल संघीय लोकतान्त्रिक गणतन्त्रात्मक मुलुक भइसकेको हुँदा न्यायप्रणालीको पनि संघीय ढाँचा नै हुनुपर्दछ । विगतको संविधान सभामा न्याय प्रणाली सम्बन्धी समितिको प्रतिवेदन २०६६ मा 'संक्रमणकालीन व्यवस्थामा सहमति भएको अनुसार यो संविधान प्रारम्भ हुँदा बखत कायम रहेका सर्वोच्च अदालतका प्रधानन्यायाधीश तथा न्यायाधीशहरू यो संविधान प्रारम्भ भएपछि तीन गहिनाभित्र पुनर्नियुक्त भएकोमा बाहेक आफ्ना पदमा बहाल रहने छैन' भनिएको छ ।

पहिचानको संकट पनि संविधानमा देखियो । संविधानको धारा ८४ (२) मा 'खस-आर्य'को मात्र पहिचानलाई सूचीकृत एवं परिभाषित गरी अन्यजात/जाति, भाषाभाषी एवं सांस्कृतिक समुदायहरू खास गरी- मधेशी, आदिवासी जनजाति, दलित, मुस्लिम, अल्पसंख्यक समुदायआदिको पहिचानलाई परिभाषित नगरी उनीहरूको जातीय/राष्ट्रिय पहिचानलाई नै संकटमा पार्ने कार्य गरी विभेद गरिएको छ ।

संविधानमा सङ्घीयताको खोलभित्र एकात्मकताको प्रयोग गरियो । संघीय प्रणालीमा केन्द्रका सरोकारका विषयहरू केन्द्रिय सरकारका मातहत जस्तै मुद्रा, अन्तर्राष्ट्रिय सम्बन्ध, सेना, रक्षा, केन्द्रीय सञ्चार रहन्छन् । प्रादेशिक सरोकारका विषयहरू प्रदेशका मातहत रहन्छन् र अवशिष्ट अधिकारहरू प्रदेशकै मातहत रहन्छन् । यस अवस्थामा मात्र प्रादेशिक स्वयत्तता सहितको संघीय प्रणाली हुन्छ । तर संविधानको धारा ५६, ५७, ५८ र ५९ ले प्रदेशलाई शक्ति र साधन स्रोतको आधारमा अत्यन्त कमजोर र केन्द्रलाई अत्यन्त शक्तिशाली बनाएर सङ्घीयताको खोलभित्र पुरानै एकात्मक, एकल जातीय आधिपत्य निरन्तर कायम राख्ने प्रयास गरिएको छ । जो संघीय लोकतान्त्रिक प्रणालीको सिद्धान्तका विपरीत रहेका छन् ।

सुरक्षा निकायको असमावेशी तथा विभेदकारी संरचना कायमै राखियो । संविधानको धारा २६७ र २६८ ले नेपाली सेना, नेपाल प्रहरी, अर्धसैनिक बल र गुप्तचर संगठनको संरचनामा मधेशी, आदिवासी जनजाति, दलित, महिला, थारू, मुस्लिम, पछाडि पारिएको वर्ग तथा पछाडि पारिएका क्षेत्रका नागरिकको प्रवेशलाई समानुपातिक समावेशिताका आधारमा नगरी यसलाई परम्परागत रूपमा असमावेशी र एकल जातीय स्वरूपको संरचनालाई नै निरन्तरता दिइएको छ । यसलाई लोकतान्त्रिक र समानुपातिक-समावेशीकरण गरी राष्ट्रिय स्वरूप प्रदान गरिनु पर्दछ ।

प्रेस स्वतन्त्रतामाथि पनि अंकुश लगाइयो । लोकतन्त्रको मूल आधार र मापदण्ड भनेको नागरिक स्वतन्त्रताको हक र प्रेस स्वतन्त्रता नै हो । प्रेस स्वतन्त्रताबिना लोकतान्त्रिक प्रणाली हुन सक्दैन । तर संविधानको धारा-१९ को प्रावधानले अप्रत्यक्ष रूपमा प्रेस स्वतन्त्रतामाथि अनेक बहानामा अंकुश लगाउने र नियन्त्रण गर्न सक्ने व्यवस्थाले प्रेस स्वतन्त्रतामाथि राज्यलाई हस्तक्षेप गर्न सक्ने आधार प्रदान गरिएको छ । यस्तो प्रवधानले प्रेस स्वतन्त्रताको अधिकारलाई कटौती गर्ने प्रयास गरेको छ ।

अन्तर्राष्ट्रिय सम्बन्ध सम्बन्धी नीति पनि प्रतिगामी बनाइयो । नेपाल पक्ष भएका अन्तर्राष्ट्रिय अभिसन्धिहरूको पालना गर्ने चर्चा गरिएको भए तापनि संविधानको अन्तरवस्तुमा कहीँ पनि त्यसलाई कार्यान्वयन गर्ने गरी संविधानमा व्यवस्था गरिएन । यसका विपरीत प्रावधानहरू नै राखियो ।

नेपालको संविधान, २०७२ ले अन्तरिम संविधानले व्यवस्था गरेका महत्त्वपूर्ण अधिकारहरूको समेत कटौती गरेको छ । यसले केन्द्रीकृत र नियन्त्रित अर्थात् नाम मात्रको सङ्घीयताको संरचना र अधिकारको व्यवस्था गरेको छ । सङ्घीयताको सीमाङ्कन विकृत

गरिएको छ । मधेश प्रदेशलाई ८ जिल्लामा सीमित गरिएको छ । बाँकी प्रदेशमा मधेशी थारू अल्पसंख्यक हुने गरी अन्य सबै प्रदेश खसआर्य (संविधानले परिभाषा गरिए बमोजिम) बाहुल्य हुने गरी सिमाङ्कन गरिएको छ । संविधान सभामा भएको छलफलबाट निर्मित प्रतिवेदन वा पुनःसंरचना आयोगले सरकारलाई बुझाएको प्रतिवेदन विपरीत सङ्घीयता लागू तथा प्रदेशको सीमाङ्कन गरिएको छ । समावेशी लोकतन्त्र कुण्ठित गरिएको सङ्घीयता र पहिचानलाई धरापमा पारेको छ ।

मधेशी, दलित, मुस्लिम, आदीवासी जनजाति र अल्पसंख्यक समुदायका प्रतिनिधित्वलाई अनिश्चित तथा पहिलाभन्दा न्यून पारिएको छ । राज्य पुनःसंरचना आयोगले र समितिले दलितलाई जनसंख्या अनुपातको आधारमा प्रतिनिधित्व सहित थप सिटमै आरक्षण गर्ने व्यवस्था गरेको थियो तर संविधानमा यो व्यवस्था हटाइएको छ । यस्ता र यी मुद्दाका लागि जनताको रगत बगेको छ । तराई मधेशका जनताले ठूलो कुर्बानी दिएका छन् । राज्य पुनःसंरचना गर्दा पहिचानका पाँच आधारहरू र सामर्थ्यका चार आधारहरूको आधारमा अधिकार सम्पन्न स्वायत्त प्रदेशहरूको संरचना गरिनुपर्दछ । विगतका आन्दोलन र संविधान सभाको मूल भावना पनि यही हो ।

राज्य पुनःसंरचना गर्दा उच्चस्तरीय राज्य पुनःसंरचना आयोगको प्रतिवेदनको अनुसार गरिनु पर्दछ । शताब्दियौँदेखि कायम रहेको जातीय, वर्गीय एवं लैङ्गिक तथा क्षेत्रीय विभेद, असमानता, शोषण, उत्पीडनको अन्त्य नहुने, समानुपातिक समावेशी तथा पहिचान सहितको सङ्घीयता र सङ्घीयता सहितको संविधान प्राप्त नहुने, बहिष्करणमा पारिएका वा परेका आदिवासी जनजाति, मधेशी, महिला, दलित, मुरिलम, थारू, सीमान्तकृत अल्पसंख्यक समुदाय, अपाङ्गता भएका व्यक्ति, लोपोन्मुख जात/जाति र श्रमजीवी वर्गप्रति गरिँदै आएको भेदभाव, असमान्ता एवं उत्पीडनलाई कायमै राखी मुलुकलाई प्रतिगमनतर्फ धकेल्ने अधुरो एवं अपूर्ण रहेको प्रतिगमनकारी संविधानलाई कदापि स्वीकार गर्न सकिँदैन । मधेशी जनताले संविधान यसै जलाएका थिएनन् । कालो दिन रूपमा यसै मनाएका थिएनन् ।

# बहुलराष्ट्रिय राज्य नेपाल

आजको नेपाल थुप्रै राष्ट्रहरूको समष्टि हो । खस-आर्यको मात्रै राष्ट्र हैन । मधेशीको पनि हो । आदिवासी- जनजातिको पनि हो ।

'प्लुरिनेसन र मल्टिनेसन स्टेट'लाई नै बहुल र बहुराष्ट्रिय राज्य भन्ने गरिएको छ । भाषा, जनसंख्या, भूगोल संस्कृतिको समरूपताले कुनै निश्चित राष्ट्र निर्माण हुने हो । एउटा देशभित्र अनेक राष्ट्र हुन सक्छन् । जस्तो कि भारतभित्र बङ्गाल, मराठा, गुजरात, पञ्जाव, तमिल आदि राष्ट्रहरू भनिएका छन् । नेपालमा विविध पहिचानका आधारमा बहुल राष्ट्रको अस्तित्व र बसोवास छ । उनीहरू नेपाली भाषी खसआर्यका रूपमा मात्रै होइन, नेवार, तामाङ, मगर, गुरुङ, राई, लिम्बू, शेर्पा, मधेशी, थारू आदिका रूपमा क्रियाशील छन्, जुन ती समुदायका आ-आफ्ना पहिचान वा राष्ट्र हुन् । तसर्थ यहाँ राष्ट्र भन्नाले देश(स्टेट)को रूपमा बुभन्तु हुँदैन । यो पहिचान, इथ्निसिटी र राष्ट्रियता हो । एउटा देश भित्र विभिन्न राष्ट्र हुन सक्छन् । त्यस्तै एउटै राष्ट्र विभिन्न देशमा पनि हुन सक्छन् ।

तर बहुराष्ट्रियताको यो अवधारणा कालान्तरमा देशबाट मधेश टुक्र्याउने डिस्कोर्सकै रूपमा आएको हो भनेर वार्ता संवादको वरपर तर्क वितर्कहरू सुनिए । थुप्रै अल्पसङ्ख्यक जाति र संस्कृति आपसमा घुलमेल भएर बस्दै आएको एकीकृत नेपालमा अलगअलग राष्ट्र हुन नसक्ने उनीहरूको तर्क थियो । पछिल्लो समय देश विखण्डनको बहस उछाल्न खोज्ने व्यक्ति र समूह सक्रिय भएकै बेला बहुलराष्ट्रियताको मुद्दा उठाउनु हुँदैन भन्ने तर्क आलोचकहरूको थियो ।

नाका केन्द्रित आन्दोलनकै बीच सत्तारुढ नेकपा (एमाले) ले चितवनमा आयोजना गरेको मधेश विशेष कार्यकर्ता भेलामा बहुराष्ट्रियताको सवाल उठायो । मधेशका २२ जिल्लाका पार्टी अध्यक्ष, पदाधिकारी, तत्कालीन प्रदेश दुईका नेता, अञ्चल इन्चार्ज, सहइन्चार्ज, पहिलो संविधान सभाका सभासद्लगायत जुटाएर आयोजित उक्त भेलामा पारित राजनीतिक प्रतिवेदनमा लेखिएको थियो, 'अन्ततः बहुलराष्ट्रियताको मागले विखण्डनकारी, पृथकतावादी प्रयल र षड्यन्त्रलाई प्रोत्साहित गर्छ ।'

नेपालको निर्माण 'वान नेसन, वान स्टेट'को आधारमा भएको होइन । 'प्लुरि/मल्टी नेसन, वान् स्टेट'को सिद्धान्तमा आधारित भएर भएको हो ।

मधेश आन्दोलन ताका मधेशी मोर्चाले महत्त्वका साथ उठाउँदै आएको बहुलराष्ट्रियताको

यो महत्त्वपूर्ण मुद्दालाई वार्ता–संवादमा राज्यले गञ्जागोल सिर्जना गर्न खोजेपछि तत्कालका लागि स्थगित गर्ने रणनीति लियो । यसको मतलब बहुलराष्ट्रियताको मुद्दा छोडेको भन्ने होइन । तत्कालिन मोर्चाले के सोच्यौं भने सीमाङ्कनमा उपलब्धि प्राप्ति हुन्छ भने अन्य मागहरूलाई तत्कालका लागि थमौती गर्ने, भूगोल, जनसङ्ख्या, भाषा, संस्कृतिका आधारमा समष्टिगत रूपमा मधेश एउटा राष्ट्र हो । त्यसैले हाम्रो राजनीतिक मागका रूपमा बहुलराष्ट्रियता पनि जीवित छ ।

नेपाल भनेको साझा जाति, भाषा, धर्म, सांस्कृतिक, आर्थिक जीवन मात्र होइन, साझा भूगोल र साझा मनोविज्ञान पनि हो । यस अर्थमा नेपाल मुख्य गरी मधेशी, आदिवासी– जनजाति र खस–आर्य सामुदायिक समूहको देश हो । जसभित्र अनेकौं जाति, भाषा, संस्कृति र पहिचानहरू छन् । समग्रमा यी सबैलाई मनोवैज्ञानिक एकीकरण गर्ने र समृद्ध बनाउने राजनीति आजको आवश्यकता हो । ठीक यही विन्दुबाट देशमा वैकल्पिक राजनीतिको सुरुवात हुन सक्छ । सम्पूर्ण नेपालमाथि आफ्नो स्वामित्व खोज्ने नेता, नेतृत्व र राजनीतिको आवश्यकता हो । मधेशमा पनि सुसंस्कृत राजनीतिको रचना गर्दै नयाँ पुस्ताका सपनाहरू जोड्ने राजनीति आजको आवश्यकता हो । यसका लागि अब अँध्यारोबाट उज्यालोतिर जाने राजनीतिक अवधारणा, शैली र नेतृत्व मधेशले खोज्ने बेला भएको छ । देशले खोज्ने बेला भएको छ ।

२०७८ जेठ २१ मा तत्कालीन नेकपाका अध्यक्ष तथा प्रधानमन्त्री केपी शर्मा ओलीको १८ दिने सरकारमा उपप्रधान तथा सहरी विकास मन्त्रीको रूपमा कार्यभार सम्हाल्ने क्रममा मिडियाद्वारा प्रश्न आयो, 'तपाईंको भावी कार्य योजना के हो ? मैले भनें, 'देशमा एउटा वैकल्पिक शक्ति निर्माण गर्ने, अधिकार पहिचान, सुशासन र समृद्धिको सवाल, बहुल राष्ट्रिय राज्यको स्थापनाका लागि राष्ट्रिय मुक्ति आन्दोलनको तयारी गर्ने, नै मेरो एजेण्डा हो । त्यो एजेण्डा पनि अगाडि बढाउँदै जाने र विगतका आन्दोलनका माग मुद्दालाई पनि सम्बोधन गर्दै लैजाने, त्यसका लागि हामी सरकारमा सहभागी भएका छौं ।'

मेरो अभिव्यक्ति 'राष्ट्रिय हित र अखण्डता' विरोधी भएको भन्दै एकल सोच चिन्तन राख्ने नश्लवादीहरूले मेरो पुत्ला दहनदेखि विज्ञप्तिहरू जारी गर्ने र सामाजिक सञ्जालमा तीव्र आलोचना ओइरिनेसम्मका प्रतिक्रिया देखिए ।

बहुल राष्ट्रिय राज्यले देशलाई विखण्डन तिर लैजान्छ भन्नेले के बुझ्न जरुरी छ भने संविधानको धारा तीनको मर्म र भावना अनुसारले पनि नेपाल बहुल राष्ट्रिय राज्य हो । यसले देशलाई बलियो बनाउँछ । यस बारे मैले विज्ञप्ति नै जारी गरेको थिएँ ।

विज्ञप्ति जारी गरेकै दिन आफूसहितका मन्त्रीहरूको स्वागतमा जनता रागाजबाबी पार्टी (जसपा) को अध्यक्ष महन्थ ठाकुरले आयोजना गरेको कार्यक्रममा पनि मैले भनें, 'नेपाल त बहुल राष्ट्रिय राज्य हुँदै हो नि ।' यसमा विवाद गर्नुको कुनै अर्थ छैन, 'बहुल भनेको एक

जाती, एक वर्ग, एक समुदाय, एक पहिचान होइन । सबैको राज्य शासनमा पहिचान सहितको समानुपातिक प्रतिनिधित्व हुनुपर्छ । यो नभएसम्म जनताले आफ्नो अधिकार र पहिचानका लागि सङ्घर्ष गरिरहन्छन् ।'

वास्तवमा भन्ने नै हो भने बहुल राष्ट्रिय राज्यको अवधारण हठात उठेको होइन । मधेश आन्दोलनको सूत्रपात यही जगमा भएको थियो । सद्भावना परिषद्को गठन यसैको निमित्त भएको थियो । २०६४ मा मधेश राष्ट्र जनतान्त्रिक पार्टी क्रान्तिकारीले बहुल राष्ट्र राज्य हुनुपर्ने भन्दै घोषणा पत्र नै जारी गरेको थियो । यो समूहले बहुल राष्ट्रिय राज्य लागि सशस्त्र संघर्षको नै गर्‍यो । सद्भावना पार्टीको २०६९ को जनकपुर महाधिवेशनले पनि नेपाल बहुल राष्ट्रिय राज्य बनाउने निर्णय गर्‍यो । २०७३ असार ७ गते तराई-मधेश लोकतान्त्रिक पार्टीको महाधिवेशनले पनि देश बहुल राष्ट्र राज्य हुनुपर्ने भन्दै दस्तावेज नै पारित गर्‍यो ।

पृथ्वीनारायण शाहले पहिचान सहितका बाइसे-चौबिसे राज्यमा रहेका विभिन्न राष्ट्र र राज्यलाई एकिकरण गरी नेपालको निमार्ण गरे । उनले नेपाललाई 'चार जात छत्तिस वर्णको साझा फूलबारी'का रूपमा चित्रित गरेर बहुल राष्ट्रिय राज्यको महत्वलाई बुझाउन खोजेको हुनुपर्छ । राष्ट्रहरूको पहिचानले देशलाई बलियो बनाउँछ भनेर उनले बुझेका रहेछन् । तर दुखको कुरो त्यसपछिका कुनै पनि शासकले नेपाललाई साझा फूलबारी बनाएनन् । एकल फूलबारी बनाए । एकल राष्ट्रिय राज्यको मूल्य मान्यतालाई स्थापित गरे । पटक-पटक एकल नश्लिय शासनलाई टेवा दिने संविधान बनाए । त्यसैलाई चलाए । नेपालको पीडा नै यही हो ।

यो देश सबैको साझा फूलबारी हो । यहाँ सबै फूलको समान हिसाबले संरक्षण र संवर्द्धन गर्नुपर्छ । हरेक फूलको संरक्षण र संवर्द्धन फरकफरक तरिकाले गर्नुपर्ने हुन्छ । यसका लागि बहुलराष्ट्रियतामा आधारित देश आवश्यक छ ।

# भ्रष्टाचार छानबिनमा एकरूपता

के नेपालमा भ्रष्टाचार छानबिन र नियन्त्रणको मापदण्डमा एकरूपता छ ? किमार्थ पनि छैन । तर मापदण्डमा एकरूपता हुने हो भने सबै भ्रष्टाचारी जेलभित्र हुने निश्चितप्रायः छ ।

शक्ति र सत्तामा रहेका पहाडीया शासक भ्रष्टाचार छानबिन र नियन्त्रणको मापदण्डमा एकरूपता ल्याउन चाहँदैनन् । किनकि त्यस्तो गर्दा आफैँ जेल जाने सम्भावना प्रबल हुन्छ । आफ्नै घाँटीमा फाँसी कसले लगाउँछ र !

भनिन्छ, मौनम् स्वीकृति लक्षणम् । वनमाराले वन खाएजस्तो भ्रष्टाचारले सम्पूर्ण देश ध्वस्त बनाइसक्यो । तलदेखि माथिसम्म भ्रष्टाचार र अनियमितताले नै शासन जमाइरहेको छ ।

कहिलेकाहीँ एकदुई जना सोभा र राजनीतिक पावर कम भएका व्यक्तिलाई भ्रष्टाचार आरोपमा समातिन्छ । त्यस्ता पात्र पूर्व सञ्चारमन्त्री जयप्रकाश प्रसाद गुप्ता (जेपी) पनि हुन् । उनी ८४ लाख रूपैयाँको स्रोत देखाउन नसक्दा जेल चलान भए । सञ्चारमन्त्री भएकै अवस्थामा जेल चलान भएका उनी राजनीतिबाट किनारा लाग्नुपर्ने अवस्था आयो ।

यसरी नै सबै नेताको आर्जनको स्रोत खोज्ने हो भने राजनीतिका मैदान खाली हुने अवस्था आउँछ । पार्टी कार्यालयहरू रित्ता हुने छन् । सोभा गुप्तालाई सुलीमा चढाएर भ्रष्टहरू सत्ताको चुलीमा बसेर स्वाद मानिरहेका होलान् ।

पहिलो कुरा त उनी मधेशी हुन् । मधेशी भएपछि स्वतः अराष्ट्रिय भेहाल्यो । अर्को उनी मधेश आन्दोलनका अगुवा पनि हुन् । शासनमाथि प्रश्न उठाएपछि उनी निशानामा पर्ने नै भइहाले । त्यसमाथि कुनै पहाडिया शासकहरूले स्थापना गरेको पार्टीको मान्छे थिएनन् जेपी । यति भएपछि बाटो हिँडिराखेको निर्दोष त पक्राउ पर्ने देशमा जेपी जेल चलान हुनु नौलो कुरा थिएन ।

गोर्खाली सत्ताले आफ्नो सत्ता जोगाइरहन जेपीको पनि सिकार गर्‍यो । तर दुखको कुरो गणतन्त्रले पनि त्यसलाई नै निरन्तरता दियो । सम्पत्ति मुल्याङ्कनको आधार एकै हुनुपर्थ्यो । तर जेपी मधेशी भएका कारण यसमा पनि विभेद भयो । राज्यको विभेदका कारण एक होनहार नेताको राजनीतिक जीवन समाप्त बनाइयो । उत्पीडनमा परेकालाई न्याय प्राप्तिमा पनि अन्याय भयो ।

उनलाई जेलको बाटो देखाउने सरकारले अन्य दलका नेता-कार्यकर्ताको सम्पत्ति किन छानबिन गर्दैन ? जेपीलाई किन छानबिन गरियो ? छानबिन गर्नु नराम्रो कुरा होइन तर, सम्पत्ति मूल्याङ्कनको आधार सबैका लागि एकै हुनुपर्छ । भ्रष्टाचार नियन्त्रण नै गर्ने हो भने, २०४६ को परिवर्तन यता सार्वजनिक पद धारणा गरेका सबैको सम्पत्तिको छानबिन गरौं । अख्तियार र पदको दुरुपयोग गरी आर्जन गरेको सम्पत्ति राष्ट्रिगक्रण गरौं । पडा अध्यक्ष देखि प्रधानमन्त्रीसम्मका सबैलाई एउटै मापदण्ड बनाएर सबैको सम्पत्तिको पुनःमूल्याङ्कन होस् । गापबण्डअनुसार राजनीतिक दल, कर्मचारी लगायत सबैको सम्पत्ति छानबिन होस् । यसका लागि पनि अर्को अन्तिम र निर्णायक आन्दोलनको जरुरी छ । मधेश त्यसैको तयारीमा छ ।

# मिडियालाई प्रश्न

मिडियालाई देशको महत्वपूर्ण अंगका रुपमा हेरिन्छ । देशको हालात राम्रो नराम्रो हुनुमा मिडियाको पनि अहम् भूमिका रहन्छ । मिडियाको काम निष्पक्ष भएर समाजमा दबाइएका घटनालाई उजागर गर्नु हो । दबाइएका गुहारलाई बाहिर ल्याउनु हो । न्यायको आवाजलाई बुलन्द तुल्याउनु हो । समाजलाई अग्रगमनको पथतिर लैजानु हो । पूर्वाग्रह साँध्नु हैन । कसैको प्रोपोगाण्डामा फस्नु होइन । अधिकांश राष्ट्रिय मिडियाले मधेशमाथि सधैं पक्षपात गरेका छन् । मधेशका आवाजलाई दमित तुल्याएका छन् । गलत र पूर्वाग्रही भएर सूचना सम्प्रेषण गरिरहेका छन् । मिडियाको मधेश विरोधी खोकला 'राष्ट्रवादी' अभिव्यक्तिले मधेश आजित छ, आक्रोशित छ । पूर्वाग्रही चिन्तनधारा बोक्ने नेपाली मिडियाको परम्पराबाट मधेशसँगै जनजाति पनि दुःखी छन् । चिन्तित छन् ।

सङ्घीय राजधानी काठमाडौँबाट प्रकाशित हुने प्रायः पत्रिका र प्रसारण संस्था मधेशको मुद्दा र आन्दोलनप्रति संवेदनशील छैनन् । एक प्रकारले भन्ने हो भने, उनीहरू सरकारको अस्त्र बनेका छन् । मिडिया नागरिकको अवाज बन्न सक्नुपर्छ । आश्चर्य त यसकारण लाग्छ- किन राष्ट्रिय मिडियाले मधेश आन्दोलनलाई प्राथमिकता दिएनन् ? वास्तवमा गैरमधेशी नेपालीको मगजमा 'नाकाबन्दी नाकाबन्दी' भनेर छिराउने काम यिनै तथाकथित राष्ट्रिय मिडियाले गरेका थिए ।

यस परिस्थितिमा २०७२ पुस ३ गते शुक्रबार नयाँ पत्रिका दैनिकमार्फत् नेपाली मिडियालाई प्रश्न सोधेको थिएँ । 'एउटा कुनै समुदाय विशेषलाई प्रोत्साहन र अर्को समुदायलाई सधैं नकारात्मक मात्रै देखाइरहेका छन् । नेपालको मिडिया नेपालभरिलाई हो कि कुनै क्षेत्र विशेषका लागि मात्रै हुन् ?,' मैले त्यतिबेला सोधेको थिएँ ।

मिडिया सम्पूर्ण समुदाय, जातिवर्गका लागि हो या खास वर्ग, जाति र समुदायका लागि मात्रै ? राष्ट्रिय भनिने मिडियाको चरित्र राष्ट्रिय छ कि छैन ? मधेशलाई साम्प्रदायिक भनेर नथाक्ने पहाडिया शासकले किन कहिल्यै विचार गर्दैनन् कि राष्ट्रिय भनिने मिडियाको चरित्र साम्प्रदायिकतातिर किन गयो ? के नेपालको मिडिया खसवादी नश्लीय मानसिकता बोकेका मानिसका लागि मात्रै हो ? राष्ट्रवादी बनेर नथाक्नेलाई प्रश्न गर्न चाहन्छु म, मधेश नेपालको हो कि होइन ? मधेशीहरू नेपाली हुन् कि होइनन् ? होइन भने केही भन्नु रहेन । हो भने किन विभेद गरिन्छ मधेशलाई ? किन नकारात्मक कुरा मात्र छापिन्छ ?

अरूलाई प्रश्न सोध्ने मिडियालाई हामीले पनि प्रश्न सोध्नैपर्ने भएको छ । सधैं समानअधिकार, पहुँच र पहिचानका लागि मधेशीलाई टाढा राखियो । अन्यायमा पारियो । यो कुरा पक्कै पनि देखिएकै होला । के समानअधिकार, पहुँच र पहिचानका लागि मधेशीले सङ्घर्ष गर्नु अपराध

हो ? हो भन्ने लाग्छ भने ठीकै छ, यसको हिसाब पनि मधेशले दिनेछ । तर होइन भने मिडियाले खुलेर मधेशीको सङ्घर्ष लाई साथ दिनुपर्छ कि पर्दैन ? राष्ट्रिय मिडिया दाबी गर्नेहरूले दल, नेता, व्यक्ति-विशेषको मुखपत्रका रूपमा काम गर्न हुन्छ कि हुँदैन ? राष्ट्रिय भनिने मिडिया पूर्वाग्रहबाट ग्रसित हुनु उचित हुन्छ ?

यत्रो ठूलो मधेश आन्दोलन भयो । हक र अधिकारका लागि सयौं मधेशीले ज्यान गुमाए । मधेशी जनताको जनप्रदर्शनबारे राष्ट्रिय भनिने मिडियामा सत्य तथ्य नआउनुको मतलब के हो ? सधैं मधेशलाई मिडियाले किन छायामा राख्छ ?

शान्तिपूर्ण मधेश आन्दोलनमा सरकारद्वारा निर्दोष आन्दोलनकारीमाथि छाती र टाउकोमा गोली हान्नेलाई राज्यआतंक नदेख्ने हाम्रो कस्तो राष्ट्रिय मिडिया हो ?

टीकापुरको घटनामा दुई वर्षको बच्चा मारिनु दुर्भाग्यपूर्ण थियो । यस घटनाले समग्र मधेश लज्जित छ । दुःखी छ । उनले मिडियामा स्थान पाउनु स्वाभाविकै थियो । तर भैरहवामा चार वर्षको बच्चालाई प्रहरीले गोली ठोकेर मार्दा त्यत्तिकै स्थान मिडियाले किन दिएन ? मृत्यु पनि वर्ग, सम्प्रदाय र जातजाति अनुसार फरक हुन्छ हो ?

मधेशीहरूको अधिकार र पहिचानका लागि भएको आन्दोलन साम्प्रदायिक देख्ने, आधार र प्रमाणविना मधेशीलाई विखण्डनकारी, राष्ट्रघाती देख्ने मिडियाको दृष्टि कसरी सही छ ?

दुई सय पचास वर्षदेखि मधेशी, दलित, जनजातिमाथि भएको शोषण र विभेद भइरहेको छ । आज पनि अवस्थामा कुनै फरक भएको छैन । अपमान र हेलाको सिलसिला अनवरत छ । कसले गर्यो भनेर मिडियाले खोइ प्रश्न गरेको ? कि पहाडिया सामन्तहरूसँग प्रश्न गर्न सक्ने ल्याकत राख्दैन मिडियाले ? विभेदविरुद्ध आवाज उठाउने दायित्व मिडियाको हो कि होइन ?

लोकतान्त्रिक मूल्यमान्यता विपरीत समुदाय विशेषका आधारमा आन्दोलन र राजनीतिक विषयलाई मिडियाले फरक मापदण्ड राखेर हेरेको छ । हक र अधिकार मागेर गरिएको आन्दोलन एउटाले गर्दा ठीक हुने, अर्कोले गर्दा बेठीक कसरी हुन्छ ?

नाकाजाममा समग्र मधेश पनि समस्यामा परेको थियो । चीनबाट आएको सहयोग पनि तराईसम्म आइपुगेन । ग्यास र पेट्रोल नपाउनु मात्रै मानवीय संवेदनशीलता हो कि सयौं वर्षदेखि एउटा भेग र समुदायका जनता अधिकारविहीन अवस्थामा गुलामीको जिन्दगी बिताउन विवश हुनु पनि संवेदनशील विषय हो ?

मानव अधिकारकर्मीहरू पहाडका स-साना घटनामा रोनाधोना गर्छन् । तर मधेशका घटनामा कहिल्यै आवाज निकालेको देखिँदैन । हुन त मधेशीहरूलाई मान्छे नै मान्न पनि तयार नरहेको अवस्था छ । मधेशका निहत्था जनतामाथि गोली हानेर मार्ने, घाइतेको उपचार समेत नगरिदिने कार्य मिडियाको नजरमा मानवीय संवेदनशीलता र मानवअधिकार उल्लंघनमा पर्छ कि पर्दैन ? औषधि आपूर्तिका लागि नाका खोला हर प्रकारले सहयोग गर्दा गानबाय संवेदनशीलताको ढील पिटेर आन्दोलन तुहाउने, रीमा अवरोध हटाएर आन्दोलन समाप्त पार्ने प्रयासमा संवेदनशीलताको दुरूपयोग भएको मिडियाले देख्छ कि देख्दैन ?

औषधि नपाएको कुरालाई संवेदनशील बनाएर उचाल्नुसम्म उचालियो । तर राज्यले मान्छे मारेको घटनालाई संवेदनशील नदेख्ने हाम्रो मिडिया कस्ता ?

समग्र विश्वलाई थाहा भयो कि मधेश किन आन्दोलनमा छ । सहयोग र साथ पनि प्राप्त भयो । तर आफ्नै देशका राष्ट्रिय भन्निे मिडियाको नजरमा मधेशीलाई शान्तिपूर्ण आन्दोलनमा सहयोग गर्ने अधिकार हुन्छ कि हुँदैन ? मिडियाले इतिहासको कठघरामा उभिनुपर्छ कि पर्दैन ? कि नश्लीयताको पक्षपोषण गर्नु मात्र नेपाली मिडियाको काम हो ?

पहाडमा भुइँचालोबाट अनेक दुःख आइलाग्यो । मधेशीहरू मलमपट्टी र खाद्यान्न बोकेर पहाड उक्लिए । तर आन्दोलनको चार महिना हुँदासम्म मधेशीको पीडामा मलम लगाउन पहाड नआएको विषय मिडियाले किन लेखेन ? ४० दिनसम्म मधेश बन्द गर्दा न काठमाडौँले सुन्यो न पहाडले । झन्डै ४० जना बढी आन्दोलनकारी मारिँदा पहाडले ध्यान दिएन । त्यसपछि मात्रै नाकामा गएर अवरोध गर्नुपरेको बाध्यात्मक अवस्थालाई किन राष्ट्रिय मिडियाले बुझेन वा बुझेर पनि मनन गरेन ?

मिडियाको दृष्टिमा आन्दोलनका कारण परेको पीडाबाट मुक्ति दिलाउने काम सरकारको हो कि आन्दोलनकारीको ? मधेश कुनै काम नपाएर समय कटाउन आन्दोलनमा गएको थिएन । राज्यको ज्यादतीले सीमा नाघेपछि जनता सडकमा उत्रिएका थिए । हरेक घटनामा मिडियाले किन आन्दोलनकारीलाई मात्रै जिम्मेवार देख्छ, सरकारलाई किन देख्दैन ?

मधेश आन्दोलनका बेला भारतको राज्यसभामा बहस भयो तर त्यसमा मधेश आन्दोलनलाई प्राप्त समर्थन र विदेशमन्त्री सुष्मा स्वराजको अभिव्यक्तिलाई मिडियाले किन यथोचित स्पेस दिएन ? डा. करण सिंहको भनाइलाई किन ठाउँ दिएन ? तर सामान्य हैसियतका सांसद मणिशंकर ऐयरले किन हेडलाइनमा ठाउँ पाए ?

यदि भारतले नाकाबन्दी गरेको हो भने नेपालले राष्ट्रसंघमा आवाज उठाउन सक्थ्यो । आन्दोलनकारीले नाकाबन्दी गरेको जान्दाजान्दै राज्यसत्तालाई नगरेर मिडियाले किन भारतलाई निरन्तर नाकाबन्दीको आरोप लगाएर खेदिरह्यो ? भारतलाई जोडेर मिडियाले मधेश आन्दोलनको अवमूल्यन गरेको हो कि होइन ?

मधेश आन्दोलन र मधेशका समग्रका समस्यालाई लिएर मिडियाले कहिल्यै सकारात्मकता देखाएन । मधेशप्रति निर्वाह गरेको पूर्वाग्रही भूमिकालाई निर्मम समीक्षा गर्नुपर्छ कि पर्दैन ?

आज पनि मैले त्यस बखत सोधेका प्रश्नकै सार नै नेपाली मिडियालाई सोध्नु पर्ने अवस्था छ । यसो भनिरहँदा मैले सबै मिडियालाई आरोप लगाएको होइन तर नेपाली मिडियाको औसत चरित्र भनेको हुँ । कतिपय मिडियाले राष्ट्रिय धर्म निर्वाह गरेका छन् । उनीहरूका लागि मेरो र समग्र मधेशको सम्मान छ । तर मिडिया मधेशको लागि सधैं पक्षपाती भएको सत्य पनि मासेर मासिने यथार्थ भने होइन ।

मधेश मिडियालाई प्रश्न गर्ने मात्र होइन सँगसँगै हिँड्न पनि आतुर छ । हामीलाई हाम्रो पनि कुरा भन्न मन छ । हामीसँग पनि भन्ने कुरा छ । हाम्रो मिडियाले हामीलाई पनि समान स्थान र अवसर दिनुपर्छ । हाम्राबारे पनि निष्पक्ष भएर बोल्नुपर्छ ।

# राष्ट्रघाती को ?

मधेश आफ्ना दुःख देशका दूरदराजसम्म पुऱ्याउन चाहन्छ । तर मधेशकै दुःख किन बिक्दैनन् ? म बेलाबखत सोच्ने गर्छु ।

जनताको प्रतिनिधि बनेका राजनीतिक दललाई सत्ताको लोभ छ । सत्तामा भन्दा मुद्दामा लोभिएको भए देश कहाँबाट कहाँ पुगि सक्थ्यो । जनताको प्रतिनिधिले शक्तिको खेलमा आफ्नो स्वार्थ हेरेर यो देश कमजोर भएको हो । इतिहास केलाएर हेर्दा हुन्छ । जनताको प्रतिनिधिले गर्न खोज्दा यो देशमा नभएको नै भन्ने छैन ।

देशमा हजारौं पटक अनेक किसिमका राजनीतिक बैठक भएका छन् । तर ती सारा बैठक नेपाली जनताका निम्ति मात्र बसिएको हो भनेर दाबी गर्न कुनै माइकलालले पनि सक्दैन ।

मनमा एकथरी रहर बोकेका प्रतिनिधिको प्रथामिकतामा जनता परेको मेरो राजनीतिक करियरमा खास अनुभव गर्न पाइन । तर जब देशको भूमिको सवाल उठ्छ जनताको उत्साहित आँखाले ममा नेपाली जनताको चेतना खुल्दै गएको भान भएको छ । तर त्यहाँ पनि जनताका प्रतिनिधिले राजनीति गर्छन् । हामीले ठानेका मानेका कुरामा अनेक मोड उपमोड ल्याउँछन् र मुद्दालाई ओभेलमा पारिदिन्छन् ।

देशको भूमिको सवाल सामान्य कुरा होइन । देशको भूमि आफ्नो नक्सामा राख्ने सबालले हरेक नेपाली सकारात्मक बनायो । तर निष्कर्ष खोई ? भूमि हरेक नेपाली जनताको भावनाको सवाल हो, अस्तित्वको सवाल हो । राष्ट्रियतासँग जोडिएको सवाल हो । देशको सार्वभौमसत्ता र अखण्डतासँग जोडिएको सवाल हो ।

कालापानी, लिम्पयाधुरा र लिपुलेक लगायतका भूभाग नेपालको नक्सामा राख्ने प्रस्ताव संसद्‌बाट पारित भयो । नेपाली जनता आफ्नो देशप्रति, आफ्नो भूमिप्रति समर्पित छन्, संवेदनशील छन् भन्ने कुरामा दुईमत भएन । तर हाम्रो नेतृत्वमाथि हामीले शंका गर्नुपर्ने अवस्था आयो । चुच्चे नक्सा कुनै सोपिस होइन, व्यवहार हो । कुरामात्र गर्ने काम नगर्ने नेतृत्वले देशलाई घाटमा मात्र लान्छ ।

राष्ट्रियता कसैको एकलौटी हुँदैन । राष्ट्रियता भनेको सम्पूर्ण नेपालीको साझा अपनत्व हो । यो कसैको पेवा होइन । शासन गर्ने अस्त्र होइन । राष्ट्रियता जुनै एउटा वर्ग, समुदाय, क्षत्र र जातिको हुनै सक्दैन । यदि त्यो राष्ट्रियता हो भने त्यो बम्फु राष्ट्रियता हो, जुन हामीलाई काम लाग्दैन । त्यसले राष्ट्रिय एकताको सूत्र उन्न सक्दैन । देशलाई बलियो बनाउन सक्दैन । त्यसैले राष्ट्रवाद, राष्ट्रियता र राष्ट्रघातको परिभाषा राम्रोसँग व्याख्या गरिनुपर्छ । बुझिनुपर्छ । बुझाइनुपर्छ ।

नेपाली जनताले आफ्नो सवालमा एकता देखाएका छन् । आफ्नो भूमिको लागि आफैँले एकता देखाउने हो भन्ने बुझेका छन् र चौबीसै घण्टा सीमामा रुँघेर बसेका छन् । सबै देशवासीलाई हाम्रो संविधानबारे एकएक अक्षर कण्ठस्थ छ । मौजुदा संविधान आदिवासी जनजाति, राई, गुरुङ, भोटे, मगर, मधेशी, थारू, दलित, मुस्लिम, आदिको हुन सकेन । शोषणमा परेका जनताको हुन सकेन । पीडित जनताहरूले आफ्नो माग राखिरहेका छन्- संविधान हाम्रो पनि हुन पर्यो ।

हाम्रा आफ्ना विमति यथावत् छन् । संविधान संशोधनको कुरा आउँदा हामीले यी कुरा उठाउने गरेका छौँ- संविधानले पूर्णता पाएको छैन । यो संविधान सबैको हुन सकेन । विगतमा त्यत्रा आन्दोलन भए । यो देशका आदिवासी जनजाति, राई, गुरुङ, भोटे, मगर, मधेशी, थारू, दलित, मुस्लिम लगायत जनताले आन्दोलन गरे । संविधानमा सबैको भावना समेट्नुपर्यो । सबैले आफ्नो अनुहार र उपस्थिति देख्नुपर्यो भनेका थियौँ ।

देशमा यस्तो संविधान बनाऔँ- अब कुनै हिसाबको विभेद नहोस् भन्ने हाम्रो कल्पना थियो । सबै नेपाली बराबर हुनाले कुनै वर्ग, समुदाय, क्षेत्रमाथि अन्यायरहित संविधान बनोस् भन्ने हाम्रो माग थियो । तर त्यसो हुन सकेन । त्यो पीडा मैले चुच्चे नक्सा पास गर्न संविधान संशोधन गर्ने बेलामा पनि भनेँ ।

हामीले त भनेकै हो । नक्सा बन्यो, राम्रो भयो । नेपालको भूमि फिर्ता लिनुपर्छ । तर खालि नक्सा बनाएर भूमि फिर्ता हुँदैन । भूमि फिर्ता ल्याउन कूटनीतिक पहलको खाँचो छ । नक्सा बन्यो । संसद्‌बाट संविधान संशोधन भएर अनुसूचीमा पनि समेटियो । के त्यहाँ अहिले हाम्रो पहुँच छ ? हाम्रा कोही नागरिक त्यहाँ जान पाउँछन् । त्यहाँ नक्सा मात्र पुग्यो कि, सरकारको उपस्थिति पनि छ ? हाम्रा सुरक्षाकर्मी कालापानी क्षेत्रको कुन ठाउँसम्म छन् ? त्यहाँका नागरिकको दुःख बुहार्तन, पीडाबारे सरकार जानकार छ ?

मूल प्रश्न यही हो । संविधान संशोधन गरेर यसको निर्माणको लागि जनताले दिएको बलिदानको सम्मान राज्यले चाँडो भन्दा चाँडो गर्नुपर्छ । यो चाहिँ असली राष्ट्रियता हो ।

आफ्नो हक अधिकारको लागि गरेको सङ्घर्ष र आन्दोलनको सम्मानले राष्ट्रियता कसिलो बनाउँछ । त्यसैले संशोधनको बेला हामीले भनेका थियौँ- हामीले उठाएको सवालहरू पनि ल्याउनु पर्यो । तिनलाई पनि सच्याउनु पर्यो । देशको भूमिसहितको नक्सा स्वीकृत हुँदा हाम्रो आन्दोलनको पनि सम्बोधन हुन्छ । त्यसपछि देशमा अधिकारकै लागि लड्नु पर्ने समस्या ह्वात्तै घट्छ ।

दुर्भाग्य ! तर हाम्रो कुरा सुनिएन । हाम्रो कुरा सुनेको भए सबैको राम्रो भलो हुन्थ्यो । खालि जमिन होइन, राष्ट्र जनता हुन् । माटोको माया मात्रै राष्ट्रियता होइन, जनताको माया पनि राष्ट्रियता । अझ असली राष्ट्रियता त नागरिकप्रतिको माया हो ।

भूमि र जनता मिलाएर देश बन्ने हो । त्यसैले हामीले आग्रह गरेका थियौँ- जनताको पनि सवाल ल्याऔँ । अहँ ! ल्याइएन । बाध्यतावश हामीले छुट्टै प्राइभेट बिल (गैरसरकारी विधेयक) को रूपमा ल्याउनु पर्यो ।

७० वर्षमा सात वटा संविधान बने । ६ वटा संविधानमा जनताको सवाल नल्याउदा नै नाश भयो । जनताको मागअनुसार संविधान नबनाउँदा संविधान नाश हुँदो रहेछ भनेर हामीलाई थाहा छ । तर संविधान नाश भए होस्, हामी हाम्रो इच्छा अनुसार संविधान बनाउँछौ भन्ने अगतिलो नेतृत्वको भारले नेपाली जनता मारमा कहिलेसम्म परिरहनुपर्ने हो ? सातौं संघीय लोकतान्त्रिक संविधान धेरै मिहिनेतले, त्याग र बलिदानको जगमा बनेको हो ।

यो संविधानको रक्षा हुनुपर्छ र त्यसका लागि संविधानलाई जनताको माग र समयअनुसार संशोधन गर्नुपर्छ । त्यसलाई बाइबल, गीता या पुराण जस्तो धर्मशास्त्र, जड्शास्त्र बनाइनु हुँदैन । कसैको स्वार्थमा संविधानको संशोधन उचित अनुचित लाग्न सक्छ । तर जनताको आवश्यकताअनुसार अपरिहार्य हो ।

संविधान संशोधनमा हिमाल, पहाड र तराईको जनता भाव समेटिनुपर्छ । यी जनता नै हाम्रो देश हुन् । निधि हुन् । सम्पदा हुन् । संस्कृति हुन् । हाम्रो राजनीतिक स्वार्थसिद्धिका लागि अनेकथरी भनेर हुन्छ ?

पार्टी ठूलो सानो हुन्छन् । यो जनताको मतमा निर्भर हुने कुरा हो । तर राजनीतिक चेतना जनताले निर्धारण गर्ने कुरा होइन । मतको आधारले पनि यसलाई निर्धारण गर्दैन । सबै भूगोलका जनताको भावना नसमेट्ने दल पनि साँघुरिँदै गएर इतिहास बन्छ । कुनै बेला राणा शाही ढाल्न अग्रसर भएको नेपाल प्रजा परिषद् इतिहासको गर्तमा विलीन भयो । अतः पार्टी ठूलो छ, शक्ति छ भनेर जे पनि लागू गराउन खोज्ने दम्भ, अहम् त्याग्नुपर्छ । मन र चेतनाको आयामलाई उदात्त बनाउनुपर्छ ।

नेपालमा सम्पूर्ण जनतालाई एकताको सूत्रमा उन्ने साझा नेताको खाँचो छ । चुच्चे नक्सा जारी गर्दाकै बखत मैले संसद्बाटै भनेको थिएँ, 'संविधानमाथि सबै असन्तुष्टिका बाबजुद सबै असन्तुष्टिलाई साइडमा राखी हाम्रो पार्टीले यो नक्सासम्बन्धी आएको प्रस्तावलाई सहर्ष समर्थन गर्दछ ।'

हाम्रा असन्तुष्टि हिमाल, पहाड र तराई मधेशका जनताभित्रका आदिवासी जनजाति, राई, गुरुङ, भोटे, मगर, मधेशी, थारू, दलित, मुस्लिमका भाव संविधानमा समेटिनुछ । यो कुरा बुझेर पनि किन बुझ पचाइँदै छ ? के हामीले आफू बाचुञ्जेल मात्र देश बचाउने हो ? पछिल्लो पुस्ताको बारेमा सोच्नु पर्दैन ? सधैं यही लडाइँ-झगडामा मात्रै अल्झिइरहने ? देश विकासबारे कहिले सोच्ने ?

हरेकका आ-आफ्नै असन्तुष्टि छन् । तर जब देशको सवाल आउँछ, हरेक नेपाली एकजुट भएर उभिन्छन् । अतः हाम्रो राष्ट्रियता कमजोर छैन । कमजोर बनाउन खोजिएको पक्कै हो । नेपाली सीमाको रक्षा प्रत्येक मधेशीले सेना भएर गरेका छ । तर उही मधेशी नेपालको सेना हुन नपाउने अवस्था कतिञ्जेल ? मधेशी जनताकै भरमा देशको सीमा छोड्ने अनि तिनै मधेशीलाई भारतीय भन्ने ? छाती चिरेर हेर्ने भने यो देश सबैभन्दा बढी मधेशसँग छ । त्यसैले मर्नु परे मर्छ, तर पूरै इमानदारीका साथ सीमाको रक्षा गर्छ ।

विभेद गरे पनि, अन्याय गरे पनि, सरकारले विभिन्न प्रकारले पीडा पुर्‍याए पनि मधेशीहरू सीमाको लागि लडेकै छन् । रक्तमुच्छेल भएकै छन् । मरेकै छन् । तिनले त्यसो किन गरे भनेर सोच्ने फुर्सद कतिले पाएका छन् ? पाएका छैनन् भने अब सोच्न थाल्नुपर्छ । हामीले मधेशीको मात्र होइन, हरेक नेपालीको पनि अधिकार मागेका हौं । भलै मधेशको पक्षधरता बढी देखिएला ।

यसो भनिरहँदा सबै नेपाली जनताले जान्न खोजेका हुनसक्छन् ? के फेरि यो देशमा राष्ट्रघात हुने हो कि ?

राष्ट्रघाती कोको हुन् ? पहिलो पहिचान गर्नुपर्‍यो । देश कसले बेच्यो ? नेपाली जनता त्यसको पनि खोजी गरिरहेका छन् । '५८ वर्ष पहिला कालापानी, लिम्पियाधुरा र लिपुलेक त हाम्रो नक्सामा थियो । कुन देश बेचुवाले त्यो भूमि हाम्रो नक्सामा समेट्न छाड्यो ? खोइ श्वेतपत्र जारी गरेको ? श्वेतपत्र जारी गर्नु पर्दैन ? टुँडिखेलमा त्यो राष्ट्रघातीलाई भुन्ड्याउनु पर्दैन ? ढाकछोप गर्ने ?,' मैले संसद्मा पनि बोलेँ ।

२५ वर्ष पहिले महाकाली सन्धि संसद्बाटै पारित भयो । त्यो महाकाली सन्धि कसरी भयो ? कालापानी, लिम्पियाधुरा र लिपुलेक सबै त्यसमै थियो । महाकालीको स्रोत, महाकाली नदीको मुहान कता हो थियो भनेर किन दुङ्ग्याइएन । त्यो महाकाली नदीको मुहान यकिन भएको भए हाम्रो जमिन मिचिनेवाला थिएन । सबै कुरा स्पष्ट नभई हतारमा के छोप्न संसद्बाट पारित गरिएको थियो ? त्यसो कसले गरेको थियो ? के मधेशी अनुहारले बेचेको थियो ? कि मधेशमा बस्ने कसैले बेचेको थियो ?

स्पष्ट होस्, मधेशीले आफ्नो श्रम बेचेको छ, सीप बेचेको छ तर देश कहिल्यै बेचेको छैन । बेच्दैन पनि । देशसँग मधेशको लगाव गहिरो छ । त्यो सन्धि पारित गर्न पार्टी पनि फोरियो । यो कस्तो राष्ट्रवादी काम थियो ? ती पार्टी फोरेरै पास गराउने कोको थिए ? जनताले सम्झेकै होलान् ।

महाकाली सन्धिमा हस्ताक्षर गरिरहँदा नदीको मुहान चाहिँ नदेख्ने र नखोज्ने राष्ट्रघाती हुन् । हरेक दिन सीमामा उभिने मधेशी यो देशको रक्षाकवच हुन् । मेरुदण्ड हुन् । सबैले यो कुरा बुझेका छन् । अतः मधेशीलाई राष्ट्रघाती भन्ने काम बन्द होस् । होइन भने प्रमाण प्रस्तुत गरेर कारबाही गर्नुपर्‍यो कि, कुन मधेशीले राष्ट्रघात गर्‍यो ?

राष्ट्रवादको मामिलामा मधेशीले कतिपटक अग्नि परीक्षा दिने ? कति प्रमाण दिने ? धेरै पटक अग्निपरीक्षा लिँदा लिनेहरू नै अगार हुन्छन् । तिनले विचार गरून् । मधेशी जनतामाथि अब अन्याय हुनुहुँदैन । आदिवासी, दलित, थारू लगायतका जनतामाथि पनि अन्याय हुनुहुँदैन । निष्कर्षमा भन्दा, कुनै पनि नेपाली नागरिकमाथि अन्याय हुनुहुँदैन । सत्ताले आफ्नो स्वार्थ हेरेर जनतालाई प्रयोग गर्ने काम बन्द गरोस् । अब हामी राजनीतिक स्वार्थभन्दा पनि अधिकारसहितको समृद्धिको बाटामा जानुपर्छ । अनि पो बन्छ हाम्रो नेपाल । तब मात्रै अनेक जाति, अनेक भाषीले भन्छन्- हामी नेपाली, हाम्रो साझा नेपाल ।

# सहोदर सम्बन्ध

नेपाल दुई ढुगाबीचको तरुल हो भन्ने कुरा नसुहाँउदो लाग्छ मलाई । थियो होला कुनै बेला । अब नेपाल दुई पाषाणबीचको तरुल होइन, अब त यो बेगमबेली फूलको त्यस्तो लहरा हो, जो ठूला रुखमा बेरिँदै माथिमाथि पुग्छ । फुल्छ । संसारको दृष्टिका सुन्दर देखिन्छ ।

त्यसको लागि नजिकको सहयोगी भारत नै हुन आउँछ । भारतसँग नेपालको विशेष सम्बन्ध रहँदै आएको छ । भारत र नेपाल भौगोलिक रूपमा तीनतिरबाट जोडिएका छन् । दुवै मुलुकबीच १७ सय किलोमिटर खुला सिमाना छ । यसमा पनि नेपालको मधेश र भारतबीच सोझै सम्बन्ध कायम छ । नेपाल-भारतबीचको यस्तो सम्बन्धमा पौराणिक कालदेखि मधेशको अहम् भूमिका रहँदै आएको सर्वविदितै छ । अतः मधेशको आँखाबाट हेर्दा वैदेशिक नीतिको मुख्यपक्ष भनेकै भारतसँगको सम्बन्ध नै हो ।

नेपाल र भारत दुई सार्वभौम मुलुक बन्नुभन्दा पहिलेदेखि नै जनस्तरबाटै मित्रता स्थापित थियो । जब नेपाल र भारतले सार्वभौम मुलुकको स्वरूप ग्रहण गरे, त्यसबेला यी दुई मुलुकबीचको सम्बन्धमा जनस्तरमा सदियौँदेखि रहँदै आएको मित्रताले योगदान पुर्‍यायो । त्यसैले हामी भन्छौं, नेपाल र भारतबीचको सम्बन्ध दिल्ली, दरबार र सिंहदरबारले जोडेको सम्बन्धमात्रै हैन । यो प्राकृतिक सम्बन्ध हो । जनस्तरको सम्बन्ध हो । यो सहोदर सम्बन्ध हो । यो रोटीबेटीको सम्बन्ध हो । यो धार्मिक सम्बन्ध हो । यो भाषिक सम्बन्ध हो । यो व्यक्ति र परिवारबीच कायम भएको सम्बन्ध हो ।

रामायण पल्टाउनुस्, अयोध्याबाट राजा राम बाराती लिएर जनकपुरमा सितासँग विवाह गर्न आए । लक्ष्मणजीलाई ब्यूँताउन हनुमानजी सञ्जीवनी बुटी खोज्दै नेपालको हिमालयतिरै आए । यस आँखाबाट हेर्दा नेपाल र भारतबीचको सम्बन्ध अद्वितीय छ । विशिष्ट छ ।

कसैको राजनीतिक अभिष्ट पूरा गर्न यो सम्बन्धमा दरार पुराउनु हुँदैन । पहाडीया मकै पड्कँदैमा मधेश र भारतले बनाएको सहोदर सम्बन्धको हाँडी फुट्दैन । यस सम्बन्धबाट एकअर्कालाई लाभ पनि पुगेको छ । हामी धार्मिक रूपमा जोडिएका छौं । चारधाम गर्नुपर्‍यो भने पशुपतिनाथ आएर मात्र पूरा हुन्छ । बनारसको विश्वनाथदेखि पशुपतिनाथसम्मको सम्बन्ध छ । धार्मिक, सामाजिक, आर्थिक, सांस्कृतिक, भौगोलिक र भाषिक दृष्टिले हामी एक अर्काका पूरक हौं । पचासौं लाख नेपाली भारतमा रोजीरोटी गरेर बरोका छन् । उनीहरूलाई वर्क परमिट पनि चाहिँदैन । त्यो नेपालको लागि विशेष सुविधा हो । भारतले पनि नेपालले जस्तै गरी विशेष सुविधा उपभोग गरिरहेको छ ।

भनिन्छ, मित्र फेर्न सकिन्छ, तर देशको छिमेकी फेर्न सकिँदैन । यसकारण पनि छिमेकीसँग मिलेर बस्नुको विकल्प छैन । विकासको मामिलामा पनि एकको विकास, अवनति र दुर्गतिको प्रभाव दुवै मुलुकलाई परिरहेको हुन्छ । एउटा मुलुकमा आर्थिक मन्दी, प्राकृतिक विपत्ति, सामाजिक अपराध, तस्करी, रोग सङ्क्रमण र महामारी, अशान्ति, राजनीतिक अस्थिरता भएमा अर्को मुलुकमा त्यसको असर परिहाल्छ । एकको पीडा अर्कोको पीडा भइहाल्छ । एकको विनाशको असर अर्कोलाई भइहाल्छ ।

भारतले आर्थिक विकासमा फड्को मारिरहेको छ । त्यसको प्रत्यक्ष फाइदा नेपालाई छ । छिमेकी जति शक्तिशाली हुन्छ, लिन जानियो भने हामीलाई त्यति फाइदा हुन्छ । एउटा माग्नेले अर्को माग्नेलाई के दिनसक्छ र ? त्यसैले भारतमा जति प्रगति भयो, नेपालमा त्यसको असर पर्छ नै । नेपाल पनि सोही स्तरको आर्थिक प्रगति गर्न बाध्य हुन्छ । नेपाल र भारतबीचको सम्बन्धका यी सबल पक्षलाई अभ्र बलियो बनाउनुपर्छ ।

नेपालमा भारतको मुख्य स्वार्थ भनेको सुरक्षा चुनौती नै हो । आफ्नो कुनै दुष्मन खुला सीमाको दुरूपयोग गरेर भारतीय भू-भागमा घुसपैठ गर्ला भन्ने उसको पीर-तापको विषय हो । नेपालको धरती भएर भारतमा घुसपैठ गर्ने मात्र हैन, नेपालको भूमिमै रहेर पनि भारतको विरोधमा गतिविधि गर्दै उपयुक्त समयमा आपत्तिजनक क्रियाकलाप हुने सम्भावनालाई न्यूनीकरण गर्नेतर्फ भारतको चासो हो । यसप्रकारको थ्रेट भारतबाहेक अरू मुलुकलाई नेपालसँग छैन । त्यसैले नेपालको भूमि र खुला सीमाको दुरूपयोग भारतको विरोधमा कहीँ कतैबाट नहोस् भन्नेतर्फ भारतको हरदम चासो र चिन्ता रहनु स्वाभाविक हो ।

कसैले नेपालको धरतीबाट दिल्लीमाथि निगरानी गरोस् भन्ने भारत चाहँदैन । उसले सधैँभरि आफ्नो विरुद्ध नेपाली भूमि दुरूपयोग नहोस् भन्ने नै चाहिरहेको हुन्छ । त्यसको लागि सूचना आदानप्रदानदेखि लिएर नेपालले आफ्नो क्षमतामा गर्न नसक्ने काममा भारत आफ्नो सहयोग प्रदान गरेर भए पनि काम पूरा गर्न चाहन्छ, जुन स्वाभाविक हो । त्यस्तै नेपालले पनि आफ्नो सुरक्षा खोजिरहेको हुन्छ जो एक सार्वभौम राष्ट्रको लागि उचित कार्य पनि हो । तर जति सुरक्षा कन्सर्न भारतको हुन्छ, त्यति नेपालको हुँदैन । नेपालको सुरक्षा कन्सर्न भनेको नेपालका अपराधी भारतीय भूमिमा लुकेर बसेका हुनसक्ने र त्यसमा भारतको सहयोग अपेक्षित हुन्छ । त्यो अपेक्षा राख्नु पनि स्वाभाविकै हो ।

सीमा क्षेत्रमा रोटीबेटीको सम्बन्ध छ । उनीहरूको सम्पन्नतामै दुवै मुलुकको सुरक्षा पनि सुनिश्चित छ । त्यसैले उनीहरूलाई हर ढंगले सम्पन्न बनाउन सहयोग गर्नुपर्छ । त्यसै पनि अभावले ग्रस्त, अविकसित, गरीब, अशान्त छिमेकी अपेक्षा अनुसारको सहयोग गर्न सक्षम हुँदैन र हुन पनि सक्दैन । असहयोग र बदनामी नै बढी हुन्छ । त्यसैले पनि नेपालको आर्थिक, सामाजिक, सांस्कृतिक र राजनीतिक प्रगति, स्थिरता एवं समृद्धिबाट जति लाभ नेपाललाई हुन्छ, त्यत्तिकै लाभ दुनियाँको शक्तिशाली राष्ट्र बन्न लागेको भारतलाई पनि हुन्छ ।

नेपालको धर्तीबाट भारतविरोधी राष्ट्रवादको खोक्रो नारा पूर्णरूपमा समाप्त हुनुपर्छ। सुरक्षाको मामलामा भारतले पूर्ण सहयोगको अपेक्षा नेपालीसँग राख्नु स्वाभाविकै हो। त्यसबापत हामीले ऊसँग के कसरी लिने भन्ने योजना बनाउनु पर्छ। ताकि हामी पनि उसकै बराबरको अर्थतन्त्रको प्रगतिमा तानिन सकौं।

भारतको अर्को स्वार्थ भनेको नेपालको विकास हो। पानी र बिजुलीबाट नेपालको विकास हुन्छ। नेपालको विकासले भारतको अन्धकार र पानीको अभाव दूर हुनसक्छ। पानीको समुचित प्रयोगबाट नेपालको जमिनमा मात्रै सिँचाइ हुँदैन, भारतको पनि लाखौं बिगाहा जमिन सिञ्चित हुनसक्छ। त्यसैले नेपालको बिजुली र पानीको विकास नेपालमा हुनैपर्छ र त्यसमा पहिलो प्राथमिकता भारतले पाउनुपर्छ भनी भारतले चाहना राख्नु पनि स्वाभाविकै हो। किनभने बढी भएको पानीको प्रयोगदेखि लिएर बढी भएको बिजुलीको व्यापारिक दृष्टिकोणले पनि पहिलो खरिदकर्ता भारत नै हो। यसको लागि भारतसँग सुमधुर सम्बन्ध हुने हो भने भारत प्रथम क्रेता हुँदा दुनियाँले नेपालमा लगानी गर्न विश्वसनीय वातावरण बन्दछ र सहज हुन्छ।

नेपालको सूक्ष्म व्यवस्थापनमा भारत लाग्यो भनी यदाकदा उसको विरोधमा सिकायत आउने गर्छ। एक त यो ठीक होइन। स्वतन्त्र र सार्वभौम कुनै पनि राष्ट्रले त्यस्ता कुरा स्वीकार गर्दैन। गर्नु पनि हुँदैन। खुला सीमाको कारण सुरक्षाका विषयमा पनि त्यस्ता कुरा आउने गर्छन्। यस्ता संवेदनशील विषयमा एकले अर्काको संवेदनशीलता र आवश्यकतालाई बुझी विश्वासका साथ आपसी सहयोगको आदान-प्रदान गर्नुपर्छ। एकअर्कामा भरोसा र सद्भाव बढाउनु पर्छ। वास्तवमा यसरी चाहिँ हागी समृद्धिको सपना देख्न सक्छौं।

भारतको विरोध गरे मात्र राष्ट्रवादी तथा क्रान्तिकारी भइन्छ, नभए राष्ट्रवादी बन्ने कुनै तरिका नै छैन भन्ने भान धेरैलाई परेको छ। प्रायोजित मानसिकताधारी पूर्वग्रहीहरूले यस्तो भाष्य निर्माण गराएका छन्। यही सोचले विभिन्न विषयहरू सडकमा उग्ररूपले उठाइन्छ। एक त उठाउने तरिका नै गलत हुन्छ भने अर्कोतर्फ सबथोक बराबरीको हिसाबमा हुनुपर्ने माग गरिन्छ। बराबरीको हिसाबमा सबै सन्धिसम्झौता नेपालले वहन गर्न सक्दैन। किनभने जहिले पनि नेपाललाई विशेष सुविधा सहुलियत चाहिएको हुन्छ। विशेष सुविधा, सहुलियत भनेको बराबरी होइन। यो विशेष नै हुन्छ। विशेष सुविधा-सहुलियत गाली गरेर त पाइँदैन। जोरी खोजेर पनि पाइँदैन। यो त मित्रवत्, विश्वसनीय, आत्मीय र समधुर सम्बन्धको विकासले मात्रै हुनसक्छ। यही हिसाबले हामीले सोच्नु जरुरी छ।

अनि अर्को कुरा माग्नेलाई बराबरी हैसियत कसले दिन्छ ? पहिले आफ्नो अवस्था सुधार्न पर्‍यो नि। त्यति मात्र होइन। दुनियाँका सबै मित्र देशलाई विश्वासमा लिनु हाम्रो पेशाको हितमा छ। हामीले त्यता पनि कूटनीतिक पहल कायम राख्नुपर्छ।

नेपालका केही कथित राष्ट्रवादीहरूले बेलाबेलामा 'भारत विस्तारवादी हो। नेपालको भूभाग कब्जा गर्न चाहन्छ र उसले सीमा मिच्छ तर मधेशी पार्टी र नेता बोल्दैनन्' भनी आरोप

लगाउँदै आएका छन् । यति आरोप लगाएपछि नश्लीय मानसिकता बोकेकालाई रातमा निद्रा लाग्छ । खाएको पच्छ । नत्र उनीहरू विष वमन गर्न थाल्छन् ।

भारत वास्तवमा विस्तारवादी हो त ? के भारतले नेपाललाई आफ्नोमा मिलाउन खोजेको हो ? हैन भने किन यस्तो नारा लगाउने गरिन्छ ? यसको वास्तविकता के हो ? त्यसबारेमा स्पष्ट हुनु जरुरी छ । राज्यले कूटनीतिक रूपमा त्यसबारे जनतालाई सत्यतथ्य भन्नु पर्‍यो । यही प्रसङ्गमा 'भारतले हाम्रो सीमा मिच्यो । मधेशी बोल्दैन । त्यसैले मधेशी राष्ट्रवादी हैन । भारतको दलाल हुन्', आदिजस्ता घटिया आरोप पनि सुन्ने गरिएको छ । पहिलो कुरा त भारतले सीमा मिचेको भनेर जुन हिसाबले प्रचारित गरिएको छ । त्यो सत्य होइन । खुला सीमामा न पर्खाल छ, न तारबार छ । कतै कतै दसगजामा पिलर छ । सीमा क्षेत्रका स्थानीय किसानहरूले आफ्नो खेतको आली र सीमा सार्दै बढाउँदै जाने प्रवृत्ति दुवै देशका स्थानीय किसानहरूमा छ । दसगजा क्षेत्रमै घरद्वार बनाउने र भोगचलन गर्ने काम दुवै देशका स्थानीय जनताले गरिरहेका हुन्छन् ।

अर्को सत्य यो पनि हो– सँगै सुतेपछि गोडा लागिहाल्छ । तथापि मिल्नुको विकल्प हुँदैन । हाम्रो मान्यता के हो भने यदि दुई देशको बीचमा कुनै प्रकारका असमझदारी, स्वार्थको टकराव वा समस्या आएमा, देखिएमा कूटनीतिक र सरकारी स्तरमा समाधान गर्नुपर्छ । सडकमा नारा लगाउन थाल्दा दुई मित्र देशको सम्बन्धमा असजिलोपना पैदा हुनसक्छ ।

नेपाल दुई विशाल शक्तिशाली र विकासशील देश भारत र चीनको बीचमा रहेको एउटा सार्वभौम विकासका सबै सम्भावनाले भरिएको सानो देश हो । यसको विकास गर्ने हो भने दुवै छिमेकी राष्ट्रसँग मित्रवत्, विश्वसनीय र बलियो सम्बन्धबाट मात्र सम्भव छ भन्ने कुरा बुझिएन भने हाम्रो ठूलो गल्ती हुनेछ । एकलाई अर्काको कार्ड देखाएर मोलमोलाइ गरिराख्ने र मजबुरीको फाइदा उठाउने प्रयत्न गर्ने काम कसैले पनि गर्नुहुँदैन । यो गर्दा हामीले दुवैतिरबाट फाइदा लिन सक्दैनौं ।

नेपालमा खुला सीमाका कारण भारतीयहरू नेपालमा आउँछन् । बसोबास पनि गर्छन् । यसले नेपालको जनसङ्ख्या बढ्छ र हाम्रो सीमित स्रोतसाधन र अवसरको प्रयोग गर्छन् । यो ठीक होइन भनेर चिन्ताव्यक्त गर्नु एक हदसम्म गलत होइन । तर अहिलेको यथार्थ भने अर्कै छ ।

एक जमाना थियो, जब भारतबाट लाखौंलाख मानिस कामको खोजीमा नेपालको सीमा क्षेत्रमा आउँथे । तर अब भारतमा सुविधा, सहुलीयत, विकास र अवसर बढेको छ । आफ्नै देशमा सम्भावनाहरू बढेपछि किन कोही भारतीय नेपालमा आउँछ ? केही नातागोता, सम्बन्धका मानिसहरू बिहार, उत्तरप्रदेश, दार्जिलिङ, उत्तराञ्चल, आदि क्षेत्रबाट नेपाल आउने गर्छन् । मधेशी र पहाडीसँग अनुहार मिल्ने भारतीयहरू नेपाल आउँदा केही अन्यौल हुनसक्छ । तर आजको दिनमा सीमा क्षेत्रका जनताको दुर्गति र राज्यबाट गरिएका व्यवहारका कारण नेपालतर्फ बसाइँ सर्ने कुनै कारण देखिदैन । बरु आफ्नै देशप्रति वितृष्णाका कारण हाम्रा दाजुभाइ पलायन भइरहेका छन् ।

मधेशमा कसैले गलत ढंगले नागरिकता प्राप्त गरेको खण्डमा त्यही ठाउँका मधेशी नै गएर लिखित/अलिखित उजुरी गरेर नागरिकता बदर गराएको समाचार आइरहेको हुन्छ । तर पहाडी मूलका भारतीय नेपाली भाषाभाषीले पनि नेपाली नागरिकता प्राप्त गर्ने गर्छन् तर त्यसको विरोधमा कति उजुरी आए ? कति कारवाही भए ? त्यसको पनि मूल्याङ्कन हुनुपर्छ । यो समीक्षाको विषय हो ।

भुटानीले नेपाली नागरिकता लिएका छन् । देहरादुन र दार्जिलिङबाट आएकाले नेपाली नागरिकता लिएका छन् । प्रशासनले अहिलेसम्म तीमध्ये कतिको नागरिकता बदर गरायो ? कति एकल नश्लवादी पहाडियाले प्रशासनमा गएर कारवाहीको माग गरे ? त्यसैले यस विषयमा मधेशीमाथि आरोप र आशंका गर्नु अपराधबाहेक केही होइन ।

राष्ट्रवादको तुलोमा जोख्ने हो भने मधेशी राष्ट्रवाद भारतविरोधी पहाडीयाभन्दा धेरै उच्च छ । यत्ति हो मधेशले राष्ट्वादलाई देखाउने वस्तु मान्दैन । मनमा राख्छ । व्यवहारमा हरेक दिन धर्तीपुत्र हुनुको आभाष बोकी हिँड्छ । खोक्रो फुर्ति लगाउँदैन । मधेश श्रम र पसिना बगाउँछ । सहनै नसक्ने गरी अपमानित भएपछि बेलाबेला अधिकार खोज्छ । नत्र मधेश धर्तीमा रम्छ । धर्तीमै भुमिरहन्छ ।

तर त्यो धर्ती नेपाल देशको हो भनेर देशले नै बिर्सन्छ र मधेशीको छाती भकानिन्छ ।

मधेशी, मधेशी दल तथा उनका नेतालाई यहाँका एकल औपनिवेशिक चिन्तन बोकेका शासक राष्ट्रवादी भन्दैनन् । कतिपयले त मधेशीलाई भारतीय र भारतीय दलाल पनि भन्न हिच्किचाउँदैनन् । यो के हो ? यस्ता मानसिकता कहाँबाट किन आयो ? भाषा, संस्कृति, वेशभूषा, अनुहार, आकृति मिल्नु र सीमा क्षेत्रका भारतीयसँग रोटीबेटी र रगतको सम्बन्ध हुनु मधेशीको अपराध हो ? यदि यो अपराध हो भने यस्ता भाषा-भेष, अनुहार र आकृति भारतीय नेपाली भाषाभाषीसँग नेपालको नेपाली भाषाभाषी पहाडी अनुहारसँग पनि मिल्छ । तब यो समानता पहाडी समुदायका लागि किन अपराध हुँदैन ? किनभने हामी मधेशी हौ जो शासित छन् । आरोप लगाउनेहरू शासकवर्ग भए । त्यसकारण उनीहरू सधैँ दूधले नुहाएर चोखा बनिरहन्छन् ।

मधेशका नागरिकलाई नेपाली हैन, मधेशी हुन् भनिन्छ । भुटान, देहरादुन, सिक्किम, दार्जिलिङका नेपालीभाषी भुटानी तथा भारतीयलाई नेपाली भनेर सोचिन्छ । यो कस्तो मानसिकता हो ? नेपाली राष्ट्रियता नेपालीभूमि र जनतासँग जोडिएन । यो नै हाम्रो दुर्भाग्य हो । यही नै खोखला राष्ट्वाद हो ।

यहीँबाट देखिन्छ मधेशीप्रतिको दुर्भावना र विभेद !

अब राष्ट्रियताको यस्तो संकीर्ण र भेदभावपूर्ण सोच बदल्नुपर्छ । भारत विरोधको राष्ट्रवाद गलत हो । यस्तो राष्ट्रवाद भनेको खोक्रो राष्ट्रवाद हो । जति भारतलाई गाली गर्‍यो उति ठूलो राष्ट्रवादी बनिने र बुझिने जुन संस्कार छ, त्यसले राष्ट्रलाई भलो गर्दैन । यो चिन्तन राष्ट्रवाद हैन, राष्ट्रघात हो ।

मधेशीले कहिले पनि त्यो गलत र खोखला राष्ट्रवादलाई स्वीकार गरेनन् । त्यसैले उसलाई राष्ट्रघातीको पदवी दिइयो । जहाँसम्म भारतीय दलाल र प्रो-इण्डियन भन्ने गरिन्छ, त्यसबाट मधेशीको एक तह प्रोमोशन नै भएको मान्नुपर्छ । किनकि मधेशीलाई त हर्क गुरुङको प्रतिवेदनले भारतीय नै करार गरेको थियो । तर यहाँ को चाँहि प्रो-इण्डियन छैन ? कसको भारतसँग राम्रो सम्बन्ध छैन ? भारतसँग राम्रो सम्बन्ध भएन भने खाना पनि पच्दैन । निद्रा पनि आउँदैन किन भनिन्छ ? केही राजनीतिक हलचल आयो कि स्वास्थ्य बिग्रिहाल्छ र इलाजको लागि दिल्ली नगई रोगै ठीक हुँदैन ? सत्तासीन हुन तथा सत्ता परिवर्तनको लागि दिल्लीको आशीर्वाद लिन को-को जान्छ ?

अब सवाल उठ्छ । के मधेशीको आशा तथा इच्छाअनुसार भारतले सहयोग गरेको छ ? गर्न चाहेको छ ? गरेको छ भने के गरेको छ ? गरेको छैन भने किन गरेको छैन ? यी सबै प्रश्नको जवाफ मधेशी जनता खोजिरहेका छन् । मधेशी जनताप्रति भारतको पनि सद्भाव रहेको छ भन्ने हिसाबले बुभ्ने गरिएको छ तर कतिपय मामिलामा आशा र इच्छाअनुसार भारतले सहयोग गर्न सकेको छैन भन्ने मधेशीको आफ्नै प्रकारको अनुभूति छ ।

यसका पनि विभिन्न कारणहरू देखिएका छन् । पहिलो त मधेश र मधेशी अर्कौ देशको नागरिक भएकाले आफूहरूले सीधा सहयोग गर्न सक्दैन । यदि गरिहाल्यो भने पनि हस्तक्षेप गरेको ठहरिएला कि भन्ने बदनामीको डर भारतलाई छ । अर्कौतर्फ सहयोगको मामिलामा पनि दिल्लीले काठमाडौँमार्फत् मात्रै सहयोग गर्नुपर्ने बाध्यात्मक अवस्था बताउँछ । काठमाडौँले कुनै पनि सहयोगलाई आफ्नो इच्छा अनुसार प्रयोग गर्ने गर्छ । उसको इच्छामा मधेश प्रथामिकतामा कहिल्यै पर्दैन ।

अर्कौ सत्य कुरा के हो भने भारतको राष्ट्रिय स्वार्थपूर्ति शासन सत्ता र सरकारबाट मात्र हुन्छ । मधेश र मधेशी भारतको आवश्यकता पूरा गर्न सक्ने अवस्थामा छैनन् । यो काम यहाँका शासकवर्गले मात्रै गर्नसक्ने भएकाले शासक वर्गीय समुदायको इच्छाविपरीत भारत जान सक्दैन । यो वास्तविकता मधेशी जनताले बुभिरहेका छन् ।

जुन दिन भारतको राष्ट्रिय स्वार्थ पूरा गर्न शासक वर्गजस्तै मधेशी समुदाय सक्षम हुन्छ, जुन दिन देशको नीति निर्माणमा मधेशीको भूमिका खोज्न बाध्य पारिन्छ, त्यस दिन बाध्य भएर भारतले मात्र होइन कि सारा दुनियाँले मधेशीको कुरा पनि सुन्नैपर्छ ।

भारतको नाममा मधेशलाई बदनाममात्रै गरिएको हो । तर वास्तविकता के हो भने मधेश र मधेशीभन्दा लाखौँ गुणा बढी यहाँका शासकवर्ग तथा समुदायले भारतबाट सबै प्रकारका फाइदा उठाएका छन् । चाहे त्यो आर्थिक क्षेत्रमा विकासका लागि गरिएको लगानी होस् वा भारतबाट नेपाली जनताले प्राप्त गरिरहेका छात्रवृत्तिलगायत सबै प्रकारका सहयोग किन नहोस् । मधेश र मधेशीले नगण्य रूपमा मात्र मौका पाएका छन् । जसले जे भने पनि यही वास्तविकता हो । यो नै कटु सत्य हो । त्यसैले मधेशीले नेपालले दुनियाँबाट प्राप्त गरेको सहयोगमा आफ्नै सरकारबाट उचित हिस्सेदारीको कुरा गर्नुपर्छ । त्यसको समान हिस्सेदारी

तथा समान हकको लागि आफ्नै सरकारसँग नै सङ्घर्ष गर्नुपर्छ । यो सत्यलाई हामीले राम्रोसँग बुभेका छौं ।

यो हुलाकी सडकको प्रोजेक्टपछि मात्र मध्यपहाडी राजमार्ग योजना सुरु भयो । तर नेपाल सरकारको सहयोगमा यो राजमार्ग तयार हुन लागिसक्यो, तर भारतीय सहयोगमा निर्माण हुने चौध सय किलोमिटरको तराई रोड प्रोजेक्टभित्रैका हुलाकी सडक र उत्तर दक्षिण लिङ्क रोड १२ वर्ष भइसक्दा पनि पूर्णरूपमा बनेनन् । दोष अरूलाई दिने ?

यसप्रति मधेशी जनतामा व्यापक गुनासो र निराशा छ । त्यसमा नेपाल सरकार घडीयाली आँसु बगाउँदै भनिरहेको छ कि भारतले सकारेको सहयोग सम्झौता गर्नाले निर्माणमा ढिलाइ भयो । यसरी सम्पूर्ण दोष भारतको भन्ने जनताको बुभाइ राज्यले बनाउने प्रयास गरिरहन्छ ।

कुनै बेला भारतीय विदेशमन्त्री सुषमा स्वराजलाई र कुनैबेला भारतीय सडक, हाइवे मन्त्री नीतिन गड्करीसँग दूतावासमा उनीहरूकै सम्मानमा दिइएको दिवाभोजमा भएको भेटमा मैले यो कुरा राखेको थिएँ । उनीहरूले नेपाल सरकारकोतर्फबाट जमिन हस्तान्तरणमा बढी समय लागेको, साइट क्लियरेन्समा पनि ढिलाइ भएको र ठेकेदार भाग्ने लगायतका समस्याहरूले गर्दा ढिलाइ भएको भने । मुख्य कारण हाम्रो सरकारको प्रथमिकतामा नपर्ने योजना भएकाले पर्याप्त ध्यान नै गएन । लापरबाही भयो । यी दुवै पक्षको कारणले तराई रोड प्रोजेक्टमा ढिलाइ भएको हो ।

आपसी समझदारीमा दुवै देशले आ-आफ्नो फाइदा हेरेर कसैलाई नोक्सान नहुने गरी काम गर्नु आजको आवश्यकता हो । नेपाल-भारत सम्बन्ध अति संवेदनशील सम्बन्ध हो । यो सहोदरको सम्बन्धलाई जति जीवन्त बनाइराख्छौं त्यति नै लाभ दुवै देश र जनताको भागमा पर्छ ।

नेपालको सबै लोकतान्त्रिक आन्दोलनमा भारतको सहयोग र सक्रियता रह्यो । त्यसै गरी भारतको स्वतन्त्रता आन्दोलनमा पनि नेपालका नेताहरूले महत्त्वपूर्ण भूमिका खेले । अध्ययनका लागि विद्यार्थीका रूपमा वा प्रवासीका रूपमा भारत बसेका बखत उनीहरू बेलायतको उपनिवेशबाट भारतलाई मुक्त गर्न भएको आन्दोलनमा प्रत्यक्ष सहभागी भए ।

सन् १९४७ अघि भारतको स्वतन्त्रताका लागि नेपाली नेताहरूले पुऱ्याएको योगदानको भारतीय नेताहरूले समेत चर्चा गर्ने गरेका छन् । बीपी कोइराला स्वतन्त्रताको आन्दोलनका क्रममा भारतमा पक्राउ पनि परे । बीपीको शालिक बिहारको पटनामा समेत छ ।

भारतको स्वतन्त्रता संग्राममा गणेशमान सिंह, डा. डिल्लीरमण रेग्मी, मनमोहन अधिकारीलगायत सहभागी थिए । उनीहरू त्यहाँको आन्दोलनबाट प्रेरित भएर नेपालमा राणाविरोधी आन्दोलनमा सक्रिय भए । भारतको स्वतन्त्रता आन्दोलन नेपालको लोकतान्त्रिक आन्दोलनको प्रेरणाका स्रोत हो ।

भारतको स्वतन्त्रता आन्दोलनका नायकहरू मध्येका जयप्रकाश नारायण र राममनोहर लोहिया बेलायती शासकको पक्राउबाट जोगिन नेपालको सप्तरी कोइलाडी आएका थिए । नेपालमा राणाहरूले पक्राउ गरी बेलायती शासकलाई बुझाउन खोज्दा हनुमाननगर जेल तोडेर नेपालीहरूले विद्रोह गरी हिरासतबाट निकालेका थिए ।

एक अर्काको राजनीतिक परिवर्तनमा समेत साथ र सहयोग हुने गरेकाले नेपालीहरू भारतको स्वतन्त्रताको योगदान कर्ता पनि हुन् । यसले नेपालमा समेत राजनीतिक र सामाजिक परिवर्तनको माग गर्‍यो । नेपालमा भएको हरेक परिवर्तनमा यथास्थितिवादी शक्तिले भारतमाथि विभिन्न लाञ्छना लगाएकै हुन् । मधेश आन्दोलनमा पनि हामीले भारतीय सद्भाव सहयोगको पनि अपेक्षा गरेका थियौं । यसपटक पनि यथास्थितिवादीहरूले आमजनताको ध्यान अन्यत्र मोड्न भारतले नाकाबन्दी लगाएको आरोप लगाउन छाडेनन् । तर यथार्थ त्यो थिएन ।

मधेशीको सुरक्षा भारतको पनि दायित्व हो । नेपाल र इष्ट इन्डिया कम्पनीबीच सन् १८१५ दिसम्बर २ मा शान्ति सन्धि भयो । यस सन्धिलाई सुगौली सन्धि भनिन्छ । यस सन्धि तहत नै नेपालले आफ्नो विशाल भूभाग गुमानुपरेको थियो । तर त्यसको ठीक एक वर्ष पछाडि आठ डिसम्बर १८१६ मा फेरि अर्को सन्धि भयो । यसलाई सुगौली सन्धिको पूरक सन्धि मानिन्छ । यसै पूरक सन्धिको तहत नेपालले गुमाएको भूभाग मध्ये राप्तीदेखि गण्डकसम्मको तराईको भूभाग, त्यसैगरी गण्डक नदीदेखि कुशा नदीसम्मको भूभाग फिर्ता पायो । यसै सन्धिको सातौं नम्बर बुँदामा तराईको उक्त भाग नेपाललाई फिर्ता दिँदै गर्दा अब यसपश्चात् नेपालले त्यहाँको बासिन्दामाथि (अर्थात मधेशीमाथि) कुनै भेदभाव वा विभेद गर्ने छैन भनेर लेखियो । तर त्यस पछाडिका दिनहरूमा मधेशी समुदायले निरन्तर विभेद खेपिरहनु परेको छ । सुगौली सन्धि अनुरूप मधेशीसँग व्यवहार भएन । त्यसबारे बोल्ने, लबिङ गर्ने दायित्व तत्कालीन इष्ट इन्डिया कम्पनी एवं हालको भारतको पनि हो । स्मरण रहोस् सुगौली सन्धिलाई नै आधार बनाएर हामीले चुच्चे नक्सा पास गरिसकेका छौं । त्यसैले सुगौलीकै आधारमा पनि हामीले अधिकार पनि पाउनु पर्‍यो ।

वास्तवमा प्रकृतिले नै नेपाललाई भारतमुखी बनाइदिएको छ । यो सत्यलाई नेपालले स्वीकार गरेर सहकार्य गर्नुमा नै सबै नेपालीको भलो हुन्छ । नेपाल भारत साझा सभ्यता र संस्कृति भएका देश हुन् । राजनीतिक सीमाको समस्या राजनीतिक रूपमा नै समाधान होस् । तर एकै सभ्यता र संस्कृतिभित्रका मूल्यमान्यतालाई केन्द्रमा राखी सद्भाव र भरोसासहित सहकार्य गर्न ढिला गर्नु हुँदैन ।

# चाइना कार्डः भारतलाई तर्साउने तुरूप

भारत र चीनसँग नेपालले समदूरीको सम्बन्ध राख्नुपर्छ भन्ने गरिन्छ ।

सैद्धान्तिक रूपमा यो कुरा सही छ । तर व्यवहारमा सम्भव छैन । भौगोलिक रूपमा मात्र होइन, सांस्कृतिक, भाषिक रूपमा पनि नेपाल र भारतको सम्बन्ध बढी निकट छ । चिनसँग सहज छैन । सबै हिसाबले चिन र भारतसँगको सम्बन्ध व्यवहारिक रूपमा समान हुन सक्दैन । तर यहाँ बेला-बेलामा चाइना कार्डको प्रयोग गरेर भारतलाई तर्साउने प्रयास हुन्छ । जबजब नेपालले 'चाइनाकार्ड' प्रयोग गर्न खोजेको छ, ऊ नराम्रोसँग चुकेको छ । हिजो राजा महेन्द्र र वीरेन्द्रले 'चाइना कार्ड' प्रयोग गर्न खोजेकै हुन् । तर सफल भएनन् ।

भारतसँग कुनै समस्या सुरु हुनासाथ चाइनातर्फ फर्किएजस्तो गरेर घुर्की देखाइहाल्ने नेपालको पुरानै चलन हो । नेपाली नेताहरूको सबैभन्दा कमजोरी नै यही हो । आफू सत्तामा जान, सत्ता टिकाउन भारतको खुसामद गर्ने, फाइदा पनि लिने अनि आफू शक्तिमा पुगेपछि सबै कुरा बिर्सने चलनले पनि भारतको विश्वास हामीले जिल सकेको छैनौं ।

हाम्रा नेताहरूको कुनै अदृश्य स्वार्थमा धक्का लाग्छ अनि चाइना कार्ड अलि बढी नै जोडतोडका साथ उठिहाल्छ । तर चाइना कार्ड 'क्रेडिट कार्ड' जस्तो मन लागेका बेला जहिले पनि प्रयोग गर्न सकिने कार्ड होइन भन्ने हाम्रा नेताले बुझ्ने कहिले !

माओवादी द्वन्द्वकालमा चिनियाँ नेताहरूले नेपालका माओवादीहरूले कमरेड माओको नाम बदनाम गरे भन्ने गरेको सुनिएकै हो । यी सबै परिप्रेक्ष्यमा चाइना कार्ड प्रयोग गर्ने नेपाली कम्युनिस्ट नेताहरूलाई चिनले कति धेरै महत्त्व देला र भन्ने प्रश्न पनि उठ्छ ।

भारतलाई चिढ्याएर चीनसँग नजिकिनु भनेको सासूको रिसले पोइको काखमा दिसा गर्नु भनेजस्तै हो । नाकाजाम भएको बखत प्रचण्डले साइकल चढ्छु पनि भने । प्रधानमन्त्री ओलीले चीनबाट आपूर्ति व्यवस्था मिलाउने गफ गरे पनि । न त यो सम्भव नै छ र न त्यो व्यावहारिक नै छ । सबैभन्दा महत्त्वपूर्ण कुरा त चीनको पनि यसमा खास चासो देखिँदैन । चीनलाई बुख्याँचा बनाएर भारतलाई तर्साउनसम्म त काम लाग्ला तर यसरी न अल्पकालीन न त दीर्घकालीन रूपमा नै समस्याको समाधान हुन्छ । उदाहरणका लागि, २०७२ वैशाखमा भूकम्प गएपछि चीनले खासा (तातोपानी) नाट पचासौं किलोमिटरसम्मका पूरै मानववस्ती सिगात्सेभन्दा पर स्थानान्तरण गरिसकेको छ । खासामा वेश्यावृत्ति बढेको र रणनीतिक रूपमा पनि नेपालबाहेक अरूलाई यो नाकाको खास आवश्यकता चीनले नदेखेको बुझ्न कठिन छैन । उक्त भन्सार अहिले पनि अघोषित रूपमा बन्द नै छ ।

चीनसँग पेट्रोल माग गरिएपछि असोज १५ गते चीनले सोध्यो, 'कस्तो पेट्रोलियम चाहिन्छ ?' नेपालले गुणस्तरसहितको कोटेसन पठायो । निगमले पठाएको कोटेसन चिनियाँ दूतावास पनि पुग्यो तर दूतावासले जवाफ दिएन । चीनलाई नेपालसँगको व्यापारमा खासै चासो देखिँदैन । यसरी नेपाल सरकारले चीनसँग सातओटा नाका खोल्ने तयारी गरेको भनेर गफ चुटे पनि कुनै पनि नाका खोल्ल चीन इच्छुक छैन भन्ने घामजत्तिकै छर्लंग छ ।

चीनसँग खोलिएका नाकाहरू अघोषित रूपमा बार लगाएरै चीनले बन्द गरिरहन्छ । उक्त नाकाहरूमा भारतसँगको व्यापारमा सहजता हुने भयो भने चीनले लगानी गरेर नयाँनयाँ नाका खोल्ला । किनभने चीनका लागि व्यापारिक दृष्टिकोणले पनि नेपालभन्दा भारत नै बढी प्राथमिकतामा पर्ने देश हो । चीनले नेपाललाई भारतभन्दा बढी सिरियस लिने कुरा पनि होइन । बजारको हिसाबले चीनको लागि भारतको बजार हेरी हाम्रो बजार एक टुप्पो पनि होइन । भारतलाई चिढाएर नेपाललाई खुसी राख्ने काम चीनबाट हुनेवाला छैन । कूटनीतिक भाषामा नेपाललाई सहयोग गर्छु भने पनि चीनको सहयोग भारतले नेपाललाई गर्ने सहयोगको तुलनामा धेरै नगण्य छ ।

# अब माफी मागौं

काठमाडौं भूमिसँग मेरो असाध्यै प्रेम छ ।

म मेरा भाषण, बोलीचाली, लेख र वक्तव्यमा राज्यलाई जनाउन काठमाडौंलाई विम्बको रूपमा प्रयोग गर्ने गर्छु । विभिन्न प्रसङ्गमा मैले काठमाडौंको दानापानी बन्द गर्नेभन्दा धेरै मान्छे रिसाए पनि, तर त्यो केवल एक विम्ब हो ।

तर मेरो काठमाडौंसँग पारिवारिक सम्बन्ध छ । मेरो नाता-सम्बन्धको अलग्गै क्षितिज हो काठमाडौं । काठमाडौंका रैथाने नेवारकी छोरी मेरो बुहारी हुन् । यही शहरमा नै मैले उच्चशिक्षा लिएँ । व्यतित्व विकास गरे । यसै क्रममा काठमाडौंले मभित्र हालेका राम्रा नराम्राकुराको परार्वतन नै मेरो राजनीतक जीवन हो ।

मधेश आन्दोलन केवल संविधानमा अधिकारका लागि मात्र थिएन, होइन पनि । यो मूलतः सम्मानको लडाइँ हो । स्वाभिमानका लागि भइरहेको सङ्घर्ष हो । संविधानमा, ऐन, कानुनमा कसैसँग विभेद नहुने लेख्दैमा समाजमा अपहेलना, ग्लानिबोध हुने गरी हुने विभेद वा अनेकौं रूपका हिंसा समाप्त भइहाल्दैनन् । पहाडी क्षेत्रका सहर-बजारमा मधेशी अनुहारसँग पहाडे समुदायका मानिसहरूले बेलाबेलामा दुर्व्यवहार गर्नु एक तितो सत्य हो ।

अबुझ र अहंकार बोकेक। साम्प्रदायिक चिन्तन राख्ने खस-आर्य समुदायका अलिकति शक्तिशाली, प्रभावशाली, गुण्डा खालका मानिसहरूले मधेशीहरूसँग बेला-बेलामा प्रत्यक्ष वा परोक्ष रूपमा 'मर्स्या', 'मदिसे' ,'धोती', 'काले' जस्ता शब्दहरू प्रयोग गर्नु अति सामान्य मान्छन् । यी शब्दले गरिरहेको अपमानप्रति उनीहरू पटक्कै संवेदनशील छैनन् ।

काठमाडौंमा मधेशीले गाली खाँदा पीडक पहाडिय मनोविज्ञानकै हुन्छ । उजुरी लिएर जाँदा त्यही मनोवृत्तिका प्रहरीमा हुन्छन् । उजरी दर्ता गर्ने नभए पनि हाकिम त्यही मनोवृत्तिको हुन्छ नै । पीडितभन्दा पीडकलाई सामाजिक सहजता र प्रत्यक्ष/अप्रत्यक्ष सहयोग प्राप्त हुने सम्भावना रहन्छ । धेरै ठाउँमा त्यही देखिएको पनि छ । यस्तो दुर्व्यवहारबाट सबैभन्दा बढी तरकारी र फलफूल बेच्नेहरू पीडित हुने गरेका हुन्छन् ।

उनीहरू अपमान गर्ने, हेप्ने, गिज्याउने उपर प्रशासनिक कारबाही भएको सुनिँदैनन् ।

मधेशी समुदायलाई लक्षित गरी बनाइएका टेलिभिजन कार्यक्रम र सामाजिक सञ्जालमा प्रयोग गरिएका गालीको भाषा हामी धेरैलाई जानबगरी नै छ । धेरै मधैशाले यस्तो दुर्व्यवहार एकपटक होइन, अनेकौं पटक बेहोरेका हुन्छन् । २०६३ सालअघि यराको रूप विकराल थियो । त्यसयता भने केही परिवर्तन भएको छ । अब मधेशी जनताले बुझ्न थालेका छन् । उनीहरू विभेदविरुद्ध बोल्न सक्ने भएका छन् ।

मधेश आन्दोलनपछि आन्दोलनकै विषयमा युनिभर्सिटी कलेज लण्डन (बेलायत) का प्राध्यापक तेजेन्द्र फेराली सहितको एक अध्ययन टोलीले गरेको अनुसन्धान प्रतिवेदनको सार डरलाग्दो छ । प्रश्न थियो – 'तपाईंलाई मधेश आन्दोलनले किन छोयो ? कुनै व्यक्तिगत घटना भए सुनाउनुहोस् ।' लगभग सबै उत्तरदाताको उत्तर एकै खालको थियो, 'मधेशी भन्दै गाली खाएको, दुर्व्यवहार खेपेका कारण मधेशी आन्दोलनमा प्रत्यक्ष/अप्रत्यक्ष रूपमा सहभागी भएको ।'

उत्तर दाताहरूमध्ये कसैले पुलिसबाट, कसैले सरकारी कर्मचारीबाट, कसैले बसको स्टाफबाट, कसैले ट्याक्सी ड्राइभरबाट, कसैले बाटोमा हिँड्ने बटुवाबाट, कसैले आफ्नै सहकर्मीबाट, कसैले आफ्नै मातहतका कर्मचारीबाट, कसैले गुण्डा, बदमासबाट, साम्प्रदायिक र नश्लीय विभेद, गाली र अपशब्द सुनेको र त्यसकारण कहिले क्रोध त कहिले ग्लानिबोध गरेको बताएका थिए ।

यी त सर्वसाधारणका कुरा भए तर आन्दोलन भइरहँदा मुख्य नेताहरूदेखि सरकार नै नश्लवादी, रंगभेदी, तल्लोस्तरको गालीगलौजमा उत्रियो । एमाले नेता शंकर पोखरेलले 'मधेशी जनता अधिकांश काला हुन्छन्, त्यसैले मधेशी मोर्चाले कालो दिवस मनाउँदै छ' भनेर ट्विट नै गरेका थिए । रंगभेदको यो एउटा चरम अवस्था हो । रंगमा पनि विभेद गर्ने ?

पूर्वगृह र रक्षामन्त्री समेत भएका नेता भीम रावलले आन्दोलनकै समयमा 'पटनामा मधेशी मोर्चाको गोप्य सम्मेलन र गुरिल्ला ट्रेनिङ्ग भइरहेको छ, देश टुक्रिने भयो, सरकार कहाँ छ, के गरिरहेको छ ?' भनेर प्रश्न उठाएको विषयलाई सरकारले गलत भन्यो । तर पटक–पटक मधेशीलाई तल्लो तहमा राखेर कुरा गर्ने रावलले कहिले माफी मागेनन् । एकपटक सुशील कोइरालाले 'मदिसे' भनेपछि मैले संसद्मै कडा प्रतिवाद गरेको थिएँ ।

देशको प्रधानमन्त्री भइसकेका र देशकै एक ठूलो दलको सर्वोच्च नेता केपी ओलीको बोलीमा मधेशीप्रति घृणा र विष मिसिएको अनुभूति हुन्छ । तिनले यूपी– बिहारतिर मधेश खोज्न समेत भने । त्यो शब्दको अर्थ उनले बुझेर भनेका थिए वा मधेशीलाई जे भनिदिए पनि केही फरक पर्दैन भन्ने सोच थियो ।

'नागरिकता बोर्डरमै बाँड्ने चकलेट होइन', मेची महाकालीको विशालमानव संग्लोलाई लक्षित गर्दै 'माखे साङ्लो' भने । त्यो घृणास्पद र मधेशीको अस्तित्वलाई लल्कार्ने भाषालाई कसैले किन सहन्छ,? उनले के मात्र भनेनन् !

यत्रो ठूलो जनसंख्यालाई माखो (भिँगा) भन्ने व्यक्ति देशको प्रधानमन्त्री बन्ने योग्यता कुन नैतिकताका आधारमा राख्न सक्छ ? मधेश आन्दोलनमा मधेशी नेपाली मारिंदा पाकेको आँप झर्‍यो भन्ने ओली र उनका अनुचरहरूले मधेशसँग कहिले माफी माग्छन् ?

थारू–मधेशीले अर्कै देश मागिरहेको जस्तो गरेर पटकपटक प्रधानमन्त्री रहिसकेका शेरबहादुर देउवाले एक इञ्च पनि थारूलाई दिन्न भने, मानौं कि कसैले उनको मौजाको भाग कसैले माग्दैछ । मधेशी, थारू, आदिवासी, धर्तीपुत्रले अधिकार माग्दा राणा खलकले उनलाई दिएको बिर्ता सम्पत्ति मागेभैँ गरे । उनले पनि कहिल्यै माफी माग्ने आवश्यकता महसुस गरेका छैनन् । कहिले गर्लान् ?

मधेश आन्दोलन/नाकाजाम भारतले गरेको भनेर कोकोहलो मच्चाइए पनि त्यो त होइन रहेछ भनी प्रमाणित भइसकेपछि माफी माग्नु पर्दैन ? आन्दोलनको क्रममा मधेशमा अनावश्यक दमन भयो, हत्या हिंसा भयो, नरसंहार भयो, सत्यतथ्य बाहिर आउला कि भनेर लालआयोगको प्रतिवेदन अभै सार्वजनिक भएको छैन । लोकतान्त्रिक भनिएको सरकारबाट यत्रो आतङ्क मच्चाइयो, समस्यालाई समाधान गर्नुको सट्टा मधेशी जनतालाई मार्न आतुर देखियो । जुन देश र जनताको लागि इतिहासकै कालो धब्बा हो र पनि माफी मागिएको छैन । किन ?

विराटनगरमा पूर्वघोषित कार्यक्रमअनुसार रानीभन्सारमा धर्नामा बस्ने क्रममा प्रहरीद्वारा ममाथि हत्याको प्रयास भयो । जनतालाई मारेर कहाँको पनि आन्दोलन समाप्त भएको छैन । मलाई मारेकै भए पनि मधेश आन्दोलन समाप्त हुने थिएन । हिंसाद्वारा आन्दोलनलाई दबाउँदा आन्दोलन थप सशक्त भएर आउँछ । विराटनगर नाकामा प्रहरीले गरेको ज्यादतीमा राज्यले दुःखसम्म व्यक्त गरेन । किन ? कहिले गर्छ ?

राष्ट्रियताको सवालमा कोही हिमाली, पहाडी, मधेशी छैनन् । हामी सबै एक ठाउँमा छौं । चुच्चे नक्सापास गर्दा पनि हामी सच्चा राष्ट्रवादका पक्षमा दृढताका साथ उभियौं । तर देशभक्ति र राष्ट्रवादको कुरा आउनासाथ मधेशीलाई 'धोती' भनेर गाली गर्ने काग्रेस र कम्युनिस्ट पार्टीका नेताले माफी माग्नुपर्छ कि पर्दैन ?

खोक्रो राष्ट्रवादका कारण मधेशले आफ्नो पहिचान र अधिकार माग्दा पहाडी समुदायका जनताको सहानभूति समेत हामीले पाएनौं । यो नाकाजामको सन्दर्भमा मात्र भएको होइन, ऋतिक रोशन काण्डमा पनि त्यस्तै भयो । तर राज्यले कहिले पनि यस विषयमा माफी मागेन ! क्षमायाचना गरेन ! किन ?

नेपालको गैरमधेशी अर्थात् पहाडी समुदायको मगजमा नाकाबन्दी छिराएर मधेशीप्रति जुन घृणा पैदा गराइएको छ, अब त्यो निकाल्नुपर्छ । यो घृणाको बीजारोपणको उद्देश्य थारू-मधेशीलाई अराष्ट्रिय बनाउने र पहिचानको आधारमा समानता, स्वाभिमान, स्वायत्ताको चाहना राख्ने पहाडका आदिवासी जनजाति, खस एवं दलितलाई गुलाम बनाइराख्ने तथा समृद्ध नेपालको चाहना राख्नेलाई चरम गरीबी र अन्धकारमा धकेल्ने षड्यन्त्रबाहेक केही होइन ।

आन्दोलन ताका आन्दोलन पहाड र पहाडियाको जीवन असहज बनाउन उनीहरूलाई निशाना बनाएर नाकाबन्दी गरिएको व्यापकप्रचार गरियो । तर त्यो सत्य थिएन, होइन । पहाड पनि हाम्रै हो । कुनै पनि मधेशीले पहाडलाई आफ्नै ठान्छ । तर पहाडले मधेशलाई आफ्नो ठान्छ ?

कुनै पनि आन्दोलनले नागरिकलाई समस्यामा पार्छ । ताडित तुल्याउँछ । नाकाजाम पहाड र मधेशको बीचमा नभएर भारत र नेपालबीच भएको हो । त्यसको पहिलो असर मधेशलाई नै पर्‍यो । बरु एकप्रकारले राज्यले नै मधेशमाथि नाकाबन्दी गर्‍यो । चीन बा भारतको नाकाबाट पेट्रोलियम पदार्थलगायत जे जति सामग्रीहरू भित्रिए, त्यो मधेशमा वितरण गरिएन । खालि पहाड पठाइयो, यस मामिलामा पनि मधेशसँग विभेद गरियो ।

मधेश आन्दोलनमा थियो । बन्द, हडताल जारी थियो । ठाउँठाउँमा कर्फ्यु निषेधाज्ञा र आन्दोलन चर्किरहेको थियो । सडकबीचमा कालो झण्डा गाडिएको थियो र टायर बालेको कालो खरानीले सडक रंगिएको थियो । बाटामा कालो झण्डाहरू, बन्द सहर र ढोका लागेका देहातका बजारहरू । त्यसको प्रत्यक्ष प्रभाव मधेशमै थियो, मधेशी जनता कति पीडामा रहेर आन्दोलन गरेका थिए, त्यसको कुनै मापन नै छैन । बिनाकारण जनता सडकमा आए ? राज्यले जनता सडकमा आउनुको कारण बुझ्न केके गर्यो जनतालाई भन्नुपर्‍यो ? दमन बाहेक अरू केही गरेको भए पो भन्नु !

रक्सौल सीमानाका नजिकैको वीरगञ्जमा पेट्रोल, डिजलको अभाव नहुनुपर्ने हो, काठमाडौँको बुझाइमा । तर त्यहाँ पनि चरम अभाव थियो । सीमानाकाहरूमा नाकाजाम लेखिएको तुल र त्यही दिनरात धर्नामा बसेका आन्दोलनकारीहरू मात्र थिए । आन्दोलनकारीहरूमा सीमापारिबाट आएको सामान तस्करी हुँदै काठमाडौँसम्म नपुगोस् भन्ने मनोविज्ञानमा थिए । समस्या सीमानाकामा बस्ने मधेशीले पनि भोगिरहेका थिए । उता काठमाडौँमा नेताहरू दाउरा बाल्ने, साइकल चढ्ने र भारतसँग कुनै हालतमा झुक्दै नझुक्ने भाषणमा मग्न थिए । सीमानाकामा बस्ने, मैथिली, भोजपुरी बोल्ने, धोतीकुर्ता लगाउने, श्यामल वर्णका नेपाली पनि नाकाबन्दीको समस्याबाट छटपटाइ रहेका थिए । राज्यले त्यो देख्यो ?

मधेशका व्यापारीहरू 'अहिले हामी केही होइनौं, सबै मधेशी आन्दोलनमा लागेको छौं' भन्दै आफ्ना पीडाभित्र लुकाउँदै गरिक खान नपाएकाहरूको निम्ति अधिकारको खोजीमा जुर्मराएका थिए ।

सबैको मनमा यही थियो– 'हाम्रो पनि दीपावली गर्ने दिन आउला ।' संविधान जारी भएको दिन ब्ल्याक आउट गरेर विरोध जनाएको सम्पूर्ण मधेशले कहिले संविधान पाएकोमा गर्व गर्दै दीपावली गर्ला ? मधेशलाई त्यो अवसर कहिले दिन्छ राज्यले ?

राजमार्ग, चोकबजार, गाउँबस्ती, गल्ली र टोल जता हेरे पनि देश युद्धग्रस्त मुलुकजस्तो लाग्न थालेको थियो । आन्दोलन लामो हुँदै जाँदा पनि पहाड र मधेश दुवैतिरको कष्ट आदिबाट मुक्ति दिलाउन राज्यले न कुनै पहल गर्‍यो न त कुनै कदम नै चाल्यो । बरु मधेशविरुद्ध पहाडलाई उचालिरह्यो, तस्करलाई प्रोत्साहित गरिह्यो । आन्दोलनमाथि दमन गरेर, थकाएर, मुद्दा लगाएर, डराएर, नरसंहार गरेर मधेशमाथि घृणा ओकलिरह्यो ।

राज्य गैरजिम्मेवार भएपछि विद्रोही भए पनि जनजीवन कष्टकर भएको देखेर हामीले जिम्मेवारीपूर्वक आन्दोलनलाई बिराम दिनु नै उपयुक्त ठान्यौं । तर निर्दयी राज्य र सिंहदरबारको सत्ताले जनतासँग न माफी माग्यो न मागको सम्बोधन नै गर्‍यो ।

मधेशमा सरकारी गोलीबाट मारिएका जनताका परिवारसँग समेत राज्यले माफी माग्नु जरुरी ठानेन । आफ्ना देशका नागरिक मारिँदा शासकलाई दुख्दैन ? कि श्यामल अनुहारका ती मधेशीहरू मानव नै होइनन् ? मधेशी-थारूलाई पनि राज्यप्रति अपनत्व महसुस गराउन अहङ्कार पालेर बस्ने होइन, बरु सम्मान बाँड्दै माफी माग्ने हिम्मत गर्न सक्नुपर्छ । त्यो हिम्मत सिंहदरबारको सत्तासँग छ ?

छ भने आऊ, हातमा हात मिलाएर जाऔं । काँधमा काँध मिलाएर जाऔं । हामी मधेशको अधुरो क्रान्तिकै बीचमा तपाईंहरूसँग हातेमालो गर्न तयार छौं ।

# माटो

आफू जन्मिएको माटोप्रति असीम प्यार छ । यही माटोमा मैले राजनीतिमा आफू हिँड्न चाहेको बाटो कोरेको छु । आफूले बनाउन चाहेको देशको चित्र कोरेको छु । पहिचानसहितको मधेशको चित्रमय संसार सजाएको छु ।

गजेन्द्रबाबु मेरा आदर्श हुनुहुन्छ । स्वाभिमानको अग्लो स्तम्भ हुनुहुन्छ । उहाँले नारा नै 'जय मातृभूमि' रोज्नुभएको थियो । आज पनि मधेशीलाई हेर्ने दृष्टिकोणमा कुनै फेरबदल छैन । श्यामल अनुहार भएका मानिस देखे भने भारतीय हुन् भन्ने दृष्टिकोण फेरिएको छैन ।

वास्तवमा मधेशीहरू दोहोरा मारमा परेका छन् । काठमाडौँको सान्निध्यताका कोसौँ टाढा मधेशीहरू जीवनयापनका लागि सीमापारिकै भर पर्नुपर्छ । एक पोको नुन ल्याउँदा सीमामा तैनाथ प्रहरीको लाठीमुग्री, हप्कीदप्की सहनुपर्छ ।

रोग, भोक र शोक उनीहरूको थाप्लामा परेकै छ । विपत्तिले पनि नित्यनिरत बज्र हानिरहन्छ । पुस्तौँपुस्तादेखि यो सब सहँदै आएका उनीहरूले काठमाडौँसँग केही मागेका छैनन् । मानव विकासको सूचकाङ्कको पुछारमा छन् । भारतमा गएर ज्यालामजदुरी नगर्दासम्म उनीहरूको पेट उकासिन गाह्रो छ । साहु-महाजनको जग्गा अधियाँ गरे पनि उनीहरूको चुल्हो बल्दैन ।

तथापि अन्नपात नहुँदाको भोकभन्दा पहिचान नहुँदाको भोक चर्को हुँदो रहेछ । आज उनीहरू नेपाली हुँ भनेर चिनाउनकै लागि लडिरहेका छन् ।

गजेन्द्रबाबुको सपना थियो– मधेशीहरूले पाइलैपिच्छे नेपाली भएको प्रमाण पेस गरिरहन नपरोस् । उहाँका निम्ति राष्ट्र सर्वोपरि थियो । मधेशका समस्याको समाधान पनि नेपालको भूगोलभित्रै नै खोज्नुभयको थियो । मातृभूमिप्रतिको प्रेमलाई उनले आफ्नो पार्टी पङ्क्तिमा मात्र सीमित राख्नुभएन । त्यसलाई नेपाली राजनीतिमा समेत स्थापित गराउनुभयो ।

उहाँ मधेशका आर्थिक, सामाजिक, राजनीतिक मुद्दालाई निरन्तर उठाइराख्ने एक अथक सिपाही हुनुहुन्थ्यो । यसो गर्दा उहाँ आफूइतरकालाई घृणा, आलोचना गरेर, द्वेष राखेर समय बिताउन रुचि राख्नु हुँदैनथ्यो । दूरदृष्टि, शालीन स्वभाव, प्रष्ट विचार, मातृभूमि मोह लगायतका ओजले होला गजेन्द्रबाबु पञ्चायती व्यबस्थाको प्रतिकूल अवस्थामा पनि मधेश आन्दोलनलाई स्थापित गर्न मात्र सफल हुनुभएन, सबै नेताका गनमा राज गर्न सफल हुनुभयो । उहाँकै सत्प्रेरणा, उत्प्रेरणा र सामीप्यतामा हुर्किएको म पनि क्रान्तिमा होमिएको एउटा अविचलित सिपाही हुँ ।

जुन माटीमा हुर्किएर राजनीतिक यात्रा आरम्भ गरें, त्यो माटीलाई सधैँ दिलदिमागमा बोकेर हिँडिरहेको छु। सबै अट्ने देश र मधेश पनि अट्ने देश बनाउने मेरो अठोट हो। ध्येय हो। त्यसैका लागि मैले मूल मन्त्र बनाएको छु- जय मातृभूमि !

मेरो सङ्घर्ष सधैँ यही माटाका निम्ति हो। जन्मभूमिका निम्ति हो। मातृभूमिका निम्ति हो। त्यसैले यो नारा रोजें।

मातृभूमि र मधेशी स्वाभिमानको रक्षार्थ जस्तोसुकै अहिंसात्मक क्रान्ति, सङ्घर्ष गर्ने राजनीतिले शिक्षित छु। दीक्षित छु। र, प्रेरित पनि छु। मैले मधेशका जनता पनि हरेक पटक यसको निम्ति तयार रहेको पाएको छु।

मातृभूमिकी खातिर हर कुर्बानी है गवारा

है मधेशियों का नारा

हक दे दो हमको हमारा।

है ये हमारे हककी लड.इँ, अपनी जान निसार करेंगे

गजेन्द्रबाबु के सपनोंको, हम एक दिन साकार करेंगे

ऐ सपुत हैं राजेन्द्र - आंधी से टकरायेंगे

मधेशीयोंको हक दिलवाकर - अपनी कसम निभायेंगे

हमको अपनी जान से बढ.कर अपना वचन है प्यारा।

मधेश स्वाभिमानको यात्रा यी गिती हरफले ओतप्रोत भएको थियो। अहिले यी गीति हरफ मधेशी मनमनमा गुञ्जिरहेको पाउँछु। हृदय गर्वले चौडा हुन्छ।

दुःखले भन्नुपर्छ, मेरो देशले मेरो ध्वनि सुनिरहेको छैन। माटोको यो सङ्गीत र आर्तनाद बुझिराखेको छैन।

सुगौली सन्धियता मधेश र देशबीचको दूरी बढ्दै गएको छ। यसबीचमा मधेशमा अथाह रगत बगेको छ। यद्यपि यो सिलसिला जारी छ। पहिचानविहीन मधेशीहरू जब आफ्नो हक-अधिकारका लागि आवाज मुखर गर्छन्। काठमाडौँको सत्ता अत्तालिँदै मधेशीमाथि गोली ताक्न थाल्छ। अन्यत्र घुँडामुनि गोली ताक्ने शासक यहाँ घुँडामुनिको मधेशी नै देख्दैन। मधेशीले गाथगादी ताकेभैँ ठानेर टाउका ताकीताकी गोली बर्साउँछ।

त्यसैले देश र मधेशबीचको दरार करार छ।

हाम्रो सङ्घर्ष यही दरार पुर्न हो। काठमाडौँ र मधेशबीचको दूरी छोट्याउन हो। भौतिक पूर्वाधार र विकासले मात्रै यो दूरी छोट्याउँदैन। सडक नजोडिँदा त्यति विकट हुँदो रहेनछ। तर मन नजोडिँदा पहिचानको विषमतामा बाँच्नुपर्दो रहेछ। मधेशीहरूको अहिलेको चित्कार यसैको हो।

देश र मधेशबीचको दुरी छोट्याउन २०७२ को संविधान अभूतपूर्व अवसर हुन सक्थ्यो । आन्तरिक उपनिवेशको व्यवहार खेप्न बाध्य मधेशीहरूलाई शासन-सत्ताको मूलप्रवाहमा राख्न होइन पहिचान दिलाउन र यो माटो तिमीहरूको पनि हो भन्ने भाव जगाउन महत्वपूर्ण परिघटना बन्नसक्थ्यो । काठमाडौँको सत्ता त्यसमा चुक्यो ।

नेपालको ६८ वर्ष लामो संवैधानिक इतिहासमा यो सातौँ संविधान हो । सात पटक संविधान बनाउँदा पनि मधेशी नागरिकको मर्म र भावना अलपत्रै छाडिनुको दुःख-दर्द वर्णनातीत छ । शब्दातीत छ ।

संविधान घोषणापश्चात् मधेशका जनता मूलतः सीमाङ्कनको विरोध, स्वायत्ता, समानुपातिक प्रतिनिधित्वको सुनिश्चितता र आफ्नो बाहुल्य रहेको क्षेत्रलाई छुट्टै प्रदेश कायम हुनुपर्ने मागसहित आन्दोलनरत छन् । नयाँ संविधान जारी भएको खुसीमा उत्सव त मनाइयो, तर मधेशका जनताको लागि यो कति दुःखद् र कष्टप्रद बन्यो, हेक्का राखिएन । के पहाड, के मधेश, आखिर यो संविधानको लामो प्रतीक्षामा सबै जनता थिए, तर यसको खुसी सबैले मनाएनन् । यसैको पिरलोले देश संक्रमणबाट गुजिइरहेको छ ।

वैशाख १२ को अकल्पनीय भुइँचालोबाट असीमित शारीरिक, भौतिक र मानसिक संकटमा परेका जनताको उद्धार गर्ने, राहत दिने र देशलाई पुनःनिर्माणको पथमा हिँडाउने आधारभूत कामको टुंगो नलाग्दै सरकार, राजनीतिक दलहरू, संविधान सभा र यसका विभिन्न उपक्रमहरूको ध्यान अचानक संविधान निर्माणतिर आकर्षित हुनु अनोखा विषय थियो । जनतालाई यो समयमा राहत र सहयोग चाहिए पनि नश्लीय शासन सत्तामा रमाउनेहरूले राविधान जारी गर्ने मौका खोजे । मधेशी र जनजातिहरूका माग किनारा लगाउन र नागरिकलाई एक थान संविधान थमाएर आफ्नो अभिष्ट पूरा गर्न उनीहरूलाई यही नै उत्तम मौका ठान्यो ।

उनीहरूलाई नश्लीय सत्ता चाहिएको थियो । भुइँचालो पीडित जनताको उद्धारमा देखिएको चरम असफलताबीच आठ वर्षदेखि नबनेको वा बनाउन नचाहेको संविधान द्रुत मार्गबाट बनाउने र नश्लीय सत्ता लाद्ने अवसर यही हो भन्ने मनसायले यहाँ काम गरेको हुनुपर्छ ।

इतिहास साक्षी छ । हाम्रो आन्दोलन र संविधान सभाको माग समानान्तर रूपमा उठेको हो । सद्भावना परिषद्सँगै हामीले यो नारा हुर्काएर ल्याएका थियौँ । हामीले २०४७ सालमै संविधान सभा खोजेका थियौँ । त्यतिबेला आन्दोलनमाथि एकाधिकार राखेका र संविधान निर्माणमा मधेशीको भावनात्मक प्रतिनिधित्वनै नचाहेका काङ्ग्रेस र कम्युनिस्टहरूले हाम्रो मागको उपेक्षा गरे ।

दुर्भाग्य ! संविधान सभा ल्याउन हामीले २०६४ सालसम्म पर्खनुपर्‍यो ।

देशलाई संविधान सभाको बाटोमा ल्याउन तत्कालीन नेकपा (माओवादी) को अहम् भूमिका नभएकी होइन । माओवादीले काङ्ग्रेस-एमालेको थाप्लामा बन्दुक नराखेको भए उनीहरू अझै पनि संविधान सभाको बाटो हिँड्न तयार हुँदैनथे ।

त्यसरी बलपूर्वक देशलाई संविधान सभाको बाटोमा ल्याएको माओवादी समेतले मधेशी नागरिकलाई अधिकारसम्पन्न बनाउन हिच्किचायो । पहिचान दिन दिगमिगायो । भुइँचालो गएको दुई महिना नबित्दै पहिचानको आन्दोलनबाट आफूलाई पृथक गराउँदै काँग्रेस र एमालेको कित्तामा मिसिन जानु माओवादीको द्वैध मानसिकताको उपज थियो ।

काठमाडौँको सत्ताविरुद्ध सधैं सङ्घर्ष गर्दै आएको मधेशलाई प्रतिरोधको बाटामा हिँड्न मञ्जुर थियो । २०७२ को संविधानले पनि मधेशीको भावनामाथि कुठाराघात गरेपछि विद्रोहकै बाटो रोज्यो । आन्दोलनको मोहोरीमा होमियो । काठमाडौँको सत्ताको अन्नपानी ठप्प पार्ने हाम्रो रहर होइन । हामी त हाम्रो पहिचानका निम्ति सडकमा आएका थियौं । बन्दुक बोकेर गौँडागौँडामा बसेका काठमाडौँको सत्ताविरुद्ध प्रतिरोधका निम्ति टाउकोमा कफन बाँधेर सडकमा आएका थियौं ।

सदियौँदेखि उत्पीडनको जाँतामुनि पिसिएका निमुखा मधेशीहरू सडकमा अरिङ्गाल सरह निकिस्के । नागरिकहरूले सडक ढाकेपछि आवागमन र आपूर्ति प्रणालीमा अवरोध आउनु स्वाभाविकै थियो । काठमाडौँको सत्ताले त्यसैलाई देखाएर हामीले नाकाजाम गरेको भन्यो । उसै त हामीलाई हेर्ने काठमाडौँको नजर बेग्लै थियो । त्यो परिघटनापछि काठमाडौँले हामीलाई बिहारी देख्न थाल्यो ।

यो पुस्तक र यसका अरू भागहरू पढेपछि मधेशलाई हेर्ने र बुभ्ने दृष्टिकोणमा परिवर्तन आउँछ भन्ने विश्वास पनि बोकेको छु । मधेशको विद्यमान असन्तुष्टि मधेश र मधेशका जनताप्रति गरिने व्यवहार नै हो । यो असन्तुष्टिको समाधान राजनीतिक तवरले गरिनुपर्छ । यसका लागि राजनीतिक दलहरू उदार र उदात्त हुनैपर्छ । सबै जातजाति, भाषाभाषी, समुदाय र सम्प्रदायको स्थुल उपस्थिति नै देश हो भन्ने भावना राजनीतिक दलप्रति हुनुपर्छ । देशभित्र मधेश अट्ने परिस्थिति बनाउनकै लागि मैले मेरो जीवनको ऊर्जा खर्चिएको छु ।

मधेशमा पहिचानको नारा सघन बन्दा कतिपयले 'यिनीहरूले देश टुक्राउन खोजे' भनेर अर्थ्याएको पनि बुभेको छु । एकपटक हामी सबै गम्भीर बनौं । मुलुकको जनसङ्ख्याको आधा हिस्सा ओगट्ने मधेशी समुदायबाट अहिलेसम्म कति जना प्रधानमन्त्री बने ?

अहिले सबै राजनीतिक दलको ओठमा मिसन २०८४ भुन्डिएको छ । अहिले चुनाव जितेकादेखि प्रतिपक्षमा रहेका सबै दल मिसन २०८४ को नारामा आइपुगेका छन् । यसको अर्थ सबै पहिलो हुने दौडमा छन् । आफैं शासकीय नेतृत्वमा पुग्ने दौडमा छन् ।

२०८४ मा यिनीहरूमध्ये जसले बहुमत ल्याए पनि कुनै पनि मधेशी प्रधानमन्त्री त बन्दैन । बन्ने खस-आर्य समुदायबाटै हो । अहिलेकै पार्टी संरचना कायम रहने हो भने २०८४ त के २१०० सालसम्म पनि कोही मधेशी प्रधानमन्त्री बन्ने परिस्थिति म देख्दिनँ ।

यस्तो अवस्था कसरी निर्माण भयो ? यसमा अमुक राजा-महाराजाको मात्रै हात छ त ? अहिले क्रियाशील राजनीतिक दलहरूको नश्लीय चिन्तले नै मधेशीहरूलाई शासन-सत्ताको पहुँचबाट यसरी किनारीकृत गरेको होइन ?

यसर्थ एकल जातीय सत्ताको वर्चस्व स्थापित गर्ने र बाँकीलाई शासनबाट विमुख गराउने मात्र होइन, पहिचानबाटै टाढा राखेर मुलुकलाई विभाजित गर्न खोज्नेहरू को हुन् ? हामी सबै घोत्लिनुपर्ने बेला आइसकेको छ । आफ्नो नश्ललाई मात्रै पृष्ठपोषण गरौं भन्नेहरू विग्रह र विभाजनकारी हुन् कि, सबैलाई समेटेर लैजाऔं, सबैको पहिचान स्थापित गरौं भन्नेहरू हुन् ? यो सबैले खुट्याउन जरुरी छ ।

यसर्थ हामीले मधेशलाई देशबाट अलग गरेर स्वतन्त्र देश स्थापित गरौं भनेको पनि होइन । यसरी समाधान हुन पनि सक्दैन । हामीले त सबैलाई समेटेर पहिचान र स्वाभिमानको रक्षा गर्दै शासन-प्रशासनमा मूलप्रवाहीकरण गरौं भनेको मात्रै हो । विडम्बना यसोभन्दा हामीले विखण्डनकारीको आरोप सहनुपरको छ !

विद्यमान सबै प्रकारका विभेद, असमानता, शोषण, दमन, उत्पीडन, अन्याय, अत्याचार, भ्रष्टाचार, कुसंस्कार संस्कृतिबाट देशले मुक्ति पाउनुपर्छ । सबै वर्ग, समुदाय, धर्म, जात/जाती, क्षेत्र, लिङ्गका जनतालाई अधिकार, पहिचान, स्वशासन, सुशासन, संवृद्धि तथा सामाजिक न्याय प्रदान गर्नको लागि एकल रूपमा छुट्टाछुट्टै सङ्घर्ष गरेर हुँदैन । विगतमा मधेशी, आदिवासी, जनजाति, थारु, दलित, मुस्लिम, पछिडिएका वर्ग लगायतले एकल रूपमा सङ्घर्ष गर्दाको अनुभवलाई एकीकृत गरी अघि बढ्नुपर्छ ।

नेपालका मधेशी, जनजाति, आदिवासीलगायत सबै राष्ट्रअधिकार र पहिचान सम्पन्न नभएसम्म देशले उन्नति गर्न सक्दैन । यो सत्यलाई नश्लीय शासकले लुकाएर राख्यो । त्यसकारण हामी पछि पर्‍यौं । अन्धकारमा रुमलियौं । नेपाल देश नेपालका रूपमा राखिरहन यसलाई सबै नेपालीको बनाउनु पर्छ । यसको अर्को विकल्प छैन ।

अब क्रान्ति कुनै एक दल वा कुनै एक पीडित समुदायबाट सम्भव छैन । तसर्थ परम्परागत औपनिवेशिक चिन्तन सोचको अन्त्य गरी देशको गौरव र वैभव प्राप्त गर्ने बाटोमा हिडौं ।

नेपाललाई सबै नेपालीको बनाउँ ।

तर क्रान्तिहरू अधुरा छन् । अपूरा छन् । यस्तोमा अधिकार पहिचानको प्राप्ति, सभ्यता र संस्कृतिको पुनःस्थापना, स्वराज्य, सुशासन सहितको समृद्धि सम्भव हुँदैन । त्यसकारण बहुल राष्ट्रिय राज्य स्थापनार्थ देशमा राष्ट्रिय मुक्ति क्रान्ति आवश्यक छ । त्यसको लागि सबै एकताबद्ध भई अघि बढौं । सम्पूर्ण क्रान्ति गरौं ।

जय मातृभूमि ।

# मधेश आन्दोलनका शहीदहरू



| | |
|---|---|
| रमेश महतो | ब्रह्मदेव ठाकुर |
| प्रमोद सदा | राजेश ठाकुर |
| बेचन यादव | कैयुम दफाली |
| विजय सहनी | आशिफ अली मिकरानी |
| अनीस राइन | दिनेश राय यादव |
| तल्लु हस्दा हेमरम | रामनारायण साह |
| सदानन्द यादव | राम एकबाल राय |
| निर्मल राजवंशी | सञ्जयकुमार राय यादव |
| राजकुमार कामत | जीवधारी यादव |
| दिनदयाल मण्डल | शेष अब्दुल असरफ |
| बेचन मियाँ | मजिद महम्मद मंसूर |
| श्यामसुन्दर मेहता | जमिर आलम |
| हरि मेहता | दीपेन्द्र साह |
| रामस्वरूप मेहता | महावीर साह |
| अनिल ऋषिदेव | वीरवल मुखिया |
| भगवती मण्डल | भगवती यादव |
| बिस्कुट मियाँ | असलम पठान |
| लखन साफी | चन्द्रिका यादव |
| जितेन्द्र मरवैता | कोइली कोरी |
| राजेश यादव | खोडहे गोरिया |
| रामानन्द मेहता | तुलाराम तिवारी |
| गुल्टेन दास | काशीराम हरिजन |
| छुतहरू मुखिया | माताप्रसाद वर्मा |
| भुल्की यादव | गुल्जार खाँ |
| गंगा दास | कमल गिरी |
| कारी ठाकुर | जगदीश पासवान |
| शिवशंकर यादव | जिलेराम यादव |

| | |
|---|---|
| टीकाराम गौतम | रामशिला मण्डल |
| यमबहादुर बिसी | गणेश चौधरी |
| गोपालसिंह रजवार | निकु यादव |
| राजेन्द्र (राजीव) राउत | सञ्जय चौधरी |
| दुर्गेश यादव | दिलीप यादव |
| सुनील यादव | चन्दन पटेल |
| सुधीराम यादव | रञ्जना क्षेत्री |
| रामेश्वर पासी | राजकुमार बराई |
| शैलेन्द्र श्रीवास्तव | विन्दू लाकोल |
| हरिबहादुर कुँवर | नन्दनी पाण्डेय |
| राजकिशोर ठाकुर | शत्रुधन पटेल |
| टेकेन्द्र साउद | रामप्रदीप महतो धुनियाँ |
| चिन्कु दगौरा थारु | सौगाती मुराऊ |
| दिलीप चौरसिया | आशिष राम (भारतीय) |
| धर्मराज सिंह | वीरेन्द्र राम |
| दीनानाथ साह | नागेश्वर यादव |
| भोला साह | दिलीप साह |
| सौहन साह कलवार | शिवशंकर दास |
| हिफाजत मियाँ | महोम्मद तबरेज शम्स आलम |
| रामकृष्ण राउत | शेख़ मैरुद्दिन |
| रोहन चौधरी | महादेव ऋषिदेव |
| रामविवेक यादव | शिबू माझी |
| अमित कापड | द्रौपदीदेवी चौधरी |
| विरेन्द्र बिच्छा | नागेन्द्र ठाकुर |



| | |
|---|---|
| सञ्जन मेहता | वीरेन्द्र महतो |
| पीताम्बर मण्डल | इनरदेव यादव |
| आनन्द साह | |



| | |
|---|---|
| रघु साफी | दुखीलाल मैहता |
| रामनारायण यादव | |